LE CIRCUIT DU DEVELOPPEMENT

Mélanges en l'honneur du Pr TOUNA MAMA

Keynésien circuitiste et économiste du développement

Sous la direction de
Désiré AVOM et Henri ATANGANA ONDOA

LE CIRCUIT DU DEVELOPPEMENT

Mélanges en l'honneur du Pr TOUNA MAMA

Keynésien circuitiste et économiste du développement

Préface du Professeur Roger Antoine Pépin TSAFACK NANFOSSO

Recteur de l'Université de Dschang

L'Harmattan

L'Harmattan, 2022
5-7, rue de l'École-Polytechnique, 75 005 Paris

http://www.editions-harmattan.fr

ISBN : 978-2-14-026724-6
EAN : 9782140267246

- **NDONOU TCHOUMDOP Michel Estelle** (Université de Yaoundé II)
- **NJOUONKOU MFONDOUM Edouard** (Université de Yaoundé II)
- **NOMO BEYALA Bernard Clery** (Université de Yaoundé II)
- **NSOGA NSOGA Mermoz Homere III** (Université de Yaoundé II)
- **OKERE Donald** (Université de Dschang)
- **ONANA Simon Pierre** (Université de Yaoundé II)
- **ONGONO OLINGA Jean Galbert** (Université de Yaoundé II)
- **OYONO Cédric** (Université de Yaoundé II)
- **PISSO EKWA Nseke** (Université de Yaoundé II)
- **SALEU FEUMENI Josiane** (Université de Yaoundé II)
- **SEABROOK Mveng Arthur** (Université de Yaoundé II)
- **SOUMTANG BIME Valentine** (Université de Yaoundé II)
- **TANGWA Mark Wiykuynyuy** (Université de Yaoundé II)
- **TAOUFIKI Mbratana** (Université de Yaoundé II)
- **WABO NOKAM Vivien Narcisse** (Université de Yaoundé II)
- **WEPAGUIEWE Armel Romaric** (Université de Yaoundé II)
- **YANDA BELINGA Christian Parfait** (Université de Yaoundé II)

CURRICULUM VITAE DU PROFESSEUR TOUNA MAMA

I. ETAT CIVIL

Naissance : le 17 Décembre 1951 à Ebanga – Okola – Lékié
Nationalité : Camerounaise
Situation familiale : Marié et Père de quatre (4) enfants
Courriel : *tounamama@yahoo.fr* / *infos@tounamama.com*
Site Internet : *www.tounamama.com*

II. CURSUS ACADEMIQUE

1991 : Agrégation des Facultés de Sciences Economiques et de Gestion (Vice Major)

1985 : Doctorat d'Etat en Sciences Economiques – Université de Bordeaux I (Mention Très Honorable)

1981 : Doctorat de 3ème Cycle en Sciences Economiques – Université de Yaoundé (Mention Très Bien)

1979 : DEA de Sciences Economiques – Université de Yaoundé (Mention Bien)

1978 : Licence en Droit et Sciences Economiques – Option Sciences Economiques (4 ans), Université de Yaoundé (Mention Assez-Bien)

1974 : Noviciat dans l'Ordre des Frères Prêcheurs (Dominicains)

1973 : Baccalauréat A4 Allemand – Séminaire Sainte Thérèse de Mvolyé (Yaoundé)

1969 : B.E.P.C. – Séminaire Saint-Joseph d'Akono

1965 : C.E.P.E. – Ecole de la Mission Catholique d'Elig-Mfomo

III. EXPERIENCE PROFESSIONNELLE (ADMINISTRATION)

Depuis le 31/12/2003 : Conseiller Spécial n° 1 du Premier Ministre, Chef du Gouvernement.

Du 16/09/2003 au 31/12/2004 : Secrétaire Général de l'Université de Yaoundé II.

2000-2018 : Chef du Département d'Analyse et Politiques Economiques à la Faculté des Sciences Economiques et de Gestion de l'Université de Yaoundé II.

1996-2003 : Doyen de la Faculté des Sciences Economiques et de Gestion de l'Université de II cumulativement avec les fonctions de Chef du Département d'Analyse et Politique Economiques dans la même Faculté depuis Avril 2000.

1993-1996 : Doyen par Intérim de la Faculté des Sciences Economiques et de Gestion de l'Université de Yaoundé II.

1991-1993 : Vice-Doyen chargé des Affaires Académiques, de la Recherche et de la Coopération à la Faculté de Droit et des Sciences Economiques de l'Université de Yaoundé.

1988-1991 : Chef de la Division des Stages et de la Formation Permanente au Centre National d'Administration et de Magistrature (CENAM).

IV. ACTIVITES PEDAGOGIQUES

A. Evolution dans les Grades de l'Enseignement Supérieur

1981 : Assistant à la Faculté de Droit et des Sciences Economiques de l'Université de Yaoundé.

1986 : Chargé de Cours à la Faculté de Droit et des Sciences Economiques de l'Université de Yaoundé.

1992 : Maître de Conférences Agrégé à la Faculté de Droit et des Sciences Economiques de l'Université de Yaoundé.

1998 : Professeur Titulaire à la Faculté des Sciences Economiques et de Gestion de l'Université de Yaoundé II.

Enseignement au Cameroun

ıx Dirigés de Micro-économie et de Fluctuations ..issance, respectivement en 1ère et 3ème années de Licence

b) **Cours d'Economie Politique en 2ème année de Capacité en Droit.**

1986 à 2005 :

a) Cours d'Histoire de la Pensée Economique en 2ème année de Licence

b) Cours de Révolution Keynésienne en 3ème année de Licence

c) Cours d'Economie du Développement en Licence, Maîtrise et Doctorat

d) Cours de Théorie des Organisations en Doctorat (Gestion)

e) Cours de Macro-économie Approfondie en Doctorat (PTCI)

f) Cours d'Economie Camerounaise à l'ESSEC (Université de Douala)

g) Cours de Stratégies et Politiques Générales de Développement au Programme Gestion de la Politique Economique (GPE)

h) Cours de Financement extérieur et endettement au Programme Gestion de la Politique Economique (GPE)

i) Cours de Pensée Economique Contemporaine (Maîtrise)

j) Cours de Problèmes Economiques Contemporains (Licence)

C. Missions d'Enseignement à l'Extérieur

1988-2005 : Maître de Conférences, puis Professeur Invité (un mois pa an) à l'Université de Bordeaux I, dont la Branche Droit, Science Politique, Sciences Economiques et de Gestion est devenue l'Université Montesquieu – Bordeaux IV depuis 1996/1997 (DEA, Economie du Développement).

1995-1997 : Professeur Invité à l'Université d'Auvergne (Clermont-Ferrand) Programme de Gestion de la Politique Economique (GPE).

1995-1997 : Professeur Invité à l'Université de Versailles (Saint Quentin)

1996-1997 : Professeur Invité à l'Université Marien Ngouabi (Brazzaville) (DEA de Sciences Economiques : Programme de Troisième Cycle Interuniversitaire, PTCI) : Macroéconomie.

1997-2001 : Professeur Invité à l'Université Omar Bongo (Libreville) (DEA de Sciences Economiques : Programme de Troisième Cycle Interuniversitaire, PTCI : Macroéconomie et Méthodologie de la recherche).

2003 : Professeur invité au Programme de PHD Collaboratif du Consortium pour la Recherche Economique en Afrique (CREA) à Naïrobi (KENYA) en Economie du Développement.

V. ACTIVITES DE RECHERCHE

A. Publications scientifiques

A.1. Ouvrages

1. Les économies africaines face à l'Europe de 1993, Presses Universitaires du Cameroun, Yaoundé, 1992 (en collaboration).

2. Crise économique et politique de déréglementation au Cameroun, L'Harmattan, Paris, 1996.

3. La mondialisation et l'économie camerounaise, Editions Saagraph, Yaoundé, 1998.

4. Dynamiques de développement : débats théoriques et enjeux politiques à l'aube du 21 siècle, Mélanges en l'honneur de Georges Walter NGANGO, (en collaboration) Paris, Montchrestien, 2003.

5. L'intégration régionale en Afrique Centrale : Bilan et perspectives (en collaboration), Paris, Karthala, 2003.

6. Mondialisation, exclusion et développement africain, Paris, Maisonneuve et Larose, 2 tomes (en collaboration). 2006.

7. L'économie camerounaise : Pour un nouveau départ, Yaoundé, Afrédit, 2008.

8. L'économie camerounaise à l'épreuve de l'émergence, Yaoundé, Afrédit, 2018.

9. Les politiques de la ville en question : A la recherche d'une meilleure gouvernance urbaine en Afrique subsaharienne (en collaboration), Paris, L'Harmattan, 2018.

A.2. Articles et autres travaux

1. Planification du développement et commerce extérieur de sous-développement, Thèse de Doctorat de 3ème Cycle, Université de Yaoundé, Décembre 1981.

2. « Commerce international et planification du développement en pays sous-développés », **Présence Africaine**, N° 130, 2ème trimestre 1984.

3. « Pour en finir avec l'économie du développement ou le retour à l'orthodoxie libérale ? », **Analyse de la S.E.D.E.I.S.,** mai 1984.

4. « Les firmes multinationales et le transfert de technologie », **Revue Science et Technique**, Vol. II, N° 3-4, Juillet-Décembre 1984.

5. « Keynes était-il keynésien ? », **Revue des Sciences Economiques**, Tome I, N° 1, 1985.

6. L'endettement supportable pour un pays en développement, Thèse de Doctorat d'Etat, Université de Bordeaux I, Décembre 1985.

7. « La crise d'endettement du Tiers-Monde », **Revue Camerounaise de Management**, N°2, 1986.

8. « Dette extérieure et capacité d'endettement international du Cameroun », **Revue Camerounaise de Management**, N° 3-4, 1986.

9. « La macro-économie aujourd'hui : une crise d'identité ? », **Revue Camerounaise de Management**, N° 6-7, 1987.

10. « Dette extérieure et seuil d'endettement supportable », **Economies et Sociétés**, N° 6-7, 1988.

11. « L'endettement international : la théorie du circuit a-t-elle une réponse ? », **D.E.E.S.,** N° 73, 1988.

12. « Bilan de la coopération commerciale CEE-ACP à la veille de l'échéance européenne de 1992 », **Mondes en Développement**, Tome 18, N° 70, 1990.

13. « Economie dominante et stratégie de survie des populations au Cameroun », (en collaboration avec FOUDA Séraphin), in Déogratias Sebureze (ed.), **Quelles perspectives pour les régions et les sociétés évincées de l'économie mondiale** ?, Centre de Recherche sur le Développement, Université de Neuchâtel, EDES, 1994, pages 137-176.

14. « La coopération économique régionale en Europe », in ACCT, **Relations Internationales et Développement**, Notes et Documents N° 32, Paris, 1995, pages 215-225.

15. « La coopération économique régionale en Afrique », in ACCT, **Relations Internationales et Développement**, Notes et Documents N° 32, Paris, 1995, pages 245-255.

16. « Economie dominante et associations communautaires au Cameroun : le défi de la survie en milieu rural » (en collaboration avec FOUDA Séraphin), in Stève Honsberg (ed.), **Les stratégies des groupes sociaux victimes de la globalisation de l'économie**, Centre de Recherche sur le Développement, Université de Neuchâtel, EDES, 1996, pages 92-127.

17. « Globalisation de l'économie et viabilité à long terme des changements sociaux au Cameroun » (en collaboration avec KOMON J.P.), in Stève Honsbergerger (ed.) **Insertion dans l'économie mondiale et anomie**, Centre de Recherche sur le Développement, Université de Neuchâtel, EDES, 1997, pages 67-109.

18. « La monnaie unique : un exemple pour les pays africains ? », in Fondation Friedrich-Ebert au Cameroun et Institut Supérieur de Management Public, **La Zone Franc face à la monnaie unique européenne** : quel avenir ?, Editions Saagraph, Yaoundé, 1997, pages 39-52.

19. « Industrialisation et développement économique : implications stratégiques pour le Cameroun » (en collaboration avec BONDOMA YOKONO), in Mbofung, C. et Etoa, F.X. (dir.), Proceedings of the 4th Annual Conference of the Cameroon Biosciences Society, **Cameroon Journal of Biological and Biochemical Sciences**, Vol. VII, N°1, March 1997, pages 1-9.

20. « Libéralisation de l'économie, dynamique de l'informel et lutte contre la pauvreté au Cameroun », in Université Marien Ngouabi, Colloque international sur **libéralisation de l'économie et lutte contre la pauvreté**, Brazzaville, Mai 1997.

21. « Les conséquences de l'Euro sur les économies africaines », in Fédération des Associations Professionnelles des Etablissements de Crédit zone BEAC, **la zone franc et l'Euro,** Journées de réflexion, Libreville, 8 et 9 Décembre 1997.

22. « La politique du crédit et le financement du développement au Cameroun », in G.E.R.E.A, **Développement de l'intermédiation et financement de l'économie en Afrique**, Premières Journées Scientifiques, Université de Douala, 5, 6 et 7 Mai 1998.

23. « Gouvernement versus secteur non structuré : comment valoriser les activités de proximité au Cameroun ? » (en collaboration avec TSAFACK NANFOSSO), in Serge-A. Weygold, ed. **Recherches de nouvelles régulations sous la pression d'une économie**

mondialisée, Centre de Recherche sur le Développement, Université de Neuchâtel, EDES 1999, pages 121-152.

24. « Libéralisation de l'économie, dynamique de l'informel et lutte contre la pauvreté au Cameroun », in GERN J-P. (Mélanges en l'honneur de…), **Dialectiques Economiques**, Centre de Recherche sur le Développement, Université de Neuchâtel, EDES, 1999, pages 103-113.

25. « Ajustement structurel et désindustrialisation au Cameroun » (en collaboration avec TSAFACK NANFOSSO), in A. SAGARRA éd., **Qui contribue à la désindustrialisation des régions fragilisées** ? Centre de Recherche sur le développement, Université de Neuchâtel, EDES, 2000, pages 185-230.

26. « L'ajustement structurel en Afrique : l'investissement sacrifié ? » **Revue Africaine des sciences économiques et de Gestion**, Vol II, n°2, Juillet décembre 2000, pp 5 – 37.

27. « L'économie camerounaise : de la crise à la reprise » (en collaboration avec TSAFACK NANFOSSO), in **Cameroon 2001**, Paris L'harmattan, 2001.

28. « The african debt crisis : a critical examination of debt relief strategies », (en collaboration avec George NDOH MBANGA), **Revue Africaine des Sciences Economiques et de Gestion**, Vol. III, n°2, juillet – décembre 2001, pp. 41-62.

29. « La question de la dette extérieure des pays africains : un réexamen », in BEN HAMMOUDA (H.) et KASSE (M.), **Repenser Bretton Woods : Réponses africaines**, Paris, Codesria-Karthala, 2002 pp. 169 -195.

30. « Infrastructure et développement dans le nouveau partenariat pour le développement de l'Afrique », in BEN HAMMOUDA (H.) et KASSE (M.), **le NEPAD et les enjeux du développement en Afrique**, Paris, Maisonneuve et Larose, 2002.

31. « La politique de crédit et le financement du développement au Cameroun », in BEKOLO EBE (B.) **Intermédiation financière et financement du développement en Afrique**, Yaoundé, Presses Universitaires de Yaoundé, 2002, pp. 85-104.

32. « Restructuration des filières agricoles et processus d'articulation de l'économie camerounaise », (en collaboration avec Alexandre SCHOUAME.), in **Le Développement durable dans les économies en transition, Actes du Colloque de Sofia**, 22-24 Novembre 2002 pp. 35-45.

33. « L'économie du développement appelle-t-elle un nouveau paradigme ? », in BEKOLO EBE, TOUNA MAMA et S.M. FOUDA (Dir.), **Dynamiques de développement : débats théoriques et enjeux politiques à l'aube du 21 siècle, Mélanges en l'honneur de Georges Walter NGANGO**, Paris, PUF Montchrestien, 2003, pp. 135-149.

34. « Le testament de Georges NGANGO », in BEKOLO EBE, TOUNA MAMA et S.M. FOUDA, **Dynamiques de développement**, p. 589-592.

35. « Intégration physique à travers le développement des infrastructures en Afrique Centrale », (en collaboration avec ONGOLO ZOGO V.), in BEN HAMMOUDA (H.) BEKOLO EBE et TOUNA MAMA, **L'intégration régionale en Afrique Centrale**, Karthala 2003.

36. «De la planification urbaine à l'urbanisme des projets de lotissements au Cameroun», **Projet de Recherche urbaine pour le Développement**, 2003 ISTED, Paris.

37. **«**Ajustement structurel et investissement privé en Afrique : les cas du Burkina Faso, du Cameroun et de la Côte d'Ivoire, (en collaboration avec KAMGNIA DIA Bernadette), **Cahiers du SISERA**, 2003, 1.»

38. « Deregulation policy in Cameroon » in, K. WOHLMUTH et alii, **African Development perspectives Yearbook** 2004, Vol. X, Münster.

39. «Bilan de l'intégration en Afrique Centrale et Occidentale», **Revue Africaine des Sciences Economiques et de Gestion**, Vol. VI n° 1, 2004 pp. 3 – 98.

40. « L'Afrique des six sur orbite : opportunités, contraintes et défis de l'économie de la CEMAC », (en collaboration avec Alexandre

Magloire SCHOUAME, **Revue Africaine des Sciences Economiques et de Gestion**, Vol VI. N°1, 2004 pp.99-154.

41. « Escaping the primary Commodities Dilemma by Pro – Active Policies : the Case of Cameroon » in **African Development Perspectives Yearbook 2007**, Vol. XII, pp. 377- 498.

42. « Le déficit budgétaire : un Janus pour l'Afrique? » in TSAFACK NANFOSSO R. (Ed.), **Budget et politique économique en Afrique**, Yaoundé, Clé, 2007, pp. 45-57.

43. « The current international Financial Crisis and its impact on african economies », AERC, **The Global financial crisis : implications for african economies**, Senior Policy Seminar XI, Lusaka, Zambia, 6-8 april 2009. Seminars Papers 2010 pp. 83-112.

44. «La crise financière internationale de 2008 : une crise de la pensée économique orthodoxe», in M. Simeu Kamdem, P. Tchawa et P. Janin éd. **Pour une géographie du développement, autour de la recherche de Georges Courade**, Paris, Karthala, 2012, pp. 299-320.

45. « L'approche territoire dans la politique du développement de l'enseignement supérieur au Cameroun », in M. SIMEU KAMDEM et Eike W. SCHAMP, ed., **l'Université africaine et sa contribution au développement local**, Paris, Karthala 2014, pp. 85 – 122.

46. « L'analyse économique de l'extrémisme violent en Afrique », (en collaboration avec Alexandre Magloire SCHOUAME), **Revue Africaine des Sciences Economiques et de Gestion**, VOL. XVII, n°s 1 – 2, Janvier – Décembre 2015, pp. 4 – 47.

47. « L'actualité de la pensée keynésienne », **Revue Africaine des Sciences Economiques et de Gestion**, VOL. XVII, n°s 1 – 2, Janvier – Décembre 2015, pp. 49 – 68.

48. « Le Bien commun », **Revue Africaine des Sciences Economiques et de Gestion**, VOL. XVIII, n° 1, Janvier – Juin 2018, pp. 15 - 27.

49. « La zone Franc entrave-t-elle la transformation structurelle des économies des pays membres ? » (en collaboration avec Patrice

ONGONO), **Revue Interventions Economiques** VOL. 61/2019, pp. 30-51.

B. Préfaces/Postface

1. Préface à OKAH ATENGA (X.E.), (2005), *Les Institutions financières de la CEMAC*, Yaoundé, Presses Universitaires de Yaoundé, 210 pages.
2. Préface à BENGONO (F.), (2010), *L'amélioration de la qualité de la dépense publique au Cameroun : Cas des dépenses de consommation des biens et services à la Direction Générale du Budget,* Yaoundé, Editons CLE, 163 pages.
3. Préface à MBENDA MOUNGOU (S.) et ONDOUA BIWOLE (V.), (2020), *Epidémiologie de l'Economie et Confinement de l'Organisation, COVID – 19*, Yaoundé, Presses Universitaires de Yaoundé, 276 pages.
4. Postface à Erik ESSOUSSE, (2022), *Pratique des Fondamentaux du Développement optimal par l'Afrique, De l'Afro-pessimisme à l'Afro-optimisme*, Yaoundé, Eclosion, l'avenir du Livre, 746 pages.

C. Encadrement de la Recherche

1. Direction de Thèses

A – Thèses de 3e Cycle soutenues (13)

1. **Nom : BIKOUE Maxime Siméon**
   Titre de la thèse : Stratégies commerciales et emploi au Cameroun
   Date de soutenance : 24 juin 1994 à l'Université de Yaoundé II
   Mention obtenue : Très Bien.
2. **Nom : AMOUGOU Jean Pascal**
   Titre de la thèse : La rémunération constitue-t-elle un facteur de satisfaction chez les travailleurs au Cameroun ?

Date de soutenance : 26 avril 1996 à l'Université de Yaoundé II
Mention obtenue : Bien.

3. **Nom : TCHOUASSI Gérard**
   Titre de la thèse : Intégration du système financier informel dans le système financier formel
   Date de soutenance : 24 avril 1996 à l'Université de Yaoundé II
   Mention obtenue : Très Bien.

4. **Nom : NJIKAM Ousmanou**
   Titre de la thèse : La mesure et les déterminants de la compétitivité dans le secteur agro-industriel au Cameroun
   Date de soutenance : 29 mai 1996 à l'Université de Yaoundé II
   Mention obtenue : Très Bien.

5. **Nom : MBONDO Georges Dieudonné**
   Titre de la thèse : Economie publique normative. Formation, gestion et aménagement du capital dans les entreprises publiques des P.V.D.
   Date de soutenance : 1er décembre 1997 à l'Université de Yaoundé II
   Mention obtenue : Très Bien.
   (Lauréat du Concours d'Agrégation du CAMES 2017 à Yaoundé au Cameroun).

6. **Nom : TANKOUA Lydie épouse BAMOU**
   Titre de la thèse : Phénomène d'innovation et performance des entreprises industrielles camerounaises
   Date de soutenance : 14 avril 1997 à l'Université de Yaoundé II
   Mention obtenue : Bien.

7. **Nom : KHAN Sunday ANINPAH**
   Titre de la thèse: Production and cost function for higher education in Cameroun
   Date de soutenance : 1er décembre 1997 à l'Université de Yaoundé II
   Mention obtenue : Très Bien à l'unanimité.

8. **Nom : NZONGANG Joseph**

Titre de la thèse : Intégration monétaire et crise des systèmes bancaires dans la zone Franc (cas de la zone monétaire de l'Afrique Centrale)
Date de soutenance : 1er décembre 1997 à l'Université de Yaoundé II
Mention obtenue : Bien.
(Lauréat du Concours d'Agrégation du CAMES de 2015 à Lomé au Togo)

9. **Nom : EMINI Arnault Christian**
Titre de la thèse : Des implications économiques d'un système imparfait de TVA au Cameroun : Appréciation de la réforme fiscalo-douanière de 1994 à l'aide d'un modèle calculable d'équilibre général
Date de soutenance : 22 décembre 1998 à l'Université de Yaoundé II
Mention obtenue : Très Bien avec félicitations du Jury.

10. **Nom : KONTCHOU Bernard**
Titre de la thèse : Le financement du sport au Cameroun de 1960 à 1994
Date de soutenance : 22 décembre 1998 à l'Université de Yaoundé II
Mention obtenue : Très Bien.

11. **Nom : MBESSA AYISSI Jean-Paul**
Titre de la thèse : Le taux de change de la monnaie en zone franc africaine en question
Date de soutenance : 22 décembre 2000 à Université de Yaoundé II
Mention obtenue : Très Bien avec félicitations du jury.

12. **Nom : FOUDA ONGODO Maurice**
Titre de la thèse : La dimension culturelle du management dans les organisations camerounaises
Date de soutenance : 29 avril 2003 à l'Université de Yaoundé II
Mention obtenue : Très Bien avec félicitations du jury.
(Lauréat du Concours d'Agrégation du CAMES du 02 au 10 Novembre 2009 à Cotonou au Bénin).

13. **Nom : NKAMA Arsène Honoré Gidéon**

Titre de la thèse : Distorsion des prix et compétitivité de l'industrie manufacturière du Cameroun dans la CEMAC
Date de soutenance : 29 avril 2003 à l'Université de Yaoundé II
Mention obtenue : Très Bien.

B- Thèses d'Etat ou Nouveau Régime soutenues (21)

1. **Nom : TSAFACK NANFOSSO Roger Antoine Pépin**
   Titre de la thèse : Syndicats et performances économiques : Analyse et régulation au Cameroun
   Date de soutenance : 23 février 2000 à l'Université de Yaoundé II
   Mention obtenue : Très Honorable.
   (Major au 10e Concours d'Agrégation CAMES Novembre 2001 à Yaoundé au Cameroun).

2. **Nom : BONDOMA YOKONO Dieudonné**
   Titre de la thèse : Surendettement, Croissance Economique et Ajustement dans les Pays en Développement.
   Date de soutenance : 05 juillet 2001 à l'Université de Yaoundé II
   Mention obtenue : Très Bien à la Majorité.

3. **NOM : GBETNKOM Daniel**
   Titre de la thèse : Réformes Economiques, Echanges Intra-régionaux et Convergence en Afrique Subsaharienne
   Date de la soutenance : 25 mars 2005 à l'Université de Yaoundé II
   Mention obtenue : Très Bien.

4. **NOM : EZE EZE Donatien**
   Titre de la thèse : Efficience et économies d'échelles dans l'industrie bancaire camerounaise
   Date de la soutenance : 15 Septembre 2006 à l'Université de Yaoundé II
   Mention obtenue : Très Honorable.

5. **NOM : TCHOUASSI Gérard**
   Titre de la thèse : Activités entrepreneuriales des femmes au Cameroun : entre autonomie et dépendance

Date de la soutenance : 15 Septembre 2006 à l'Université de Yaoundé II
Mention obtenue : Très Honorable à l'unanimité.

6. **NOM : MEKA'A Cosmas Bernard**
   Titre de la thèse : Capital humain, Migration interne et Revenus : le cas du Cameroun
   Date de la soutenance : 20 Novembre 2008 à l'Université de Yaoundé II
   Mention obtenue : Très Honorable (Majorité).
   (Lauréat du Concours d'Agrégation du CAMES de 2015 à Lomé au Togo).

7. **NOM : ATALA Etienne**
   Titre de la thèse : La Contribution de l'éducation à la croissance économique au Cameroun
   Date de la soutenance : 08 Décembre 2008 à l'Université de Yaoundé II
   Mention obtenue : Très Honorable.

8. **NOM : ATANGANA ONDOA Henri**
   Titre de la thèse : Les Déterminants du rendement et de l'efficience des écoles au Cameroun
   Date de la soutenance : 10 Novembre 2009 à l'Université de Yaoundé II
   Mention obtenue : Très Honorable.
   (Lauréat du Concours d'Agrégation du CAMES de 2015 à Lomé au Togo).

9. **NOM : MBANG Olga**
   Titre de la thèse : Genre dans l'économie camerounaise
   Date de la soutenance : 14 Novembre 2012 à l'Université de Yaoundé II
   Mention obtenue : Très Honorable à l'unanimité.

10. **NOM : ETOGO NYAGA Yves Patrice**
    Titre de la thèse : Effets de la privatisation des entreprises publiques au Cameroun
    Date de la soutenance : 20 Juin 2013 à l'Université de Yaoundé II
    Mention obtenue : Très Honorable.

11. **NOM : ONGONO Patrice**

Titre de la thèse : Dépenses publiques des secteurs productifs et croissance économique au Cameroun

Date de la soutenance : 26 Juin 2013 à l'Université de Yaoundé II

Mention obtenue : Honorable.

12. **NOM : KAME BABILA Thierry**

Titre de la thèse : Mandat de la Banque Centrale et Stratégies des politiques dans les zones monétaires africaines

Date de la soutenance : 26 Juin 2013 à l'Université de Yaoundé II

Mention obtenue : Très Honorable.

13. **NOM : NYANGOU Amadou**

Titre de la thèse : Infrastructures de transports et échanges sous-régionaux dans la CEMAC

Date de la soutenance : 04 Juillet 2013 à l'Université de Yaoundé II

Mention obtenue : Honorable.

14. **NOM : KOUTY Manfred**

Titre de la thèse : Ouverture commerciale et inégalités de salaire dans les pays en développement

Date de la soutenance : 21 Juillet 2013 à l'Université de Yaoundé II

Mention obtenue : Honorable.

15. **NOM : NGARASSO Jean Evariste**

Titre de la thèse : Dépenses publiques et croissance économique en Centrafrique

Date de la soutenance : 23 Juillet 2013 à l'Université de Yaoundé II

Mention obtenue : Honorable.

16. **Nom : MUMPAMBALA LUZOLO Didier**

Titre de la thèse : Politique monétaire et stabilisation macroéconomique en République Démocratique du Congo

Date de soutenance : 31 Octobre 2014 à l'Université de Yaoundé II

Mention obtenue : Très Honorable.

17. **Nom : BATILA NGOUALA KOMBO Pierre Ghislain**
Titre de la thèse : Globalisation Financière et Développement Financier dans les pays de la Zone CEMAC
Date de soutenance : 16 Mars 2015 à l'Université de Yaoundé II
Mention obtenue : Très Honorable.

18. **Nom : DOUYA Emmanuel**
Titre de la thèse : Analyse d'Impacts de la Libéralisation des Echanges Agricoles au Cameroun
Date de soutenance : 13 Juin 2016 à l'Université de Dschang
Mention obtenue : Honorable.

19. **Nom : ELEH Lawrence**
Titre de la thèse : VIH/SIDA-Employabilité-Observance thérapeutique aux antirétroviraux et Développement durable en Afrique Subsaharienne : une Analyse du statut socio-économique de la population active avec le VIH-SIDA au Cameroun.
Date de soutenance : 20 Décembre 2017 à l'Université Clermont-Auvergne
Résultat : Thèse acceptée à l'unanimité du Jury.

20. **Nom : MAVOUNGOU SOULA Ulrich Aubin**
Titre de la thèse : Dépenses publiques d'infrastructures et Croissance économique au Congo.
Date de soutenance : 07 juin 2019 à l'Université de Dschang
Mention obtenue : Très Honorable.

21. **Nom : NOUNAMO NGUEDIE Yann Harold**
Titre de la thèse : Dette extérieure et Croissance économique en zone Franc africaine : le rôle des institutions.
Date de soutenance : 27 août 2019 à l'Université de Douala
Mention obtenue : Très Honorable.

C - Thèses en cours de rédaction (une demi-douzaine)

2. **Direction de Mémoires de DEA (une cinquantaine)**

3. **Direction de Mémoires de Maîtrise (une centaine)**

4. **Fondateur de la Revue Africaine des Sciences Economiques et de Gestion (RASEG)**
5. **Fondateur du Centre de Recherche en Economie et Gestion (CEREG)**

D. Sociétés Savantes

- Membre de l'Associations Française de Sciences Economiques
- Membre de l'Association Charles Gide pour l'Etude de la Pensée Economique
- Membre du Conseil Scientifique de l'Agence Universitaire de la Francophone (AUF)
- Membre du Conseil Scientifique du Programme de Troisième Cycle Inter-Universitaire
  (PTCI) en économie de l'Afrique Francophone
- Membre du Conseil Scientifique de l'Observatoire Economique et Statistique d'Afrique Sub-saharienne (AFRISTAT)
- Membre du Réseau « Analyse et Développement » de l'AUPELF-UREF
- Membre du Réseau « Cultures, Langues et Développement » de l'AUPELF-UREF
- Membre du Réseau « Entreprenariat » de l'AUPELF-UREF
- Expert-Consultant auprès de l'ACCT
- Expert-Consultant d'EURA-AUDIT INTERNATIONAL
- Expert-Consultant auprès de la Commission Economique des Nations Unies pour l'Afrique (CEA)
- Ancien Président de la Commission Droit-Sciences Politiques et Sciences Economiques du Comité Consultatif des Institutions Universitaires (CCIU) du Ministère de l'Enseignement Supérieur du Cameroun.
- Président de la Chambre *Economie et Gestion* de la Société Camerounaise des Agrégés.
- Membre de l'Académie des Sciences du Cameroun.

VI. VIE ASSOCIATIVE

- Membre de l'Association EKOPEK (Association de Certaines Elites de l'Arrondissement d'OKOLA, Département de la LEKIE).
- Premier Vice-Président du Comité de Développement d'OKOLA (CODEO).
- Membre de l'Association des Anciens du Séminaire Sainte Thérèse de Mvolyé
- Membre du Collectif des Anciens des Séminaires Catholiques du Cameroun
- Membre du Club Tara (Un Club de Certaines Elites Beti)
- Président de l'Association des Ressortissants d'EBANGA (ASSOREB).
- Président National de l'Association traditionnelle MVOGNAMNYE – BETENDUA – ONANDUA – EYEBE. Naah.
- Président du Conseil d'Administration de l'ONG – CDDO-CAM (Développement rural de la LEKIE).

VII. DISTINCTIONS HONORIFIQUES

- Chevalier de l'Ordre Camerounais de la Valeur (1998) ;
- Chevalier de l'Ordre International des Palmes Académiques de la République Française (2002) ;
- Officier de l'Ordre Camerounais de la Valeur (2004) ;
- Chevalier de l'Ordre International des Palmes Académiques du Conseil Africain et Malgache pour l'Enseignement Supérieur, CAMES (2004) ;
- Commandeur de l'Ordre National de la Valeur (2010) ;
- Officier de l'Ordre International des Palmes Académiques du Conseil Africain et Malgache pour l'Enseignement Supérieur, CAMES (2019) ;
- Grand Officier de l'Ordre National de la Valeur (2019).

VIII. LOISIRS

- Tennis de table
- Piscine
- Marche à pied
- Musique.

LISTE DES CONTRIBUTEURS

1. **AHANDA Sylvain** (Université de Douala)
2. **AHODODE Bernadin Géraud Comland** (Université d'Abomey-Calavi)
3. **AKAMBA MBENGONO OBAMA Jean Marc** (Université de Rennes)
4. **ATANGANA ONDOA Henri** (Université de Yaoundé II)
5. **AWOA AWOA Paul** (Université de Yaoundé II)
6. **BELLA NGADENA Marcellin Stéphane** (Université de Yaoundé II)
7. **BONDOMA YOKONO Dieudonné** (Université de Yaoundé II)
8. **EMINI Christian Arnault** (Université de Yaoundé II)
9. **FOUDA ONGODO Maurice** (Université de Douala)
10. **FRANÇOISE Okah-Efogo** (Université de Yaoundé II)
11. **KAME BABILLA Thierry** (Université de Yaoundé II)
12. **MBASSI Christophe Martial** (Université de Yaoundé II)
13. **MONDJELI MWA NDJOKOU** (Université de Yaoundé II)
14. **NKOA François Colin** (Université de Yaoundé II)
15. **ONDOUA BIWOLÉ Viviane** (Université de Yaoundé II)
16. **ORIO Lucien** (Classes préparatoires aux Grandes Ecoles)
17. **POULON Frédéric** (Université de Bordeaux)
18. **SAHA Jean Claude** (Université de Yaoundé II)
19. **SCHOUAME Alexandre Magloire** (Université de Yaoundé II)
20. **SEABROOK Arthur Mveng (**Université de Yaoundé II)
21. **SIMEU-KAMDEM Michel** (Université de Yaoundé II)

22. **NGOA TABI Henri** (Université de Yaoundé II)

23. **TCHOUASSI Gérard** (Université de Yaoundé II)

24. **TOUNA MAMA Albert** (Fonds Monétaire International)

25. **TSAFACK NANFOSSO Roger Antoine Pépin** (Université de Dschang)

SOMMAIRE

PREFACE

La Faculté des sciences économiques et de gestion de l'Université de Yaoundé II met à la disposition de la communauté du savoir des « *Mélanges scientifiques en l'honneur du Professeur **TOUNA MAMA*** ». Il s'agit me semble-t-il de la première livraison d'une œuvre portée par une volonté proactive et admirable de sédimentation de la connaissance, d'identification de ses (re) pères fondateurs, et de reconnaissance assumée. Par ordre d'accès au magistère suprême des sciences économiques au Cameroun, et en faisant abstraction des « Grands Profs » qui nous ont quitté hélas (Paix à leurs âmes), **TOUNA MAMA** est le quatrième après Germain Ndjieundé, Jean Marie Gankou et Bruno Bekolo-Ebe. Ces mélanges sont « en l'honneur » et non pas « en hommage » d'un éminent collègue parce l'institution a fait le choix de l'honorer de son vivant, afin d'en faire un témoin privilégié de l'évènement. C'est donc en sa présence et avec lui que le sujet devient ainsi objet de l'attention.

Dix-neuf (19) chapitres, vingt-cinqb (25) auteurs de plusieurs nationalités en poste dans différentes universités et institutions (la grande majorité l'ayant eu comme enseignant, certains dont il a été directeur de thèse, et d'autres étant arrivés à l'Université quand lui l'avait quittée pour d'autres responsabilités administratives), y compris son fils Albert et son Maître le Professeur Frédéric Poulon. L'aéropage d'intelligences ainsi constitué s'est donné la main pour rédiger cet ouvrage afin de célébrer l'université, la science économique, la formation, la transmission intergénérationnelle et enfin le Maître.

L'ouvrage salue un serviteur de l'université, qui a passé quarante années de sa vie à en arpenter les couloirs, les bureaux, les salles de travaux dirigés et les amphithéâtres. Le service à l'administration universitaire aura bénéficié de sa permanente disponibilité, de ses compétences en gestion académique, de son expertise en matière de gestion des ressources humaines et de ses qualités managériales musclées par un passage au centre national d'administration et de magistrature. Ce sont ces qualités qui, reconnues par ses supérieurs, lui auront permis bénéficier de la confiance nécessaire pour gravir une à une les marches de la hiérarchie universitaire, de chef de département de faculté à secrétaire général d'université, en passant par les positions de vice-doyen, puis de doyen de faculté.

L'ouvrage met en lumière la science économique maîtrisée par le chercheur, auteur d'une demi centaine de publications, en ce qu'elle a de noble, d'aiguillonnante et de « dure ». Noble parce que cette science a pour objet l'homme dans toute sa plénitude, ici ensemencée, dispensée et diffusée par un incontestable humaniste. Aiguillonnante parce que cette science donne du sens et montre la direction à la dynamique du développement qui challenge permanemment nos pays en quête d'émancipation et d'émergence, grâce aux salutaires recommandations de politiques économiques documentées auxquelles elle permet de parvenir. « Dure » au sens de Malinvaud parce qu'avec le temps et la critique au sujet de sa « mollesse », cette science a appris à densifier et à diversifier sa boîte à outils pour apprivoiser la mécanique des sciences dites dures, afin de proposer aux décideurs publics des solutions robustes, randomisées, mathématisées destinées à réduire la stochasticité de ses conclusions d'antan.

L'ouvrage porte au pinacle la formation, en termes de millions d'étudiants, d'apprenants et d'auditeurs qui se sont abreuvés à la source du pédagogue béni par une voix de stentor, et dont les esprits ont été positivement formatés par le ruissellement de la connaissance distillée par l'enseignant de plusieurs unités de valeurs. Cette œuvre de formation aura été non seulement transversale dans tous les cycles universitaires ; elle aura été aussi nationale, africaine, mais aussi européenne par ses missions d'enseignement ici et là qui témoignent du respect de ses différents hôtes pour ses qualités d'explicitation d'une discipline scientifique parfois rugueuse. S'il est vrai ainsi qu'on l'entend généralement, que « la seule chose qui reste à l'enseignant est la reconnaissance de ses élèves », on peut être certain que l'anonymat dans lequel on est enfermé du haut du podium des amphithéâtres et des estrades des salles de cours a dû être des millions de fois levé dans sa vie, par des apprenants sincères à la mémoire fidèle.

L'ouvrage porte un magnifique témoignage à la transmission intergénérationnelle, puissant gage d'humilité scientifique. Il s'est généralement fait lire, relire et corriger par ses étudiants. Il codirige des thèses avec ses anciens étudiants. De nombreux auteurs de ce livre ont enseigné plus de disciplines que lui, ont publié plus d'ouvrages ou d'articles que lui, ont dirigé plus de travaux de recherches qui lui, ont été invités dans des endroits plus prestigieux que les siens, etc. mais chaque fois avec la bénédiction, les encouragements et l'enthousiasme altruiste du Professeur. Plusieurs de ses étudiants sont aujourd'hui ses collègues, sans qu'il n'apparaisse jamais un sentiment de frustration, d'infériorité ou de supériorité, sans que l'obsolescence qui aurait frappé certains de ses travaux fasse l'objet de quelques propos autres qu'humoristiques. Au contraire, quand il n'avait pas assez de temps pour se plonger lui-même dans l'apprentissage des nouveautés théoriques et techniques de la discipline, le Professeur a très souvent sollicité l'ancien étudiant pour l'accompagner dans des domaines scientifiques technologiquement avancés dont il souhaitait faire usage pour affirmer la modernité de ses travaux.

L'ouvrage révèle enfin le Maitre. Ici, qu'il me soit permis de ne pas résister à la tentation d'emprunter au Jésuite Claude Flipo dans « Maîtres et disciples », *Études*, Vol. 410, n° 6, 2009, pp. 809-816. Le Dominicain autour duquel est rédigé ce livre aura des souvenirs ravivés. Le Jésuite explique que la relation maître-disciple est au cœur de l'Evangile. *L'invitation à devenir disciple s'adresse à tous : « Venez à moi, vous tous qui peinez sous le poids du fardeau, chargez-vous de mon joug et mettez-vous à mon école, car je suis doux et humble de cœur, et vous trouverez soulagement pour vos âmes » (*Mt. *11,28). Devenir disciple, c'est apprendre du Christ non pas un enseignement abstrait, mais un chemin de vie ; c'est se mettre à sa suite, à son école. Et pourtant, dans le discours après la Cène, Jésus dit aux siens : « Je ne vous appelle plus serviteurs, car le serviteur ignore ce que fait son maître, je vous appelle amis », et il en donne la raison : « car tout ce que j'ai appris de mon Père, je vous l'ai fait connaître » (*Jn. *15,15).* Et c'est ainsi : aujourd'hui le Professeur appelle « amis » tous ceux qu'il pense être ses disciples, et le prouve à chaque occasion triste, joyeuse ou intellectuelle que lui offre la vie. Ceux qui se reconnaissent comme tels, même s'il n'est pas toujours facile de briser la glace du respect, témoignent honnêtement de la profonde évolution du lien vers l'amitié lors de toutes ces opportunités de rencontres, qu'il a du reste l'art de multiplier…

C'est la raison pour laquelle je ne suis qu'à moitié d'accord avec George Steiner (dans *Maîtres et disciples,* Gallimard, 2003, p.108) qui postule que « Le grand enseignement est celui qui éveille les doutes chez l'élève, qui est école de dissension. C'est préparer le disciple au départ. Au terme, un maître valable doit être seul ». Préparer le disciple au départ, oui. Pour le reste : **TOUNA MAMA** est valable. Pourtant il n'est pas seul…

Professeur Roger Antoine Pépin TSAFACK NANFOSSO

Recteur de l'Université de Dschang

INTRODUCTION GENERALE

TOUNA MAMA, sa vie et son œuvre

Le Professeur **TOUNA MAMA** est un scientifique de renommée internationale qui a aussi servi l'État du Cameroun. Il est admis à la retraite administrative le 17 décembre 2021. Il est toujours en activité dans les Services du Premier Ministre et n'a véritablement pas quitté l'Université, puisqu'il continue d'y encadrer des travaux de recherche. Il est en outre doyen honoraire de la Faculté des Sciences Économiques et de Gestion de l'Université de Yaoundé II.

L'histoire de ce scientifique de renom débute le 17 Décembre 1951 à Ebanga par Okola dans la Lékié, qui un des dix départements de la région du Centre, date à laquelle il voit le jour. Il effectue tout d'abord ses études à l'École de la Mission Catholique d'Elig-Mfomo où il obtient son CEPE, Certificat d'Études Primaires et élémentaires, en 1965. Nanti de ce premier diplôme, il est admis au séminaire Saint Joseph d'Akono où il obtient quelques années plus tard le Brevet d'Études pour le Premier Cycle. En 1969, il quitte le séminaire Saint Joseph d'Akono et rejoint le Séminaire Sainte Thérèse de Mvolyé (Yaoundé) où il achève ses études secondaires en obtenant son Baccalauréat A4 Allemand (1973). Un tant soit peu intéressé par le sacerdoce ; il fera un bref passage en 1974 au Noviciat de l'Ordre des Frères Prêcheurs (Dominicains).

L'Homme de sciences…

Après son bref passage au noviciat de l'Ordre des Frères Prêcheurs, le Professeur **TOUNA MAMA** va s'intéresser aux Sciences Économiques en s'inscrivant à l'Université de Yaoundé où, il obtiendra tour à tour une Licence (Mention AB) en Droit et Sciences Economiques – *Option Sciences Economiques* (1978) ; un Diplôme d'Études Approfondies de Sciences Economiques (avec mention Bien) (1979) et un Doctorat de 3ème Cycle en Sciences Economiques (avec mention Très Bien) en 1981 sous la direction du Professeur **Georges NGANGO**. C'est d'ailleurs cette année qu'il est recruté comme Assistant à la Faculté de Droit et des Sciences Economiques de l'Université de Yaoundé. Il se voit confier la charge d'effectuer les

Travaux Dirigés de Microéconomie et de Fluctuations et Croissance, respectivement en 1ère et 3ème années de Licence. Il dispense aussi les cours d'Économie Politique en 2ème année de Capacité en Droit. Mais avide de connaissances, il décide de poursuivre ses études doctorales à l'Université de Bordeaux I sous la direction du Professeur **Frédéric POULON**, qui l'aura séduit par ses enseignements en macroéconomie approfondie. La thèse d'État qu'il rédige et soutient en 1985 est intitulée « *l'Endettement Supportable pour un pays en développement* ». Celle-ci lui vaudra la mention Très Honorable. Bien que rédigée en 1985, la pertinence de cette thèse est toujours d'actualité puisque l'économie internationale est marquée par les multiples crises d'endettement. Le problème de la dette n'étant plus seulement évoqué dans les pays pauvres, mais bien plus, retient l'attention des décideurs dans des pays développés.

Nanti d'un Doctorat d'État en Sciences Economiques, il retourne au Cameroun où il accède au grade Chargé de Cours à la Faculté de Droit et des Sciences Economiques de l'Université de Yaoundé en 1986. Cette même année il se voit confier plusieurs enseignements à l'instar des cours d'Histoire de la Pensée Economique, d'Economie du Développement, de « Révolution Keynésienne » et de Macroéconomie Approfondie. Il convient de rappeler que sa notoriété l'amène à dispenser des enseignements à l'ESSEC (Université de Douala) et au Programme Gestion de la Politique Economique (GPE). En Décembre 1991, il est reçu au prestigieux concours d'agrégation des Facultés de Sciences Economiques et de Gestion du Conseil Africain et Malgache pour l'Enseignement Supérieur (CAMES) et accède au cercle des Maîtres de conférences agrégés en Sciences Economiques qui comptent déjà d'éminents membres tels que les Professeurs **Georges NGANGO, Germain DJEUNDE, Jean Marie GANKOU, Bruno BEKOLO EBE** etc. Auréolé de cette casquette, il est invité à dispenser des enseignements dans plusieurs universités et institutions telles que l'Université d'Auvergne (Clermont-Ferrand) Programme de Gestion de la Politique Economique (GPE), l'Université de Bordeaux I, l'Université Marien Ngouabi (Brazzaville), l'Université Omar Bongo (Libreville) et le Programme de PHD Collaboratif du Consortium pour la Recherche Economique en Afrique (CREA). En 1998, il se voit décerner le grade de professeur titulaire.

Le Savant, le Maître et l'administrateur

Il est certainement superflu de préciser la place de **TOUNA MAMA** dans le monde scientifique. Son importance est considérable et reconnue, à la mesure de son parcours et des disciples qu'il a formés et continue de former. Aussi, serons-nous brefs, d'autant que la liaison entre sa place dans les sociétés scientifiques et ses œuvres en tant que maître pour ses disciples est étroite. Tout d'abord, au regard de son parcours fort élogieux, l'homme de science est reconnu par ses pairs comme un savant puisqu'il est admis dans plusieurs sociétés savantes à l'instar de l'Associations Française de Sciences Economiques, l'Association Charles Gide pour l'Etude de la Pensée Economique, l'Académie des Sciences du Cameroun et la Société Camerounaise des Agrégés, dont il préside la Chambre *Economie et Gestion.* Il est également appelé à siéger auprès de plusieurs comités scientifiques, dont le Conseil Scientifique de l'Agence Universitaire de la Francophone (AUF), Conseil Scientifique du Programme de Troisième Cycle Interuniversitaire (PTCI) en économie de l'Afrique Francophone et le Conseil Scientifique de l'Observatoire Economique et Statistique d'Afrique Sub-saharienne (AFRISTAT). S'agissant des reconnaissances, il convient de rappeler que le Professeur **TOUNA MAMA** est compté parmi les Chevaliers de l'Ordre des Palmes Académiques de la République Française et les Officiers de l'Ordre International des Palmes Académiques du CAMES. Il est également sollicité en tant que consultant sur des questions importantes en économie dans les institutions telles que la Commission Economique des Nations Unies pour l'Afrique (CEA), de l'ACCT et d'EURA-AUDIT INTERNATIONAL.

En tant que maître, sa postérité témoigne de son engagement dans la transmission des connaissances acquises. D'ailleurs, parmi ses disciples on retrouve des noms connus du milieu scientifique et universitaire camerounais tels que les Professeurs **Roger Antoine P&pin TSAFACK NANFOSSO** major du 10ème concours d'agrégation CAMES ; **Maurice FOUDA ONGODO,** laureat du concours d'agrégation en 2009; **Joseph NZONGANG**, **Cosmas Bertrand MEKA'A** et **Henri ATANGANA ONDOA** lauréats du concours d'agrégation de 2015; ainsi que **Georges Dieudonné MBONDO,** lauréat du concours de 2017. On retrouve aussi parmi ses disciples les Professeurs **Dieudonné BONDOMA YOKONO, Gérard**

TCHOUASSI, Ousmanou NJIKAM, Emmanuel DOUYA, Donatien EZE EZE, Maxime Siméon BIKOUE, et Yves Patrice ETOGO NYAGA.

Outre la carrière d'universitaire, **TOUNA MAMA** embrasse aussi une carrièreadministrative. En effet, entre 1988 et 1991, il est en charge de la Division des Stages et de la Formation Permanente au Centre National d'Administration et de Magistrature (CENAM). Il occupe le poste de Vice-Doyen chargé des Affaires Académiques, de la Recherche et de la Coopération à la Faculté de Droit et des Sciences Economiques de l'Université de Yaoundé de 1991 à 1993. C'est dès 1993 qu'il occupe le poste de doyen par intérim de la Faculté des Sciences Economiques et de Gestion de l'Université de Yaoundé II, dont il devient le titulaire en 1994 jusqu'en 2003, date à laquelle il est promu Secrétaire Général de ladite université. Le 31 décembre 2003, il se voit confier la tâche de Conseiller Spécial n° 1 du Premier Ministre, Chef du Gouvernement.

TOUNA MAMA, le KEYNES africain

La vision de la société et de l'économie par **TOUNA MAMA** peut s'appréhender comme la synthèse entre la théorie keynésienne qui lui a été inculquée par son Maître **Frédéric POULON** de l'Université de Bordeaux en 1979 et l'économie du développement enseignée par son **Maître Georges NGANGO** de l'Université de Yaoundé en 1977. Plus simplement, le Tounamamamïsme s'apparente à un keynésianisme au service du développement. Tout comme son Maître **Frédéric POULON**, le Professeur **TOUNA MAMA** affirme son attachement et sa fidélité sans faille à la pensée du plus grand économiste du 20ième siècle, **JOHN MAYNARD KEYNES**. Se considérant comme un véritable disciple de ce Maître de Cambridge, le Professeur **TOUNA MAMA** appartient plus spécifiquement à l'école post-keynésienne qui est une réaction vis-à-vis de l'école néokeynésienne qui a tenté de diluer la pensée keynésienne dans la théorie néoclassique dominante d'alors (d'abord par **J.R. HICKS** et son fameux modèle IS-LM, puis par **CLOWER** et **LEIJOHNUFVUD** avec le soi-disant modèle de déséquilibre qui est en réalité un modèle d'équilibre avec rationnement). Il l'affirme lui-même, et la plupart de ses travaux, depuis sa thèse d'Etat de 1985 l'atteste. En clair, le Professeur **TOUNA MAMA**, à l'instar de **JOHN MAYNARD KEYNES**, place l'État au centre du fonctionnement de l'économie et de l'impulsion du développement économique.

Dans un contexte où l'on assiste à ce qu'il appelle « la dictature de la pensée unique qui fait du marché le paradis sur terre et l'État un véritable enfer », il soutient que la solution aux nombreuses crises que traversent les économies capitalistes ne saurait provenir de la pensée économique néoclassique libérale, car, non seulement elle fait le déni de la réalité, mais elle refuse de reconnaitre ses propres erreurs. En particulier, le courant de pensée qu'il développe s'oppose aux idées véhiculées par le consensus de Washington pour sortir les économies africaines de la crise des années 80-90. Celles-ci peuvent se résumer en 10 points à savoir : (1) la discipline budgétaire (2) la réorientation de 11la réforme fiscale, comprenant l'élargissement de l'assiette de l'impôt et de la réduction des taux d'imposition marginaux, (4) l'adoption d'un taux de change uniforme et compétitif, (5) la sécurité des droits de propriétés, (6) libéralisation financière, (7) libéralisation des échanges, (8) la suppression des barrières à l'investissement direct étranger et des formes de discrimination à l'encontre des entreprises étrangères, (9) privatisation des entreprises publiques et (10) la suppression des obstacles à l'entrée des nouvelles entreprises et à la concurrence.

Selon **TOUNA MAMA**, cette pensée met au centre des problèmes économiques des pays africains l'État de par son poids jugé exorbitant. Par conséquent, pour lui le consensus de Washington milite pour la mort de l'Etat ou à tout le moins pour sa réduction à sa plus simple expression dans les affaires économiques. Or, comme il le démontre dans « *Pour la mort de l'État en Afrique : de quel État faut-il souhaiter la mort ?* » — du livre, « Mondialisation, exclusion et développement africain » paru en 2006 aux Éditions Maisonneuve & Larose — en rappelant la pensée de Keynes, « *L'important pour l'État n'est pas de faire ce que les individus font déjà et de le faire un peu mieux ou un peu moins mal, mais de faire ce que personne d'autre ne fait pour le moment* ». Ce rôle de l'État est d'autant plus primordial à son sens que les économies africaines sont dans une phase de construction qui vise à les faire passer des économies de subsistance (à des économies modernes. Les résultats des politiques découlant du consensus (programmes d'ajustement structurel) de Washington lui donnent raison. En effet, après deux décennies d'ajustement structurel en Afrique les Programmes d'Ajustement Structurel ont permis une certaine stabilisation des économies en crise par le bas avec le retour aux grands équilibres macroéconomiques, mais n'ont pas permis de relancer la croissance économique en Afrique. Plus grave, en sacrifiant les secteurs sociaux (Santé, Éducation, notamment), ils ont contribué à appauvrir d'autant plus la population qu'ils avaient contribué à aggraver le chômage non seulement par le traitement de choc imposé aux sociétés publiques et parapubliques, mais aussi par la réduction drastique des effectifs de la Fonction Publique et la baisse des salaires des fonctionnaires et agents de l'État.

D'ailleurs, plutôt que de chasser l'État de la sphère économique en Afrique, comme le suggèrent les partisans du consensus de Washington, **TOUNA MAMA** prescrit de soigner la qualité de l'État africain, qui souffre des maux tels que la corruption, l'incompétence, la mal gouvernance ; pour lui permettre d'impulser une nouvelle dynamique au développement du Continent africain pour mettre un terme à la paupérisation de ses populations et à la marginalisation de ses économies dans le processus de mondialisation. Il s'inscrit alors en droite ligne avec la pensée d'un nouveau keynésien et prix Nobel d'économie **Joseph STIGLITZ** pour qui la limite fondamentale des politiques du consensus de Washington est l'absence de « *vision équilibrée du rôle de l'État qui reconnaisse les limites et les échecs du marché et de l'État et les considère comme des partenaires qui doivent coopérer, mais aussi une vision large du développement qui passe par une transformation de la société* ». Bien plus, **TOUNA MAMA** comme son maître **Goerges NGANGO** ne croit ni au développement spontané de l'Afrique (développement par le marché) ni au développement véhiculé de l'extérieur (les Investissements Directs Etrangers et l'aide publique au développement).

Une alternative plus équilibrée aux politiques dites du consensus de Washington consiste alors pour lui à mettre en place des politiques de planification dont il adosse le succès au respect scrupuleux des engagements pris par les États. Il recommande surtout que l'État ne prenne que les engagements qu'il peut respecter pour rassurer tous ses partenaires. Ces politiques comme il le rappelle dans l'ouvrage « *L'économie Camerounaise : pour un nouveau départ* » doivent s'appuyer une vision stratégique prospective, le développement des infrastructures et la bonne gouvernance. Mais dans la mesure où les

Etats font face au phénomène de mondialisation, il est essentiel que les Etats africains, en particulier le Cameroun, réalisent la révolution agricole, la révolution industrielle et améliorent leur compétitivité.

En ce qui concerne sa vision sur les relations entre l'Afrique et le monde, **TOUNA MAMA** construit un paradigme qui appelle à la redéfinition des rôles respectifs des États africains, du marché et des ONG. En effet, partant des limites de l'économie du développement construite sur le structuralisme, la dépendance, le marxisme du sous-développement ainsi que les paradigmes orthodoxes faisant dépendre le développement de l'accumulation du capital et de l'ouverture au marché mondial, il suggère que la nouvelle économie du développement devait reposer sur la revisitation de la conception du rôle de l'État, la démystification du rôle du marché et la reconsidération des liens entre le libéralisme économique et le libéralisme politique. Mais dans un monde de plus en plus globalisé et global, il affirme que les états africains n'ont pas le choix que de prendre la voie de la mondialisation qui « ressemble à un TGV ». Il affirme à cet effet que la meilleure voie pour s'intégrer dans le train de la mondialisation est l'engagement volontariste pour l'intégration régionale et sous-régionale. Cet engagement constitue d'ailleurs pour ce Maître « *un impératif catégorique pour l'Afrique Centrale qui semble être le dernier de la classe dans le monde* ».

C'est pour immortaliser cette richesse que la Faculté des Sciences Economiques et de Gestion de l'Université de Yaoundé II s'est engagée à lui rendre un grand Hommage en invitant plusieurs générations d'enseignants. Il s'agit notamment de ses maîtres, ses collègues de génération, ses fils scientifiques et ses fils biologiques. Les chercheurs de renommée présentent dans cet ouvrage certains de leurs travaux qui s'inspirent de la pensée TOUNAMAMAIENNE et qui se déclinent en trois parties à savoir la pensée économique keynésienne de **TOUNA MAMA** ; la place de l'économie du développement dans la pensée TOUNAMAMAIENNE ; l'histoire économique et institutions : quelle est la contribution de **TOUNA MAMA**.

PREMIERE PARTIE

TOUNA MAMA : INVESTIGATIONS DANS SA PENSEE ECONOMIQUE

INTRODUCTION DE LA PREMIERE PARTIE

Cette première partie mène des investigations théoriques et empiriques sur à la pensée économique de **TOUNA MAMA**. Celle-ci tire ses origines de la volonté de l'auteur de vouloir concilier, l'économie du développement à la théorie keynesienne. En effet, dans sa thèse de doctorat soutenue à l'Université de Bordeaux I en 1985, **TOUNA MAMA** jette les bases d'une conciliation entre les deux domaines. En s'appuyant sur la théorie keynesienne des transferts internationaux, il démontre que même si un pays utilise bien les crédits qui lui sont octroyés, s'il déborde sa capacité d'endettement maximale, c'est-à-dire sa capacité maximale de transferts à l'étranger selon KEYNES (1919), celui-ci rentre en crise d'endettement et ne peut plus rembourser normalement sa dette.

Cet effort remarquable de synthèse entre l'économie du développement et la théorie keynesienne est renouvelé en 2018 avec la publication de deux ouvrages. Le premier, intitulé « ***l'Economie camerounaise à l'épreuve de l'émergence*** », publié aux Editions AFREDIT, met en avant l'idée selon laquelle le Cameroun doit remplir au moins trois prérequis s'il veut sortir du sous-développement et devenir émergent. Avoir une vision stratégique prospective, placer le développement des infrastructures au centre de la politique de développement et faire de la bonne gouvernance une réalité. Toutefois, bien que ces prérequis soient déjà difficiles à réaliser, **TOUNA MAMA** dans cet ouvrage, recommande d'aller au-delà desdits prérequis en empruntant le chemin de la mondialisation. Publié aux Editions l'Harmattan du Cameroun, le second ouvrage intitulé « ***Les politiques de la Ville en question : A la recherche d'une meilleure gouvernance urbaine en Afrique subsaharienne*** », propose des solutions au maintien d'un développement durable en Afrique Subsaharienne. Précisément dans cet ouvrage, **TOUNA MAMA** suggère de renforcer la décentralisation et d'améliorer la planification et la gouvernance urbaines.

En essayant donc d'immortaliser la pensée keynesieno-développementiste de **TOUNA MAMA**, cette partie est structurée en cinq chapitres. Le premier est consacré à l'explication de la théorie du libéralisme keynesien proprement dite. Le second essaye d'intégrer l'entrepreneur et la concurrence dans l'analyse du circuit économique.

Le troisième chapitre pour sa part porte sur le développement de l'hypothèse du Tounamamisme. Le quatrième est axé sur l'actualité de la pensée économique de **TOUNA MAMA**. Le cinquième chapitre enfin analyse les contributions de **TOUNA MAMA** aux nouvelles extensions de l'économie du territoire.

Chapitre 1

Le libéralisme keynésien

The Keynesian Liberalism

Frédéric POULON
frederic.poulon@wanadoo.fr
Université de Bordeaux
France

Résumé : *L'objectif de cette contribution est d'effectuer une analyse critique du libéralisme keynésien, de ses paradoxes, jusqu'à ses implications pour les économies émergentes. Il ressort de ces analyses que malgré son affinité avec le libéralisme, Keynes n'est pas perçu comme un libéral par ses pairs car sa pensée est relativement plus proche des idéaux de gauche. Pourtant, la pensée keynésienne est centrée autour de la notion du circuit et se démarque de la pensée marxiste puisque, Keynes est attaché aux valeurs de justice et de liberté que véhicule le capitalisme. Et même si Keynes prône un protectionnisme, celui-ci n'est nullement synonyme d'égoïsme national puisque, toutes les nations y compris les plus puissantes souffrent tôt ou tard de l'excès de concurrence. Bien que ce protectionnisme constitue une solution pour les économies émergentes comme le souligne* ***TOUNA MAMA****, les pesanteurs administratives entravent son application.*

Mots clés : Libéralisme keynésien, circuit économique, capitalisme, protectionnisme, **TOUNA MAMA**.

Abstract*: The objective of this article is to carry out a critical analysis of Keynesian liberalism, from its paradoxes to its implications for emerging economies. It emerges from these analyses that despite his affinity for liberalism, Keynes is not perceived as a liberal by his peers because his thinking is relatively closer to left-wing ideals. However, Keynesian thought is centered around the notion of the circuit and differs from Marxist thought since Keynes is attached to the values of justice and freedom that capitalism conveys. And even if Keynes advocated protectionism, this was by no means synonymous with national egoism, since all nations, including the most powerful, suffered sooner or later from excessive competition. Although protectionism is a solution for emerging economies, as Professor* ***TOUNA MAMA*** *points out, administrative burdens hinder its application.*

Keywords*: Keynesian Liberalism, economic circuit, capitalism, protectionism,* ***TOUNA MAMA****.*

1. Introduction

Keynes était libéral, et nous devons donc penser que notre « Keynes africain » l'est tout autant. Cependant le libéralisme keynésien est paradoxal : c'est ce qu'il nous faut dégager au premier chef (I). Un paradoxe n'est après tout qu'une contradiction *apparente* qu'un peu d'analyse permet de dissiper. Nous le verrons, dans le cas présent, en rappelant d'abord les sources théoriques du libéralisme keynésien (II) puis les implications pratiques de celui-ci (III). Cela nous donnera peut-être alors la réponse à la question de savoir comment le libéralisme keynésien peut s'appliquer aux économies émergentes ou, en songeant plus particulièrement au Cameroun, à celles aspirant à l'être (IV).

2. Le paradoxe du libéralisme keynésien

Keynes s'est toujours affirmé libéral, et pourtant les libéraux, de son vivant déjà et de nos jours plus encore, le considèrent comme un adversaire : tel est le paradoxe.

Notons que les libéraux qui refusent d'admettre Keynes comme un des leurs sont, au premier rang, les libéraux *ultra*, alors même qu'une fois au pouvoir ces libéraux inconditionnels font souvent une politique keynésienne peu en accord avec leurs principes de rigueur (monétaire, budgétaire, etc.). On l'a vu, au début des années 1980, avec Ronald Reagan qui a porté le déficit budgétaire américain à des niveaux jamais atteints auparavant aux États-Unis. On le voit encore aujourd'hui, en France par exemple, avec Emmanuel Macron, pur libéral, européiste et mondialiste, qui a dû mettre (sous la pression des circonstances, reconnaissons-le : gilets jaunes, crise sanitaire, etc.) beaucoup d'« eau dans son vin ».

Il reste que les soutiens déclarés de Keynes se sont surtout trouvés, depuis l'origine, dans les milieux politiques dits de gauche, interventionnistes et anti-libéraux par principe. Les sociaux-démocrates, qui forment le gros des bataillons keynésiens, se sont cependant peu à peu tous convertis à un certain libéralisme (en France en 1982, au début du premier septennat de François Mitterrand), quoiqu'il y ait chez les communistes, toujours anti-libéraux, une certaine sympathie pour Keynes même si elle n'atteint pas celle due à Marx.

Tout cela atténue certes la contradiction soulevée au début de cette section puisque l'on a vu des libéraux faire du keynésianisme et des keynésiens se convertir au libéralisme. Mais le plus important est de se référer à Keynes lui-même.

Son libéralisme ne peut être mis en doute. De ses années d'Université (au début du XXe siècle) jusqu'à la fin de sa vie (1946), il a maintenu sa fidélité et son adhésion au parti libéral anglais, alors que ce parti, depuis les élections de 1923, déclinait inexorablement au profit du parti travailliste et devenait le troisième parti, ce qui, dans un système bipartiste tel que le système anglais, équivalait à une mort politique. Mais l'adhésion de Keynes au parti libéral n'était nullement mue par des raisons politiques, contrairement à Churchill, qui visait une carrière politique (et quelle carrière !) et qui, lorsqu'il vit que le parti libéral (dans lequel il côtoyait Keynes) ne pourrait lui offrir le destin auquel il aspirait, le quitta sans état d'âme pour passer chez les conservateurs. Keynes, lui, était attaché au parti libéral par des raisons non politiques mais philosophiques. C'est donc à cette philosophie qu'il nous faut en venir pour comprendre les fondements du libéralisme keynésien. Cela nous impose un détour par les sources théoriques de ce libéralisme et ses implications pratiques.

3. Les sources théoriques du libéralisme keynésien

Ces sources sont à rechercher dans ce qu'on appelle communément la « révolution keynésienne », qui occupe les années 1924-1936. Auparavant — depuis 1908, date de l'« entrée » de Keynes en économie — celui-ci est un disciple d'Alfred Marshall, entendons un économiste classique, libéral par principe, adepte du « laissez-faire, laissez-passer », mot d'ordre des libéraux du monde entier, hérité des physiocrates français du XVIIIe siècle.

La mort d'A. Marshall (1924) et surtout la crise du parti libéral (à partir de 1923) vont amener Keynes à repenser les fondements de la science économique. Nous ne retracerons pas ici l'itinéraire qui, en quelque douze années, le conduira à son *Traité de la monnaie* (1930) puis à sa célèbre *Théorie générale de l'emploi, de l'intérêt et de la monnaie* (1936). Il suffit de noter que, dès le *Traité de la monnaie*, Keynes sent la nécessité de sortir du paradigme classique dit du *marché* pour entrer dans un nouveau paradigme auquel les post-keynésiens, dont **TOUNA MAMA**, donneront le nom de paradigme du *circuit*. Le circuit keynésien existe déjà, à l'état embryonnaire, dans le *Traité de la monnaie* mais prend corps véritablement, six années plus tard, dans la *Théorie générale*. Il est alors le développement de ce qu'on appelle le *principe fondamental des économies monétaires*, qui s'énonce ainsi : « Une première catégorie d'agents (les banques B) prêtre à une seconde catégorie (les entreprises E) qui achète pour vendre à une troisième (les ménages M) qui vend pour acheter. » L'analyse qui découle de ce principe conduit Keynes à une *condition de crise* de l'économie capitaliste qu'il exprime, dans le *Traité*, par l'inégalité $I - S < 0$ puis, dans La *Théorie générale*, par l'inégalité plus subtile $I - F < 0$ [(1)].

Il est à noter l'extraordinaire similitude entre la condition keynésienne de crise (celle du *Traité* ou celle, plus évoluée, de la *Théorie générale*) et la condition de crise capitaliste dégagée, au siècle précédent, par Marx dans *Le Capital*. L'analyse de Marx conduit en effet à une condition de crise semblable, à ceci près qu'elle prend la forme d'une inégalité non entre deux *flux* (comme chez Keynes), mais entre deux *temps* : il s'agit de l'inégalité $D - t < 0$, où D est la durée de vie économique du capital et t son temps de récupération. De fait, Marx est déjà un précurseur de Keynes dans l'analyse de circuit. Mais il ne faut pas déduire de cette parenté sur le plan théorique entre ces deux grands auteurs (parenté que Keynes a d'ailleurs ignorée sinon repoussée) une parenté aussi sur le plan pratique. Sur ce plan-là, au contraire, les conclusions de nos auteurs sont opposées, comme nous allons voir dans la section suivante.

4. Les implications pratiques du libéralisme keynésien

Dans son analyse des causes de la crise capitaliste à partir de l'inégalité caractéristique de celle-ci, Marx déduit que la cause fondamentale de crise est la concurrence effrénée entre les entreprises à l'intérieur du système capitaliste parce que cette concurrence, lorsqu'elle est sans limites, conduit à une destruction de capital trop rapide et donc à un laminage excessif des profits empêchant un renouvellement convenable du capital. Et comme, parmi toutes les formes de concurrence, la plus forte et donc la plus destructrice de capital est la concurrence extérieure, Marx voit dans le *libre-échange* le

[1] Dans une période de temps donnée, l'année par exemple, I désigne l'investissement net du pôle E du circuit, S l'épargne nette du pôle M, F le financement net du pôle E par le pôle B.

principal facteur de destruction du mode de production capitaliste. N'étant pas un ami du capitalisme dont il souhaite la destruction, il se déclare libre-échangiste. Telle est la conclusion de son fameux *Discours sur le libre-échange* (1848) : « Je vote pour le libre-échange. »

Keynes fait, sans le savoir, la même analyse que Marx des *causes* de la crise capitaliste à partir de sa propre inégalité de crise, semblable de fait à celle de Marx. Mais il n'en tire pas les mêmes *conséquences*. Et c'est là qu'intervient le libéralisme keynésien.

Keynes est attaché aux valeurs de justice et de liberté que véhicule somme toute le capitalisme. Aussi cherche-t-il à le soustraire à sa perspective de destruction. Comprenant que le danger est non dans la liberté mais dans l'*excès* de liberté des échanges, il prône une limitation de cette liberté à travers un contrôle raisonné, exercé par la puissance publique, des échanges économiques dans le pays et surtout du pays avec l'extérieur.

Nous touchons là à l'essence même du libéralisme keynésien qui n'est que l'application à l'économie de la philosophie occidentale héritée du fond des âges et dont la Grèce fut le berceau. Les Grecs de l'Antiquité aimaient à graver au fronton de leurs temples leur maxime « rien de trop » [(2)]. Keynes, pétri de culture classique, est un héritier de cette philosophie. Sa doctrine économique à laquelle aboutit l'analyse magnifiée dans ce qu'on appelle la « révolution keynésienne » se résume en ces termes : la liberté, oui, mais point trop de liberté ; la concurrence, c'est bien, mais trop de concurrence, c'est mal. Et c'est, selon Keynes, à l'État qu'il convient de tracer la frontière entre ce bien et ce mal.

De nombreux textes de Keynes, à partir de 1933 surtout, témoignent de cet aboutissement de sa pensée. Contentons-nous de citer quelques passages d'un article de *The New Statesman and Nation* (8 et 15 juillet 1933) reprenant une conférence donnée par Keynes à Dublin en avril 1933 : « J'ai été élevé, comme la plupart des Anglais, dans le respect du libre-échange entendu non seulement comme une doctrine économique que toute personne rationnelle et instruite ne saurait mettre

---

[2] En grec « μηδὲν ἄγαν » (*mèdène agane*) que l'on voit gravé, par exemple, sur le temple d'Apollon à Delphes.

en doute, mais encore comme partie intégrante de la loi morale (…) Je sympathise avec ceux qui veulent réduire au minimum l'enchevêtrement économique des nations plutôt qu'avec ceux qui veulent l'étendre au maximum (…) Je suis enclin à croire qu'un degré plus élevé d'auto-suffisance nationale peut mieux servir la cause de la paix que le contraire. »

Il y aurait beaucoup à dire sur le « protectionnisme keynésien » nullement synonyme d'égoïsme national ni de germe de conflits entre nations mais au contraire de concorde internationale puisque toutes les nations y compris les plus puissantes souffrent tôt ou tard de l'excès de concurrence qu'elles se font les unes aux autres et ont donc toutes intérêt à négocier une limitation de cette concurrence. Nous chercherons ici à voir dans quelle mesure celui justement nommé le « Keynes africain » aboutit lui aussi à un protectionnisme raisonné.

5. Application du protectionnisme keynésien aux économies émergentes

Il est illusoire de penser qu'une économie, si puissante soit-elle, puisse à elle seule changer les règles du commerce international. Même les États-Unis, quand on considère l'échec final du président Donald Trump, ne l'ont pas pu. A fortiori le Cameroun ne le peut-il pas, d'autant plus qu'il s'agirait dans ce cas d'instaurer le protectionnisme keynésien nécessitant concertation et accord avec sinon toutes les autres nations du moins un certain nombre d'entre elles. La difficulté explique pourquoi **TOUNA MAMA**, dans son magistral tableau de l'économie camerounaise constituant son dernier ouvrage, n'évoque ni le protectionnisme ni même le nom de Keynes.

C'est pourtant à cet ouvrage que nous souhaitons nous référer pour relever les conditions devant permettre au Cameroun, à l'horizon 2035, d'accéder au stade d'économie émergente, c'est-à-dire celui de « nouveau pays industriel à revenu intermédiaire » (p. 209). Ces conditions sont celles qu'aurait pu poser Keynes lui-même. Il y a d'abord, nous dit Touna Mama (p. 187), « l'auto-suffisance alimentaire », premier pas vers l'auto-suffisance nationale. C'était, nous rappelle-t-il, l'objectif hélas non atteint du VIe plan quinquennal (1986-1990). Il y a surtout, à défaut d'une concertation internationale universelle, au moins, pour commencer, une concertation régionale. Cette concertation du reste existe depuis un certain temps déjà, notamment sur le plan monétaire, avec la BEAC (Banque des États d'Afrique Centrale) dont le Cameroun fait partie. Elle se construit aussi sur le plan commercial avec la CEMAC (Communauté Économique et Monétaire des États d'Afrique Centrale). Mais, là, reconnaît **TOUNA MAMA**, surgissent des difficultés à cause des « égoïsmes nationaux qui prédominent sur les intérêts communautaires » (p. 319). Bien d'autres pas ont malgré tout été faits vers la constitution d'une zone protégée, notamment dans le cadre d'accords de partenariat économique (APE) avec l'Union Européenne.

Cependant, qu'on soit loin encore de la mise sur pied d'un protectionnisme keynésien ne fait aucun doute. Les pesanteurs administratives sont, comme toujours, écrasantes. Mais surtout, dans notre cas, les principaux obstacles sont les résistances intellectuelles : faire passer les esprits de la conviction des avantages du libre-échange à celle des avantages du protectionnisme concerté serait une véritable révolution de la pensée avec l'abandon du paradigme ricardien, qui domine encore les esprits, au profit du paradigme keynésien. Là, l'Université a un grand rôle à jouer. C'est le rôle qu'a tenu des années durant en Afrique **TOUNA MAMA** et que tiendront après lui les jeunes disciples qui l'ont suivi.

Références bibliographiques

Keynes J.M. (1982). National Self-Sufficiency, *The New Statesman and Nation* (8 et 15 juillet 1933), in : *The Collected Writings of J.M Keynes*, vol. XXI, Londres, Macmillan.

Poulon F. (2016). La Pensée économique de Keynes, *Paris, Dunod,* 4e éd.

Touna Mama E. (2018). L'Économie camerounaise à l'épreuve de l'émergence, *Yaoundé, Afrédit (Africaine d'édition)*.

Chapitre 2

Entrepreneur et concurrence dans le circuit économique

Entrepreneur and competition in economic circuit

Lucien ORIO
lucien.orio@gmail.com
Classes préparatoires aux Grandes Ecoles
Membre l'ADEK[1]
France

[1] Association pour le développement des études keynésiennes.

Résumé : *L'entrepreneur dans la théorie néoclassique n'a pas de consistance, réduit à un simple algorithme maximisation. Selon la formule de William Baumol c'est « Hamlet Whithout Prince ». Dans la Théorie générale, Keynes souligne son importance décisive pour la détermination du niveau de l'emploi et semble réintégrer le prince dans la pièce. Mais, il met aussi en place une macroéconomie fonctionnelle dans laquelle l'entrepreneur est remplacé par l'entreprise. L'entrepreneur ne risque-t-il pas de dissoudre à nouveau dans un système basé sur des mécanismes assurés par la stabilité de paramètres et des propensions ? Comment penser dès lors l'entrepreneur et la « classe des entrepreneurs ». Deux critères sont avancés. Y a-t-il une homogénéité du groupe entrepreneurial qui débouche ou non sur un simple entrepreneur représentatif ? Le groupe est-il autosuffisant pour assurer le plein emploi des facteurs et les innovations ? L'auteur répond à ces questions en examinant les rapports de Keynes avec Alfred Marshall, Joseph Schumpeter et Karl Marx. Trois cas de figure d'entrepreneur vont apparaître : le conformiste, le charismatique et le faux-frère.*

Mots clés : Entrepreneur, concurrence, cicruit keynésien.

***Abstract**: The entrepreneur is whitout substance in the neoclassic theory and reduced to a simple maximizing algorithm. William Baumol said he is 'Hamlet without Prince'. In his General Theory Keynes emphasizes how important he is to determine the standard of employment and seemingly calls back the Prince in the play. In addition, he sets up a functionally working macroeconomic system in which the entrepreneur is replaced by the corporation. Is the entrepreneur not likely to melt again into a system based on mechanisms provided by the stability of parameters and propensities? So how to define the entrepreneur and 'the entrepreneurial group'? Two criteria can be put forth. Is the group self-sufficient enough to provide for the full use of the factors and innovations? The answer is in examining how Keynes is connected to Alfred Marshall and Joseph Schumpeter and Karl Marx. Then three entrepreneurial figures will emerge: the conformist, the charismatic and the hostile brother.*

***Keywords** : Entrepreneur, competition, keynesian circuit.*

En 1968 William Baumol dans un article de *l'American Economic Review « Entrepreneurship in economic theory »* constatait que l'entrepreneur est le grand absent de la théorie économique néoclassique, réduit à un simple algorithme optimisateur, même s'il existe des nuances importantes entre les différents courants néoclassiques. Chez Walras l'entrepreneur comme coordonnateur des marchés à la manière de Say est neutralisé comme la monnaie elle-même par interdiction de relation directe entre les agents, le Commissaire-priseur prenant toute la place. Chez les Autrichiens, l'entrepreneur est celui qui stabilise et comble les « trous de coordination » entre l'offre et la demande. Ainsi la doctrine sociopolitique qui exalte l'esprit d'entreprise n'a aucune analyse théorique de l'entrepreneur. Comme si le Prince du Danemark était absent de la pièce Hamlet.

Mais qu'en est-il pour Keynes lui-même ?

1. Introduction-Keynes : l'entrepreneur dans le circuit

Dans la *Théorie générale* aux chapitres 3 et livre 2, Keynes construit un modèle de circuit macroéconomique, avec les grandes fonctions : emploi, production, consommation, investissement, sans oublier la demande de monnaie. Il se situe à la fois en courte période, où les équipements sont donnés et le niveau de production et donc d'emploi varient, et aussi à long terme par la présence les anticipations du futur quant à l'efficacité marginale du capital. Ce qui compte ce n'est pas tant ce qui se passe *à l'intérieur* des pôles que les *relations des pôles entre eux*, les flux entrants des uns étant le flux sortant des autres avec une contrainte comptable de d'égalité des flux entrants et des flux sortants pour chaque pôle.

Cet ensemble peut être présenté par le circuit simplifié, sans Etat ni extérieur. Par la suite il sera désigné comme le circuit *F*→E→*F*' en référence au circuit marxien *A*→M→*A'*.

Graphique 1 : *Le circuit simplifié* ***F→E→F'***

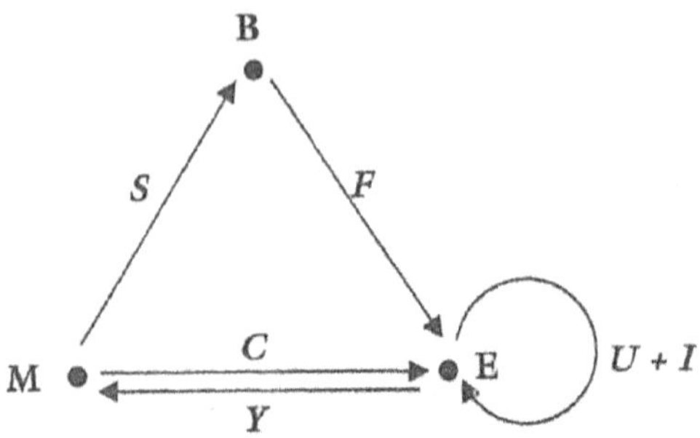

Il y a trois pôles. Le pôle B *les banques, qui ouvre le circuit le pôle* E *les entreprises, le pôle* M *les ménages, Avec F le financement initial (net de remboursements), U le coût d'usage, I, l'investissement net des entreprises, Y les revenu des ménages (salaires et revenus de la propriété), C la consommation et S l'épargne des ménages* M, L'Etat *et l'extérieur sont absents ici. Dans ce texte tous les flux isolés sont en italique.*

Le principe comptable implique une égalité des flux entrants et des flux sortants pour chaque pôle.

Graphique 2 : *L'égalité des flux*

B	
F	*S*

E	
U	*U*
I	*I*
Y	*C*
	F

M	
C	*Y*
S	

Encadré 1. Le profit non distribué I-F dans le circuit économique
Le revenu net de la communauté, **R**, est la différence entre les recettes des entreprises (vente aux ménages et aux autres entrepreneurs) et le cout d'usage. **R = C+I+U-U = C+I.** (1)
Ce revenu est réparti entre ménages qui perçoivent Y et consomment C et les entreprises qui ont un profit π non distribué soit **R= Y+π** (2).

$$\pi = C+I-Y = I-S \quad (3)$$

L'égalité des flux entrants et sortants au pôle entreprise permet d'établir **S=F** **C+I+U+F = I+U+Y** d'où **F= Y-C=S (4)**
Ce résultat est conforme à la théorie monétaire le montant des dépôts S est égal aux contreparties F, crédits. Au pôle banque

D'où **π = I-F** ***(5).***

La formule (5) donne la variation de la richesse nette des entreprises, à la fin de période du circuit.

Mais en réalité I-F n'est que la partie non distribuée du profit global. Il faudra prendre en compte aussi le profit distribué, dividendes, intérêts, rentes etc désigné ci-dessous par *Z*

L'entrepreneur n'est cependant pas absent et si Keynes en donne une définition minimale et met l'accent sur la phénoménologie des comportements collectifs, cela lui permet de rompre avec la vision néoclassique et de réfuter ainsi la Loi de Say, construire une théorie du chômage involontaire pour justifier théoriquement des politiques de sortie de la dépression des années 1930. Mais son projet est plus large. Construire une macroéconomie susceptible de fournir les bases théoriques incontestables à des politiques actives dans un contexte institutionnel profondément renouvelé, la socialisation de l'économie. L'approche par le circuit peut s'appliquer à tout contexte, que ce soit la dépression ou la prospérité.

S'appuyant sur les promesses du circuit fonctionnel il écrit, en pensant à son rêve de l'économiste devenu comme un dentiste.

« Quant à notre tâche finale, elle pourrait être de choisir les variables que l'autorité centrale est capable de contrôler ou de gouverner délibérément dans le genre de système où nous vivons réellement » (*T.G* p 253)

Comment établir un pont entre le circuit, le pôle entreprise et l'entrepreneur ? Il s'agit ici d'examiner la nature de l'entrepreneur comme Ronald Coase a pu parler de *« nature de la firme »*. En quoi a-t-il une spécificité voire une fonction irremplaçable dans le circuit économique à côté d'autres personnages qui lui sont associé : le capitaliste, le propriétaire-actionnaire, le manager-agent, la technostructure, le rentier...

Pour répondre à ces questions on examine, à travers trois figures de l'entrepreneur, les rapports conscients que Keynes a entretenu avec Alfred Marshall et Joseph Schumpeter, mais aussi dans l'inconscient du circuit fonctionnel où rôde le *« spectre de Marx »* selon l'expression de Jacques Derrida[1]. Le fil conducteur sera les types de concurrence qui sont à l'œuvre dans le circuit.

Pour reprendre la distinction opérée par Claudio Napoleoni qui suit ici Schumpeter, (1985, p141), il existe deux types de concurrence. La statique (*statica*) que se font les entreprises qui produisent les mêmes choses de la même manière, la dynamique (*dinamica*) qui peut être divisée à son tour. Celle de Schumpeter, que les nouveaux entrepreneurs-innovateurs font aux entreprises anciennes, et celle de Marx où les capitalistes sont en rivalité pour capter le profit monétaire global du circuit, tant au niveau national qu'international.

2. Un Entrepreneur keynésien conformiste ?

Dans cette deuxième section, principalement basée sur une lecture du chapitre 3 de la *Théorie générale*, l'entrepreneur se définit essentiellement par le motif d'entreprise, *« cette appellation s'applique à la fois à la personne qui produit et celle qui investit »* (*T.G* p.67). Il tient une place fondamentale dans la tradition de Richard Cantillon car il est l'agent premier celui qui assume l'incertitude, vit à *« gages incertains »* et doit prendre des décisions de long terme qui déterminent l'ensemble de la situation de l'emploi et du revenu des autres agents.

[1] Jacques Derrida. *Spectres de Marx*, Galilée, Paris 1993.

Dans le graphique 1 on observe ce caractère premier de l'entreprise – entrepreneur. Tous les flux convergent ou partent du pôle **E.**

2.1. Le côté conformiste de l'entrepreneur dans la *Théorie générale*

L'entrepreneur, apparaît d'abord au singulier que l'on peut définir dans la tradition marshallienne comme « représentatif ». La version anglaise de la *Théorie générale* utilise la formule *« typical entrepreneur »,* traduite par *« entrepreneur-type »*[2] dans la version française. Keynes dit lui-même dans la définition précédente que c'est *« une personne »* En apparence, cet entrepreneur-typique calcule et semble optimiser. Keynes part des deux courbes. La courbe DD', la demande globale de toutes les recettes anticipées et la courbe ZZ' ou prix de l'offre globale, soit le coût total anticipé.

Keynes écrit que l'entrepreneur cherche à rendre maximum *l'écart* entre les deux courbes DD' et ZZ'. Chacune étant fonction de N, l'emploi, D= D(N) et Z= Z(N) l'écart sera maximum pour dD/dN=dZ /dN, les valeurs marginales sont ici égales : recette marginale=coût marginal. Cette vision fut retenue par Michael Kalecki[3] (1936) dans sa recension de la *Théorie générale*. Il trace deux courbes en termes de valeurs marginales en fonction du niveau de production la courbe de recette marginale décroissante (*marginal value added*) et celle du coût marginal croissant (*marginal labour cost)* les deux étant calculées nettes du coût d'usage et des achats interentreprises. Le point d'intersection détermine le niveau de l'emploi offert par l'entrepreneur représentatif et l'aire entre les deux courbes son profit total.

Mais ce n'est qu'une apparence néoclassique. Ici cet individu, n'est pas un être isolé doté d'une rationalité substantive. Au contraire dans la *Théorie générale*, sa phénoménologie nous le montre soumis à l'opinion collective, à la convention, imitateur en situation d'incertitude, soumis à des vagues d'euphorie et de déception collectives dans le déroulement des cycles économiques C'est ici que se manifeste l'idée d'un entrepreneur conformiste et conventionnel. L'Entrepreneur appartient à un ensemble collectif coordonné par les effets du principe du multiplicateur qui jouent ici le rôle d'externalités.

---

[2] Au chapitre 6.

[3] M. Kalecki. *« Some remarks on Keynes' theory »* in Woods J.M Keynes Critical Assessments, Vol V p. 205-223

On sait que pour la théorie néoclassique, la non comparaison des utilités individuelles, l'absence d'externalités, et les variations de petites quantités pour éviter les effets de revenu importants sont des hypothèses clés pour la construction de courbes de d'offre et demande stables. Rien de tel ici et cette première approche de l'entrepreneur qui semble s'accrocher au modèle traditionnel est remise en cause.

2.2. La concurrence entre les entrepreneurs

Keynes utilise aussi les entrepreneurs au pluriel. Ici nous sommes en présence des entrepreneurs pris comme un tout, l'entrepreneur représentatif n'est que le comportement moyen du groupe. Et ces entrepreneurs se livrent une concurrence ou plutôt deux concurrences.

La concurrence statique sur les marchés des facteurs et des produits

Quand nous passons au collectif des entrepreneurs, l'équilibre n'est plus l'écart maximal entre les deux courbes DD' et ZZ mais *leur point d'intersection.*

« Ainsi le volume de l'emploi est déterminé par le point d'intersection de la courbe de demande globale et de la courbe d'offre globale. C'est à ce point que la prévision de profit des entrepreneurs est maximum » (p. 49)

Au point d'intersection des deux courbes, c'est le point où un profit jugé normal apparaît, le point où **I=S**, où ***S*** est l'épargne des ménages, l'écart entre investissement des entrepreneurs et épargne des ménages est nul ou **I-F =0**. Point de la demande effective, qui correspond au point de Knut Wicksell ou le taux d'intérêt monétaire et le taux d'intérêt réel sont égaux. Keynes dans la *Théorie générale* tient à rappeler cette similitude tout en ajoutant que rien ne garantit que ce point d'équilibre puisse être un point de plein-emploi, ou dit en d'autres termes qu'il peut exister une multiplicité de points de la demande effective.

Comment atteint-on ce point ? Partant d'un niveau d'emploi donné l'écart entre les deux courbes représente un profit *« tombé du ciel » (windfall profit)*. Les entrepreneurs se font concurrence *« en se disputant les uns aux autres les facteurs de production »* jusqu'à l'atteinte du niveau d'emploi qui rétablit l'égalité en DD' et ZZ'. Tant qu'il y écart entre les deux courbes pour un niveau d'emploi donné, les entrepreneurs sont incités à produire plus.

On peut interpréter cette marche vers le point d'équilibre comme le temps du multiplicateur, puisqu'au terme de celui-ci l'investissement « génère » un montant équivalent d'épargne des ménages.

La concurrence dynamique : innovations et non conformisme

Les entrepreneurs, se font concurrence entre eux et l'une des stratégies de cette concurrence passe par l'innovation, le renouvellement des techniques et des produits, une obsolescence accélérée pour plus d'efficacité. Rien de conformiste ici. De manière *« physique »,* chaque année une fraction de l'équipement passe dans la production sous forme de consommation de capital fixe. Et le nombre d'années que dure l'usure physique devrait correspondre au délai de récupération de l'investissement initial. Mais la concurrence dynamique réduit la durée de vie physique du capital technique et oblige les entrepreneurs à récupérer leur financement initial ***F*** plus rapidement. On sait que l'efficacité marginale du capital est formellement identique au taux de rentabilité de l'investissement (TRI) d'Irving Fisher, ce qui impose un délai de récupération plus court ou un TRI renforcé. Pour traiter ce problème de coût de la concurrence, Keynes propose une innovation conceptuelle celle du coût d'usage ***U*** qui modifie cette vision orthodoxe. Il consacre tout un appendice au coût d'usage dans le chapitre 6.[4]

Qu'est-ce que le coût d'usage ? De manière comptable, ***U*** désigne l la somme des consommations intermédiaires et de la consommation de capital fixe.

Mais la définition la plus saisissante est celle que Keynes donne rappelant celle de la monnaie, pont entre le présent et le futur, produire plus ou moins en fonction des anticipations ou même ne pas produire du tout.

---

[4] Ce problème le préoccupe au point qu'il va retarder de plus d'un an la publication de la *Théorie générale*. Ce qui est curieux c'est l'importance que Keynes semble lui accorder et la place modeste dans le destin de la *Théorie générale*. Il faudra attendre l'Ecole circuitiste pour la remettre en évidence et *« reprendre le flambeau là où Keynes l'a laissé »* selon l'expression de Frédéric Poulon.

« Le coût d'usage constitue l'un des liens entre le présent et le futur » (*T.G* p.90)

C'est la consommation de capital fixe (CCF) qui est décisive, car on peut considérer comme stable le rapport entre consommations intermédiaires et production tout au moins en courte période. L'intensité de la concurrence accroît le coût d'usage en tant que CCF, en réduisant la durée de vie de l'équipement. Mais il y a aussi un coût de non usage. La faiblesse des débouchées conduit aussi à une non utilisation des capacités, un faible investissement *I* entrainant un vieillissement du capital et une plus faible efficacité voire une dévalorisation complète du capital. L'évaluation du capital n'étant pas indépendante du taux profit anticipé, le profit macroéconomique du circuit I-F en est affecté. Dans le cadre du circuit simplifié, Frédéric Poulon (2008) a établi :

$$I\text{-}F = U\,(I/U - a)$$

Avec

> a>1. a résume quatre constantes stables du circuit économique en courte période[5].

La concurrence entre les entrepreneurs capitalistes conduit à à une augmentation de *U* plus rapide que *I* d'où une dégradation de I-F. Quand a> I/U, I-F <0.

2.3. L'Etat entrepreneur du plein emploi et endetté en dernier ressort

Comme le note Frédéric Poulon (1989, p.29) dans sa réflexion à propos du point de la demande effective :

[5] a comprend : la propension marginale à épargner *s*, le taux d'imposition sur les ménages *t*, la part des salaires dans le revenu global des ménages π et la constante technologique y qui représente la proportion des salaires dans le coût de production total. Pour la démonstration voir Poulon, 2008 p 83-85

« Puisque l'équilibre du multiplicateur est censé à chaque période s'accompagner de la nullité du profit, l'économie devrait être condamnée, en l'absence de chocs exogènes, à la stationnarité »

D'où peut venir ce choc exogène ? On devine en filigrane, l'idéal d'un keynésianisme centralisé, d'un modèle de coopération organisée. On pourrait suggérer que l'Etat joue ici le rôle de substitut au Commissaire-priseur[6]. En situation de rigidité des prix et d'information imparfaite faute de Commissaire-priseur, les équilibres de sous-emploi peuvent être stables et les agents rationnés : sous-emploi, sous consommation, faibles débouchés. Mais ce n'est pas la vision de la *Théorie générale* car le niveau de l'emploi ne dépend pas d'imperfections du marché du travail. L'Etat est entrepreneur du plein emploi dans une double relation au circuit, exogène et endogène. Il est exogène au circuit par ses politiques publiques actives budgétaires et monétaires contracycliques. En ce sens sa situation financière devient le miroir inversé du circuit. Son endettement croît pour sauvegarder ou améliorer la situation des entreprises à court terme. C'est l'endetté en dernier ressort.

Mais il faut être prudent pour ne pas pousser trop loin cette vision conformiste des entrepreneurs. Sinon l'analyse court le risque, de transformer la pensée de Keynes en *« keynésianisme hydraulique »*. L'Etat devenant à son tour un algorithme optimisateur

Keynes a conscience que les entrepreneurs ont une idée de ce qu'est une bonne politique ouvrant ainsi la réflexion sur la crédibilité de la politique économique. L'exemple le plus connu est celui de la trappe à la liquidité en cas de baisse trop rapide du taux d'intérêt qui lui aussi est conventionnel. Il faut que la politique apparaisse comme durable, conforme à l'intérêt général et menée par des autorités légitimes.

L'entrepreneur-entreprise keynésien n'est donc pas aussi conformiste que peut le croire, et sa concurrence par l'innovation le rapproche de Schumpeter. Mais jusqu'à quel point ?

---

[6] Cette vision d'un Etat commissaire-priseur remonte aux travaux de Robert Clower et Axel Leijonhujvud avec la défaillance de la coordination. Pour une présentation et une critique voir Orio et Quilès (2009) p. 142

3. Un entrepreneur-innovateur charismatique ?

Dans ses principaux ouvrages *Théorie de l'Evolution Economique* (TEE, 1911) et *Capitalisme, socialisme et démocratie* (CSD 1942), Joseph Schumpeter développe une vision de l'entrepreneur, sa nature et ses fonctions. C'est une vision qui restreint le champ d'application du terme entrepreneur et qui met l'accent sur son rôle dynamique dans l'évolution du circuit.

3.1. La nature et la fonction de l'entrepreneur chez Schumpeter

L'entrepreneur schumpétérien a une spécificité dans la vie du circuit économique, l'évolution par l'innovation. Il est exclusivement un innovateur, entrepreneur et innovateur sont synonymes. Parmi ces innovations, Schumpeter dit qu'il introduit une nouvelle fonction de production. Ceci englobe des innovations de produits, des innovations de procédés de production, de nouvelles formes d'organisation du travail, de nouvelles sources d'énergie. Les innovations peuvent être graduelles et d'amélioration de l'existant, mais d'autres sont nouvelles et plus fondamentales

L'entrepreneur-innovateur se distingue donc des gestionnaires-optimisateurs du modèle néoclassique qui sont dans le modèle de courte période. Innovateurs et gestionnaires constituent les entrepreneurs au *sens large.*

Cet entrepreneur-innovateur, *est à l'intérieur* du groupe des entrepreneurs au sens large, mais est un individu charismatique très particulier :

« Des aptitudes...nécessaires qui n'existent que chez une faible fraction de la population et qui caractérisent à la fois le type et la fonction de l'entrepreneur » (CSD p 181)

Le terme charismatique qui est proposée ici, s'inspire des travaux du sociologue allemand Max Weber (1864-1920). Celui-ci distingue trois types de domination légitime. La *traditionnelle*, autorité de *« l'éternel hier »,* la *légale rationnelle*, basée sur des règles écrites, constitutionnelles, bureaucratiques et impersonnelles et la *charismatique*, basée sur la *« grâce »* d'un individu. Le prophète, le chef militaire, le chef d'un mouvement politique ou religieux au commencement d'une époque ou d'un monde nouveau. Bien qu'il ne se réfère pas explicitement à Max Weber on peut noter la correspondance d'analyse

Le caractère charismatique est souligné par le fait que les motivations de l'entrepreneur selon Schumpeter ne sont pas économiques. Mais plutôt la joie de créer un empire, la volonté de puissance, fonder une dynastie… Le profit n'est qu'un indicateur ou plus précisément le revenu de l'innovation.

3.2. Evolution, destruction-créatrice et coût d'usage

Dans le circuit keynésien de courte période, la concurrence est en partie statique et en partie dynamique. C'est ici que Keynes peut rejoindre Schumpeter. Dans la concurrence statique, l'environnement est donné. Dans le cas de Schumpeter, il s'agit d'éliminer les « anciens » : anciens produits, anciens procédés, anciennes formes de gestion. Les nouveaux entrepreneurs-innovateurs font d'abord concurrence aux anciens pour les éliminer.

L'entrepreneur Schumpétérien ne s'adapte pas à l'environnement, *il crée un nouvel environnement*. Il représente le choc exogène pour le système en place, celui stable de la demande effective, où nul entrepreneur nous dit Keynes ne peut prendre l'initiative de sortir de la situation de crise. Ce choc exogène est désigné comme destruction créatrice. *Entrepreneur, entreprise, entreprendre*. Ce triptyque suggère une idée de rupture, de commencement, de révolution. L'entrepreneur est donc un agent historique de l'évolution, sinon l'agent unique. Le paradigme biologique de l'évolution est dominant.

Le volet créateur sera un résultat lointain, où un nouvel ordre économique, technique et sociopolitique plus prospère existera. Mais en attendant la destruction est à l'œuvre. Les anciennes entreprises, les anciennes techniques, professions et qualifications sont affectés. Le coût d'usage de cette concurrence dynamique est colossal. Pour les industries anciennes, il y a une surcapitalisation, dévalorisation du capital, voire fermeture et mise au rebut

Mais les innovateurs doivent aussi supporter des frais d'équipement et coûts fixes élevés. Au départ l'insuffisance d'échelle de production font que le I-F peut être négatif. Les entrepreneurs innovateurs reçoivent d'importants financements mais n'obtiennent pas immédiatement un seuil de rentabilité élevé[7].

Pour résumer :

Keynes : *I-F <0* entreprises en crise avec coût d'usage élevé pour les entreprises soumises à la contrainte d'innovation.

Schumpeter : *I-F<0* entreprises innovatrices nouvelles bénéficiant de financements importants.

3.3. Rapprochements Keynes-Schumpeter

On peut noter que Keynes se réfère à Schumpeter à plusieurs reprises mais de manière incidente et dispersée. Dans le *Traité de la monnaie* [8] il dit :

« En dehors des raisons secondaires qui expliquent les fluctuations des profits dans un monde en mutation, l'explication que le professeur Schumpeter donne des principaux mouvements est parfaitement convaincante »

Dans la *Théorie générale* Keynes on trouve le fameux passage sur les *« esprits animaux »: « Autrefois lorsque les entreprises appartenaient pour la plupart à ceux qui les avaient créées...l'investissement dépendait...d'individus de tempérament sanguin*[9] *qui s'embarquaient dans les affaires pour occuper leur existence sans chercher réellement à s'appuyer sur un calcul précis de profit escompté. Si la nature humaine n'avait pas le goût du risque, si elle n'éprouvait aucune satisfaction (autre que pécuniaire). Les seuls investissements suscités par un calcul froidement établi ne prendraient pas sans doute une grande extension »*

---

[7] Ce point sera repris à la section suivante à propos de Marx.

[8] Vol. 2 p.86 Mac Millan 1930 cité par Christopher Freeman *« Prométhée désenchainé »* Futuribles n° 96 février 1986 p 18-36

[9] Jean de Largentaye en 1939 traduit *Animal spirits* par *« tempérament sanguin ».*

Les esprits animaux signifient que si les entrepreneurs se conduisaient uniquement en gestionnaires, calculateurs et rationnels, de très nombreux investissements n'auraient jamais lieu. Tout comme Schumpeter, Keynes s'oppose à la simple rationalité calculatrice du modèle néoclassique. Mais il prend soin d'indiquer qu'il s'agit *« d'autrefois »* et que les entreprises appartenaient *« à ceux qui les avaient créées »*. Transformation que Schumpeter considérait comme l'une des causes du déclin de la fonction d'entrepreneur, l'émergence de la grande firme calculatrice managériale. Mais dans le circuit fonctionnel keynésien ceci ne prend de l'importance que dans les tendances du capitalisme-actionnarial d'aujourd'hui (voir *infra* section V).

Keynes n'était pas étranger à l'idée d'évolution. Formé à l'école d'Alfred Marshall pour qui *« la Mecque de l'économiste est la biologie évolutionniste »*, cette évolution par sélection se fait de manière lente et graduelle : *« natura non facit saltus »*, la nature ne fait pas de sauts. De fait les considérations historiques de longue période n'apparaissent qu'au Livre VI *« Les notes succinctes suggérées par la Théorie générale »* où il dessine trois époques successives. Celle du capitalisme du laisser-faire, efficace mais sans équité où les inégalités favorisaient l'accumulation de richesses, celle des années 1920-30, marquées par les deux vices fondamentaux les inégalités importantes sans plein emploi, et la future celle de la socialisation intérieure et de la coopération internationale avec un objectif politique de plein emploi. *In fine* on débouche sur la Fin de l'histoire ou *« la fin du problème économique »* avec un Etat stationnaire à la John Stuart Mill revendiqué. Ce sera là la fin des entrepreneurs, les *« hommes d'intention »*, ceux qui soumettent tout à l'accumulation du capital et à l'amour de l'argent. Ici l'écart avec Schumpeter est maximal. Celui-ci craignait au contraire, la fin de l'évolution créatrice par la disparition de la fonction d'entrepreneur.

3.4. Les limites du charisme

Les critiques adressées à Schumpeter ont été nombreuses, y compris dans le cas très actif des néo-schumpétériens contemporains On lui a reproché de surestimer le rôle de l'entrepreneur et de minorer le rôle des institutions sociales, d'ignorer la distinction et la rivalité entre pays

Mais s'il y a du charisme à la base de l'innovation elle répond aussi à des contraintes objectives. On innove d'abord pour contourner des contraintes : baisse des profits et de stagnation des débouchés. Les travaux empiriques montrent que l'essentiel des innovations dites fondamentales apparaissent dans les phases de dépression. Mais d'autres contraintes peuvent apparaitre comme les nouvelles normes publiques dans le domaine environnemental par exemple, l'apparition de nouveaux concurrents mondiaux comme la Chine, la concurrence salariale grâce aux délocalisations etc. Dans le cas de l'exclusivité de l'entrepreneur, Keynes dans la *Théorie générale,* mais aussi dans des textes antérieurs comme *La fin du Laisser-faire* (1925), montre que l'action de l'Etat sur le long terme est de créer un nouvel environnement qui réduise l'incertitude pour les entrepreneurs. Schumpeter accordait un rôle exclusif de l'entrepreneur-innovateur entravé par l'excès d'organisation interne des entreprises, la montée du calcul et l'excès d'intervention de l'Etat. Il est hostile à la socialisation de l'économie, au *New Deal* etc. et plus tard au *« keynésianisme »* Alors qu'il est parfois placé parmi les auteurs *« hétérodoxes »* à côté de Marx et de Keynes, on peut estimer de manière non paradoxale, qu'il aurait approuvé le mouvement de dérèglementation et les évolutions du capitalisme financier et actionnarial d'aujourd'hui.

Encadré 2. L'Etat dans I-F

Si l'on introduit l'Etat avec ses dépenses *G* et ses recettes fiscales *T*, G-T>0 est le besoin de financement de l'Etat, ou son endettement supplémentaire

$$\mathbf{R = C+I +G-T = Y+\pi\ .\ D'où\ I\text{-}F\ = (I\text{-}S)\ +(G\text{-}T)\ (6)}$$

Ici *C* et *I* sont nets d'impôts. L'Etat n'est pas un simple redistributeur ou stabilisateur. Ses dépenses productives le placent aussi dans le pôle E. A côté d'un budget de fonctionnement idéalement financé par l'impôt, Keynes prévoyait un budget d'investissement (*capital budget*) financé par endettement, car bénéficiant à des générations successives. Le besoin de financement n'est pas synonyme de déficit.

Chez Keynes nous l'avons vu, l'Etat peut être un acteur exogène au circuit. Mais il est aussi endogène au circuit et doit s'inscrire pleinement au pôle producteur. Acteur pleinement productif *dans* le circuit, par l'ampleur de ses dépenses et de ses investissements qui forment le capital public (équipement collectifs, éducation, santé, sécurité). L'entrepreneur charismatique schumpétérien ne peut pas être autosuffisant.

4. L'entrepreneur marxien comme faux-frère

L'exégèse des textes préparatoires de la *Théorie Générale* a mis en évidence que Keynes a poursuivi deux projets. L'un qualifié de « pragmatique » vise à convaincre ses confrères économistes de cesser de raisonner sous des hypothèses propres au plein emploi. L'autre, le projet « radical », *l'Economie monétaire de production*, dans lequel il rejoindrait le modèle de circuit marxien du livre II du *Capital*, *A*→M→*A'*. Le circuit fonctionnaliste keynésien est similaire à celui de Marx. Pour distinguer les deux on peut désigner le keynésien par *F*→E→*F'*.

Mais Marx a-t-il une théorie de l'entrepreneur et dans quel cadre de concurrence raisonne-t-il ?

4.1. L'entrepreneur-capitaliste et l'entrepreneur-temporaire

Comme pour toute la tradition classique jusqu'à Ricardo, Marx délaisse le terme entrepreneur pour lui préférer celui de capitaliste ou l'entrepreneur-capitaliste. Sa nature est capitaliste. Il n'y a pas de séparation entre propriété et gestion des moyens de production. Son objectif c'est de réaliser un profit monétaire maximal à partir d'une avance monétaire, *A*. L'entrepreneur est capitaliste chez Marx dans le sens où il prélève ou « extorque » une part de la production de l'ensemble du Travail. C'est le thème de l'exploitation[10].

Dans un premier temps, on peut confronter Marx à Schumpeter. Marx distingue deux types de travail collectif. Le travail *en commun* qui est celui de la coopération directe dans la production que l'on peut assimiler au circuit keynésien. Et le travail *général*, scientifique,

---

[10] Chez Marx le profit n'est pas un revenu de facteur (approche néoclassique), un résidu (approche classique) le revenu temporaire de l'innovation (Schumpeter) ou de l'assomption de l'incertitude (Cantillon, Knight), mais une extorsion de la valeur produite par le Travail social. D'où *« le théorème marxien fondamental »* : il y a profit parce qu'il existe un taux d'exploitation positif (Morishima)

accumulation des connaissances, désigné parfois comme *General Intellect*, qui est une coopération, dit-il des vivants et des morts. L'innovation est présente dans les deux. L'entrepreneur-innovateur puise dans le fond du travail *général*, les connaissances et les inventions, et la mise en œuvre des innovations affecte le travail *en commun* du circuit.

Marx comme les classiques n'ignore pas les phénomènes d'innovation et d'invention mais comme il se place dans une dynamique générale du capitalisme sur une longue période, celles-ci sont généralisées ou absorbées par l'ensemble du système. Cependant on peut trouver une esquisse de rapprochement et aussi de différenciation avec Schumpeter. En effet, examinant les *« économies dues aux inventions »* (Livre III, p.1481), il esquisse une théorie que l'on peut désigner comme *l'entrepreneur-temporaire*. Les innovations et inventions nécessitent pour leur rentabilité des productions à grande échelle ce qui implique des coûts d'établissement (frais fixes) que leurs promoteurs sont incapables d'assurer. D'où leur rachat par d'autres plus puissants. Dans les travaux sur les cycles longs de la conjoncture, les cycles Kondratiev, on a pu ainsi observer des régularités. Les entreprises innovantes dans un premier temps sont de petite taille, mais peuvent bénéficier de financements très importants. Nous avons vu qu'au départ elles ont un I-F <0, mais ce n'est pas un signe de crise. Puis elles se développent et sont absorbées ou vendues à de grandes entreprises. Le cas des *Start-up* est significatif de cette situation. L'entrepreneur-innovateur marxien n'est donc que temporaire.

4.2. Le circuit marxo-keynésien *F*→E→*F'*

Dans le Livre II du *Capital*, Marx étudie le processus de circulation du capital. Il s'agit ici précise-t-il d'un capital *individuel* (une entreprise, un capitaliste, un entrepreneur) pour passer ensuite à l'ensemble du capital social avec les schémas de reproduction. Chez Keynes, le circuit est global ou social. Ici il s'agit de le décomposer.

Que représente la différence entre *F'* et *F* ? La différence F'-F représente donc le profit global en fin de circuit, l'équivalent d'A'- A marxien.

Il faut revenir à la définition du profit. Jusqu'ici il a été question du profit non distribué I-F. Mais il y a une part du profit qui est distribuée sous forme d'intérêt, de dividendes, de rentes.

Le revenu des ménages désigné par Y, est la somme des salaires W, facteur et coût de production, et Z revenus de la propriété. $Y= W+Z$. Ceci permet de définir le profit global, distinct du profit non distribué.

Le profit global = Revenu net –W= Z+ (I-F)= F'-F

F est le financement initial qui ouvre le circuit et permet au pôle des entrepreneurs de mettre en œuvre la production, distribuer le revenu des facteurs etc. A la fin du circuit quand les marchandises produites ont été vendues, vient le temps des recettes, que l'on désigne comme le financement final *F'*. Dans le circuit keynésien type, la durée de *F* à *F'* est celle du temps du multiplicateur, Mais le temps de circulation comprend aussi le temps de production. Cette réalité temporelle, qui est une contrainte, conduit des auteurs circuitistes keynésiens à reprendre le *motif de finance* proposé par Keynes en 1937 en complément des trois motifs de détention de la monnaie. En effet entre le moment du financement initial *F* et le moment du financement final *F'* il faut que la liquidité des producteurs soit assurée, d'où un financement intermédiaire. On peut aussi considérer de ce point de vue que le flux *F* initial ne se déroule pas à un instant T mais qu'il est un flux permanent tout au long de la durée du circuit.

Lorsqu'on passe du circuit individuel au circuit social, l'ensemble des entreprises, I-F qui représente la variation de la richesse nette des entreprises, la richesse étant entendue comme la différence entre le stock de capital sous toutes ses formes et le montant des dettes accumulées.

I-F = 0 c'est une situation qui correspond à ce que Marx appelle la reproduction simple.

I-F >0 accroissement de la richesse nette. C'est l'épargne des entreprises ou le profit *net non distribué*. Il correspond à un modèle de reproduction élargie

I-F <0 C'est une situation de crise tendancielle si le jeu se répète sur plusieurs périodes de circuit.

4.3. La concurrence pour capter le profit global

Les entrepreneurs-capitalistes connaissent un régime de concurrence particulier. Dans le Livre III du *Capital* il écrit :

« Les capitalistes tout en se comportant comme des faux-frères lorsqu'ils se font concurrence, forment cependant une franc-maçonnerie en face de la classe ouvrière ». (p.1551)

Ils sont faux-frères dans un sens banal, se prendre des parts de marché. Mais dans un sens plus circuitiste on peut dire qu'ils se font concurrence pour capter une partie la plus importante du profit monétaire global A'-A ou F'- F. Ici c'est dans le cadre du Travail *en commun*, qui est qui est le cadre du circuit dans lequel il faut se situer. Deux cas de figure sont à distinguer.

Premier cas de figure : le circuit simplifié et la nouvelle transformation keynésienne

Marx a abordé la question dans son fameux problème de la transformation des prix en valeur en prix de production. Il essaie de montrer avec une hypothèse de profit uniforme dans chaque secteur de production que la différence de la composition organique du capital ***c/v*** est décisive. Les entreprises qui ont le taux ***c/v*** le plus élevé ont une captation de la plus-value globale plus élevée et sont gagnants.

Peut-on transposer cette réflexion dans le cadre du circuit keynésien en raisonnant uniquement de manière monétaire ? Si nous supposons deux entreprises ***a*** et ***b*** chacune à l'ouverture du circuit avancent une somme, le financement initial, *F**a*** et *F**b*** avec *F**a**+F**b**= F*

Entreprise a: *Fa → Ua + Wa →* (F'- F)a >0

Entreprise b : *Fb→ Ub + Wb→* (F'-F)b> 0

Circuit global : *F→U+W →*F'-F

Dans un circuit équiproportionnel, chacune devrait recevoir en proportion de ce qu'il avancé. Ainsi on aurait ***Fa/Fb*** **= (F'-F)a/ (F'-F)b**

Mais cette équiproportionnalité n'est qu'un cas parmi d'autres. On peut imaginer une multitude de cas dans lesquels la répartition de **F'-F** n'est pas proportionnelle.

F'-F global	**>0**	**> 0**	**=0**	**<0**
capitaliste a	**>0**	**>0**	**>0**	**<0**
capitaliste b	**>0**	**=0**	**<0**	**<0**

La première colonne est la « vertueuse », toutes les entreprises sont gagnantes dans le processus, mais rien ne nous est dit sur « l'équité » de la répartition. Les trois colonnes suivantes se dirigent vers la situation de crise keynésienne globale. Les deux situations intermédiaires, montrent qu'il y a des gagnants et des perdants, le jeu est somme nulle dans les situations 2 et 3. Le circuit keynésien étant de courte période, chaque nouvelle période est un jeu répété. D'où la tendance à glisser de la situation 2 vers la situation 4 sur plusieurs périodes.

La concurrence par l'innovation et la réduction de la durée de vie morale du capital a déjà été signalée. D'autres aspects peuvent être avancés comme les élasticités de la demande, la durée de temps de production, la durée du temps de circulation différenciés entre entreprises ou secteurs est un moyen d'augmenter son **F'-F** au détriment de celui des autres, mais que la course à l'innovation conduit à processus similaire sur le long terme à la baisse tendancielle du taux de profit monétaire global **(F'-F)/F**

Deuxième cas de figure : l'ouverture à l'extérieur et captation du financement international ? Si l'on introduit l'extérieur, avec ***X*** les exportations et ***M*** les importations, nous obtenons :

$$\mathbf{R = C+I+X-M = Y+\pi} \text{ d'où } \boldsymbol{\pi} = \mathbf{(I-S) + (X-M)\ (7)}$$

Le taux d'ouverture croissant des économies contemporaines, notamment européennes, ne permettent plus de postuler que l'économie est sans extérieur ou à l'équilibre. Ici dans la perspective de la captation des financements initiaux, il faut revenir sur problème vieux d'un siècle sur la capacité de transfert à propos des réparations de l'Allemagne. Cette approche keynésienne développée notamment par Frédéric Poulon et Nicole Poulon- Lafaye (1988) dans son volet théorique et par Ernest Touna Mama (1988) dans son application au problème de la dette des pays en voie de développement. Formellement on définit la capacité de transfert élargie comme **I-F = (I-S) + (X-M)**, la formule du profit non distribué en économie ouverte.

Ceci signifie que chaque pays « avance » un niveau de financement initial ***F***. Mais l'interdépendance et la concurrence font que le financement final ***F'*** et la différence **F'-F** peut être capté par l'extérieur. D'abord par un déséquilibre extérieur **X-M<0**. Ainsi l'Allemagne, avec ses énormes excédents commerciaux, capte ainsi une part de des financements initiaux *F* des autres pays avec lesquels elle est en excédent. Mais le solde extérieur n'est qu'une partie possible de la captation qui peut aller jusqu' à la captation du **I-S** intérieur, par transfert de propriété à l'extérieur. Si l'on poussait à l'extrême le cas de figure, où la captation ne concernerait pas seulement quelques entreprises mais l'ensemble du système productif, le pays se retrouverait dans la situation de *« nation-salariée »*[11].

Ceci renvoie à la doctrine mercantiliste, la concurrence des nations pour capter les ressources mondiales, monétaires et matérielles par la promotion des exportations. Dans la *Théorie générale* Keynes fait l'éloge du mercantilisme et de *« sa part de vérité »* en prônant un mercantilisme que l'on peut qualifier de coopératif, oxymore qui recoupe l'appel à la coopération internationale dans les domaines monétaire et commercial. Elie Heckscher dans son fameux livre *Mercantilism* (1932) pensait que le libéralisme était l'exécuteur testamentaire du mercantilisme. Aujourd'hui il n'en est rien ni pour Keynes, ni pour Heckscher. Le monde actuel est structuré par les grandes rivalités entre les nations mercantilistes, Etats-Unis, Chine, Allemagne, qui outre les rivalités commerciales habituelles, les politiques d'attractivité pour capter les investissements et les spécialistes, assurer les souverainetés alimentaires, sanitaires etc. se font concurrence pour l'innovation en privilégiant leurs innovateurs et

---

[11] Selon l'expression de Frédéric Poulon. *« La France, nation salariée »* communication au Séminaire DECTA III, 1988.

leurs entrepreneurs nationaux. L'exemple du conflit américano-chinois à propos de la *5G* est là pour l'illustrer.

5. Pour conclure : La concurrence dans le cadre de la nouvelle séparation

Alfred Marshall dans un premier temps assimilait l'entreprise à celui qui l'avait créée, puis sa réflexion a évolué faisant de l'entreprise une organisation dont l'entrepreneur devient le quatrième facteur de production. A la même époque on voit se développer les formes d'organisation modernes. Alfred Chandler a montré l'apparition des firmes unitaires avant 1914 puis après la Grande guerre des firmes multidivisionnelles avec les modèles fordiens et toyotiens de gestion du travail. Ronald Coase généralisera en disant que la nature de la firme c'est l'internalisation, l'évitement du marché, le *« faire »* plutôt que le *« faire-faire »*. Les entrepreneurs-propriétaires s'effacent derrière les managers et la technostructure qui constituent la *« main visible des managers »* selon l'expression d'Alfred Chandler. Keynes qui connaissait ces tendances n'en tient pas compte dans la *Théorie générale* et réduit l'entrepreneur à l'entreprise et celle-ci à un pôle. Par la suite, lors de la mise en place des environnements keynésiens d'après-guerre, avec une large socialisation des économies, la firme dite managériale, ou firme des parties-prenantes (*stakeholder*) a semblé triompher. L'entreprise doit prendre en compte les intérêts de l'ensemble des groupes qui la constituent : propriétaires, gestionnaires et cadres, salariés, mais aussi fournisseurs, sous-traitants. Le profit est toujours recherché, mais il est le résultat de compromis et de rapports de force entre parties-prenantes. C'est une rationalité procédurale qui débouche sur un « *satisfacing* » selon l'expression d'Herbert Simon. Mais le tournant dès 1980, avec la mondialisation, les politiques de dérèglementation et la mobilité accrue des capitaux, les possibilités du numérique ont donné naissance à la firme-actionnariale où seuls les intérêts des actionnaires *(shareholder*) sont pris en compte.

Ceci permet de retrouver le thème de la séparation. Le capitalisme traditionnel est celui où la propriété et la mise en œuvre des moyens de production ne sont pas séparées. Le capitalisme managérial, met en place cette séparation. Les droits de propriété des actionnaires sont réduits, ce que Berle et Means avaient mis en évidence dès 1931. Le nouveau capitalisme actionnarial restaure le pouvoir de l'actionnariat. Mais il va plus loin, car l'évolution des marchés financiers dissocie l'entreprise en tant que pôle de production et les actionnaires en tant que pôle de captation des profits. Les entreprises elles-mêmes soumises à un processus de filialisation, accords interentreprises, firmes-réseaux et réseaux de firmes déterritorialisés etc. Ceci conduit certains théoriciens néoclassiques à parler de fiction juridique de l'entreprise, l'entreprise existe-t-elle ou n'est-ce qu'un *« de nœuds de contrats »* ? Avec ce retour du capital, c'est l'entreprise en tant que telle qui disparaît et plus simplement l'entrepreneur. Ce qui existe ce sont les actionnariats puissants, Il n'y a plus de dedans et de dehors, mais un univers par projets. Le capital actionnarial se déplace d'un territoire à un autre, d'une production à une autre en fonction de la rentabilité actionnariale. Ceci a des implications pour la compréhension de la valeur **I-F** et de sa captation de **F'-F**.

Première implication Z contre I-F

Le profit monétaire global déjà défini est égal à Z+ (I-F). Les bénéficiaires de *Z* ont une consommation *Cz* et une épargne *Sz*. *S* l'épargne ménages est la somme de l'épargne des salariés *Sw* et celles des propriétaires. D'où $S = Sw+Sz$

Nous pouvons voir ici un processus de double captation

- D'abord on sait que le financement initial *F* se retrouve à la fin du circuit sous forme *S* épargne des ménages ou accroissement du patrimoine des ménages. Mais l'on sait aussi que ce sont chez les ménages a plus haut revenus, que la part les revenus de la propriété *Z* est la plus importante. Ce sont eux qui captent le plus sinon la totalité du *F* initial sous forme d'accroissement de patrimoine.

- Ensuite, cette distribution de revenu de la propriété *Z* prend la forme de dividendes qui vont alimenter le *Sz*. Or depuis plusieurs années, on constate que non seulement la part des dividendes distribués augmente et des stratégies de rachat d'actions font que les actionnaires exigent des taux de rémunérations élevés. Soit par déflation des effectifs salariés ou des salaires, mais aussi par prélèvements sur le I-F. Et l'on constate aussi que dans de nombreux cas, le montant des dividendes versés est supérieur au I-F profit non distribué. Ainsi la richesse nette des entreprises est amputée, par la concurrence que les actionnariats font aux autres parties prenantes des entreprises

Deuxième implication : solidité et liquidité de I-F

Dans le chapitre 12 de la *Théorie générale*, Keynes insiste sur l'un des avantages des marchés financiers. Ils permettent d'importants investissements fixes ou solides (usines, chemins de fer..), pour la communauté et d'autre part ils assurent une liquidité pour l'individu. Le risque étant que la liquidité prenne le dessus sur la solidité. Cette crainte est présente aujourd'hui à travers les nouvelles normes comptables internationales et la mobilité de l'actionnariat. Ainsi I-F lui-même n'est plus une variation de richesse nette stable. *I*, et par extension, le capital global, est soumis à des nouvelles appréciations comptables de marché ainsi que *F*. Il en résulte que I-F et par extension l'ensemble de la richesse nette des entreprises, devient à son tour spéculative.

Montesquieu, que Keynes considérait comme le meilleur économiste français, développe une théorie du *double signe* monétaire.

« De même que l'argent est un signe d'une chose, et la représente, chaque chose est un signe de l'argent et le représente » écrit-il dans l'Esprit des Lois (livre XXII, chapitre 2)

Ainsi dans la phase antérieure du capitalisme actionnarial, I-F, en tant que *« chose »* avait une contrepartie monétaire était représenté par des actifs monétaires, et ceux-ci à leur tour renvoyaient à une richesse matérielle. Dans la phase actuelle du capitalisme actionnarial, ces signes paraissent rompus.

Références bibliographiques

Berr, E., Monvoisin, V., & Ponsot J. F. (2018). *L'économie post-keynésienne*. Histoire, théories et politiques. Le seuil, Paris.

Economies & sociétés, Hors-série n°30. « La capacité d'endettement international » PUG, Grenoble 1988.

Keynes, J.M. (2018). *Théorie générale de l'emploi de l'intérêt et de la monnaie* (1936). Traduction française Payot (Petite bibliothèque) Paris 1969.

Lavoie, M., & Ponsot, J. F. (2018). *Les courants et fondements théoriques de l'analyse post-keynésienne.* in Berr chapitre 6.

Marx, K. (1968). *Œuvres II* Economie. Gallimard, Paris.

Napoleoni, C. (1985) *Discorso sull' economia politica.* Boringhieri, Torino.

Orio, L. & Quilès J. J. (2009). *Keynes, Les enjeux de la Théorie générale.* Armand Colin, Paris

Orio, L. & Quilès J. J. (1999). *Les deux figures de l'entrepreneur dans la théorie générale : pour éclairer le principe de la demande effective.* Cahiers lillois d'économie et de sociologie, n°33 L'Harmattan, Paris.

Poulon, F. (2016). *La pensée monétaire*. Dunod Paris.

Poulon, F. (2008). *Economie générale.* (6° édition) Dunod, Paris.

Poulon, F. (1989). *Les définitions keynésiennes.* Collection des travaux du *Séminaire Decta III*, Tome X, Université de Bordeaux.

Poulon-Lafaye, N. (1988). Comptabilité nationale et circuit keynésien en économie ouverte. *Economies et sociétés*, *22*(6), 21-36.

Schumpeter, J. (1972). *Capitalisme, socialisme et démocratie*, Paris, (1942) Payot.

Schumpeter, J. (1999). *Théorie de l'évolution économique* (1911), Paris, Dalloz.

Touna Mama, E. (1988). Dette extérieure et seuil d'endettement supportable. *Economies et sociétés*, *22*(6), 37-51.

Chapitre 3

L'hypothèse du Tounamamisme

The Tounamamism hypothesis

Roger Antoine Pépin TSAFACK NANFOSSO
rtsafack@tsafack-nanfosso.com
Université de Dschang
Cameroun

« La difficulté n'est pas de comprendre les idées nouvelles mais d'échapper aux idées anciennes »

John Maynard Keynes [affiché dans www.tounamama.fr]

Résumé : *L'objectif de cet article est de présenter le Tounamamisme comme un courant de pensée de la science économique. Au regard du caractère très hétérogène des productions scientifiques du Professeur* ***TOUNA MAMA****, la méthode d'analyse s'appuie sur la comparaison entre le Tounamamisme et différents néologismes bien connus dans histoire de la pensée économique, notamment, les néologismes des noms et les néologismes des courants, pour en déceler les points de convergence. À l'issue des différentes analyses comparatives, il ressort que le Tounamamisme se rappoche du colbertisme, du keynésianisme, du post-keynésianisme, du hayekisme et du sismondisme lorsqu'on s'intéresse aux néologismes des noms. Par rapport aux néologismes des courants, le Tounamamisme est plus proche du mercantilisme, de l'humanisme, du circuitisme et du panafricanisme militant. Il apparait alors que la pensée du professeur* ***TOUNA MAMA*** *est en profonde rupture avec des courants de pensées tels que le monétarisme, le marxisme, le mathusianisme, le protectionnisme ou le marginalisme. Ces différentes analyses valident dès lors l'hypothèse du Tounamamisme comme courant de pensée de la science économique.*

Mots clés : Tounamamisme, histoire de la pensée économique, néologisme des noms, néologisme des courants.

Abstract*: The aim of this paper is to present Tounamamism as a strand of economic thinking. Regarding the very heterogeneous character of Professor TOUNA MAMA's scientific productions, the method of analysis is based on the comparison between Tounamamism and different neologisms well known in the history of economic thought (the neologisms of names and the neologisms of thinking) in order to detect the points of convergence. As a result, it appears that Tounamamism is similar to Colbertism, Keynesianism, Post-Keynesianism, Hayekism and Sismondism when it comes to the neologisms of names. Compared to the thinking neologisms, Tounamamism is closer to mercantilism, humanism, circuitism and militant Pan-Africanism. It appears then that Professor* ***TOUNA MAMA****'s thought is in deep rupture with strand of thought such as monetarism, Marxism, Mathusianism, protectionism or marginalism. These different analyses validate the hypothesis of Tounammaism as a current of thought in Economic Science.*

Keywords*: Tounamamism, economic thought history, neologisms of names, neologisms of thinking.*

1. Introduction

Comment en arrive-t-on à créer en Sciences Économiques des néologismes comme keynésianisme, marxisme, maoïsme, ricardisme, malthusianisme, etc.? En général, c'est parce l'auteur dont le nom est ainsi utilisé se caractérise par une influence certaine et considérable sur ses contemporains ou ses successeurs, avec une pensée suffisamment puissante pour leur inspirer des idées complémentaires, contradictoires, critiques, alternatives ou qui prolongent le raisonnement séminal. Ces néologismes concernent aussi des corpus d'idées (mercantilisme, monétarisme, marginalisme, etc.) qui, sans être expressément associés à des patronymes précis, fécondent de la même manière de profonds développements contemporains et/ou ultérieurs qui conduisent ainsi à leur sanctification.

Qui a côtoyé Monsieur le Professeur **TOUNA MAMA** sans entendre des maximes comme «à long terme, nous sommes tous morts», «très court terme immédiat», «théorie du circuit», «seuil d'endettement supportable», «Keynes était-il keynésien ?», «euthanasie du rentier», «développement du sous-développement», «fausse note dans le concert», «protectionnisme éducateur», «ophélimité», «différence de nature et non pas de degré», «l'économiste a horreur du gaspillage et de l'inefficacité», etc. ? C'est que l'homme a à ce point assimilé certains concepts et notions économiques qu'il en vient très souvent à en faire un usage discursif, illustratif, humoristique, imagé mais d'une lucide acuité et justesse qui force le respect. Le Professeur affirme que sa pensée économique est une sorte de maillage entre l'économie du développement et la théorie keynésienne. Mais si le «keynésianisme» est une pensée économique (reliée à John Maynard Keynes), il est difficile d'en dire autant de «l'économie du développement». Esther Duflo, Prix Nobel d'économie 2019, une des meilleures spécialistes en la matière écrit que «L'économie du développement s'efforce de répondre à deux questions centrales : pourquoi certains pays sont-ils pauvres et d'autres sont riches, et pourquoi certains individus sont-ils riches et d'autres pauvres ? L'économie du développement étudie dans les détails les pièges de pauvreté, en combinant la modélisation théorique et les études empiriques. Elle ne se borne pas à une approche purement positive (expliquer ce qui est) mais se risque à des propositions normatives qui débouchent sur des recommandations pratiques» (Duflo, 2003). Ce n'est donc pas une pensée économique.

De mon point de vue, ce positionnement du Professeur dilue sa pensée, alors même qu'il s'agit d'un enseignant dont l'expertise en histoire économique (de la pensée et des faits) est avérée. Ayant été un des ses successeurs dans l'enseignement de cette discipline à l'Université, je me suis demandé s'il était possible de construire un tounamamisme, c'est-à-dire un courant de pensée (ou un sous-courant de pensée) issue de la sinueuse ligne conductrice de ses travaux, une sorte de substantifique moelle qui ferait consensus pour évoquer sa production intellectuelle. L'ambition n'est pas simple car ainsi que le renseigne son site internet, l'enseignant d'une vingtaine de cours est auteur ou co-auteur de deux thèses (troisième cycle et d'Etat), 47 articles et 9 ouvrages. La très (trop ?) forte diversification voire hétérogénéité de ses publications disqualifie (bien qu'il le magnifie) un exercice du type agrégatif, qui aurait consisté à trouver l'arbre théorique qui ossifie le mieux sa pensée ; ses différentes publications n'en constituant alors que les branches (c'est ce que nous prônons aux candidats au concours d'agrégation en Sciences Économiques pour braver la leçon des travaux qui consacre la sous-admissibilité).

Au lieu de quoi je vais tenter, sur la base de mes aperceptions (ce qui nous inscrit immédiatement dans le registre du subjectif) et sans prétendre à l'exhaustivité, de parcourir quelques néologismes bien connus en histoire de la pensée économique pour dire ce qu'il en est ou pourrait en être par rapport au tounamamisme. J'espère que cet exercice permettra au lecteur patient de réviser ses notions d'histoire économique. Auparavant, je voudrais dès à présent évacuer ce qui pourrait être objet d'un inutile questionnement : le tounamamisme face à l'orthodoxisme et à l'hétérodoxisme en sciences économiques.

Schéma 1 : Affiliation des courants de pensée contemporains en économie aux courants fondateurs.

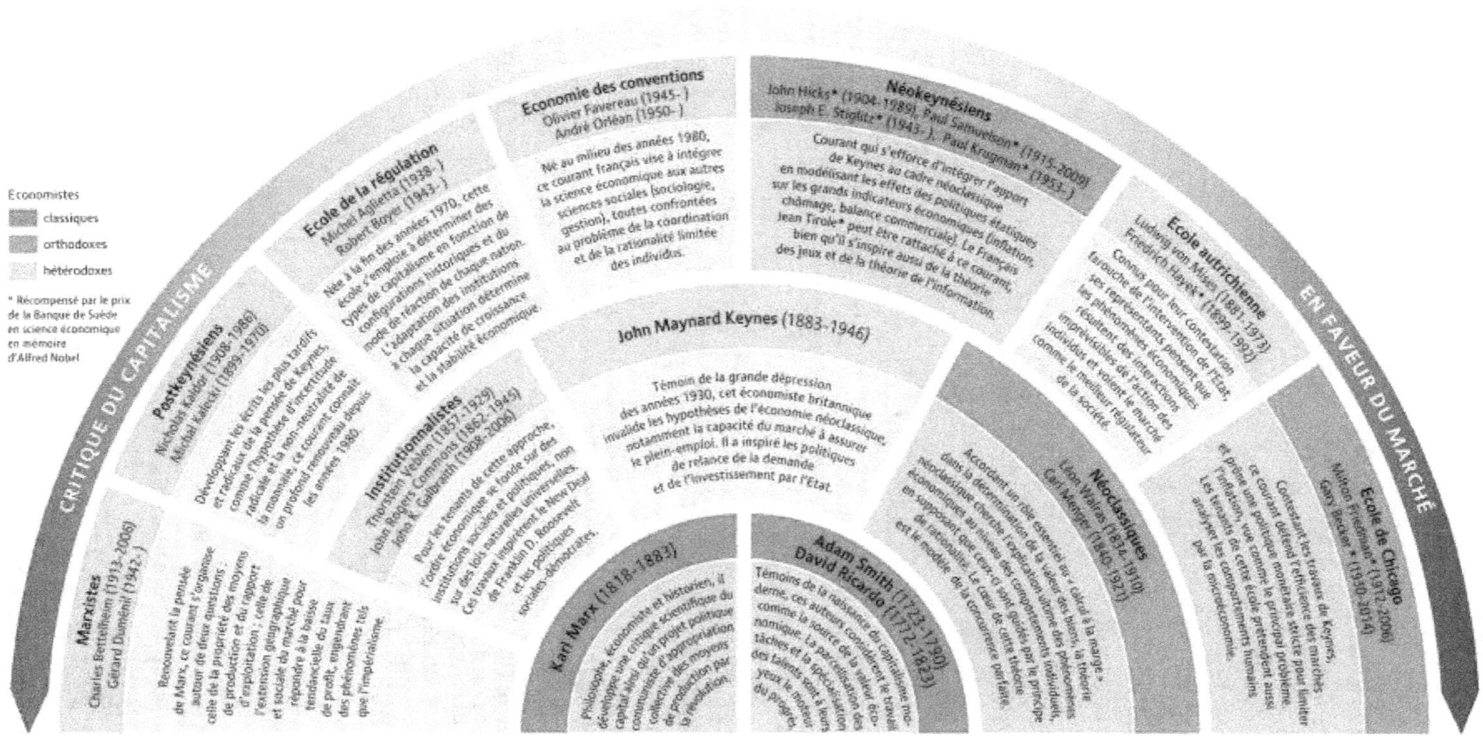

Source: Charel (2015).

Le schéma 1 illustre la différence entre les deux camps: l'orthodoxie implicitement (parfois ironiquement) érigée en «norme de vérité» regroupe les économistes convaincus que la régulation par les marchés fonctionne plutôt bien ; et l'hétérodoxie c'est-à-dire ceux «qui pensent d'une autre manière» se compose des économistes marxistes, postkeynésiens et autres institutionnalistes qui estiment, quant à eux, que les marchés ne sont pas efficients. Charel (2015) met ainsi dos à dos ceux qui sont «en faveur du marché» et les «critiques du capitalisme». Si on s'en tient à ce schéma, **TOUNA MAMA** n'apparaitrait que dans une seule des douze cases présentées, ce qui me semble réducteur.

Tableau 1 : *Présupposés hétérodoxes et orthodoxes*

Présupposés	**Hétérodoxisme**	**Orthodoxisme**
Epistémologie	Réalisme	Instrumentalisme
Ontologie	Holisme	Individualisme
Rationalité	Rationalité raisonnable	Hyper-rationalité
Cœur de l'analyse	Production, croissance	Echange, rareté
Noyau politique	Intervention étatique	Libre marché

Source : Lavoie (2004).

En observant avec lucidité les présupposés hétérodoxes et orthodoxes que produit Lavoie (2004), il est hasardeux de vouloir absolument encarter dans une catégorie figée le Professeur. C'est pourquoi le tounamamisme que j'entrevois n'est ni l'un ni l'autre, il est plutôt l'un et l'autre. Sous certains de ses aspects, on peut même aussi le retrouver (n'en déplaise!) chez les classiques. Dans la suite du texte, l'hypothèse du tounamamisme que je postule sera mise en relation avec deux types de néologismes avec des composantes arbitrairement choisies à chaque fois : les néologismes portés par des noms de penseurs, et les néologismes issus des courants ou des pratiques.

2. Le tounamamisme face aux néologismes des noms

J'ai identifié sept néologismes des noms, auxquels j'ajoute le monétarisme parfois nommé Friedmanisme : il s'agit du Colbertisme, du Keynésianime, du Post-keynésianisme, du Marxisme, du Hayekisme, du Sismondisme du Malthusianisme et du Friedmanisme (monétarisme).

2.1. Colbertisme

Le colbertisme est une doctrine économico-politique du XVIIème siècle issu des pratiques économiques initiées avant lui mais appliquées et systématisées à partir de 1661 par Jean-Baptiste Colbert, le ministre d'Etat et contrôleur général des finances de Louis XIV. Variante française du mercantilisme (j'y reviens plus loin), il en épouse les traits généraux quant à ses causes mais se signale par la singularité des solutions économiques et juridiques qu'il met en œuvre. À son origine, se trouve le postulat idéologique que la puissance d'un État repose sur l'abondance de son stock métallique (or et argent) et monétaire, et que le niveau de richesse disponible est constant et non extensible. L'enrichissement d'un État ne se conçoit donc qu'au détriment d'un autre et passe par une guerre économique agressive dont la balance commerciale est le principal instrument de mesure (Colbert : «il n'y a qu'une même quantité d'argent qui roule dans toute l'Europe [...] On ne peut augmenter l'argent dans le royaume, qu'en même temps l'on en ôte la même quantité dans les États voisins»). Cet enrichissement passe par une politique dirigiste et protectionniste dans le but de contrôler toutes les activités économiques du pays et notamment le commerce qui dépasse les frontières de l'État. Le colbertisme est ainsi synonyme de développement de l'industrie et du commerce extérieur. Ainsi placé au service de la politique financière et générale du pays, le colbertisme met à contribution deux acteurs économiques essentiels et interdépendants : le territoire et l'État (Salles, 2014).

Selon Piettre (2016), Colbert garde du mercantilisme qui l'a inspiré deux principes : celui du «métallisme» et celui de l'«économie nationale». Il croit en l'impulsion de l'État et ajoute l'industrialisme à ses principes. Sa politique ne vise pas à supplanter l'initiative privée, mais seulement à l'orienter, à l'entrainer, à l'aiguiser. Il s'appuie sur le système de la qualité-reine (soutien et création des industries de luxe, création des académies des arts, musique, sciences, architecture, peinture), la politique de création (chercheurs encouragés, inventeurs étrangers attirés, administrations créées, développement de la marine, Code du commerce, etc.). Colbert est un dirigiste libéral ou un interventionniste stimulateur.

Industrie, commerce extérieur, territoire, État, etc. En laissant de côté la question ancienne des métaux précieux, **le tounamamisme est certainement un colbertisme**. En lisant certains de ses travaux, en particulier ses thèses «Planification du développement et commerce extérieur de sous-développement (1981)», «l'Endettement supportable pour un pays en développement (1985)» et «Les politiques de la ville en question : à la recherche d'une meilleure gouvernance urbaine en Afrique2018)», la conviction est faite.

2.2.Keynésianisme

Le keynésianisme est à la fois une école de pensée économique fondée sur les idées de John Maynard Keynes, et le nom générique donné aux différentes écoles de pensées affiliées au keynésianisme. La thèse centrale des keynésianismes est que les marchés laissés à eux-mêmes ne conduisent pas nécessairement à l'optimum économique à cause des défaillances de divers ordres, et que l'État a un rôle à jouer dans le domaine économique pour les corriger. Jahan et al. (2014) donnent un bref aperçu complet du keynésianisme. Pour eux en effet, Keynes soutient qu'une demande globale insuffisante peut conduire à de longues périodes de chômage élevé. Dans une économie, la production de biens et de services est la somme de quatre composantes : la consommation, l'investissement, les achats de l'État et les exportations nettes. Toute augmentation de la demande doit s'expliquer par l'une de ces composantes.

Selon Keynes, qui est reconnu comme le fondateur de la macroéconomie et l'inspirateur des écoles plus ou moins affiliées (schéma 2), trois grands principes expliquent le fonctionnement de l'économie : (i) Le premier principe pose que *la demande globale est influencée par de nombreuses décisions économiques, publiques ou privées.* Mais certaines décisions du secteur privé peuvent avoir des résultats macroéconomiques néfastes. Ces défaillances de l'économie de marché amènent parfois les autorités à adopter des politiques énergiques (relance budgétaire). C'est pourquoi les keynésiens sont en faveur d'une économie mixte guidée essentiellement par le secteur privé, mais gérée en partie par l'État. (ii) Le second principe dispose que *les prix, et plus particulièrement les salaires, réagissent lentement aux variations de l'offre et de la demande,* ce qui crée des pénuries ou des excédents périodiques, surtout dans le domaine de la main-d'œuvre. (iii) Le dernier principe affirme que *les effets à court terme les plus importants des variations de la demande globale se font sentir sur la production réelle et l'emploi, et non sur les prix.* Les keynésiens estiment que, les prix étant quelque peu rigides, les fluctuations de n'importe quelle composante de la dépense modifient la production. Les modèles keynésiens de l'activité comportent également un effet multiplicateur : la variation de la production est égale à un multiple de la hausse ou de la baisse de la dépense qui en est à l'origine. Si le multiplicateur budgétaire est supérieur à 1, une hausse de 1 franc CFA de la dépense publique entraine une augmentation de plus de 1 franc CFA de la production. Keynes soutient que l'État doit résoudre les problèmes à court terme et non laisser les forces du marché les régler à long terme, car selon lui, «à long terme, nous serons tous morts» (une phrase régulière dans le langage tounamamien…).

Le keynésianisme a dominé la théorie et la politique économiques entre la fin de la Seconde Guerre mondiale et les années 70, époque où nombre de pays avancés souffraient de la stagflation (inflation et croissance faible) et pour laquelle la théorie keynésienne semblait n'avoir pas de solution. Toutefois, la crise financière mondiale de 2008 a engendré une renaissance de la pensée keynésienne : de nombreux pays s'en sont inspirés sur le plan théorique dans les politiques qu'ils ont adoptées face à la crise. Alors que la récession mondiale se développait, Mankiw (2008) a publié ce passage inoubliable : «S'il fallait faire appel à un seul économiste pour expliquer les problèmes actuels, il n'y a guère de doutes que ce serait John Maynard Keynes. Bien qu'il soit mort il y a un demi-siècle, son diagnostic des récessions et des dépressions demeure la pierre angulaire de la macroéconomie moderne. Selon ses propres termes, «les esprits pratiques, qui se croient totalement à l'abri de toute influence intellectuelle, sont généralement les esclaves de quelque économiste défunt». En 2008, aucun économiste défunt ne fait plus parler de lui que Keynes lui-même».

Schéma 2 : Filiation des écoles en macroéconomie

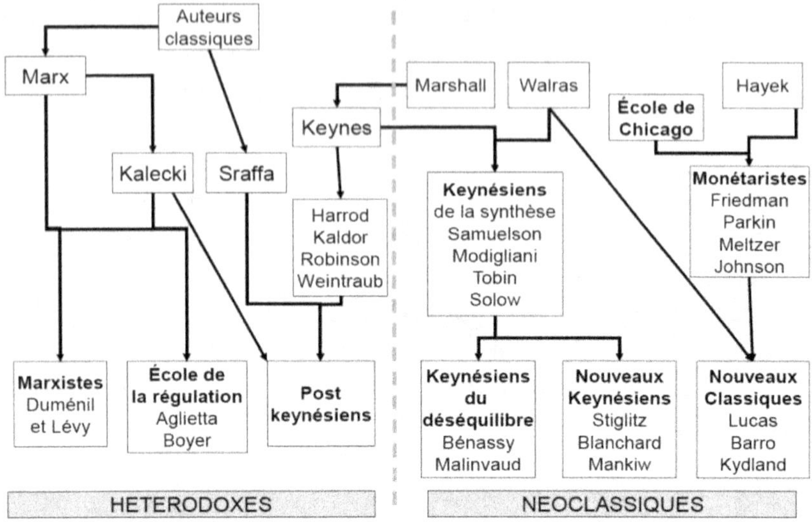

Source : Lavoie (2004).

Le tounamamisme est totalement un keynésianisme. Il l'affirme lui-même, et la plupart de ses travaux, depuis sa thèse d'État de 1985 l'attestent. Mais le schéma 2 est édifiant sur la complexité de cette affiliation. On note en effet que les keynésiens se recrutent parmi les hétérodoxes (Keynes lui-même mais aussi les régulationnistes et les post-keynésiens – j'y reviens plus loin), et les néoclassiques (les keynésiens du déséquilibre, les nouveaux keynésiens et les keynésiens de la synthèse). La fameuse question de **TOUNA MAMA** «Keynes était-il keynésien ?» lancée en 1985 formalise le trouble de cet ancrage hétéroclite au célèbre patronyme. Cela n'est pas sans rappeler dans le cas d'Adam Smith, le débat connu depuis Joseph Schumpeter comme étant «*das Adam-Smith-Problem*». En effet les analystes de la «main invisible» de Smith ont longtemps débattu sur une éventuelle opposition entre la thèse de la *Richesse des nations*, et celle de la *Théorie des sentiments moraux*. D'un côté, la *Théorie des sentiments moraux* donne une explication morale au fonctionnement harmonieux de la société, tandis que la *Richesse des nations* l'explique par un mécanisme économique reposant sur le seul égoïsme.

2.3.Post-keynésianisme

Le post-keynésianisme est un courant de pensée économique développé à partir des années 1930 et qui se présente comme le courant le plus proche des idées de **John Maynard Keynes** (schéma 2). Berr et al. (2018) précise que l'économie post-keynésienne recouvre des économistes venant d'horizons très divers, et qui se donnent tous pour objectifs d'approfondir la pensée de Keynes, de la retirer de la gangue néoclassique dans laquelle l'ont enfermée Hicks et Hansen (les keynésiens de la synthèse). Cette idée de retrouver ce que la pensée keynésienne pouvait avoir de radical, mais aussi d'actuel, a été le moteur de ce courant.

Ses adeptes, éloignés des néo-keynésiens (synthèse entre les approches keynésienne et néo-classique), reprennent chez Keynes des thèmes comme l'incertitude radicale, l'analyse circuitiste, l'endogénéité de la monnaie, etc. C'est une école plurielle qui regroupe les keynésianistes établis (Harrod, Domar, Schackle), les keynésio-marxistes (Kalecki), les cambridgiens (Kaldor, Robinson, Sraffa), les circuitistes (Poulon, Schmitt, Barrère), les chartalistes (Knapp, Mitchell) et les américains (Davidson, Minsky, Weintraub). Le courant post-keynésien rejette de manière assez radicale les raisonnements marginalistes en économie (je reviens sur le marginalisme plus loin). Les post-keynésiens tentent de rompre avec l'approche néo-classique traditionnelle, qui s'appuie généralement sur les fonctions d'utilité, avec toutes les hypothèses que la construction de ces courbes impliquent. Ce courant est une école d'économie hétérodoxe, qui prend une position radicalement opposée à celle de l'économie néoclassique (schéma 2).

Mais comme l'affirme clairement Berr (2018), la définition du post-keynésianisme ne peut venir de la simple opposition à l'orthodoxie ; elle doit se faire à travers un programme de recherches basé sur cinq présuppositions épistémologiques, ontologiques et méthodologiques qui peuvent servir de base à la définition du post-keynésianisme : (i) L'importance de la demande effective ; (ii) La prédominance de l'incertitude radicale ou fondamentale ; (iii) L'irréversibilité du temps historique ; (iv) La reconnaissance de l'économie monétaire de production comme cadre d'analyse ; et (v) L'importance de la répartition et des conflits de répartition. Berr précise que «seule la présence simultanée de ces cinq points permet alors de distinguer les post keynésiens».

C'est sur cette base que Sapir (2019), propose deux classifications post-keynésiennes : la première s'organiserait autour de deux axes, d'abord l'opposition entre réalisme et instrumentalisme, puis l'opposition entre holisme et individualisme (schéma 3). Ce repère permet de bien opposer la pensée néoclassique (instrumentaliste et rattachée à l'individualisme méthodologique) et le post-keynésianisme. Il permet de faire figurer d'autres écoles, de la nébuleuse institutionnaliste aux marxistes, en passant par les «régulationnistes» et les «conventionnalistes», tout en pointant les évolutions réciproques. Du cœur néoclassique sont issus les «New Keynesians» dont la recherche de réalisme les conduit à s'éloigner de l'instrumentalisme pur et dur des néoclassiques. Inversement, des régulationnistes sont issus des conventionnalistes qui adhèrent à l'individualisme méthodologique et dont certains peuvent se rapprocher de l'instrumentalisme. De même, le courant néo-institutionnaliste (Williamson) est apparenté mais distinct des néoclassiques à cause de sa recherche de réalisme. Cela permet de faire figurer des parcours ou hybridations, des «autrichiens» aux postkeynésiens (Kaldor, Shackle), ou entre les marxistes et les néoclassiques (Lange), entre les institutionnalistes et les postkeynésiens (Minsky), entre les marxistes et les postkeynésiens (Robinson, Kalecki), mais aussi entre les institutionnalistes et les régulationnistes.

Schéma 3 : *Placement des différents courants de la pensée économique.*

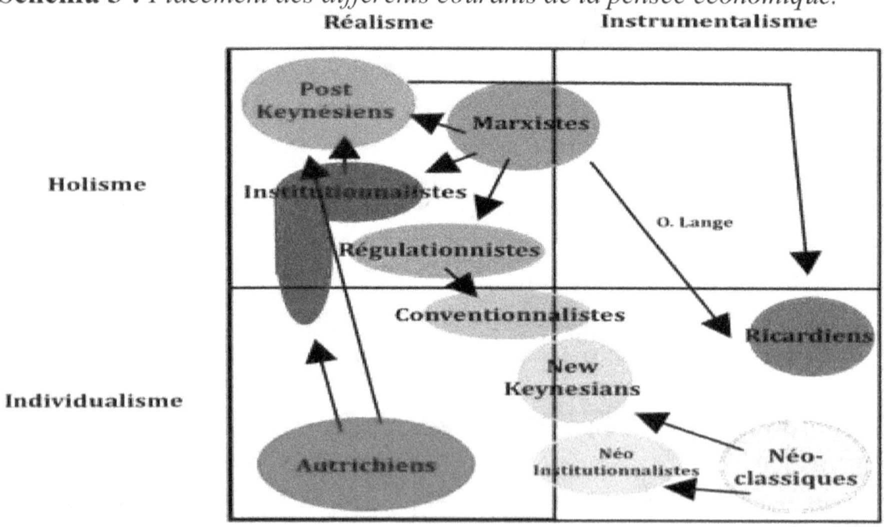

Source : Sapir (2019).

La seconde classification, davantage centrée sur les programmes de recherche et les questions sous-jacentes permet alors de mieux rendre compte des différences entre des courants qui ont bien des choses en commun, comme les variantes du post-keynésianisme et les régulationnistes. Le repère est ici organisé selon, d'une part, l'opposition entre une vision du temps soit d'une parfaite irréversibilité, soit d'une parfaite réversibilité ; et d'autre part, entre la domination d'une logique de conflits et celle d'une logique de régularités (schéma 4). Dans ce repère, il est alors possible de faire figurer aussi bien le Keynes inspirateur du post-keynésianisme (Keynes (2)), que Commons, Minsky, Shackle, Kaldor, Kalecki et Robinson ; aussi bien les régulationnistes que l'école de la diversité des capitalismes qui en est issue. On peut aussi faire figurer les influences des uns sur les autres et les processus d'engendrement.

Schéma 4 : *Comprendre les relations et cheminements entre institutionnalistes et post-keynésiens*

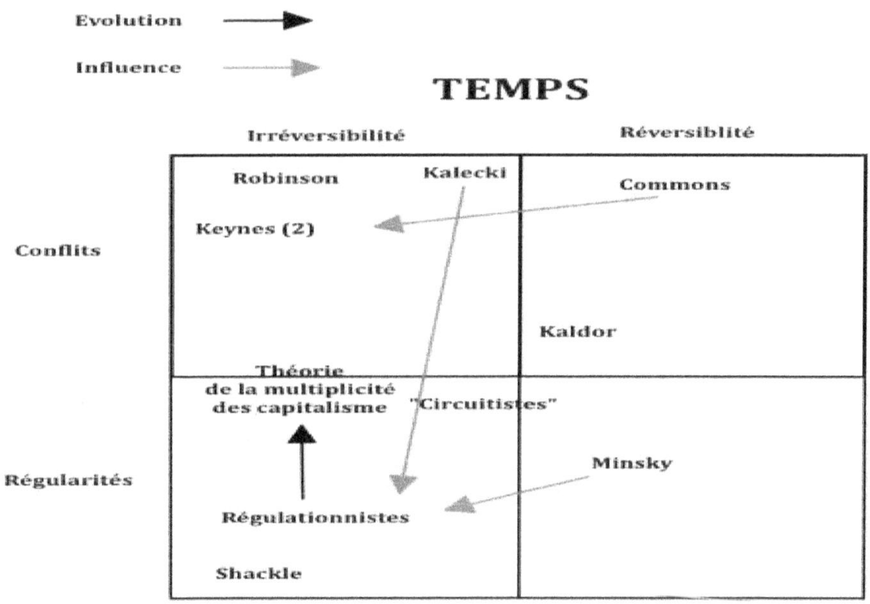

Source: Sapir (2019).

Si l'on reprend les cinq points de Berr (2018) dont la présence *simultanée* permet d'identifier le post-keynésianisme, **le tounamamisme est un post-keynésianisme** (à l'image de son Maître Frédéric Poulon). Mais les deux classifications de Sapir (2019) permettent d'aller encore plus loin si l'on croise réalisme et holisme ou individualisme, ou si on croise irréversibilités et conflits ou régularités. En relisant des travaux comme «Économie dominante et stratégie de survie des populations au Cameroun (1994)», «Économie dominante et associations communautaires au Cameroun : le défi de la survie en milieu rural (1996)», «Gouvernement versus secteur non structuré : comment valoriser les activités de proximité au Cameroun ? (1999)», «L'analyse économique de l'extrémisme violent en Afrique (2015)» ou encore «Globalisation de l'économie et viabilité à long terme des changements sociaux au Cameroun (1997)», alors on constate que **le tounamamisme est également un régulationnisme voire un conventionnalisme**.

2.4.Friedmanisme (monétarisme)

Mot récent selon Daniel (2021) car *monetarism* n'apparaît pour la première fois qu'en 1968 dans un article de Karl Brunner sur la politique monétaire publié par la Réserve fédérale américaine de Saint Louis, le monétarisme (on dit parfois friedmanisme) désigne une idée pourtant ancienne. Cette idée est que toute augmentation de la quantité de monnaie en circulation se traduit par une augmentation du niveau général des prix, c'est-à-dire par de l'inflation ; autrement dit, que la monnaie est un instrument l'échange qui ne joue aucun rôle dans la dynamique de création de richesse, elle est donc neutre. L'État doit être mis à l'écart de la sphère économique.

Le friedmanisme trouve son origine dans le prolongement, par Milton Friedman et par d'autres économistes, des recherches empiriques sur le cycle des affaires aux USA qu'avaient effectuées le *National Bureau of Economic Research* (NBER) avant et après la guerre. Bien que Friedman ait publié de nombreux travaux à partir de 1956, on peut dire que c'est Friedman et Schwartz (1963 a et b) qui ont essayé de montrer sur des données de longue période que le cycle des affaires résulte pour une part importante des fluctuations de l'offre de monnaie. Friedman a ensuite expliqué son résultat empirique, sans tenir compte des relations économiques internationales ; les USA étant une vaste économie qui se suffit à elle-même (*le monétarisme de Friedman est donc basé sur le fait que les autorités économiques peuvent contrôler l'offre de monnaie*). De l'ensemble des travaux, selon Laffargue (1982), on tire la conclusion que la stabilisation de l'accroissement de l'offre de monnaie à un bas niveau est une condition indispensable de stabilité de l'économie, et nécessaire et suffisante de faible inflation. Mais Friedman va plus loin : le lien entre l'offre de monnaie et la conjoncture économique apparaît au terme d'une durée importante et variable ; les gouvernements ont des perspectives à très court terme, donc une politique monétaire anticyclique efficace n'a été, et ne sera jamais, possible. Il est préférable de lui substituer une règle de croissance de la masse monétaire à un taux constant, c'est-à-dire indépendant de l'état de la conjoncture. Laffargue (1982) ajoute cependant que les monétaristes sont allés trop loin en cherchant à montreque la politique budgétaire non accompagnée d'un financement monétaire est sans effet sur la conjoncture. L'essentiel du monétarisme reste valide sous la condition moins contraignante et beaucoup plus vraisemblable, que la politique budgétaire a un effet d'une amplitude et d'une durée limitées et incertaines que ce que croient les keynésiens. Au final, les monétaristes tirent deux conclusions de leurs analyses : il faut surveiller et contrôler l'évolution de la masse monétaire pour stabiliser la conjoncture et limiter l'inflation ; il faut éviter d'accorder trop d'importance à l'évolution des taux d'intérêt. Mais là encore Friedman va plus loin : il faut renoncer à une politique discrétionnaire et lui substituer une règle simple d'évolution de la masse monétaire.

Pour Galbraith (2009), [James le fils de John] qu'était le monétarisme ? Friedman l'a défini par une formule célèbre : «l'inflation est toujours et partout un phénomène monétaire». Ce qui signifiait que la monnaie et les prix étaient liés. Mais au-delà, Friedman croyait que la monnaie était une variable politique - une quantité que la banque centrale pouvait créer ou détruire à volonté. Créez-en trop, et c'est l'inflation. Créez-en trop peu, et l'économie risque de s'effondrer. Il s'ensuit que la bonne quantité de monnaie devrait entraîner le bon résultat : des prix stables, avec ce que Friedman a fini par appeler le «taux naturel de chômage» ou «taux de chômage non accélérateur d'inflation» (NAIRU). L'intention et l'effet de ce raisonnement étaient de défendre une idée fondamentale sur le capitalisme : celle que les marchés libres et sans entrave sont stables par nature. Le succès de Friedman a été renforcé par les faits à la fin de 1970, avec la solidité des courbes de régression monétaristes, l'échec de la courbe keynésienne de Phillips, et l'arrivée de la stagflation.

Galbraith (2009) liste les problèmes et déboires du monétarisme dans la vie politique, dans la vie universitaire, puis dans l'inconsistance du NAIRU. (i) Sur le terrain politique, le monétarisme a fait naufrage à partir de 1979, lorsque la Réserve fédérale des États-Unis est officiellement passée à des objectifs monétaires de court terme car les conséquences en ont été une suite de désastres : des taux d'intérêt à 20%, une réévaluation du dollar de 60%, un taux de chômage de 11%, la récession, la désindustrialisation et la crise de la dette du Tiers monde. En août 1982, la Réserve Fédérale a abandonné l'idée de fixer des objectifs monétaires, et elle n'y est jamais revenue. (ii) Sur le terrain universitaire, le monétarisme rigoureux de Friedman a disparu au milieu des années 1980, car la croissance de la monnaie devint élevée et variable, mais l'inflation ne revint jamais. Il est possible que l'inflation soit «toujours et partout un phénomène monétaire», comme il l'observait en 1963 mais des phénomènes monétaires peuvent se produire sans inflation ; ce qui invalidait l'usage des agrégats monétaires comme instrument de contrôle politique. Friedman lui-même, interviewé par Simon London, du Financial Times, en 2003, admettait : «Prendre pour objectif la quantité de monnaie n'a pas été une réussite. Je ne suis pas certain que je défendrais cette idée avec autant d'ardeur que je l'ai fait à l'époque». **Tiens-tiens : Friedman ne serait plus Friedmanien ? (iii)** Le «taux de chômage non accélérateur d'inflation» (NAIRU), lancé par Friedman et Edmund Phelps en 1968 avait l'attrait fatal d'introduire pour la première fois des anticipations dans un modèle économétrique. Mais il s'est révélé faux à la fin des années 1990 quand Alan Greenspan (patron de la Réserve fédérale) permit au taux de chômage de tomber en dessous des planchers successifs du NAIRU : 6%, 5,5%, 5%, 4,5%, et enfin 4%, sans qu'il n'en résulte aucune inflation. C'était une bonne nouvelle, sauf pour les économistes dont le nom était lié au NAIRU. Ces clarifications de Galbraith (2009) viennent de trouver une forte résonnance grâce à Eggertsson et Petracchi (2021).

Les travaux comme «La crise d'endettement du Tiers-Monde (1986)», «Dette extérieure et capacité d'endettement international du Cameroun (1986)», «La macro-économie aujourd'hui : une crise d'identité ? (1987)», «Les conséquences de l'Euro sur les économies africaines (1997)» ou encore «La politique du crédit et le financement du développement au Cameroun (1998)» montrent clairement que **le tounamamisme n'est pas un friedmanisme.**

2.5.Marxisme

C'est Castagnez-Ruggiu (1997) qui nous apprend que l'expression «marxisme» apparaît pour la première fois en 1882 avec la brochure de Paul Brousse *le Marxisme dans l'internationale*. Karl Marx et Friedrich Engels voulaient que l'on ne parle pas de marxisme, mais de «socialisme rationaliste critique» ou de «socialisme matérialiste critique» ou encore de «socialisme scientifique» pour éviter qu'on attribue à sa personne ce qui est le patrimoine théorique du prolétariat. Le marxisme est un courant de pensée économique hétérodoxe (schéma 2) (mais sans doute pas trop éloigné du politique) fondé sur les idées de Karl Marx (et dans une moindre mesure de Friedrich Engels). Politiquement, le marxisme repose sur la participation au mouvement réel de la lutte des classes, afin de parvenir à une société sans classes en tant qu'étape succédant au capitalisme. En effet, Karl Marx considère que « l'émancipation des travailleurs doit être l'œuvre des travailleurs eux-mêmes ».

Il existerait trois types de marxismes, dont les deux premiers sont élucidés par Resnick et Wolff (2011) : (i) Le marxisme traditionnel est l'interprétation littérale de la pensée de Marx, qui a rencontré des succès non négligeables, ayant contribué à la naissance de la première révolution socialiste de masse au XXème siècle et, peu de temps après, devenant le mode de réflexion dominant de nombreux mouvements politiques tout au long de ce même siècle. En économie, cette interprétation a constitué le défi et l'alternative majeurs aux théories économiques néoclassiques et keynésiennes, qui constituent les deux autres principaux paradigmes. (ii) Le marxisme surdéterministe qui est une interprétation non traditionnelle, dont le point d'entrée est la classe sociale. Il s'appuie sur le fait que Marx considère que la source du profit capitaliste est le surplus produit au cours de la production. Au sein de l'entreprise capitaliste, les travailleurs fournissent à l'employeur une valeur supérieure au salaire que celui-ci leur donne pour leur force de travail. Cette relation de production définit la structure de classe comme processus de production et d'appropriation de surplus ; elle différencie les producteurs de ceux qui s'approprient (et donc distribuent) le surplus produit. Marx a un jour écrit à Engels que cette distinction était l'un des « meilleurs aspects de [son] livre » et que «toute compréhension des faits en dépend. (iii) Lew et Thanassekos (2009) ajoute un troisième type, à savoir le marxisme classique. Celui-ci se caractérise par une double attitude: d'une part, il refuse de rivaliser, de se mesurer avec la grande culture bourgeoise, voire il tente de résister à des contaminations trop évidentes de sa part ; d'autre part, il élabore, pour son propre compte, un marxisme pour militant, un marxisme pour animateur du mouvement ouvrier ; bref, un instrument conceptuel, parfois fruste, parfois élaboré, favorisant la mise sur pied tout à la fois d'une contre-idéologie, d'une contre vision du monde et d'une contre-société.

De manière ramassée à l'intersection du réalisme et du holisme (schéma 3), la théorie marxiste repose sur une analyse « matérialiste » de l'évolution de l'histoire. Ce ne sont pas les idées qui sont prédominantes, mais les conditions matérielles et l'évolution des modes de production. Les marxistes appréhendent l'économie comme une succession de modes de production : le mode féodal a laissé place au mode de production capitaliste, celui-ci sera remplacé par les modes de production socialiste et communiste. Pour les marxistes, le capitalisme va en effet s'effondrer pour laisser place au socialisme car il repose sur une contradiction essentielle : la «baisse tendancielle du taux de profit ». Pour faire «du passé table rase», il faudra une «dictature du prolétariat» et une appropriation collective des moyens de production. L'État gérera alors l'ensemble du système productif. Puis, stade ultime de cette évolution du système économique, l'État disparaîtra et la richesse sera redistribuée «à chacun selon ses besoins». La société sera alors «communiste», la propriété sera commune, il n'y aura plus de classes sociales et d' « exploitation de l'homme par l'homme » (Piettre, 1966).

Les idées de Marx gagnent en notoriété et en influence dans les milieux socialistes, grâce entre autres au travail de vulgarisation accompli par son gendre Paul Lafargue (Piettre, 1966). Mais Marx lui-même fût peu convaincu par le messianisme révolutionnaire et utopiste des disciples du marxisme, notamment français. Commentant aussi bien les travaux de son gendre que d'autres du même acabit, il écrivit : «*Si c'est cela le marxisme, ce qui est certain c'est que moi, je ne suis pas marxiste*», rappelle Castagnez-Ruggiu (1997).

La pensée de Marx est-elle vraiment discréditée par les échecs rencontrés dans tous les pays où l'on a voulu l'appliquer ? Lagueux (2004) nous explique que les marxistes eux-mêmes ont eu la lucidité de le reconnaître sans renoncer pour autant à se dire marxistes, et ont cherché systématiquement à réinterpréter ce qui, dans cet héritage, ne pouvait être sauvé qu'à ce prix. A la théorie de la valeur-travail, on a substitué une discussion métaphysique de la valeur et du travail abstrait ; à la loi de la baisse tendancielle du taux de profit, on a substitué une analyse circonstanciée de l'évolution des profits, tantôt à la hausse, tantôt à la baisse ; à l'analyse du processus de décomposition du capitalisme, on a substitué une analyse des imprévisibles mutations de ce capitalisme ; à la théorie de la lutte des classes, on a substitué une analyse sociologique des subtils modes de domination de la classe dominante, analyse plus fine certes, mais aux conclusions beaucoup moins percutantes. Bref, le marxisme a survécu au prix de mutations radicales de ce qui constituait la pensée de Marx au point où ce que l'on désigne encore du nom de marxisme ne repose plus guère sur les thèses brillantes mais contestables qui ont fait la fortune intellectuelle de Karl Marx. Lew et Thanassekos (2009) lui trouve peut-être une excuse en écrivant que « la tension intellectuelle (sans parler des innombrables difficultés d'une vie de misère) qui découle d'un effort de synthèse et d'élucidation de ce qui n'était souvent qu'ébauché, donne la tonalité et les traits de l'œuvre de Marx : inachevée, inachevable, lacunaire ; véhiculant, réarticulant et radicalisant des traditions intellectuelles diverses, se situant à des niveaux d'abstraction différents ; une œuvre enracinée dans le mouvement de ce qu'elle analyse : l'évolution contrastée du capitalisme, de la science et de la technique, l'histoire concrète des sociétés bourgeoises de son temps, l'évolution complexe et prometteuse du prolétariat (sa vie, ses aspirations, ses débuts d'organisation). Bref, il s'agit là d'un vaste ensemble de préoccupations auxquelles Marx a pu donner des éclairages d'autant plus pertinents qu'il rassemblait des savoirs déjà élaborés mais épars».

Il est vrai que dans des travaux comme «Pour en finir avec l'économie du développement ou le retour à l'orthodoxie libérale ? (1984)», «The current international financial crisis and its impact on african economies (2009)», ou «La crise financière internationale de 2008 : une crise de la pensée économique orthodoxe (2012)», l'auteur qui est un adepte de l'approche holiste, procède à une attaque du système capitaliste dominant et récuse l'orthodoxie, mais je n'y vois pas des éléments probants liés aux classes, au surplus, au communisme, au prolétariat, à la finitude du capitalisme, etc. Non : **le tounamamisme n'est pas un marxisme**.

2.6.Hayekisme

Pour Hourcade (2006), le Hayekisme qui est un courant de pensée fondé sur les idées de Friedrich Von Hayek, est d'abord et avant tout la grande bataille contre le constructivisme, c'est-à-dire la prétention de rationaliser (de manière idéologique) le monde et de formater le futur à l'aide de quelques équations plus ou moins sophistiquées ; car il s'agirait alors du début de la fin des libertés. À partir de là, le marché est le seul contre-feu possible. Petitot (1999) précise que pour Hayek, le marché et la monnaie sont des nécessités informationnelles permettant d'accéder à une allocation correcte des ressources. L'intelligence des agents étant limitée, leurs préférences incommensurables et leurs connaissances incomparables et distribuées dans un système multi-agents, seul l'ordre auto-organisationnel du marché (la main invisible) offre une garantie, notamment en matière de coopération malgré la divergence des intérêts et la concurrence des fins.

S'agissant en particulier de la monnaie, Théret (2011) affirme que le hayekisme considère que la monnaie est un préalable, donc non neutre, au développement des échanges et de la production marchande. Cette conception de la monnaie en tant qu'institution fondamentale du capitalisme, produit de la main invisible de la concurrence, a connu également une évolution dans les années 1970 avec la radicalisation dans un sens libertarien de la pensée de Hayek et ses propositions de dénationalisation des monnaies. En prônant l'application d'une concurrence non régulée car jugée autorégulatrice entre émetteurs de monnaies qu'ils soient privés ou publics, le hayekisme récuse tout principe hiérarchique au sein du système bancaire.

Hayek rejette le socialisme et de son concept de justice sociale. Il veut croire à des maximes d'action qui seraient des règles positives concrètes. Son «immoralisme» et son «athéisme» envers la religion démocratique de la justice sociale vient de ce que pour lui l'éthique doit être sélective et non instructive. Enfin, s'agissant de la théorie du droit et de l'état, le hayekisme pose que l'état doit garantir les règles. Si la liberté des échanges dans une société ouverte est un lien social producteur d'innovations et d'ordre spontané complexe, elle doit être politiquement assurée par un état de droit garantissant l'auto-organisation socio-économique (Petitot, 1999).

La relecture d'un certain nombre de travaux de notre auteur met en relief une évidente proximité avec les thèses de Hayek. Il en est ainsi de «la monnaie unique : un exemple pour les pays africains ? (1997)», de «Libéralisation de l'économie, dynamique de l'informel et lutte contre la pauvreté au Cameroun (1997)», de «Les conséquences de l'Euro sur les économies africaines (1997)», de «La politique du crédit et le financement du développement au Cameroun (1998)», de «Ajustement structurel et investissement privé en Afrique : les cas du

Burkina Faso, du Cameroun et de la Côte d'Ivoire (2003)», ou encore de «Deregulation policy in Cameroon (2004)». Par conséquent, je pose que **le tounamamisme est un hayekisme**.

2.7.Sismondisme

La place de Sismondi (de son vrai nom Simonde, auquel il a lui-même ajouté Sismondi) dans l'histoire de la pensée économique est singulière selon Alcouffe (1995). En effet, il s'agit d'un auteur qui a entretenu des relations avec les grands économistes classiques, ses contemporains (Ricardo, Malthus ou Say), il est le seul économiste cité dans le *Manifeste communiste* de Marx et Engels. Pionnier de la politique sociale en économie ainsi que de la valeur qui vient du travail (la valeur-travail), il s'était fait connaitre par un ouvrage en deux volumes publié en 1803 (*De la richesse commerciale, ou principes d'économie politique*) dans lequel il revendiquait l'influence d'Adam Smith et manifestait déjà un souci de comprendre le rôle du temps dans l'analyse économique.

Pour Gislain (2013), c'est dans les années 1817-1819 que Sismondi (1773-1842) opère ce qu'il est convenu d'appeler sa «conversion» c'est-à-dire l'abandon de certains principes smithiens au profit de «nouveaux principes» qui modifient significativement son analyse de l'économie capitaliste et fonde ce que l'on peut appeler le sismondisme, c'est-à-dire le choix assumé de l'hétérodoxie ou celui d'être «la fausse note dans le concert» (comme aimait le dire **TOUNA MAMA**). Sismondi explique sa conversion dans l'«Avertissement» à ses *Nouveaux principes d'économie politique, ou de la richesse dans ses rapports avec la population* (1819) en deux temps : (i) Sa reconstruction intellectuelle des principes de l'économie politique l'a conduit à tirer des conséquences analytiques différentes de celles de Adam Smith et de certains de ses continuateurs. (ii) Les faits économiques observés dans l'ouvrage de Smith ont révélé certaines conséquences historiques désastreuses de la transition au nouveau système économique : crises de surproduction et dégradation des conditions ouvrières. Ces faits nécessitaient alors d'amender l'analyse smithienne dans un sens plus conforme à la réalité observée.

Comme l'explique Alcouffe (1995), en un sens, Sismondi a choisi et revendiqué la place à part qu'il occupe dans l'histoire de la pensée économique en quittant délibérément l'«orthodoxie» économique. C'est dans l'ouvrage paru en 1819 et réédité en 1927 qu'il va prendre au moins trois positions qui vont l'isoler : (i) D'abord, l'Europe, dans laquelle triomphent les thèses favorables à la liberté du commerce, souffre du contrecoup des guerres napoléoniennes et du blocus continental et les économistes s'interrogent sur la possibilité de crises générales de surproduction. La loi de Say est une réponse optimiste à laquelle Sismondi va opposer non seulement les réalités empiriques mais aussi une formalisation dans laquelle il apparait que l'insuffisance de la demande globale est une conséquence possible de l'élévation de la productivité. (ii) Ensuite, aux théories de l'avantage comparatif qui justifient l'ouverture des frontières, Sismondi va opposer les conséquences dynamiques d'une fuite hors du circuit qui recommandent un plus grand contrôle des échanges extérieurs justifiant à nouveau une intervention de l'État, honnie des libéraux dont politiquement il était cependant très proche. (iii) Enfin la définition même qu'il donne de l'économie politique et dans les buts qu'il lui assigne jure avec l'existant : au lieu de s'intéresser à la production, la consommation et la distribution des richesses selon une trilogie qui tendait à s'imposer, c'est le bonheur qui est au centre de ses préoccupations. Il définit l'économie politique comme «la recherche des moyens par lesquels le plus grand nombre d'hommes dans un État donné, peut participer au plus haut degré de bien-être physique qui dépende du gouvernement». Ce qui le conduit à délimiter son champ de la façon suivante : «L'économie politique devient en grand la théorie de la bienfaisance, et tout ce qui ne se rapporte pas en dernier résultat au bonheur des hommes n'appartient pas à cette science».

Le cas de la conversion de Sismondi est particulièrement intéressant, estime Gislain (2013). Elle est en effet manifeste au moment où une orthodoxie s'impose chez de nombreux économistes. Il s'agit d'une orthodoxie néo-smithienne dont, à partir de 1817, les versions ricardienne et sayienne partagent l'essentiel des principes de l'économie politique qualifiée par la suite de «classique». Prenant conscience de sa différence, Sismondi souligne lui-même rétrospectivement : «J'attaquais une orthodoxie, entreprise dangereuse en philosophie comme en religion» ; l'affirmation de son hétérodoxie constituait dès lors l'aboutissement de sa conversion.

C'est en toute objectivité que Joseph Schumpeter reconnait à Sismondi le «grand mérite d'avoir le premier utilisé systématiquement et explicitement l'analyse par périodes, méthode particulière de la dynamique» dans laquelle le temps est découpé en périodes de sorte que les variables d'une période sont dépendantes de celles des périodes précédentes et déterminent les valeurs possibles des périodes suivantes. Il abordait par là un «monde de problème qui n'existaient tout simplement pas dans l'économie ricardienne, ni dans aucun autre système du même genre» (Alcouffe, 1995). Sismondi a préfiguré Keynes dans la demande globale, le modèle d'équilibre de court terme (en particulier dans le secteur agricole), modèle à rapprocher de ceux de Samuelson, Domar ou Hicks. L'ouvrage de Sismondi, jugé «*an excellent book*» par Ricardo, devait provoquer de vives controverses de la plus haute importance dans l'histoire de la pensée économique, entre Ricardo, Malthus, Sraffa, Say, Schumpeter (qui lui reproche entre autres sa maladresse à utiliser l'outil mathématique). Sismondi a aussi fortement influencé Marx.

Au-delà de sa proximité avec le keynésianisme (relevée plus haut), **TOUNA MAMA** répétait à l'envie que Sismondi était «la fausse note dans le concert» pendant ses cours d'histoire de la pensée économique. J'ai parcouru certaines de ses publications, notamment : «Pour en finir avec l'économie du développement ou le retour à l'orthodoxie libérale ? (1984)», «La macro-économie aujourd'hui: une crise d'identité ? (1987)», «Économie dominante et associations communautaires au Cameroun : le défi de la survie en milieu rural (1996)», «Gouvernement versus secteur non structuré : comment valoriser les activités de proximité au Cameroun ? (1999)», «Libéralisation de l'économie, dynamique de l'informel et lutte contre la pauvreté au Cameroun (1999)», «Restructuration des filières agricoles et processus d'articulation de l'économie camerounaise (2002)», «Intégration physique à travers le développement des infrastructures en Afrique Centrale (2003)», «De la planification urbaine à l'urbanisme des projets de lotissements au Cameroun (2003)», «Escaping the primary commodities dilemma by pro-active policies : the case of Cameroon (2007)», «La crise financière internationale de 2008 : une crise de la pensée économique orthodoxe (2012)», et «le bien commun (2018)». Je me suis rendu compte que lui-même pouvait être une «fausse note dans le concert», à force de rejeter l'orthodoxie, de trouver et analyser les failles du système dominant, de se préoccuper du bonheur des citoyens, de proposer des solutions au recul de la pauvreté, et même de découper le temps en périodes, comme dans «L'endettement international : la théorie du circuit a-t-elle une réponse (1988)». Oui : **le tounamamisme est absolument un sismondisme**.

2.8. Malthusianisme

Utilisé pour la première fois par Pierre-Joseph Proudhon en 1849, le terme malthusianisme est une doctrine politique prônant la restriction démographique inspirée des travaux de l'économiste britannique et Révérend Thomas Robert Malthus (1766-1834). L'origine doctrine hostile à l'accroissement de la population d'un territoire ou d'un État et préconisant la restriction volontaire de la natalité, le mot «malthusianisme» désigne aussi par extension toute attitude réservée devant la vie et le développement. Hodgson (2004) affirme que le malthusianisme est en fait l'application de toute mesure sensée répondre à la crainte, formulée pour la première fois en 1798 par Malthus, de l'explosion démographique et de la difficulté à la gérer.

C'est en 1798, dans la première édition de son Essai sur le principe de population que Malthus a formulé son «principe de population» : «Si elle n'est pas freinée, la population s'accroît en progression géométrique. Les subsistances ne s'accroissent qu'en progression arithmétique.» (Malthus, 1966 [1798], p. 14). Hodgson (2004) explique que la thèse de Malthus part du constat qu'il y a une asymétrie entre la croissance démographique et la croissance de production de ressources. La représentation mathématique de Malthus est simple : alors que la population augmente de manière géométrique (1 ; 2 ; 4 ; 8 ; 16 ; ...), les ressources n'augmentent que de façon arithmétique (1 ; 2 ; 3 ; 4 ; 5 ; ...). Plus les années passent donc, et plus l'écart sera grand entre la démographie et le stock de ressources. Ainsi, s'il n'y a pas de guerre, d'épidémie ou d'autre événement pouvant réduire la population, il en résultera nécessairement une famine qui pourrait durer jusqu'à ce que le niveau de population redescende en dessous des ressources disponibles ; ou jusqu'à ce qu'interviennent des freins ou des limites à cette croissance. Ces freins ou *checks* sont de deux natures : d'une part, les *positive checks* (ou «obstacles répressifs » ou «obstacles malthusiens» qui s'imposent de l'extérieur de façon brutale, à l'instar des famines ou des épidémies ; d'autre part, les *preventive checks* (ou «obstacles préventifs»), qui désignent les décisions conscientes prises en connaissance de cause pour freiner la croissance démographique : avortement, contrôle des naissances, célibat, entre autres.

La façon dont Malthus énonce le principe de population suggère d'emblée deux solutions possibles : (i) Le comportement des hommes peut changer de manière à infléchir le taux de natalité, et donc la croissance de la population ; de nouvelles habitudes peuvent s'installer rapidement et perdurer longtemps, comme c'est le cas pour l'adoption d'un nouveau style de vie ou d'une nouvelle méthode de contraception. (ii) Il peut aussi y avoir une modification des conditions de production des subsistances. L'augmentation du taux de production des subsistances, n'est pas propre à telle ou telle époque, mais des accroissements de la productivité agricole et de la production alimentaire peuvent être obtenus dans un délai assez court et maintenus sur de longues périodes. Rutherford (2007) suggère de s'orienter vers une troisième solution, plus fondamentale, si on considère le hiatus entre les deux taux d'accroissement comme un effet de la nature de l'économie dans son ensemble. Cette troisième possibilité suppose de décrire les relations comptables relatives au revenu national, dont la fonction de population n'est qu'un élément, mais l'établissement d'un équilibre peut être temporaire ou éphémère.

Dans le cadre de la première solution, Malthus propose plusieurs manières d'empêcher la population de croître afin de réguler la population. Les mesures qu'il propose pour permettre de réguler quelque peu la population sont drastiques : prélever un impôt sur les naissances, offrir des occupations aux couples sans enfants ou encore et surtout, arrêter toute aide sociale aux nécessiteux (Hodgson (2004)).

Que ce soit dans sa version originelle (doctrine hostile à l'accroissement de la population d'un territoire ou d'un État et préconisant la restriction volontaire de la natalité) que dans sa version étendue (toute attitude réservée devant la vie et le développement), impossible d'identifier chez le Professeur la moindre accointance avec la thèse malthusienne. Au contraire, on trouverait même des idées assez populationnistes dans les travaux relatifs au développement, comme dans sa première thèse de doctorat «Planification du développement et commerce extérieur de sous-développement (1981)», ou bien dans «Commerce international et planification du développement en pays sous-développés (1984)», «Économie dominante et stratégie de survie des populations au Cameroun (1994)», Économie dominante et associations communautaires au Cameroun : le défi de la survie en milieu rural (1996)», «Restructuration des filières agricoles et processus d'articulation de l'économie camerounaise (2002)», «De la planification urbaine à l'urbanisme des projets de lotissements au Cameroun (2003)», «Le testament de Georges Ngango (2003)», ou encore de manière plus forte dans «L'analyse économique de l'extrémisme violent en Afrique (2015)». **Le tounamamisme n'est absolument pas un malthusianisme**.

3. Le tounamamisme face aux néologismes des courants ou des pratiques

Pour une confrontation avec cette forme de néologismes, j'en ai choisi sept issus des courants de pensée ou des pratiques économiques : le Mercantilisme, l'Humanisme, l'Étatisme, le Circuitisme, le Protectionnisme, le Panafricanisme et le Marginalisme.

3.1.Mercantilisme

Le mercantilisme n'est pas à proprement parlé un courant de la pensée économique. Il s'agit d'apports de plusieurs auteurs, actifs dans la période allant du début du XVIème jusqu'au milieu du XVIIIème siècle, qui convergent vers une vision commune des grands problèmes économiques, et conduisent à parler d'une «pensée mercantiliste. Le mercantilisme se fonde sur la possession de métaux précieux comme l'or ou l'argent, ce qui est censé révéler la richesse d'un pays. C'est une doctrine qui repose sur l'existence d'un État fort. Le bon fonctionnement économique est en effet favorisé par l'essor des autres secteurs ; et la puissance d'un État est fonction de la richesse du prince et des activités commerciales. Une littérature diversifiée se répand alors en Europe en s'adaptant aux spécificités nationales ; avec le bullionisme espagnol (accumulation de métaux précieux), le colbertisme français (l'État est très actif dans le commerce et l'industrie), le commercialisme hollandais et anglais (le commerce extérieur est la source de la richesse d'un pays), et le caméralisme allemand (l'État est le promoteur actif de la prospérité collective).

C'est sur cette base que Heckscher (1935) estime que le mercantilisme constitue un système cohérent de pensée et de pratiques dominé par le pouvoir politique et le protectionnisme commercial. Les écrits de l'époque qu'il compile décrivent à la fois un système de pouvoir politique, un système de réglementation de l'activité économique, un système protectionniste et aussi un système monétaire avec la théorie de la balance du commerce. Les tenants du mercantilisme prônent en effet le développement économique par l'enrichissement des nations au moyen d'un commerce extérieur convenablement organisé en vue de dégager un excédent de la balance commerciale. Pour ce faire, l'État se trouve investi de la responsabilité de développer la richesse nationale, en adoptant des politiques pertinentes de nature défensive (protectionnisme) mais aussi offensive (favorisant l'exportation et l'industrialisation).

Pour Villey et Nême (1996), la doctrine mercantiliste exalte le développement des marchés, des marchands et du commerce. Les trois gloires mercantilistes sont la dynamique de l'industrie qui permet de conquérir les marchés extérieurs, la soif du gain du commerçant qui s'enrichit, et l'or qui s'accumule et permet à la richesse de se concentrer entre les mains du prince. La nouvelle «mentalité mercantiliste» coïncide avec ces objectifs et met en avant la problématique de l'enrichissement à partir d'activités ayant un rendement croissant (fabriquer et vendre des produits manufacturés plutôt que de vendre des produits bruts). Dès 1485, la formule d'Henry VII «exporter des biens manufacturés et importer des produits bruts» résume l'essentiel de ce que sera la politique industrielle anglaise et sa future prospérité. Enfin, le mercantilisme contribue également au développement de relations économiques plus ou moins forcées et/ou inégales (apparition de l'impérialisme et du colonialisme) : toute nation réputée forte doit chercher à s'emparer de territoires pour obtenir un accès aux matières premières et/ou un débouché à ses activités. C'est au cours de la période que le pouvoir des nations européennes s'étend tout autour du globe. De nos jours, la discussion de la pertinence et de la validité des idées mercantilistes refait surface, notamment dans le débat contemporain sur la mondialisation, le libre-échange, et le protectionnisme.

Mis à part le rôle du mercantilisme dans l'apparition de l'impérialisme pour lequel il n'y a d'adhésion nulle part, les travaux disponibles du Professeur indiquent une proximité avec certaines idées mercantilistes, en particulier l'appel à un État fort dans «L'économie du développement appelle-t-elle un nouveau paradigme ? (2003)» mais aussi dans la préface à l'ouvrage «Mondialisation, exclusion et développement africain (2006)», ainsi les deux autres, à savoir «L'économie camerounaise : pour un nouveau départ (2008)», et

«L'économie camerounaise à l'épreuve de l'émergence (2018)». Des relents mercantilistes sont aussi notables dans le rôle du commerce extérieur exalté dans «Commerce international et planification du développement en pays sous-développés (1984)», «Bilan de la coopération commerciale CEE-ACP à la veille de l'échéance européenne de 1992 (1990)», «La coopération économique régionale en Europe (1995)», ou encore «La coopération économique régionale en Afrique (1995)». La formule d'Henri VII ci-dessus trouve une résonnance dans «Ajustement structurel et désindustrialisation au Cameroun (2000)», «Intégration physique à travers le développement des infrastructures en Afrique Centrale (2003)», et peut-être surtout dans «L'ajustement structurel en Afrique : l'investissement sacrifié ? (2000) ». Assurément, **le tounamamisme est un mercantilisme, sans l'ancrage aux métaux précieux** comme dans le mercantilisme originel.

3.2.Humanisme

Le Dictionnaire de l'Académie française, dans sa neuvième édition, est une publication encyclopédique commencée en 1986 et dont les fascicules continuent de paraître encore aujourd'hui. Ce dictionnaire distingue trois définitions de l'humanisme : (i) «Mouvement d'idées qui se développa en Europe aux XVème et XVIème siècles, et qui prônait la redécouverte de la pensée antique et l'examen critique des textes grecs et latins», (ii) «Culture de l'esprit qui résulte de la familiarité avec les auteurs classiques, notamment grecs et latins ; goût que l'on a pour ces études», et (iii) «Doctrine, attitude philosophique, mouvement de pensée qui prend l'homme pour fin et valeur suprême, qui vise à l'épanouissement de la personne humaine et au respect de sa dignité».

On apprend que le mot «humanisme» désigne en 1677 «le mouvement des lettrés des XVème et XVIème siècles». En 1765, il signifie «amour de l'humanité», concurrençant en quelque sorte le mot «philanthropie». Une édition antérieure du *Dictionnaire de l'Académie française* définit même l'humanisme comme le «caractère du philanthrope». **En 1846, Proudhon donne pour la première fois au mot «*humanisme*» un sens philosophique en tant que «doctrine qui prend pour fin la personne humaine».** En 1874, la *Revue critique* définit le mot comme étant la «théorie philosophique qui rattache les développements historiques de l'humanité à l'humanité elle-même».

Pour Grente (1992), l'humanisme est un mouvement culturel et artistique européen de la Renaissance qui se caractérise par la foi en l'homme, par l'intérêt pour toutes les formes de la connaissance et par la redécouverte de la littérature de l'Antiquité. Les thèmes essentiels de l'humanisme sont au nombre de cinq : (i) Le retour à la culture antique et le goût des idées, porté par la redécouverte des textes grecs et latins et la découverte de l'imprimerie par Gutenberg. (ii) La foi en l'Homme : les humanistes ont confiance dans la nature humaine et veulent rendre l'humanité meilleure. Grâce à ses connaissances et à sa curiosité, l'humaniste cherche à acquérir la sagesse. (iii) Une nouvelle pédagogie fondée sur l'imitation et sur la diversification des enseignements : les humanistes remettent en cause le système scolastique. (iv) La réflexion politique : les humanistes, qui sont des pacifistes, cherchent à construire une société idéale. (v) Les débats religieux et le renouveau spirituel, par le retour au texte biblique : «Les humanistes s'intéressent aux premiers écrits chrétiens. Au lieu de s'en tenir aux commentateurs, ils veulent un contact direct avec le texte de la Bible et des Évangiles».

Au final comme l'indiquait Renaudet (1951), «l'humanisme est une éthique de confiance en la nature humaine. Orienté à la fois vers l'étude et la vie, il prescrit pour but et pour règle, à l'individu comme à la société, de tendre sans cesse vers une existence plus haute. Il commande à l'homme un effort constant pour réaliser en lui le type idéal de l'homme, à la société un effort constant pour réaliser la perfection des rapports humains. Ainsi conçu, il exige un immense effort de culture ; il suppose une science de l'homme et du monde ; il fonde une morale et un droit ; et aboutit à une politique. Il nourrit un art et une littérature dont le domaine s'étend à tout l'ensemble du spectacle que le monde offre à l'homme, aussi bien qu'à tout l'ensemble de la connaissance et de la pensée humaine, à toutes les inquiétudes, à toutes les espérances, à toutes les intuitions de l'âme humaine ».

Parce que «*c'est un sujet merveilleusement vain, divers et ondoyant que l'homme*» (Michel de Montaigne), il est possible d'avoir fréquenté une «École de la Mission Catholique d'Elig-Mfomo» ou un «Séminaire Saint-Joseph d'Akono» ou même un «Séminaire Sainte Thérèse de Mvolyé à Yaoundé» et en sortir indemne du point de vue humaniste. Mais je postule qu'en conjuguant pendant plus de dix ans la fréquentation de ces trois lieux avec un si long séjour en tant que pensionnaire du «Noviciat dans l'Ordre des Frères Prêcheurs (Dominicains)», la probabilité qu'on ne soit pas humaniste tend abruptement vers zéro. Cette affirmation humaniste porte nombre des travaux en cause, par exemple : «Économie dominante et stratégie de survie des populations au Cameroun (1994)», «Économie dominante et associations communautaires au Cameroun : le défi de la survie en milieu rural (1996)», «Globalisation de l'économie et viabilité à long terme des changements sociaux au Cameroun (1997)», «Libéralisation de l'économie, dynamique de l'informel et lutte contre la pauvreté au (1997)», «Gouvernement versus secteur non structuré : comment valoriser les activités de proximité au Cameroun ? (1999)», «Libéralisation de l'économie, dynamique de l'informel et lutte contre la pauvreté au Cameroun (1999)», «Restructuration des filières agricoles et processus d'articulation de l'économie camerounaise (2002)», «Le testament de Georges Ngango (2003)», «De la planification urbaine à l'urbanisme des projets de lotissements au Cameroun (2003)», «L'approche territoire dans la politique du développement de l'enseignement supérieur au Cameroun (2014)», ou encore «Le Bien commun (2018)». De sa formation à ses publications, point de doute : **le tounamamisme est certainement un humanisme**.

3.3.Etatisme

L'étatisme est une doctrine économique, politique ou culturelle qui prône la concentration des pouvoirs économiques ou sociaux entre les mains de l'État, et favorise les droits de l'État au détriment de ceux de l'individu ou d'autres institutions. Il est caractérisé par une intervention plus ou moins systématique de l'État dans l'économie et dans le domaine social, notamment par le biais de monopoles d'entreprises qu'il contrôle directement ou indirectement. Tentaculaire, l'étatisme amène l'État à intervenir dans presque tous les domaines : industrie, commerce, santé, culture, éducation, communication, et même religion. L'étatisme est généralement justifié par la nécessité de réduire les inégalités et mieux répartir les revenus, de réduire l'insécurité économique, de soumettre l'ensemble de la société au contrôle politique de l'État (totalitarisme), ou encore d'utiliser l'État en faveur d'intérêts particuliers. L'étatisme considère donc que l'État doit être le centre et la principale structure qui dirige, administre et contrôle tout ou partie de l'activité sociale ou économique. L'étatisme peut couvrir différents sens ou domaines, ceci selon la légitimité ou la non-légitimité que les individus trouvent dans l'action, monopolisation et institution de l'État.

Comme l'ont dit Geoffrey Brennan et James Buchanan de la *School of Public Choice*, «dans tous les cas pratiques pertinents, les gouvernements ou plus précisément les individus impliqués dans le processus gouvernemental possèdent le pouvoir de contraindre. Ils exercent un véritable pouvoir discrétionnaire, et il est à la fois empiriquement raisonnable et analytiquement nécessaire de supposer que, dans une certaine mesure, ils exploiteront ce pouvoir à leurs propres fins, quelles qu'elles soient» (McCloskey, 2020). Un tel comportement sédimente de nombreuses et inéluctables failles qui ont conduit les adversaires de cette doctrine à formuler un théorème de la manière suivante : il existe certes des différences notables quant aux mesures d'interventions adoptées par les divers gouvernements. Cependant, en termes de résultats, il s'agit toujours en réalité de différences de degré plus que de catégorie, car les gouvernements ne peuvent se départir de l'essence coercitive fixée dans leur ADN. C'est leur caractéristique la plus intime et, quand ils l'appliquent et dans la mesure où ils l'appliquent, tous les effets négatifs prévus par la théorie apparaissent et se reproduisent inéluctablement : c'est le théorème de l'impossibilité de l'étatisme (De Soto, 2014).

De Soto (2021) rappelle que la science économique a démontré qu'il était impossible à l'État de fonctionner d'une manière dynamiquement efficiente car il se trouve toujours dans une situation d'ignorance invincible qui l'empêche de donner un contenu coordinateur à ses ordres. Cela est dû aux quatre raisons suivantes par ordre d'importance croissante, déjà analysées dans De Soto (2014) : (i) Premièrement, à l'immense volume d'informations et de connaissances nécessaires, non seulement de type technique ou scientifique, mais surtout concernant une infinité de circonstances personnelles et particulières de temps et de lieu (connaissance pratique). (ii) Deuxièmement, au caractère essentiellement subjectif, tacite, pratique et non formulable de cette information ou connaissance, par conséquent non transférable à l'organe étatique de décision et de planification centrale. (iii) Troisièmement, au fait que cette connaissance n'est ni donnée ni statique, mais varie sans cesse en produisant un double effet sur les autorités : elles sont toujours en retard car l'information maigre et déformée qu'elles reçoivent est déjà obsolète une fois qu'elles ont pu la digérer ; et leurs ordres pour le futur ne peuvent pas viser juste car celui-ci dépend d'une information pratique qui n'est pas encore apparue car pas encore créée. (iv) Quatrièmement, puisque l'État égale coercition, en imposant ses ordres par la force à n'importe quel secteur social, il entrave et bloque la création et l'apparition de la connaissance ou information dont il a justement besoin pour donner un contenu coordinateur à ses ordres.

La pandémie à Covid-19 a réveillé cette doctrine et l'a presque portée au pinacle. Pourtant, comme le prévient McCloskey (2020), la maladie et la crise économique disparaîtront. Ce qui ne disparaîtra peut-être pas, c'est le triomphe de l'étatisme, cette idéologie selon laquelle la coercition de l'État est toujours préférable aux transactions ordinaires. L'État est coercitif, nécessairement et par définition. En 1919, Max Weber l'a défini succinctement comme le monopole, sur un certain territoire, de l'usage légitime de la contrainte physique (force, violence, coercition). **D'où cette mise en garde sous forme de prémonition alarmiste :** «Mais le pire n'est pas la guerre contre la maladie et ses dommages collatéraux, l'écrasement de l'économie, aussi catastrophiques soient-ils. Le pire, c'est la probabilité d'un triomphe de l'étatisme après la guerre, puis celle du fascisme auquel l'étatisme triomphant donne régulièrement naissance. La maladie est l'affaire d'une année, 2020. Le fascisme est une affaire sans fin». Lecaussin (2021) est même allé jusqu'à solliciter un «vaccin contre l'étatisme», car «le virus de l'étatisme est au moins aussi dangereux que le virus chinois. Ses conséquences se feront sentir pendant des années et le coût sera élevé».

Tout en étant en phase avec «le théorème de l'impossibilité de l'étatisme» tel qu'on peut aisément le comprendre en lisant la conclusion générale de l'ouvrage «Mondialisation, exclusion et développement africain (2006)» qu'il intitule «*Pour la mort de l'État en Afrique : de quel État faut-il souhaiter la mort ?*» ; on peut souligner la prégnance de l'État comme une tendance lourde dans l'œuvre du chercheur, au moins depuis ses deux thèses «Planification du développement et commerce extérieur de sous-développement (1981)», et «L'endettement supportable pour un pays en développement (1985)», jusqu'aux travaux ultérieurs, comme «Crise économique et politique de déréglementation au Cameroun (1996)», «Dette extérieure et capacité d'endettement international du Cameroun (1986)», «La politique du crédit et le financement du développement au Cameroun (1998)», «L'ajustement structurel en Afrique : l'investissement sacrifié ? (2000)», ou encore «Le déficit budgétaire : un Janus pour l'Afrique ?

(2007)», etc. Certes, il affirme être contre l'État mou (dont parlait Gunnar Myrdal) mais je postule en le lisant que **le tounamamisme est un étatisme mou** qui prône un État fort mais pas tentaculaire, puisqu'il analyse bien les conditions d'une existence efficace du secteur privé et recommande souvent l'instauration de la concurrence dans l'économie, comme dans les ouvrages «L'économie camerounaise : pour un nouveau départ (2008)», ou «L'économie camerounaise à l'épreuve de l'émergence (2018)».

3.4.Circuitisme

Issu partiellement du marxisme, le circuitisme est un courant de pensée économique relativement récent (années 50) et très proche du post-keynésianisme car il se fonde sur deux des ouvrages majeurs de **John Maynard** Keynes, la *Théorie Générale* (1936) et surtout le *Traité sur la monnaie* (1930). Souvent exprimé sous le nom de «circuit monétaire», ce courant à l'intersection des irréversibilités et des régularités (schéma 4) s'oppose nettement à l'école néoclassique car contrairement à cette dernière qui s'appuie sur la neutralité de la monnaie sur la production (simple intermédiaire des échanges ou «voile»), le circuitisme est construit sur la thèse de la monnaie endogène. La monnaie y tient une place centrale pour au moins quatre raisons : elle est la base de la production et de son niveau, elle modifie les structures économiques et les comportements des agents, elle donne un nouveau sens au concept d'équilibre et de répartition des revenus, et elle est enfin le cœur des crises économiques capitalistes (point saillant de son héritage marxiste).

Dans un article expressément dédié aux étudiants de la promotion 1979 du Master's de sciences économiques de l'Université de Yaoundé (**TOUNA MAMA** est de cette cuvée il me semble!), Poulon (1980) établit avec force et à partir de la théorie de Keynes, les fondements d'une théorie du circuit économique par le recours à trois propositions déterminantes : (i) La Théorie générale de Keynes est une théorie du circuit, radicalement différente de l'analyse « IS-LM » ou même des analyses dites néo-keynésiennes du déséquilibre. (ii) Cette théorie du circuit est mathématisable par la théorie des graphes et celle des chaînes de Markov. (iii) Elle débouche sur une explication formelle de la crise d'inflation et de chômage. Or **TOUNA MAMA** revendique Frédéric Poulon comme étant son Maître…

Ferrari (1991) explique que le circuit monétaire décrit un ensemble de flux et de reflux monétaires dont le point de départ est constitué par le montant des crédits accordés aux entreprises par le secteur bancaire. La production est dès lors lancée. Elle se poursuit par des achats interindustriels (la circulation industrielle) et par la distribution des revenus aux salariés. Ces revenus sont alors affectés pour une partie à la consommation (la circulation marchande) et pour une autre à l'épargne (la circulation financière). Les entreprises vont pouvoir dès lors récupérer les revenus distribués, soit par les dépenses de consommation des ménages, soit par les dépenses d'investissement des autres entreprises, soit enfin par la captation de l'épargne des ménages en émettant des titres. Les crédits initiaux peuvent alors être remboursés. Ce remboursement marque la fin de la période du circuit, sachant que le circuit ignore la thésaurisation (même si certains auteurs de cette école l'intègrent parfois).

Au final, le circuitisme est une explication macroéconomique de la façon dont les banques créent de l'argent pour les activités de production, comment les entreprises dirigent la production, et comment les travailleurs contribuent à la production et à la consommation. Le circuitisme est une théorie post-keynésienne basée sur les idées de Karl Marx sur le cycle du capital M-C-M (argent-commodités-argent). Cette théorie affirme que la masse monétaire est basée sur la demande d'argent : il en faut pour financer la production, pour échanger des biens et des services, pour épargner et pour investir. Contrairement à la théorie néoclassique qui met l'accent sur le rôle de l'individu dans l'économie, le circuitisme met l'accent sur les rôles des banques et des entreprises.

L'auteur n'affirme pas seulement être un disciple de Frédéric Poulon. Il a publié des travaux qui utilisent explicitement ou implicitement le circuit comme dans sa thèse d'État «L'endettement supportable pour un pays en développement (1985)», ou dans «Dette extérieure et capacité d'endettement international du Cameroun (1986)», «Dette extérieure et seuil d'endettement supportable (1988)», «L'endettement international : la théorie du circuit a-t-elle une réponse ? (1988)», «L'ajustement structurel en Afrique : l'investissement sacrifié ? (2000)», «The african debt crisis : a critical examination of debt relief strategies (2001)», «La question de la dette extérieure des pays africains : un réexamen (2002)», ou encore «Ajustement structurel et investissement privé en Afrique : les cas du Burkina Faso, du

Cameroun et de la Côte d'Ivoire (2003)». **Le tounamamisme est évidement un circuitisme.**

3.5.Protectionnisme

Le protectionnisme est une politique économique interventionniste consistant à protéger les producteurs nationaux contre la concurrence des producteurs étrangers. Les buts peuvent être le maintien de l'emploi dans certains secteurs d'activité, la diminution du déficit commercial, ou la défense du niveau de vie. Les mesures protectionnistes consistent essentiellement à freiner les importations (barrières douanières, normes contraignantes, freins administratifs, etc.), encourager les exportations (subventions diverses, incitations fiscales, dévaluation, dumping comme le «protectionnisme offensif»), privilégier les entreprises nationales dans les appels d'offres de marchés publics, ou empêcher les investisseurs étrangers de prendre le contrôle d'entreprises nationales. D'Agostino (2003) rappelle que selon Paul Bairoch, avant les années 1840 : *«le protectionnisme est la règle, le libre-échangisme l'exception»*. En 1841, Friedrich List défend les bienfaits d'un «*protectionnisme éducateur*» dans un ouvrage principal dans lequel il développe l'*Infant industry argument*. Le protectionnisme apparaît alors comme le moyen nécessaire pour protéger en particulier les activités ou industries naissantes (List, 1841).

Au sens strict comme l'indique Siroën (2018), le protectionnisme désigne la mise en place de droits de douane visant à protéger un secteur économique. Il s'agit donc bien de taxer les importations. Mais le protectionnisme concerne aussi ce qu'on a longtemps appelé les barrières «non tarifaires», c'est-à-dire les normes juridiques et phytosanitaires, ou encore les subventions, qui biaisent les échanges commerciaux. Cette diversité d'outils rend parfois la capture du protectionnisme assez difficile, quand elle ne facilite pas l'établissement de mesures déguisées. La marge d'interprétation est réelle et peut poser problème. Par exemple, les normes sanitaires imposées par certains pays sont-elles une forme de protectionnisme économique ou l'expression du désir d'un peuple de protéger son bien-être, sa santé et son environnement ? Difficile à dire.... Pour Gréau (2017), «le protectionnisme n'est pas une idéologie, mais il s'agit de politiques de protection commerciale».

Les partisans du protectionnisme estiment qu'il permet de se protéger des différentes formes de dumping : dumping environnemental, dumping social, dumping fiscal, et qu'il est indispensable entre pays ayant des niveaux de vie très différents. Mais la plupart des économistes **(notamment du courant orthodoxe)** affirment que le protectionnisme a un impact négatif sur la croissance économique et le niveau de développement tandis que le libre-échange a un impact positif sur la croissance et le niveau de richesses (Gréau, 2017). À contrario, l'argument principal des opposants au protectionnisme est que certaines productions locales sont plus chères que des productions importées, que le surcoût de ces productions locales pèse sur le pouvoir d'achat des ménages, qui consomment donc moins, ce qui cause des pertes d'emploi. Sapir (2017) critique cet argument en affirmant qu'il ne tient pas compte du fait que le protectionnisme permet de relocaliser des productions et donc de réembaucher des travailleurs, qui voient donc leur pouvoir d'achat augmenter.

En 1947, un accord international a été négocié concernant les droits douaniers et le commerce (*General Agreement on Tariffs and Trade*, GATT), qui a abouti en 1995 à la création de l'Organisation Mondiale du Commerce (OMC), dont le rôle est d'arbitrer les relations commerciales tout en limitant le protectionnisme. Les «droits de douane» ont été démantelés depuis les années 1990, sous l'égide de cette organisation. Comme résultat, Siroën (2018) indique que du point de vue statistique, le protectionnisme est en recul : selon l'OMC, le nombre de mesures antidumping (destinées à empêcher un pays de vendre un bien moins cher à l'étranger que sur son propre sol) mises en place chaque année a chuté de 31% entre 2000 et 2016. Pour le moment, le retour du protectionnisme relève surtout de la rhétorique politique, même si la plupart des pays en pratiquent une certaine forme en appliquant des mesures tarifaires ou non-tarifaires comme les quotas, les subventions aux exportations, les subventions à la production, les normes techniques ou sanitaires ou les mesures favorisant les entreprises nationales, les manipulations du taux de change, le non-respect de la propriété intellectuelle, les normes plus ou moins contestables, etc.

TOUNA MAMA n'est pas un autarcique. C'est même un mondialiste, mais un mondialiste méfiant qui craint la force des désagréments d'une ouverture trop large des économies africaines, et souhaite des États capables de contrôler et de booster l'essor de la production industrielle nationale en dépit des engagements internationaux parfois contraignants. Pour s'en convaincre, il faut bien relire «Les économies africaines face à l'Europe de 1993 (1992)», «Ajustement structurel et désindustrialisation au Cameroun (2000)», «L'ajustement structurel en Afrique : l'investissement sacrifié ? (2000)», «Ajustement structurel et investissement privé en Afrique : les cas du Burkina Faso, du Cameroun et de la Côte d'Ivoire (2003)», «L'économie du développement appelle-t-elle un nouveau paradigme ? (2003)», «Le testament de Georges Ngango (2003)», «Deregulation policy in Cameroon (2004) », la conclusion générale de l'ouvrage «Mondialisation, exclusion et développement africain (2006)» qu'il intitule «*Pour la mort de l'État en Afrique : de quel État faut-il souhaiter la mort ?*», «L'économie camerounaise : pour un nouveau départ (2008)», «L'économie camerounaise à l'épreuve de l'émergence 2018)», «La zone Franc entrave-t-elle la transformation structurelle des économies des pays membres ? (2019)». À la fin d'une lecture attentive de cette littérature, on n'a pas de mal à conclure que **le tounamamisme est un protectionnisme listien**, c'est-à-dire à la Friedrich List.

3.6. Panafricanisme / Régionalisme

Né à la fin du XVIIIème siècle dans les Amériques, le panafricanisme était à ses débuts un mouvement socioculturel qui militait pour la solidarité et l'union de la diaspora africaine aux Caraïbes et aux États-Unis pour retrouver, notamment au lendemain de l'indépendance des USA (1776), ses droits civils, culturels et moraux face à l'injustice et à la souffrance subies sous l'esclavage. Peu à peu, il s'est transformé en un mouvement politique qui se veut universel et rassembleur de tous les peuples noirs du monde, et a naturellement trouvé à la fois sa source d'inspiration et son terrain d'expression en Afrique.

Makiadi (2016) explique que le panafricanisme est aujourd'hui une doctrine tendant à unifier les peuples d'Afrique en un seul et qui, non seulement appelle à la libération totale de l'Afrique de la domination coloniale mais aussi et surtout, à son unité. Pour ses fondateurs, les peuples noirs qui sont les peuples les plus anciens de la terre (d'où le credo autant anthropologique qu'historique selon lequel « l'Afrique est le berceau de l'Humanité ») sont voués à l'unité et à un avenir commun. Le panafricanisme est donc par essence un mouvement d'idées, d'émotions, voire de mythes. C'est une vision culturelle, sociale et politique, une philosophie et une idéologie qui cherchent à unifier les Africains d'Afrique avec les membres de sa diaspora. Le panafricanisme vise aussi à amener les Africains à participer à l'élaboration de la «civilisation universelle» ainsi qu'à la coopération économique, intellectuelle et politique entre les pays africains. Il demande que les richesses du continent soient utilisées pour son développement endogène. Il appelle à l'unification des marchés financiers et économiques et à un nouveau paysage politique du continent. Autrement, il invoque l'intégration régionale (régionalisme), appelé aussi «le panafricanisme de l'intégration» à côté du «panafricanisme de la libération», principalement politique.

Le «panafricanisme de l'intégration» s'est imposé au continent avec la vague des indépendances des années 1960 et la création consécutive de l'Organisation de l'unité africaine (OUA) en 1963 qui, de fait, institutionnalisera le panafricanisme sur le continent en convoquant l'indépendance totale de tous les pays, y compris la fin de l'Apartheid en Afrique du Sud. Entre l'idée que «l'union fait la force» et celle des «États-Unis d'Afrique», le panafricanisme de l'intégration s'appuie, à travers la Communauté économique africaine (CEA) créée en 1991, sur le partage de l'Afrique en huit régions appelées Communautés économiques régionales (CER).

Tableau 2 : *Les 8 CER reconnues par l'UA*

CER	Nombre de pays membres	Zones couvertes
1. Union du Maghreb arabe (UMA)	5	Afrique du Nord
2. Communauté de l'Afrique de l'Est (CAE)	3	Afrique de l'Est
3. Marché commun de l'Afrique orientale et australe (COMESA)	20	Tous les pays d'Afrique de l'Est (à l'exception de la Tanzanie) et sept pays d'Afrique australe
4. Communauté des États sahélo-sahariens (CEN-SAD)	18	Afrique de l'Ouest, centrale, australe et du Nord
5. Communauté économique des États de l'Afrique centrale (CEEAC)	11	Afrique centrale
6. Communauté économique des États de l'Afrique de l'Ouest (CEDEAO)	15	Afrique de l'Ouest
7. Autorité intergouvernementale pour le développement (IGAD)	7	Corne de l'Afrique et partie nord de l'Afrique de l'Est
8. Communauté de développement de l'Afrique australe (SADC)	14	Afrique australe

Source : Tsafack Nanfosso (2016).

N.B. : Le nombre de pays égale 93 au lieu de 54 à cause de la multi-appartenance des pays à plusieurs régions (un des problèmes majeurs du régionalisme africain).

La mutation de l'OUA à l'Union Africaine (UA) en 2002 a continué de s'inspirer du panafricanisme dans la mise en place de ses grands projets politiques et économiques, comme ceux du NEPAD (2001), d'une Zone de libre-échange continentale (ZLECAf) panafricaine dont le lancement est effectif depuis le 1er janvier 2021, d'un marché commun africain à l'horizon 2023, d'une union économique et monétaire et d'un parlement en 2028, d'un réseau de neuf autoroutes allant du Nord au Sud et d'Est en Ouest, ainsi que d'une ligne de chemin de fer traversant tous les pays au plus tard en 2063. Cet objectif ambitieux s'articule autour de «l'Agenda 2063», qui cherche finalement à consacrer «L'Afrique que nous voulons » à travers un processus par lequel des États décident d'abandonner une partie de leurs prérogatives au profit d'une souveraineté économique commune, par la suppression des barrières douanières, par la libre circulation des personnes et des biens et par l'adoption d'une politique économique commune (Tsafack Nanfosso, 2016).

Lorsqu'on parle d'intégration en Afrique, on n'a pas besoin de forcer le trait. Il suffit de lire les nombreux plaidoyers contenus dans «Les économies africaines face à l'Europe de 1993 (1992)», «L'intégration régionale en Afrique Centrale : Bilan et perspectives (2003)», «Bilan de la coopération commerciale CEE-ACP à la veille de l'échéance européenne de 1992 (1990)», «La coopération économique régionale en Europe (1995)», «La coopération économique régionale en Afrique (1995)», «La monnaie unique : un exemple pour les pays africains ? (1997)», «Les conséquences de l'Euro sur les économies africaines (1997)», «Intégration physique à travers le développement des infrastructures en Afrique Centrale (2003)», «Bilan de l'intégration en Afrique Centrale et Occidentale (2004)», «L'Afrique des six sur orbite : opportunités, contraintes et défis de l'économie de la CEMAC (2004)», ou encore «La zone Franc entrave-t-elle la transformation structurelle des économies des pays membres ? (2019)». Pas de doute : **le tounamamisme est un panafricanisme militant**.

3.7.Marginalisme

Lenfant (2021) pose derechef que le marginalisme est un courant qui désigne un moment de rupture on parle d'ailleurs plus souvent de «révolution marginaliste» dans l'histoire de la discipline économique, entre 1870 et 1890, où se met en place une pensée alternative à la pensée économique classique. La révolution marginaliste est souvent perçue comme l'un des meilleurs exemples de «découverte multiple» en science économique. Son point de départ est en effet associé à l'apparition simultanée et indépendante de trois ouvrages : The theory of political economy de l'Anglais William Stanley Jevons en 1871, la même année que les Grundzätze de l'Autrichien Carl Menger ; et les Éléments d'économie politique pure du Français Léon Walras en deux temps entre 1874 et 1877. Essentiellement fondé sur un raisonnement «à la marge» (relatif à la dernière unité consommée ou produite), le marginalisme place au cœur de la théorie économique les concepts d'utilité marginale et de productivité marginale.

Aujourd'hui des trois, c'est probablement Menger qui fascine le plus les économistes. Pour Daniel (2008), cette fascination résulte du fait que dans son livre, il défend trois idées qui en font un théoricien original : (i) La première est que la vision des économistes classiques, inspirés par Smith et Ricardo, selon laquelle la valeur d'un objet dépend de la quantité de travail nécessaire à sa fabrication est erronée. La valeur est subjective ; elle varie d'un individu à l'autre. Elle est le résultat d'une combinaison entre l'utilité, appréciée par chacun selon ses propres critères et la rareté. Menger se distingue aussi de Jevons et Walras par son insistance sur la dimension psychologique et personnelle qu'il donne à la valeur et par sa distance avec les termes d'offre et de demande, auxquels il préfère ceux d'utilité ou substituabilité. (ii) La deuxième idée est l'impossibilité de raisonner globalement au niveau d'un pays, l'addition des démarches individuelles étant dénuée de sens. Passer du particulier au général signifie ajouter des situations en rien comparables et donc raisonner sur un monde fictif. Menger s'affirme ainsi comme le premier théoricien de «l'individualisme méthodologique». (iii) La troisième idée résulte de la précédente. Pour Menger, l'économie ne peut se concevoir selon une référence nationale. L'homme est partout le même. Et même si chaque pays a ses traditions, comme il est impossible de construire une représentation agrégée de l'économie, il est vain de parler de spécificités nationales dans ce domaine.

Foudi (2020) affirme que la révolution marginaliste de 1870 a été précédée par trois phénomènes sans lesquels elle ne serait pas connue comme telle : (i) La promotion de l'analyse dynamique en mathématique, surtout du « calcul différentiel » et plus généralement de la « dynamique » qui ont favorisé l'adoption du «calcul à la marge» (dérivation, intégration de fonctions continues avant 1870). (ii) Son utilisation par les précurseurs du marginalisme, lesquels écrivent tous avant 1870. Même si l'analyse mathématique de l'échange, par le calcul à la marge, est en économie antérieure aux marginalistes («l'utilité marginale» est un concept essentiel pour Bernoulli, le «coût marginal» a été utilisé par Ricardo ou Malthus), il faut reconnaître que ce sont toutefois les précurseurs du marginalisme qui définissent des «lois économiques» recourant à ces concepts. (iii) Sa traduction en « économie mathématique ». La contribution de Cournot s'affirme comme *la véritable invention de l'économie mathématique*. Celle-ci adopte une méthodologie spécifique, celle des *fonctions mathématiques continues et dérivables,* donc le *calcul infinitésimal,* dans le but de démontrer l'existence d'un équilibre des échanges sur le marché (équilibre en quantités chez Cournot) en introduisant du reste les notions de recette marginale et de coût marginal. L'un des résultats non généralisable à tous les précurseurs est l'élaboration d'une épistémologie : l'individualisme méthodologique. Le recours excessif aux mathématiques porté par le marginalisme amènera Malinvaud (1996) à relativiser en affirmant : «À mon avis, la fonction véritable de l'économie mathématique est d'apporter la rigueur là où on en a besoin. Elle n'est pas de produire des modèles abstraits pour des économies imaginaires » (p. 939).

Mais tout le problème réside alors dans la définition de l'utilité, et Le Bot (2003) indique que c'est ce qui amènera Pareto à distinguer entre utilité et ophélimité. Dans son *Cours d'économie politique* de 1896 en effet, Pareto écrit que « l'utilité a généralement dans les auteurs qui ont traité des nouvelles théories le sens d'un rapport de convenance entre une chose et un homme. Mais comme, dans le langage ordinaire, utile s'oppose à nuisible, et que de ces deux sens différents d'un même terme, il résulte de nombreuses équivoques, nous devons nous résigner à donner un nouveau nom à l'utilité que nous voulons plus spécialement considérer. Nous emploierons le terme ophélimité, du grec *ophellimos*, pour exprimer le rapport de convenance qui fait qu'une chose satisfait à un besoin ou un désir, légitime ou non. Ce nouveau terme nous est d'autant plus nécessaire que nous aurons besoin d'employer aussi le terme utile dans son acception ordinaire, c'est-à-dire pour designer la propriété d'une chose d'être favorable au développement et à la prospérité d'un individu, d'une race, ou de toute l'espèce humaine (Pareto, 1964, p. 3) ». Comme Pareto définit l'objet de son étude, c'est-à-dire l'objet de l'économie politique, comme «les phénomènes qui résultent des actions que font les hommes pour se procurer les choses dont ils tirent la satisfaction de leurs besoins ou de leurs désirs » (ibid.), c'est spécialement l'ophélimité qu'il se propose d'étudier et l'économie politique peut être définie, dans son optique, comme la science de l'ophélimité (p. 6). Il définit ensuite l'ophélimité élémentaire qu'il identifie au *final degree of utility* de Jevons, à la *marginal utility* d'autres auteurs anglais et à la *rareté* de Walras (p. 10).

Étudiant, il m'aura fallu de nombreuses années pour comprendre la différence parétienne entre «utilité» et «ophélimité», un mot que distillait **TOUNA MAMA** avec humour dans ses cours. Bien que l'auteur ne raisonne essentiellement qu'au niveau des pays, on ne pourrait tout de même ignorer des préoccupations microéconomiques examinées dans «Économie dominante et stratégie de survie des populations au Cameroun (1994)», Économie dominante et associations communautaires au Cameroun : le défi de la survie en milieu rural (1996)», «Gouvernement versus secteur non structuré : comment valoriser les activités de proximité au Cameroun ? (1999)», ou encore dans «Libéralisation de l'économie, dynamique de l'informel et lutte contre la pauvreté au Cameroun (1999)». Sans véritablement le relier à ce courant, je peux avancer que **le tounamamisme est un marginalisme à la marge**.

4. Conclusion

Ce papier est construit autour du fait que j'ai émis l'hypothèse d'un tounamamisme en référence à la science qui est la nôtre. Puisqu'il s'agit d'un néologisme, j'ai structuré la démarche par le recours à deux types bien connus : les néologismes de noms et les néologismes de courants ; en choisissant à chaque fois de manière totalement arbitraire ceux qui en feraient partie. Le schéma ci après résume le résultat de cet exercice et, de mon point de vue, valide en quelque sorte l'existence de l'hypothèse du tounamamisme.

«La difficulté n'est pas de comprendre les idées nouvelles mais d'échapper aux idées anciennes». Cette épitaphe de John Maynard Keynes sur laquelle s'ouvre le site internet du Professeur **TOUNA MAMA** indique qu'il ne sera pas difficile de comprendre l'hypothèse du Tounamamisme, mais plutôt d'admettre qu'un tel néologisme puisse exister s'agissant d'un personnage africain en général et camerounais en particulier. Je me demande même si les plus farouches opposants à cette hypothèse ne seront pas des nôtres…

Schéma 5 : Aperçu du tounamamisme

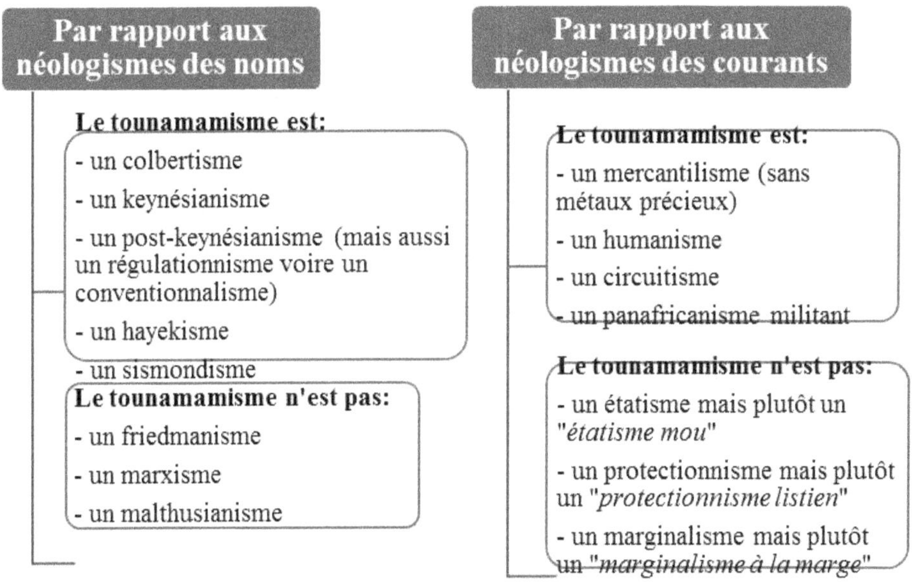

Source : Auteur.

Références bibliographiques

Alcouffe, A. (1995). Sismondi et la loi de Say, dans Alcouffe, A.; Eisermann, G. et Schiera, P. (dir.), Jean Charles Léonard Simonde de Sismondi, Nouveaux principes d'économie politique, ou de la richesse dans ses rapports avec la population, Vademecum zu einem Klassiker der Sozialökonomie, Düsseldorf : Verlag Wirtschaft und Finanzen

Berr, E.; Monvoisin, V. et Ponsot, J.-F. (2018) (dir.). L'économie post-keynésienne – Histoire, théorie et politiques, Le Seuil, coll. Sciences humaines, Paris

Castagnez-Ruggiu, N. (1997). Histoire des idées socialistes, La Découverte, coll. Repères, Paris

Charel, M. (2015). Orthodoxes, hétérodoxes, la guerre des chapelles entre économistes, Le Monde Economie, Mai

D'Agostino, S. (2003). Libre-échange et protectionnisme, Bréal

Daniel, J.-M. (2008). Carl Menger et l'école marginaliste, Le Monde, 25 Février

Daniel, J.-M. (2021). Économie-Histoire de la pensée économique–Monétarisme, Encyclopædia Universalis [en ligne], consulté le 12 juin

De Soto, J.H. (2014). Socialisme, calcul économique et fonction entrepreneuriale, l'Harmattan, Paris

De Soto, J.H. (2021). Impact économique de la crise Covid : l'étatisme impossible (4), *Contrepoints*, 30 mai

Duflo, E. (2003). Qu'est-ce que l'économie du développement, Conférence de l'Université des tous les savoirs, 26 juillet

Eggertsson, G.B. and Petracchi, C. (2021). Mr. Keynes and the "Classics" : A suggested reinterpretation, NBER Working Paper No. 29158, August

Ferrari, J.-B. (1991). La théorie du circuit est-elle pertinente pour l'analyse des profits ?**,** ***Revue française d'économie*****, 6(3),** 143-181

Foudi, R. (2020). Histoire de la pensée économique II : la révolution marginaliste de 1870-71, Université de Lille, ISEM

Friedman, M. et Schwartz, A.J. (1963a). A monetary history of the United States, Princeton University Press, Princeton

Friedman, M. et Schwartz, A.J. (1963b). Money and business cycles, *Review of economics and statistics*, 45 (supplement), 32-64

Galbraith, J.K. (2009). La faillite du monétarisme et l'illusion du nouveau consensus monétaire, L'Economie politique, Vol. 1, n° 41, pp. 31-45

Gislain, J.-J. (2013). La conversion de Sismondi, Cahiers d'économie politique, **1(64),** 111- 134

Gréau, J.-L. (2017). Le protectionnisme est-il de retour ?, *Le Figaro*, 15 février

Grente, G. (1992). Dictionnaire des lettres françaises, Le Moyen Age, Philohiblon, Paris

Heckscher, E. (1935). Mercantilism, Edition George Allen & Unwin, 2**ème** éd., Londres

Hodgson, G. M. (2004). Malthus, Thomas Robert, In Biographical dictionary of British Economists. Bristol: Thoemmes Continuum

Hourcade, J.C. (2006). Les modèles dans les débats de politiques climatiques : entre le capitole et la roche tarpéienne ?, CIRED, Novembre

Jahan, S.; Saber, A. et Papageorgiou, C. (2014). Qu'est-ce que le keynésianisme ?, *Finances et Développement*, FMI. 53-54

Laffargue, J.-P. (1982). L'apport du monétarisme à l'analyse et à la politique économiques**,** *Economie & prévision*, 56, 3-40

Lagueux, M. (2004). Le marxisme est-il encore pertinent aujourd'hui ?, *Recherches sociographiques*, 45**,** n°2, 289-305

Lavoie, M. (2004). L'économie post-keynésienne, La Découverte, Paris

Le Bot, J.-M. (2003). L'économie marginaliste : une science des quantités de jouissance ?, *Tétralogiques*, 15, 137-147

Lecaussin, N. (2021). Vite, un vaccin contre l'étatisme!, Contrepoints, 14 mai

Lenfant, J.S. (2021). Economie - Histoire de la pensée économique – Marginalisme, Encyclopædia Universalis [en ligne], consulté le 10 juin,

URL : https://www.universalis.fr/encyclopedie/economie-histoire-de-la-pensee-economique-marginalisme/

Lew, R. et Thanassekos, Y. (2009). Marxisme des intellectuels, marxisme pour le mouvement ouvrier : un même cheminement ?, *L'Homme & la Société*, 172-173(2-3), 77-96

List, F. (1841). Système national d'économie politique, Gallimard, Paris

Malinvaud, E. (1996). Pourquoi les économistes ne font pas de découvertes ?, *Revue d'économie politique*, 6 (106).

Mankiw, N.G. (2008). What would Keynes have done ?, *New York Times*, 28 November

McCloskey, D.N. (2020). Cette immorale analogie martiale, Le Grand Continent, Perspectives sur l'actualité : le spectre de l'Etat autoritaire, 22 mai

Makiadi, S. L. (2016). L'intégration régionale en Afrique : un processus déjà ancien… pour quels résultats ?, Mulamba, Revista angolana de ciências socials, 6 (12), 51-71. https://doi.org/10.4000/mulemba.738

Pareto, V. (1964). Cours d'économie politique, Edition Droz, Genève

Petitot, J. (1999). Vers des lumières hayekiennes de la critique du rationalisme constructiviste à un nouveau rationalisme critique, Colloque de Cerisy : Friedrich Hayek et la philosophie économique, 24-31 août

Piettre, A. (1966). Marx et marxisme, Presses universitaires de France, Paris

Piettre, A. (2016). Colbertisme et dirigisme, *Revue des deux mondes*, 16, Mélanges en l'honneur de Jacques L'Huillier, 48-56

Poulon, F. (1980). Graphe, crise et circuit keynésien, *Revue d'économie politique*,. 90 (4), 371-409

Renaudet, A. (1951). Humanisme, dans Grente. G. (dir.), Dictionnaire des Lettres françaises, XVIe siècle, Fayard, Paris

Resnick, S. et Wolff, R. (2011). Persistance du marxisme traditionnel et pertinence du marxisme surdéterministe, *Actuel Marx*, 2 (50), 136-152

Rutherford, D. (2007). Les trois approches de Malthus pour résoudre le problème démographique, *Population*, 62 (2), 253-280

Salles, D. (2014).Colbertisme, dans Dictionnaire d'administration publique, 70-72

Sapir, J. (2017). Donald Trump et le protectionnisme, *RussEurope*, 10 janvier

Sapir, J. (2019). Le post-keynésianisme aujourd'hui, *Revue de la régulation* [En ligne], 2 5(1), http://journals.openedition.org/regulation/15045

Siroën, J.-M. (2018). Que cachent les discours protectionnistes, *Vraiment*, 4, Avril, 30-33

Théret, B. (2011). Du keynésianisme au libertarianisme. La place de la monnaie dans les transformations du savoir économique autorisé, *Revue de la régulation* [En ligne], 10 (2), http://regulation.revues.org/index9529.html

Tsafack Nanfosso, R. (2016). La qualité de l'intégration de l'Afrique dans l'économie mondialisée, *Revue internationale des économistes de langue française*, 1 (1), 129-148

Villey, D. et Nême, C. (1996).Petite histoire des grandes doctrines économiques, Litec, Edition Genin, Paris

Webographie: wikipedia

Chapitre 4

L'actualité de la pensée économique du Professeur TOUNA MAMA

The Relevance Professor TOUNA MAMA's Economic Thought

Albert TOUNA MAMA
albert.touna.mama@gmail.com
Fonds Monétaire International
Ghana

Résumé : *L'objectif de cette analyse est de démontrer combien les réflexions du Professeur* ***TOUNA MAMA*** *sur l'ordre économique mondial sont plus que jamais d'actualité. « Une pensée est "actuelle" lorsqu'elle correspond à l'organisation du monde concret que l'on peut observer. » Dans un premier temps, une lecture normative de l'œuvre du Professeur* ***TOUNA MAMA*** *est proposée ; œuvre qui, d'un point de vue épistémologique, s'attèle à montrer les limites de l'approche « néo-libérale » appliquée aux problèmes de développement. Ensuite, j'explique comment la pandémie du coronavirus a remis au goût du jour le débat sur la place de l'Afrique et des pays en développement dans l'économie mondiale, tant d'un point de vue des échanges commerciaux que des mouvements de capitaux. Pour conclure, j'analyse comment les réponses proposées pour la sortie de la crise du coronavirus tentent de s'éloigner des solutions tant décriées par le Professeur* ***TOUNA MAMA****.*

Mots clés : **TOUNA MAMA**, néo-libéralisme, Covid 19.

Abstract*: This paper aims at proving the relevance in today's world of Professor* ***TOUNA MAMA****'s research on the global economic order. What makes the relevance of a thesis is its ability to match the functioning of the world as we witness it. The first part of the paper proposes a normative interpretation to Professor* ***TOUNA MAMA****'s work. Essentially, his work tried to expose the limitations of neo-liberal approaches to economic development issues. Then, the paper shows how the coronavirus pandemic has revived old debates about the place of African and developing economies in the global economy, from a viewpoint of international trade in goods and in capital. Finally, the paper looks at the proposed solutions to foster post-pandemic economic recovery and demonstrate that they validate Professor* ***TOUNA MAMA****'s views.*

Keywords*:* ***TOUNA MAMA****, neo-libéralism, Covid 19.*

1. Introduction

La singularité du Professeur de Sciences Economiques, **TOUNA MAMA**, c'est avant tout son questionnement incessant de l'organisation du monde « concret », notamment l'utilisation et la répartition qui sont faites de ressources rares dans le but de satisfaire des besoins des femmes et des hommes vivant en société. Pour ce dernier, la Science Economique doit éclairer le quotidien et les évènements qui l'agrémentent, c'est-à-dire aller bien au-delà des amphithéâtres. Ce questionnement l'a toujours habité et son parcours académique n'est venu que le théoriser et le consacrer au plus haut niveau de la discipline. En effet, l'origine du questionnement du Professeur **TOUNA MAMA** peut être trouvée dans une enfance rythmée par les cycles conjoncturels et les fluctuations qui les accompagnent. D'une part, ces cycles menèrent à la perte d'emploi de son feu père sur les chantiers de la gare de Douala dans les années 1954-1955 et forcèrent un retour prématuré de sa famille au village natal, Ebanga-Okola, pour tirer profit de la culture d'exportations et survivre de la culture vivrière. D'autre part, et une fois à Ebanga-Okola, les fluctuations des cours du cacao et la détérioration des termes de l'échange conditionnèrent, au fil des années, le revenu disponible de cette famille nombreuse. En fin observateur du monde concret, ces expériences vont-ils profondément influencer la pensée économique du Professeur **TOUNA MAMA** ?

L'analyse de cette pensée démontre sans ambages qu'elle demeure d'actualité dans un monde à jamais bouleversé par la crise de la COVID-19 de 2020. Qu'est ce qui caractérise la pensée économique du Professeur **TOUNA MAMA** ? Comment la pandémie de coronavirus a montré les failles/limites de l'ordre monétaire international ? Quel parallèle entre les solutions de sortie de la crise de la COVID-19 et la pensée du Professeur **TOUNA MAMA**.

2. Matériel et méthode

Cette étude s'appuie tout d'abord sur des entretiens avec le Professeur **TOUNA MAMA** au fil des années ainsi que sur la consultation d'éléments clés de sa bibliographie, notamment :

- *commerce International et planification du développement en pays sous-développé*, publié en 1984, dans Présence Africaine ;

- *l'Endettement supportable pour un pays en développement*, publié en 1985 ;
- *les économies africaines face à l'Europe de* 1993, publié en 1992 ;
- *crise économique et politique de dérèglementation au Cameroun*, publié en 1993 ;
- *la mondialisation et l'économie camerounaise*, publié en 1998 ;
- *l'intégration régionale en Afrique Centrale : Bilan et* perspectives, publié en 2003 ;
- *l'économie du développement appelle-t-elle un nouveau paradigme ?* publié en 2003 ;
- *pour la mort de l'Etat en Afrique : de quel Etat faut-il souhaiter la mort ?* publié en 2006 ;
- *l'économie Camerounaise : Pour un nouveau départ*, publié en 2008 ;
- *l'économie Camerounaise à l'épreuve de l'émergence*, publié en 2018.

Ensuite, la recherche documentaire de cette étude est complétée par la consultation de rapports et d'analyses sur la crise de la COVID-19, notamment rapports d'institutions reconnues telles que le Fonds Monétaire International et la Banque Mondiale.

3. La pensée du Professeur TOUNA MAMA

La pensée du Professeur **TOUNA MAMA** s'articule autour de la théorie keynésienne appliquée aux questions d'économie du développement, et en particulier l'Afrique. Ainsi, les concepts de « l'Etat » et de « la demande globale » y occupent une place privilégiée. Le traitement de ces deux concepts culmine dans les ouvrages *Crise économique et politique de dérèglementation au Cameroun* et *Pour la mort de l'Etat en Afrique : de quel Etat faut-il souhaiter la mort*. Plus récemment, et fort de son expérience des faits empiriques, un troisième concept clé fait son apparition, celui de « bonne gouvernance » développé dans *L'économie Camerounaise : Pour un nouveau départ* et approfondi dans *L'économie Camerounaise à l'épreuve de l'émergence.*

De façon synthétique, trois thèses importantes se dégagent de l'œuvre du Professeur **TOUNA MAMA** :

- **l'ordre économique mondial actuel, qui cantonne l'Afrique comme exportateur de produit de base, est un handicap majeur pour son développement ;**

- **l'approche dite « néo-libérale » est inappropriée pour résoudre les problèmes de développement ;**

- **la bonne gouvernance est une condition nécessaire à l'émergence des pays Africains.**

3.1.ordre économique mondial et émergence de l'Afrique

Le Professeur **TOUNA MAMA** s'est beaucoup intéressé à la place de l'Afrique et du Cameroun dans l'ordre économique mondial tel que représenté dans les flux d'échanges internationaux de marchandises mais aussi de capitaux. Il soutient que la spécialisation historique de l'Afrique dans l'exportation de matières premières constituerait un obstacle majeur à son essor économique.

Déjà dans la toute première de ses publications, *Commerce International et planification du développement en pays sous-développés*, le Professeur **TOUNA MAMA** démontre que l'échec de la planification du développement est avant tout de cause « externe » plutôt « qu'interne » et lié à l'instabilité des cours de matières premières, principale source d'exportation de ces pays. Dans *Les économies africaines face à l'Europe de 1993*, il soutient ensuite que la fin des zones préférentielles est de nature à accentuer les disparités dans les flux d'échanges internationaux de biens et services et à réduire la part de l'Afrique dans le commerce international. Enfin, dans *La mondialisation et l'économie camerounaise*, le Professeur **TOUNA MAMA** montre que l'intensification de la concurrence à l'échelle mondiale va davantage marginaliser l'Afrique en raison de sa faible compétitivité.

Le Professeur **TOUNA MAMA** explore aussi la place de l'Afrique dans les flux d'échanges internationaux de capitaux. Le continent est essentiellement un importateur net de capitaux, qui prennent la forme de recours à l'emprunt extérieur. Sous cet angle, la position de l'Afrique est aussi précaire. Il démontre que, la spécialisation de l'Afrique dans l'exportation de matières premières serait aussi un obstacle pour le remboursement d'une dette contractée pour financer son développement, et porterait même les germes d'une crise de l'endettement.

En effet, dans *l'Endettement Supportable pour un pays en développement*, il démontre qu'un pays peut rentrer en crise d'endettement s'il emprunte au-delà de sa capacité maximale de transfert à l'étranger. Cette capacité de transfert dépend à son tour du rendement du capital en termes de valeur ajoutée et des possibilités d'obtention des devises étrangères. Tous les deux limités du fait de la spécialisation en produits primaires qui sont par définition faibles en valeur ajoutée. Pour paraphraser le Professeur Frédéric Poulon parlant de l'Allemagne dans la Préface de *Crise économique et politique de dérèglementation au Cameroun* : Comment l'Afrique pourrait-elle payer ses dettes si on ne lui facilitait pas l'exportation de ses marchandises ?

3.2.Approche « néo-libérale » appliquée au développement

La seconde thèse défendue par le Professeur **TOUNA MAMA** s'oppose au paradigme de sortie de crise appliqué à l'Afrique depuis les années 1980, et qu'on a appelé le « Consensus de Washington ». Il consiste en une compression de la demande globale pour rétablir les grands équilibres macroéconomiques et en une réduction du rôle de l'Etat pour éviter toute rechute. Ce paradigme d'inspiration « néo-libérale » s'inscrit en faux avec la théorie keynésienne dont le Professeur **TOUNA MAMA** se veut le chantre.

Tout à tour, il développe cette thèse dans les publications suivantes : *Crise économique et politique de dérèglementation au Cameroun, L'économie du développement appelle-t-elle un nouveau paradigme ? Pour la mort de l'Etat en Afrique : de quel Etat faut-il souhaiter la mort ? L'économie Camerounaise : Pour un nouveau départ.*

La conclusion générale à laquelle il arrive est que les Programmes d'Ajustement Structurel (PAS), exégèse du Consensus de

Washington, n'ont pas eu les effets escomptés en Afrique. Notamment, ils n'ont pas permis de relancer la croissance économique. En cause, l'austérité budgétaire sous forme de répression sans distinction de la demande qu'elle soit de consommation ou d'investissement. Il conclut que cette austérité mène à la paupérisation des populations sous le poids des coupures drastiques dans tous les secteurs, y compris sociaux.

3.3.Le rôle économique de l'Etat et la bonne gouvernance

Du Consensus de Washington, le Professeur **TOUNA MAMA** récuse aussi l'éviction de l'Etat de la sphère économique au profit du marché. Il défend plutôt un rôle complémentaire de l'Etat, capable de juguler et de pallier les défaillances du marché. Ainsi, la troisième thèse majeure du Professeur **TOUNA MAMA** érige la « bonne gouvernance » en condition nécessaire pour que l'Etat soit capable d'impulser une dynamique de développement qui conduirait à l'émergence.

Cette thèse est exposée dans les publications : *L'économie du développement appelle-t-elle un nouveau paradigme ?* Puis dans *L'économie Camerounaise : Pour un nouveau départ*, et enfin dans *L'économie Camerounaise à l'épreuve de l'émergence*.

Dans *L'économie Camerounaise à l'épreuve de l'émergence*, il fait le constat que la déréglementation a abouti à remplacer des monopoles publics par des monopoles privés sans résoudre les problèmes qui ont mené aux privatisations. En cause, des problèmes de mauvaise gouvernance caractérisée par des pratiques incestueuses entre le public et le secteur privé et au détriment de l'intérêt général.

4. L'Afrique à l'épreuve de la crise de la COVID-19

La crise de la COVID-19 de 2020 a été une catastrophe mondiale, qui a touché les pays avancés comme les pays en développement. Comme dans le reste du monde, la crise sanitaire a provoqué en Afrique une crise économique du fait du triple choc : perturbation de la production et forte baisse de la demande à l'échelle mondiale ; retombées du ralentissement brutal de la croissance mondiale et du durcissement des conditions financières ; et recul prononcé des cours des produits de base.[1] Ceci s'est traduit pour l'Afrique par le plus mauvais résultat jamais observé en termes de croissance, avec une contraction de l'activité de 1,9 % en 2020, tandis que les dettes publiques ont explosé.[2] La crise de la COVID-19 a exposé les limites de l'ordre économique mondial actuel, réveillé le spectre de la crise d'endettement, et forcé une remise en question du Consensus de Washington.

4.1.Le confinement des économies Africaines

Au début de la crise de la COVID-19, les économies Africaines ont subi de plein fouet le ralentissement et parfois l'arrêt des flux d'échanges internationaux de marchandises et de capitaux. Ce « confinement » de l'Afrique n'est que la résultante de sa spécialisation dans l'exportation des produits de base et sa forte dépendance aux importations de produits manufacturés, et aux financements extérieurs.

Figure 1 : *Cartographie mondiale des barrières au commerce de produits pharmaceutiques liée à la COVID-19*

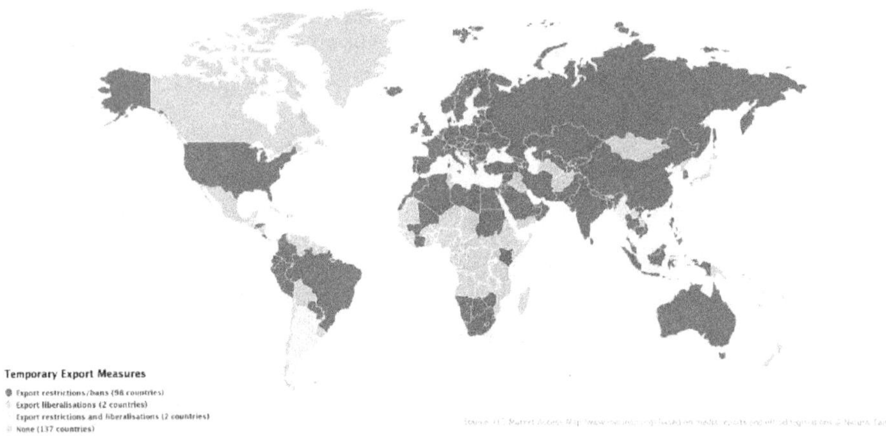

Source : ITC Market Access Map.

Au niveau des flux de marchandises, cette dépendance a été le plus visible pour les importations de produits nécessaires à la lutte contre la pandémie de la COVID-19, en particulier les équipements de protection individuelle (EPI), équipements et produits médicaux, outils de diagnostics, les désinfectants et antiseptiques pour les mains, etc. En

---

[1] Perspectives économiques régionales pour l'Afrique subsaharienne (Avril 2020)
[2] Perspectives économiques régionales pour l'Afrique subsaharienne (Avril 2021)

cause, le réflexe protectionniste des pays producteurs de ces marchandises dans le but d'en limiter l'exportation comme illustré sur la figure 1. La perturbation de certaines filières d'approvisionnement s'est étendue à des biens comme les biens alimentaires, d'autres produits pharmaceutiques, les équipements divers, etc. Aujourd'hui, cette dépendance est encore plus marquée pour l'accès au vaccin contre la COVID-19.

Enfin, la spécialisation dans les produits de base a aussi affecté l'Afrique par la chute des cours de ces produits. Le brutal ralentissement de la croissance des principaux partenaires commerciaux de l'Afrique a fait chuter la demande mondiale et fait baisser les cours de la plupart des autres produits de base. En guise d'exemple, les cours du pétrole ont plongé d'environ 50 % et atteint leur plus bas niveau depuis presque deux décennies, sous l'effet du ralentissement de la croissance mondiale mais aussi de la rupture de l'accord de l'Organisation des pays producteurs de pétrole et des autres grands producteurs de pétrole (OPEP+) concernant les baisses de production.

Au niveau des flux de capitaux, les conditions financières mondiales s'étaient fortement tendues en 2020. Tant les pays pré émergents que les pays émergents d'Afrique subsaharienne ont été confrontés à des sorties de capitaux considérables au début de la crise (figure 2), soit la plus grosse sortie de capitaux jamais enregistrée. Sur les marchés financiers d'Afrique subsaharienne, les écarts de rendement sur les obligations souveraines se sont creusés de plus de 850 points de base entre Février et Mai 2020 ; et les émissions obligataires sont restées à l'arrêt de Février à Novembre 2020 lorsque la Côte d'Ivoire a émis un eurobond de 1 milliard d'euros.

Figure 2 : *Flux cumulés d'investissements de portefeuille*

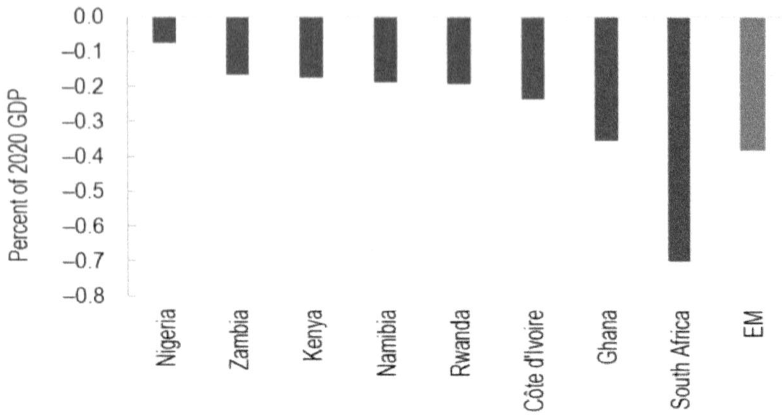

Source: EPFR Global/Haver Analytics.
Note: Last update: April 6, 2020. Cumulated flows since January 21, 2020. EM is the simple average of: Brazil, India, China, Indonesia, Korea, Mexico, Philippines, Turkey, and Thailand. EM = emerging market economies.

4.2.Le spectre de la crise de la dette souveraine

La crise de la COVID-19 laisse comme séquelle des niveaux élevés d'endettement souverain à travers le monde (figure 3). Si ces niveaux semblent plus faibles dans les pays en développement, dont l'Afrique fait partie, ils devraient être mis en relation avec leur « seuil d'endettement supportable » qui est en moyenne plus faible que celui des pays avancés. Cet avantage des pays avancés peut s'expliquer par trois facteurs : la dette publique des pays avancés est majoritairement en monnaie locale ; leur capacité de remboursement est plus élevée puisque leurs recettes publiques sont trois fois plus élevées que celles des pays en développement ; et enfin ils bénéficient des taux d'intérêt beaucoup plus faibles, parfois proches de zéro pourcent.

Figure 3 : *Dette publique sur PIB et paiements d'intérêts à travers le monde*

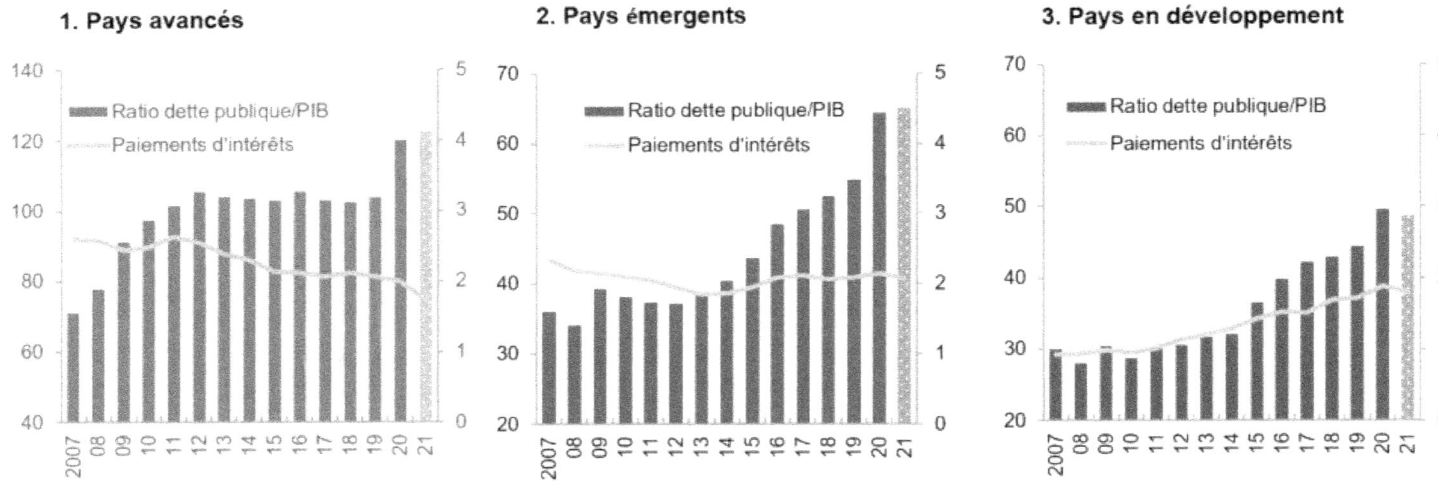

Sources: IMF, World Economic Outlook database; and IMF staff calculations.

A ce sujet, le Ministre des Finances du Ghana, Ken Ofori-Atta, s'est récemment ému de cet état de fait : *« Nous devons saisir cette opportunité [de la crise de la COVID-19] pour organiser un changement tectonique de l'architecture financière mondiale. Cela nécessite des réformes ambitieuses pour remédier aux inégalités fondamentales du système financier mondial. L'Afrique continue de payer une prime de risque insoutenable de 600 à 800 points de base pour sa dette et ses assurances, ce qui coûte à l'Afrique plus d'emprunter qu'elle ne le devrait. Cela n'est pas justifié par le bilan modeste de l'Afrique en matière de défaut de paiement ».*

Les mêmes causes produisant les mêmes effets, la faiblesse des exportations africaines, à la fois en quantité et en valeur, à la suite de la crise de la COVID-19 fait craindre une nouvelle crise de l'endettement souverain. Pour prévenir cette menace, le G20 et le Club de Paris ont mis sur pied un mécanisme appelé le « Common Framework » qui est en fait un Club de Paris élargi aux nouveaux créditeurs dont la Chine.

4.3.Le retour du consensus classico-keynésien

La crise de la COVID-19 de 2020 a remis en selle l'Etat comme acteur incontournable de sortie de la crise économique. Si le rôle sanitaire lui était acquis, le rôle économique s'est imposé face au caractère inédit de cette crise. Comme le rappelait Kristalina Georgieva, la directrice générale du FMI,[1] la crise de la COVID-19 de 2020 a ceci de particulier qu'elle a influé à la fois sur des aspects importants tant de l'offre que de la demande.

- **L'offre a été perturbée en raison d'une hausse de la morbidité et de la mortalité, mais aussi en raison des mesures d'endiguement qui restreignaient la mobilité et d'une pratique des affaires plus coûteuse du fait du brisement des chaines d'approvisionnement et du resserrement du crédit.**
- **La demande baissa également sous l'effet d'une plus grande incertitude, de précautions accrues, de mesures**

[1] Allocution d'ouverture de la directrice générale du FMI, Kristalina Georgieva, lors de la conférence de presse conjointe avec le président du Groupe de la Banque mondiale, M. David Malpass, au sujet de la riposte au coronavirus – 4 mars 2020.

d'endiguement et de coûts financiers en hausse qui réduisaient la capacité à dépenser.

Le rôle de l'Etat a donc consisté à sauver les vies de ses citoyens, mais aussi à compenser les pertes de revenus des ménages, ainsi qu'à soutenir les entreprises qui subissaient les conséquences d'une baisse de leur activité en raison des restrictions en vigueur. Ce dernier rôle a été appliqué à des degrés différents en fonction des financements accessibles dans chaque pays. A cet effet, le Fonds Monétaire International (FMI) a joué le rôle de « prêteur en dernier ressort » pour 79 pays membres en déboursant 32 milliards de dollars de financement d'urgence au travers de la facilité de crédit rapide (FCR) et de l'instrument de financement rapide (IFR).

De plus, le discours du FMI a été aussi en rupture avec le Consensus de Washington puisque ces appuis d'urgence n'ont pas été conditionnés à des plans d'austérité bien au contraire. Une étude des économistes américains Kevin Gallagher et Maldonado Carlin, basée sur leur indice de relance COVID-19 du FMI, a conclu que la réponse du FMI s'est avérée beaucoup moins conditionnée à l'austérité budgétaire et a donné la priorité aux dépenses de santé et aux dépenses sociales pour attaquer le coronavirus et protéger les personnes vulnérables. Le directeur du département Afrique du Fonds est allé jusqu'à proclamer que : « ce n'est pas le FMI de nos aïeux ».[2]

Finalement, les appuis d'urgence du Fonds ont été assujettis à de conditions liées à la bonne gouvernance pour que l'aide financière profite, le plus possible, à ceux qui en ont le plus besoin. Par exemple, Au Cameroun, le FMI a requis : *i*) un audit par la Chambre des comptes de la Cour suprême et la soumission du rapport d'audit aux services du FMI, au Premier Ministre, au Sénat et à l'Assemblée Nationale ; *ii*) la publication des informations sur les marchés publics en rapport avec la COVID-19, y compris celles relatives à la propriété effective, ainsi que *iii*) la publication d'un rapport sur les dépenses liées à la COVID-19.

---

[2] Entretien paru dans The Africa Report du 19 Janvier 2021.

5. Discussion

La pensée du professeur **TOUNA MAMA** est résolument d'actualité. **FRISON-ROCHE** disait qu'une « pensée est "actuelle" lorsqu'elle correspond à l'organisation du monde concret que l'on peut observer »[3]. L'analyse des différents moments de la crise de la COVID-19 donne la pleine mesure des thèses défendues par le Professeur **TOUNA MAMA** et de leur pertinence dans le monde concret. Ces thèses pourraient se résumer comme suit : l'émergence de l'Afrique passe par une diversification de la production et des exportations, un rôle central de l'Etat, et une bonne gouvernance.

Références bibliographiques

Bauzon, S. et Villey, M. Le juste partage, coll. « L'esprit du droit », Dalloz, 177-192.

Bornhorst, F. et Pazarbasioglu, C. (2021). Répondre aux besoins : adapter les conseils du FMI à un nouveau paysage économique

https://www.imf.org/fr/News/Articles/2021/05/24/blog052421-fit-for-purpose-adapting-imf-advice-to-a-new-economic-landscape

FMI (2021). Perspectives économiques régionales pour l'Afrique subsaharienne.

FMI (2021). Moniteur des finances publiques.

FMI (2020). Perspectives économiques régionales pour l'Afrique subsaharienne.

Frison-Roche, M. A. (2007). L'actualité de la pensée de Michel Villey. *In* Delsol, Chantal et

Gallagher, K. P. and Franco Carlin, M. (2020). The Role of IMF in the Fight Against COVID-19: The IMF COVID-19 Recovery Index. Covid Economics, Issue 42, CEPR Press. https://www.bu.edu/gdp/files/2020/09/CovidEconomics-GallagherEdit.pdf

[3] FRISON-ROCHE, Marie-Anne, L'actualité de la pensée de Michel Villey, in DELSOL, Chantal et BAUZON, Stéphane (dir.), Michel Villey. Le juste partage, coll. « L'esprit du droit », Dalloz, 2007, pp. 177-192.

Georgieva, K. (2020). Le FMI mobilise 50 milliards de dollars pour lutter contre le coronavirus.

https://www.imf.org/fr/News/Articles/2020/03/04/sp030420-imf-makes-available-50-billion-to-help-address-coronavirus

ITC Market Access Map (2021) https://macmap.org/covid19

Ofori-Atta, K. (2020). Ghanaian finance minister: Africa deserves more Covid help. *Financial Times*. https://www.ft.com/content/fff9c354-dde5-4a4c-ab48-f11f289c2da

Samir, A. (1980). Le nouvel ordre économique international : quel avenir ? *Revue Tiers Monde,* 81, 41-61.

Selassie, A. (2021). This is not your grandfather's IMF. says Africa department director Abebe Selassie Tuesday, 19 January 2021

Touna Mama. (1984). Commerce International et planification du développement en pays sous-développé. Présence Africaine 2(130), 41 – 70.

Touna Mama. (1985). L'endettement supportable pour un pays en développement. Thèse pour le doctorat d'Etat en Sciences Economiques, Université de Bordeaux, 11 Décembre.

Touna Mama. (1992). Les économies africaines face à l'Europe de 1993.

Touna Mama. (1993). Crise économique et politique de dérèglementation au Cameroun.

Touna Mama. (1998). La mondialisation et l'économie camerounaise

Touna Mama. (2003). L'intégration régionale en Afrique Centrale : Bilan et perspectives.

Touna Mama. (2003). L'économie du développement appelle-t-elle un nouveau paradigme ?

Touna Mama. (2006) Pour la mort de l'Etat en Afrique : de quel Etat faut-il souhaiter la mort ?

Touna Mama. (2018). L'économie Camerounaise à l'épreuve de l'émergence.

Chapitre 5

Du bon usage de la géographie : contribution de TOUNA MAMA à l'économie des territoires

---

The proper use of geography: TOUNA MAMA's contribution to the territorial economy

Michel SIMEU-KAMDEM

sodziwa@gmail.com

Université de Yaoundé 1

Cameroun

Résumé : *Depuis près de deux décennies, l'économiste **TOUNA MAMA** intervient, aux côtés des géographes, dans des études pour relever le défi du développement du Cameroun et de l'Afrique. Cette incursion dans un champ disciplinaire différent du sien a paru intéressante à analyser. Pour y parvenir, l'on examine les publications de l'auteur, lesquelles sont faites de collaborations des chercheurs en géographie. Les conclusions révèlent une appropriation par l'auteur de divers approches et concepts de la géographie. Il ressort également qu'au contact de la géographie, les analyses économiques semblent gagner en profondeur et en pertinence et surtout, démontrent l'intérêt de l'interpénétration de ces deux champs disciplinaires.*

Mots clés : Développement, économie des territoires, géographie.

Abstract: *For nearly two decades, the economist **TOUNA MAMA** has been involved, alongside geographers, in a number of studies to meet the challenge of development in Cameroon and Africa. This foray into a different disciplinary field seemed interesting to analyze. To achieve this, we examine the author's publications, which are mainly made up of collaborations with researchers in geography. The conclusions reveal an appropriation by the author of various approaches and concepts of geography. It also emerges that in contact with geography, economic analyzes seem to gain in depth and relevance and above all, demonstrate the interest of the interpenetration of these two disciplinary fields.*

Keys Words: *Development, economy of territories, geography.*

1. Introduction

Il a fallu un concours de circonstance particulier pour que me fut donnée l'occasion de rencontrer **TOUNA MAMA**. Le premier contact se fait en 2003, à travers Georges Courade, avec qui il partageait une longue amitié. Ce dernier avait obtenu du directeur de la Revue Africaine des Sciences Economiques et de Gestion (RASEG), **TOUNA MAMA**, qu'un numéro spécial soit consacré aux géographes. Avec la publication dans ce cadre, en 2004, de mon article intitulé « *La dépendance économique du Cameroun septentrional* », le contact est noué. Il le sera définitivement quelques années plus tard, lorsqu'à la faveur du départ à la retraite de mon directeur de thèse, et de l'organisation par ses anciens thésards et (ses) collègues des mélanges en son honneur, j'eus l'idée de solliciter **TOUNA MAMA** pour participer à cette entreprise, et il l'accepta. La publication en 2012, aux éditions Karthala, de l'ouvrage « Pour une géographie du développement autour de la recherche de G. Courade », avec la contribution de **TOUNA MAMA et Alexandre SCHOUAME**, consacre le rapprochement définitif de la géographie et de l'économie en contexte camerounais. Celle-ci exprime en effet un intérêt clair pour la prise en compte des concepts de géographie et de la dimension spatiale de l'analyse géographique dans les travaux d'économistes. Cette intégration qui marque le début d'une véritable collaboration scientifique va se renforcer davantage au fil des productions scientifiques.

Une analyse de cette intégration montre incontestablement un enrichissement des contributions. Comment s'est-elle concrètement opérée ? Quels sont les concepts et les approches de la géographie qui ont séduit l'économiste et comment s'en est-il approprié et pour quel impact ? Telles sont les questions qui fondent la présente analyse.

2. Matériel et méthode

Les données utilisées pour la réalisation de cette étude proviennent essentiellement de la recherche documentaire. Celle-ci a consisté à consulter des ouvrages, articles et rapports disponibles localement et sur internet. Il s'agit surtout d'éléments de la bibliographie de **TOUNA MAMA**, principalement *L'économie camerounaise pour un nouveau départ*, *L'économie camerounaise à l'épreuve de l'émergence* ainsi que certains articles de la RASEG. Il s'agit également des publications de chercheurs en géographie dans lesquelles il a apporté une contribution significative, notamment deux ouvrages parus aux éditions Karthala et un troisième paru chez L'Harmattan.

L'analyse et l'exploitation de ces documents ont facilité la collecte des données qui ont permis d'orienter la présente étude. Elles ont notamment permis de faire l'inventaire des concepts et des approches géographiques utilisés par l'économiste et d'apprécier les inputs (outputs) ainsi produits. En somme l'exploitation de ces bases de données bibliographiques a été fort utile à la clarification conceptuelle et méthodologique de la présente contribution.

3. L'immixtion de l'économiste dans les champs de la géographie

Economiste affirmé, **TOUNA MAMA** s'est cependant laissé séduire par la géographie. Son implication dans la recherche en géographie peut être appréhendée à travers trois références :

- *pour une géographie du développement autour de la recherche de G. Courade*, publié en 2012, à Paris aux éditions Karthala (344p.) ;

- *l'université africaine et sa contribution au développement local, l'exemple du Cameroun*, publié en 2014, à Paris aux Karthala (377p.) ;

- *les politiques de la ville en question : A la recherche d'une meilleure gouvernance urbaine en Afrique subsaharienne*, publié en 2018 à Paris aux éditions L'Harmattan (302p.).

3.1. Pour une géographie du développement autour de la recherche de G. Courade

Autour des pistes de recherche ouvertes par Georges Courade pour mettre en place une véritable géographie du développement en Afrique occidentale et centrale, les auteurs de cet ouvrage ont voulu poursuivre le travail de déconstruction des problématiques spatiales et des entités géographiques en Afrique subsaharienne. Délaissant l'approche classique tropicale, ce livre qui lui rend hommage, offre des analyses du développement rural et régional du point de vue des paysans, et des études des marginalités et des vulnérabilités du point de vue des acteurs. Dans le processus qui porte l'Afrique subsaharienne vers sa deuxième indépendance, l'ajustement structurel ou la vulnérabilité alimentaire ont constitué des points focaux de ce retour sur la trajectoire scientifique de Georges Courade, très débattus dans cet ouvrage.

Coordonné par **SIMEU-KAMDEM**, **Paul TCHAWA** et **Pierre Janin**, **TOUNA MAMA** y a publié, avec la collaboration de **Alexandre SCHOUAME**, un article intitulé « La crise financière internationale de 2008 : une crise de la pensée économique orthodoxe ». Dans cet article, les auteurs mettent en évidence les effets de la crise sur le terrain. L'analyse de la crise financière internationale de 2008 permet de réaffirmer le rôle de l'État comme prêteur en dernier ressort. L'idéologie du libre marché qui, jusque-là, régnait sans partage est, selon les auteurs, maintenant amplement contestée, incapable qu'elle est, d'apporter une solution viable à la pauvreté, aux inégalités, à la crise écologique, autant de défis qui appellent la planification, le contrôle public. Ils relèvent par ailleurs que de cette crise, l'Afrique tire trois enseignements principaux.

- D'abord qu'il n'y a pas une seule forme de capitalisme, une seule bonne façon de gérer l'économie mais diverses formes d'économie de marché qui sont à l'origine des sociétés tout à fait différentes, avec des systèmes de santé et d'éducation non exempts de reproches et d'inégalités.
- Ensuite, la politique de privatisation préconisée par les institutions financières internationales pour les pays en développement peut être questionnée, à l'heure où les nationalisations sont encore bien perçues.
- Enfin, l'autorégulation absolue de la société par le marché, est une utopie et un danger si on essaie de la mettre en œuvre. Ce sont les interventions importantes de l'État qui soutiennent l'industrie et assurent la flexibilité du marché du travail.

3.2. L'université africaine et sa contribution au développement local : L'exemple du Cameroun

Ouvrage matérialisant la fin d'un projet germano-camerounais démarré au début des années 2000 sur les universités décentralisées au Cameroun, il a été coordonné par Simeu-Kamdem et EikeSchamp.

Partant de l'idée qu'il faut accroître la contribution de la production du savoir et son transfert au développement régional, le projet postule que les universités d'Etat doivent se transformer en « université du développement », les autres acteurs dans la région, notamment le secteur privé et les organismes gouvernementaux, devant être prêts à intégrer cette nouvelle donne. Dans cet ouvrage de "*Learning Economy*", dans laquelle le savoir produit et distribué par les universités locales devrait être utilisé davantage qu'autrefois pour surmonter le sous-développement, le Professeur **TOUNA MAMA** est auteur de la postface. Tournant le dos à l'afropessimisme, il partage, dans cette fin d'ouvrage, avec Jean-Michel Severino et Olivier Ray, l'idée selon laquelle[1]l'heure est à la reconnaissance de l'Afrique. En soulignant le rôle déterminant que peut et doit jouer l'université africaine dans une telle reconnaissance, **TOUNA MAMA** montre que celle-ci passe par la connaissance de la vérité : « faire connaître l'Afrique, ses immenses richesses, son histoire et sa géographie, sa culture et son combat pour sortir du sous-développement, dans le difficile contexte de la mondialisation ; mais aussi éclairer la voie de son émergence pour contribuer à en faire un acteur majeur de l'économie – monde ». Pour lui, cette reconnaissance ne doit pas seulement restituer l'image de « l'Afrique de l'histoire », mais aussi et surtout celle « d'aujourd'hui » et, possiblement, celle « de demain ».

Faire connaître l'Afrique, c'est d'abord dissiper « l'image brouillée » du continent noir aux yeux des Occidentaux, selon l'expression de Georges Courade[2]. C'est aussi montrer la voie qu'elle doit emprunter pour son émergence, pour sortir du sous-développement et accéder au développement. L'université africaine doit se renouveler en permanence si elle veut faire connaître et faire renaître l'Afrique, car « le Temps de l'Afrique, c'est aussi le temps de l'excellence de l'université africaine », dixit **TOUNA MAMA**.

3.3.Les politiques de la ville en question : A la recherche d'une meilleure gouvernance urbaine en Afrique subsaharienne

Les dysfonctionnements des villes sont multiformes dans l'Afrique subsaharienne. A partir de l'examen de quelques-uns –

---

[1]Severino, J.M, (2010), *Le Temps de l'Afrique*, Paris, Odile Jacob, 345 p.
2. Courade (G.), (2004), « L'avenir de l'Afrique subsaharienne », *Revue Africaine des Sciences Economiques et de Gestion*, Vol. VI, n°2, p. 3.

croissance non planifiée, désordre urbain, conflits fonciers, insalubrité, etc. L'ouvrage interroge les politiques qui gouvernent ces entités urbaines, aujourd'hui plurielles, populeuses et s'étalant très souvent à perte de vue. Cette confrontation des faits aux politiques, dans une démarche interdisciplinaire, met en évidence de nombreuses insuffisances auxquelles l'ouvrage tente d'apporter des réponses, dans la perspective d'un développement urbain durable.

Publié sous la coordination de **SIMEU-KAMDEM** et **TOUNA MAMA**, le livre comporte une conclusion générale rédigée par ce dernier sous le titre de « Quelle gouvernance pour un développement urbain durable en Afrique subsaharienne ? ». L'on y voit également figure run article intitulé « Le transfert des compétences aux communes : questionnement autour d'une modalité fondamentale du processus de décentralisation au Cameroun », une collaboration de l'auteur avec Schouame Alexandre. L'article traite des ressources à identifier et à mobiliser en vue de leur transfert, de la gouvernance et la démocratie locales, ainsi que des attentes des populations locales dans un conte de décentralisation. S'appuyant sur l'exercice des compétences transférées depuis 2010 et sur la gestion des ressources correspondantes, **TOUNA MAMA** et Alexandre Schouame ouvrent des pistes de réflexion sur les défis auxquels sont aujourd'hui confronté le processus de décentralisation, et y proposent des perspectives. Loin d'encenser les avancées et les acquis de la décentralisation au Cameroun, il s'agit davantage d'en relever les insuffisances et les faiblesses de manière à contribuer à sa poursuite harmonieuse en vue d'améliorer les conditions de vie des populations.

Si le processus de décentralisation constitue un vaste et ambitieux programme de réforme et de modernisation de l'Etat, il est appelé à s'adapter en permanence et s'inscrit dans la durée. Les actions engagées jusqu'ici apparaissent fortes et irréversibles bien que le chemin à parcourir paraisse encore long, compte tenu de l'importance des perspectives envisagées, de la complexité des problèmes à résoudre et de la diversité des enjeux. La mise en place des régions et des conseils régionaux ne saurait résumer « l'accélération » ou l'approfondissement de la décentralisation au Cameroun. Il faut, selon les auteurs, adopter et mettre en œuvre un cadre de référence susceptible d'améliorer la cohérence et la visibilité de cette importante réforme. La Stratégie Nationale de la Décentralisation apparait ainsi comme un outil nécessaire en vue d'améliorer la conduite du processus.

Dans la conclusion, **TOUNA MAMA** esquisse, non sans rappeler les difficultés des politiques urbaines à la fois à assurer le développement durable, à combattre l'insalubrité et à rendre efficience la décentralisation, les contours d'une meilleure gouvernance des villes d'Afrique subsaharienne pour chacun des principaux axes abordés. Il insiste sur la nécessité de tirer tous les enseignements des expériences disponibles, de persévérer dans les processus d'apprentissage de la production de la ville durable, et d'intégrer, autant que faire se peut, toutes les initiatives utiles et constructives.

4. Analyse des différentes contributions

L'analyse des différentes contributions de l'économiste aux travaux des géographes permet de mettre en évidence deux constats :

- une appropriation des approches de géographie ;
- une aisance dans la manipulation des concepts de géographie.

4.1. L'appropriation des approches de la géographie

La géographie est une discipline qu'on a hâtivement qualifiée de science-carrefour. C'est pourtant une science d'observation qui sert à dévoiler le réel ou ses représentations et qui frappe par la transversalité de sa démarche : une démarche déductive, à l'instar des sciences sociales et des sciences dures. Même si les outils utilisés par ses divers courants sont différents, ils servent tous à la confrontation modèle/réel, autorisant une interprétation de l'espace. Il n'y a pas de confusion avec la discipline ; les outils servent au travail géographique, dont l'objectif est la construction de la connaissance.

de l'Antiquité à nos jours, on distingue 3 types de connaissances géographiques :

- la géographie descriptive : nommer, localiser, inventorier le monde ;
- la géographie technique : cartographier le monde : le mesurer et le représenter ;
- la géographie analytique : réflexion, comprendre l'organisation du monde.

Les différentes contributions de **TOUNA MAMA** dans ce champ disciplinaire s'inscrivent dans le cadre de la géographie analytique, une géographie réflexive. Dans l'article sur la récente crise financière publié dans l'ouvrage *Pour une géographie du développement autour de la recherche de G. Courade,* tout part du milieu. La géographie, considérée comme science de terrain (Alexandre de Humbolt 1769 – 1859 et Carl Ritter 1779 – 1859), est indispensable pour comprendre cette crise et la scène mondiale. Ainsi, le fanatisme du marché qui apparaît comme le berceau de la crise mondiale contemporaine, tout comme son relativisme, condition de prospérité, sont des expressions de la dynamique des civilisations. C'est le reflet de la manière dont les peuples tirent parti de leur environnement.

Dans la contribution faite dans l'ouvrage *Les politiques de la ville en question : A la recherche d'une meilleure gouvernance urbaine en Afrique subsaharienne*, c'est encore le terrain qui permet d'apprécier le transfert des compétences aux communes. Cela passe par l'identification sur place à la fois des compétences et des fonds effectivement transférés. Cela suppose une évaluation des capacités et des ressources des communes. Le terrain permet enfin et surtout d'apprécier ce transfert à l'aune de la satisfaction des nombreuses attentes des populations locales (développement local, gouvernance et démocratie locales, etc.).

Dans les autres contributions postface de *L'université africaine et sa contribution au développement local : L'exemple du Cameroun,* et conclusion de *Les politiques de la ville en question : A la recherche d'une meilleure gouvernance urbaine en Afrique subsaharienne,* il s'agit davantage d'efforts de synthèse des articles produits et de l'incontournable ouverture sur l'Afrique, que d'adoption d'une approche particulière.

4.2.L'appropriation des concepts de la géographie

Un autre fait marquant de la démarche de l'économiste est l'appropriation des concepts de la géographie. L'analyse des différentes contributions aux travaux des géographes indique que les concepts d'espace, de région, d'échelle et de développement durable, y occupent une place centrale.

L'espace utilisé par l'économiste n'est ni cet espace composé de points, de lignes et de surfaces, encore moins un espace perçu. C'est un espace-support, un espace d'interrelations, traduction spatiale des actions humaines dans un milieu (Isnard, 1978). Ce concept d'espace et la dimension spatiale qu'il traduit sont bien présents dans toutes les contributions présentées, à la fois pour bien les circonscrire et mettre en évidence leur organisation et leurs spécificités.

Le concept de région est à mi-chemin entre le local, le national et le supranational. Il est question d'un territoire relativement étendu possédant des caractères physiques et humains particuliers qui en font une unité distincte de régions voisines ou au sein d'un ensemble qui l'entoure.

En utilisant la région comme un espace géographique limité dont le critère majeur et non exclusif est l'homogénéité physique, l'article « Le transfert des compétences aux communes : questionnement autour d'une modalité fondamentale du processus de décentralisation au Cameroun », a bien sublimé ce concept. La décentralisation et la mise en relief des collectivités territoriales décentralisées s'y prêtaient.

Le concept d'échelle ou de niveau spatial d'analyse, est également bien intégré dans les contributions aux travaux des géographes. A chaque échelle, correspond ses perceptions, ses pratiques sociales ; de même, à chaque échelle, ses interactions, ses hiérarchies, sa croissance (Bailly & Beguin, 1982). Ceci apparaît avec force dans l'article sur la crise financière internationale de 2008, où les auteurs tirent les leçons de la crise internationale pour l'Afrique, montrant ainsi qu'il est fondamental de changer d'échelle d'analyse. Cette dimension multiscalaire est également valorisée dans la postface de ***L'université africaine et sa contribution au développement local : L'exemple du Cameroun***, où il parle du « temps de l'Afrique »

Le concept de développement durable apparaît lui aussi dans les contributions aux travaux des géographes, particulièrement dans l'article « Quelle gouvernance pour un développement urbain durable en Afrique subsaharienne ? », conclusion générale de l'ouvrage ***Les politiques de la ville en question : A la recherche d'une meilleure gouvernance urbaine en Afrique subsaharienne***. Il est utilisé pour questionner les politiques de la ville face à une croissance urbaine de plus en plus effrénée. Ce concept est abordé sous trois perspectives :

- l'inefficacité des politiques de la ville qui entravent un développement urbain durable ;
- le caractère inopérant de la gouvernance urbaine justifié par la prégnance de l'insalubrité ;

- les difficultés de la décentralisation à se traduire dans les actes.

En somme, l'appropriation des approches et des concepts de la géographie par l'économiste apporte plus d'éclairages aux travaux d'économie. Elle permet de mieux comprendre à la fois les activités de l'homme dans son environnement et l'importance des phénomènes de rétroaction entre le terrain et les faits économiques étudiés.

Pour conclure, cette analyse ponctuelle et légère avait un intérêt, celui d'apporter un éclairage à la contribution scientifique de **TOUNA MAMA** aux travaux de géographes. L'exploration systématique des collaborations scientifiques indique un enrichissement inéluctable des productions. Au contact des géographes, les analyses économiques semblent gagner en profondeur, en pertinence et surtout, démontrent l'intérêt de l'interpénétration de ces champs disciplinaires.

En reprenant une série de contributions faites par l'auteur dans des réalisations des géographes, il s'avère que, contrairement aux analyses purement économiques, celles-ci présentent incontestablement une plus-value à la fois par les concepts utilisés et, surtout par la spatialisation des faits économiques.

Au vu de cet enrichissement qui a le mérite d'avoir rapproché davantage les travaux d'économistes du terrain et ceux de la géographie, la démarche de **TOUNA MAMA** est fortement à saluer et à encourager pour que prospère l'interpénétration de ces champs disciplinaires. Ce rapprochement interdisciplinaire que traduit le bon usage de la géographie, ouvre assurément à la connaissance, de nouveaux horizons qu'il faudrait davantage explorer.

Références bibliographiques

Bailly, A. (2018), *Éléments d'épistémologie de la géographie*, Armand Colin, U.

Bailly, A.,& Beguin, H.(1982), *Introduction à la géographie humaine.* Paris, Masson, Collection Géographie, 188 p.

Brunet, R., Ferras, R., & Théry, H.(1992), *Les mots de la géographie : Dictionnaire critique*, Montpellier / Paris, Reclus-La Documentation française.

Courade, G. (2004), L'avenir de l'Afrique subsaharienne, *Revue Africaine des Sciences Economiques et de Gestion*, *4*(2).

Isnard, H.(1978), *L'espace géographique*, Presses universitaires de France.

Severino, J. M.(2010), *Le Temps de l'Afrique*, Paris, Odile Jacob, 345 p.

Simeu, K. M.(2004), La dépendance économique du Cameroun septentrional, *Revue Africaine des Sciences Économiques et de Gestion*, *4*(2), 107-120.

Simeu, K. M., Tchawa, P.,& Janin, P.(2012), *Pour une géographie du développement autour de la recherche de G. Courade*, Paris, Karthala, 344 p.

Simeu, K. M.,& Schamp, W. E.(2014), *L'université africaine et sa contribution au développement local, l'exemple du Cameroun*, Paris, Karthala, 377 p.

Simeu, K. M., & Touna M. (2018), *Les politiques de la ville en question : A la recherche d'une meilleure gouvernance urbaine en Afrique subsaharienne*, Paris, L'Harmattan, 302 p.

Touna, M. (2018), *L'économie camerounaise à l'épreuve de l'émergence*, Yaoundé, Afrédit.

Touna, M.(2008), *L'économie camerounaise pour un nouveau départ*, Afrédit.

Touna, M.(1996), *Crise économique et politique de déréglementation au Cameroun*, L'Harmattan.

CONCLUSION DE LA PREMIERE PARTIE

L'objectif de cette première partie était de mener des investigations sur la pensée économique du professeur **TOUNA MAMA**. Cinq principaux moments ont alors ponctué cette partie.

Le premier s'est attelé à expliquer la théorie du libéralisme keynesien proprement dit. Quelques enseignements peuvent être tirés de ce premier moment. Le danger est non dans la liberté mais dans l'excès de liberté des échanges. Il faut donc limiter l'excès de liberté par un protectionnisme keynesien, c'est-à-dire un contrôle raisonné, exercé par l'autorité publique, des échanges économiques internes et externes du pays. Toutefois, la mise en œuvre d'un protectionnisme keynesien proprement dit reste encore difficile. Ceci à cause des pesanteurs administratives écrasantes, et surtout en raison de l'esprit intellectuel qui reste encore largement sous l'emprise du paradigme ricardien.

Le second moment de cette première partie pour sa part s'est chargé d'intégrer de nouveaux éléments dans l'analyse du circuit économique à savoir l'entrepreneur et la concurrence.

Le troisième moment à son tour s'est chargé de développer l'hypothèse du tounamamisme. A l'issue de ce dernier, il s'est avéré que le tounamamisme est un foisonnement de certaines parties intégrantes des néologismes des noms et des courants. Par rapport aux néologismes des noms, il a été démontré que le tounamamisme est à la fois un colbertisme, un keynesianisme, un post-keynesianisme, un hayekisme et un sismondisme. Relativement aux néologismes des courant, il a été reporté que le tounamamisme est un mercantilisme sans métaux précieux, un humanisme, un circuitisme et un panafricanisme militant.

Le quatrième moment été consacré à l'actualisation de la pensée économique de **TOUNA MAMA** dans le contexte de la crise de la COVID-19. Au terme de celui-ci, il s'est avéré que l'analyse des différentes étapes de ladite crise sanitaire confirme la pertinence des thèses défendues par **TOUNA MAMA** dans le contexte des pays africains, notamment la diversification de la production et des exportations, le rôle central de l'Etat et la promotion de la bonne gouvernance.

Le cinquième moment a porté sur l'extension de la pensée économique du professeur **TOUNA MAMA** aux nouvelles branches de la science économique telles que l'économie du territoire.

DEUXIEME PARTIE

LA PLACE DE L'ECONOMIE DU DEVELOPPEMENT DANS LA PENSEE TOUNAMAMIENNE

INTRODUCTION DE LA DEUXIEME PARTIE

Le développement est « *la combinaison des changements mentaux et sociaux d'une population qui la rendent apte à faire croître cumulativement et durablement son produit réel et global* » (Perroux, 1961). Au-delà donc d'être un phénomène quantitatif d'accumulation des richesses, le développement revêt également une nature qualitative de transformation sociétale. Il est selon le programme des Nations unies pour le développement (PNUD), l'élargissement de l'éventail des possibilités offertes aux hommes. Ainsi, le développement est engendré par la population et non par une aide extérieure. Une question émerge alors : qu'est-ce qui explique l'écart de développement observé entre les pays ? Plusieurs théories vont se succéder avec chacune pour ambition d'apporter une explication au « sous-développement » ou « retard de développement ».

La théorie libérale avance comme explication au sous-développement, la trop faible participation au commerce international au travers de la spécialisation des pays en développement (PED). Ceux-ci doivent davantage participer au commerce international et se spécialiser dans la ou les productions où ils disposent d'un avantage comparatif par rapport aux autres pays. En conséquence, les PED sont incités à accentuer leur spécialisation dans les produits primaires. Les structuralistes vont plus loin et présentent l'emploi sous-optimal de la main d'œuvre (Lewis, 1959), la culture et la prédominance d'institutions traditionnelles féodales (Myrdal, 1957, 1984) comme les facteurs explicatifs du sous-développement. Le sous-développement n'est ainsi pas dû au seul fait de la structure économique des PED, mais également aux facteurs institutionnels non économiques. Il faut donc pour y remédier transférer le surplus de main-d'œuvre du secteur traditionnel vers le secteur moderne afin de rompre avec le dualisme d'une part. D'autre part, mettre en place un Etat providence dans les PED afin d'encadrer le jeu du marché et réduire les inégalités. Cette vision structuraliste ne s'oppose pas aux avantages que peut apporter la participation des PED au commerce international.

Cette partie à travers les différents chapitres qui y sont développés se situe dans le prolongement de la pensée économique de **TOUNA MAMA**. Elle montre en effet que la planification économique adoptée par les PED pour sortir du sous-développement par l'industrialisation massive n'a pas été efficace du fait d'une instabilité structurelle de leur commerce extérieur. En effet, l'industrialisation voulue à travers la spécialisation dans l'exportation en l'état des produits primaires dont les prix sont déterminés sur les marchés mondiaux n'a pas joué à l'avantage des PED. Il n'a pas donné lieu à l'effet d'entrainement souhaité pour l'industrialisation ; la remontée en filière des exportations des PED ne sait pas produite. Le développement extraverti attendu s'est soldé par un échec ; ce qui a eu pour conséquence d'entretenir la dépendance des PED et a débouché sur la crise de l'endettement international.

En l'absence d'épargne interne, le financement de l'industrialisation par l'endettement extérieur s'est révélé légitime pour les PED. Toutefois, à partir de la théorie keynésienne des transferts internationaux, **TOUNA MAMA** défend l'idée, reprise dans plusieurs chapitres de cette partie, selon laquelle les pays ne doivent pas s'endetter au-delà de leur seuil d'endettement supportable même s'ils utilisent bien les crédits à eux octroyés. Ainsi, dans les PED la dette a servi à pallier l'échec de la planification économique peu efficace, en particulier la dégradation du cours des produits primaires en Afrique, les PED devraient assurément rentrer en crise d'endettement et ne plus être à mesure de rembourser normalement leur dette. Etant donné qu'ils avaient dépassé leur capacité maximale d'endettement c'est-à-dire leur capacité maximale de transfert à l'étranger définie par Keynes en 1919. L'objectif de cette partie à travers ses différents chapitres est donc de présenter l'analyse économique de l'endettement et les stratégies de développement mises en œuvre dans les PED.

Chapitre 6

Economie du développement et politiques de développement des pays sous-développés : quelques épisodes de l'histoire d'un dialogue de sourds

---

Development economics and development policies in underdeveloped countries: some episodes in the history of a dialogue of the deaf

Jean Claude SAHA

sahajclaude@yahoo.fr

Université de Yaoundé II

Cameroun

Résumé : *L'observation simultanée des trajectoires de l'économie du développement et du développement des économies sous-développés laisse apparaître un paradoxe qui remet d'une certaine manière en cause l'efficacité de l'économie du développement en tant que discipline d'analyse économique. Alors que cette discipline se développe assez rapidement, les pays sous-développés régressent, ou tout au mieux évoluent à la marge. Deux interrogations émergent alors. La première concerne l'optimalité des recommandations faites par les économistes du développement. La seconde suppose l'optimalité de ces recommandations et s'oriente vers leur compréhension et application par les autorités des pays sous-développés. Dans cette contribution, l'accent est mis sur la seconde interrogation et le dialogue économistes–autorités est analyse à la lumière de l'ensemble des travaux du Professeur **TOUNA MAMA**. Nos investigations nous amènent à conclure que l'échec des politiques de développement dans les pays sous-développés s'explique principalement par le fait que les gouvernements ont rarement mis en application les prescriptions des économistes du développement. La récurrence, la nécessité et l'échec notoires des programmes d'ajustement structurel trouvent leur source dans une gestion macroéconomique inefficace et inefficiente. Une nouvelle révolution paradigmatique de l'économie du développement orientée vers les capacités opérationnelles des autorités nationales est alors nécessaire, de même qu'un retour vers le small is beautiful.*

Mots clés : Economie du développement, pays sous-développés, dialogue économistes-autorités.

Abstract**: The simultaneous observation of the path of development economics and the development of underdeveloped economies reveals a paradox that in some ways calls into question the effectiveness of development economics as a discipline of economic analysis. While this discipline is developing quite rapidly, the underdeveloped countries are regressing, or at best evolving at the margin. Two questions then emerged. The first concerns the optimality of the recommendations made by development economists. The second is whether these recommendations are optimistic and whether they are understood and applied by the authorities of underdeveloped countries. In this contribution, the emphasis is on the second question and the economist-authority dialogue is analyzed in light of the work of Professor **TOUNA

MAMA. *Our investigations lead us to conclude that the failure of development policies in underdeveloped countries is mainly due to the fact that governments have rarely implemented the prescriptions of development economists. The recurrence, necessity and notorious failure of structural adjustment programs are rooted in inefficient and ineffective macroeconomic management. A new paradigmatic revolution in development economics oriented towards operational capacities of national authorities is therefore necessary, as well as a return to small is beautiful.*

Keywords: *Development economics, underdeveloped countries, economist-authority dialogue.*

1. Introduction

Depuis la constitution de l'économie du développement en tant que discipline d'analyse économique, force est de constater que celle-ci se développe rapidement, dans le souci d'apporter des réponses claires aux problèmes de développement de plus en plus complexes. Mais l'on peut aussi, malheureusement, dire que simultanément les économies sous-développées se développent très lentement, comme si l'économie du développement ne proposait pas de réponses efficaces. On peut même dire que, comparativement aux pays développés, les économies sous-développées ont plutôt régressé depuis la naissance de l'économie du développement[1]. Devant ce paradoxe, deux questions peuvent se poser et ouvrir deux pistes d'investigation. Sur la première piste, en supposant que les pays sous-développés ont toujours appliqué les prescriptions des économistes, on peut se poser la question de savoir en quoi ces prescriptions n'ont pas été optimales. Sur la seconde piste, en supposant que l'économie du développement a toujours proposé des mesures optimales, on doit se poser la question de savoir si les autorités de politiques de développement des pays sous-développés ont toujours bien suivi et appliqué les prescriptions des économistes. Se pose ainsi la question du dialogue entre les pouvoirs politiques des pays sous-développés et les économistes. Dans cette contribution inspirée par les enseignements d'économie du développement du Professeur **TOUNA MAMA** ainsi que par les nombreuses conférences qu'il a données à l'Université et en dehors, nous orientons nos investigations sur la seconde piste, et soutenons que, bien qu'il soit indéniable que les politiques de développement ont évolué avec la pensée en économie du

[1] En effet, selon la Banque Mondiale (banque de données consultée le 15 septembre 2020), en 1970, le PIB par tête moyen des pays à revenu intermédiaire représentait 12,5 % de celui des pays riches, et celui des pays les plus pauvres (à faible revenu), 3,1 %. En 1990, ils représentent seulement 11,4 % et 1,9 % respectivement. En 2010, exception faite de la Chine, le PIB par tête moyen des pays du Sud représentait 9,16 % de celui des pays du Nord (pays à hauts revenus) ; et comme le Sud est hétérogène, le PIB par tête des pays à revenus intermédiaires supérieurs (y compris la Chine) en représentait 16,19 %, celui des pays à revenus intermédiaires inférieurs, 4,24 % et celui des pays à faibles revenus, 1,64 %. En 2018, hormis la Chine, le PIB par tête moyen des pays du Sud représentait 11,10 % de celui des pays du Nord (pays à hauts revenus) ; celui des pays à revenus intermédiaires supérieurs (y compris la Chine), 20,55 %, celui des pays à revenus intermédiaires inférieurs, 5 %, et enfin celui des pays à faibles revenus, 1,86 %. Ces données nous autorisent au moins à indiquer une stagnation des pays sous-développés, un maintien du sous-développement perçu comme le gap entre les pays développés et les pays à faibles revenus.

développement, on peut aussi remarquer que les autorités de politiques de développement ont souvent perçu de manière parcellaire les prescriptions théoriques des économistes du développement, ou les ont souvent appliquées de manière peu rigoureuse.

En effet, tous les modèles, tous les courants de pensée en économie du développement admettent une hypothèse sous-jacente, mais importante : l'hypothèse de l'efficience. Le fonctionnement des économies ainsi que des gouvernements est supposé efficient. Pourtant, l'inefficience est la caractéristique principale de toutes les économies sous-développées, surtout celles d'Afrique subsaharienne. Ces pays reculent au fil des années à cause de l'inefficience dans la gestion macroéconomique et dans la gestion des politiques de développement. Pour soutenir notre thèse, nous présenterons les grandes étapes du développement rapide de l'économie du développement, depuis les pionniers (Clark (1905-1989)[2], Roseistein-Rodan (1902-1985), Mandelbaum (1904-1995)) jusqu'aux néoclassiques et néo-institutionnalistes qui ont inspiré le Consensus de Washington autour duquel ont été construits les programmes d'ajustement structurel (Bauer (1915-2002), Little (1918-2012), Lal (1940 -), Krueger (1934-)) en passant par les théoriciens du capital humain (Schultz (1902-1998), Becker (1930-2014)). La suite du texte comporte ainsi six sections : l'époque et la pensée des pionniers (2), le consensus sur l'importance du capital physique (3), la prise en compte du capital humain (4), la méfiance envers la croissance économique (5), les thèses structuralistes (6) et la controffensive néo-institutionnaliste (7). Finalement, nous concluons l'analyse (8).

2. L'époque et la pensée des pionniers

L'économie du développement nait du contraste entre les pays capitalistes industrialisés d'Europe du Centre et de l'Ouest, et les économies non industrialisées de l'Est. Clark (1939)[3] attire l'attention sur le fait que l'économie capitaliste développée est jusque-là limitée à

---

[2] Etant donné que ce travail a une certaine dimension historique, nous donnons dans ce paragraphe la période de vie de certains auteurs pionniers de leur naissance jusqu'à leur disparition pour ceux qui sont déjà décédés, et de leur année de naissance seulement pour ceux qui sont encore en vie, les dates de leurs publications importantes devant être indiquées avec précision dans la suite de l'article.

[3] Colin Clark était un adepte des chiffres, un parfait manipulateur des données. Ses problématiques étaient inspirées largement par la réalité économique, ses hypothèses étaient de nature inductive et de type rationnel.

l'Europe Centrale, à l'Amérique Centrale et à l'Amérique du Nord ; et que le reste du monde vit dans une économie précapitaliste. Il peut être considéré comme le véritable pionnier de l'économie du développement dont il a ainsi posé la problématique centrale en mettant en exergue le fossé qui existe entre les pays capitalistes industrialisés et développés et les pays non capitalistes non développés et non industrialisés. Dans ses recherches ultérieures, il montrera que le facteur démographique est plus important que le capital dans le processus de croissance économique.

Roseinstein-Rodan (1943) est plus précis en posant la question de la stratégie d'industrialisation des économies des pays de l'Europe de l'Est et du Sud-Est dominées par une agriculture traditionnelle. Il propose la *stratégie de la croissance équilibrée*[4] et défend la nécessité du *« big push »* : pour un développement industriel rapide et irréversible de ces pays précapitalistes, une intervention massive (une impulsion forte) de l'Etat est nécessaire. Il pense qu'au début du processus d'industrialisation il faut créer plusieurs unités industrielles à la fois, dans la majorité des branches de l'industrie ; ce qui permettra de recruter massivement afin d'assurer une demande solvable à toutes les entreprises (sans laquelle elles n'iront pas loin) et d'offrir la matière première et/ou le produit semi-fini à toutes ces entreprises, les unes étant situées en amont des autres. Mais Hirschman (1958) s'y opposera radicalement en proposant une *théorie de la croissance déséquilibrée*. Selon cette thèse, il suffit pour l'Etat de donner le déclic en créant quelques unités industrielles seulement, dans des branches stratégiques (celles qui ont le plus de *liaisons aval et amont* avec les autres branches), et toutes les autres branches se développeront, car les hommes d'affaires saisiront les opportunités qui se présenteront pour créer des entreprises dans les autres branches en amont et en aval. L'espoir de Hirschman repose donc sur l'existence d'une classe d'hommes d'affaires dynamiques capables de prendre le relai de l'Etat. Le message des auteurs de la *croissance équilibrée* est pessimiste pour les pays en développement qui ne disposent pas de moyens pour lancer une multitude d'entreprises industrielles à la fois, mais celui des

---

[4] Cette thèse était susceptible de décourager les pays sous-développés convaincus que si telle est la solution, ils ne devront pas aspirer à l'industrialisation, leurs Etats étant par définition pauvres et incapables de financer le « big push ». De plus, l'histoire du développement des pays développés ne confirme pas qu'ils sont tous passés par le « big push ». Ce sont ces deux critiques qui ont justifié la construction de la théorie du déséquilibre.

théoriciens de la *croissance déséquilibrée* est optimiste, car il montre que même avec peu de moyens financiers, les pays en développement peuvent aussi se développer.

Pendant que ces deux premiers auteurs se posent la question du rôle que l'état devrait jouer dans une économie capitaliste (ou précapitaliste) pour stimuler le développement industriel, Mandelbaum & Schneider (1947) pensent plutôt que le capitalisme n'est pas le meilleur système pour le développement de tous les pays. Pour eux, le développement économique ne passe pas forcément par le capitalisme. Pour l'industrialisation rapide de la Roumanie qu'ils ont étudiée particulièrement, ils proposent l'***agrarianisme*** comme alternative au ***capitalisme***. L'agrarianisme est une philosophie politique qui soutient que le mode de vie rural est meilleur pour l'épanouissement de l'être humain que le mode de vie urbain. Cette philosophie rejette donc l'approche du développement par l'industrialisation et propose simplement le retour à la terre, un agriculteur indépendant étant par hypothèse plus heureux qu'un employé du secteur industriel urbain. Les propositions de politiques qui en découlent portent sur les réformes agraires nécessaires qui favorisent l'accès de tout citoyen à la terre.

L'Europe de l'Est et du Sud-Est, sur laquelle portent les réflexions des pionniers, est alors considérée comme le *second monde,* l'Europe Centrale, l'Amérique Centrale et du Nord étant considérées comme le *premier monde.* L'économie du développement se limite jusqu'ici à l'Europe et à l'Amérique du Centre et du Nord. Le *tiers-monde* n'est connu qu'à partir des années 1960, avec l'accession à l'indépendance, par vagues successives, des pays d'Afrique, d'Amérique latine et d'Asie. L'économie du développement doit alors s'intéresser à ce tiers-monde si différent des deux premiers mondes en ce qui concerne particulièrement le niveau de vie et la qualité des institutions[5]. Cette économie du développement se donne alors pour mission de trouver les clefs de compréhension de ce tiers-monde qu'il

[5] Il a d'ailleurs fallu choisir entre 'économie des colonies' et 'économie du développement'. L'économie des colonies, jusque là enseignée aux travailleurs des services coloniaux, se limitait simplement à la question des fluctuations du commerce et en recherchait la stabilisation. Elle regardait les économies des colonies à travers le prisme des intérêts des pays colonisateurs. Elle ne posait donc pas clairement la problématique du nécessaire développement des pays sous-développés en général et des anciennes colonies en particulier. C'est pour cela que l'option fut prise plutôt pour la constitution d'une 'économie du développement'.

faut moderniser et amener à un niveau de vie acceptable. L'on entre alors dans la phase de la constitution véritable de l'économie du développement en tant que discipline d'analyse économique.

3. Consensus sur l'importance du capital physique

Le développement est encore assimilé à la simple croissance économique. Des mesures de politiques visant à déclencher, accélérer et entretenir cette croissance dans les pays du tiers-monde sont donc proposées. Un premier consensus se dégage : *pour croitre rapidement, les économies doivent investir, et pour investir elles doivent épargner* (Kuznets, 1954 ; Lewis, 1955). Mais de quoi dépend l'épargne d'une économie nationale ?

L'épargne nationale dépend à la fois du niveau du revenu national et de sa répartition. Les néo-keynésiens (Kaldor, 1955 ; Robinson, 1956) insistent surtout sur le rôle de la répartition. Selon la *loi psychologique* en effet, les plus riches épargnent plus, en proportion de leur revenu, que les moins riches. Ainsi, à revenu national constant, l'on peut accroître l'épargne nationale simplement en creusant l'inégalité entre riches et moins riches.

Pour les néoclassiques, l'épargne nationale dépend uniquement du niveau du revenu national. Vu la faiblesse du revenu national dans les pays en développement, ils soutiennent que les forces du marché condamneraient ces économies au sous-développement, en faisant refermer sur elles le cercle vicieux de la pauvreté (Myrdal, 1956 ; 1957 ; 1962) : *la faiblesse de leur revenu entraine la faiblesse de leur épargne qui entraine la faiblesse de leur investissement avec pour conséquence la faiblesse de la production et du revenu national.* A elles seules, les forces du marché maintiendraient les économes du tiers-monde dans le sous-développement. Une intervention extérieure (d'un agent extérieur au marché) est nécessaire pour casser ce cercle vicieux et créer les conditions d'un cercle vertueux pour donner une chance au développement de ces pays. Roseinstein-Rodan (1943) proposait déjà l'intervention de l'Etat à travers une opération de large envergure (*le big push*). Certains économistes néo-classiques proposent plutôt la libéralisation et l'intensification du commerce international pour casser le cercle vicieux et accélérer la croissance économique (Mynt, 1954 ; 1958 ; 1977; Haberler[6], 1957 ; Viner, 1952 ; 1955). Selon la théorie

[6] Gottfried Haberler a dirigé une équipe qui a produit en 1957, à la demande du GATT (General Agreement on Tarif and Trade), un rapport sur les termes de l'échange des

smithienne en effet, l'élargissement des marchés est favorable à la spécialisation, à la standardisation et à la production de masse qui génère des économies d'échelle. Mais la solution du commerce international a été rapidement discréditée par Nurkse (1953 ; 1959), Singer (1975 ; 1984) et Prebisch (1976 ; 1978) qui pensent que du fait de la détérioration constante de leurs termes de l'échange, le commerce international ne saurait être un moteur de développement pour les pays sous-développés.

Un consensus général s'est finalement dégagé, quelle que soit l'école de pensée, et s'énonce en quatre articulations : a) pour leur développement, les pays du tiers-monde ont besoin d'épargne ; b) mais vu le faible niveau de leur revenu national, il leur est difficile d'épargner ; c) pire, ces pays risquent, à cause de la faiblesse de leur revenu, de se trouver pris dans un cercle vicieux ; d) pour éviter ce cercle vicieux, une intervention de l'Etat (épargne publique) et/ou une intervention étrangère (aide au développement, emprunt extérieur, investissement direct étranger) sont nécessaires.

Ce consensus dominant des premières heures de l'économie du développement a marqué de manière indélébile les politiques de développement des pays du tiers-monde. Afin de réduire la consommation nationale pour dégager une épargne suffisante pour réaliser les investissements nécessaires, certains pays ont carrément opté pour le socialisme, attirés par le succès de l'Union des Républiques Socialistes Soviétiques (URSS). Ainsi une épargne nationale élevée est obtenue de force, réduisant autoritairement la consommation des populations. Ceux des PED qui ont adopté le système capitaliste ont largement fait appel à l'épargne publique pour essayer de combler le déficit de l'épargne privée intérieure, et à l'épargne étrangère pour tenter de combler le gap entre l'épargne intérieure et les investissements requis. Ainsi les entreprises publiques et parapubliques se sont multipliées dans les pays en développement capitalistes. Le Cameroun

---

produits primaires. Ce rapport conclut que les termes de l'échange de ces produits se sont détériorés, car en 1955, les prix des produits primaires ont chuté de 5% pendant que ceux des produits industriels augmentaient de 6%. Mais, en 1964, il conteste les conclusions de Raul Prebisch qui vient de publier un autre rapport commandé par la CNUCED (Conférence des Nations Unies pour le Commerce et le Développement), selon lesquelles les termes de l'échange des produits primaires avaient une tendance séculaire à la détérioration. Gottfried Haberler pense simplement que la tendance n'est pas séculaire.

en a tellement créé qu'il a été nécessaire de mettre sur pied une Société Nationale d'Investissements (SNI) pour gérer ces entreprises publiques ainsi que les parts de l'Etat dans les entreprises parapubliques. Les capitaux étrangers, sous la forme d'emprunt extérieur, d'aide au développement et d'investissement direct étranger, ont aussi été largement sollicités.

Sans exception, les pays en développement se sont alors jetés, les yeux presque fermés, à la quête des capitaux pour combler le gap entre l'investissement nécessaire et l'épargne nationale. Le corollaire en est la montée fulgurante de la dette extérieure des PED débouchant sur la crise de la dette[7]. Ces pays sont malheureusement restés dans la logique du financement de leur développement par l'endettement extérieur. Ce faisant, ils ont oublié le catalyseur du développement : *l'efficience*. En effet, le consensus dominant ci-dessus n'est valable que sous l'hypothèse implicite de l'efficience, qui renvoie à la production de la quantité maximale et de la meilleure qualité au même coût. Les modèles bisectoriels du développement (Lewis, 1954 ; Fei & Ranis, 1961) par exemple ne tiennent que sous l'hypothèse implicite de l'exploitation efficace et efficiente des facteurs de production. L'efficacité et l'efficience dans les activités économiques sont au moins aussi importantes que la quantité des facteurs disponible. L'efficience avec laquelle on utilise les investissements réalisés et la main-d'œuvre disponible est le principal catalyseur du processus de développement. La plupart des pays en développement, surtout ceux d'Afrique noire, sont loin de l'efficience : la qualité de l'investissement est rarement optimale, le coût de ces investissements est souvent anormalement élevé, et surtout les équipements fruits de ces investissements sont rarement exploités à 100 % de leurs capacités (Banque Mondiale, 2019).

---

[7] Ainsi le stock de la dette extérieure du Cameroun passe de 14,24 % de son revenu national brut (RNB) en 1970 à 45,79 % en 1980, à 120,15 % en 1995, avant de chuter à partir de 1996 à la faveur de l'admission à l'Initiative des Pays Pauvres et Très Endettés (IPPTE), la chute s'accélère à partir de 2006 après l'atteinte du point d'achèvement de l'IPPTE, pour atteindre 10,64 % en 2010, avant de recommencer à remonter rapidement à partir de 2011 pour atteindre 16,62 % en 2014, 29,142 % en 2017, 33,49 % en 2019 et 46,9 % du PIB en 2020. La Banque Africaine de Développement (BAD) estime que le Cameroun, pour avoir quadruplé sa dette en 13 ans, est un pays à haut risque de surendettement (BAD : Perspectives sur l'économie africaine, 2021).

Cette négligence de l'efficience au profit de la recherche effrénée des grandes quantités des facteurs a, dès le début des années 80, plongé les pays du tiers-monde en général dans une crise dont il leur est difficile de sortir jusqu'à nos jours pour au moins trois raisons. D'abord, en plusieurs décennies d'ajustement structurel (1980-2010), les investissements publics réalisés pendant les années 50, 60 et 70, sont presque tous perdus dans la plupart de ces pays, négligés par les conditionnalités conjoncturelles des Programmes d'Ajustement Structurel (PAS). Ces investissements dans les infrastructures collectives constituaient pourtant le socle de la croissance. Ensuite, avec la libéralisation de la vie politique dans ces pays dès la fin des années 1980, l'on note une mauvaise pratique de la démocratie qui a tendance à freiner les investissements productifs. Enfin, pendant ces périodes de balbutiement de la démocratie, même la sphère privée des économies nationales s'est politisée, s'éloignant ainsi de l'efficience pourtant reconnue au secteur privé par la théorie économique.

4. La prise en compte du capital humain

Le père du *capital humain* est Schultz (1960 ; 1961), mais la véritable *théorie du capital humain* se mettra en place avec Becker (1964). Ils soulignent que les pays en développement, pour croître rapidement, n'ont pas besoin que d'équipements et de travailleurs en quantité, mais aussi du capital humain en quantité et en qualité. Le capital humain désigne alors la capacité productive incorporée en chaque travailleur, régulièrement mesurée par l'éducation et la santé des travailleurs. Schultz et Becker ont expliqué la rationalité économique qui gouverne l'accumulation du capital humain (plus particulièrement de l'éducation) chez les agents, l'éducation étant un investissement. Les agents, dans leur comportement rationnel, décident individuellement de cet investissement en fonction des perspectives de l'évolution technologique. Mais à eux seuls, les individus ne peuvent pas constituer le niveau global, optimal en quantité et en qualité, du capital humain pour la Nation. D'où la nécessité d'une intervention de l'Etat pour favoriser la réalisation du stock et de la composition du capital humain aptes à accélérer la croissance économique. Au niveau macroéconomique, le stock et la structure du capital humain sont ainsi pour une part la conséquence des décisions microéconomiques, et pour une autre part le résultat des politiques publiques. L'importance du capital physique est désormais relativisée.

La politique de développement des pays en développement a été révolutionnée par la théorie du capital humain. Les gouvernements de ces pays ont, à partir de la fin des années 60, massivement investi dans l'accumulation du capital humain. Mais, à l'instar du capital physique, le capital humain ainsi accumulé n'a pas été utilisé efficacement[8]. Les pays en développement investissent dans la formation des travailleurs qu'ils n'utilisent pas de manière optimale. D'où le phénomène de fuite des cerveaux perceptible dès le début des années 80 : le capital humain accumulé au Sud, financé par les économies du Sud, migre vers les pays du Nord qui les utilisent. Le phénomène de fuite de cerveaux ou *brain drain* est, depuis plusieurs décennies déjà, au cœur des débats sur le retard du développement des pays sous-développés. Une nouvelle fois, la négligence du critère d'efficience et de l'efficacité est préjudiciable à la marche des pays sous-développés vers le développement.

5. Début de la méfiance envers la croissance économique

Jusque vers la fin des années 60, les économistes croyaient en la croissance du volume de la production comme synonyme de développement et en l'investissement massif dans les grandes entreprises comme le meilleur moyen pour la réaliser. Mais vers la fin de cette décennie, Seers (1969) brise ce « *growth fetichism* ». Il soutient que le développement n'est pas synonyme d'augmentation de la production totale, mais plutôt « *de moins de pauvreté, moins d'inégalité et moins de chômage* »[9]. Dans le même esprit, Schumacher (1973) attire l'attention des autorités des pays en développement sur le danger que comporte leur course effrénée vers la création des grandes entreprises comme stratégie de développement. Dans un ouvrage au titre provocateur, *Small is beautiful*, il soutient que l'on n'a pas toujours

[8] L'actualité au Cameroun, le 3 août 2021 est la grève d'environ 700 jeunes médecins formés par l'Etat dans les facultés publiques nationales de médecine, que l'Etat camerounais lui-même refuse d'utiliser, dans un pays qui compte moins de 02 médecins pour 10 000 habitants. Au chômage depuis un an après leur formation, il faut s'attendre à ce que ces jeunes médecins aillent trouver un emploi dans d'autres pays, plus précisément dans des pays développés.

[9] La méfiance envers la croissance économique a permis également de prendre conscience des problèmes d'externalité intra et intergénérationnelle qu'elle crée, favorisant ainsi la constitution d'une économie de l'environnement et des ressources naturelles, l'objectif de cette nouvelle discipline d'analyse étant la recherche d'une croissance durable, plutôt qu'une croissance forte. Les petites entreprises artisanales et les PME ont été d'ailleurs reconnues comme moins nuisibles à l'environnement et aux ressources naturelles que les grandes.

besoin de grandes unités industrielles pour atteindre le développement, que les unités de production artisanales, à la dimension de l'être humain qui est malgré sa petitesse la plus belle créature au monde, sont au moins aussi efficaces que les grandes unités industrielles. Schumacher reproche aux économistes de ne pas se pencher sur la question de l'échelle appropriée pour les entreprises, de faire croire que « *growth is good* » et « *bigger is better* ». Il recommande aux pays en développement d'abandonner l'obsession des grandes entreprises industrielles utilisant la haute technologie, d'abandonner la recherche de la *production de masse* au profit de la *production par les masses*. Ainsi la pertinence du PIB par tête comme mesure du bien-être des citoyens est interrogée[10]. Ce message, comme tout message révolutionnaire, ne fut pas compris. Les gouvernements des pays en développement n'ont pas compris la nécessité de fonder de nouveaux espoirs de développement sur les petites et moyennes entreprises (PME), et non sur les grandes.

6. Les thèses structuralistes

Bien avant les années 60, certains économistes pensaient déjà qu'il était erroné de considérer, comme le faisaient les théoriciens des étapes du développement, que les économies sous-développées d'aujourd'hui ne sont que des économies en développement, des versions primitives des économies aujourd'hui développées. Ils soutenaient plutôt, d'une part, que les économies sous-développées d'aujourd'hui sont différentes des économies développées d'aujourd'hui hier, et d'autre part, que le problème du développement de chaque économie sous-développée est spécifique. La conception du *développement comme un processus linéaire* serait donc une erreur. Le diagnostic du développement et la prescription des politiques de développement doivent se faire *au cas par cas*, les problèmes et le contexte étant différents d'un PED à un autre. Le pionnier de la thèse structuraliste est Hirschman (1958) qui reconnaissait que le seul problème commun à toutes les économies sous-développées est qu'elles doivent essayer de se développer dans un monde où il y a déjà des pays

---

[10] La croissance inclusive, concept au centre des débats sur le développement depuis le début des années 2000, qui traduit la nécessité de rechercher une croissance à laquelle participent le plus grand nombre de citoyens pour assurer le développement, peut être considérée comme un renouvellement de la thèse de Seers. La croissance inclusive doit être bien distinguée de la croissance pro-pauvre dont elle est l'un des moyens de réalisation les plus sûrs.

très avancés avec lesquels ils sont obligés d'avoir des relations économiques, difficulté que n'ont pas rencontrée les pays développés.

Cette difficulté révélée par Hirschman va être formalisée et popularisée par Prebisch (1976 ; 1978) et Singer (1975 ; 1984) qui vont développer la *théorie de la dépendance* : dans l'arène économique internationale, le tiers-monde représente la périphérie et les pays développés, le centre ; dans les relations commerciales, la périphérie s'est trouvée, par la force des choses, spécialisée dans l'offre des matières premières et des produits agricoles au centre qui en retour lui vend les produits industriels ; cette spécialisation condamne les pays de la périphérie à demeurer dans le sous-développement. Pour sortir du sous-développement, les pays de la périphérie doivent adopter des politiques protectionnistes afin de favoriser le décollage de leur secteur industriel pour pouvoir sortir du piège de la mauvaise spécialisation. Le chemin vers le développement n'est donc plus unique (le développement ne passe plus uniquement par la liberté des forces du marché, l'Etat peut en être l'acteur principal, comme dans le cas du Japon de l'ère MEIJI et de l'URSS).

Influencés par ces théories, les gouvernements des pays sous-développés se sont lourdement engagés dans l'économie, pour recherche une industrialisation à la japonaise. Dans cet engagement émotionnel, ils ont malheureusement, une fois de plus, oublié le volet *efficience*. Ainsi ils ont créé de nombreuses entreprises publiques qui, extrêmement mal gérées, ont toujours eu besoin des subventions de l'Etat, plongeant le budget de l'Etat dans une tendance chronique au déficit. Ces gouvernements ont aussi installé dans leurs pays une lourde bureaucratie administrative qui a étouffé le secteur privé[11]. Ces gouvernements ont en plus appliqué des mesures de politique économique qui n'ont eu pour effet que de créer des distorsions diverses dans le tissu des incitations, éloignant ainsi davantage les économies nationales de la vérité mondiale des rapports de prix. Ces trois importantes fautes (création d'entreprises publiques budgétivores, installation d'une bureaucratie inefficace et application des politiques économiques peu adaptées) ont compromis pour très longtemps encore les chances de développement des pays sous-développés qui semblent plutôt rentrés dans un processus de sous-développement. Ce sous-

[11] Le débat sur l'administration publique comme frein au développement des économies sous-développées gagne de l'intérêt de nos jours avec la généralisation de la corruption, de la mauvaise gouvernance et du détournement des déniés publics.

développement des pays sous-développés a entrainé une nouvelle inflexion, une nouvelle révolution dans le cours du développement de l'économie du développement : la controffensive néo-classique.

7. Controffensive néo-classique et programmes d'ajustement structurel

Cette controffensive est menée par des économistes célèbres dont Bauer, Little, Balassa, Jonhson, Krueger, Lal, etc. Elle construit l'approche néo-institutionnaliste du développement qui fonde le Consensus de Washington qui inspire les programmes d'ajustement structurel (PAS). Bauer (1957 ; 1959 ; 1971), considéré comme le chancre contemporain du laissez-faire, s'attaque à l'idée dominante selon laquelle les économies sous-développées d'aujourd'hui seraient simplement des versions primitives des économies développées. Il soutient plutôt que *les économies sous-développées du 20e siècle ont des structures et des problèmes spécifiques, des handicaps aggravés par le fait que les pays sous-développés d'aujourd'hui partagent la même planète que les pays industrialisés*. Il partage ainsi le diagnostic des structuralistes, mais alors que ces derniers désignent le commerce Nord-Sud comme cause des problèmes des économies en développement, Bauer pense plutôt que le *Sud a compromis ses chances de croissance et de développement en copiant le style européen du 20e siècle : large bureaucratie, dirigisme étatique*. Pour Bauer, *les difficultés de développement des pays sous-développés sont dues à l'interférence de l'Etat*. Cet enseignant de la *London School of Economics* (LES) de 1960 à 1983 pense que le moteur de la croissance et du développement c'est bien le secteur privé ; et que dans les pays en développement, les gouvernements gênent le secteur privé. Il prône donc un *Etat minimal* qui se limiterait à protéger la vie, la liberté et la propriété. Durant toute sa vie, Bauer s'est évertué à démontrer que le dirigisme étatique, l'aide publique extérieure, le contrôle des prix et le protectionnisme renforcent la pauvreté au lieu de la réduire, que l'intervention de l'Etat politise la vie économique et réduit les libertés individuelles.

Intéressé à l'économie du développement en 1958 par Rosenstein-Rodan, Little épouse d'abord l'idée de son mentor selon laquelle « *les forces du marché ont échoué dans les pays en développement qui ne peuvent plus fonder leurs espoirs de rattrapage des économies avancées que sur une planification centralisée, sur des restrictions au commerce et sur l'aide publique extérieur* ». Mais en

1965, devant le contraste entre d'une part les faibles rendements des investissements publics en Inde, et d'autre part le succès des tigres d'Asie (Hong Kong, Singapour, Corée du Sud et Taiwan) qui connaissaient alors une forte croissance économique tirée par les exportations, Little (1965 ; 1970 ; 1982) tourne le dos à Rosenstein-Rodan et rejoint Bauer en soutenant que les pays en développement, s'ils veulent accélérer leur croissance économique, doivent abandonner les politiques inword-looking, libéraliser le commerce, aligner leur système des prix et d'incitations sur celui du reste du monde. Krueger (1974), la mère de la théorie de recherche de rentre, se situe sur la même longueur d'onde, en démontrant que l'intervention de l'Etat crée des positions de rente et freine le développement économique, car en présence d'un Etat interventionniste, les agents économiques investissent beaucoup plus dans la recherche de rente que dans les activités productives.

Les politiques d'ajustement structurel suscitées par cette controffensive néoclassique ont été appliquées dans les pays d'Afrique du début des années 1980 au milieu des années 2000. Ces PAS n'ont pas produit les résultats escomptés, mais certains pensent que cet échec relatif s'explique par l'attitude des gouvernements des Etats africains eux-mêmes. En effet, ces gouvernements n'ont jamais véritablement appliqué les mesures prescrites, soit par intérêt politique, soit par faiblesse. Au cours de la seconde moitié des années 2000, avec le franchissement du point d'achèvement de l'Initiative en faveur des Pays Pauvres Très Endettés (IPPTE), beaucoup d'Etats africains ont abandonné les PAS et ont repris en main leur politique économique. Ils ont engagé des investissements massifs, promettant l'émergence économique à des horizons divers. Malheureusement, ces gouvernements sont toujours peu efficients, gérant les économies nationales selon des règles politiques, une attitude difficilement conciliable avec les exigences de l'émergence économique. C'est ainsi que beaucoup de pays africains sont en train de retourner progressivement dans le piège de l'endettement extérieur et sous le parapluie des institutions de Brettons Woods, avec des programmes économiques et financiers qui se succèdent sans résultats concrets, donnant ainsi raison aux économistes de la seconde contre-offensive néoclassique dont le chef de file est Deepak Lal. En effet, Lal (2000) va plus loin dans la démonstration de l'inutilité de l'Etat, d'abord en critiquant le dirigisme étatique dans un ouvrage célèbre, « *The Poverty of Development Economics* », puis en soutenant en 2004, dans un ouvrage au titre encore plus provocateur, « *In Praise of Empires : Globalization and Order* » que l'Etat est dangereux, surtout lorsqu'il adopte et impose des lois qui ne respectent pas les rapports de forces naturels.

8. Conclusion

L'histoire de l'économie du développement est ainsi marquée par une question centrale : quel rôle doit jouer l'Etat pour accélérer le processus de développement ? Les économistes ont fait de nombreuses propositions, sous l'hypothèse implicite d'un Etat efficace et efficient. La plupart de ces prescriptions théoriques majeures ont influencé l'histoire des politiques de développement, mais les gouvernements des pays sous-développés ont rarement mis en application les politiques telles que prescrites (soit ils ont retardé la mise en œuvre, soit ils les ont modifiées) et surtout ils ont été peu efficaces et peu efficients dans la mise en œuvre des stratégies de développement en particulier et dans la gestion macroéconomique en général. Les programmes d'ajustement structurel à n'en plus finir, toujours rendus nécessaires du fait d'une gestion économique inefficace, sont eux-mêmes mis en œuvre de manière inefficace et inefficiente, tel un cercle vicieux. Dans la majorité des pays où ils ont été appliqués, ils n'ont pas produit les effets escomptés, ils n'ont pas réussi à placer les économies sur des sentiers de croissance hauts et durables. Devant ces faits historiques récents, l'on peut en appeler à une nouvelle révolution paradigmatique en économie du développement, qui, au-delà du débat sur le rôle de l'Etat, devra susciter des réflexions sur la capacité opérationnelle des Etats, sur l'ajustement des gouvernements pour une meilleure efficacité dans la gestion macroéconomique. On peut également proposer que soit ressuscitée la révolution *small is beautiful* qui recommande de mettre l'accent sur les petites entreprises, révolution qui, en son temps, n'a pas suffisamment marqué les politiques de développement.

Références bibliographiques

Banque Mondiale (2019). Cameroun, Revue des dépenses publiques, Aligner les dépenses publiques aux objectifs de la Vision 2035 *; Rapport.*

Bauer, P. T. & Yamey, B. S. (1957). *The Economics of Under-Developed Countries.* Cambridge University Press.

Bauer, P. T. (1959). *United States Aid and Indian Economic Development.* American Enterprise Association, Washington D. C.

Bauer, P. T. (1971). *Dissent on Development: studies and debates in development economics.* Werdenfeld and Nicolson. London.

Becker, G. S. (1964). *Human capital: a theoretical and empirical analysis, with special reference to education.* University of Chicago Press, Chicago.

Clark, C. (1939). *Conditions of economic progress. Macmillan, London.*

Fei, J. C. H. & Ranis, G. (1961). A theory of economic development. *American Economic Review*, 51, 533-565

Hirschman, A. O. (1958). *The Strategy of Economic Development.* Yale University Press. New-Haven

Kaldor, N. (1955). Alternatives theories of distribution. *Review of Economic Studies.* 23(2), 80-100.

Krueger, A. (1974). The political economy of rent-seeking. *American economic Review. 3*: 291-303.

Kuznets, S. (1954). *Economic Growth and Income Inequality. The American Economic Review*, 45(1), 1-28.

Lal, D. (2000). *The poverty of development economics.* MIT Press.

Lal, D. (2004). *In praise of empires: globalization and order.* Palgrave, Macmillan.

Lewis, W. A. (1955). *The theory of economic growth.* Allen et Unwin.

Little, I. M. D. & Clifford, J. M. (1965*). International Aid. A discussion of the flow of public ressources from rich to poor countries with particular reference to British policy.* London: Allen & Unwin.

Little, I. M. D., Scitovsky, T. & Scott, M. (1970). *Industry and Trade in Some Developing Countries: a comparative study. París : OCDE, Centro de Estudios de Desarrollo.*

Little,n I. M. D. (1982). *Economic Development: theory, policy and international relations.* Basic Books, London.

Mandelbaum, K. & Schneider J. R. L. (1947). *The industrialization of backward areas. The American Economic Review*, 37 (1), 230-232.

Myint, H. (1954). *Gains from International Trade and Backward Countries. The Review of Economic Studies, 22 (2)*, 129-142.

Myint, H. (1958). The 'Classical Theory' of international trade and the underdeveloped countries. *The Economic Journal, vol. 68 (270)*, 317-337.

Myint, H. (1977). Adam Smith's theory of international trade in the perspective of economic development. *Economica, New Series*, 44 (175), 231-248.

Myrdal, G. (1956). *Development and underdevelopment*, Cairo: National Bank of Egypt.

Myrdal, G. (1957). *Economic Theory and Underdeveloped Regions*. Duckworth, London.

Myrdal, G. (1962). Asian Drama: An inquiry into the poverty of Nations. *An abridgment by Seth S. King.*

Nurkse, R. (1953). *Problems of Capital Formation in Underdeveloped Countries.* Oxford. Oxford University Press.

Nurkse, R. (1959). Patterns of Trade and Development. *Wicksell Lectures, Stockholm Distributors,* 1.

Prebisch, R. (1976). A critique of Peripheral Capitalism. *CEPAL Review (1).*

Prebisch, R. (1978). Socioeconomic structure and crisis of peripheral capitalism. *CEPAL Review (2).*

Robinson, J. (1956). *The Accumulation of Capital*. London, Macmillan

Roseinstein-Rodan, P. (1943). Problems of industrialisation of Earstern and South-Earsten Europe. *The Economic Journal*, 53 (2), 202-211.

Schultz, T. W. (1960). Capital formation by education. *Journal of Political Economy*, 68 (6), 571-583.

Schultz, T. W. (1961). Investment in human capital. *American Economic Review,* 51(1), 1-17.

Schumacher, E. F. (1973). *Small Is Beautiful: a study of economics as if people mattered.* Blond and Briggs, Hardcover.

Seers, D. (1969). The meaning of development. *International Development Review,* 11 (4): 3-4

Singer, H. W. (1975). The strategy of International Development: Essays in the Economics of backwardness. *Harcover.*

Singer, H. W. (1984). *The terms of trade controversy and the evolution of soft financing early years and the UN*; in Meier and Seers (editors), Pioneers in Development.

Viner, J. (1952). International Trade and Economic development. *Lectures delivered at the National University of Brazil, Harcover-January 1, Free Press.*

Viner, J. (1955). International trade theory and its present-day relevance. *Economics and Public Policy*, 1, 100-130

Chapitre 7

Le retour de la politique d'import-substitution dans le cadre de la SND30 peut-il favoriser le « nouveau départ » de l'économie camerounaise souhaité par TOUNA MAMA ?

Can the return of the import-substitution policy within the NDS30 framework promote the "new beginning" of the Cameroonian economy desired by TOUNA MAMA?

François Colin NKOA

fcnkoa@yahoo.fr

Université de Yaoundé II

Cameroun

Résumé : *L'objet de ce travail consiste à identifier les causes majeures du retour de la politique d'import substitution au Cameroun dans le cadre de la SND30 et les conditions nécessaires pour qu'elle induise* une dynamique de croissance durable et inclusive, *synonyme d'un « nouveau départ » de l'économie camerounaise souhaité par* ***TOUNA MAMA****. Les données secondaires collectées ainsi que les enseignements tirés de la « nouvelle économie structurelle » et de l'histoire des faits économiques des pays émergents montrent que : 1) la démographie, l'urbanisation, l'émergence d'une classe moyenne sont des facteurs favorables au retour de cette politique ; ii) Les facteurs institutionnels notamment l'absence d'un Etat stratège disposant d'une administration efficace à mesure de concevoir et mettre en œuvre de façon efficace une « politique industrielle » large au sens de Stiglitz et qui soit conforme aux avantages comparatifs latents du pays constitue un obstacle à sa réussite. Le rôle de l'Etat est donc fondamental dans le succès de cette politique notamment dans sa capacité à améliorer le climat des affaires (politiques industrielles horizontales); à faire émerger de nouveaux secteurs dynamiques de croissance (politiques industrielles verticales) et à susciter l'adhésion des acteurs du secteur privé à l'atteinte des objectifs fixés.*

Mots clés : Politique d'import-substitution, développement économique, SND30, **TOUNA MAMA**.

Abstract: *The purpose of this work is to identify the major causes of the come-back of the import substitution policy in Cameroon within the framework of NDS30 and the conditions necessary for it to induce a dynamic process of sustainable and inclusive growth, synonymous with a « new beginning » of the Cameroonian economy desired by* ***TOUNA MAMA****. The secondary data collected as well as the lessons drawn from the « new structural economy » and the economic history of the emerging countries show that : 1) demography, urbanization, the emergence of a middle class are factors favorable to the come-back of this policy ; ii) Institutional factors, in particular the absence of a strategist State with an efficient administration capable of effectively designing and implementing a broad « industrial policy » in the sense of Stiglitz and which is in line with the latent comparative advantages of the country is an obstacle to its success. The role of the State is therefore fundamental to the success of this policy, particularly in its*

capacity to improve the business climate (horizontal industrial policies) ; to bring out new dynamic growth sectors (vertical industrial policies) and to encourage the support of private sector players in achieving the objectives set.
***Keywords**:* Import-substitution policy, economic development, NDS30, **TOUNA MAMA**.

1. Introduction

Depuis l'atteinte du point d'achèvement en 2006, le Cameroun est à la recherche d'une voie nouvelle permettant de remettre son économie sur un sentier de croissance et de développement durable. Dans la conclusion de son ouvrage paru en 2008 et intitulé *« l'économie camerounaise : pour un nouveau départ »*, **TOUNA MAMA** (2008, p. 429) indique implicitement que l'économie du Cameroun a connu un premier départ à la fin des années 1970s et le début des années 1980s en affirmant que « *grâce à une politique volontariste dont la planification était la meilleure expression, le pays a pu enregistrer une croissance régulière, qui a connu son apogée dans les années 1978-1985 avec des taux réels de 8% à 12% grâce à un taux d'investissement qui a parfois atteint les 30%* ».

Ce « départ » initial ne semble cependant pas avoir été suffisant pour déclencher un processus dynamique de croissance durable et inclusive au Cameroun au regard de ses performances économiques d'ensemble. D'où la nécessité d'un « nouveau départ » suggéré par Touma Mama qui recommande au Gouvernement, pour atteindre cet objectif, entre autres, de « *se doter d'une vision stratégique prospective, non seulement pour se convaincre et convaincre les opérateurs économiques et autres partenaires au développement que l'ère de la navigation à vue est terminée, mais aussi pour afficher son ambition d'atteindre des taux de croissance économique lui permettant de devenir effectivement un pays émergent dans la décennie à venir* »[1].

Cette recommandation tounamamieme sera suivie par le Gouvernement en 2009 avec l'élaboration et l'adoption d'une stratégie de développement à long terme dénommée « Cameroun, Vision 2035 » dont l'objectif affiché est de faire du Cameroun à l'horizon 2035, « Un pays émergent, démocratique et unie dans sa diversité ». Une décennie et quelques années plus tard, on peut affirmer, sans risque de se tromper, que les autorités camerounaises et ses différents partenaires sont toujours à la recherche de ce « nouveau départ » et déterminés à y arriver.

Le bilan de la première phase de mise en œuvre de la « Vision » sur la période 2010-2020 est mitigé, les principaux objectifs n'ayant pas

[1] Touna Mama (2008, P. 430).

été atteints par le Gouvernement. Dans le cadre de l'opérationnalisation de la seconde phase, le Cameroun vient de se doter d'une nouvelle stratégie de développement sur la période 2020-2030 (SND30)[2]. L'industrialisation et la transformation structurelle constituent les finalités de la SND30 et le gouvernement entend, s'appuyer entre autres, sur la politique d'import-substitution pour atteindre ces objectifs. Cette politique avait déjà été mise en œuvre au Cameroun dans les années 1960s et 1970s puis abandonnée au milieu des années 1980s pour son inefficacité.

Ce retour peut donc sembler paradoxal à priori. Dans le bilan qu'il dresse des politiques économiques mises en œuvre au Cameroun avant les réformes de 1990, Touna Mama (2008, p. 106), comme de nombreux autres spécialistes avant lui[3], confirme cette inefficacité en affirmant que « *on pourra normalement parler de la réussite de la politique de substitution des importations, dans la mesure où, en se développant, le secteur de substitution a fini par se débarrasser de tous les complexes protectionnistes pour accéder librement au marché extérieur. Et ce n'est pas encore le cas du système productif camerounais, compte tenu de la forte protection du marché intérieur et du défaut de compétitivité des produits fabriqués localement* ».

La politique d'import-substitution a été fortement recommandée aux pays en développement (PED) par de nombreux pionniers de l'économie du développement (Prebisch, 1950 ; Myrdal, 1957 ; Lewis, 1954 ; Singer, 1950) dans les années 1950s et 1960s, encore connus sous le nom de « structuralistes ». Cette stratégie, dans sa version originelle, consiste à abandonner la production de produits primaires et à favoriser celle des produits manufacturés afin d'opérer un changement structurel des économies desdits pays et enclencher un développement économique soutenu. Cette stratégie qui prône un développement industriel autocentré, repose, selon Krueger (1997), sur les cinq principales hypothèses suivantes.

i) **Les structures de production dans les PED sont orientées vers la production de biens primaires et il n'existe pratiquement pas de capacités manufacturières. Pour les pionniers de l'économie du développement, la**

[2] MINEPAT (2020)

[3] Aerts (2000), Willame (1985) et MINIMIDT-ONUDI (1985).

spécialisation dans la production primaire est à l'origine de la faiblesse du niveau général de productivité et indirectement du niveau de vie dans ces pays.

ii) **L'intégration dans l'économie mondiale condamne les PED à la spécialisation dans la production de biens primaires.**

iii) **Le revenu global et les élasticités prix de la demande des biens primaires sont faibles. Par conséquent, les revenus que les PED tirent des exportations de matières premières ne seront pas suffisants pour faire face à leurs objectifs de développement.**

iv) **La force de travail dans les PED, en majorité employée dans l'agriculture, a un produit marginal du travail nul voire négatif. D'où l'hypothèse de l'existence d'un surplus de la force de travail ou un sous-emploi déguisé dans ces pays (Lewis 1954). La main d'œuvre est donc considérée comme un bien libre tandis que le capital est le seul facteur rare.**

v) **L'accumulation du capital est par conséquent cruciale pour la croissance dans les premières étapes du développement et elle se fait à cette période essentiellement par le biais des importations des biens capitaux. Or la demande de ces biens (capitaux) croit plus rapidement que celle des revenus tirés des exportations des matières premières. La croissance n'est donc possible que si la production locale des produits concurrents des importations augmente rapidement.**

En pratique, elle consiste à identifier préalablement les produits disposant d'un fort potentiel sur le marché intérieur mesuré par le volume des importations. Par la suite, le gouvernement promeut les entreprises domestiques existantes ou potentielles opérant dans ces secteurs par diverses mesures de politiques commerciales et industrielles.

Cette approche prescriptive et volontariste de la politique d'import-substitution fait l'objet de controverses et divise les économistes depuis la naissance de l'économie du développement dans les années 1950s jusqu'à nos jours (Douglas 2020).

Les économistes libéraux, notamment Balassa (1971), Bhagwati (1978), Krueger (1978 ; 1997) et Balassa et al., (1986), sont des adversaires de cette stratégie en raison de son inefficacité. Certains, à l'exemple de Chenery (1955 ; 1961) défendent plutôt une approche descriptive de cette politique en soulignant que le phénomène d'import substitution est un processus qui intervient « naturellement » dans le temps long et qui découle logiquement de la croissance économique de long terme d'un pays telle que décrite dans le modèle néo-classique de Solow (1956) et celui des étapes du développement de Rostow (1960). Il n'y a donc pas de raison particulière de l'accélérer par le biais des politiques industrielles.

Nonobstant ces controverses, l'émergence récente dans le champ de l'économie du développement, d'un courant dit néo-structuraliste (Lin 2011, 2013 ; Stiglitz et al., 2013 ; BAD 2017 ; Lin & Monga, 2011 ; Lall, 1994 ; Lall & Teubal 1998)[4] dont l'objectif est de renouveler la théorie économique du développement suite aux limites du « *Consensus de Washington* »[5], semble avoir définitivement tranché le débat sur l'efficacité de cette politique. En s'appuyant sur les travaux et les idées des pères fondateurs du « structuralisme » qu'ils affinent, les « néo-structuralistes » établissent que le succès ou l'échec de la politique d'import-substitution dépend du contexte institutionnel dans lequel il est mis en œuvre[6]. Elle a ainsi été appliquée avec succès au cours des siècles derniers, dans les pays d'Europe, d'Amérique du Nord et d'Asie qui sont aujourd'hui industrialisés et développés et qui

---

[4] Pour une synthèse en français, se référer à Ben Hammouda (2001), Fontaine & Lanzarotti (2001), Lin (2013).

[5] Expression utilisée pour la première fois par John Williamson en 1989. Elle renvoie aux idées communes partagées à l'époque par le FMI, la Banque Mondiale et le Gouvernement des Etats-Unis qui ont tous les trois leur siège à Washington. Dans Williamson (1993), il en donne un contenu plus précis en indiquant que ces idées concernent les politiques que ces institutions considèrent comme en mesure d'induire une bonne performance économique et de soutenir la démocratie et qui peuvent être résumées dans les grands principes suivants: discipline fiscale, affectation prioritaire des dépenses publiques dans les secteurs des infrastructures et de l'éducation, déréglementation, réformes fiscales, privatisation des entreprises publiques, libéralisation financière et commerciale, attraction des investissements directs étrangers, taux de change compétitifs, protection des droits de propriété.

[6] Voir Bruton (1998) ; Mendès & al (2014).

disposaient de capacités institutionnelles adéquates. A l'inverse, elle a été un échec ou a eu des résultats mitigés dans de nombreux pays d'Afrique et d'Amérique Latine où elle a été mise en œuvre (Douglas, 2020 ; Jacquemot, 2018 ; Mendès et al., 2014).

Les relatives bonnes performances de l'économie camerounaise dans les années 1970s et le début des années 1980s sont souvent attribuées en partie à la politique d'import-substitution par certains spécialistes. Malheureusement, cette dynamique s'est avérée non durable au point où certains, comme Aerts (2000) ont parlé, à propos de l'économie camerounaise, d' «un espoir évanoui ». L'hypothèse implicite de **TOUNA MAMA** d'un « départ » initial de l'économie camerounaise dans les années 1970s, lors de la première phase d'import-substitution, était-il donc un « faux départ » ? En outre, les conditions sont-elles enfin réunies pour assurer la mise en œuvre efficace de la politique d'import-substitution au Cameroun ?

L'objet de ce travail est d'examiner les principales raisons qui sont à la base de la résurrection de cette politique au Cameroun à l'heure actuelle et les défis, au plan institutionnel notamment, que doivent surmonter les autorités chargées de sa mise en œuvre, dans le cadre de la nouvelle stratégie de développement 2020-2030, pour assurer son succès et permettre enfin et de manière irréversible le « départ » de l'économie camerounaise.

2. Les facteurs explicatifs du retour de la politique d'import-substitution au Cameroun

A l'instar de nombreux autres pays, le Cameroun a adopté la stratégie d'industrialisation par remplacement des importations dès les années 1960s pour diversifier son économie et stimuler son processus de développement. Il s'en est suivi l'émergence d'un secteur manufacturier domestique relativement diversifié mais peu compétitif (Touna Mama, 2008 ; Jacquemot, 2018 ; Villame, 1985). Ce constat est justifié dans un rapport conjoint du Ministère de l'industrie et de l'ONUDI[7] ainsi qu'il suit, « *le Cameroun a connu une industrialisation de substitution aux importations par des productions locales destinées à un marché protégé par des barrières tarifaires et des restrictions quantitatives qui a donné lieu à l'émergence d'entrepreneurs locaux*

[7] MINIMIDT-ONUDI (2005)

souvent en situation de monopole, sans exigence particulière d'amélioration de la compétitivité ».

Le retour de cette politique, malgré le bilan mitigé de la première phase, peut s'expliquer par les deux facteurs suivants : (i) un contexte intellectuel favorable à la mise en œuvre des politiques interventionnistes et (ii) les mutations socio-économiques favorables à la mise en œuvre de la politique d'import-substitution.

2.1.La redécouverte du rôle de l'industrialisation et des politiques industrielles dans le développement

Le renouvellement des théories du développement dans le cadre de ce que certains ont qualifié d'économie du développement du post ajustement, a ressuscité les grandes idées défendues par les économistes structuralistes, pionniers de cette discipline dans les années 1950s-1960s (Ben Hammouda,1999 ; 2001). Le « néo-structuralisme », nom donné à l'ensemble des économistes qui font partie de ce projet de reconstruction théorique depuis la fin des années 1990s, puise ses racines dans l'économie classique de Smith et Marx ainsi que les théories structuralistes et dépendantistes développées dans les années 1950s et 1960s (Prebisch, 1950 ; 1964). Il se développe en s'appuyant sur différentes théories hétérodoxes qui vont de la macro-économie post-keynésienne, à l'évolutionnisme, en passant par le néo-classicisme hétérodoxe et l'école de la régulation pour proposer une alternative au « consensus de Washington » qui a montré ses limites[8]. Ils partagent, avec leurs ainés, un certain nombre d'idées dont les plus importantes sont.

1) **Le sous-développement est causé par des facteurs endogènes et structurels et non par le choix de mauvaises politiques économiques comme l'estiment les économistes d'obédience néo-classique. La spécialisation primaire figure en tête de ces facteurs parce que selon la thèse développée par Prebisch (1950) et Singer (1950), elle se traduit par une tendance séculaire à la détérioration des termes de l'échange des PED provoquant des déséquilibres de la Balance de**

[8] Stiglitz (2017), attribue la désindustrialisation et les mauvaises performances économiques de l'Afrique aux politiques d'ajustement structurel qui ont été recommandées à ces pays par les partisans du Consensus de Washington.

Paiement (BP) et une dépendance vis-à-vis des financements extérieurs.

2) **Les PED ont besoin de politiques et de stratégies de long terme pour sortir de cet écueil (spécialisation primaire) et se libérer en même temps de cette contrainte externe afin de promouvoir le développement économique. Ces politiques doivent, comme le suggère Touna Mama (2008) passer par l'élaboration d'une stratégie nationale de développement qui se définit selon Berr & Pereira (2018), comme « une action économique concertée, orientée vers la croissance et ayant la Nation comme acteur collectif et l'Etat comme instrument fondamental de l'action collective ».**

3) **L'industrialisation, assimilée par les structuralistes au développement du secteur manufacturier, est le moteur du développement économique parce qu'elle conduit à la transformation structurelle c'est-à-dire, le transfert des ressources (humaines, naturelles et en capital) des secteurs ou activités – de subsistance et informels – à faible productivité où ils produisent peu d'avantages économiques vers ceux à haute productivité où les avantages sont les plus élevés.[9]**

4) **Le secteur manufacturier joue un rôle clé dans la transformation structurelle parce qu'il : (i) stimule le changement technologique en introduisant dans le système productif de nouveaux procédés qui élèvent le niveau global de productivité de l'économie ; (ii) favorise la mise en place d'une économie complexe et intégrée caractérisée par la création de liens en amont (agriculture, mines) et en aval (services)[10].**

5) **Les mécanismes de marché ne peuvent à eux seuls induire l'industrialisation en raison des défaillances qui caractérisent les marchés des biens et de la technologie. On**

---

[9] De nombreux néo-structuralistes considèrent que la conception de l'industrialisation doit s'étendre au-delà du secteur manufacturier et doit plutôt s'entendre comme un processus de diversification de l'économie par des politiques industrielles qui favorisent l'émergence de secteurs non traditionnels même en dehors du secteur manufacturier. Se référer à Stiglitz & al (2013b) et BAD (2017).

[10] Voir Rodrik (2013) pour une synthèse.

peut citer, parmi les plus importantes : i) les externalités positives (pécuniaires, informationnelles, technologiques), ii) les asymétries d'information, iii) les marchés incomplets, iv) les défauts de coordination et, v) la complémentarité sectorielle des investissements dont la présence justifie une intervention publique sous la forme de politiques industrielles sélectives.

6) **L'importance du marché intérieur dans la promotion de l'industrialisation à travers la politique d'import-substitution qui consiste pour les pays à produire localement les biens qui étaient jusque-là importés.**

Ces idées sont donc reprises et affinées par les « néo-structuralistes » dans des travaux analytiques ou empiriques mieux élaborés. C'est par exemple le cas du modèle de big push de Roseinstein-Rodan (1943) qui est à la base de la planification du développement dans les années 1960s dans les PED. Ce modèle stipule qu'en raison de la contrainte externe, l'industrialisation doit être autocentrée et basée sur le marché intérieur. Pour contourner la contrainte de la taille de marché domestique, il faut augmenter le taux d'investissement en entreprenant plusieurs investissements de façon simultané. Cependant en raison de l'interdépendance qui caractérise de nombreux projets, l'Etat doit coordonner les décisions d'investissement par le biais des plans de développement. A la fin des années 1980s, des versions modernes de ces modèles sont construits par Murphy et al., (1989a et b).

Depuis lors, l'intérêt pour les stratégies d'industrialisation par remplacement des importations, discréditées et abandonnées dans les années 1970s et 1980s, est allé croissant dans les travaux des économistes « néo-structuralistes ». Les échecs de ces stratégies mises en avant par les économistes libéraux sont relativisés par de nombreux partisans de cette école de pensée. Contrairement aux thèses des économistes néo-classiques, les « néo-structuralistes » soulignent dans leurs travaux que ce n'est pas tant la politique d'import-substitution en elle-même qui est à la source des mauvais résultats enregistrés par certains pays qui l'ont appliqué mais le contexte institutionnel et la manière dont celle-ci a été mise en œuvre (Bruton,1998 ; Mendès et al., 2014 ; Singer & Alizadeh, 1988 ; Thorp, 1992 ; Vitta, 1990 ; Rodrik, 2008). Dans de nombreux PED d'Afrique et d'Amérique Latine qui où cette politique a été expérimentée, les Gouvernements ont soutenu des secteurs industriels qui n'étaient pas en corrélation avec leurs avantages comparatifs latents. L'avantage comparatif latent, selon Lin (2013), renvoie à un secteur économique qui est caractérisé par la disponibilité de facteurs de production à faibles coûts mais des coûts de transaction relativement élevés pour qu'il soit concurrentiel sur les marchés internes et externes. Ce diagnostic peut donc être, dans le cas du Cameroun, la cause de l'émergence d'un secteur industriel peu compétitif comme le constate Touna Mama (2008) et d'autres auteurs[11] dans la première phase de l'import substitution.

La médiocrité du cadre institutionnel a, en outre, favorisé les activités de recherche de rentes et la capture des politiques d'appuis à l'industrie par des groupes d'intérêt à la recherche d'avantages particuliers (Rodrik, 2008 ; Pouget-Abadie, 2016 ; Monga, 2017).

La stratégie d'import-substitution, a cependant été mise en œuvre et couronnée de succès, après la seconde guerre mondiale, en Asie du Sud-Est, comme le révèle l'histoire des faits économique (Lin, 2013 ; Chang, 2013). Dans ces pays, il est établi que l'import-substitution a favorisé l'apprentissage technologique et institutionnel associée à la promotion des exportations (Fontaine & Lanzarotti 2001). Les « néo-structuralistes » en tirent la conclusion que les deux politiques doivent aller de pair (Ben Hammouda, 2001 ; Singer & Alzadeh, 2008). Singer & Alizadeh (1988) indiquent ainsi que : « *Pitting import-substitution against export promotion was an absurd and silly discussion (...) because we want a combination of import-substitution and export promotion* »[12].

Ces deux approches sont donc complémentaires aux yeux des néo-structuralistes mais chacune des politiques remplit une fonction bien particulière. L'import substitution permet d'assurer une certaine indépendance économique au pays tandis que la promotion des exportations lui fournit les devises dont il a besoin pour soutenir son

---

[11] Jacquemot, 2018 ; MINIMIDT-ONUDI, 2005 ; Willame, 1985).

[12] Certains néo-structuralistes à l'instar de Katz (1986, 1987) défendent l'hypothèse que dans le processus de développement, la phase de substitution des importations apparaît plutôt comme une condition préalable à l'orientation de l'activité manufacturière vers l'exportation.

processus d'industrialisation et de transformation structurelle (Zhu, 2006 ; Singer, 1988).

C'est cette approche « gagnante » que le Cameroun a choisi de mettre en œuvre au cours de la prochaine décennie, signe de l'influence croissante des idées des économistes appartenant au courant « néo-structuraliste ». Il est ainsi mentionné dans la SND30 (p. 43) que « *la stratégie d'industrialisation (...) est fondée sur l'exigence de coupler ou d'articuler de manière optimale l'approche de satisfaction de la demande intérieure des produits industriels par l'import-substitution et celle de la demande extérieure par les exportations ou le commerce international* ».

Cet environnement intellectuel favorable s'accompagne d'un certain nombre de mutations sur le plan socio-économique qui tendent de plus en plus à rendre crédible une stratégie d'industrialisation par remplacement des importations dans des pays comme le Cameroun.

2.2. Les mutations socio-économiques favorables à la mise en œuvre de la politique d'import-substitution

Au cours des dernières décennies plusieurs spécialistes relèvent qu'on assiste, dans de nombreux pays africains, dont le Cameroun, à des mutations sur le plan socio-économique qui sont favorables à la politique d'import-substitution (Jacquemot, 2018 ; Tschirley & al., 2014 ; Ggoobi, 2020 ; Lin, 2012). Il s'agit notamment du rythme soutenu de la croissance démographique et de l'urbanisation ainsi que de l'émergence d'une classe moyenne qui participe à la formation de véritables marchés intérieurs dans de nombreux secteurs concurrents des importations (agro-alimentaire ; textile-habillement-confection ; matériaux de construction…etc.).

Tableau 1 : *Analyse comparée des taux d'urbanisation et de la croissance démographique en 2020 entre le Cameroun et quelques pays de référence*

Pays ou catégorie de pays	Taux d'urbanisation (%)[13]	Croissance de la population (% annuel)
Cameroun	58	2.6
Indonésie	57	1.1
Malaisie	77	1.3
Maroc	64	1.2
Tunisie	70	1.1
Afrique Sub-Saharienne (ASS)	41	2.6
Asie de l'Est et pacifique	61	0.5
Pays à revenus intermédiaire de la tranche inférieure	42	1.4
Pays à revenus intermédiaire de la tranche supérieure	68	0.5

Source : World Development Index (WDI).

Ainsi, en 2020, comme illustré dans le tableau 1 ci-dessus, le taux d'urbanisation du Cameroun, estimé à 58 %, est supérieure à la moyenne de l'ASS et des pays à revenus intermédiaires de la tranche inférieure qui se situent respectivement à 41% et à 48%. Il est cependant inférieur à ceux de trois des quatre pays de référence de la Vision que sont la Malaisie (77%), le Maroc (64%) et la Tunisie (70%). Le taux de croissance démographique du Cameroun, quant à lui qui est estimé à 2.6%, est supérieur à celui de l'ensemble de ces quatre pays de référence.

En ce qui concerne la formation d'une classe moyenne, le Cameroun fait partie des vingt pays qui concentrent 95% de la classe moyenne africaine selon des estimations récentes réalisées de manière originale par Fraym (2018)[14]. La taille de la classe moyenne dans ce

[13] Population urbaine (% de la population totale).

[14] Fraym (2018) estime à 330 millions le nombre d'africains qui appartiennent à la classe moyenne contre 360 millions pour la BAD. L'estimation de la BAD est basée sur le revenu annuel des individus (qui doit être supérieur à 3900$) alors que Fraym se base sur le patrimoine et le niveau d'éducation évalué de manière originale par des images satellitaires et des sondages.

pays est estimée à près de 5 000 000 d'individus comme indiqué dans le tableau 2 ci-dessous dans lequel le Cameroun occupe le 14ème rang du classement juste derrière la République Démocratique du Congo (RDC) et devant des pays comme la Côte d'Ivoire, la Zambie, l'Ouganda et le Sénégal.

Tableau 2 : *Classement des vingt pays concentrant 95% de la classe moyenne africaine en 2018*

Pays	Effectif de la classe moyenne (millions de personnes)	Pays	Effectif de la classe moyenne
Egypte	78	Soudan	8.2
Nigeria	52	Tunisie	8.1
Afrique du Sud	36	RDC	8
Maroc	29	**Cameroun**	**4.9**
Algérie	25	Mozambique	3.8
Ethiopie	10.5	Zimbabwe	3.7
Angola	9.3	Côte-D'ivoire	3.3
Kenya	8.7	Zambie	3.3
Ghana	8.4	Ouganda	3.2
Tanzanie	8.3	Sénégal	2.2

Source : Fraym (2018).

Le potentiel des marchés intérieurs résultant de ces mutations se manifeste par l'évolution rapide et importante des importations de certains biens que l'on observe au Cameroun au cours des dernières années comme illustré dans les graphiques ci-dessous.

Dans l'agro-industrie, on constate dans le graphique 1 ci-dessous, que dans la catégorie « biens alimentaires transformés », en moyenne et par an, les importations des biens appartenant au sous-groupe «boisson liquide alcoolisé» ont été multipliées par plus de sept (07) entre la période 2000-2004 et la période 2016-2020 tandis que celles relevant des sous-groupes, « huile brute raffiné »; « préparation alimentaires pour enfants » et « préparation alimentaire diverses » ont plus que doublé sur la même période.

Graphique 1 : *Evolution comparée de la valeur annuelle moyenne des importations majeures du secteur agro-alimentaire au Cameroun entre les périodes 2000-2004 et 2016-2020*

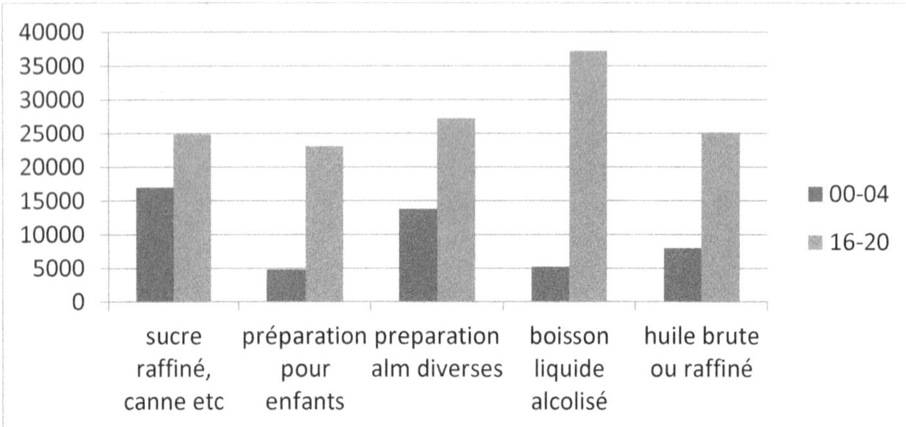

Source : Auteur à partir des statistiques de l'Institut National de la Statistique (INS).

Ces chiffres confirment donc bien, pour le Cameroun, le potentiel de l'industrie agro-alimentaire en Afrique, révélé par un rapport de la Banque Mondiale[15] Les projections des experts de la Banque indiquent, dans ce rapport, que le marché africain de l'alimentaire et des boissons estimés à 313 milliards de dollars en 2013 atteindra le chiffre de 1000 milliards de dollars en 2030.

Cette tendance est observée pour d'autres biens importés par le Cameroun confirmant l'hypothèse de la mise en place progressive d'un marché intérieur mature susceptible de favoriser la mise en œuvre de la politique d'import substitution. Il s'agit notamment, comme on peut le voir dans les graphiques 2, 3, 4 et 5 ci-après, des secteurs suivants : « hydrocarbures », « pharmacie et chimie », « bois et ouvrages en bois » et « textile-confection ».

[15] Banque Mondiale (2013)

Graphique 2 : *Evolution comparée de la valeur annuelle moyenne des importations majeures du secteur « hydrocarbures et raffinerie » au Cameroun entre les périodes 2000-2004 et 2016-2020*

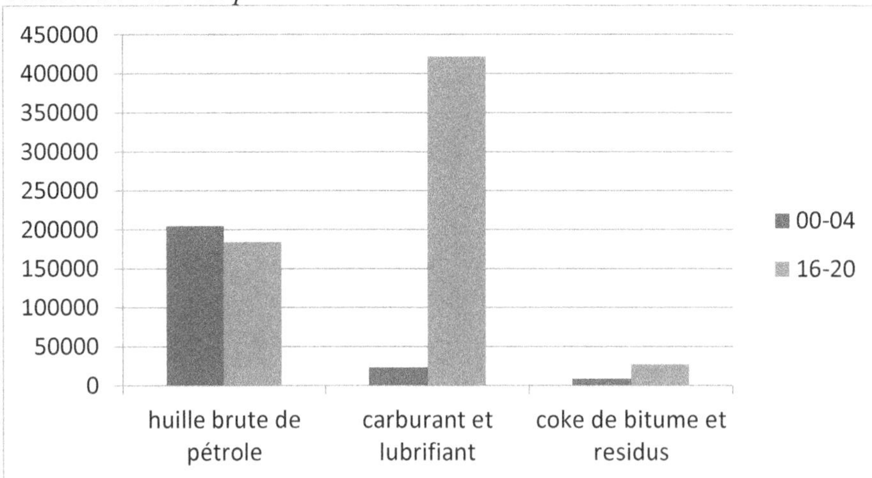

Source : Auteur à partir des statistiques de l'Institut National de la Statistique (INS).

Graphique 3 : *Evolution comparée de la valeur annuelle moyenne des importations majeures du secteur « chimie-pharmacie » au Cameroun entre les périodes 2000-2004 et 2016-2020*

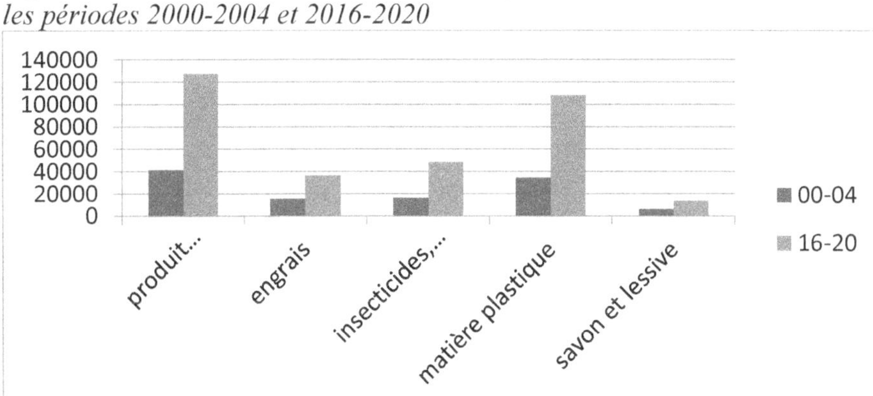

Source : Auteur à partir des statistiques de l'Institut National de la Statistique (INS).

Graphique 4 : *Evolution comparée de la valeur annuelle moyenne des importations majeures du secteur « forêt-bois » au Cameroun entre les périodes 2000-2004 et 2016-2020*

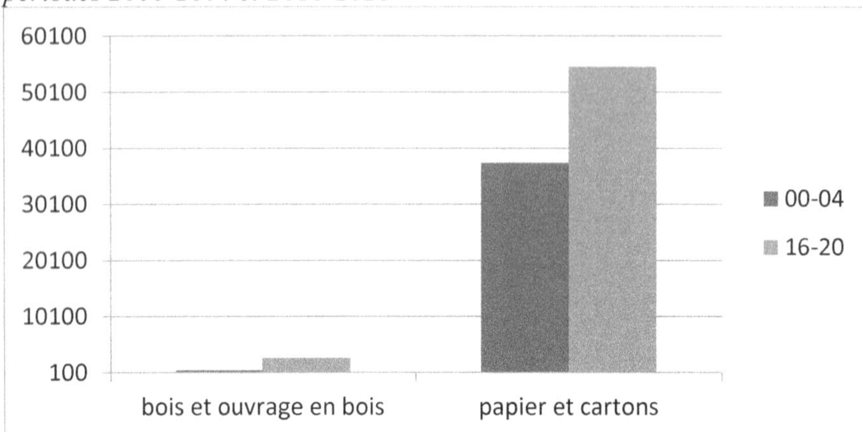

Source : Auteur à partir des statistiques de l'Institut National de la Statistique (INS).

Graphique 5 : *Evolution comparée de la valeur annuelle moyenne des importations majeures du secteur « textile-confection-cuir » au Cameroun entre les périodes 2000-2004 et 2016-2020*

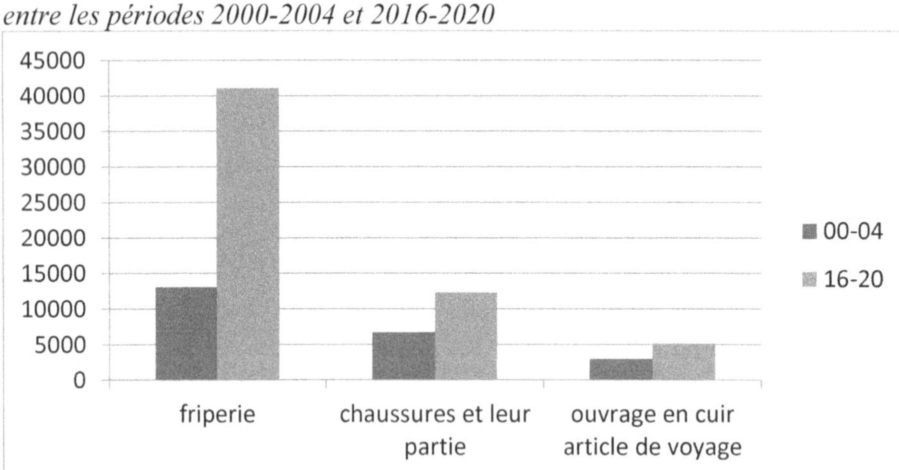

Source : Auteur à partir des statistiques de l'Institut National de la Statistique (INS).

Par conséquent, en dehors de l'industrie agro-alimentaire, la hausse des importations, et donc le potentiel de développement d'un secteur de substitution des importations, est particulièrement marquée pour les produits suivants : carburants et lubrifiants ; produits pharmaceutiques ; matières plastiques et textile-confection au regard de l'importance des importations de « friperie » qui ont été multipliées par quatre environ sur la période 2016-2020 au Cameroun.

Cette évolution rapide des importations de biens manufacturés est le reflet des mauvaises performances de l'industrie manufacturières du Cameroun comme indiqué dans le tableau 3 ci-dessous.

Tableau 3 : *Evolution de la VAM du Cameroun et de quelques pays comparateurs entre 2000 et 2015 (en milliards de $US constant 2010)*

Pays	2000	2005	2010	2015	Evolution 2000-2005	Evolution 2005-2010	Evolution 2010-2015	Evolution 2000-2015
Cameroun	2,96	3,37	3,54	4,34	2,6%	1,0%	4,2%	2,6%
Côte d'Ivoire	4,17	4,34	3,26	3,56	0,8%	-5,5%	1,7%	-1%
Ghana	1,45	1,81	2,05	2,55	4,5%	2,5%	4,4%	3,8%
Nigeria	10,30	15,72	23,81	46,72	8,8%	8,7%	14,4%	11%
Vietnam	7,70	13,36	20,81	31,30	11,7%	9,3%	8,5%	10%
Maroc	9,89	11,71	12,84	14,31	2,8%	2,5%	2,2%	2,5%

Source : Rapport 2018 sur la compétitivité industrielle du Cameroun (Comité de Compétitivité).

En outre, plus de 80% des exportations manufacturières du Cameroun sont concentrés dans un petit nombre de produits primaires ayant subi une transformation sommaire (Bois, produits agricoles)[1].

On note aussi, au cours des dernières années que le Cameroun importe des quantités de plus en plus grandes des produits agricoles de base (riz, maïs, poissons, laits…etc.) pour lesquels il est censé disposer d'un avantage comparatif comme illustré dans le graphique 6 ci-dessous. Ce qui implique que contrairement à la conception classique des années 1960s et 1970s, la politique d'import-substitution doit désormais s'étendre au-delà du secteur manufacturier et incorporer les produits agricoles.

L'économie camerounaise, de nos jours est dominée par le secteur des services[2] à faible productivité du fait de la place prépondérante du secteur informel dans ce secteur accréditant ainsi la thèse de la désindustrialisation prématurée et de la mauvaise transformation structurelle avancée par Mac Millan & Rodrik (2014).

Graphique 6 : *Evolution comparée de la valeur annuelle moyenne des importations de quelques produits alimentaires de base entre les périodes 2000-2004 et 2016-2020*

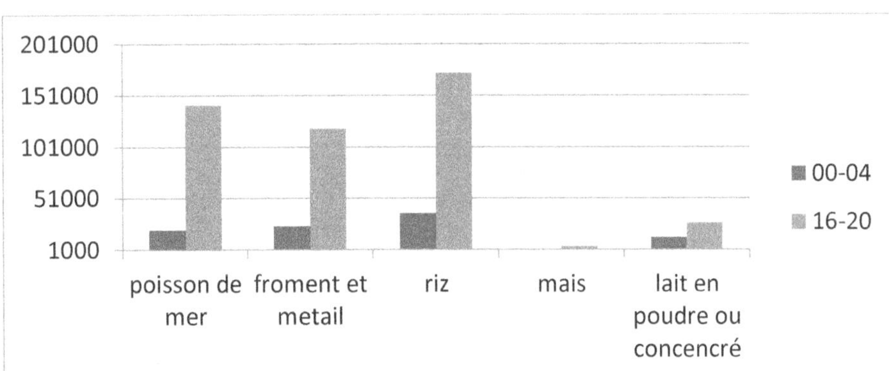

Source : Auteur à partir des statistiques de l'Institut National de la Statistique (INS).

[1] Jacquemot (2018)
[2] Selon MINEFOP (2019), en 2016, le secteur tertiaire a contribué à hauteur de 84% environ à la création d'emplois au Cameroun contre moins de 10% pour le secteur secondaire.

L'existence de conditions favorables et la volonté affirmée du Gouvernement de mettre en œuvre la politique d'import-substitution peuvent cependant ne pas suffire pour en garantir le succès. Ce d'autant plus que l'environnement national et international, par rapport aux années 1960s et 1970s, a beaucoup évolué. Les engagements internationaux du pays dans le cadre de l'OMC, de l'APE avec l'UE et la ZLECAF notamment réduisent fortement les marges de manœuvre de l'Etat et rendent plus difficile le recours à certains instruments de politiques commerciales et industrielles utilisés dans la première phase de la politique d'import-substitution. Mais c'est surtout l'environnement institutionnel de mise en œuvre de cette politique qui semble devoir constituer le principal défi pour la réussite de la seconde phase de cette politique au Cameroun.

3. Le défi de la mise en œuvre effective de la politique d'import-substitution prescrite dans la SND30

Le Gouvernement semble avoir tiré les enseignements de l'échec relatif de la première phase d'import-substitution. C'est ainsi que le retour de cette politique dans le cadre de la SND30 ne s'apparente pas à une simple résurrection puisqu'il a opté de la combiner avec la promotion des exportations comme indiqué supra. En outre, comme le recommande les néo-structuralistes, le Gouvernement a fait le choix d'adopter une politique industrielle sélective pour promouvoir l'industrialisation de substitution des importations et la transformation structurelle tout en promouvant les exportations. Elle devra cependant être accompagnée par une politique industrielle horizontale permettant d'éliminer les principaux obstacles à l'émergence d'un environnement propice à l'activité productive par les entreprises. Le principal défi, pour le Gouvernement, est de mettre en place les conditions nécessaires pour la mise en œuvre adéquate et l'efficacité de ces différentes formes de politiques industrielles.

3.1. Le défi de la mise en œuvre d'une politique industrielle sélective d'appui à l'import-substitution

La sélectivité est au cœur de la nouvelle stratégie d'industrialisation du Cameroun comme clairement indiqué dans la SND30 (P. 43) : « *la stratégie d'industrialisation repose sur un nombre limité (...) de neuf (09) sous-secteurs industriels moteurs : l'énergie ; l'agro-industrie ; le numérique ; forêts-Bois ; Textile-confection-cuir ;*

Mines-métallurgie-sidérurgie ; Hydrocarbures-pétrochimie-raffinage ; chimie-pharmacie et construction-services professionnels-scientifiques-techniques ».

Ces sous-secteurs peuvent être regroupés en deux grandes catégories : ceux qui appartiennent au secteur manufacturier (agro-industrie, forêt-bois, textile-confection-cuir, mines-métallurgie-sidérurgie, chimie-pharmacie, hydrocarbures-pétrochimie-raffinage) et ceux qui appartiennent au secteur des services (numérique ; construction-services professionnels-scientifiques-techniques, énergie). Les premiers, comme illustré par les statistiques du commerce extérieur présenté supra, relèvent des secteurs industriels concurrents des importations. L'émergence d'entreprises compétitives dans lesdits secteurs peut permettre de renverser la tendance haussière des importations et de réduire le déficit de sa balance des paiements qui constitue l'un des objectifs de la politique d'import-substitution.

Le choix de ces sous-secteurs prioritaires comme moteur de la transformation structurelle du Cameroun au cours de la décennie en cours indique bien que les autorités ont choisi d'adopter et de mettre en œuvre des politiques industrielles sélectives (verticales ou sectorielles). Elles se définissent comme les décisions gouvernementales visant à faire émerger par le biais de mesures incitatives spécifiques certaines entreprises ou secteurs productifs pour des raisons qui peuvent être les suivantes : (i) assurer l'indépendance économique du pays, (ii) réduire sa dépendance technologique vis à vis de l'extérieur, susciter ou faire face à l'échec de l'initiative privée etc. (Harrison et Rodríguez-Clare, 2009 ; Cohen, 2006). L'objectif final recherché est de faire émerger les secteurs industriels les plus dynamiques en termes de croissance et de transformation structurelle de l'économie.

Les politiques industrielles sélectives se justifient également par le fait que chaque secteur industriel nécessite des infrastructures coûteuses et des mesures incitatives spécifiques. Il est donc difficile pour un PED comme le Cameroun de disposer de ressources permettant d'investir simultanément dans l'ensemble des secteurs industriels.

Elles peuvent être considérées au sens étroit lorsque les secteurs à promouvoir sont limités au seul secteur manufacturier ou au sens large lorsqu'elles visent l'émergence de tout secteur non traditionnel y compris ceux qui se trouvent en dehors du secteur manufacturier mais qui contribuent à la transformation de l'économie[3]. Le Cameroun semble avoir fait le choix d'adopter les politiques sélectives au sens large puisque les secteurs prioritaires s'étendent au-delà du secteur manufacturier. Ainsi selon Rodrik (2004), une politique industrielle sélective ou sectorielle comprend « *toute mesure de restructuration économique en faveur d'activités plus dynamiques, indépendamment de savoir si elle concerne l'industrie en général ou plus particulièrement le secteur manufacturier* ». Les partisans de cette approche (Rodrik, 2004 ; 2008 ; Stiglitz, 2017 ; Warwick, 2013) estiment en effet que les obstacles à l'émergence notamment les défaillances de marché, de secteurs productifs dynamiques se retrouvent également en dehors de l'industrie manufacturière y compris dans le secteur agricole dont le rôle historique dans l'industrialisation est prouvé.

Le Cameroun est engagé depuis quelques années, et bien avant l'adoption de la SND30, dans la mise en œuvre de politiques industrielles sélectives. Le pays a ainsi récemment mis en place un cadre institutionnel et règlementaire incitatif pour faire émerger des entreprises viables et compétitives dans des secteurs spécifiques choisis par le Gouvernement. On peut, sans être exhaustif, citer : (i) la loi n^0 2013/004 du 18 avril 2013 fixant les incitations à l'investissement privé ; (ii) la loi n°2017/015 du 12 juillet 2017 modifiant et complétant certaines dispositions de la loi n° 2013/004 du 18 avril 2013 fixant les incitations à l'investissement privé dans la République du Cameroun ; (iii) les appuis sous forme de subvention directe aux entreprises ; l'Agence de Promotion des Investissements (API), le Bureau de Mise à Niveau des entreprises (BMN), le Centre Technique Agro-alimentaire, l'Agence de Promotion des PMEs (APME) ; la Banque Camerounaise des PMEs (BC-PMEs), les Centres de Formalités et de création des entreprises, l'Agence des Normes et de la Qualité (ANOR) ; la loi sur les zones économiques spéciales.

Ces instruments semblent adaptés et en cohérence avec les engagements internationaux de l'Etat qui restreignent l'utilisation des instruments de politique commerciale appliqués lors de la première phase de la politique d'import-substitution (droits de douane, quotas, licences d'importations notamment).

---

[3] Pour une discussion complète sur le sujet se référer Monga (2017).

A titre d'illustration, la loi de 2013 sur les incitations à l'investissement privé au Cameroun accorde des incitations communes et spécifiques. Les premières comportent deux volets à savoir les incitations fiscales et douanières d'une part et les incitations financières et administratives d'autre part. Elles permettent aux entreprises éligibles de bénéficier des exonérations et/ou des réductions fiscales et douanières pendant la phase d'installation et d'exploitation pour une période qui peut aller jusqu'à 15 ans. Les secondes quant à elles donnent le droit, aux entreprises éligibles, d'avoir la possibilité, entre autres, de disposer sur le territoire national comme à l'étranger des comptes en devises, d'encaisser et de conserver librement, hors des frontières nationales, des ressources financières et d'y payer directement ses fournisseurs basés à l'étranger, son personnel étranger. Les incitations spécifiques, quant à elles, accordent des avantages fiscaux aux projets d'investissement qui favorisent l'atteinte des objectifs prioritaires du gouvernement.

De nombreux économistes, libéraux notamment, continuent cependant de douter de l'efficacité de telles politiques dans le contexte des PED de l'Afrique subsaharienne. Ils avancent comme raisons, le déficit et/ou la médiocrité des capacités institutionnelles notamment les capacités administratives dans la conception et la mise en œuvre desdits politiques industrielles[4].

Les premières évaluations sommaires faites de la mise en œuvre des instruments de politiques industrielles sélectives adoptées par le Cameroun, notamment la loi de 2013, semblent indiquer qu'elle est potentiellement efficace dans la promotion de l'investissement privé au Cameroun dans les secteurs prioritaires ciblés par le Gouvernement malgré les contraintes de l'environnement institutionnel.

A titre d'illustration, en 2020, six ans après sa mise en œuvre, Mme le Directeur Général de l'API révèle que cette loi a déjà permis la signature de 225 conventions entre des investisseurs nationaux ou étrangers et la structure qu'elle dirige représentant « des intentions d'investissements cumulés d'un montant de 3 846 milliards de FCFA et environ 7 000 emplois projetés »[5]. Cette efficacité supposée de la loi

[4] Voir Stiglitz & al (2013b)
[5] Information relayée dans le Maganzine spécialisée sur l'économie camerounaise, « Investir au Cameroun » N° 99-100/Juillet-Août 2020.

en matière de promotion de l'investissement privé est confirmée par des opérateurs privés exerçant au Cameroun.

Ainsi, Guillaume Sarra, ancien Directeur Général Adjoint, de la SABC, et promoteur de l'entreprise BVS (spécialisée dans la production de vins et la transformation de jus de fruit) affirme ainsi, dans des propos rapportés par un magazine spécialisé sur l'économie camerounaise, que « *grâce à la loi fixant les incitations à l'investissement privé au Cameroun, nous avons choisi d'investir au Cameroun au lieu de l'Angola ou de la Côte-d'Ivoire, ciblés au départ pour un investissement de 13 milliards de FCFA* »[6].

Plusieurs de ces intentions d'investissement concernent les secteurs ciblés par le Gouvernement comme on peut le voir dans le tableau 4 ci-dessous démontrant que les politiques industrielles sélectives peuvent être un important instrument d'appui à la promotion de l'industrialisation et de la transformation structurelle de l'économie camerounaise.

Tableau 4 : *Projets industriels suscités par la loi de 2013 depuis sa mise en œuvre*

Année de signature	Entreprises	Secteurs	Montant de l'investissement (Milliards de FCFA)	Nombre d'emplois projetés
2015	BRASAF (Brasserie Samuel Foyou)	Agro-industrie	30	600
2015	FICO (First industry Cosmetics°	Produits cosmétiques	2.7	350
2015	SCS (Société Camerounaise de Savonnerie)	Chimie	3	152
	African Pool Construction	Matériaux de construction	8.2	480
	UCB	Agro-industrie		
	SCR MAYA	Agro-industrie		
	Elim Beverage & Food SA	Agro-industrie	17.5	891
	SIMCO	Agro-industrie	1	100
	KTM Cameroon Company	Assemblage motos et tricycles	12.5	630

[6] « Investir au Cameroun » n° 75-76/Juillet-Aout 2018.

	Lafarge Holcim	Matériaux de construction (ciment)	23	
	MEDCEM	Matériaux de construction (ciment)	20.3	
	BVS	Agro-industrie	12	
	Africure Phamaceutical	Pharmacie	5	
	Nestlé Cameroon	Agro-industrie	2.7	
	Engineering Construction and Trading SARL	Matériaux de construction (Ciment)	15.5	
	COMILSA	Agro-industrie (production de sucre)	3.5	
	SADISUC	Agro-industrie (production de sucre)	1.5	
	Gaoda International Investment Trading	Matériaux de construction	4.5	
	SITRABACAM Sarl	Agro-industrie	4	
	SASEL (Société Africaine de Sel)	Agro-industrie	5	
	Société Camerounaise de Sel	Agro-industrie	15	

Source : Compilation de l'auteur en consultant les différents numéros du magazine « Investir au Cameroun ».

Les parties prenantes, notamment du secteur privé[7], suggèrent des pistes pour renforcer ce dispositif et accroître son efficacité à savoir : (i) la transparence dans l'octroi des appuis ; (ii) la rationalisation du dispositif en limitant le nombre pour en renforcer l'efficacité ; (iii) la mise en place d'un système d'incitations propres aux entreprises en difficultés et en restructuration parce que la loi de 2013 est limitée à la phase d'amorçage de l'investissement ; (iii) la nécessité de rendre automatique l'accès aux mesures incitatives parce que les « procédures intermédiaires constituent des foyers potentiels de corruption » ; (iv) le détournement par les entreprises des avantages

[7] Voir interview de Yantho Patrice, Directeur Général JMJ Africa dans le magazine spécialisé sur l'économie camerounaise « Investir au Cameroun » n° 75-76, Juillet-Août 2018.

accordés à d'autres fins et (v) la capture de ces mesures par des groupes d'intérêt à la recherche de rentes de situations.

Les néo-structuralistes, de manière générale, suggèrent quant à eux les solutions suivantes pour améliorer l'efficacité des politiques industrielles verticales dans un contexte marqué par des insuffisances sur le plan institutionnel[8] :

i) **le renforcement des capacités de l'administration dans l'élaboration et la mise en œuvre des politiques ;**

ii) **le renforcement de la coordination institutionnelle entre les administrations dans la mise en œuvre des politiques industrielles ;**

iii) **la nécessité de susciter l'adhésion de l'ensemble des parties prenantes du secteur privé (entrepreneurs locaux, étrangers, PMEs ; FMN) dans l'atteinte des objectifs de la politique définie ;**

iv) **l'amélioration de la gouvernance ;**

v) **l'adoption de la stratégie du « bâton et de la carotte » consistant à octroyer des avantages aux entreprises à la condition qu'elles réalisent les objectifs pour lesquels l'incitation a été offerte. Ce qui suppose le suivi et la mesure par des indicateurs clairs des performances des entreprises éligibles.**

Selon Rodrik (2008), les politiques d'import-substitution prescriptives ont été couronnées de succès uniquement dans les pays qui ont mis en œuvre une telle stratégie. La transformation structurelle ne peut cependant reposer sur les politiques industrielles sélectives. L'émergence de secteurs dynamiques susceptibles d'être des moteurs de l'industrialisation suppose l'existence d'un environnement favorable à l'activité économique et plus spécifiquement à la coordination des décisions d'investissements entre secteurs et entre entreprises. D'où l'importance et la nécessité de la mise en œuvre des politiques industrielles horizontales.

---

[8]Voir Rodrik (2008), Monga (2017), Pouget Abadie (2016).

3.2. Les défis liés à la mise en œuvre d'une politique industrielle horizontale d'appui à l'IS

Les économistes, même ceux qui sont opposés aux politiques sélectives admettent l'importance et le bien fondé des politiques industrielles horizontales. Ce sont des politiques industrielles qui se caractérisent par leur neutralité en ne ciblant pas un ou plusieurs secteurs particuliers de l'économie. Elles sont de nature fonctionnelle et visent à mettre en place les conditions idoines pour le développement des entreprises sans privilégier une industrie ou un secteur particulier. De manière spécifique, elles visent à favoriser la coordination des décisions d'investissement entre différents secteurs de l'économie et dont le défaut est identifié comme un obstacle majeur à l'industrialisation et à la transformation structurelle.

Dans le contexte particulier des pays comme le Cameroun, elle doit s'atteler à éliminer les obstacles majeurs à l'émergence d'un secteur industriel compétitif qui sont : (i) le manque et/ou la médiocrité des infrastructures de base (énergie, communications) ; (ii) l'absence d'une masse critique de main d'œuvre qualifiée ; (iii) le manque de financement et (iv) un environnement des affaires non favorable au bon fonctionnement des entreprises.

Lin (2013) regroupe ces différents éléments sous le terme générique d'infrastructures en les divisant en infrastructures de services (les institutions éducatives, financières et juridiques) et en infrastructures d'équipements (routes, autoroutes, énergie...etc.). Elles jouent un rôle fondamental dans le processus de développement industriel parce qu'elles sont à la base de l'innovation technologique, de la modernisation industrielle et de la diversification permanente de l'économie. L'amélioration continue de ces infrastructures est la clé de la compétitivité des entreprises industrielles qui leur permet de réduire leurs coûts de transaction et de se situer sur leur frontière des possibilités de production (Harrison & Rodriguez Clare, 2010).

Leur mise en place suppose une capacité de coordination entre les décisions d'investissement de plusieurs agents privés qui ne possèdent pas les firmes et que l'Etat, seul, peut mettre en place. Le défaut de coordination dans la mise en place de ces infrastructures en relation avec les besoins des entreprises explique leur qualité et leur quantité insuffisante, qui entraîne une compétitivité des entreprises africaines.

Une recommandation forte de Touna Mama (2008, p. 430) à la conclusion de son ouvrage a trait aux infrastructures. Il recommandait en effet au Gouvernement de « *placer le développement des infrastructures au centre de sa politique économique* » en raison de leurs « *effets directs et indirects significatifs sur la croissance économique, notamment via l'amélioration de la productivité des entreprises* ». Depuis lors, si cette recommandation tounamamienne semble bien avoir été suivie au regard des importants chantiers d'infrastructures lancés par le Gouvernement dans le cadre du DSCE, les résultats tardent véritablement à se faire sentir dans le quotidien des entreprises et des ménages malgré les ressources importantes qui ont été consacrées à cela (GICAM, 2020). Les données disponibles pour le Cameroun montrent que le pays doit améliorer ses infrastructures en quantité et en qualité.

A titre d'illustration, l'indice de développement des infrastructures physiques de la BAD[9], dans son classement 2018 montre comme on peut le voir dans le tableau 5 que le Cameroun est classé au 17ème rang sur 54 pays et se trouve dans la catégorie des pays à performance moyenne avec un score de 0.245 très loin derrière l'Afrique du Sud classé en tête avec un score de 0.898 et des pays de référence africains que sont le Maroc (classé 4ème avec un score de 0.530) et la Tunisie (classé 5ème avec un score de 0.498) ainsi que d'autres pays comme le Kenya, l'Ethiopie, la Côte d'Ivoire et le Gabon.

Tableau 5: *Analyse comparée de la position du Cameroun basée sur l'Indice de développement des infrastructures en Afrique 2018*

Rang	Pays	Valeur	Rang	Pays	Valeur
1	Afrique du Sud	0.898	6	Maurice	0.487
2	Egypte	0.585	7	Libye	0.480
3	Seychelles	0.531	8	Kenya	0.415
4	Maroc	0.530	9	Algérie	0.384
5	Tunisie	0.498	10	Ethiopie	0.316
17	**Cameroun**	0.245			

Source : BAD.

[9] Il s'agit d'un indice composite qui mesure neuf éléments dans les domaines suivants : « électricité ; transport ; technologie de l'information et de la communication ; eau et assainissement ».

De même, le Classement International Type de l'Education (CITE) de l'UNESCO[10] permet également de mettre en évidence les progrès que le Cameroun doit réaliser pour disposer des compétences nécessaires au développement d'un secteur industriel compétitif.

L'analyse de la répartition des étudiants par grand domaine de formation dans l'enseignement supérieur tels que définis par cette classification montre, comme on peut le voir dans le tableau 6 ci-dessous, une prédominance des filières généralistes par rapport aux filières scientifiques et d'ingénierie. On constate en effet que 54.45% des étudiants au Cameroun sont inscris dans les filières du « commerce, de l'administration et du droit » tandis que 7.35% seulement sont inscrits dans les filières « ingénierie, industrie de transformation et construction ».

La comparaison avec les pays de référence de la Vision[11] auxquels on a ajouté la Corée et le Vietnam montre qu'en dehors du Maroc, le pourcentage des étudiants dans les filières scientifiques et d'ingénierie est plus faible au Cameroun que dans tous ces autres pays. Le Cameroun doit donc mettre un accent particulier dans la formation des scientifiques et des ingénieurs pour mettre à la disposition du secteur productif les compétences dont il a besoin. La disponibilité d'une masse critique de main d'œuvre qualifiée favorise l'émergence d'une économie d'apprentissage « learning economy » au sens de Greenwald & Stiglitz (2013) qui facilite la production et la diffusion du savoir au sein de la société accélérant ainsi la croissance de la productivité et le rattrapage technologique vis-à-vis des pays les plus avancés (Lall ,1994 ; Lall & Teubal 1998).

---

[10] Domaines d'études de la CITE : Education ; Lettres et Arts ; Sciences sociales ; Commerce et Droit ; Sciences ; Ingénierie ; Industrie de Transformation et production ; Agriculture ; Santé et protection sociale ; Services.

[11] Les pays de référence choisis par le Cameroun dans la « Vision 2035 » sont : le Maroc, la Tunisie, la Malaisie et l'Indonésie.

Tableau 6 : *Analyse comparée du pourcentage des diplômés dans les filières généralistes et scientifiques/ingénierie entre le Cameroun et certains pays de référence.*

Pays	Pourcentage des diplômés de l'enseignement supérieur en ingénierie, industrie de transformation et construction	Pourcentage des diplômés de l'enseignement supérieur en commerce, administration et droit (%)
Cameroun[12]	**7.35**	**54.45%**
Indonésie	16.90	7.16
Malaisie	30.09	24.17
Maroc	5.29	22.40
Tunisie	19.49	20.20
Corée du Sud	20.32	15.07
Vietnam	19.94	29.23

Source : Base de données de l'ISU (Institut Statistiques de l'UNESCO).

4. Conclusion

La politique d'import-substitution marque son grand retour au Cameroun à la faveur de la SND30 après avoir été discréditée et abandonnée dans les années 1980s au motif de son inefficacité. L'objectif avoué de cette résurrection est la redynamisation de l'économie camerounaise afin de la placer sur un sentier de croissance durable et inclusif, signe d'un « nouveau départ » de l'économie camerounaise souhaité par **TOUNA MAMA** depuis l'atteinte du point d'achèvement par le Cameroun en 2006. Plusieurs facteurs ont favorisé ce retour à savoir : (i) l'influence croissante des économistes appartenant au courant dit « néo-structuralistes » qui s'appuient abondamment sur les idées développées par les pionniers de l'économie du développement dans les années 1950s-1960s et qui avaient inspiré la première phase de mise en œuvre de cette stratégie dans les PED d'Amérique Latine et d'Afrique ; (ii) l'existence d'un certain nombre de signaux positifs recensés en Afrique et au Cameroun et qui sont

[12] Les statistiques du Cameroun représentent le pourcentage des inscrits tels que donnés par différents annuels statistiques du MINESUP tandis que pour les pays de comparaison, les chiffres de l'Institut de Statistiques de l'UNESCO représente le pourcentage de diplômés.

favorable à la politique d'import-substitution à savoir, l'émergence d'une classe moyenne urbaine aux modes de consommation différents.

Ces évolutions ont suscité un regain d'intérêt sur la nécessité des politiques industrielles (sélectives ou horizontales) et les stratégies d'industrialisation. Le nouveau consensus, au sein des économistes académiciens et des praticiens, semble être que la politique d'import-substitution n'est pas vouée à l'échec dans les PED, et qu'elle doit être améliorée dans sa mise en œuvre et couplée à la promotion des exportations. L'environnement institutionnel et infrastructurel des entreprises doit donc être amélioré pour renforcer l'efficacité des politiques industrielles notamment celles destinées à favoriser la politique d'import-substitution. Le Cameroun doit, de manière particulière, mettre un accent sur ces aspects s'il veut réussir l'industrialisation et la transformation sectorielle de son économie. De même, il doit adopter une conception large de la politique industrielle sélective en développant les secteurs les plus dynamiques au-delà du secteur manufacturier. L'industrialisation au 21ème siècle ne devrait plus se limiter au seul secteur manufacturier en raison des bouleversements que connaît l'économie mondiale notamment avec la révolution numérique. D'où l'importance d'adopter une telle conception qui met la diversification au cœur du processus de changement structurel en développant des secteurs connexes et non traditionnels tels que l'agriculture, le tourisme durable, les services numériques, financiers à haute productivité.

Enfin, le Gouvernement doit travailler à susciter l'adhésion de toutes les parties prenantes à son projet de transformation de l'économie camerounaise. Selon Robinson (2010), les facteurs d'économie politique, notamment la capacité à prendre en compte les intérêts des différents groupes, constitue l'ingrédient majeur à la réussite d'une politique industrielle. Berr & Pereira (2018) abondent dans le même sens en indiquant que la réussite d'une stratégie de développement, recommandée par Touna Mama (2018), « *suppose l'existence d'une nation et donc d'un accord national engageant des industriels, des travailleurs et la bureaucratie d'État. Elle requiert aussi une bonne cohésion afin que la rivalité entre groupes sociaux ne prime pas sur leur nécessaire collaboration* ».

Références bibliographiques

BAD (2017). « Industrialiser l'Afrique : stratégies, politiques, institutions et financement ». *Banque Africaine de Développement*, 2017.

Balassa, B. (1971). *The Structure of Protection in Developing Countries*. Baltimore: Johns Hopkins University Press.

Banque Mondiale (2013). Croissance de l'Afrique : libérer le potentiel du secteur agro-alimentaire, Waschington DC.

Ben Hammouda, H. (2001). « Renouveau structuraliste : contexte, intérêt et limites », *Mondes en développement,* 2001/1, n°113-114, p. 37-46.

Ben Hammouda, H. (1999). *L'économie politique du post-ajustement*, Karthala, Paris.

Berr, E. & Brasser Pereira, L. C. (2018). Du développementisme classique au nouveau développementisme (chap. 22) in Berr, Monvoisin & Ponsot (sd), *L'économie post keynésienne, histoire, théories et politiques*. Editions du Seuil, Paris.

Bhagwhati, J.(1978). *Anatomy and Consequences of Exchange Control Regimes* Cambridge, MA: National Bureau of Economic Research

Bruton, H. J. (1998). « A Reconsideration of Import Substitution ». *Journal of Economic Literature* 36: 903–36.

Boly, A & Kere, E. (2017). Une transformation structurelle inclusive et durable de l'Afrique ; aller de l'avant, In BAD (2017), *« Industrialiser l'Afrique : stratégies, politiques, institutions et financement »*. Banque Africaine de développement, 2017.

Chang, H. J., (2003). *Kicking Away the Ladder: Development Strategy in Historical Perspective*. London, Anthem Press.

Chenery, H. B. (1955). « The Role of Industrialization in Development Programs ». *American Economic Review*, 45: 40–57.

Chenery, H. B. (1961). Comparative Advantage and Development Policy ». *American Economic Review*, 51: 18–51.

Cohen, E., (2006). « Theoretical Foundations of Industrial Policy», *EIB Papers*, vol. 11, no. 1, pp. 85- 106

Douglas, A.I. (2020a). The rise and fall of import substitution, Peterson Institue for International Economics, Working Paper, 20-10, July 2020

Fraym (2018). Finding the dynamic african consumer, New geo-spatial classification system, septembre.

Fontaine, J. M. & Lanzarotti, M. (2001. « Le néo-structuralisme : de la critique du consensus de Washington à l'émergence d'un nouveau paradigme », *Mondes en développement* 2001/1, n° 113-114, p. 47-62.

Ggoobi, R. (2020), Import substitution, Uganda post covid 19 industrial policy strategy. Makerere university school and Friedrich Ebert Stiftung, August 2020.

Greenwald, B. & Stiglitz, J. E. (2013). "Industrial Policies, the Creation of a Learning Society, and Economic Development." In. Stiglitz, J. E. & Yifu, J. Lin (eds.), *The Industrial Policy Revolution I—The Role of Government Beyond Ideology*. New York: MacMillan Palgrave, 43–71

Harrison, A. & Rodríguez-Clare, A., (2009). "Trade, Foreign Investment, and Industrial Policy for Developing Countries", in D. Rodrik ed. *Handbook of Economic Growth*, Vol. 4

Hirschman, A. O. (1958.) *The Strategy of Economic Development*. New Haven: Yale University Press.

Jacquemot, P. (2018). « L'industrialisation en Afrique en question. Des désillusions à un nouveau volontarisme ». *Afrique contemporaine* 2018/2, n° 266, p ; 29-53.

Katz, M., (1986). « An Analysis of Cooperative Research and Development », *Rand Journal of Economics*, vol. 17, no. 4.

Krueger, A.. O. (1997). « Trade Policy and Economic Development: How We Learn ». *American Economic Review* 87: 1–22

Krueger, A O. (1978). *Liberalization Attempts and Consequences.* Cambridge, MA: National Bureau of Economic Research

Lall, S. (1994). « Industrial policy : the role of government in promoting industrial and technological development », *UNCTAD Review,* 1994.

Lall, S. & Teubal, M. (1998). Market – stimulating technology policies in developing countries : A framework with examples from East Asia, *World Development*, n°8, Vol 26.

Lewis, W. A. (1954). « Economic Development with Unlimited Supplies of Labour ». *Manchester School of Economics and Social Science,* 22: 139–91.

Lin, J. Y. (2011). « New Structural Economics: A Framework for Rethinking Development » *The World Bank Economic Research Observer,* 26(2): 193-221.

Lin, J. Y. (2013). « La politique industrielle revisitée: une nouvelle perspective d'économie structurelle ». *Revue d'économie du développement,* 2013/2, Vol 21, p. 55-78.

Lin, J. Y.& Monga, C. (2011). « Growth Identification and Facilitation: The Role of the State in the Process of Dynamic Growth ». *Development Policy Review*, 29(3): 264-290.

McMillan, M. S. et Rodrik, D. (2014). Globalization, Structural Change and Productivity Growth, NBER Working Papers 17143, National Bureau of Economic Research, Inc.

Mendès A. P. F., Bertella, M. A. & Teixeira, R.F. (2014). « Industrialization in Sub-Saharan Africa and import substitution policy », *Brazilian Journal of Political Economy* 34 (1), P. 120-138.

MINEFOP (2019). Politique nationale de l'emploi. Yaoundé, Cameroun.

MINEPAT (2020). Stratégie nationale de développement 2020-2030. Pour la transformation structurelle et le développement inclusif. Ministère de l'économie, de la planification et de l'aménagement du territoire. Yaoundé, Cameroun

Monga, C. (2017). Industrialisation : les fondamentaux in BAD (2017). « Industrialiser l'Afrique : stratégies, politiques, institutions et financement ». *Banque Africaine de Développement*, 2017.

Murphy, K., Shleifer, A. & Vischny R. (1989a). Industrialization and the big push, *Journal of Political Economy*, Vol 97, n°5, 1003-1006.

Murphy K., Shleifer A. & Vischny R. (1989b). Income distribution, market size and industrialzation, *The Quaterly Journal of Economics*, CIV, 537-64.

Myrdal, G. (1957). *Economic Theory and Under-Developed Regions.* London: Duckworth.

Nurkse, R. (1953). *Problems of Capital Formation in Underdeveloped Countries*. Oxford: Basil Blackwell.

Prebisch, R.. (1950). *Le Développement économique de l'Amérique latine et ses principaux problèmes*, New York (N. Y.), Organisation des Nations unies.

Prebisch, R. (1964). Towards a New Trade Policy for Development. New York: United Nations Conference on Trade and Development (UNCTAD)

Pouget-Abadie, T. (2016). How successful was the policy of import substituting industrialisation in Latin America? Unpublished Msc. Economic History Thesis, London School of Economics and Political Sciences.

Robinson, J. A. (2010). « Politique industrielle et développement ; analyse en termes d'économie politique », *Revue d'économie du développement*, 2010/4, Vol 24, p. 21-45.

Rodrik, D.(2004). Industrial Policy for the Twenty-First Century, John F. Kennedy School of Government Faculty Research Working Paper Series, Cambridge, Ma

Rodrik, D.(2008). Normalizing Industrial Policy. World Bank, Working Paper No. 3.

Rodrik, D. (2016). « Premature Deindustrialization », *Journal of Economic Growth*, vol. 21(1), pages 1-33.

Rostow, W. W. (1960). Les Étapes de la croissance économique. Un manifeste non communiste, trad. Fr. M.-J. du Rouret, Paris, Seuil, 1963.

Scitovsky, T. (1954). « Two Concepts of External Economies ». *Journal of Political Economy,* 62(2): 143-151.

Singer, H. W. (1950). « The Distribution of Gains between Investing and Borrowing Countries », *American Economic Review*, vol. 40, n o 2, p. 473-485.

Singer, H. W., & Alizadeh, P. (1988). Import Substitution Revisited in a Darkening External Environment. In *Policies for Development*, edited by Sidney Dell. London: Palgrave Macmillan.

Stiglitz J., Lin J.Y. & Patel E. (ed), (2013a). The industrial policy revolution II. Africa in the 21st century.IEA conference volume n°151-II. Palgrave Mac Miillan.

Stiglitz, J., Lin, J.Y., Monga C., & Patel, E. (2013b). "Industrial Policy in the African Context," in Stiglitz, J., Lin, J.Y. &Patel E. (eds.), « The Industrial Policy Revolution II: Africa in the 21st Century », New York, Palgrave Macmillan, pp. 1-24

Stiglitz J. (2017). Remarques introductives : promouvoir des politiques industrielles durables, in BAD (2017), « Industrialiser l'Afrique : stratégies, politiques, institutions et financement. Banque Africaine de développement », 2017

Thorp, R. (1992). « A Reappraisal of the Origins of Import-Substituting Industrialization 1930–1950 ». *Journal of Latin American Studies* 24: 181–95

Touna Mama. (2008). *L'économie camerounaise : Pour un nouveau départ*. Afrédit. Africaine d'édition.

Tschirley, D., Reardon, T., Dolislager, M., Snyder, J. (2014). The Rise of a Middle Class in East and Southern Africa. Implications for Food System Transformation, Working Paper, n° 2014/119, Helsinki, UNU/WIDE.

Williamson, J. (1990). "What Washington Means by Policy Reform," in J. Williamson (Ed.), *Latin American Adjustment: How Much Has Happened?* Washington, DC: Institute for International Economics,

Weiss, J. (2011). Industrial Policy in the Twenty-First Century: Challenges for the Future. Working Paper No. 2011/55, UNU-WIDER.

Willame J. C. (1985). Cameroun : les avatars d'un libéralisme planifié. *Politique Africaine,* N°18, Juin 1985, p. 44-70.

Williamson (1993). « Democracy and the « Washington consensus » », *World development*, 21 (8), 1993, p ; 1329-1336.

World Bank (1993). *The East Asian Miracle: Economic Growth and Public Policy*. Oxford University Press.

Chapitre 8

Le surendettement des pays en développement : un essai de théorisation par le circuit économique

---

Over-indebtedness in developing countries: an essay to theorise through the economic circuit

Dieudonné BONDOMA YOKONO
dbondoma@yahoo.fr
Université de Yaoundé II
Cameroun

Résumé : *L'objectif de ce papier est de montrer la contribution du circuit keynésien à l'analyse des problèmes d'endettement des pays en développement. Si les analyses de marché appréhendent le surendettement principalement par des tendances, le circuit keynésien en revanche, adopte une approche comptable. Ici, le surendettement, défini en relation avec la capacité de transfert d'un pays en direction de ses créanciers, permet en même temps d'identifier le seuil d'endettement supportable pour un pays en développement. Bien plus, à la lumière des expériences récentes des pays en développement sous ajustement structurel, les exigences en matière d'accroissement des revenus de l'Etat intègrent des recettes additionnelles, ce qui permet de parvenir à une capacité de transfert élargie. A partir de là, est formalisée une stratégie de sortie de la crise d'endettement.*

Mots clés : circuit keynésien, surendettement, approche comptable, ajustement structurel

Abstract: *The aim of this paper is to show the contribution of the Keynesian circuit to the analysis of the debt issues in developing countries. If market analyzes apprehend over-indebtedness mainly through trends, the Keynesian circuit, on the other hand, adopts an accounting approach. Here, over-indebtedness, defined in relation to a country's transfer capacity to its creditors, at the same time makes it possible to identify the threshold of bearable debt for a developing country. Moreover, through recent experiences of developing countries undergoing structural adjustment, the requirements for increasing state revenues incorporate additional revenues, which allows for the attainment of an expanded transfer capacity. From there, a strategy for exiting the debt crisis is formalized.*

Keywords: *keynesian circuit, over-indebtedness, accounting approach, structural adjustment.*

1. Introduction

Le financement international est une variable déterminante dans la politique de développement, depuis les travaux de Myrdal (1968) et Bairoch (1974) qui établissent la gravité du décalage entre la situation économique des pays développés et celle des pays sous-développés, et préconisent un effort de solidarité internationale comme condition de résorption de cet écart. Dans cette logique, des modèles de croissance avec endettement extérieur sont élaborés, dans lesquels la dette publique est considérée comme le complément de l'épargne domestique pour obtenir le niveau d'investissement nécessaire à la réalisation du taux de croissance souhaité. Des auteurs tels que Chenery et Strout (1966), Loser (1977), Takagi (1981), et bien d'autres, s'illustrent particulièrement dans ce sens. De plus, une théorisation du cycle de la dette montre comment la dette publique extérieure contribue à réduire l'écart entre épargne intérieure et besoins d'investissement, en faisant progressivement passer un pays de la phase d'emprunteur jeune à celle de prêteur évolué (Avramovic, 1967). Finalement, ces modèles conduisent à la conclusion selon laquelle la dette publique extérieure est un moyen privilégié de financement de l'accumulation dans les économies sous-développées. Son insertion dans le processus de croissance est telle qu'elle favoriserait l'accroissement de l'épargne intérieure, allant de pair avec un désendettement progressif.

Cependant, dans l'application de cette démarche, de nombreux pays en développement se retrouvent confrontés au problème de remboursement de leurs dettes. Dans plusieurs cas, les capitaux empruntés ont peu d'impact sur la croissance dans les pays débiteurs, et le cycle de la dette s'allonge indéfiniment. En effet, l'évolution de la dette se caractérise plutôt par une augmentation de son encours, et un alourdissement des charges liées à son service, qui contribuent à mettre à mal la poursuite du processus de croissance du débiteur. Le phénomène n'est pas nouveau, car dès le milieu des années 1970, on assiste à une sorte de fuite en avant, à partir du moment où de nombreux pays en développement se mettent à emprunter pour rembourser des dettes contractées dans le passé. Bourguinat (1985) a alors parlé d'une économie mondiale *« à découvert »*. Gill et Pinto (2005), quant à eux, aboutissent au résultat selon lequel la dette publique extérieure a plus entraîné une vulnérabilité macro-économique que la croissance, dans les pays en développement.

Cette difficulté à rembourser les dettes contractées, qui peut traduire une situation de surendettement, pose le problème de la nécessité de parvenir à une clarification de la capacité de transfert d'un pays en développement. La question est donc celle de savoir comment déterminer cette capacité maximale de transfert au-delà de laquelle on peut considérer qu'un pays est surendetté ?

Le surendettement étant étroitement lié à l'incapacité d'un pays à honorer ses obligations en matière de dette extérieure, plusieurs tentatives ont été esquissées pour appréhender le phénomène, dans l'optique d'une gestion optimale du problème de l'endettement extérieur des pays en développement. Ainsi, à côté des considérations de marché qui procèdent par approximation, s'est développée une approche par le circuit keynésien dans laquelle Touna Mama (1985) a une importante contribution.

2. Le surendettement dans les analyses de marché : une approximation, essentiellement basée sur des tendances

L'on retrouve ici, d'une part les approches théoriques, et d'autre part les approches empiriques du surendettement

2.1. Les approches théoriques du surendettement

Dans son analyse du surendettement, Sachs (1989) part du cas d'une entreprise insolvable, et compare cette situation à celle d'un pays surendetté (débiteur souverain). Une entreprise insolvable, en l'absence de protection, est confrontée à des actions antagonistes de la part de ses divers créanciers, chacun de ceux-ci voulant obtenir de ladite entreprise le maximum de paiements. Ce comportement des créanciers conduit à une dégradation de la situation financière de l'entreprise qui se trouve ainsi désorganisée, et par conséquent dans l'impossibilité d'envisager un quelconque projet d'investissement, même si des opportunités d'investissement rentables se présentent.

S'agissant d'un débiteur souverain, l'auteur estime que la situation est analogue à celle d'une entreprise insolvable. Les comportements de ses créanciers entraînent une détérioration de sa situation financière. Une telle détérioration comporte deux conséquences. D'une part, elle se traduit par une impossibilité de financer de nouveaux projets d'investissement, même si ceux-ci sont économiquement rentables. D'autre part, la pression exercée par les différents créanciers pour se faire rembourser s'apparente à une confiscation de tout gain éventuel de croissance économique, que ces gains résultent d'évènements favorables exogènes, d'un effort d'investissement ou d'assainissement supplémentaire de la part du débiteur. Ainsi, lorsqu'une économie est en situation de surendettement, il n'y a plus d'incitation à investir. A partir de ce moment, une réduction de la dette s'avère nécessaire.

De plus, pour Claessens et Diwan (1989), le surendettement peut être considéré comme une situation dans laquelle le montant de la dette est tellement élevé que le niveau de l'investissement se trouve réduit, en l'absence de nouveaux flux financiers ou de réductions de dette. Il s'en suit alors que le débiteur est incapable de procéder à des investissements s'il ne bénéficie pas de nouveaux concours financiers, ou d'allégements de sa dette. Dans leur démarche, les deux auteurs distinguent trois étapes dans l'évolution du phénomène du surendettement à savoir : la trappe à liquidité, un « surendettement faible », et « un surendettement « fort ». Pour ces auteurs, la trappe à liquidité apparaît lorsque les ressources courantes d'un pays étant limitées, la consommation se situe au niveau minimal acceptable, les opportunités d'investissements rentables sont inexploitées, et le montant de la dette n'est pas très élevé. Dans une telle situation, de nouveaux flux financiers à destination du pays peuvent lui être bénéfiques, mais seulement s'ils lui sont fournis en grande quantité. En outre, les deux auteurs conçoivent le surendettement « faible » comme une situation dans laquelle le niveau de la dette n'étant pas très élevé, les ressources courantes étant toujours limitées, les flux financiers à destination du pays endetté ne peuvent plus à eux seuls, permettre de résoudre le problème de la dette. Quant au surendettement « fort », il apparaît lorsque le montant de la dette est tellement élevé que le débiteur préfère fixer son équilibre à un niveau correspondant à une faible croissance, s'il n'y a pas allégement de sa dette.

De plus, Borensztein (1989) pour sa part analyse les effets de la dette extérieure sur l'investissement et aboutit au résultat selon lequel l'endettement extérieur peut affecter l'investissement à travers deux canaux principaux à savoir le rationnement du crédit, et le surplomb de la dette. C'est ce deuxième canal qu'il assimile au surendettement. Il considère qu'un pays est surendetté lorsqu'il est dans l'incapacité d'assurer intégralement son service de la dette, et que les paiements effectifs sont déterminés par un processus de négociation entre ce pays et ses créanciers. Dans ce genre de situation, le montant des paiements est généralement lié à la performance économique du pays débiteur et non aux conditions dont était assortie la dette dans le contrat. En conséquence, si les résultats économiques du débiteur s'améliorent, une partie des gains sera absorbée par l'augmentation des remboursements de la dette. La probabilité est alors très grande pour que le produit de tout investissement aille, pour partie au moins, aux créanciers plutôt qu'au pays lui-même.

En outre, dans une analyse consacrée aux Philippines, l'auteur s'engage dans une mesure du surendettement. Il définit alors celui-ci comme *« le montant qui dépasse le niveau de dette dont le service peut être normalement assuré »* (Borensztrin, 1991). Partant du fait que toute unité monétaire de dette extérieure n'a pas forcément d'effet dissuasif sur l'investissement, l'auteur affirme que si l'endettement est modéré, les investisseurs estimeront que les impôts existants seront suffisants pour assurer le service de la dette ; mais au-delà, il y aurait une telle nécessité pour l'Etat de se procurer des recettes supplémentaires que cela risquerait de compromettre la rentabilité de l'investissement privé. Il en arrive alors à la conclusion que l'effet de surendettement apparaît lorsque la dette a dépassé un certain niveau. Mais, l'auteur ne précise nullement ce niveau critique. Il présente simplement deux méthodes dans la mesure du surendettement.

Dans la première méthode, le surendettement est mesuré par la différence entre la dette actuelle et ce qu'elle était en 1982, car, *« l'endettement constaté jusqu'en 1982 était considéré comme normal et sans problème »* (Borensztein, 1991). La deuxième méthode prend en compte la décote de la dette sur le marché secondaire, et procède tout simplement par multiplication de cette décote par la valeur nominale de la dette. Ainsi, si la dette s'échange par exemple à 30% de sa valeur contractuelle, on peut estimer que le surendettement est égal à 70% de cette valeur.

Dans son analyse du phénomène du surendettement, Krugman (1989) part de ce qu'il appelle « la courbe de Laffer de la dette », et affirme que l'apparition du surendettement se manifeste par une incurvation de plus en plus prononcée vers le bas de cette courbe. Celle-ci établit un lien entre la valeur faciale de la dette et la valeur des remboursements anticipés. Pour l'auteur, il y a un effet secondaire négatif de la valeur faciale de la dette sur son prix, en présence d'un surendettement, et ceci est dû au fait que, plus un pays est endetté, plus faibles sont les incitations à rembourser. Par conséquent, la probabilité de non remboursement est élevée dans ces conditions. Cette relation entre la valeur faciale de la dette et la valeur des remboursements anticipés est représentée par le graphique suivant :

Graphique n°1 : *Courbe de LAFFER de l'allègement de la dette*

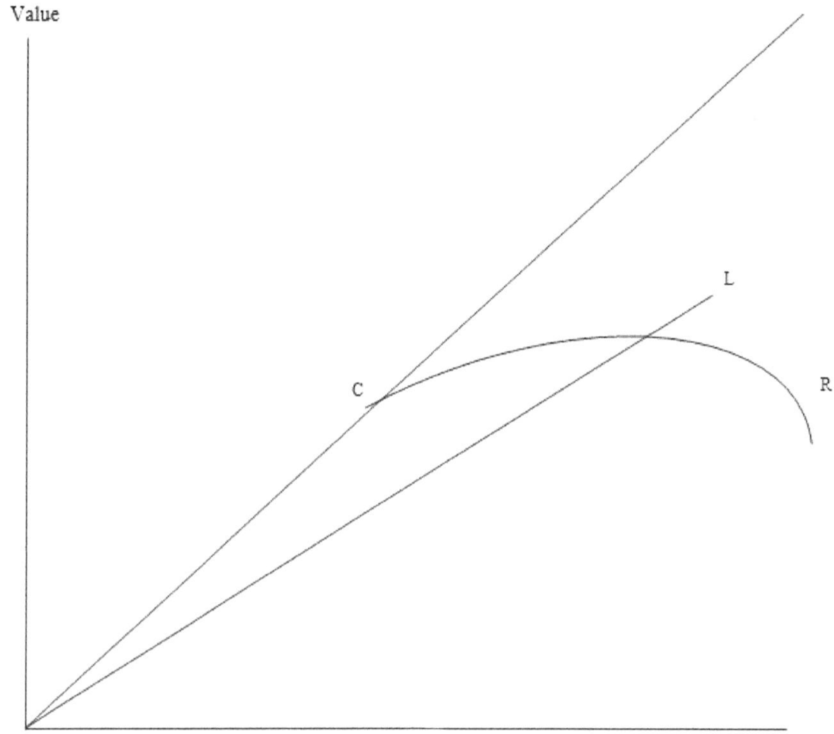

Source : P. KRUGMAN (1989, p.264)

L'observation de ce schéma montre que pour des niveaux faibles du stock de la dette, il y a une certitude de remboursement intégral, la relation se situant au niveau de la première bissectrice. Cependant, lorsque le montant du stock de la dette s'élève, on constate une diminution de la probabilité de remboursement. Le point *R* correspond à un niveau de la dette tel que les effets désincitatifs sur le pays endetté sont si importants que la pente de la courbe devient négative.

Cette courbe, en même temps qu'elle présente le phénomène du surendettement, donne un fondement à une stratégie de réduction de la dette de la part des créanciers, et permet de voir à quel moment il faut procéder à une telle réduction. Si une économie donnée se trouve par exemple au point *L*, une réduction de la dette serait nuisible pour les créanciers, car elle ferait davantage baisser la valeur des remboursements anticipés et priverait ainsi ces créanciers de la possibilité de bénéficier d'états favorables de la nature. Si au contraire le montant de la dette du pays est très élevé de sorte que ce pays se trouve au point *D*, une réduction de la dette permet d'augmenter la valeur anticipée des remboursements. On en arrive alors à une situation semblable à celle d'un pays dans lequel une pression fiscale élevée contribue à réduire les recettes étatiques (principe dû à l'économiste A.W. Laffer). Ainsi, tout comme l'Etat peut parfois augmenter ses recettes fiscales en réduisant le taux d'imposition, les créanciers peuvent parfois accroître les remboursements anticipés en procédant à un allégement de la dette d'un pays.

Si une telle analyse est pertinente dans la mesure où elle permet de donner un fondement théorique aux problèmes de réduction de la dette, elle reste cependant approximative et imprécise quant à la détermination exacte de l'endroit où pourrait se situer un pays le long de la « courbe de Laffer de la dette ». Krugman (1989) reconnaît lui-même qu'il est bien difficile, en pratique, de déterminer avec précision de quel côté de la « courbe de Laffer » se trouve un pays lourdement endetté.

1.1. Les approches empiriques du surendettement

Les approches empiriques du surendettement s'appuient sur des indicateurs qui permettent de mesurer l'aptitude d'un pays à honorer ses engagements extérieurs. Ces indicateurs portent à la fois sur les stocks et sur les flux de la dette extérieure.

Les indicateurs relatifs aux stocks reflètent le volume des capitaux étrangers générateurs de dette dont un pays a bénéficié dans le passé, et qui restent dus. Ils mesurent par conséquent le montant de dette qui devra un jour être remboursé, et sont sensés fournir une indication sur la solvabilité du pays, c'est-à-dire sa capacité à générer dans le futur des excédents suffisants du compte courant, pour rembourser intégralement sa dette.

Quant aux indicateurs relatifs aux flux, ils permettent d'identifier d'éventuels problèmes de liquidité liés au paiement du service de la dette.

Les indicateurs d'endettement sont habituellement calculés par référence, d'une part aux recettes d'exportation ou aux recettes courantes en devises, et d'autre part au Produit Intérieur Brut (PIB) ou au Revenu National Brut (RNB[1]). Ils permettent ainsi d'évaluer le montant de devises ou de production nationale auquel un pays doit renoncer soit au cours de la période courante, soit à plus long terme, pour acquitter ses obligations au titre de sa dette extérieure. Les indicateurs les plus fréquemment utilisés sont : le ratio encours de la dette/exportations de biens et services, le rapport entre l'encours de la dette et le PIB (encore appelé ratio de la dette), le rapport entre la valeur actualisée des paiements futurs prévisionnels au titre du service de la dette et les exportations de biens et services, le ratio service de la dette dû/PIB, le ratio service de la dette dû/exportations de biens et services, le ratio intérêts exigibles/exportations de biens et services, le rapport entre le service de la dette effectivement acquitté et les exportations de biens et services.

De tous ces indicateurs, les plus couramment utilisés sont le ratio de la dette, et le ratio du service de la dette. Le premier peut être assimilé à un indicateur de solvabilité, alors que le second, qui synthétise les conditions d'emprunt, est assimilable à un indicateur de liquidité. Celui-ci permet en effet d'évaluer la capacité d'une économie à générer suffisamment de ressources pour honorer son service de la dette extérieure. Un ratio du service de la dette supérieur à 20% est souvent indicatif d'un problème de la dette extérieure. Cependant, pour les pays surendettés à faible revenu qui bénéficient d'une importante assistance financière étrangère sous forme de dons ou de prêts à forte concessionnalité, le ratio du service de la dette peut sous-estimer leur capacité à faire face aux obligations de la dette extérieure dans la mesure où il ne tient pas compte de ces particularités.

S'agissant du ratio de la dette, l'on estime que des valeurs de l'ordre de 100-200% présagent des difficultés d'un pays en matière de dette extérieure. Cet indicateur comporte cependant une limite fondamentale. En effet, un encours de la dette élevé ne signifie pas nécessairement qu'il y ait un problème de dette extérieure. Le problème

---

[1] L'utilisation de l'une ou l'autre de ces variables dépend de la situation particulière d'un pays. Ainsi, pour les pays où l'épargne dégagée sur les salaires des nationaux à l'étranger représente une proportion importante du RNB, l'utilisation du PIB pour le calcul des ratios d'endettement pourrait conduire à sous-estimer la capacité du pays à assurer le service de sa dette extérieure. Généralement, les recettes d'exportations sont considérées comme une meilleure base, car plus fiable que le PIB, et moins sensible aux variations des taux de change réels. Les recettes d'exportations auxquelles on fait référence peuvent se rapporter aux seuls biens, mais peuvent également inclure les services hors rémunération des facteurs et les transferts courants.

ne se pose que si le pays en question est incapable d'assurer le service de la dette. Or, ledit service dépend aussi des conditions d'emprunt (montant, taux d'intérêt, durée d'amortissement, période de grâce, etc.). Un pays peut ainsi avoir un endettement élevé (ratio de la dette de l'ordre de 150% par exemple), mais à des conditions très concessionnelles (par exemple, échéance 50 ans, dont 10 années de grâce, et un taux d'intérêt de 0,5%) ; ce pays n'aura vraisemblablement pas de problème majeur de dette extérieure. Par contre, un pays ayant un ratio de la dette équivalent ou moindre pourra avoir des problèmes majeurs si sa dette a été contractée à des conditions commerciales (par exemple, échéance sur 5 ans, sans différé, aux taux d'intérêt du marché).

La mise en place de ces différents indicateurs a conduit à la notion de viabilité de la dette. Ainsi, dans le cadre de l'ajustement structurel, on considère que la dette extérieure d'un pays est viable ou soutenable à moyen et à long terme si ce pays est en mesure de s'acquitter de toutes ses obligations courantes et futures sur la dette extérieure, sans recourir à un financement exceptionnel ou aux ressources du Fonds Monétaire International. Cela suppose alors que le niveau de l'endettement soit tolérable, et ce sont justement les indicateurs préalablement présentés qui permettent de quantifier ce niveau.

Il faut cependant relever que ces indicateurs présentent quelques limites, notamment quant à leur capacité à pouvoir rigoureusement appréhender le surendettement d'un pays. Dans leur interprétation en effet, si l'on fait abstraction des informations relatives à d'autres variables macro-économiques et aux perspectives à moyen terme de l'ensemble de l'économie concernée, on peut aboutir à des conclusions erronées. On peut à ce sujet remarquer que les indicateurs d'endettement augmentent généralement au début d'un processus d'investissement. Ils sont par ailleurs influencés par une modification des termes de l'échange, et du taux de change. De plus, des indicateurs égaux pour différents pays ne permettent pas de conclure que ces pays ont les mêmes problèmes de dette. Si on considère par exemple le ratio de la dette sur le PIB qui rentre dans les critères de convergence de certaines Communautés Economiques Régionales, son niveau fait de plus en plus l'objet de nombreux débats. Certains analystes estiment qu'on ne peut pas parler de surendettement tant qu'on n'a pas dépassé le seuil retenu dans le cadre des critères de convergence. D'autres, par contre, affichent une inquiétude particulière dès lors que le rythme d'endettement s'accélère, même si on n'a pas encore atteint le seuil communautaire, d'autant plus que dans certains cas, les recettes budgétaires n'arrivent plus à assurer un paiement serein du service de la dette, et que l'on est amené à contracter de nouvelles dettes pour rembourser les anciennes. La récente opération de restructuration d'une partie de la dette extérieure du Cameroun[2], est illustrative de cette situation, bien que l'on ait toujours tendance à mettre le ratio de la dette du pays, évalué à 45% du PIB[3], en relation avec le plafond de 70% arrêté dans le cadre des critères de convergence de la Communauté Economique et Monétaire de l'Afrique Centrale (CEMAC). Cette opération repousse l'échéance, en transférant dans futur une charge que la situation des finances publiques, négativement impactée par des facteurs exogènes et endogènes, n'a pas permis d'honorer à bonne date.

2. Le surendettement par le circuit keynésien : une détermination comptable, basée sur la thèse keynésienne des réparations allemandes

C'est dans l'analyse de la crise, que l'on retrouve la substance relative à la notion de surendettement chez Keynes. D'après cet auteur, le surendettement est assimilé à la crise d'endettement. Or, celle-ci intervient à partir du moment où un pays s'endette au-delà de sa capacité de transfert. Quel est donc le montant qui représente cette capacité de transfert ? Le circuit keynésien en esquisse une détermination comptable qui tire ses fondements dans les réparations allemandes.

2.1. La thèse Keynésienne des réparations allemandes, fondement de l'analyse du surendettement par le circuit keynésien

La publication, par Keynes, des *Conséquences économiques de la paix* en 1919, et le débat qui l'oppose, dix ans plus tard, à Ohlin et Rueff au sujet des réparations allemandes contribuent à poser le problème des transferts internationaux dans l'analyse keynésienne. En effet, à la suite du Traité de Versailles du 28 juin 1919, l'Allemagne est

---

[2] A la fin du mois de juin 2021, le Cameroun a procédé au refinancement de son Eurobond de 450 milliards FCFA qui avait été émis en novembre 2015, et dont le remboursement du principal était prévu pour s'étendre de 2023 à 2025.

[3] CAA : *Conjoncture mensuelle de la dette publique du Cameroun*, n° 07/21 – juillet 2021, p. 5.

déclarée responsable de la première guerre mondiale. De ce fait, le montant des réparations qui lui incombent est estimé à 132 milliards de marks-or, soit 6,6 milliards de livres.

Estimant que la charge imposée à l'Allemagne est très élevée, Keynes indique par ailleurs que ce pays ne peut assurer les paiements auxquels il est astreint que grâce aux gains résultant de son commerce extérieur. Il définit en effet la capacité de transfert d'un pays comme *« le maximum de revenu transférable à l'étranger sans qu'il soit porté atteinte au niveau de vie de la population, autrement dit au revenu des ménages »*[4]. Ainsi, pour Keynes, il se pose un problème de réalisation d'un surplus exportable préalable au transfert. Ce point de vue ne fait cependant pas l'unanimité, car un débat s'en suit entre Keynes d'une part, et Ohlin et Rueff d'autre part, sur la question.

Pour Keynes, un transfert de revenu n'est possible que si le pays (en l'occurrence l'Allemagne) réalise un excédent commercial. Mais, la réalisation d'un excédent commercial est étroitement fonction de la structure des exportations du pays *« transféreur »*, et de la demande internationale de ses produits. Si l'élasticité prix de la demande internationale de ses produits est faible (inférieure à l'unité), la réalisation de l'excédent commercial par le pays devient difficile, et un éventuel transfert de revenu à l'étranger s'en trouve compromis, à moins de recourir à l'endettement extérieur. C'est pourquoi Keynes suggère, dans le cas de l'Allemagne, que ce pays améliore au préalable les conditions d'offre de ses produits, en vue de rendre ceux-ci compétitifs. Pour cela, il apparaît nécessaire, entre autre, de restructurer l'appareil productif, à travers un transfert de facteurs de production en faveur des activités de production de biens exportables.

Il apparaît ainsi, pour l'auteur, que la structure économique d'un pays permet, relativement à celle de ses concurrents, un certain niveau « naturel » des exportations qu'il est difficile de modifier arbitrairement. On comprend alors pourquoi Keynes s'insurge contre ceux qui, dans le cas de l'Allemagne, essayent d'abord de fixer le montant des indemnités de réparation, pour ensuite contraindre la balance des paiements à s'ajuster d'elle-même. *« Ceux qui ne voient à cela aucune difficulté (...) appliquent la théorie des liquides à une*

---

[4] J.M. Keynes, cité par Poulon (1985).

matière qui est, sinon solide, au moins pâteuse, avec de fortes résistances internes »[5].

Plus tard, Ohlin (1929)[6] réfute la thèse de Keynes selon laquelle le transfert de revenu est subordonné à la réalisation préalable d'un excédent commercial. Pour l'auteur, il suffit que le pays débiteur (l'Allemagne) paye, et la balance commerciale devra s'ajuster d'elle-même car, le transfert financier du débiteur vers le créancier constitue un transfert de pouvoir d'achat qui, tôt ou tard, va induire chez le débiteur un excédent commercial. Ohlin distingue alors des effets directs et des effets indirects résultant du transfert de pouvoir d'achat, qu'il analyse entre deux pays, A et B, en situation de plein emploi des facteurs de production. Chaque année, A emprunte une même somme d'argent à B. Cet emprunt, qui constitue un transfert de pouvoir d'achat en A, y accroît directement la demande de biens étrangers, en même temps qu'il réduit la demande en B pour les produits étrangers. Il en résulte, pour la balance commerciale de chaque pays, un double effet : pour A, un effet direct, et pour B, un effet indirect.

En effet, si le montant emprunté par A est de 100 millions de marks par an, le supplément d'importations provoqué de façon directe en A est de 1/5 x 100 = 20 millions de marks, ce qui correspond à une propension à importer de 0,2 en A. Le reste, c'est-à-dire 80 millions de marks, accroît indirectement la demande en A des produits locaux.

De plus, suivant les travaux de Rueff (1929), ce n'est pas l'amélioration des conditions d'offre (comme l'affirme Keynes) qui détermine fondamentalement la hausse des exportations, mais, ce sont plutôt les modifications des conditions de la demande (grâce notamment au transfert de pouvoir d'achat) qui tendent à entraîner une augmentation relative des exportations.

A la suite de ce débat Keynes (1930, 1936) affine ainsi son approche théorique, et ses développements lui permettent de parvenir à la formalisation de la capacité de transfert d'un pays, par le biais de ce qu'il convient d'appeler le circuit keynésien.

---

[5] J.M. Keynes : « The german transfer problem », *The Economic Journal*, vol. 39, n° 153, mars 1929, p. 6

[6] C'est dans le numéro de juin 1929 de *The Economic Journal* que l'on retrouve la thèse de B. Ohlin sur la question du transfert du revenu

2.2. Circuit keynésien, surendettement et sortie de crise

Le surendettement apparaît à partir du moment où un pays a dépassé sa capacité de transfert à ses créanciers, au titre du remboursement de ses dettes. Cette capacité de transfert s'appuie, d'une part sur une approche dite restrictive, et d'autre part sur une approche dite élargie. Dans le premier cas, il s'agit du « *surplus exportable* »[7], alors que dans le deuxième cas, on parle de « *surplus total de production* »[8] (Poulon, 1988). Parmi ces deux approches, Keynes exclut la seconde, car il estime que si un pays transfère à l'extérieur tout son surplus de production, il va porter atteinte à sa propension à épargner et à son incitation à investir. Il assimile en définitive la capacité de transfert au surplus exportable. C'est d'ailleurs l'idée qui prévaut encore de nos jours, et qui pousse les institutions comme le Fonds Monétaire International (FMI) à suggérer aux pays débiteurs de mettre en œuvre des politiques draconiennes de compression de la demande interne, de manière à réduire les importations, accroître les exportations et dégager ainsi un surplus pour le paiement de la dette.

Dans cette optique, on part de l'identité comptable entre le revenu global R et ses trois composantes que sont la consommation finale C, l'investissement I, et le solde commercial mesuré par la différence entre les exportations X et les importations M. Ainsi, le revenu global s'écrit :

$$R = C+I+(X-M)$$

Lorsque $X > M$, le solde constitue le surplus exportable. Quant au surplus total de production, nous avons dit qu'il était l'excédent du revenu global sur la consommation finale des ménages, soit :

$$R-C = [I+(X-M)]$$

Keynes ayant défini la capacité de paiement d'un pays comme le maximum de revenu transférable à l'étranger sans qu'il soit porté atteinte au niveau de vie de sa population, l'analyse par le circuit keynésien a pu établir que cette capacité ne se réduisait pas au seul surplus exportable. Considérant ainsi que le niveau de vie de la population pouvait être mesuré par le revenu Y distribué aux ménages,

---

[7] Le surplus exportable représente le montant pouvant être transféré par un pays, et résultant du gain en devises obtenu du commerce international.

[8] Le surplus total de production est le maximum de revenu que le pays peut transférer à l'étranger sans porter atteinte au niveau de vie de sa population.

l'analyse par le circuit keynésien pose alors que la capacité de transfert est égale à R-Y.

Nous savons, d'une part, que

$$R=C+I+(X-M)$$

D'autre part,

$$Y = C+S$$

Ces deux dernières relations nous permettent de voir, par différence entre la première et la deuxième, que :

$$R-Y = (I-S) + (X-M)$$

Il s'agit donc ici de la capacité de transfert élargie (qui va au-delà du surplus exportable) au sens de l'analyse keynésienne du circuit.

A partir de là, Touna Mama (1985) apporte la précision selon laquelle *« la différence (I-S) n'est pas nécessairement nulle, parce que ne renvoyant pas à la nécessaire égalité keynésienne I = S dans laquelle S est l'épargne totale alors que dans notre cas, S ne représente que l'épargne des ménages »*[9].

Si la différence (I-S) est positive, ce qui correspond à un excédent de l'investissement net sur l'épargne des ménages, la capacité de transfert du pays est élargie par rapport à son niveau minimum (X-M). Dans le cas contraire, cette capacité est restreinte. La grandeur (I-S) + (X-M) qui est la capacité de transfert élargie, détermine en même temps ce que Touna Mama (1985) appelle « *le seuil d'endettement supportable* » pour un pays en développement. Pour sa part, Poulon (1988) considère cette grandeur comme la capacité d'endettement international d'un pays. Cette capacité est la limite au-delà de laquelle tout nouvel emprunt doit être considéré comme non remboursable.

Dans sa définition du seuil d'endettement supportable, Touna Mama (1985) a pris en compte dans le circuit de manière explicite l'Etat. Mais, l'auteur a fait comme si les revenus de l'Etat en tant qu'agent économique ne se limitaient qu'aux taxes T1 et T2, c'est-à-dire en définitive aux recettes fiscales, ce qui n'est pas tout à fait exact. On peut cependant comprendre cette restriction du revenu de l'Etat, car

---

9 Touna Mama : L'endettement supportable pour un pays en développement, Thèse de doctorat d'Etat en Sciences Economiques, Université de Bordeaux I, 1985, P. 106.

le travail de l'auteur est effectué à un moment où les programmes d'ajustement structurels font à peine leur apparition dans nos pays.

A la lumière de l'expérience des pays en développement sous ajustement structurel, Bondoma Yokono (2001) relève que les exigences en matière de recettes de l'Etat ne se limitent pas qu'aux impôts et taxes. Ces recettes s'étendent aux revenus des diverses privatisations, mises en concession, et participation des populations au fonctionnement de certains services publics naguère fournis gratuitement. Du coup, l'équilibre établi par Touna Mama (1985) au pôle A des administrations se trouve modifié, de même que l'équilibre au pôle E d'où provient la contrepartie. Ceci a pour conséquence, notamment au pôle A, une diminution de la valeur (K-D) considérée par Touna Mama (1985) comme « *l'autofinancement brut de l'administration* ». En effet, l'introduction d'éléments autres que les taxes T1 et T2 dans les ressources de l'administration contribue à faire apparaître une composante transférable dans le solde du compte A. Les comptes qui en résultent se présentent alors de la manière suivante :

Les agents

H : Ménages

E : Entreprises

A : Administration

B : Institutions financières

RDM : Reste du Monde

Les flux

C : Consommation des ménages (C = C1+C2)

C1 : Consommation des produits locaux

C2 : Consommation des produits importés

T : Impôts versés aux administrations publiques (T = T1+T2)

T1 : Impôts versés par les ménages

T2 : Impôts versés par les entreprises

W : Salaires des ménages

P : Dividendes reçus par les ménages

G : Traitements des ménages fonctionnaires et agents de l'Etat

K : Investissement public (dépenses d'investissement réalisées par l'administration auprès des entreprises)

U : Coût d'usage (somme des consommations intermédiaires et de la consommation de capital fixe) des entreprises

M : Importations (M = M1+M2)

X : Exportations

L : Solde (supposé déficitaire) de la balance commerciale

F : Endettement bancaire des entreprises

D : Déficit budgétaire (D = G+K-T > 0)

S : Epargne des ménages

SD : Service total de la dette (SD = SD1+SD2)

SD1 : Service de la dette qui incombe aux entreprises

SD2 : Service de la dette qui incombe à l'Etat

I : Investissement net des entreprises

V : Revenus des privatisations

Les comptes ci-dessous sont, par construction, nécessairement équilibrés : pour chacun, il y a égalité de la somme des flux entrants (ressources) et de celle des flux sortants (emplois). Poulon (1988) établit que cette égalité comptable est obligatoirement vérifiée, dès lors que le recensement des flux est exhaustif.

En inscrivant à gauche les emplois et à droite les ressources, les comptes de ces agents se présentent ainsi qu'il suit :

Si on appelle Y' le revenu disponible des ménages, alors

Y' = W+P+G-T1

En remplaçant S par sa valeur à partir du compte B, on a

S = F+D-L

De même, si on remplace (X-M) par sa valeur à partir du compte RDM, on obtient

(X-M) = SD-L

Nous avons alors l'expression suivante du revenu global de la communauté :

$R = W+P+G-T1-(F+D-L)+SD-L+K+I$

$R = Y'-F-D+SD+K+I$

$R = Y'+(I-F)+(K-D)+SD$

H

S	W
T1	P
	G
K	

E

U+1	C
W	U+I-M_1
P	X
T_2	F
SD	K
V	

A

G	$T=T_1+T$
SD_2	V
	D

B

F	SD_1
D	L
SD	SD_2

RDM

X	$C_2 = M_2$
L	M1
	S

Le revenu global de la communauté se compose donc :

- du revenu disponible des ménages Y' ;
- du revenu des entrepreneurs (I-F), encore appelé profit net ou épargne nette, ou autofinancement net ;
- de l'autofinancement brut de l'administration (K-D) ;
- du service de la dette SD.

Ces composantes du revenu global de la communauté sont les mêmes que l'on retrouve chez Touna Mama (1985). Cependant, la différence ici se situe au niveau de la valeur de (K-D) que l'auteur considère comme non transférable. Cela reviendrait, selon lui, à *« transférer la souveraineté de l'Etat en termes de propriété de nouveaux équipements sociaux (hôpitaux, écoles, etc.) construits grâce à l'épargne budgétaire de l'administration »*[10].

La valeur (K-D) représente, certes, l'autofinancement brut de l'administration. En revanche, Bondoma Yokono (2001) montre, avec l'introduction de la composante V dans les ressources du compte A, que l'équilibre de ce compte est modifié. Le déficit budgétaire qui chez Touna Mama (1985), est égal à

D = G+K-T, devient

D = G+K-T-V, et

K-D = T+V-G

Or, dans cette composante (K-D), l'expérience des pays sous ajustement structurel montre que la valeur V (qui comprend les recettes des privatisations et autres revenus de l'Etat), est bel et bien transférable. La capacité de transfert d'un pays sous ajustement structurel se trouve par conséquent accrue, car une partie de cet *autofinancement brut de l'administration* peut être transférée à l'étranger sous forme de paiement du service de la dette.

En rentrant à présent dans l'esprit de Keynes pour qui la capacité de paiement est le maximum de revenu que le pays peut transférer à l'étranger sans porter atteinte au niveau de vie de sa population, ce maximum peut s'écrire comme la différence R-Y', où Y' symbolise le niveau de vie de la population.

Dans ces conditions, on a donc

R-Y' = (I-F) + (K-D) + SD

Mais, étant donné que la composante V de (K-D) est transférable, on aboutit à une capacité de transfert, en période d'ajustement structurel, qui est :

(I-F) + V + SD

- si (I-F) + V = 0, le service de la dette, SD, correspond exactement à la capacité de transfert du pays ;

---

[10] Touna Mama, op. cit., p. 146

- si (I-F) + V > 0, le service de la dette est en deçà de la capacité totale de transfert du pays ;

- si (I-F) + V < 0, le service de la dette excède la capacité totale de transfert. Le pays qui a assuré un transfert SD au titre du service de la dette a dépassé sa capacité annuelle de transfert, et peut donc être considéré comme en situation de surendettement.

Une solution efficace au problème de la dette nécessite donc, au préalable, la détermination du niveau du surendettement. Ce niveau, dans une économie sous ajustement structurel, est établi à hauteur de *[(I-F) + V]*. Un service de la dette qui se chiffrerait au-delà de ce montant serait en dépassement par rapport à la capacité de paiement du pays. L'indicateur du surendettement ici est donc *[(I-F) + V]* < 0. Le niveau de surendettement peut alors être apprécié par la valeur *[F-(I+V)]* qui correspond au montant non remboursable, et dont il faut tenir compte dans le cadre de la restructuration de la dette extérieure du pays. *[F-(I+V)]* étant un montant non remboursable, on peut envisager deux possibilités dans le cadre de la restructuration de dette en rapport avec la croissance économique.

La première possibilité serait l'annulation pure et simple de ce montant non remboursable. Mais, une telle option pourrait constituer un signal dangereux, et déboucher sur un problème d'aléa moral. Il y aurait comme une prime à la mauvaise gestion, qui se doublerait d'une fuite en avant vers un recours à l'emprunt extérieur qui, selon Moisseron et Raffinot (1999), serait uniquement motivé par des considérations de liquidité à court terme.

La deuxième possibilité s'inspirerait de la stratégie mise en œuvre dans le cadre de l'Initiative Pays Pauvre Très Endetté (PPTE) renforcée[11]. Le surendettement ayant été quantifié et l'option pour une annulation ayant été rejetée, il serait question de voir comment procéder

[11] L'Initiative PPTE *renforcée* résulte de l'intervention, dès septembre 1996, du FMI et de la Banque Mondiale dans le processus d'allégement de la dette des pays en développement, dans le but de remédier de façon décisive aux problèmes d'endettement de ces pays et de leur permettre ainsi de s'affranchir une fois pour toutes des rééchelonnements. Le *renforcement* de l'Initiative a été approuvé à la fin de 1999, et visait à assurer l'intégration de l'allégement de la dette dans une stratégie globale de lutte contre la pauvreté.

à un allégement du montant *[F-(I+V)]* tout en favorisant la croissance économique.

Le problème revient alors à identifier, parmi tous les flux du circuit keynésien, celui dont l'évolution pourrait permettre d'appréhender la croissance économique. Poulon (1995) a pu établir que ce flux est le revenu des ménages Y, dont une variation positive, au cours de deux périodes successives, définit la croissance économique, soit $\Delta Y > 0$. Cependant, qu'est-ce qui va déterminer cette augmentation du revenu ? Nous pensons que c'est une augmentation ΔF de F, premier flux du circuit, car ce flux détermine tous les autres. Poulon (1995) établit d'ailleurs une relation entre ΔF et ΔY, qui est celle du multiplicateur keynésien. Il pose en effet que

$$\Delta Y = k\Delta F = (1/s)\Delta F$$

Où s est le rapport de l'épargne au revenu.

Mais, encore faut-il savoir ce qui, au début de la période, va déterminer l'accroissement ΔF du flux de financement des entreprises par rapport à la période précédente. De notre point de vue, ce serait d'une part le montant *[F-(I+V)]* non remboursable des dettes, et d'autre part le taux de profit comparé au taux d'intérêt. Le montant *[F-(I+V)]* est donc le montant qui devrait faire l'objet de restructuration/allégement. Par la suite, cet allégement serait orienté, non pas exclusivement vers les secteurs sociaux, mais plutôt, et même principalement, vers le flux F, pour un accroissement du financement des activités productives. Dès lors que le taux de profit escompté des capitaux investis est supérieur au coût moyen des capitaux empruntés, les entrepreneurs accepteront d'accroître leurs dettes, pour financer des investissements supplémentaires.

3. Conclusion

Dans une approche, le surendettement est appréhendé à travers des tendances. Dans une autre, et notamment dans l'approche par le circuit keynésien, il résulte d'une détermination comptable, qui tient compte des évolutions de l'environnement économique dans un pays donné. Ici, sont privilégiées les analyses en termes de « seuil ». Bien plus, l'économie considérée est de nature monétaire, et le financement de l'investissement repose sur la création monétaire par les banques. C'est pourquoi nous pensons que les allégements devraient alimenter le flux F de financement. L'accroissement du revenu monétaire qui en résulterait se diffuserait alors dans l'ensemble de l'économie en augmentant la dépense globale, jusqu'à ce que l'épargne qui se dégagerait dans le processus de propagation soit égale au financement de l'investissement initial. Ici, c'est l'acte d'investissement qui engendre des ressources équivalentes à celles qu'il prélève au moment où il est réalisé.

On débouche alors sur une autre logique de l'investissement, à savoir la logique du circuit, dans laquelle l'investissement et l'épargne se rejoignent, mais au terme d'un long processus circulaire qui part des banques, à travers le financement qu'elles accordent aux entreprises pour leur investissement, et revient finalement aux banques, à travers l'épargne des ménages. L'analyse de Veronese Passarela (2014), qui aboutit au résultat paradoxal selon lequel les prêts bancaires sont plutôt entretenus par l'endettement des ménages, n'enlève rien à l'importance du flux de financement, comme premier mouvement du circuit. Il faudrait encore davantage examiner le comportement de ces ménages, entre la consommation et l'investissement. Ainsi, l'économie est soumise à un principe que l'on peut appeler *« principes fondamental des économies monétaires »*[12], et que l'on peut énoncer ainsi : *« une première catégorie d'agents (les banques) prête à une deuxième catégorie (les entreprises) qui achète pour vendre à une troisième (les ménages) »*[13]. C'est sur ce principe qu'est bâtie toute la logique du circuit, non seulement dans la détermination du surendettement, mais également dans la formulation de la sortie de crise.

Références bibliographiques

Abbot, G. C. (1993). *Debt relief and sustainable development in subsaharan Africa*. Edward Edgard.

Avramovic, D. (1967). *L'influence de la charge de la dette et le problème de flexibilité*, in *Les problèmes fiscaux et monétaires dans les pays en développement*, 3ème Conférence de Réhovoth. Paris, Dunod, 327-348.

---

[12] F. Poulon : « Une analyse de l'investissement ignorée par les programmes d'ajustement structurel : l'analyse de circuit », *Revue Africaine des Sciences Economiques et de Gestion*, Vol. 2, n° 2, juillet-décembre 2000, p. 44

[13] Idem.

Ayhan Kose, M., Ohnsorge, F., Nagle, P., et Sugawara, N. (2020). Past debt crises can teach developing economies to cope with COVID-19 financing shocks. *Finance and Development,* (6), 40-43.

Bairoch, A. (1974). *Le tiers-monde dans l'impasse*. Paris, Gallimard.

Bekolo-Ebe, B. (1985). *Le statut de l'endettement extérieur dans l'économie sous-développée : analyse critique*. Paris, Présence Africaine.

Berthelemy, J. C., et Vourc'h, A. (1991). *Le partage du fardeau entre les créanciers de pays débiteurs défaillants*. Paris, Centre de Développement de l'OCDE.

Berthelemy, J. C., et Girardin, E. (1991). Surendettement et stratégies d'ajustement dans les pays en voie de développement, *Revue d'Economie Politique.* 4(101), 523-604.

Berthelemy, J. C., et Vourc'h, A. (1994). *Allégement de la dette et croissance*. Paris, OCDE.

Bondoma Yokono, D. (2001). *Surendettement, croissance économique et ajustement dans les pays en développement.* Thèse pour le doctorat d'Etat en Sciences Economiques, Université de Yaoundé II.

Borensztein, E. (1989). Les effets de la dette extérieure sur l'investissement. *Finances et Développement*. 17-19.

Bourguinat, H. (1985). *L'économie mondiale à découvert*. Paris, Calmann-Lévy.

Chenery, H. B., et Strout, A. (1966). Foreign assistance and economic development. *American Economic Review*, 4(56), 679-733.

Claessens, S. (1990). The debt Laffer curve : some estimates. *World Development*, 18(12), 1671-1677.

Corden, W.M. (1988). An international debt facility. *IMF Staff Papers*, 3(35) 401-421.

Fisher, S., et Husain, I. (1990). La crise de la dette dans les années 90 : quelle stratégie adopter ? *Finances et Développement*, 24-27.

Gill, I., et Pinto, B. (2005). Public debt in developing countries : has the market-based model worked ? *World Bank Policy Research Paper*, 3674, August.

Helpman, E. (1989). *Voluntary debt reduction : incentives and welfare*. IMF Staff Papers, 3(36), 580-611.

Husain, I. (1989). Les récentes tentatives de traitement de la dette. *Finances et Développement*, 12-16.

Husain, I., et Diwan, I. (1989). *Dealing with the debt crisis*. A World Bank Symposium, Washington DC.

Kenen, P. B. (1990). Organizing debt relief : the need for a new institution. *Journal of Economic Perspectives*, 1(4), 7-18.

Keynes, J. M. (1963). *Théorie Générale de l'emploi, de l'intérêt et de la monnaie*. Paris, Payot.

Krugman, P. (1988). Financing vs forgiving a debt overhang. *Journal of Development Economics*, (29), 253-268.

Loser, C. M. (1977). External debt management and balance of payments policies. *IMF Staff Papers*, 2 (24).

Moisseron, J.Y., et Raffinot, M. (1999). *Dette et pauvreté ; solvabilité et allégement de la dette des pays à faible revenu*. Paris, Economica.

Myrdal, G. (1968). *Le drame de l'Asie : enquête sur la pauvreté des nations*. Paris, Le Seuil.

Poulon, F. (1985). *Les écrits de Keynes*. Paris, Dunod.

Poulon, F. (1985). Réponses de la théorie du circuit à quelques questions relatives au temps, à l'équilibre macro-économique et au libre-échange. *Economies et Sociétés*, 8(19) 61-84.

Poulon, F. (1988). Le cricuit en économie ouverte et la capacité d'endettement internationale. *Economies et Sociétés*, 6-7, 7-20.

Poulon, F. (1988). Marché et circuit. *Revue DEES*, 73, 17-21.

Poulon, F. (2000). Une analyse de l'investissement ignorée par les programmes d'ajustement structurels : l'analyse de circuit. *Revue Africaine des Sciences Economiques et de Gestion*, 2(2) 39-54.

Poulon, F. (1991). *Economie Générale*. 2ème édition, Paris, Dunod.

Sachs, J. D. (1986). Managing the debt crisis. *Brookings Papers on Economic Activity*, 2, 397-440.

Sachs, J. D. (1990). A strategy for efficient debt reduction, *Economic Perspectives*, 1(4) 19-29.

Takagi, Y. (1981). Aid and debt problems in less-developed countries. Oxford Economic Papers, 2(33), 323-337.

Teulon, F. (1992). *Croissance, crise et développement*. Paris, PUF.

Touna Mama (1985). *L'endettement supportable pour un pays en développement*. Thèse de doctorat d'Etat en Sciences Economiques, Université de Bordeaux I.

Touna Mama (1986). La crise d'endettement du tiers-monde. *Revue Camerounaise de Management*, 2, 33-41.

Touna Mama (1988). Dette extérieure et seuil d'endettement supportable. *Economie et Sociétés*, 6-7, 37-51.

Touna Mama (1988). L'endettement international : la théorie du circuit a-t-elle une réponse ? *Revue DEES*, (73), 71-74.

UNCTAD (2017). *Debt vulnerabilities in developing countries: a new debt trap?* United Nations.

Veronese Passarela, M. (2014). Financialization and the monetary circuit: a macro-accounting approach. *Review of Political Economy*, 26, (1), 128-148.

Zerbato, M. (1987). *Keynésianisme et sortie de crise*. Paris, Dunod.

Chapitre 9

Impact of the 2020 drop in oil prices on child proverty in Chad and options for a facrily-respond: Analysis using a recursive dynamic CGE model with fully integrated microsimulations

---

L'mpact de la baisse des prix du pétrole de 2020 sur la pauvreté des enfants au Tchad et les options pour une réponse familiale : Analyse à l'aide d'un modèle CGE dynamique récursif avec des micro simulations entièrement intégrées

Christian Arnault EMINI

ceminia@yahoo.fr

Université de Yaoundé II

Cameroun

Abstract: In 2003, *Chad became a producer and exporter of crude oil. Its annual real GDP growth, negative in 1999 and 2000, became positive with the introduction of oil related activities and reached a peak of 33.63% in 2004. However, the drastic drop in oil prices of around 80% between June 2014 and January 2016, heavily impeded growth and poverty alleviation efforts in Chad. This could explain the reason why, child poverty headcount ratio is already very high and above the national average. This study therefore aims to assess the impacts of this crisis on child monetary poverty, and to explore some policy responses that would specifically reduce poverty amongst children. To this end, a recursive dynamic Computable General Equilibrium model is used, with fully integrated microsimulations. It results from the study that, in the event the crisis had not occurred, the poverty headcount ratio for children would have dropped considerably. With the crisis, for the whole population, additional number of poor reached 1,146,025 individuals in 2018 and increased to 1,506,177 people in 2025: an increase of 23.1% and 28.8%, respectively. The share of children in this additional number is between 55 and 59% throughout the considered period: i.e. 628,427 more poor children in 2018 and 884,528 in 2025. Five response options are simulated: first, the pilot social safety nets implemented in 2018. It consists in allocating cash transfers to some poor households in three regions of the country. The other four options are exploratory policies, including cancellation of tariffs or VAT on food, and two options to broaden the scope of social safety nets to all households housing poor children. It arises from simulations that the latter two options are most effective and efficient for alleviating poverty. The results and recommendations of this study are in line with the thought of authors like Touna Mama (1996) who state that, in response to such situations of crisis, rather than applying simple deregulation policies that necessarily lead, in weak countries as in Africa, to the aggravation of the crisis and the increasing pauperization of the population, it would be more suitable to implement alternative policies made of a certain dosage of State intervention.*

Keywords: 2020 drop in oil prices, child proverty, Chad, recursive dynamic CGE model.

Résumé : *En 2003, le Tchad est devenu producteur et exportateur de pétrole brut. Sa croissance annuelle du PIB réel, négative en 1999 et 2000, est redevenue positive avec le démarrage des activités liées au pétrole et a atteint un pic de 33,63% en 2004. Cependant, la chute drastique des prix du pétrole, d'environ 80 % entre juin 2014 et janvier 2016, a fortement entravé la croissance et les efforts de réduction de la pauvreté au Tchad. C'est alors que le taux de pauvreté infantile est déjà très élevé et supérieur à la moyenne nationale. Cette étude vise donc à évaluer l'impact de cette crise sur la* *pauvreté monétaire des enfants et à explorer certaines réponses politiques qui réduiraient spécifiquement la pauvreté chez les enfants. À cette fin, un modèle d'équilibre général calculable dynamique récursif est utilisé, avec des micro simulations entièrement intégrées. Il ressort de l'étude que, si la crise n'avait pas eu lieu, le taux de pauvreté des enfants aurait considérablement diminué. Avec la crise, pour l'ensemble de la population, le nombre supplémentaire de pauvres a atteint 1 146 025 individus en 2018 et est passé à 1 506 177 personnes en 2025 : une augmentation de 23,1% et 28,8%, respectivement. La part des enfants dans ce nombre supplémentaire est comprise entre 55 et 59% sur l'ensemble de la période considérée : soit 628 427 enfants pauvres de plus en 2018 et 884 528 en 2025. Cinq options de réponse sont simulées : premièrement, le projet pilote de filets sociaux mis en place en 2018. Il consiste à allouer des transferts monétaires à certains ménages pauvres dans trois régions du pays. Les quatre autres options sont des politiques exploratoires, y compris l'annulation des tarifs ou de la TVA sur les aliments, et deux options pour élargir la portée des filets de sécurité sociale à tous les ménages hébergeant des enfants pauvres. Il ressort des simulations que les deux dernières options sont les plus efficaces et efficientes pour réduire la pauvreté. Les résultats et les recommandations de cette étude rejoignent la pensée d'auteurs comme Touna Mama (1996) qui affirment que, face à de telles situations de crise, plutôt que d'appliquer de simples politiques de dérégulation qui conduisent nécessairement, dans les pays faibles comme en Afrique, à faire face à l'aggravation de la crise et à la paupérisation croissante de la population, il serait plus approprié de mettre en œuvre des politiques alternatives faites d'un certain dosage d'interventions étatiques.*

Mots clés *: chute des prix du pétrole de 2020, pauvreté infantile, Tchad, modèle EGC récursif et dynamique.*

1. Introduction

Since 2003 and especially with the entry into service of the Doba-Kribi pipeline in mid-2004, Chad is now one of the crude oils producing and exporting countries. From then until 2014, despite the various oil price swings and, even, notwithstanding the global financial and economic crisis of 2008/2009, the country has witnessed a period of oil boom. The positive impact of this glorious decade has been reflected through most economic and socio-economic indicators.

Thus, yearly real GDP growth rate, negative in 1999 (-0.68%) and in 2000 (-0.88%), became positive again in 2001 (+ 11.66%) thanks to installation works, drilling and construction of the above-mentioned Doba-Kribi pipeline, before reaching the peak of 33.63% in 2004 when Chad exported oil for the first time through this pipeline channel CLERY. Although still low compared to the average for low-income countries, the Human Development Index (HDI) also followed an upward curve from 0.299 in 2000 to 0.403 in 2014 and even 0.407 in 2015 (UNDP, 2018). One could also notice the poverty alleviation, with a poverty headcount ratio of 46.67% in 2011, which became relatively low compared to 54.80% in 2002; to some extent, this was consistent with the 67% increase in per capita GDP during the same period.

However, since mid-2014, crude oil prices started a drastic fall that resulted in a decline of around 80% from June 2014 to January 2016. This oil shock severely undermined the country's growth and poverty reduction efforts recorded during the 2003-2014 oil boom era. Indeed, because of the collapse in crude oil prices, the Chadian economy entered a recession, portrayed among other things by: a decline in the GDP per capita from 2015, a negative real GDP growth rate in 2016 (-6.26%) and 2017 (-2.95%) and a stagnation or a somehow downward trend in the HDI beyond 2015[1].

The negative effects of such a crisis are likely to jeopardize the welfare of people broadly speaking, and of the most vulnerable populations such as children particularly, as several authors have shown

[1] Chad's HDI value stands at 0.407 in 2015, 0.405 in 2016 and 0.404 in 2017 (UNDP, 2018).

(Lundberg and Wuermli, 2012). Most of these effects are passed on to households first and then passed on to children.[2]

The present study therefore aims to analyze the potential child poverty effects of the apathy in oil prices experienced from June 2014 and of various options for policy response in Chad. Essentially, the study focuses on monetary poverty aspects.

The rest of this study is divided into five sections. A brief presentation of the two oil shocks suffered by Chad since the start of its oil exploitation till 2018 is made in section 2. The methodology approach is summarized in Section 3. Subsequently, simulation results of the crisis-free and crisis scenarios are presented in Section 4; while Section 5 exhibits the effects of possible policy responses. The findings and recommendations of the study are recorded in Section 6.

2. Two major oil shocks suffered by chad, from the start of its oil exploitation to 2018

From the start of oil development in Chad in 2003 to 2018, the world economy had experienced two major oil shocks, in July 2008 and June 2014. As Shown in Chart 1, in the first case, the average price of a barrel of crude oil dropped drastically from US$133 in July 2008 to US$41 in December of the same year, due to the 2008 global economic crisis; a decline of 69% in five months, which implies an average growth rate of −21% per month. The next major shock came after almost four years of a relative stability in oil prices (around US$100 per barrel), from January 2011 to almost September 2014. This was the longest euphoric period of crude oil in the history at such a high average price.

However, starting from US$108 in June 2014, the price of a barrel began a slide that proved irresistible and dizzying thereafter. It first decreased by about 57%, to US$41 in January 2015. After a brief partial recovery to nearly 63 USD in May 2015, it again suffered a downward glide with a more than 50% drop, falling to less than US$30 in January 2016, its lowest level since December 2003. Thus, from the beginning of the oil shock in June 2014 to January 2016, the price of a crude oil barrel fell by about 73%.

Admittedly, each of these shocks has sensitively affected the growth trend of several countries, especially those whose economy is

[2] As an African proverb says, "when food shortage comes, elephants lose weight, but gazelles and antelopes die."

highly dependent on the oil industry. However, unlike the situation in 2008/2009 financial and economic crisis, the period of sluggish oil prices is longer and the recovery of an upward slope of prices is slower.

For instance, in the case of the oil shock arose during the 2008-2009 financial and economic crisis, the average price of US$75 per barrel was recovered in eleven months from the floor of US$41 reached in December 2008. However, in the case of the 2014-2016 oil shock, it took 44 months from the first floor price of US $ 47 recorded in January 2015 and 32 months after reaching the second floor price of US $ 30 in January 2016, before oil prices have returned to a level of US $ 75; this is four and three times longer, respectively, than the sluggish period experienced after the fall in oil prices that began in July 2008.

Chart 1: *Changes in world crude oil prices and per capita GDP in Chad from 2003 to 2018*

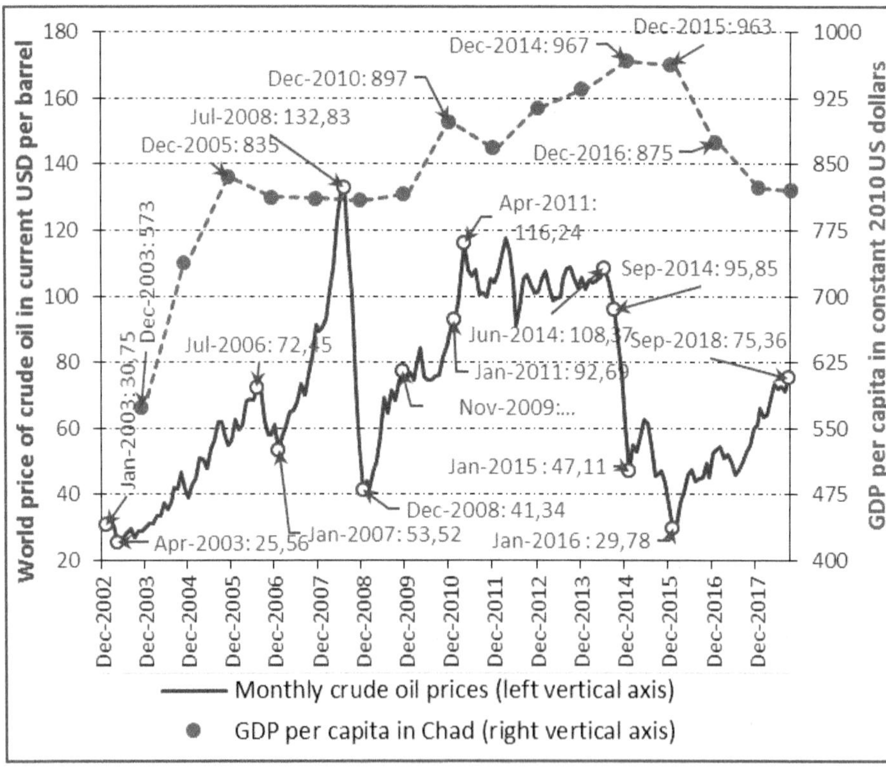

Source : Author's design using data from: (1) For crude oil prices: The World Bank (2018a), simple average of three spot prices for crude oil: dated Brent, West Texas Intermediate and Fateh Dubai , in current USD per barrel; (2) For GDP per capita: The World Bank (2018b), in constant 2010 USD.

Therefore, one can guess that the adverse effects of ten 2014-16 oil shock was likely to weigh even more heavily on the economies of crude oil producing countries.

This is particularly the case for Chad. As shown in Chart 1, GDP per capita was more negatively affected by the oil shock that began in mid-2014. It remained almost unchanged from 2014 to 2015 around US$ 965 (in constant US$ of 2010), but fell by 9% between 2015 and 2016, and then by 6% in 2017 when it amounted to US$ 823. In 2018, one could estimate an overall decrease of 15% from the peak reached in mid-2014. This represents a significant setback of more than a decade. Indeed, the amount of GDP per capita estimated for 2018 is similar to that recorded in 2005 and which remained almost stable until 2009, before starting an upward trend until 2014 and then plummeting. This trend in GDP per capita from 2014 is an indication of the drastic implications for the whole social body and the economic fabric in Chad. It reflects the trend in real GDP, which also reveals the country's greater vulnerability to a longer period of sluggish oil prices.

Chart 2 shows that the country initially withstood the oil shock in 2014 and 2015, as in 2008/2009, continuing to register positive real GDP growth rates during these two years. However, the slow recovery of oil prices, combined with the pervasiveness of shortfalls already accumulated in 2014 and 2015, contributed to bringing the real GDP growth rate below zero in the next two years: -6.26% in 2016 and -2.92% in 2017. This explains the sharp decline in per capita GDP in those two years.

Chart 2: *Trends in Real GDP from 2003 to 2017*

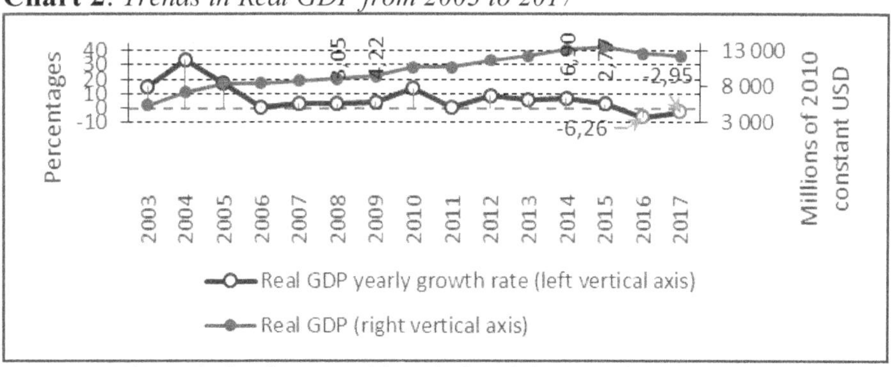

Source: Author's design from World Bank data (The World Bank, 2018b).

3. Methodology

This section provides guidance on: (a) the specification of the concept of child, (b) the dimension and measurement of child poverty considered in the study, (c) the model, (d) the related data, and (e) the scenarios simulated.

3.1. Definition of a "child"

Unless otherwise stated, the study has adopted the definition of the child contained in the Article 1 of the International Convention on the Rights of the Child (ICRC), which states that "a child means every human being below the age of 18 years unless, under the law applicable to the child, majority is attained earlier" (United Nations (UN), 1989).

Although the definition of child and childhood is much more complex and may vary depending on genealogical, filial relationship, emotional, physiological or social meanings, the definition stated by ICRC has the merit of providing a common reference to international organizations, NGOs and governments in the context of studies and programs on children. In addition to considering all children under the age of 18, some analyses in this study are done by age groups: 0 to 5 years, 6 to 10 years, 11 to 14 years, 15 to 17 years, as well as 0 to 14 years.[3]

3.2. Dimension and measurement of child poverty considered in this study

3.2.1. Monetary dimension of child poverty

It is widely recognized that child poverty differs from adult poverty, not simply because it is confined to the population of children *per se,* but even more as it has different causes and effects, and because the impact of poverty in childhood has permanent consequences on children and on the future of society. (UNDP - International Poverty

[3] The latter age group is also used in several studies to outline the population of children.

Centre, 2004, p. 3; Childhood Poverty Research and Policy Centre (CHIP), 2004, p. 3 and 4).[4]

Child poverty, like poverty in general, has many faces and has many dimensions. The State of the World's Children report 2005 proposes the following working definition of children in poverty: *"Children living in poverty experience deprivation of the material, spiritual and emotional resources needed to survive, develop and thrive, leaving them unable to enjoy their rights, achieve their full potential or participate as full and equal members of society."* (UNICEF, 2005, p. 18). This is a holistic definition, which has the merit of encompassing both the "deprivation of basic needs" aspects and the principles of human rights.[5]

The framework of this study is only limited to the monetary dimension of child poverty. Although restrictive, this dimension participates well in the measurement of child poverty based on the argument of *"minimum rights to meet monetary needs"*, according to which there is a certain monetary income and some basic food expenditures which are considered to be minimum thresholds, under which individuals or households have the freedom to live a decent life. In other words, it is a contribution to understanding the situation and the evolution of child poverty in Chad.

3.2.2. Measuring child monetary poverty

A child here is monetarily poor if he is part of a household which is poor in monetary terms. As Balma *et al.* (2010, p. 1) points out, most of the effects induced by exogenous or endogenous shocks are first transmitted to households and then are passed on to children. Thus, the situation of children may change as a result of changes in the monetary and non-monetary welfare of the household they depend on. Conventionally, a household is considered to be monetarily poor if its

---

[4] "Childhood poverty is a primary cause of poverty in adulthood. Impoverished children often become impoverished parents, raising their own children in poverty. To break this generational cycle, poverty reduction must begin with children"" (UNICEF, 2005, 15).

[5] To review the different definitions and measures child poverty and conceptual frameworksSee: Minujin *et al.*, 2005 ; Minujin *et al.*, 2006 ; Ortiz, Moreira Daniels and Engilbertsd-ttir, 2012 ; UNICEF Innocenti Research Centre, 2012.

consumption per adult equivalent, deflated by own temporal and spatial price indices, falls below the official absolute poverty line.

To measure and analyze the child monetary poverty, we use the poverty indicators of class P_α (or FGT_α) by Foster, Greer and Thorbecke (1984), applied to the population of children or to segments of that population, as the case may be, α alternately taking the values 0, 1 or 2.

The synthetic formula for this class of indicators is:

$$P_\alpha = \frac{1}{n}\sum_{i=1}^{q}\left(\frac{z-y_i}{z}\right)^\alpha$$

With:

n, the total number of individuals/households in the population;

q, the number of poor individuals/households in the population;

z, the poverty line;

y_i, the amount of the monetary variable (income or expenditure) of the i individual;

α, the parameter representing aversion to poverty.

When individuals/households are clustered into groups with different weights w_i, their respective observations are weighted using by those weight parameters. The formula is then rewritten as follows:

$$P_\alpha = \frac{1}{\sum_{i=1}^{n} w_i}\left(\sum_{i=1}^{q} w_i\left(\frac{z-y_i}{z}\right)^\alpha\right)$$

For a given child population, the indicator FGT_0 therefore measures the percentage of monetarily poor children out of the total number of children included in that population, i.e. the child poverty headcount ratio; while FGT_1 and FGT_2 measure respectively the intensity (or depth) and the severity of poverty among these poor children.

3.3. The model

The main analytical tool used is a recursive dynamic computable general equilibrium (CGE) model with fully integrated microsimulations. Its base is the PEP-1-t model by Decaluwé *et al.* (2013) which is an archetype of a recursive dynamic CGE model, without microsimulations.

The PEP-1-t model was adapted to fit the study, in particular by including various specifications necessary to adjust it to the social accounting matrix (SAM) of Chad used and whose main lines are presented in paragraph 3.4. The dynamic nature of the model was essential, as the phases of the simulated oil shock spread over time, but also to allow a sequential analysis of the impacts from year to year since 2014.

The period covered by the model starts from 2011 and spread to 2025. The 2014-2025 sub-period is that in which the effects of the crisis are effectively assessed, 2014 being the year in which the downward trend in oil prices was triggered. The analysis incorporates the year 2018 and extends to 2025, to have a prospective idea of remnant impacts beyond the oil shock, also regarding the rise in prices observed since 2016. 2011 is used as a reference year for the whole period, since it is the base year of the more recent household survey available when this study was carried out; given that, in the framework of this study, it was crucial to incorporate within the model, the most reliable information possible on poverty.

Another specific aspect of this model, compared to the seminal framework of PEP-1-t, consisted in undertaking microsimulation work, microsimulations being the royal way to address poverty issues in CGE modeling and, more generally, to deal with distributive impacts of external shocks or economic policies. In the literature, several approaches are used to perform microsimulations within CGE modeling frameworks.[6]

---

[6] For a review and classification of different microsimulation approaches using EGC model, see: Cockburn, Savard and Tiberti (2015) ; Tiberti, Cicowiez and Cockburn (2017) ; Savard (2004) ; Burgundy, Bussolo and Pereira da Silva (2008a) ; Colombo (2008).

The present study uses the so-called "fully integrated" approach. This approach consists of directly incorporating into the CGE model, a large number or all the households considered in a household survey, and not simply representative categories of households. In our case, all the 9259 households surveyed in 2011, which encompass the whole population in Chad, were individually incorporated into the CGE model.

As Cockburn, Savard and Tiberti (2015, p. 4) point out, this approach, made possible thanks to the improvement of the capabilities of computer processing tools, allows to capture, *inter alia*, the intra-group distributive effects, each household considered in the survey being impacted depending on the specific structure of its incomes and that of its expenses.

According to several CGE modeling authors and practitioners, when the ultimate goal is to get a fully coherent macro-micro framework or, in other words, if the objective is to assess the impact of shocks on poverty while starting from the strongest possible basis of micro-observations, then, a fully integrated model of microsimulations should be preferred (Bourguignon, Bussolo and Pereira da Silva, 2008b, p. 18-20). In this sense, they consider that this is the most theoretically sound approach for carrying out microsimulations in an CGE framework. The said approach, which was first proposed by Decaluwé, Dumont and Savard (1999), is more and more applied by numerous authors.[7]

3.4. Key data for the model

Two main sets of data were required for modeling and subsequent analyses: data essential for building the Social Accounting Matrix (SAM) underlying the CGE model and databases resulted from household survey. These databases, combined with the SAM, are particularly necessary to award the model the status of a microsimulation tool.

The SAM is built using the 2011 Supply and Use Table (SUT) and the 2010 Integrated Economic Accounts Table (IEAT) by the National Institute of Statistics and Economic and Demographic Studies of Chad (INSEED) (INSEED, 2018a; INSEED, 2018b). As for the survey databases mentioned above, they come from the results of the

[7] See, among others: Cockburn, Corong and Cororaton (2010) ; Boccanfuso and Savard (2008) ; Chitiga, Mabugu and Kandiero (2007).

Third Survey on Consumption and Informal Sector in Chad (ECOSIT3) carried out in 2011 (INSEED, 2013). The year 2011, during which ECOSIT3 was carried out, was chosen as the base year for the SAM and the start of the dynamic model, in order to be able to use the genuine 2011 poverty rates as benchmarks in the analysis.

The production industries and product accounts of the SAM have been structured in such a way as to conform with the nomenclature of products used in the household survey, i.e. to establish the most suitable match between the branches/products of the Supply and Use Tables and the products of ECOSIT3 survey. Moreover, the calculation of deflated expenditure vectors by adult equivalent, made using this full matching with SAM, allowed to reproduce the original official 2011 poverty rates at the start of the model. Thereby, after complementary disaggregation/aggregation operations which resulted in separate SAM accounts for crude oil, refined oil and public administration, the final format of the SAM consisted of 15 industries/products.[8]

3.5. Simulated scenarios

Seven scenarios were simulated: one represents the baseline scenario of economic trends in case there was no crisis, another one portrays the state of economy with crisis, the remaining five acting as crisis situations when combined with various response policies. The choice of policy responses was guided by the desire to find measures whose beneficial effects on children would be as immediate and direct as possible; hence the priority given to policies that can, inter alia, provide a short-term safety cushion for children, by making it possible to improve their food consumption or, more generally, the purchasing power of the households they belong to.

3.5.1. Scenario 1: Baseline scenario or "crisis-free" scenario

The simulation of the baseline scenario consists in generating the trend which economy would have followed in the event of a *"business-as-usual"*, i.e. in case the economy would have continued to evolve

[8] (1) Food; (2) Clothing and shoes; (3) Housing, water, electricity and domestic gas; (4) Furniture, household items and routine maintenance; (5) Oil extraction; (6) Oil refining; (7) Construction; (8) Health and hygiene; (9) Education; (10) Transportation; (11) Communication and telecommunications; (12) Hotels and restaurants; (13) Trade; (14) Public administration; (15) Miscellaneous goods and services.

without crisis and thus without implementing any subsequent policy response. The main assumptions needed to do this kind of dynamic calibration are related to the population growth rate on the one hand and the real GDP growth rate on the other hand.

The population growth rate used in the model is 3.6% per year, the official value, to date, of the yearly intercensal growth rate on average of the Chadian population (INSEED, 2012). Population growth rate is generally used in dynamic modeling mechanics to annually update the values of some variables or parameters assumed, by default, to grow at that rate. The labor supply, the household's incompressible consumptions and the current expenditures of general government fall within such variables.

One of the reasons why it is interesting to postulate that *some exogenous variables grow at the same rate as the labor supply* is to allow the model to simulate a balanced growth trajectory, although the simple balanced growth trajectory is not *a priori* a realistic scenario (Decaluwé *et al.* 2013).

To make the dynamics of the baseline trend reference more realistic, in addition to integrating demographic growth as mentioned above, information from the country's *macroeconomic forecasting framework* is most often incorporated within the model; in particular, by taking into account the historical and/or estimated GDP growth rates. The transition from a baseline scenario where GDP simply evolves at population growth rate to one where more realistic changes in GDP are applied, is usually done through a dynamic calibration, by adjusting the values of total productivity of production factors.

As for the real GDP growth rates, they were according to the following rationale:

1. **For the sub-period preceding the onset of the oil crisis (2011-2013): real GDP growth rate really recorded during those years in Chad.**
2. **For 2014 and 2015, during which growth continued to be strong despite the start of the crisis: estimates of the crisis-free GDP growth rates were dynamically calibrated, using the growth rates actually achieved in those years.**

3. **From 2016 to the end of the period under review, in 2025: a forecasted average growth rate, using the GDP trend of the last 10 years before the crisis.**

Based on all these assumptions, the real GDP growth rates used for the crisis-free scenario were established as follows in Table 1.

Table 1: *Real GDP growth rate in the crisis-free scenario*

Years	**2012**	**2013**	**2014**	**2015**	**2016-2025**
Growth rate (%)	8.88	5.70	7.75	5.58	5.50

Source. Years 2012 and 2013 (The World Bank, 2018a); years 2014 and 2015, calibration from the actual growth rates of those respective years, published by the World Bank (The World Bank, 2018a); 2016 to 2025: average growth rate projected from the trend of the last 10 years before the crisis.

3.5.2. Scenario 2: Crisis Scenario

This scenario characterizes the economic crisis endured by Chad due to the oil shock unleashed in mid-2014, through the fall in crude oil prices itself and the general economic gloom that followed.

Table 2: *Annualized World Crude Oil Price Data used in Crisis Scenario*

ITEMS	2013	2014	2015	2016	2017	2018	Beyond 2018
A. Simple annual average of monthly crude oil prices per barrel ***(in current USD)***	104	96	51	43	53	67	67
B. Annual change in the average oil price ***(percentage)***	-	– 8	– 47	– 16	+ 23	+ 27	-
C. Crude oil world price index, Base ***2013=100***	100	92	49	41	51	65	65

Source: Author's calculations based on simple averages of three crude oil spot prices: dated Brent, West Texas Intermediate, and Fateh Dubai (The World Bank, 2018b).

This scenario consists in applying changes in crude oil prices, as recorded from 2014 to 2018.[9] For the 2019-2025 sub-period, we have made the conservative assumption that prices will stabilize or oscillate around their 2018 level. Table 2 provides the annualized figures for the said oil prices.

---

[9] For 2018, only data for the first five months were available at the time of the simulation of this scenario.

3.5.3. Scenario 3: Crisis scenario + Pilot social safety net programs in Chad

The pilot social safety net programs consist of allocating cash transfers to some poor households, with the support of Chad Technical and Financial Partners, as a basis for establishing a more consolidated countrywide system of social safety nets in the future. In fact, on September 1st, 2016, following the approval of the National Social Protection Strategy (SNPS) of Chad by the Government in July 2015, the Board of Directors of the World Bank granted US$10 million to help Chad develop and set up a pilot system of social safety nets to directly benefit 15,000 poor households (The World Bank, 2016).

This pilot system has three components:

- **Component 1: unconditional cash transfers and cash-for-work activities, to provide income opportunities to poor households in 3 pilot regions in Chad.**
- **Component 2: support for the development and use of new institutional tools and devices, in particular related to the identification and registration of beneficiaries, and to the payment terms.**
- **Component 3: establishing a social safety nets unit, with a strong implementation capacity.**

Of the three components listed above, the first is the one evaluated in this study. In force since 2018, this component directly benefits households in terms of monetary income, the last two having mainly the role of facilitating and making effective its implementation.

This component is subdivided into two subcomponents:

- ***Sub-component 1.1: Cash-for-work pilot program.* It consists of offering 9,000 beneficiaries from poor households in urban and periurban areas of N'Djamena, the nation's capital, a job of 5 hours per day, for a period of up to 80 days per year from 2018 to 2020, against an approximate daily wage amounting 1,200 FCFA (2 US dollars); this is an annual income of CFAF 96,000 per beneficiary household, since only one member per beneficiary household is eligible. The above job is limited to street cleaning activities, garbage**

collection, rehabilitation and cleaning of gutters and culverts, paving of sidewalks and restoring of the shores of the *Logone River.* This sub-component is funded by aid from the International Development Association(IDA), a World Bank institution, whose financial support generally benefits the world's poorest countries.

- ***Sub-component 1.2: Pilot program of unconditional cash transfers.*** **This program provides a monthly payment of 15,000 CFA francs (almost US$25), payable every two months, from 2018 to 2020, i.e. 180,000 CFA francs per year and per beneficiary household. It benefits to 6,200 poor households, particularly poor households with children under 15 and/or with pregnant women, including:**
    - **1550 of the poorest households in the Bar-El-Ghazel region, which is part of the Sahelian strip, with IDA funding.**
    - **4650 of the poorest households in the Western Logone region, within the Sudanese area, with MDTF-ASP (Multi-Donor Trust Fund - Adaptive Social Protection) funding.**

Additional hypothesis: The grant agreement between the World Bank and the Chadian government provides for funding to be spread over three years for Component 1, from 2018 to 2020. However, for the simulation of this scenario, we make the complementary assumption that similar funding will allow the pilot social safety net programs, as outlined above, to continue until 2025, which is the time horizon chose for the model. This assumption does not prevent the intrinsic effects of the said pilot programs from being analyzed during their effective implementation period (2018-2020), but also makes it possible to foresee their likely impacts if they were expanded beyond their initial period.

Based on the above annual amounts allocated to households benefiting from pilot social net programmes, as well as on the households structure in ECOSIT-3 household survey, and assuming an annual population growth rate of 3.6%, we found that in 2018, these programs generated, for each recipient household, an average increase in annual per capita income of 10,036 CFA francs in N'Djamena, 25,060 CFA francs in Barh-El-Gazel and 13,270 CFA francs in the

Western Logone (Table 3). These amounts represent 14.8%, 13.5% and 7.9% of the gap between the poverty line and the average expenditure of recipient households in the respective related regions. It is awaited that the poverty impact of social safety nets should be all the more important as these proportions are high, but should also depend on the initial amounts of the aforesaid gap between average expenditures and the poverty line, in nominal terms.

In view of the number of poorest households incorporated into social safety net programmes for each of the three regions considered, and taking into account the expected population of these regions in 2018, it appears that the coverage rate of these programs, in relation to the total number of poor in the region, is higher for N'Djamena, where it amounts to 70.3%. In the Barh-El-Gazel and Western Logone regions, unconditional cash transfers cover 17.8% and 8.8% of the poor living in those regions, respectively.

Individuals living in beneficiary households located in N'Djamena account for 1.4% of the total number of poor people in Chad. Those who are part of the beneficiary households of Barh-El-Gazel and Logone represent respectively 0.2% and 0.8% of the poor at national level. Overall, the pilot safety net programs directly benefit 2.4% of the total number of poor peaople in Chad at the start of 2018.

Table 3: *Coverage rate of the pilot social safety net programs in 2018*

Lebels	N'Djamena	Barh-El-Gazel	Western Logone	All three Regions
REVENUE GROWTH DATA FROM PILOT SOCIAL SAFETY NET PROGRAMS				
Increase in annual per capita income thanks to pilot social safety net programs (in CFA Franc)	10 036	25 060	16 105	13 270
COVERAGE RATE FOR SOCIAL SAFETY NET PROGRAMS				
Share of the "Poverty Gap" (gap between the poverty line and the average level of expenditure) filled by pilot transfers (%)	14.8	13.5	7.9	10.8
Percentage of individuals living in households benefiting from pilot social safety nets, compared to the total number of poor in the Region	70.3	17.8	8.8	19.3
Percentage of individuals living in households benefiting from pilot social safety nets, compared to the total number of poor in Chad	1.4	0.2	0.8	2.4

Source: Author's calculations based on the results from the ECOSIT3 household survey, and on results from simulations of the crisis scenario.

3.5.4. Scenario 4: Crisis scenario + cancellation of tariffs on food imports

The objective of this scenario is to envision the effects of lowering the prices of imported food products, through the cancellation of the related import tariffs. The loss of customs revenue as a result of this measure is fully compensated, at least on a transitional basis, by a foreign assistance to the government in form of a social budgetary support; given the scarcity of resources in the State treasury, which increased with the crisis. It is an untargeted response policy, that is, one that does not particularly target the poor in general, or poor children in particular.

It is assumed that this policy was applied from 2019. Its cost, in terms of ***customs revenue to be compensated***, is around 9 billion CFA francs in 2019, given the base data, and vary each year depending on changes in the imported quantities of food. This represents approximately 0.50% of the total state budget and 0.15% of GDP.

3.5.5. Scenario 5: Crisis scenario + cancellation of VAT levied on food products

As in the case of the previous scenario, this is another untargeted policy response. But here, the policy aims at lowering the prices of all food goods, whether imported or locally produced, through the cancellation of VAT applied on the said goods. In order not to worsen the situation of public finances, it is assumed that the tax shortfalls caused by this measure are, on a transitional basis, entirely compensated by external public aid granted to the government. It is also assumed that this implicit subsidy will effectively be passed on to the referred retail prices.

In 2019, in case this policy was not applied, the amount of VAT on food products would amount to 6.5 billion CFA francs, i.e. 0.36% of the public budget and 0.11% of GDP. Presumably, with general equilibrium effects, the overall implicit cost of the policy would be slightly higher after the cancellation of VAT, given the resulting likely increase in demand for food.

3.5.2. Scenario 6: Crisis scenario + Extension of the scope of cash transfers to all households housing poor children, with an overall budget equivalent to 1% of 2018 GDP for transfers allocated in 2019

In this scenario, it is assumed that an overall amount equal to 1% of nominal GDP estimated for 2018 (year preceding the implementation of this policy) is allocated as cash transfers by the State to poor households. As in the other scenarios, it is assumed that this policy is funded over the study period, by external public aid granted to the government.

The coverage of these transfer programs extends to all households whose children were predicted to be poor in 2018. The amount allocated for each child is fixed. As a result, the amount a household receives varies proportionately to the number of children in it.

According to estimates resulted from the model, based on national account data (INSEED, 2018a) and real GDP growth rates (The World Bank, 2018c), the overall envelope dedicated to cash transfers for 2019, which corresponds at 1% of nominal GDP then estimated for 2018, would amount to CFAF 79.5 billion. Since the amount allocated for each child is fixed, this overall envelope varies annually to growth rate of children's population, equated here by assumption with the growth rate for the total population. In 2019, the budget dedicated to transfers would then have represented around 12.30% of the average difference between the poverty line and the average level of spending of the poor in 2019, in the scenario with crisis and without response policy.

Based on all these assumptions and considering the estimated number of poor children in the crisis scenario, the appraised amount allocated for each poor child would be 20,780 FCFA per year, i.e. 1,730 FCFA monthly. But as it is supposed that the total amount received by a household, even if it depends on the number of children in the household, nevertheless benefits all members of the household, the increase in annual income per capita thanks to these transfers, considering all the poor, is estimated at 12,660 FCFA on average, i.e. 1,060 FCFA per month.

3.5.7. Scenario 7: Crisis Scenario + Extension of the scope of cash transfers to all households with poor children, with an overall budget equivalent to about 3%of 2018 GDP for transfers allocated in 2019

This is a variant of scenario 6 above. The fundamental difference here lies in the fact that, instead of a proportion of 1% of nominal GDP in 2018, the overall envelope dedicated to cash transfers in 2019 represents rather around 3% of said GDP. In fact, the interest of this scenario is to find an optimal amount which would have fully mitigate the negative effects of the crisis on child poverty by 2025; at least by getting out of poverty, by 2025, the same number of children who have become poor due to the crisis.

In this sense, the overall estimated amount that should have been distributed in 2019 amounts to CFAF 233.2 billion. It would then represent 36.07% of the average difference between the poverty line and the average expenditure of poor children in the crisis scenario without policy response. The increase in annual income per capita thanks to this scenario, considering the entire population of the poor, was estimated at 37,130 FCFA on average, i.e. 3,090 FCFA per month.

4. Poverty impacts of the crisis

3.1. Impacts of the crisis on the poverty trends for the entire Chadian population

Before presenting the specific impacts on child poverty, it would worth having an idea on the poverty trends, as well as concerning the effects of the crisis on that trend, for the whole of Chadian population. Chart 3 shows that if the economic crisis due to the 2014 oil shock had not occurred, the proportion of poor people in Chad would have steadily declined between 2011 and 2025. On this benchmark trend, it would have dropped from 46.67% in 2011 to 38.74% in 2018, up to 31.87% in 2025. But because of the crisis, the poverty prevalence is much.

Admittedly, the poverty headcount continues to decrease until 2015, thanks to GDP growth which remains positive, but already deviates by 0.56 percentage point in 2014 and 1.45 percentage point in 2015, above the benchmark trend. Thus, in 2014 and 2015, people experiencing poverty due to the crisis represented respectively 1.30% and 3.42% out of the whole poor population.

This proportion increased considerably after 2015, the poverty headcount having deviated more substantially from its benchmark trajectory. In fact, from 2016, the year Chad experienced a drastic negative growth in its real GDP, the poverty headcount ratio began to rise until 2018, when it would stand at 47.67%. If the assumption of moderate positive real GDP growth for 2019 through 2025 were effective, the poverty headcount would have decreased only slightly to 46.54% in 2020 and almost returned to its 2011 level. This implies a lost decade due to crisis, because this would represent more than 9 percentage points above its value on the baseline trend.

Chart 3: *Trends in the monetary poverty headcount ratio (FGT_0) for the whole Chadian population in crisis-free and crisis scenarios*

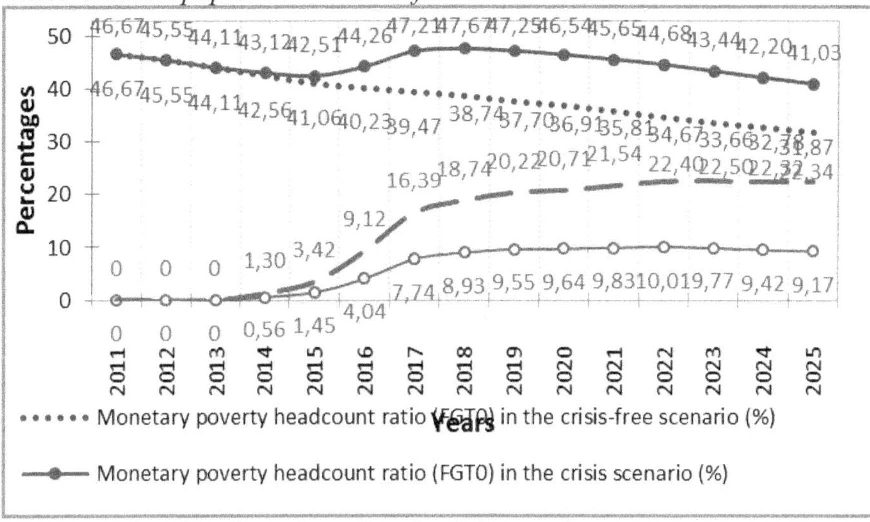

Source: Designed by the author using simulation results.

Chart 4: *Impacts of the crisis on the trends in total number of poor people in Chad*

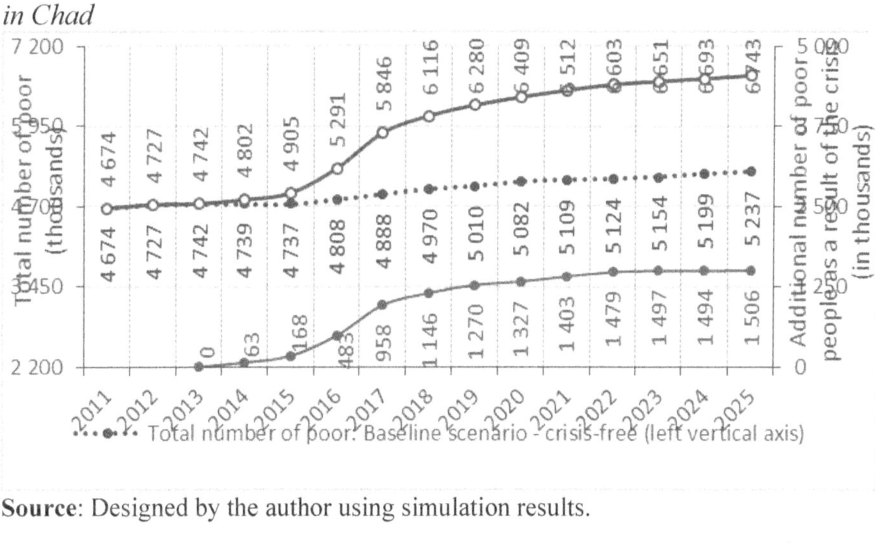

Source: Designed by the author using simulation results.

Subsequently, of the people living in poverty in 2018, 18.74% were due to the oil shock and the ensuing economic crisis. Despite the assumptions of positive growth from 2018 and especially 2019, this share rises to more than 20% in 2019 and exceeds 22% from 2022, the growth not being strong enough to offset the real income losses suffered since 2014, compared to the crisis-free trajectory.

As shown in Chart 4, among the 6.28 million poor people estimated for 2019, 1.27 million would have been due to the oil shock in concern. This number of poor people caused by the crisis would rise to 1.5 million in 2025.

3.2.Impacts of the crisis on the general trends in child monetary poverty

The impact analysis for child monetary poverty is, with a few differences, similar to that carried out on the scale of the whole population. It can be seen from Chart 5 that, in the crisis-free scenario, the share of poor children out of the total population of children decreases from year to year. If the economy had followed this benchmark trajectory, the monetary poverty headcount ratio among children would have dropped continuously from 48.93% in 2011 to 41.46% in 2018 and 34.37% in 2025. That is, in total, a drop of 14.56 percentage points between 2011 and 2025, which is slightly lower than the figure for the whole population (14.80).

Chart 5: *Trends in the headcount ratio of child monetary poverty (FGT_0) in crisis-free and crisis scenarios*

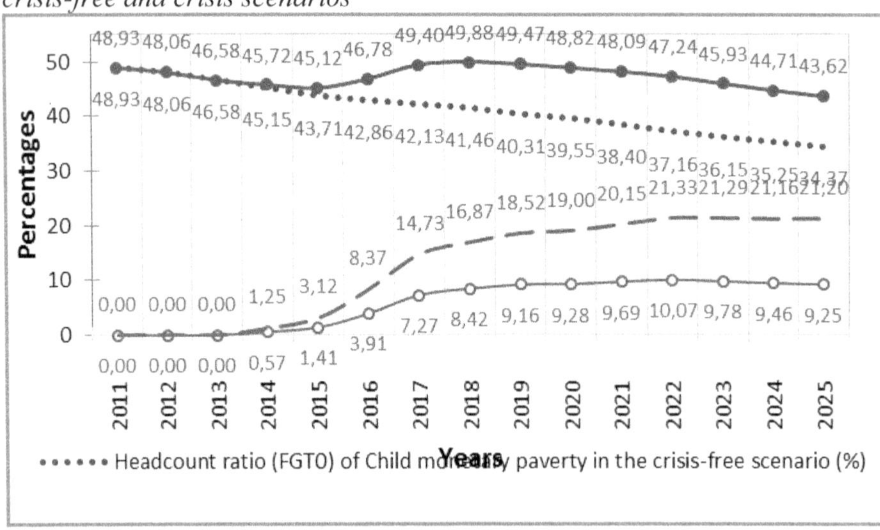

Source: Designed by the author using simulation results.

One observation that can therefore be made at this juncture is that, structurally, not only is child monetary poverty higher than the national average, but also, even with positive economic growth, it tends to decrease less quickly than the nationwide poverty rates do, in case of no or insufficient poverty alleviation measures which specifically target children.

As is the case for the countrywide poverty, the headcount ratio for child monetary poverty in the crisis scenario first continued to decrease until 2015 before rebounding from year 2016 ahead to reach 49.88% in 2018. It was estimated that it would drop from there to 48.82% in 2020, thus returning to the level of poverty recorded a decade earlier, before continuing to decline to 43.62 % in 2025.

In light of Chart 5, it also appears that the discrepancy, of the child poverty headcount ratio from its benchmark values, goes gradually from 0.57 to 10.07 percentage points from 2014 to 2022, before starting a slightly downward slope up to 9.25 percentage points in 2025. Likewise, among poor children, the share of those having this status due to the crisis gradually increases starting from a value of 1.25% in 2014 to a bit more than 21% from 2022.

These figures are slightly lower than for the whole population, simply because the decrease in child poverty in the baseline scenario is less strong than for adults. However, they remain higher in absolute terms compared to adults, given the larger proportion of children in the total population. Thus, as it arises from Chart 5 and Chart 6, the number of children having the status of poor because of the crisis increases from 37 thousand in 2014 to 709 thousand in 2019, then up to 884 thousand in 2025 , while the adults considered as poor due to the crisis increase from 26 thousand in 2014 to 561 thousand in 2019, and then up to 622 thousand in 2025.

Chart 6: *Impact of the crisis on the number of poor children*

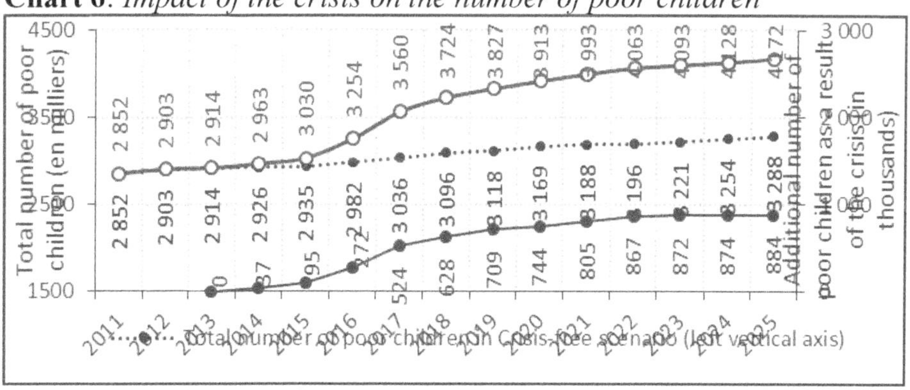

Source: Designed by the author using simulation results.

3.3.Poverty impacts of the crisis on children in urban vs. in rural area

The crisis increased poverty in both urban and rural areas (Chart 7). The magnitude of this surge was comparatively worse in urban areas from 2014 to 2016, i.e. during the three first years of the crisis. But from 2017 thereon, the worsening of the children situation was more dramatic in rural areas.

In rural areas, among poor children, the share of those living in this situation as a result of the crisis increased almost continuously, from 1.20% in 2014 to 21.76% in 2025. In urban localities, this ratio gradually goes from 1.79% in 2014 to 14.51% in 2018, reaches its peak at 16.37% in 2022 then drops slightly to 14.49% in 2025. This implies a process of a widening impoverishment of children in general, but even more dramatically in rural localities of which the contribution to child poverty was already preponderant in 2011.

Chart 7: *Children living in monetary poverty due to the crisis, by residence area, as a percentage of the total number of poor children in the said area (%)*

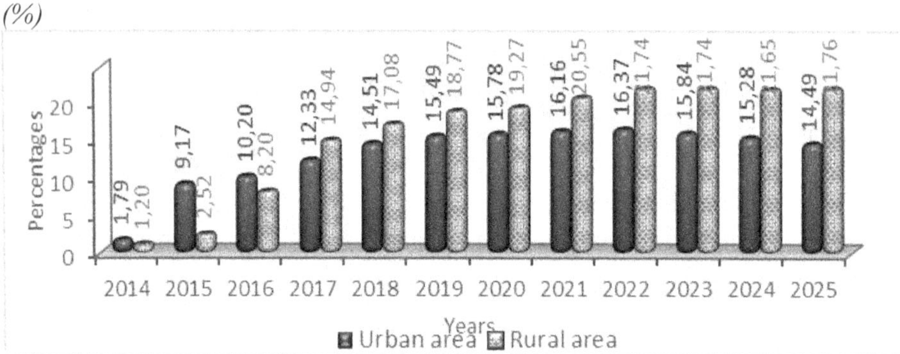

Source: Designed by the author using simulation results.

3.4.Impacts of the crisis on child monetary poverty by gender of the head of household

At first glance, one might realize that the crisis had hit children regardless of the gender of the head of household. In this sense, it effectively follows from simulations that, whether in households headed by a woman or by a man, because of the crisis, the child poverty rate deviated from its downward trajectory observed in the crisis-free scenario, the magnitude of this deviation having also reached its greatest value in the same year in both cases, in 2022 (Chart 8).

But beyond these common aspects, it appears that children in female-headed households are hit the hardest, if one considers the share of poor children who became poor due to the crisis. Conversely, in terms of absolute contribution to child poverty, male-headed households still occupy the first place, to a large extent, because a very high share of the total population of children in Chad (about 83%) live in these households. Thus, regardless of the year and irrespective of the scenario with or without a crisis, male-headed households almost constantly house around 85% of the total number of poor children in Chad; with a very slight decrease (less than 0.4 percentage point) in the scenario with crisis compared to the crisis-free scenario.

Chart 8: *Changes in the child monetary poverty (FGT0) by gender of the head of household*

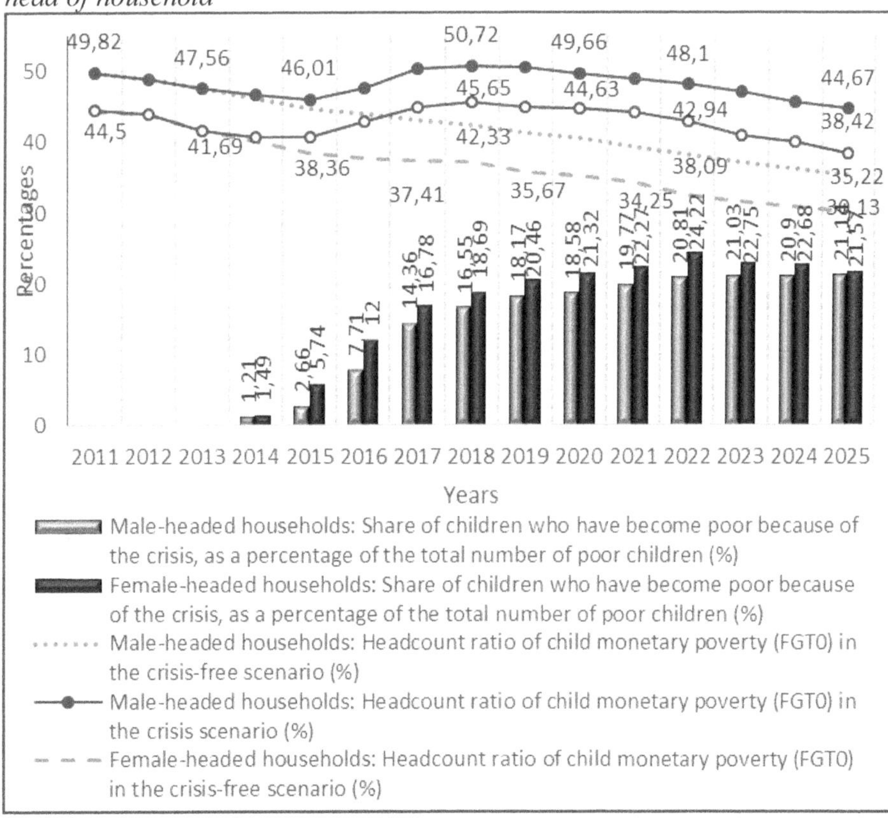

Source: Designed by the author using simulation results.

3.5. Impacts of the crisis on child monetary poverty by level of education of the head of household

The simulation results reveal a very deep contrast between the impacts in households headed by an individual with a vocational training or higher education level on the one hand and in the rest of the households on the other hand (Table 4).

In fact, the first group of households is practically insensitive to changes in the economic environment, whether it is favorable or not, while the effects on the rest of households are more conventional. Thus, in the crisis-free scenario, which is based on a continuous positive GDP growth rates, the child poverty headcount ratio drops only by 0.1 percentage point in 15 years in households whose head has a vocational education level. This ratio remains constant from 2011 to 2014 (8.63%), from 2016 to 2020 (8.55%) and from 2021 to 2025 (8.53%). In the case of households headed by an individual with a higher education level, the value of this indicator obstinately remains fixed at 9.27% from 2011 to 2018, and decreases slightly, but again remaining constant at 8.75%, from 2019 to 2025. Similarly, in the crisis scenario, yearly values of child poverty headcount ratios in households whose head had a vocational training or higher education level, remained almost unchanged compared to the corresponding values in the crisis-free scenario.

Table 4: *Impacts on the trends in headcount ratio of child monetary poverty (FGT_0) by education level of the head of household*

Education Level / Indicator	2011	2012	2013	2014	2015	2016	2017	2018	2019	2020	2021	2022	2023	2024	2025
UNINSTRUCTED															
a. FGT_0: Crisis-free scenario (%)	50.29	49.52	48.28	46.67	45.15	44.57	43.81	43.24	42.14	41.66	40.48	38.67	37.57	36.68	35.56
b. FGT_0: Crisis Scenario (%)	50.29	49.52	48.28	47.19	46.99	48.21	50.83	51.32	50.84	50.22	49.65	48.70	47.51	46.29	45.14
c. *Impact 1 = b - a (points of %)*	0.00	0.00	0.00	0.52	1.84	3.64	7.02	8.08	8.70	8.57	9.17	10.03	9.94	9.60	9.58
d. *Impact 2*= $(\%)\frac{c}{b}$	0.00	0.00	0.00	1.10	3.92	7.54	13.82	15.75	17.12	17.05	18.46	20.59	20.93	20.75	21.22
KORANIC SCHOOL															
a. FGT_0: Crisis-free scenario (%)	37.25	37.28	35.17	34.81	32.64	31.89	31.89	31.89	30.13	28.51	27.57	26.99	26.99	26.93	26.93
b. FGT_0: Crisis Scenario (%)	37.25	37.28	35.17	34.96	32.29	32.99	35.03	38.25	38.18	35.03	34.96	34.54	34.19	32.67	32.37
c. *Impact 1 = b - a (points of %)*	0.00	0.00	0.00	0.15	-0.36	1.11	3.14	6.36	8.05	6.52	7.38	7.54	7.20	5.73	5.44
d. *Impact 2*= $(\%)\frac{c}{b}$	0.00	0.00	0.00	0.43	-1.11	3.35	8.97	16.62	21.08	18.62	21.12	21.84	21.06	17.55	16.79
PRIMARY EDUCATION															
a. FGT_0: Crisis-free scenario (%)	54.98	53.96	52.36	51.29	49.69	48.13	47.08	46.07	45.33	43.64	42.05	41.68	40.74	39.54	38.86
b. FGT_0: Crisis Scenario (%)	54.98	53.96	52.36	51.81	50.28	53.44	55.49	55.56	55.15	54.91	53.79	53.16	51.83	50.48	49.44
c. *Impact 1 = b - a (points of %)*	0.00	0.00	0.00	0.52	0.59	5.31	8.42	9.49	9.82	11.28	11.74	11.48	11.09	10.94	10.58
d. *Impact 2*= $(\%)\frac{c}{b}$	0.00	0.00	0.00	1.01	1.18	9.93	15.17	17.09	17.81	20.53	21.83	21.60	21.39	21.67	21.39
SECONDARY EDUCATION															
a. FGT_0: Crisis-free scenario (%)	36.42	35.03	32.46	30.78	30.09	29.17	29.02	28.31	26.04	25.77	25.53	25.23	24.27	23.65	23.39
b. FGT_0: Crisis Scenario (%)	36.42	35.03	32.46	31.90	31.34	32.72	37.01	37.73	37.64	36.42	35.43	34.41	32.17	31.21	30.06
c. *Impact 1 = b - a (points of %)*	0.00	0.00	0.00	1.12	1.24	3.54	7.99	9.42	11.60	10.65	9.90	9.18	7.90	7.56	6.67
d. *Impact 2*= $(\%)\frac{c}{b}$	0.00	0.00	0.00	3.50	3.97	10.83	21.59	24.97	30.83	29.23	27.95	26.67	24.57	24.23	22.19
VOCATIONAL TRAINING															
a. FGT_0: Crisis-free scenario (%)	8.63	8.63	8.63	8.63	8.55	8.55	8.55	8.55	8.55	8.55	8.53	8.53	8.53	8.53	8.53
b. FGT_0: Crisis Scenario (%)	8.63	8.63	8.63	8.63	8.83	8.96	9.07	9.45	9.45	9.07	8.74	8.53	8.53	8.53	8.53
c. *Impact 1 = b - a (points of %)*	0.00	0.00	0.00	0.00	0.28	0.41	0.52	0.90	0.90	0.52	0.21	0.00	0.00	0.00	0.00
d. *Impact 2*= $(\%)\frac{c}{b}$	0.00	0.00	0.00	0.00	3.17	4.58	5.73	9.52	9.52	5.73	2.40	0.00	0.00	0.00	0.00

HIGHER EDUCATION															
a. FGT_0: Crisis-free scenario (%)	9.27	9.27	9.27	9.27	9.27	9.27	9.27	9.27	8.75	8.75	8.75	8.75	8.75	8.75	8.75
b. FGT_0: Crisis Scenario (%)	9.27	9.27	9.27	9.27	10.25	9.27	9.53	9.53	9.53	9.27	9.27	9.27	9.27	8.75	8.75
c. *Impact 1 = b - a (points of %)*	0.00	0.00	0.00	0.00	0.98	0.00	0.26	0.26	0.79	0.52	0.52	0.52	0.52	0.00	0.00
d. *Impact 2* $= (\%)\frac{c}{b}$	0.00	0.00	0.00	0.00	9.53	0.00	2.76	2.76	8.24	5.63	5.63	5.63	5.63	0.00	0.00

Source: Designed by the author using simulation results.

In the case of GDP growth, the inertia of the child poverty indicators for these households can be explained by the fact that poor children in those households live in a situation of extreme poverty or of social exclusion so severe that the growth of national GDP alone is very insufficient to get them out of it. Conversely, in the case of the crisis scenario, this inertia implies greater resilience of the non-poor among those households, or it could reflect the fact that the less wealthy of the non-poor children living in the said households enjoy a level of expenditure per capita high enough so that the adverse effects of the crisis fail to reduce it below the poverty line. However, these children, who seem to be living in a bubble that isolates them from the favorable or unfavorable effects of the changes in economic environment, account for only 1.6% of the total number of children in Chad; which, on a nationwide scale, induces a marginal influence of this inertial phenomenon.

Concerning the other households (those headed by individuals with no education or with a level of koranic, primary or secondary education), it arises that the monetary poverty among children followed the standard trend: it decreased continuously in the crisis-free scenario and, in the crisis scenario, it first decreased until 2015, rebounded from 2016 until 2018 and decreased slightly from 2019. Moreover, it worth noticing that the predominant contribution to child poverty remains that of households whose head has no education. Whatever the scenario (with or without crisis) and the year, between 63 and 64% of poor children live in these households. The cumulative contribution to child poverty, for households headed by uneducated individual or a person with koranic or primary education, stayed around 92% throughout the modeling period. Thus, even in terms of additional number of poor children because of the crisis, the share of these household groups was dominant; particularly that of households whose head had no education.

5. Effects of the policy responses on poverty

5.1. Effects of cash transfers allocated under the pilot social safety net programs

5.1.1. Effects of the pilot social safety nets on the per capita real consumption

Pilot social safety net programs have had a significant positive impact on the consumption of beneficiary households, but only for them, the effects on other poor households being practically nil (Table 5). In real terms, thanks to the cash-for-job program, the average per capita expenditure of beneficiary households in N'Djamena is 4.8% higher in 2018 than in the crisis scenario. This positive discrepancy rate decreases slightly from year, up to year to 3.9% in 2025, under the effect of population growth, since the amount allocated annually to recipient households remains constant across time and regardless of the change in household size.

The positive effects of the pilot social safety nets on real per capita consumption were even more substantial among beneficiaries living in the other two pilot regions. In 2018, the unconditional cash transfers led to an increase in real per capita expenditure of 39.2% for beneficiary households in Barh-El-Gazel region and 37.0% for those in Western Logone. As in the case of N'Djamena, these upturns gradually crumbled, since cash transfers did not evolve proportionally with the increase in the size of households. This decline was more pronounced in the Western Logone, where the population density per household is higher.

Table 5: *Effects of the pilot social safety net programs on per capita spending of recipient and non-recipient households from 2018 to 2025*

PERFORMANCE INDICATORS	2018	2019	2020	2021	2022	2023	2024	2025
RECIPIENT HOUSEHOLDS IN N'DJAMENA								
A. Change *(%)* in average expenditure in the pilot social safety net scenario, compared to the crisis scenario	**4.78**	**4.52**	**4.42**	**4.31**	**4.23**	**4.10**	**4.00**	**3.89**
B. Average expenditure per head in the crisis scenario as a percentage of the poverty line *(%)*	71.56	72.65	73.03	73.49	73.61	74.39	74.83	75.53
C. Average expenditure per head in the pilot social safety net scenario as a percentage of the poverty line *(%)*	74.98	75.94	76.25	76.66	76.72	77.44	77.83	78.47
D. = C – B *(percentage points)*	3.42	3.29	3.22	3.17	3.11	3.05	3.00	2.94
RECIPIENT HOUSEHOLDS IN THE BARH-EL-GAZEL REGION								
A. Change *(%)* in average expenditure in the pilot social safety net scenario, compared to the crisis scenario	**39.22**	**37.19**	**35.90**	**34.65**	**33.61**	**32.36**	**31.26**	**30.10**
B. Average expenditure per head in the crisis scenario as a percentage of the poverty line *(%)*	22.12	22.37	22.79	23.21	23.57	24.02	24.42	24.86
C. Average expenditure per head in the pilot social safety net scenario as a percentage of the poverty line *(%)*	30.79	30.69	30.97	31.26	31.49	31.79	32.06	32.35
D. = C – B *(percentage points)*	*8.67*	*8.32*	*8.18*	*8.05*	*7.92*	*7.77*	*7.64*	*7.49*
RECIPIENT HOUSEHOLDS IN THE WESTERN LOGONE								
A. Change *(%)* in average expenditure in the pilot social safety net scenario, compared to the crisis scenario	**36.96**	**34.89**	**31.33**	**28.32**	**25.91**	**23.69**	**21.85**	**20.17**
B. Average expenditure per head in the crisis scenario as a percentage of the poverty line *(%)*	14.84	15.09	16.54	17.99	19.38	20.79	22.15	23.51
C. Average expenditure per head in the pilot social safety net scenario as a percentage of the poverty line *(%)*	20.32	20.36	21.72	23.09	24.40	25.72	26.99	28.25
D. = C – B *(percentage points)*	*5.48*	*5.27*	*5.18*	*5.10*	*5.02*	*4.93*	*4.84*	*4.74*

Non-Recipient Poor Households in Chad as a Whole								
A. Change *(%)* in average expenditure in the pilot social safety net scenario, compared to the crisis scenario	**0.01**	**0.02**	**0.03**	**0.03**	**0.03**	**0.03**	**0.03**	**0.03**
B. Average expenditure per head in the crisis scenario as a percentage of the poverty line *(%)*	56.94	57.52	59.28	61.05	62.63	64.40	66.01	67.69
C. Average expenditure per head in the pilot social safety net scenario as a percentage of the poverty line *(%)*	56.95	57.54	59.30	61.07	62.65	64.42	66.03	67.71
D. = C – B *(percentage points)*	*0.01*	*0.01*	*0.02*	*0.02*	*0.02*	*0.02*	*0.02*	*0.02*

Source: Author's calculations based on simulation results.

Despite this decrease of the positive effects over time, the growth rates of real per capita expenditure remain significantly higher in the recipient households in Barh-El-Gazel and Western Logone throughout the simulation span, compared to the situation prevailing among the beneficiaries of N'Djamena. Two factors would explain this difference.

First, as it already appears above (Table 3), pilot social safety net programs imply allocating to the recipients of Barh-El-Gazel and Western Logone an additional annual income per head respectively 2.5 times and 1.6 times higher than the amount per head allocated to recipient households in N'Djamena. The second explanatory factor is related to the initial gap between the average expenditure level and the poverty line. In participating households living in N'Djamena, the average expenditure before the implementation of the social safety nets is much closer to the poverty line and represents 71.6% of the poverty line in 2018, while it represents the same year only 22.1% and 14.8% of this threshold, respectively for recipient households in Barh-El-Gazel and Western Logone.

This second factor suggests that, despite the substantial improvement in real per capita consumption among beneficiary households in Barh-El-Gazel and Western Logone, the effects on poverty reduction there would be less promising or not at all.

5.1.2. Effects of the pilot social safety nets on poverty regardless of age

On the nationwide level, the poverty impacts of the pilot social safety net programs are quite marginal (Table 6). The poverty headcount ratio remains almost constant compared to the crisis scenario. It fell by only 0.01 percentage point in 2018 and by 0.02 percentage point thereafter. Similarly, the gap between the poverty line and the average level of per capita spending narrows by only 0.3% over the period of analysis.

In terms of headcount, the number of people lifted out of poverty thanks to the pilot social safety nets, across all the country, has increased from 926 in 2018 to 2,332 in 2019. It then further increases gradually up to 3,747 by 2025. The rise of this number over time is to a large extent dependent to the assumption of sustained real GDP growth, of around 5.5% per year from 2019. Moreover, if we only consider the amounts allocated to households in all pilot programs (i.e. excluding program management costs), the average annual cost to lift an individual out of poverty is around 2.14 million CFA francs in 2018, 849,000 CFA francs in 2019 and gradually decreases to 528,000 CFA francs by 2025.

The small impacts on poverty reduction at the national level are nevertheless understandable: one explanation lays, trivially, on the fact that the immediate vocation of the pilot programs assessed here were to target only a tiny portion of households and in only three regions of Chad. As noted above, these programs have only a very low coverage rate nationally: they only affected 2.4% of poor individuals across the whole country in 2018. Furthermore, as it is presented below, it appears that, among the three pilot programs, **only the cash-for-job program could lift some of its beneficiaries out of poverty.**

In the urban and peri-urban area of N'Djamena, poverty reduction was weak, but more consistent than in other regions. The percentage of poor people within the population of N'Djamena decreased by 0.1 percentage points in 2018, 0.2 percentage points in 2019 and increased by only up to 0.3 percentage points by 2025.

Table 6: *Effects of Social Safety net Pilot Programs on Poverty, regardless of ages, from 2018 to 2025, by recipient region and nationally*

PERFORMANCE INDICATORS	2018	2019	2020	2021	2022	2023	2024	2025
THE ENTIRE CHADIAN POPULATION								
A. Poverty Headcount Ratio (FGT_0), Crisis Scenario (%)	47.67	47.25	46.54	45.65	44.68	43.44	42.20	41.03
B. Change in FGT_0 due to Pilot social safety nets (%)	-0.01	-0.02	-0.02	-0.02	-0.02	-0.02	-0.02	-0.02
C. Number of people out of poverty	**926**	**2 332**	**2 498**	**2 959**	**3 276**	**3 436**	**3 604**	**3 747**
D. Average cost per month for each person out of poverty (CFA Franc)	**178 186**	**70 755**	**66 053**	**55 762**	**50 366**	**48 021**	**45 782**	**44 035**
E. Depth of Poverty (FGT_1), Crisis Scenario (%)	20.44	20.16	19.35	18.55	17.88	17.16	16.54	15.93
F. Depth of Poverty (FGT_1), Pilot social safety nets (%)	20.39	20.11	19.29	18.50	17.82	17.10	16.49	15.87
***G.** Change (%) in $FGT_1 = (F - E)*100/E$*	*-0.27*	*-0.28*	*-0.30*	*-0.31*	*-0.32*	*-0.32*	*-0.32*	*-0.32*
N'DJAMENA								
A. Poverty Headcount Ratio (FGT_0), Crisis Scenario (%)	11.72	11.49	10.95	10.76	10.24	10.01	9.92	9.88
B. Poverty Headcount Ratio (FGT_0), Pilot social safety nets (%)	11.63	11.27	10.73	10.51	9.97	9.73	9.64	9.60
C. Change in $FGT_0 = B - A$ (in percentage points)	*-0.09*	*-0.22*	*-0.22*	*-0.25*	*-0.27*	*-0.28*	*-0.28*	*-0.28*
D. Number of people out of poverty	**926**	**2 332**	**2 498**	**2 959**	**3 276**	**3 436**	**3 604**	**3 747**
***E.** Percentage of people out of poverty in region's recipient households*	*1.07*	*2.61*	*2.70*	*3.09*	*3.30*	*3.34*	*3.38*	*3.40*
***F.** % of people out of poverty compared to the number of people who have become poor as a result of the crisis*	*12.57*	*29.55*	*31.64*	*39.35*	*43.67*	*45.98*	*49.82*	*52.43*
G. Depth of Poverty (FGT_1) in Recipient Households - Crisis Scenario (%)	28.44	27.35	26.97	26.51	26.39	25.61	25.17	24.47
H. Depth of Poverty (FGT_1) in Recipient Households - Pilot safety nets (%)	25.02	24.06	23.75	23.34	23.28	22.56	22.18	21.53
***I.** Change (%) in FGT_1 in region's recipient households= $(H - G)*100/G$*	*-12.02*	*-12.00*	*-11.95*	*-11.94*	*-11.79*	*-11.91*	*-11.90*	*-12.00*
BARH EL-GAZEL								
A. Poverty Headcount Ratio (FGT_0), Crisis Scenario (%)	44.72	44.65	43.32	41.30	40.72	39.47	39.48	39.13
B. Poverty Headcount Ratio (FGT_0), Pilot social safety nets (%)	0	0	0	0	0	0	0	0
C. Number of people out of poverty	**0**	**0**	**0**	**0**	**0**	**0**	**0**	**0**
D. Depth of Poverty (FGT_1) in Recipient Households - Crisis Scenario (%)	77.88	77.63	77.21	76.79	76.43	75.98	75.58	75.14

E. Depth of Poverty (FGT_1) in Recipient Households - Pilot safety nets (%)	69.21	69.31	69.03	68.74	68.51	68.21	67.94	67.65
F. *Change (%) in FGT_1 in region's recipient households = (E – D)*100/D*	*-11.14*	*-10.72*	*-10.60*	*-10.48*	*-10.37*	*-10.23*	*-10.10*	*-9.96*
WESTERN LOGONE								
A. Poverty Headcount Ratio (FGT_0), Crisis Scenario (%)	67.35	67.33	66.19	66.09	65.87	64.64	63.87	62.19
B. Poverty Headcount Ratio (FGT_0), Pilot social safety nets (%)	0	0	0	0	0	0	0	0
C. **Number of people out of poverty**	**0**	**0**	**0**	**0**	**0**	**0**	**0**	**0**
D. Depth of Poverty (FGT_1) in Recipient Households - Crisis Scenario (%)	85.16	84.91	83.46	82.01	80.62	79.21	77.85	76.49
E. Depth of Poverty (FGT_1) in Recipient Households - Pilot safety nets (%)	79.68	79.64	78.28	76.91	75.60	74.28	73.02	71.75
F. *Change (%) in FGT_1 in region's recipient households = (E – D)*100/D*	*-6.44*	*-6.20*	*-6.21*	*-6.21*	*-6.23*	*-6.22*	*-6.21*	*-6.20*

Source: Author's calculations based on simulation results.

All individuals lifted out of poverty in this area belong to recipient households (Table 6). These “survivors” account for 1.1% of the number of people living in households benefiting from the cash-for-job program in 2018, 2.6% in 2019 and gradually up to 3.4% in 2025. They represent a relatively larger share of the number of people who have become poor as a result of the crisis in the urban and peri-urban area of N’Djamena: 12.6% in 2018, 29.6% in 2019 and gradually up to 52.4% in 2025.

Taking into account only the total amount paid to beneficiary households in N’Djamena, the average annual cost of the program per individual out of poverty in this region is about 933,000 CFA francs in 2018, 371,000 CFA francs in 2019 and then gradually decreases to about 231,000 CFA francs by 2025.

The relative success of pilot social safety nets in N’Djamena might be explained at least by two factors, despite the fact that, as noted above (table 3), the additional expenditure per capita due to the program is 2.5 times and 1.6 time lower in this region than the supplementary amounts enjoyed respectively within recipient households in Barh-El-Gazel and Western Logone regions.

The first reason relates to the level of expenditure per capita prior to the implementation of social safety nets, which is relatively high in these households (Table 5), i.e., as a corollary, it is related to the relatively low depth of poverty within those households (Table 6). The second explanatory factor is the fairly broad coverage of the program applied in N’Djamena: the 9,000 households benefiting from this program shelter 70.3% of the poor people living in that region. However, the rationale of the pilot programs being to making the poorest benefit first, it implies that poor people which are closest to the poverty line (and therefore likely to get out of poverty more quickly) benefit from the program only if its coverage is wider, as is the case for N’Djamena. The combination of these two factors lead to a greater probability that the program benefits a poor household that does not ask for more to reach or to pass over the poverty line, even with a relatively low supplement of average per capita income.

Regarding the other regions: from the above, it appears that the proportion of poor people has not changed in any other region, following the implementation of the pilot programs, apart from N'Djamena. As a result, no one has escaped poverty in other regions.

However, within recipient households of Barh-El-Gazel and Western Logone regions, the gap between the average expenditure per capita and the poverty line has narrowed considerably, compared to the crisis situation. The reduction in the depth of poverty is around 8 percentage points for beneficiary households in Barh-El-Gazel and 5 percentage points within those living in Western Logone (while it is only around 3 percentage points for those of N'Djamena).

But this decline is not sufficient enough to reduce the share of the poor in these households, because of the very huge initial gap between the average per capita income of these households and the poverty line. Furthermore, the very low coverage of these programs compared to the total number of poor in each of these two regions, does not promote alleviation of monetary poverty as stressed above, considering the priority given to the poorest households of the poor in benefiting cash transfers. Admittedly, such prioritization, which echoes a certain principle of social justice, makes it possible to reduce inequalities in society and especially among poor households. But it only allowed here to boost consumption per capita of the said households (paragraph 5.1.1) without satisfying the conditions for truly reducing poverty in these households.

5.1.3. Effects of the pilot social safety nets on child poverty

The effects of social safety nets on children are broadly like those estimated nationwide regardless of age (paragraph 5.1.2). Thus, as for all populations, it is only in the N'Djamena region that the pilot social safety nets led to an alleviation in child poverty, although this reduction is small and far to really mitigate the crisis effects (Table 7).

The drop in the percentage of the poor among the children of N'Djamena is barely noticeable: 0.1 percentage point in 2018, 0.2 percentage point in 2019 and gradually reaching about 0.3 percentage point in 2025. This means that the *cash-for-job* program brings 525 children out of poverty in 2018, 1,144 children in 2019 and gradually up to 1,796 children by 2025.

Children out of poverty in N'Djamena account for only 1.0% of the total number of children living in households benefiting from social safety nets in this region in 2018. This ratio is equal to 2.1% in 2019 and rises slightly to 2.7% in 2025. They represent a relatively substantial proportion of the total number of children who became poor due to crisis in N'Djamena, implying a noticeable mitigating effect of the pilot programs there: 11% in 2018, 23.9% in 2019 and gradually up to 54.1% in 2025.

The explanatory factors of the magnitude and regional disparity of these effects are the same as those mentioned in paragraph 5.1.2 which deals with the impact on all 5.1.2citizens. In short, the probability that cash transfers reduce poverty is positively correlated, not only with the amount distributed, but also with the coverage rate of the poor, including some of the less poor. As a corollary, this probability is inversely proportional to the initial gap existing between the level of expenditure per capita of the recipients and the poverty line.

In addition, the distribution of cash transfers to households involved in the pilot programs under review does not take into account neither the size of the household nor the number of children in the household. This is another factor that further disadvantages households with larger size in general and, in particular, those housing numerous children. However, as commonly shown, the larger the size of a household, the higher the prevalence of poverty in general and of child poverty in these households.

One of the ways of improving the pilot system of social nets would then be, not only to expand its coverage sufficiently, but also to find a mechanism of proportionality related to the number of children, when allocating transfers to poor households.

Table 7: *Effects of Pilot Social Safety Programs on Child Poverty, 2018 to 2025, by recipient region and nationally*

PERFORMANCE INDICATORS	2018	2019	2020	2021	2022	2023	2024	2025
THE ENTIRE POPULATION OF CHILDREN IN CHAD								
A. Poverty Headcount Ratio (FGT_0), Crisis Scenario (%)	49.88	49.47	48.82	48.09	47.24	45.93	44.71	43.62
B. Change in FGT_0 due to Pilot social safety nets (%)	*-0.01*	*-0.01*	*-0.02*	*-0.02*	*-0.02*	*-0.02*	*-0.02*	*-0.02*
C. Number of children out of poverty	**525**	**1144**	**1262**	**1462**	**1567**	**1629**	**1714**	**1796**
N'DJAMENA								
A. Poverty Headcount Ratio (FGT_0), Crisis Scenario (%)	12.87	12.61	12.08	11.86	11.17	10.83	10.76	10.68
B. Poverty Headcount Ratio (FGT_0), Pilot safety nets (%)	12.77	12.41	11.87	11.62	10.92	10.58	10.50	10.43
C. Change in FGT_0 = B – A (in percentage points)	*-0.10*	*-0.20*	*-0.22*	*-0.24*	*-0.25*	*-0.25*	*-0.26*	*-0.26*
D. Number of children out of poverty	**525**	**1144**	**1262**	**1462**	**1567**	**1629**	**1714**	**1796**
E. Percentage of children out of poverty compared to the total number of children in households benefiting from Pilot safety nets in N'Djamena	*1.01*	*2.12*	*2.25*	*2.52*	*2.61*	*2.62*	*2.66*	*2.69*
F. Percentage of children out of poverty compared to the total number of children who became poor as a result of the crisis in N'Djamena	*10.95*	*23.85*	*26.25*	*35.63*	*44.10*	*47.64*	*51.14*	*54.13*
BARH EL-GAZEL								
A. Poverty Headcount Ratio (FGT_0), Crisis Scenario (%)	44.60	44.55	43.23	40.75	40.13	38.90	38.89	38.53
B. Change in FGT_0 due to Pilot social safety nets (%)	*0*	*0*	*0*	*0*	*0*	*0*	*0*	*0*
C. Number of children out of poverty	**0**	**0**	**0**	**0**	**0**	**0**	**0**	**0**
WESTERN LOGONE								
A. Poverty Headcount Ratio (FGT_0), Crisis Scenario (%)	70.01	69.99	69.19	69.14	69.17	67.58	66.84	64.97
B. Change in FGT_0 due to Pilot social safety nets (%)	*0*	*0*	*0*	*0*	*0*	*0*	*0*	*0*
C. Number of children out of poverty	**0**	**0**	**0**	**0**	**0**	**0**	**0**	**0**

Source: Author's calculations based on simulation results.

5.2. Effects of a total removal of import tariffs levied on food products

5.2.1. Impacts on the per capita real consumption

The impact on the household per capita real consumption for the whole country is very marginal, although positive (Table 8): the change in this indicator compared to its level in the crisis scenario is decrescendo from 0.19% in 2019 to 0.16% in 2025.

Despite its small magnitude, it should be noted that this pseudo-increase is even smaller in poor households (between 0.06% and 0.08%) compared to non-poor households (between 0.19% and 0,22%). The additional per capita amount spent in non-poor households as a result of this policy, in real terms, is about 9.5 times that of poor households.

This is mainly due to the fact that, industries of food products, whose labor force is mainly made up of poor individuals, records a slight underperformance in their production (about -0.2%), because the relatively better competitiveness of imported foods, the quantities of which increased by 0.3% thanks to their exemption from customs duties.

Table 8: Effects on per capita consumption, of the removal of customs duties levied on food imports from 2019 to 2025

PERFORMANCE INDICATORS		2019	2020	2021	2022	2023	2024	2025
Change in per capita consumption relative to its level in the crisis scenario	Population as a whole (%)	0.19	0.18	0.18	0.17	0.17	0.16	0,16
	Population of poor households (%)	0.08	0.08	0.08	0.07	0.07	0.07	0,06
	Population of non-poor households (%)	0.22	0.21	0.20	0.20	0.19	0.19	0,19
Ratio of the additional per capita expenditure of the non-poor to that of the poor		9,45	9.37	9.35	9.38	9.45	9.56	9.72

Source: Author's calculations based on simulation results.

5.2.2. Effects of removing tariffs on imported food, in mitigating the impacts of crisis on the overall poverty in Chad

The annihilation of import tariffs on food has a very insignificant impact in mitigating the overall poverty effects of the crisis in Chad. In fact, the small increase in per capita consumption of households in general and of poor households in particular is reflected in a barely perceptible decline in the headcount ratio and the depth of poverty (Table 9). Thanks to this policy, 14,249 people get out of poverty in 2019. This number drops gradually over the years, to 10,047 in 2025. This represents only 1.24% in 2019 to 0.88% in 2025 of the number of people who have become poor as a result of the crisis, or 0.23% in 2019 to 0.16% in 2025 of the total number of poor in Chad in the crisis scenario. That policy then shows a rather low and evanescent efficiency over time.

In terms of cost-benefit analysis (Table 9), it is initially less costly than the pilot social safety nets, until 2020, since the average cost of lifting an individual out of poverty in 2019 is 0.763 times the average cost under the pilot social safety nets assessed in subsection 5. This figure stands at 0.919 times in 2020. But beyond 2020, removing import tariffs on food becomes more expensive than implementing the pilot social safety nets. For instance, its unit cost is 1.256 times that of the pilot safety nets in 2021 and gradually increases up to almost twice in 2025.

Table 9: *Effects on poverty for all citizens of the cancellation of tariffs on food imports from 2019 to 2025*

INDICATORS		2019	2020	2021	2022	2023	2024	2025
Poverty headcount (FGT_0)	Value (%)	47.15	46.45	45.57	44.60	43.37	42.13	40.97
	Change from crisis scenario (%)	-0.11	-0.09	-0.08	-0.07	-0.07	-0.06	-0.06
Depth of Poverty (FGT_1)	Value (%)	20.14	19.33	18.53	17.86	17.14	16.53	15.91
	Change from crisis scenario (%)	-0.02	-0.02	-0.02	-0.02	-0.02	0.02	-0.02
Number of people lifted out of poverty		**14 249**	**12 914**	**11 399**	**10 883**	**10 431**	**10 149**	**10 047**
Percentage of people lifted out of poverty	As a percentage of the total number of poor in the crisis scenario	0.23	0.21	0.19	0.18	0.17	0.17	0.16
	Compared to the number of people who have become poor as a result of the crisis	1.24	1.13	0.99	0.95	0.91	0.89	0.88
Total amount of customs subsidy (bn of CFA francs)		**9.23**	**9.40**	**9.58**	**9.71**	**9.92**	**10.10**	**10.33**
Average cost per month and per individual out of poverty	Amount (CFA francs)	53 985	60 679	70 032	74 349	79 280	82 952	85 646
	As percentage of the similar cost prevailing in the pilot safety nets scenario	76.30	91.86	125.59	147.62	165.09	181.19	194.49

Source: Author's calculations based on simulation results.

5.2.3. Effects of removing tariffs on imported food, in mitigating the impacts of crisis on child poverty

As in the case of poverty regardless of age, the timid positive effects of removing customs duties on food imports are very insignificant in mitigating the worsening of child poverty caused by the crisis (Table 10). The number of children escaping poverty through this policy response stands at 8,732 in 2019 and fades over time, to 5,925 in 2025. This represents only a very small part of poor children in general (0.23% in 2019 to 0.14% in 2025), as well as a tiny proportion of children who have become poor due to the crisis (1.23% in 2019 to 0.67% in 2025).

Table 10: *Effects of removing tariffs levied on food imports, in mitigating Child Poverty from 2019 to 2025*

INDICATORS		2019	2020	2021	2022	2023	2024	2025
Headcount ratio of child poverty (FGT_0)	Value (%)	49.36	48.72	48.01	47.16	45.86	44.65	43.56
	Change from crisis scenario (%)	-0.11	-0.10	-0.08	-0.07	-0.07	-0.07	-0.06
Depth of Child Poverty (FGT_1)	Value (%)	21.38	20.58	19.79	19.11	18.38	17.75	17.12
	Change from crisis scenario (%)	-0.03	-0.02	-0.02	-0.02	-0.02	-0.02	-0.01
Number of children lifted out from poverty		**8 732**	**7 833**	**6 859**	**6 424**	**6 111**	**6 018**	**5 925**
Percentage of children lifted out of poverty	As a percentage of the total number of poor children in the crisis scenario	0.23	0.20	0.17	0.16	0.15	0.15	0.14
	Compared to the number of children who have become poor as a result of the crisis	1.23	1.05	0.85	0.74	0.70	0.69	0.67

Source: Author's calculations based on simulation results.

Although the policy of importing food duty-free is more effective in terms of number or percentage of children lifted out of poverty, compared to the social safety nets pilot programs, it is however more costly for each child thus freed from poverty, as already pointed out in the previous paragraph (1.1.1) which deals with the effects for all populations.

5.3. Effects of cancelling VAT levied on foods

5.3.1. Effects on the per capita real consumption

This policy leads to a slight increase in real consumption per capita, almost in the same order of magnitude (0.2%) as in the scenario of duty-free food imports (Table 11). But, unlike the latter, **the exemption from VAT is more favorable to poor households**: these households record a growth rate in their real consumption per capita, not only relatively higher, but also slightly increasing over time, from 0.30% in 2019 to 0.37% in 2025. This is more than twice the annual growth rate of real consumption per capita among non-poor households.

Table 11: *Effects on real per capita consumption of VAT cancellation on food products from 2019 to 2025*

Performance Indicators		2019	2020	2021	2022	2023	2024	2025
Change in per capita real consumption relative to its level in the crisis scenario	Population as a whole (%)	0.17	0.19	0.20	0.20	0.20	0.20	0,20
	Population of poor households (%)	0.30	0.33	0.35	0.36	0.37	0.37	0,37
	Population of non-poor households (%)	0.13	0.15	0.16	0.16	0.15	0.15	0,15
Ratio of the additional per capita expenditure of the non-poor over that of the poor		1,66	1.64	1.57	1.49	1.44	1.41	1.39

Source: Author's calculations based on simulation results.

Admittedly, the additional amount of real expenditure per capita of non-poor households is still higher than that of poor households: it is 1.66 times higher in 2019 and gradually down to 1.39 times in 2025. However, this ratio remains relatively low compared to the duty-free scenario where the gain of the non-poor is 9.5 times that of the poor.

The relatively pro-poor nature of exempting food from VAT stems from the fact that it does not discriminate against neither imported foodstuffs nor those produced locally. On the contrary, the cancellation of customs duties strengthens the competitiveness of imports and therefore introduces a distortion to the disadvantage of sectors producing local substitutes of imported foods, while those sectors mostly hire unskilled workers from poor households.

Moreover, in the VAT cancellation scenario, the growth rate of unit earnings of unskilled labor is almost double that of a skilled labor. In addition, the change in the capital unit earnings is positive in all production branches, including those where poorest households are active in.

5.3.2. Effects of exempting foods from VAT, in offsetting the poverty impacts of crisis on the overall population

As a consequence of the above-mentioned effects on household consumption (paragraph 5.3.1), an increasing number of people exit poverty from year to year thanks to food exemption from VAT. This number ranges from 15,742 in 2019 to 27,270 in 2025 (Table 12). It certainly represents a still small, but growing proportion of the total number of poor people on the one hand (from 0.26% in 2019 to 0.45% in 2025), and of the number of individuals who became poor because of the economic crisis on the other hand (from 1.37% to 2.38%).

Therefore, this VAT-based policy response is not consistent enough to substantially mitigate the worsening of poverty caused by the crisis. However, it proves to be relatively more effective and efficient in reducing poverty than the duty-free policy on foods, as well as compared to the social safety net pilot programs. In fact, with a cumulative implicit cost, for the period 2019-2025, equal to only 73% of that incurred in the scenario of elimination of customs duties on foods, the VAT policy option applied here allows to exit 2.7 times more people from poverty by the end of 2025.

Furthermore, in 2019, the average cost of lifting an individual out of poverty in the VAT-based scenario represents only 48.5% of the similar cost in the case of pilot safety net programs. Even if this ratio fluctuates over time, it remains below 55% each year throughout the simulation period.

Table 12: *Effects on the poverty of all citizens of the cancellation of VAT levied on food products, from 2019 to 2025*

Performance Indicators		2019	2020	2021	2022	2023	2024	2025
Poverty headcount (FGT_0)	Value (%)	47.13	46.42	45.51	44.53	43.28	42.03	40.87
	Change from crisis scenario (%)	-0.12	-0.12	-0.13	-0.15	-0.15	-0.16	-0.17
Depth of Poverty (FGT_1)	Value (%)	20.08	19.26	18.46	17.78	17.06	16.45	15.83
	Change from crisis scenario (%)	-0.08	-0.09	-0.09	-0.10	-0.10	-0.10	-0.10
Number of people lifted out of poverty		**15 742**	**16 652**	**19 187**	**21 725**	**23 422**	**25 657**	**27 270**
Percentage of people lifted out of poverty	As a percentage of the total number of poor in the crisis scenario	0.26	0.27	0.31	0.36	0.38	0.42	0.45
	Compared to the number of people who have become poor as a result of the crisis	1.37	1.45	1.67	1.90	2.04	2.24	2.38
Total Value Added Tax "subsidy" (bn of CFA francs)		**6,48**	**6.68**	**6.89**	**7.07**	**7.31**	**7.53**	**7.78**
Average cost per month and per individual out of poverty	Amount (CFA francs)	34 322	33 431	29 904	27 113	25 997	24 457	23 786
	As percentage of the similar cost prevailing in the pilot safety nets	48.51	50.61	53.63	53.83	54.14	53.42	54.02

Source: Author's calculations based on simulation results.

5.3.3. Effects of exempting foods from VAT, in offsetting the worsening of child poverty generated by the crisis

The number of children freed from poverty thanks to the VAT-based policy response increases over the years (Therefore, further to this measure, a really accurate policy response is needed. From this perspective, two scenarios the results of which are analyzed in subsection 5.4 have been designed. They consist in extending the scope of cash transfers programs to all poor households. Table 13). It goes from 9,818 in 2019 to 16,258 in 2025. It denotes an increasing proportion of the total number of poor children in general, as well as a growing percentage of the number of children who became poor due to the crisis. But, as in the case when considering all populations regardless of age, this alleviation of child poverty remains weak. Thus, although the results of this scenario are better than those of the previous two, it appears that the mere cancellation of the VAT levied on food is far from wiping out the additional child poverty engendered by the crisis.

Therefore, further to this measure, a really accurate policy response is needed. From this perspective, two scenarios the results of which are analyzed in subsection 5.4 have been designed. They consist in extending the scope of cash transfers programs to all poor households.

Table 13: *Effects on child poverty of the cancellation of VAT levied on food products from 2019 to 2025*

PERFORMANCE INDICATORS		2019	2020	2021	2022	2023	2024	2025
Headcount ratio of child poverty (FGT_0)	Value (%)	49.34	48.69	47.96	47.10	45.79	44.55	43.45
	Change from crisis scenario (%)	-0.13	-0.13	-0.13	-0.14	-0.14	-0.16	-0.17
Depth of Child Poverty (FGT_1)	Value (%)	21.33	20.51	19.71	19.03	18.30	17.67	17.04
	Change from crisis scenario (%)	-0.08	-0.09	-0.10	-0.10	-0.10	-0.10	-0.10
Number of children lifted out from poverty		**9 818**	**10 347**	**11 002**	**11 801**	**12 672**	**14 495**	**16 258**
Percentage of children lifted out of poverty	As a percentage of the total number of poor children in the crisis scenario	0.26	0.26	0.28	0.29	0.31	0.35	0.39
	Compared to the number of children who have become poor as a result of the crisis	1.39	1.39	1.37	1.36	1.45	1.66	1.84

Source: Author's calculations based on simulation results.

5.4. Impacts of allocating cash transfers to all households sheltering poor children: simulation results in cases of a total budget dedicated to transfers equal to 1% versus 3% of GDP

5.4.1. Effects on overall child monetary poverty, of broadening the scope of cash transfers

Simulations results show that a cash transfer program that encompass all households housing poor children would effectively reduce the prevalence of child poverty across the country (Chart 9, Chart 10). The impacts are logically more beneficial if the program has a larger budget envelope. This is the case if the total starting amount would be equal to 3% of nominal GDP recorded in 2018, compared to the scenario where this amount would represent only 1% of the said GDP.

Indeed, in the case of a budgetary allocation equal to 1% of GDP, the headcount ratio for child poverty decreases from year to year, from 2019 to 2025, by around 3 percentage points each year, compared to the values of this indicator in the crisis scenario.

But if the total cash transfers budget is equal to 3% of GDP, the headcount ratio of child poverty drops more substantially from 2019. By 2025, after implementing the program for seven years, the low level that this ratio would have attained if crisis had not occurred, is recovered. So, in case of total transfers amounting 3% of GDP, the decline in the headcount ratio of child poverty ranges from 7.18 percentage points in 2019 to more than 9 percentage points as from 2022, compared to the crisis scenario.

Chart 9: *Effects of broadened cash transfer options on the overall headcount ratio of child poverty (FGT_0)*

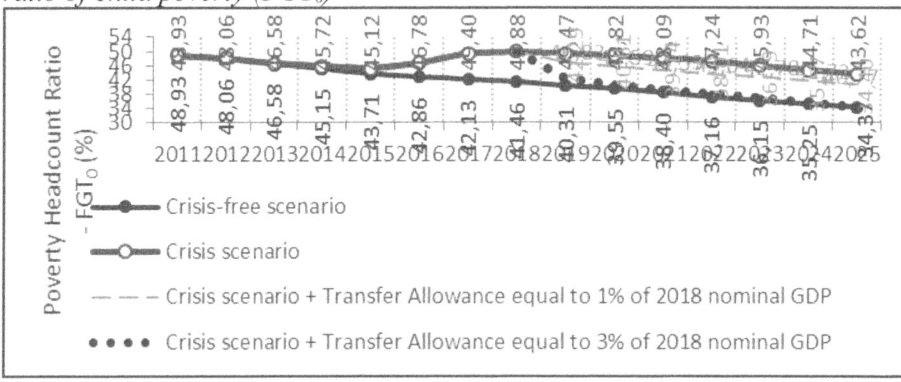

Source: Designed by the author using simulation results.

Chart 10 shows over time the total number of poor children and the number of children lifted out of poverty thanks to cash transfers. With transfers amounting to 1% of GDP, the number of poor children decreases from 3.7 million in 2018 to 3.3 million in 2019, then gradually rises to 3.9 million in 2025. This is an enhancement over the crisis scenario where the number of poor children rather rises to 3.8 million in 2019 and increases further up to 4.2 million in 2025. Thus, transfers of 1% of GDP would have made it possible to get out of poverty 204 thousand children in 2019. This number would have increased to 338 thousand in 2022, then would have diminished to 273 thousand in 2025.

On the other hand, transfers of 3% of GDP would induce a more massive and cumulative exit of children from poverty: 555 thousand in 2019 and gradually up to 882 thousand in 2025. This would result in a total number of poor children relatively lower and constant over time: 3.3 million poor children each year, from 2019 to 2025. It appears once more that such a program would make up in 7 years, the delay caused by the crisis, in the fight against child poverty.

Chart 10: *Effects of widening the scope of cash transfers on the trends in total number of poor children*

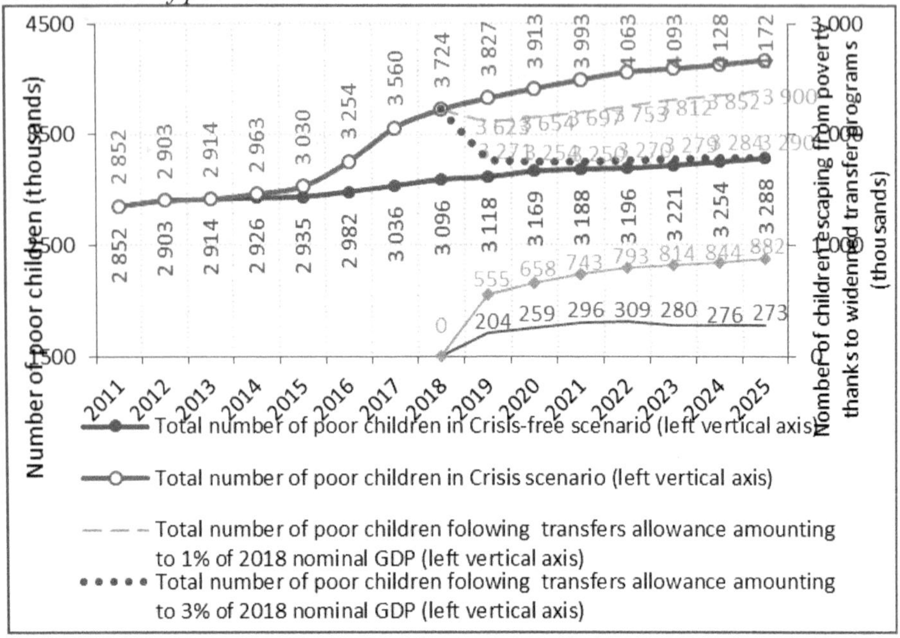

Source: Designed by the author using simulation results.

This point is otherwise illustrated through **Erreur ! Référence non valide pour un signet.** from which it appears that, by 2025, the transfer program of 3% of GDP actually leads to a total mitigation of the crisis-related negative effects on child poverty, with a mitigation rate starting from 78% in 2019 and increasing to 99.7% in 2025. On the contrary, in case of total transfers amounting to1% of GDP, this attenuation rate reaches only 37% in 2021 and gradually fades to 31% in 2025.

Chart 11: *Effects of widening the scope of cash transfers in mitigating the negative impact of the crisis on child monetary poverty*

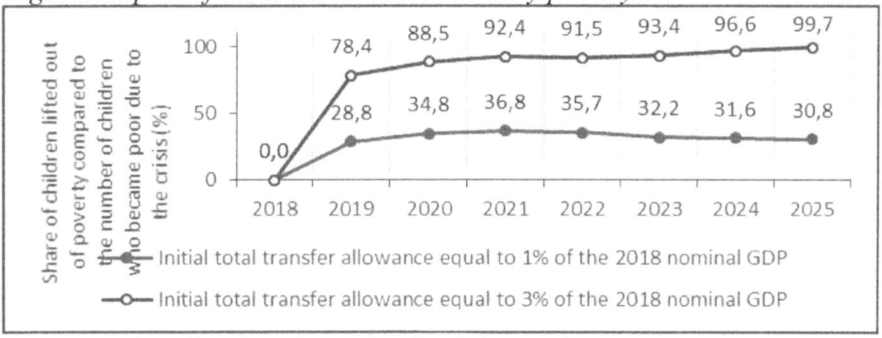

Source: Designed by the author using simulation results.

5.4.2. Poverty effects of widening the scope of cash transfers in Chad, regardless of age

The improvement generated by cash transfers benefits to the Chadian population as a whole (Chart 12, Chart 13 and Chart 14). Thus, in the case of initial total transfers equal to 1% of GDP, the poverty headcount ratio drops by 2.43 percentage points in 2019, 3.56 percentage points in 2022 and, from there, down to 2.75 points in 2025. This represents between 5.14% and 7.91% of poor people lifted out of poverty each year, compared to the total number of poor people in the crisis scenario. With this program, the poverty headcount ratio for the whole nation would therefore start from an estimated rate of 47.67% in 2018 to 44.82% in 2019, and would further go down to 38.29% in 2025 instead of 41.03% predicted on that date in the crisis scenario. Thanks to the 1% GDP-transfer program, the nationwide number of poor people decreases significantly, from an estimated 6.12 million poor in 2018 to 5.96 million in 2019 and rises slightly thereafter to 6.29 million in 2025, instead of 6.74 million expected that year in the crisis scenario. In total, this program helps lift 323,000 to 526,000 people out of poverty each year, i.e. around 30% of citizens who have become poor due to the crisis, and about 7% of total number of poor individuals.

Looking at a transfer program amounting to 3% of GDP, it appears that the poverty headcount ratio for the entire Chadian population drops in 2019 to 40.79% and decreases steadily until 32.45% in 2025: a reduction of more than 8.5 percentage points each year from 2022, compared to the values of that ratio in the crisis scenario. This reflects the fact that, from 2022, at least 20% of total number of people deemed to be poor in the crisis scenario emerge from poverty.

Chart 12: *Effects of cash transfer policies on changes in the monetary poverty headcount ratio (FGT0) for the Chadian population as a whole*

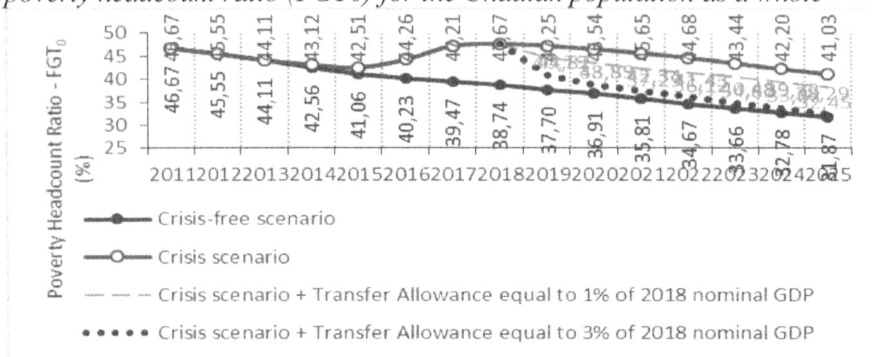

Source: Designed by the author using simulation results.

Chart 13: *Effects of cash transfer policies on the trends in total number of poor in Chad*

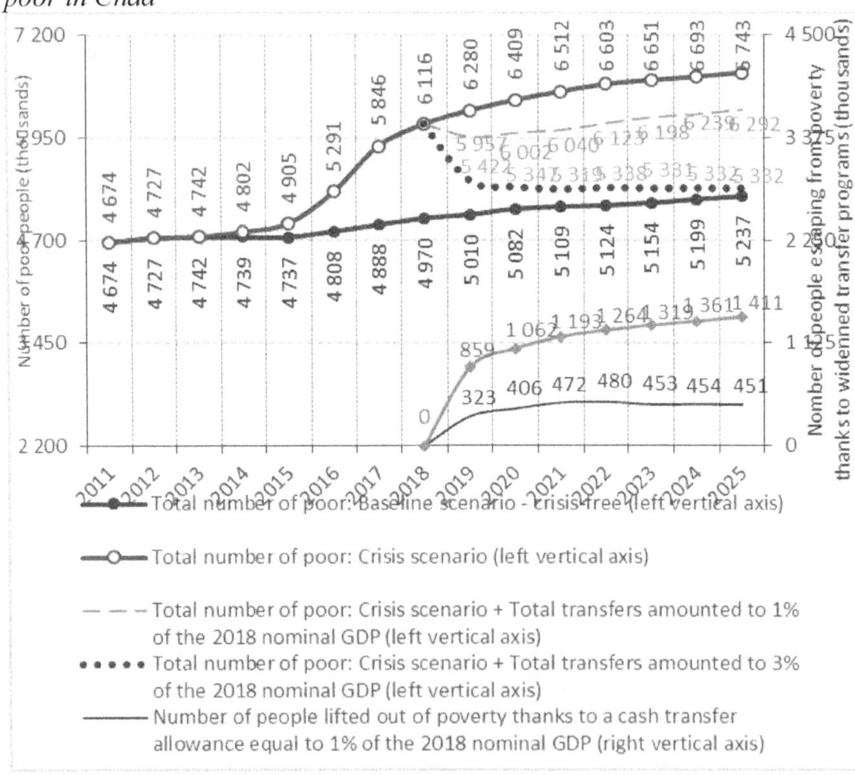

Source: Designed by the author using simulation results.

In this case, the number of people who emerge from poverty increases continuously over the years, from 859 thousand in 2019 to 1.4 million in 2025. The total number of those who remain poor stabilizes at 5.3 million each year between 2021 and 2025.

In 2025, the program would lift out of poverty, 94% of citizens who have become poor because of the crisis. This mitigation rate is high, although slightly lower compared to the case of child poverty considered alone. Which is normal, since, within the overall inhabitants, households which do not house poor children do not benefit directly from transfers.

Chart 14: *Effects of cash transfer policies in mitigating the negative impact of the crisis on monetary poverty by looking at the entire Chadian population*

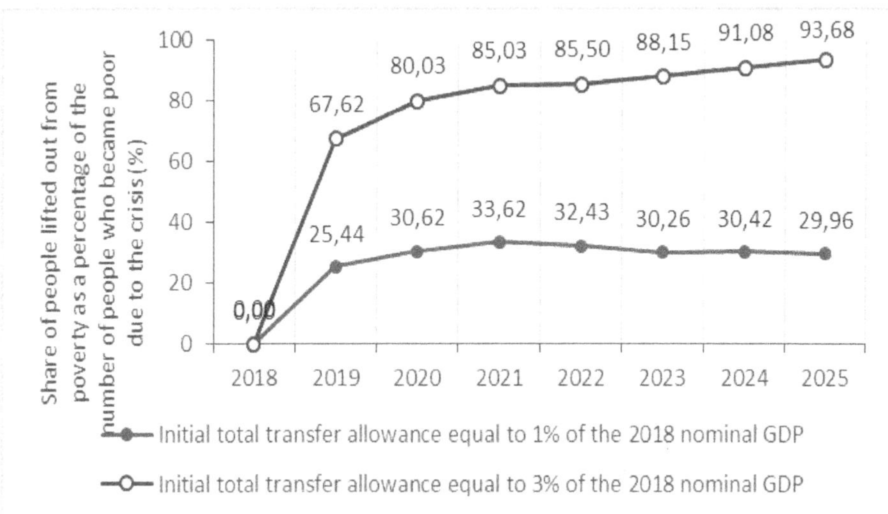

Source: Designed by the author using simulation results.

5.4.3. Effects of broadening the scope of cash transfers on child monetary poverty depending on the urban/rural area of residence

In urban areas, where on average 17.3% of the total number of children live (poor and non-poor), the favorable effects of cash transfers are very significant (Chart 15). Even when the initial total amount of transfers represents only 1% of GDP, the rate of mitigation of the negative impacts of the crisis on child poverty is high: it fluctuates between 62% and 85% over the years, whereas it hardly exceeds 38%

when considering the overall number of children in rural and urban areas altogether.

The transfers are even more effective in alleviating child poverty in urban areas when the initial budget amounts 3% of GDP. In this case, the rate of mitigating the worsening of child poverty due to crisis is greater than or equal to 200% over the entire period considered, apart from 2019 when it is 194%. This implies that, if the crisis has plunged one child into poverty, then such a transfer program brings out two. As a result, 89,000 children are lifted out of poverty in 2019, 96,000 in 2020 and more than 100,000 each year from 2021 to 2025. These figures are very significant, since it means that a third of overall number of poor children in urban areas escape from poverty.

The outcome is a remarkably low headcount ratio of child poverty in urban areas by 2025: 12.98%, against 16.55% in the crisis-free scenario and 19.36% in the crisis scenario. Similarly, the relative contribution of the urban area to child poverty in Chad, already structurally low (7.89% in 2011) compared to that of the rural area, would be further reduced thanks to such a transfer program: 6.52% of poor children in Chad would reside in urban areas in 2025, instead of 7.67% in the crisis scenario.

Chart 15: *Effects of broadening cash transfer programs on the number of poor children living in urban areas, from 2019 to 2025 (thousands of individuals)*

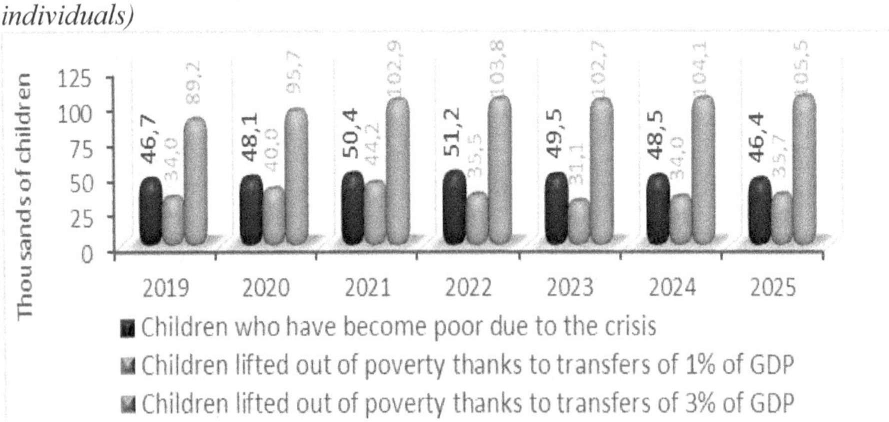

Source: Designed by the author using simulation results.

In rural areas, the prevalence of child poverty is usually very high in Chad: 92% of poor children live in rural areas in 2018. The implementation of a transfer program amounting to 1 % of GDP would considerably reduce the number of rural poor children, but logically to a limited extent compared to the 3% of GDP-scenario (Chart 16).

Indeed, if the transfer budget is 1% of GDP, the number of rural children escaping from poverty each year increases from 170,000 in 2019 to 300,000 in 2022, then decreases to 237,000 in 2025. Admittedly, these numbers are significant, but in the best of cases they represent barely 8% of overall number of poor children in rural areas (in 2022), and around a third of the number of rural children plunged into poverty because of the crisis. In this response policy, the headcount ratio of rural child poverty progressively goes from 55.50% in 2018 to 45.70% in 2025, while it decreases from 55.50% to 48.69% in the crisis scenario and from 46.02% to 38.10% in the crisis-free scenario.

In case of an overall amount of transfers equal to 3% of GDP, the mitigation of the effects of the crisis is high, although much lower than in urban areas. Relative to the number of urban children who became poor as a result of the crisis, the proportion of children lifted out of poverty in urban area increases continuously over time, from 71% in 2019 to 93% in 2025. Similarly, compared in total urban poor children, those leaving the state of poverty regularly increase from 13.23% in 2019 to 20.16% in 2025: i.e. 466,000 individuals in 2019 to 776,000 in 2025. It also arises that such a program would regulate the total number of poor children in rural areas by capping it at a threshold number of about 3.1 million individuals, contrary to the crisis scenario or to that of 1% GDP transfers program, where the number of rural poor children is not only greater, but increasing over time.

Finally, although the contribution of the rural area to child poverty remains higher in case transfer budget amounts to 3% of GDP (93.5% in 2025), compared to the crisis scenario (92.3%), the poverty headcount ratio related to rural children is relatively lower (38.88% in 2025) and comes closest to the values of the scenario without crisis.

Chart 16: *Effects of broadening cash transfer programs on the number of poor children living in rural areas, from 2019 to 2025 (thousands of individuals)*

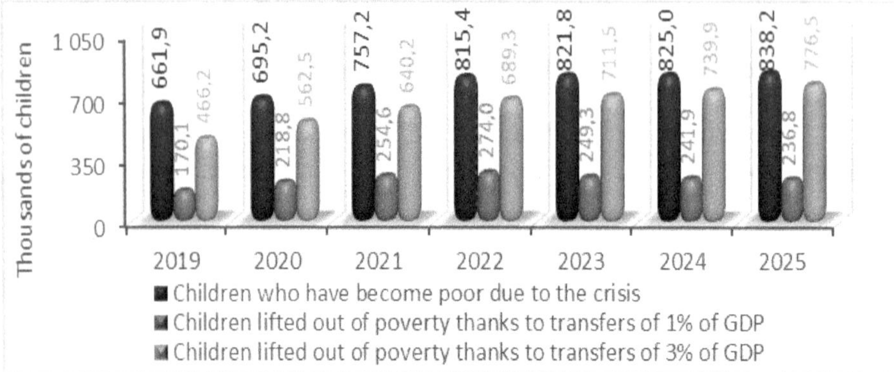

Source: Designed by the author using simulation results.

5.4.4. Effects of broadening the scope of cash transfers on child monetary poverty, by gender of the head of household

In male-headed households (Chart 17)**.** The largest number of children who would come out of poverty thanks to broadened programs of transfers live in male-headed households. Indeed, children escaping from poverty who belong to these households represent between 74% and 87%, depending on the year, of the total number of children freed from poverty in case the total amount of transfers is equal to 1% of GDP, and between 80% and 84% if this amount is equivalent to 3% of GDP. In the first case, the number of children moved out of poverty is between 155 thousand and 267 thousand and, in the second case, it follows an upward curve starting from 446 thousand in 2019 to 743 thousand in 2025.

However, it should be noted that this is basically because it is these households that also shelter a large majority of children in general (83.28%) and particularly poor children (84.69% in 2018). Thus, the effectiveness of the broadened transfer programs in mitigating child poverty effects of the crisis is rather below, although close to the average: depending on the years within the analysis period, between 26% and 36% of children who have become poor due to the crisis in male-headed households get out from poverty if the transfer budget is 1% of GDP. If that budget is 3% of GDP, this mitigation rate gradually increases from 75.61% in 2019 to 98.76% in 2025.

The child poverty headcount ratio, within households headed by men, drops from 50.72% in 2018 to 41.69% in 2025 in the 1% of GDP-transfer scenario, which indicates an improvement compared to the crisis scenario where this ratio only drops to 44.67% in 2025. In the case of a transfer allowance equivalent to 3% of GDP, the child poverty headcount ratio in those households drops to 35.34% and, thus, almost catches up with the value in crisis-free scenario (35.22%).

Chart 17: *Effects of large-coverage transfer policies on reducing the number of poor children in male-headed households, from 2019 to 2025 (thousands of individuals)*

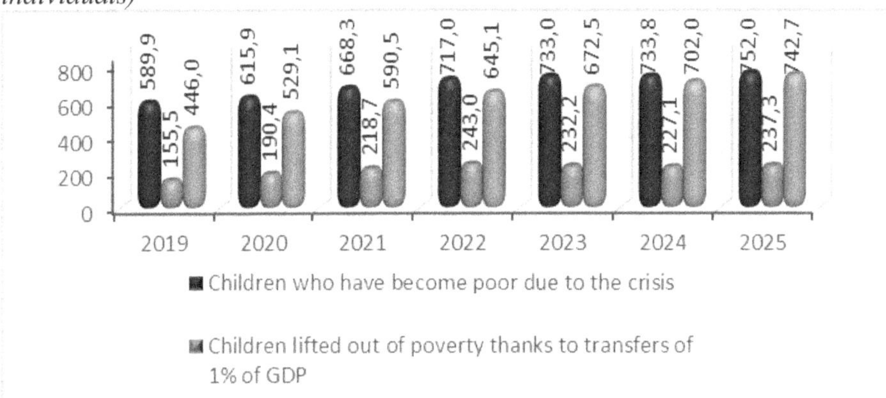

Source: Designed by the author using simulation results.

At the level of female-headed households, transfer programs with wider coverage are even more effective than in households headed by a male. In fact, an absolutely greater proportion of children who became poor as a result of the crisis are lifted out of poverty in female-headed households. This proportion (or mitigation rate) is largely above the average and, therefore, above that observed in households headed by a man, whether the overall allocation of transfers is equal to 1% of GDP (mitigation rate between 27% and 54%) or 3% (between 92% and 112%).

When the total amount of transfers is equal to 1% of GDP, the poverty headcount ratio among children living in female-headed households declines from 45.65% in 2018 to 36.21% in 2025, less than 38.42% which prevails in 2025 in the crisis scenario. Under the assumption of a total transfer allowance of 3% of GDP, this proportion drops to 29.71% in 2025, i.e. a level below 30.13% which is the reference value in 2025 in the crisis-free scenario.

Thus, the transfer program which is valued at 3% of GDP, brings a greater number of children out of poverty than the number of children that the crisis has plunged into poverty. It eliminates almost all the crisis-related poverty effects in these households from the first year of implementation of the program and, from the second year, reduces child poverty beyond the intrinsic effects to the crisis (Chart 18).

Chart 18: *Effects of widening coverage of transfer programs on reducing the number of poor children in female-headed households, from 2019 to 2025 (thousands of individuals)*

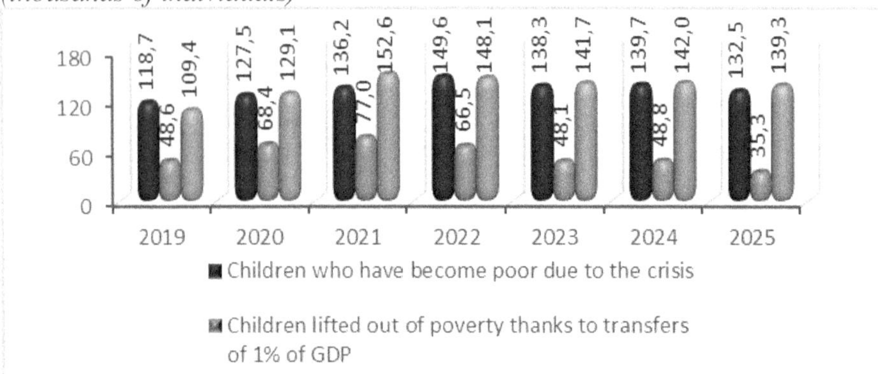

Source: Designed by the author using simulation results.

5.4.5. *Effects of large coverage transfer policies on child monetary poverty, depending on the education level of the head of household*

For households whose head is uneducated (which shelter 61.02% of the total number of children and 62.79% of poor children in 2018), the effectiveness of transfers in reducing child poverty is above the average of all households, during the first three years of implementation. But, from the fourth year, this efficacity is below the average: in the case where the total transfers amount to 1% of the GDP, the proportion of poor children who get out of poverty, compared to the total number of those who have become poor because of the crisis, goes from 32.11% in 2019 to 38.59% in 2020, then steadily decreases to 26.41% in 2025. In terms of headcount, the number of children lifted out of poverty goes from 131,879 in 2029 to 186,100 in 2022 and then regresses down to 147,619 in 2025 (Chart 19).

In the scenario where transfers amount to 3% of GDP, the percentage of children emerging from poverty, compared to the number of children the crisis has plunged into poverty, fluctuates between 77.84% in 2019 and 98.04% in 2025; this implies 319,697 to 535,185 children freed from poverty, from 2019 to 2025 (Chart 19).

Chart 19: *Effects of large-coverage transfer policies on reducing the number of poor children in households whose the head is uneducated, from 2019 to 2025 (thousands of individuals)*

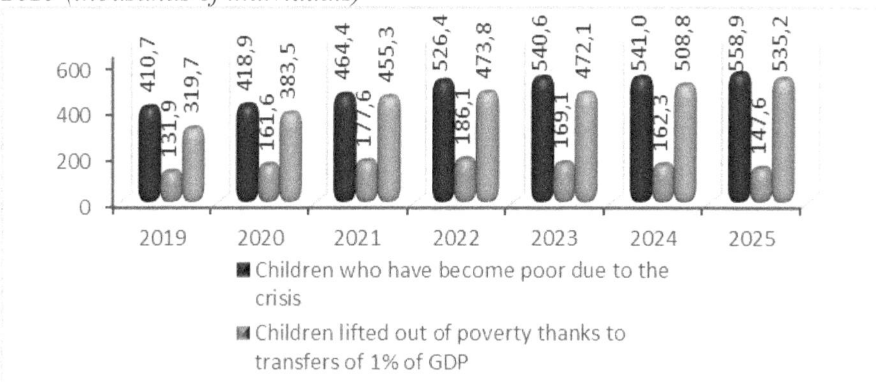

Source: Designed by the author using simulation results.

In households headed by a person who only has Koranic education (which house 2.12% of the total number of children and 1.63% of poor children in 2018), the effects of transfers are very fluctuating over the years. In the event of transfers amounting to 1% of GDP, the reduction in the extra-poverty generated by crisis is much higher than the average in 2019 and from 2023 to 2025, while it is relatively low from 2020 to 2022. Thus 7,538 children emerge from poverty in 2019, but this number drops to 2.6 thousand in 2020 before rising, up to 7 thousand in 2024 and 2025.

Chart 20: *Effects of large-coverage transfer policies on reducing the number of poor children in households headed by a person who only has Koranic education, from 2019 to 2025 (thousands of individuals)*

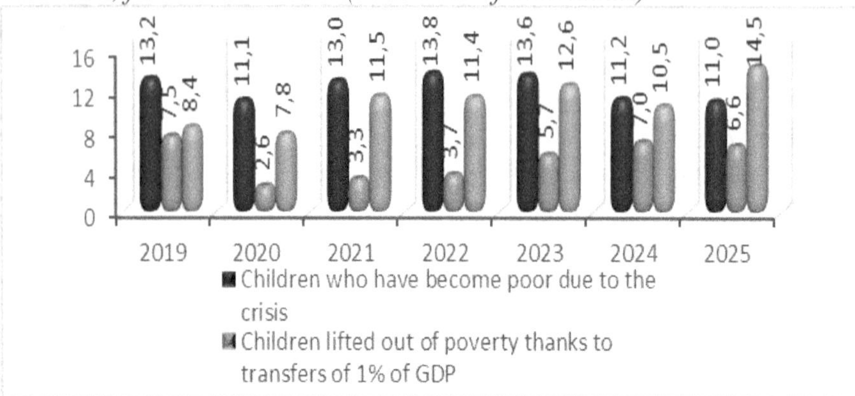

Source: Designed by the author using simulation results.

When assuming a total transfer allowance valued at 3% of GDP, efficacity of the program in these households is below average throughout the considered period, except in 2025 when it becomes relatively higher. It arises a fluctuating trend made up of small peaks and valleys in the number of children released from poverty, throughout the analysis period, between 7.8 thousand and 14.5 thousand (Chart 20).

Concerning households headed by an individual who has a level of primary education (24.00% of the total number of children and 26.74% of poor children in 2018 live in these households), the rate of mitigating the additional number of poor children caused by the crisis is below average over the entire period, when the total amount of transfers is 1% of GDP. In this case, the number of children freed from poverty goes from 34.7 thousand in 2019 to 76.3 thousand in 2025. By contrast, the mitigation rate is higher than the average if the total amount of transfers is equal to 3% of GDP. The result is a growing number of children lifted out of poverty, which is outnumbering the number of children plunged into poverty due to the crisis: from 143.8 thousand in 2019 to 266.2 thousand in 2025 (Chart 21).

Chart 21: *Effects of broadening transfer programs on reducing the number of poor children in households headed by an individual with primary education level, from 2019 to 2025 (thousands of individuals)*

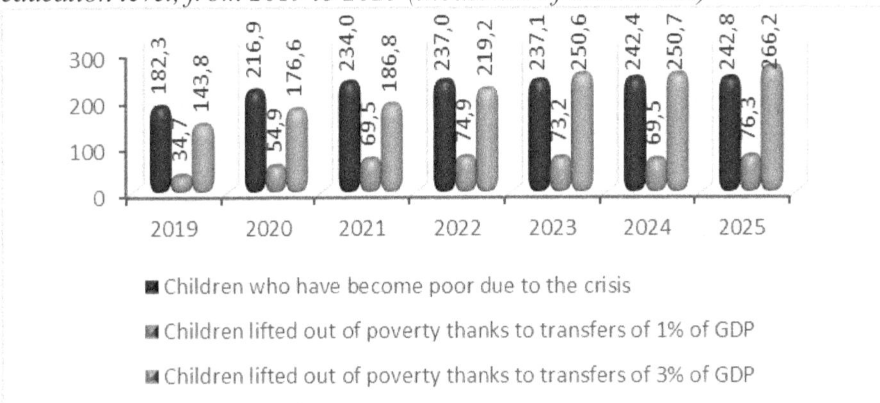

Source: Designed by the author using simulation results.

Chart 22: *Effects of broadening transfer programs on reducing the number of poor children in households whose head has a secondary education level, from 2019 to 2025 (thousands of individuals)*

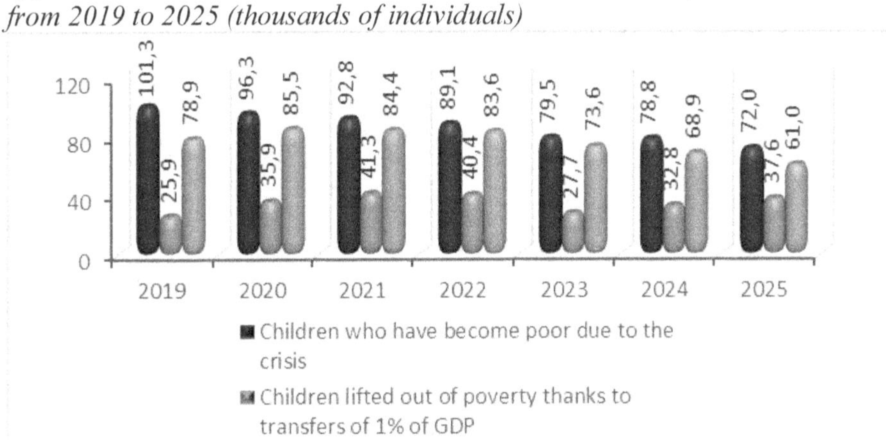

Source: Designed by the author using simulation results.

As for households whose head has a secondary education level (11.29% of the total number of children and 8.54% of poor children live in these households in 2018), the opposite phenomenon to the preceding case occurs: the rate of mitigating the additional poverty generated by the crisis is above average in case transfers equal to 1% of GDP, while it is below average if the total allowance of transfers amounts to 3% of GDP. From the above, it arises an irregular trend of number of children freed from poverty in the 1% of GDP-scenario (between 25,885 to 42,709) and to an overall decreasing trend in the second scenario, from 85.5 thousand in 2020 to 61.0 thousand in 2025 (Chart 22).

Regarding households headed by an individual with vocational training (only 0.51% of the total number of children and 0.10% of poor children in 2018 live in this type of households), any transfer program represents a bonus, because if a transfer program amounting whether 1% or 3% of GDP is implemented in 2019, there are no longer any crisis-related poor children, under the assumption of positive growth of around 5.5 % until 2019. The magnitude of the bonus generated by transfers is, however, relatively smaller, since the extra-number of children who get out from poverty (beyond the number of children who were plunged into poverty due to the crisis) remains below 400 individuals, whatever the total amount of transfer allowance (Chart 23).

Chart 23: *Effects of broadening transfer programs on reducing the number of poor children in households headed by an individual with vocational training, from 2019 to 2025 (thousands of individuals)*

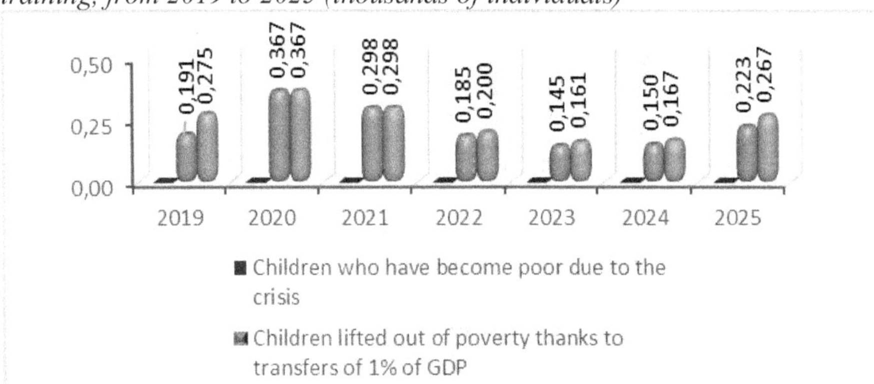

Source: Designed by the author using simulation results.

However, given that the prevalence of poverty within this small segment of the child population is already low, transfer programs allow the poverty headcount ratio to be further reduced in these household group. Thus, by 2025, the headcount ratio of child poverty here is equal to 8.07% in case transfers budget is 1% of GDP and of 7.98% if it is 3% of GDP: i.e. values lower than the base rate in the crisis-free scenario (8.53%).

In households who's the head has a higher education level (1.06% of the total number of children and 0.20% of poor children in 2018 live in this group of households), as in the case of households headed by individuals with professional training, any transfer program is also a bonus. Indeed, during the sub-period of implementation of transfers (2019-2025), the number of poor children due to the crisis is already either zero or marginal (Chart 24).

Chart 24: *Effects of broadening transfer programs on reducing the number of poor children in households whose the head has a higher education level, from 2019 to 2025 (thousands of individuals)*

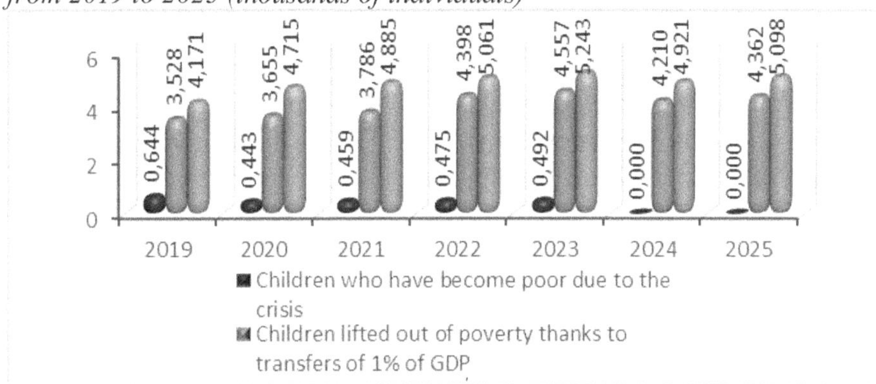

Source: Designed by the author using simulation results.

If the total amount of transfers is 1% of GDP, the additional number of children freed from poverty, beyond the number of those who became poor due to the crisis, gradually increases from 2,884 in 2019 to 4,362 in 2025. In the case of transfers of 3% of GDP, this number gradually increases from 3,527 in 2019 to 5,098 in 2025.

Within the fragment of the child population living in these households, the headcount ratio of child poverty, which is already very low, becomes even lower by 2025: in the event of transfers of 1% of GDP, it becomes equal at half of its value in the crisis-free scenario at that time (4.44% instead of 8.75%) and, with a transfer budget of 3% of GDP, it shrinks even more (3.72%).

6. Conclusion

The results of this study show that the effects of the economic crisis induced by the collapse of oil prices from mid-2014, were very harmful for the Chadian economy in general and particularly in worsening child poverty, compared to the benchmark economic trend that Chad would have followed in the event of no crisis.

In 2018, the increase in the proportion of poor children was 8.93 percentage points and is between 9.16 and 10.41 percentage points each year during the 2019-2025 sub-period, i.e. a yearly rise of 20 to 28% in the number of poor children during the sub-period 2018-2025. In terms of headcount, 628,427 children were plunged into poverty in 2018 due to intrinsic effects of the crisis. This additional number of poor children is likely to have increased continuously and would reach 884,528 by 2025 if no appropriate policy response was implemented.

For the entire Chadian population, the total additional number of poor people is estimated at 1,146,025 individuals in 2018 and would increase to 1,506,177 people in 2025. The share of children in this increase in poverty is predominant: between 55 and 59% depending on years throughout the period 2014-2025.

Among the policy options simulated, extensive cash transfer programs to households that house poor children are found to be the most effective and efficient. If an initial overall budget equivalent to 1% of 2018 nominal GDP were dedicated to implement such a program as early as 2019, then 29% of children who became poor due to the crisis would have been lifted out of poverty in that year. This mitigation rate steadily increases to 38% in 2022, then stands at around 31% until 2025.

With a transfer program amounting to 3% of 2018 GDP and implemented starting from 2019, by 2025, there is almost a complete elimination of the additional child poverty caused by the crisis. Indeed, in this case, 78% of children who became poor due to the crisis leave this poverty status in 2019 and, gradually, 100% of these children get out of poverty in 2025; i.e. a total number of 881,969 children who would thus have been saved from poverty in 2025. In this case, the number of poor children would stabilize around 3.3 million from one year to another, instead of following an upward slope.

Considering the whole population, in the case of an allocation of 1% of GDP for the transfer program, the number of people who would be freed from poverty would increase from 323,078 in 2019 to 526,198 individuals in 2022 and would decrease thereafter up to

451,245 in 2025. On the other hand, if the budget of the program is equivalent to 3% of GDP, this number will continuously increase from 858,749 individuals in 2019 to 1,411,042 people in 2025, i.e. a release in 2025 of 94% people who would have become poor that year as a consequence of the crisis. With such a scenario, the total number of poor in Chad would no longer have followed an upward curve; but would have remained constant around 5.3 million individuals each year since 2019.

In view of the results of the simulations, this study therefore recommends the adoption of an extensive cash transfer policy, with an overall budgetary envelope of at least 1% of nominal GDP in the year preceding the effective implementation of said policy. The transfers will have to be distributed to households proportionately to the number of children living in them and taking into account population growth over the years, so that to maintain the same amount of allowance per child from one year to another. However, an efficient targeting device should be designed, which will make implementation as easy as possible.

In addition to the targeting problem, one of the main challenges of a cash transfer program of this magnitude is that of funding and sustainability over time. In view of the budgetary problems which the Government has faced since the advent of the crisis, it would be appropriate for the various technical and financial partners of Chad to constitute a fund to finance such an initiative, on a transitional basis, as is the case with the pilot social safety net programs. But Government would also work in the meantime with these partners to define the terms for a domestic financing to put in place beyond the probationary period. In this vein, emphasis should be placed on finding actions empowering the recipients to become independent after the probationary startup period, so as to favor their exit from the program in the future with a low probability of seeing them plunge again into poverty. Options like cash-for-job would be encouraged in this sense.

Finally, it arises from the statistical analysis of poverty profiles that education is a fundamental determinant of the level of poverty: the higher the level of education of the head of the household or of a spouse, the better the standard of living of the household members. It is therefore appropriate to encourage government and partners efforts to promote national education up to higher level, to encourage citizens to reach at least secondary education level, to promote and diversify vocational and technical training, whether for men or women. Since the prevalence of poverty drops particularly from the group of households who's the head and/or a spouse has completed at least the secondary education level.

The results and recommendations of this study are in line with the thought of some authors like Touna Mama (1996) who state that, in response to such situations of crisis, rather than applying simple deregulation policies that necessarily lead, in weak countries as in Africa, to the aggravation of the crisis and the increasing pauperization of the population, it would be more suitable to implement alternative policies made of a certain dosage of State intervention.

References

Baffes, John, M Ayhan Kose, Franziska Ohnsorge et Marc Stocker. 2015. *The Great Plunge in Oil Prices: Causes, Consequences, and Policy Responses*. Coll. « Development Economics », PRN/15/01. World Bank Group.

Baffes, John, M Ayhan Kose et Franziska Ohnsorge. 2015. « Chute libre ». *Finances & Développement*, vol. 52, n° 4 (Décembre), p. 20-23.

Balma, Lacina, John Cockburn, Ismaël Fofana, Samuel Kaboré et Luca Tiberti. 2010. « Simulation des effets de la crise économique et des politiques de réponse sur les enfants en Afrique de l'Ouest et du Centre : Le cas du Burkina Faso ». *UNICEF Innocenti Research Centre*, n° IWP-2010-03.

Banque Mondiale. 2016. « La Banque mondiale appuie un système de filets sociaux pour réduire la vulnérabilité de 15 000 ménages pauvres au Tchad ». *Communiqué de Presse n° 2017/001/AFR, 1er septembre 2016*.

Boccanfuso, Dorothee et Luc Savard. 2008. « Groundnut Sector Liberalization in Senegal: A Multi-household CGE Analysis ». *Oxford Development Studies*, vol. 36, n° 2, p. 159-186.

<https://EconPapers.repec.org/RePEc:taf:oxdevs:v:36:y:2008:i:2:p:159-186>.

Bourguignon, Francois, Maurizio Bussolo et Luiz A. Pereira da Silva, éd. 2008a. *The Impact of MacroEconomic Policies on Poverty and Income Distribution : Macro-Micro Evaluation Techniques and tools*. New York and Washington D.C.: The World Bank and Palgrave Macmillan, 362 p. <https://doi.org/10.1596/978-0-8213-5778-1>. Consulté le 4 novembre 2018.

Bourguignon, Francois, Maurizio Bussolo et Luiz A. Pereira da Silva. 2008b. « Introduction: Evaluating the Impact of Macroeconomic Policies on Poverty and Income Distribution ». In *The Impact of MacroEconomic Policies on Poverty and Income Distribution: Macro-Micro Evaluation Techniques and tools*, sous la dir. de Bourguignon, Francois, Maurizio Bussolo et Luiz A. Pereira da Silva, p. 1-23. New York and Washington D.C.: The World Bank and Palgrave Macmillan. <https://doi.org/10.1596/978-0-8213-5778-1>. Consulté le 4 novembre 2018.

Childhood Poverty Research and Policy Centre (CHIP). 2004. « Children and poverty: Some questions answered ». *CHIP Briefing 1: Children and poverty*, p. 4.

Chitiga, Margaret, Ramos Mabugu et Tonia Kandiero. 2007. *A Computable General Equilibrium Micro-Simulation Analysis of the Impact of Trade Policies on Poverty in Zimbabwe*. 2007-15. Department of Economics, University of Pretoria, 36 p. <https://EconPapers.repec.org/RePEc:lvl:mpiacr:2005-01>.

Cockburn, John, Erwin Corong et Caesar Cororaton. 2010. « Integrated Computable General Equilibrium (CGE) microsimulation approach ». *International Journal of Microsimulation*, vol. 3, n° 1, p. 60-71. <https://EconPapers.repec.org/RePEc:ijm:journl:v:3:y:2010:i:1:p:60-71>.

Cockburn, John, Luc Savard et Luca Tiberti. 2015. « Macro-Micro Models ». *PEP Working Paper*, n° 2015-12 (August), p. 27. <https://doi.org/10.1108/S0573-85552014000293020>.

Colombo, Giulia. 2008. *Linking CGE and Microsimulation Models: A Comparison of Different Approaches*. 08-054. ZEW - Zentrum für Europäische Wirtschaftsforschung / Center for European Economic Research. <https://EconPapers.repec.org/RePEc:zbw:zewdip:7377>.

Decaluwé, Bernard, Jean-Christophe Dumont et Luc Savard. 1999. *Measuring Poverty and Inequality in a Computable General Equilibrium Model*. 99-20. Quebec : CREFA - Département d'économique, Université Laval, 25 p. <https://EconPapers.repec.org/RePEc:lvl:laeccr:9926>.

Decaluwé, Bernard, André Lemelin, Véronique Robichaud et Hélène Maisonnave. 2013. *pep-1-t. The PEP standard single-country, recursive dynamic CGE model*. vol. July 2013. Partnership for Economic Policy, 127 p.

Foster, James, Joel Greer et Erik Thorbecke. 1984. « A Class of Decomposable Poverty Measures ». *Econometrica*, vol. 52, n° 3, p. 761-766. <https://doi.org/10.2307/1913475>. Consulté le 3 novembre 2018.

INSEED. 2012. *Deuxième recensement général de la population et de l'habitat (RGPH2, 2009) : Principaux indicateurs globaux issus de l'analyse thématique*. N'Djaména (Tchad) : INSEED - Institut National de la Statistique, des Etudes Economiques et Démographiques, 92 p.

INSEED. 2013. *Troisième Enquête sur la Consommation et le Secteur Informel au Tchad (ECOSIT3). Rapport Final : Profil de pauvreté au Tchad en 2011*. N'Djaména (Tchad) : INSEED - Institut National de la Statistique, des Etudes Economiques et Démographiques, 143 p.

INSEED. 2018a. *Tableau Ressources-Emplois 2011 du Tchad*. Coll. « Fichier Excel non publié, accessible localement ». N'Djaména (Tchad) : INSEED - Institut National de la Statistique, des Etudes Economiques et Démographiques.

INSEED. 2018b. *Tableau des Comptes Economiques Intégrés 2010 du Tchad*. Coll. « Fichier Excel non publié, accessible localement ». N'Djaména (Tchad) : INSEED - Institut National de la Statistique, des Etudes Economiques et Démographiques.

Lundberg, Mattias et Alice Wuermli, éd. 2012. *Children and Youth in Crisis : Protecting and Promoting Human Development in Times of Economic Shocks*. Washington DC: The World Bank, 318 p. <https://doi.org/10.1596/978-0-8213-9547-9 ; License: Creative Commons>.

Minujin, Alberto, Enrique Delamonica, Alejandra Davidziuk et Edward D. Gonzalez. 2006. « The definition of child poverty: A discussion of concepts and measurements ». *Environment and Urbanization*, vol. 18, nº 2, p. 481-500. <https://doi.org/10.1177/0956247806069627>.

Minujin, Alberto, Ernesto Enrique Delamonica, Edward D. Gonzalez et Alejandra Davidziuk. 2005. *Children Living in Poverty. A review of child poverty definitions, measurements and policies*. Division of Policy and Planning (UNICEF) and Graduate Program in International Affairs (New School University), 55 p. <https://www.unicef.org/policyanalysis/files/child_poverty_final_draft_4_05.pdf%0Ahttp://eau.sagepub.com/cgi/content/refs/18/2/481%5Cnhttp://eau.sagepub.com/cgi/reprint/18/2/481 (pdf)>.

Organisation des Nations Unies (ONU). 1989. *Convention internationale des droits de l 'enfant. Résolution 44/25 de l'Assemblée générale, 20 novembre 1989.*

Ortiz, Isabel, Louise Moreira Daniels et Solrun Engilbertsdóttir. 2012. *Child Poverty and Inequality: New Perspectives*. New York: United Nations Children's Fund (UNICEF), Division of Policy and Practice, 299 p. <http://www.ssrn.com/abstract=2039773>. Consulté le 3 novembre 2018.

PNUD. 2018. *Indices et indicateurs de développement humain. Mise à jour statistique 2018*. One United Nations Plaza New York, NY 10017 : Programme des Nations Unies pour le développement, 112 p.

Savard, Luc. 2004. *Poverty and Income Distribution in a Cge-Household Micro-Simulation Model: Top-Down/Bottom Up Approach*. 03-43. CIRPEE - Centre interuniversitaire sur le risque, les politiques économiques et l'emploi, 41 p.

The World Bank. 2018a. « World Development Indicators ». <http://databank.banquemondiale.org/data/reports.aspx?source =world-development-indicators>. Consulté le 20 octobre 2018.

The World Bank. 2018b. « Crude Oil (petroleum) Monthly Price - US Dollars per Barrel ». In *Index Mundi: The World Bank collection of monthly commodities prices and indices from 1960 to present*. <http://www.indexmundi.com/>. Consulté le 20 octobre 2018.

The World Bank. 2018c. *World Development Indicators*. <http://databank.banquemondiale.org/data/reports.aspx?source =world-development-indicators>. Consulté le 20 octobre 2018.

Tiberti, Luca, Martin Cicowiez et John Cockburn. 2017. « A Top-Down Behaviour (TDB) Microsimulation Toolkit for Distributive Analysis ». *PEP Working Paper*, n° 2017-24, p. 17. <https://doi.org/10.2139/ssrn.3159366>.

Touna Mama, éd. 1996. *Crise économique et politique de déréglementation au Cameroun*. Coll. « Alternatives rurales ». Paris: L'Harmattan, 263 p.

UNDP - International Poverty Centre. 2004. « Children and Poverty ». *In Focus*, n° March 2004.

UNICEF. 2005. *La situation des enfants dans le monde 2005. L'enfance en péril*. New York : Fonds des Nations Unies pour l'enfance, UNICEF, 164 p.

UNICEF Innocenti Research Centre. 2012. *Measuring Child Poverty. New league tables of child poverty in the world's rich countries*. Coll. « Report Card », vol. 10. 40 p. <https://doi.org/10.18356/07082fe9-en>.

Chapitre 10

Dynamique démographique, développement et politique de population en Afrique Subsaharienne : focus sur l'économie camerounaise

---

Demographic Dynamics, Development and Population Policy in Sub-Saharan Africa: Focus on the Cameroonian Economy

Alexandre Magloire SCHOUAME

amschouame@yahoo.fr

Université de Yaoundé II

Cameroun

Résumé : *Traiter d'une question relative à la démographie dans des Mélanges en l'honneur du Professeur **TOUNA MAMA**, keynésien et circuitiste, peut paraître d'emblée absurde. Et pour cause, le Maître ici honoré ne saurait, au regard de ses œuvres et de sa pensée, être rangé sous la bannière du paradigme malthusien ou de courants de pensée rivaux. **TOUNA MAMA** est indubitablement un économiste du développement. Cette branche de l'économie apparaît comme « l'analyse économique appliquée au processus de développement et à l'étude des pays en voie de développement ». Sous ce prisme, la croissance démographique - sans précédent historique - est très souvent associée dans la plupart des pays situés sous les tropiques et au sud des pays riches, à des taux de pauvreté élevés, de faibles taux de scolarisation, des taux de mortalité infantile et maternelle élevés ainsi qu'à des flux migratoires non négligeables. Toutes choses qui, à défaut d'anéantir les efforts de développement, les freinent ou en alourdissent les coûts. L'objet de cette contribution est ainsi d'examiner l'impact de la structure par âge de la population du Cameroun sur l'évolution des indicateurs économiques du pays des années 1970 à nos jours en nous basant sur les données annuelles issues des indicateurs de développement de la Banque Mondiale de 2020. Les principaux résultats obtenus aux niveaux bi-varié et descriptif montrent qu'il existe une relation statistiquement négative entre la croissance démographique et les agrégats économiques retenus, à savoir la croissance économique et le taux d'épargne nationale.*

Mots clés : Structure par âge de la population, développement, politique de population, Cameroun.

***Abstract**: To deal with a question relating to demography in a book of essays in honor of Professor **TOUNA MAMA**, a Keynesian and a circuitist, may seem absurd at first glance. And for good reason, the Master honored here could not, in view of his works and his thought, be placed under the banner of the Malthusian paradigm or of rival currents of thought. **TOUNA MAMA** is undoubtedly a development economist. This branch of economics appears as "economic analysis applied to the process of development and to the study of developing countries. Under this prism, population growth - historically unprecedented - is very often associated in most countries located in the tropics and south of the rich countries, with high poverty rates, low school enrolment rates, high infant and maternal mortality rates as well as significant migration flows. All these factors, if not destroying development efforts, slow them down or increase their costs. The purpose of this paper is to examine the impact of the age structure of Cameroon's population on the evolution of the country's economic indicators from the 1970s to the present, based on annual data from the World Bank's 2020 development indicators.*

The main results obtained at the bivariate and descriptive levels show that there is a statistically negative relationship between population growth and the economic aggregates selected, namely economic growth and the national savings rate.

Keywords: *Age structure of the population, development, population policy, Cameroon.*

1. Introduction

Traiter d'une question relative à la démographie dans *des Mélanges en l'honneur du Professeur **TOUNA MAMA***, keynésien et circuitiste, peut paraître d'emblée absurde. Et pour cause, le Maître ici honoré ne saurait, au regard de ses œuvres et de sa pensée, être rangé sous la bannière du paradigme malthusien ou de courants de pensée rivaux. Certes, ses pas auraient pu croiser ceux de Thomas Robert MALTHUS sur les sentiers de la foi chrétienne, le diacre affermi aux vêpres des monastères dominicains communiant alors avec le pasteur anglican, bien que ce dernier se soit paradoxalement opposé aux lois sur les pauvres. Mais c'est bien loin de là que l'entreprise de conciliation peut trouver raison d'être. Deux arguments au moins peuvent alors être invoqués pour les besoins de la cause. Le premier argument a trait à la nature de la profession du Maître. **TOUNA MAMA**, économiste et professeur comme Richard KAHN du King's College, Friedrich Von HAYEK de la London School of Economics ou encore Joseph Aloys SCHUMPETER de Harvard, a consacré sa carrière à l'enseignement, dans les campus universitaires africains, certes des disciplines telles que la *Macroéconomie*, la *Méthodologie de la recherche*, l'*Economie du développement*, mais surtout l'*Histoire de la pensée économique*, qu'il conçoit comme englobant à la fois l'histoire des doctrines, des théories, des idées, de l'analyse mais aussi des faits économiques. Dans ce cadre et pour tirer meilleur profit des vertus de l'histoire dans le cursus d'un économiste[1], l'étude des différents auteurs, selon une démarche méthodologique réfutant tout savoir économique récurrent ou cumulatif, permet de présenter KEYNES et MALTHUS comme deux véritables compagnons de lutte dans le combat contre les Classiques et la loi des débouchés de Jean Baptiste SAY, soutenant mordicus la primauté de la demande sur l'offre, grâce au principe de la demande effective. L'intervention étatique étant alors requise pour corriger l'insuffisance chronique de cette demande effective, celle-là peut le devenir également dans les politiques de régulation des naissances devant faire partie intégrante des politiques de développement, préoccupations majeures de l'*Economie*

[1] Trois vertus de l'histoire de la pensée économique sont enseignées : (i) un instrument de culture générale d'autant plus indispensable que les économistes auraient une mémoire des plus courtes ; (ii) un moyen d'affinement de la recherche pour ne pas avoir à enfoncer une porte déjà ouverte ; (iii) un outil de réhabilitation des paradigmes parce que les économistes n'observent pas tous la réalité du même endroit.

du développement. Le deuxième argument se rapporte à la spécialisation dans le champ disciplinaire de la science économique. **TOUNA MAMA** est indubitablement un économiste du développement, cette branche de l'économie qui apparaît comme « l'analyse économique appliquée au processus de développement et à l'étude des pays en voie de développement » (Brasseul, 2008, p.3). Sous ce prisme, l'évolution démographique des pays du Tiers Monde qui se caractérise par une croissance rapide depuis la deuxième moitié du XXème siècle, constitue une préoccupation majeure de la réflexion sur les problèmes économiques, sociaux, environnements et institutionnels de ce groupe de pays.

En effet, la croissance démographique, sans précédent historique, est très souvent associée dans la plupart de ces pays situés sous les tropiques et au sud des pays riches, à des taux de pauvreté élevés, de faibles taux de scolarisation, des taux de mortalité infantile et maternelle élevés ainsi qu'à des flux migratoires non négligeables. Toutes choses qui, à défaut d'anéantir les efforts de développement, les freinent ou en alourdissent les coûts.

Dans cette mouvance mondiale, l'Afrique subsaharienne se distingue de manière particulière. Son rythme élevé de croissance démographique, qui contrairement au reste du monde s'était accéléré des années 1950 (2,2 % par an) aux années 1990 (2,7 %), se poursuit en ce début du 21ème siècle. Depuis l'an 2000, elle conserve en effet la croissance la plus rapide du monde (autour de 2,7 % par an contre 0,3 % à 1,9 % ailleurs), une fécondité très élevée bien qu'en léger déclin (4,7 enfants par femme en 2017 contre 1,7 à 2,9 ailleurs), la mortalité la plus forte (61 ans d'espérance de vie) mais en nette diminution (8 ans d'espérance de vie la séparent de l'Asie du Sud aujourd'hui, contre 12 ans en 2000). Son poids dans la population mondiale augmente considérablement depuis une trentaine d'années : de 9,2 % de la planète en 1990 à 10,5 % en 2000, 12,1 % en 2010, 13 % en 2015, 14 % en 2020, il passerait à 22 % en 2050 pour atteindre 35 % en 2100 (United Nations, 2019, variante moyenne). La contribution de cette région à l'augmentation de la population mondiale a ainsi évolué de 11 % entre 1960 et 1980 à 16 % entre 1980 et 2000, puis à 28 % entre 2000 et 2020, pour atteindre près de 50 % entre 2020 et 2050. De 2050 à 2100, l'augmentation absolue de la population de l'Afrique pourrait atteindre près de 1,7 milliard (soit 2,12 à 3,78 milliards d'habitants) alors que la population du reste du monde reculerait de 52 millions (de 7,62 à 7,10 milliards). Conséquence d'une baisse plus lente qu'ailleurs de la fécondité, l'Afrique subsaharienne était en 1995 comme en 2015 la région de très loin la plus jeune du monde, et le demeurera, creusant aussi les écarts avec les autres régions (Tabutin & Schoumaker, 2020). L'âge médian de sa population passerait de 18,2 ans aujourd'hui à 23,9 ans en 2050, contre 27,7 ans à 34,9 ans en moyenne pour les pays en développement. L'examen des structures par grand groupe d'âges conforte le constat d'une jeunesse exceptionnelle de la population subsaharienne qui s'atténuera mais sera encore importante en 2050 (passant de 43 % de moins de 15 ans en 2015 à 33 %). Corolairement, la proportion d'adultes passerait de 54 % à 62 % en 2050. Quant à la part relative des personnes âgées (65 ans et plus), elle n'augmentera que de 3 % à 5 % d'ici 2050. Mais le nombre de personnes âgées va s'accroître très rapidement. (Cf tableau 1).

Tableau 1 : *Âge médian, structure par grand groupe d'âges et rapport de dépendance en 1995, 2015 et 2050 au Cameroun, en Afrique subsaharienne et dans le monde.*

PAYS	Âge médian			% des moins de 15 ans			% des 15-64 ans			% des 65 ans et plus			Rapports de dépendance[a] (%)		
	1995	2015	2050	1995	2015	2050	1995	2015	2050	1995	2015	2050	1995	2015	2050
Cameroun	16,9	18,3	24,0	46	43	33	50	54	62	4	3	5	100	85	61
Afrique Subsaharienne	17,4	18,2	23,9	45	43	33	52	54	62	3	3	5	92	86	62
Pays en développement	22,9	27,7	34,9	35	28	22	60	66	64	5	6	14	67	52	56
Pays développés	35,8	41,0	46,0	20	16	15	67	66	58	14	18	27	51	52	72
MONDE	25,1	29,6	36,2	31	26	21	62	66	63	7	8	16	61	53	59

(a) Rapports des effectifs de moins de 15 ans et de 65 ans et plus aux effectifs des 14-64 ans

Notes : Scénarios moyens d'évolution de la fécondité pour les projections à l'horizon 2050

Source des données : Nations Unies (2019).

Par déduction, le rapport de dépendance, pour l'Afrique subsaharienne, élevé en 1995 (92 %, soit près d'un « dépendant » pour un « actif », contre 61 % en moyenne mondiale), n'a que légèrement diminué en 2015 (86 % contre 53 % dans le monde), mais tomberait à 62 % en 2050 (deux « dépendants » pour trois « actifs »). Cette tendance à la baisse est également observable au Cameroun : 100% en 1995, 85% en 2015 et 61% en 2050.

La charge démographique globale des jeunes et des âgés diminuera dans les prochaines décennies avec, dans un premier temps, le recul progressif des proportions de jeunes.

D'aucuns y voient une opportunité de croissance économique, la qualifiant de dividende démographique du fait de son impact sur l'économie et le développement. Le recul de la fécondité a pour conséquence une moindre proportion de jeunes (les inactifs) et une augmentation de celle des adultes (les actifs). La plus faible charge économique des jeunes qui en résulte (en termes d'éducation, santé, alimentation…) dans un premier temps libère des ressources, notamment financières, permettant d'investir dans l'éducation, la santé, l'économie, d'accroître ainsi la production, la productivité et finalement le niveau de vie des populations, de conduire en d'autres termes à la croissance économique (Turbat, 2017 ; Moreland et Madsen, 2017 ; Koba et ali, 2019). Au demeurant, Ndulu (2006) met en évidence que l'écart entre le taux de croissance de l'Afrique subsaharienne et celui des autres pays en développement entre 1960 et 2004, qui équivaut à 1,12 % de taux de croissance annuel du PIB par tête en moins, s'explique en partie par des facteurs démographiques, ceux-ci représentant une part égale à 0,86 % de taux de croissance annuel en moins, soit les ¾ de l'écart global.

Aussi, le disciple aimé du Maître[1], qui aurait pu mener une réflexion sur le renouvellement de l'approche circuitiste de la crise contemporaine dans une perspective tounamamienne, ne résiste pas à la faiblesse de conserver une posture de conseiller du Prince, fonction

---

[1] Non pas d'un amour exclusif, il ne pouvait en être autrement pour le père d'une multitude d'économistes par-delà les nations et les tribus, à l'instar d'Abraham, le patriarche biblique. Au demeurant, le disciple exalte ici l'intensité et la durée de la production scientifique, académique et professionnelle à l'ombre du maître.

aujourd'hui principale du Maître, œuvrant et plaidant au quotidien pour une administration de développement, à l'effet de revisiter les relations entre l'évolution de la population et l'économie, dans un contexte de quête du développement, où une bonne partie de la population peine encore à satisfaire l'ensemble de ses besoins fondamentaux. Il n'est donc point question de prêter à **TOUNA MAMA** des idées malthusiennes, mais d'analyser une des préoccupations majeures du monde en développement dans le sillage des travaux d'un grand[2] économiste du développement, axés sur des thématiques poignantes telle la sortie de crise ou la marche vers l'émergence ou encore la marginalisation de l'Afrique dans la mondialisation libérale.

L'objet de cette contribution est donc d'examiner les relations entre dynamiques de population et dynamiques économiques. Comme les variables démographiques enregistrent des variations significatives au sens statistique du terme quel que soit l'horizon de temps retenu, on peut s'attendre à ce que le rythme de croissance et la variation de la distribution par âges de la population aient un impact significatif sur de nombreuses variables économiques, soit directement parce que le niveau de certains agrégats est étroitement corrélé avec la structure par âge de la population, soit indirectement parce que les caractéristiques d'un certain nombre de décisions prises par les agents économiques sont fonction de leur âge (Vernière, 1999).

Plus précisément, il est question d'étudier l'influence du taux de dépendance démographique et l'épargne d'une part et entre la dépendance démographique et la croissance d'autre part. D'où la question ci-après : la dépendance démographique est-elle un obstacle à l'épargne et à la croissance au Cameroun ?

Cette étude repose sur l'idée que la démographie est une contrainte forte au développement de l'Afrique subsaharienne en général et du Cameroun en particulier. C'est pourquoi, la dynamique de la population doit être voulue ou du moins encadrée mais en aucun cas

---

[2] « Les grands économistes sont ceux qui ont influencé la profession dans son ensemble et ceci ne peut se faire que si leur doctrine n'implique pas un trop grand changement par rapport aux vues et aux connaissances du « rank and file » de la science », G.T. STIGLER, The Nature and the Role of Originality in Scientific Progress, reproduit in *Essays in the History of Economics,* The University of Chicago Press, 1965, p. 7.

subie, grâce à une intervention active de l'Etat au travers des politiques de population.

Deux hypothèses sous-jacentes vont par conséquent soutenir la réflexion, à savoir :

H1 : la structure par âges de la population camerounaise influence négativement le taux d'épargne ;

H2 : la dépendance démographique influence négativement l'évolution du Produit Intérieur Brut (PIB).

Les développements qui suivent reposent sur un certain nombre de considérations d'ordre théorique, méthodologique, empirique et politique.

2. Considerations theoriques

L'étude des effets de la croissance démographique sur la croissance économique est au cœur même de la pensée économique. La quasi-totalité des grands théoriciens de l'économie se sont intéressés à la question, depuis Malthus avec les rendements décroissants jusqu'à Samuelson, en passant par Keynes, Kuznets[3] (1967) et Solow avec la baisse du rapport capital/travail qu'implique la croissance démographique (effet de dilution du capital)[4]. Si pour Sauvy (1969) et Simon (1977), une croissance démographique rapide favorise la

---

[3] Kuznets a été davantage impressionné par les effets salutaires d'une croissance démographique rapide que par ses effets négatifs. Pour lui, la croissance démographique rapide a eu tendance à augmenter le revenu par habitant parce qu'elle augmentait le nombre de contributeurs aux connaissances utiles. Elle tendait à accroître l'épargne à la fois parce qu'elle augmentait le ratio épargnants/dissidents et augmentait les montants épargnés par les groupes intermédiaires supérieurs. L'augmentation de la population a également favorisé les économies d'échelle et la réactivité aux nouveaux produits (en raison de l'évolution de la structure par âge de la population). Malgré ces aspects généralement positifs des taux élevés de croissance démographique, Kuznets a reconnu que la forte accélération de la population des pays moins développés, généralement provoquée par de fortes baisses des taux de mortalité, a parfois dépassé les économies et entravé la croissance du revenu par habitant.

[4] Dans le modèle de Solow, une augmentation de la fertilité ou une diminution du taux d'épargne induisent transitoirement une diminution du niveau du capital par tête et donc une diminution de la production et de la consommation par tête. On appelle « effet dilution du capital » cette situation transitoire.

croissance économique, pour d'autres, à l'instar de Ehrlich (1968) et sa « bombe démographique », Meadows (1972) et le Club de Rome, il faut à tout prix freiner la croissance de la population. Dans les modèles mondiaux néomalthusiens, la croissance démographique exerce un effet sur le développement généralement négatif, adhérant à la pensée que la condition première du développement est le ralentissement de la croissance démographique par la baisse de la fécondité.

Blanchet (1991) montre la complexité du problème démoéconomique en fonction de la valeur accordée aux paramètres, du rythme de la croissance démographique, de la spécification des fonctions de consommation et de production.

La question est alors celle de savoir si la croissance démographique peut aussi avoir des effets positifs suffisamment importants pour neutraliser cette conséquence négative. Après quinze à vingt ans, le niveau de fécondité se répercute sur la population active. Mais cet effet à terme sur la production de l'accroissement du nombre d'actifs dépend de l'état des techniques et des autres facteurs prévalant à ce terme, c'est-à-dire de la situation démo-économique. Boserup (1970), Badouin (1966) et Froelich (1967) soutiennent que la pression démographique est un facteur puissant d'intensification des cultures, une force sans égale pour changer les habitudes de travail (temps et techniques) et permettre ainsi directement la modernisation technologique. Samuelson (1975) et Lee (1980) introduisent les conséquences des changements dans la structure par âge et dans les transferts entre générations. Hirschman (1964) dans le cadre de sa théorie du développement suggère que, relativement aux modifications des attitudes induites par la croissance démographique, celle-ci, obligeant à investir, accroit ainsi l'aptitude à investir, facteur limitatif.

Le revenu par tête (Y/P) peut être influencé par la croissance démographique de différentes façons. Le premier mode d'action est le dénominateur (le chiffre de la population) pour une évolution donnée du produit global. Le type de raisonnement qui prévaut issu de certains points des analyses de Coale et Hoover (1958) ; et souvent utilisé, a donné lieu à des présentations synthétiques de Jones (1969) et de Zatdan (1969)[5]. Il est sommairement le suivant : les taux de natalité élevés

[5] Se rapporter également à Ohlin (1967) *Régulation démographique et développement économique*, Centre de Développement de l'O.C.D.E., Paris, et Ruprecht et Wahren

associés à la forte croissance démographique entraînent une structure par âge très jeune (soit une proportion d'inactifs ou un rapport d'inactifs aux actifs, dit encore taux de « dépendance », élevé) ; il en résulte une difficulté marquée d'épargne et d'investissement ; une diminution de la fécondité doit alors entraîner, par changement de la structure par âge, un accroissement du produit par tête (au moins pendant la quinzaine d'années suivant la diminution, le nombre de producteurs ne diminue pas, mais la population totale est moindre) ; l'accroissement du produit par tête est alors supposé permettre un accroissement d'épargne et l'investissement qui lui-même permet un nouvel accroissement du produit, etc[6]. En somme, la fécondité influence la structure par âge qui elle-même influence, ceteris paribus, l'épargne. L'effet de la fécondité sur l'épargne et l'investissement en capital matériel s'accompagne d'autre part d'un effet sur l'éducation et la santé des enfants moins nombreux, susceptible d'accroître leur productivité lorsqu'ils deviendront actifs. La relation essentielle et susceptible de jouer à court terme est celle qui s'établit entre taux de fécondité, structure par âge et taux d'épargne. Si l'effet de la fécondité sur la structure par âge (et le produit par tête) est automatique et valable pour toute population, l'effet de la structure par âge sur l'épargne et l'investissement requiert une analyse adaptée à chaque économie.

Le deuxième mode d'action s'appuie sur le numérateur (le produit global) : c'est là que l'analyse devient importante, mais délicate et sujette à controverse. La croissance démographique affecte l'évolution des facteurs de production et leur productivité dans un sens qui peut être défavorable ou favorable ; il en va inversement du ralentissement de la croissance démographique (sous-entendu par diminution de la natalité).

(1970), *Programmes démographiques et développement économique et social*, Centre de Développement de l'O.C.D.E., Paris, chap. II.

[6] Guillaumont (1985) montre que la structure par âge ou son évolution peut agir sur le revenu par tête de façon directe et automatique, et de façon indirecte par le taux d'épargne. A un niveau donné de produit par actif (Y/L) correspond un produit par tête d'autant plus élevé que le taux d'activité (L/P) est plus élevé. Une baisse de fécondité, qui, du moins pendant une certaine période entraîne, ceteris paribus, une diminution du taux de dépendance (augmentation de L/P) a pour effet automatique une augmentation du produit par tête. Cette augmentation entraîne elle-même un taux d'épargne plus élevé si celui-ci est une fonction croissante du revenu par tête. Ainsi indirectement la structure par âge influence-t-elle le taux d'épargne, le taux d'investissement et donc le taux de croissance.

3. Considerations methodologiques

Il est question ici de préciser la source des données ainsi que de présenter les méthodes d'analyse mobilisées.

3.1. Sources de données

Les variables de cette étude sont issues de la base de données "*World Development Indicators*" (WDI) de la Banque Mondiale (World Bank, 2020). Les données couvrent la période 1975-2019 et portent sur le Produit intérieur brut (PIB) réel, la Formation brute de capital fixe (FBCF), l'épargne nationale brute, l'Investissement Direct Etranger (IDE) et le ratio de dépendance démographique, l'inflation (prix à la consommation) et l'Aide publique au développement (APD). Pour prendre en compte l'effet de la structure par âges de la population Camerounaise, nous avons défini des taux de dépendance démographique comme étant le rapport d'une part de la population "des jeunes" (0-14 ans) et "des vieux" (65 ans et plus), c'est-à dire ceux qui représentent une dépense nette pour leurs parents et ceux qui désépargnent, et d'autre part par la population d'âge actif, c'est-à dire ceux qui sont à même de produire et qui sont des épargnants nets sur la totalité ou une partie de leur vie active.

3.2 Analyse descriptive et bivariée

Il s'agit ici d'appréhender la relation entre le ratio de dépendance démographique, l'épargne nationale et la croissance économique à travers une analyse des courbes à partir des calculs et graphiques sur Excel ainsi que l'étude de dépendances statiques et de l'analyse de corrélations de Pearson entre croissance, épargne et dépendance démographique.

3.3 Tests de Spécification et de Validation

Avant l'estimation de l'équation du modèle économique, il est important de procéder aux tests de stationnarité sur les données et de vérifier les relations de cointégration entre les séries, pour éviter l'estimation de relations fallacieuses et des interprétations erronées (Bourbonnais, 2000).

- *Tests de Stationnarité*

Une série temporelle est dite stationnaire si sa moyenne et sa variance sont constantes dans le temps et si la valeur de la covariance entre deux périodes de temps ne dépend que de la distance ou de l'écart entre ces deux périodes et non pas du moment auquel la covariance est calculée. En terme non technique une variable est stationnaire si sa valeur moyenne retourne vers un choc ou plus généralement si elle n'évolue pas avec le temps. Cette définition se traduit comme suit pour une série Yt :

Moyenne : $E(Y_t) = \mu$

Variance : $(Y_t) = E(Y_t-\mu)^2 = \sigma 2$

Covariance : $Cov(Y_t, Y_{t+k}) = E[(Y_t-\mu)(Y_{t+k}-\mu)] = yk$.

Pour déterminer le dégré de stationnarité des variables du modèle, il a été fait recours au test de Dickey Fuller Augmenté dont les hypothèses sont les suivantes :

H_0 : le processus est non stationnaire ;

H_1 : Le processus est stationnaire.

- *Etude de la cointégration*

La méthode utilisée dans ce document pour le test de cointégration est celle de PESARAN et al (2001). En effet, le choix de ce modèle se base sur le fait qu'il incorpore aussi bien des retards des variables expliquées que des variables explicatives pour capter les effets dynamiques et qu'il peut être appliqué indépendamment du fait que les variables explicatives sont parfaitement I(0), parfaitement I(1) ou mutuellement cointégrées. En outre, il n'est pas nécessaire que l'ordre d'intégration des variables explicatives soit établi pour tester l'existence d'une relation de long terme entre ces variables explicatives et la variable dépendante. Il faut juste s'assurer que l'ordre d'intégration des variables explicatives est inférieur ou égal à un (1) et que la variable d'intérêt est intégrée d'ordre un (1). De plus, la procédure du test du seuil utilisé par PESARAN et al (2001) est jugée robuste pour l'étude de petits échantillons et fournit des estimateurs sans biais, des coefficients de long terme et des t-stats valides et robustes en cas d'endogénéité des explicatives (Pesaran et al, 2001).

La procédure du test de cointégration repose sur le test de l'hypothèse H_0: $£_1 = £_2 = 0$ contre l'alternative que $£_1$ # 0, $£_2$ # 0. La statistique de test bien que classique (Fisher ou Wald) ne suit pas une loi standard. La distribution asymptotique dépend : (a) des propriétés de stationnarité des variables explicatives, (b) du nombre de variables explicatives, (c) de la taille de l'échantillon, et (d) de la présence de termes déterministes (constante et tendance) dans le modèle. Ainsi Pesaran et al. (2001) ont simulé deux ensembles de valeurs critiques pour la statistique de test, avec plusieurs cas et différents seuils. Le premier ensemble correspond au cas où toutes les variables explicatives sont I(0) et représente la borne inférieure. Le second ensemble correspond au cas où toutes les explicatives sont I(1) et représente la borne supérieure. Si la F-stat. excède la borne supérieure alors il y a cointégration. Si elle est inférieure à la borne inférieure alors on rejette l'existence d'une relation de cointégration. Si la F-stat. est comprise entre les deux bornes, on ne peut pas conclure à moins de connaître l'ordre d'intégration exact des variables.

- *Stabilité du modèle : Test de CUSUM*

Le test du CUSUM est usuellement représenté sous une forme graphique. La valeur de la statistique doit alors évoluer, sous l'hypothèse nulle de stabilité de la relation, entre deux droites représentant les bornes de l'intervalle. Ce test CUSUM est donc réalisé pour tester l'hypothèse de stabilité des relations de long terme estimées entre les séries p t et n t et la série i t .

Les hypothèses sont :
H_0 : le modèle est stable,
H_1 : le modèle est instable.
La règle de décision est la suivante : On rejette H_0 si le graphe sort du corridor.

3.4 Modèle empirique : régression économétrique

La présente analyse porte sur les années 1975-2020 et a pour objectif d'étudier l'influence de la dépendance démographique sur la croissance et l'épargne du Cameroun au cours de la période. Le choix de cette période se justifie par le fait qu'elle permet la prise en compte des nouvelles évolutions aussi bien sur le plan démographique que sur le plan des performances économiques.

La croissance économique est appréhendée par la variation positive du Produit Intérieur Brut (PIB), représente la richesse créée dans un pays. Hormis l'épargne intérieure, l'Investissement (Formation Brute de Capital Fixe-FBCF) et la dépendance démographique, les autres variables du modèle concernent les Investissements Directs Etrangers (IDE), l'Aide Publique au Développement (APD) et l'inflation. Les IDE sont captés par les flux nets d'investissements directs étrangers vers le Cameroun, calculés en pourcentage du PIB. Ils sont supposés stimuler la croissance économique (Ngakoli, E-V, 2020). Ainsi, plusieurs analyses théoriques et empiriques mettent en évidence les effets positifs des IDE sur les économies des pays bénéficiaires. Dans les pays africains, l'effet des IDE sur la croissance reste positif (Sakyi et Egyir, 2017).

Par ailleurs, l'inflation s'avère aussi une variable explicative de la croissance économique et de l'épargne. Un consensus s'est élaboré autour de la question à savoir qu'une inflation faible et stable relance la croissance économique (MUBARIK, 2005). En fait, des études empiriques ont examiné la relation entre l'inflation et la croissance économique de long terme et ont attesté que celle-ci pourrait être non linéaire. Ainsi, à un niveau (faible) d'inflation la relation pourrait être positive, non existante, mais à des taux élevés elle devient négative pour la croissance et l'épargne. Dans une perspective d'analyse dynamique de l'inflation et de la croissance économique, certaines études ont été menées d'une manière dynamique en analysant les effets à court terme et à long terme de l'inflation sur la croissance économique. Elles parviennent dans la plupart des cas au même résultat. Dans le court terme l'inflation n'a pas d'effet ou a un impact positif sur la croissance tandis qu'à long terme elle l'influe négativement (Ghosh et Phillips, 1998).

Enfin, l'Aide Publique au Développement (APD) reste une variable déterminante de la croissance et de l'épargne. La littérature souligne la problématique de son efficacité qui revient à l'ordre du jour de la plupart des rendez-vous internationaux, car il s'agit d'un élément central des enjeux économiques du monde actuel. Plusieurs travaux de recherches ont abouti à différentes conclusions relatant ; primo, une relation négative entre l'APD et la croissance (Radelet et al. (2004) ; secundo, une relation entre aide et croissance positive qui maximise de la réduction de la pauvreté (Gomanee et al. (2005) ; puis enfin, l'efficacité conditionnelle de l'APD sur la croissance (Radelet et al., 2004)

Le modèle théorique se présente comme suit :
Spécification du modèle 1 : Croissance économique

$$\text{Log (PIB)} = \beta_0 + \beta_1 \text{Log (Dep\_demo)} + \beta_2 \text{ Log (FBCF)} + \beta_3 \text{ Log (Inflaction)} + \beta_4 \text{ Log (IDEnet)} + \beta_5 \text{Log (APDnet)} + \beta_6 \text{Log (Epargne\_Int)} + \varepsilon \quad (1)$$

$$\text{Log (Epargne\_Int)} = \beta 0 + \beta 1 \text{Log(Dep\_demo)} + \beta 2 \text{ Log (FBCF)} + \beta 3 \text{ Log (Inflaction)} + \beta 4 \text{ Log (IDEnet)} + \beta 5 \text{Log (APDnet)} + \text{Log (PIB)} + \varepsilon \quad (2)$$

Dynamiques démographiques sur la croissance économique et sur l'épargne. En effet, le taux de croissance de la population en âge de travailler nous renseigne sur l'évolution du ratio de dépendance puisque l'augmentation de la population potentiellement active entraîne, toutes choses égales par ailleurs, la baisse de celle des dépendants et donc du ratio de dépendance. Ainsi, un signe positif pour le paramètre associé à cette variable reflètera un impact positif du dividende démographique sur la croissance.

4. Considérations empiriques : analyses et résultats

2.2. Résultats descriptif : Etat et structure de la population du Cameroun et dépendance démographique

Selon les données utilisées, issues du *World Development Indicators* de la Banque Mondiale, la population camerounaise est estimée en 2020 à 25 876 380 habitants, dont 10 961 786 sont en âge compris entre 0-14 ans et 704 782 âgés de 65 ans et plus. Avec un taux d'accroissement naturel moyen de 2,71 %, la population camerounaise connait une croissance importante.

Figure 1 : *Pyramide des âges du Cameroun en 2019*

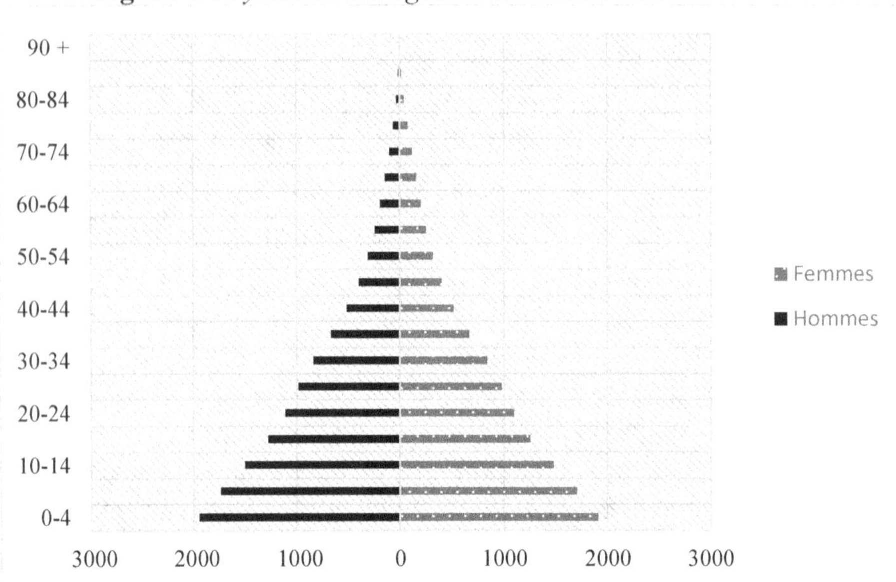

Source des données : World Population Prospects (2019) et World Development Indicators (2020).

Il apparaît des figures 1 et 2 que la population camerounaise est essentiellement jeune et caractérisée par une croissance continue depuis les années 1970.

Figure 2 : *Evolution de la population camerounaise de 1975 à 2019*

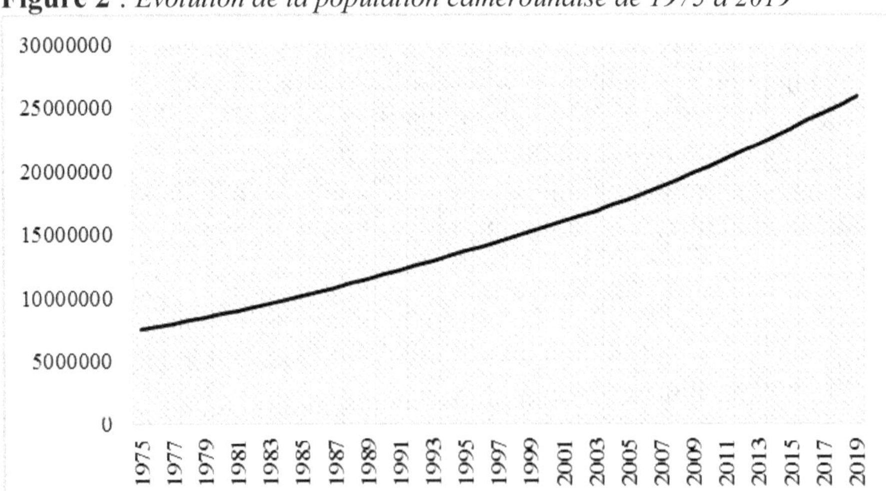

Source des données : World Population Prospects (2019) et World Development Indicators (2020).

L'analyse des données de la Banque mondiale (WDI, 2020) montre ainsi que la population camerounaise a été multipliée par 5 entre 1960 et 2020, c'est-à-dire en soixante ans seulement. Cette dynamique devrait se poursuivre au cours du 21ème siècle dans la mesure où l'hypothèse de fécondité ne connaîtra pas une modification substantielle. La très forte croissance démographique qui ne connait pas encore de ralentissement significatif explique donc la structure de la population illustrée par la pyramide des âges représentée dans la figure 1.

La figure 3 donne une illustration de la jeunesse de la population camerounaise avec la part des 0-14 ans qui reste très forte et constante des années 1970 jusqu'à nos jours (43,8% en 1975 contre 42,4% en 2019). D'où le niveau élevé de l'Indice Synthétique de Fécondité (ISF) qui se situe actuellement à 5 enfants par femme en moyenne. L'impact de la natalité reste donc encore fort sur le rajeunissement de la population. A contrario, le vieillissement reste encore très embryonnaire, ce qui pourrait influencer le niveau de l'épargne selon l'hypothèse du cycle de vie de MODIGLIANI.

Figure 3 : *Evolution de la part des moins de 15 ans et de la part des 65 ans et plus dans la population camerounaise entre 1976 et 2020*

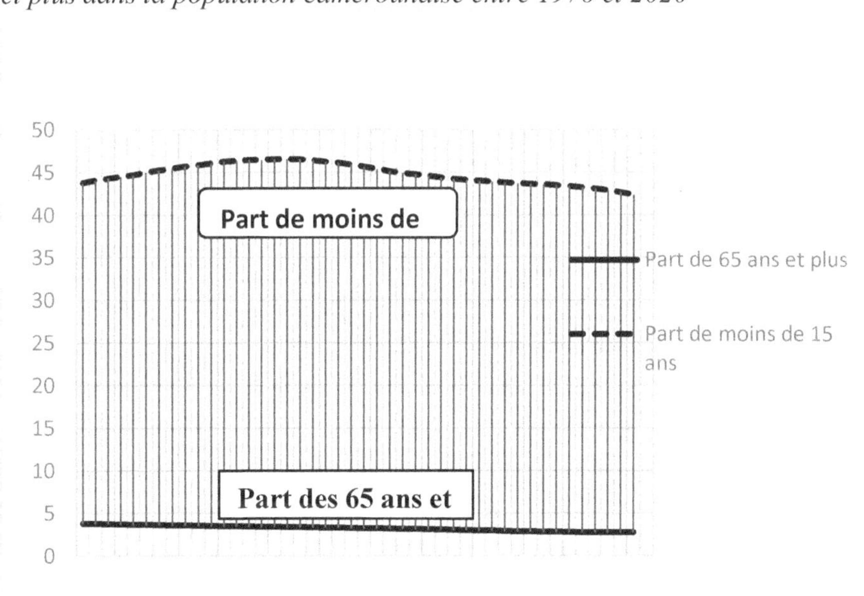

Source des données : World Population Prospects (2019) et World Development Indicators (2020).

Figure 4 : *Evolution de la dépendance démographique entre 1975 et 2019 au Cameroun.*

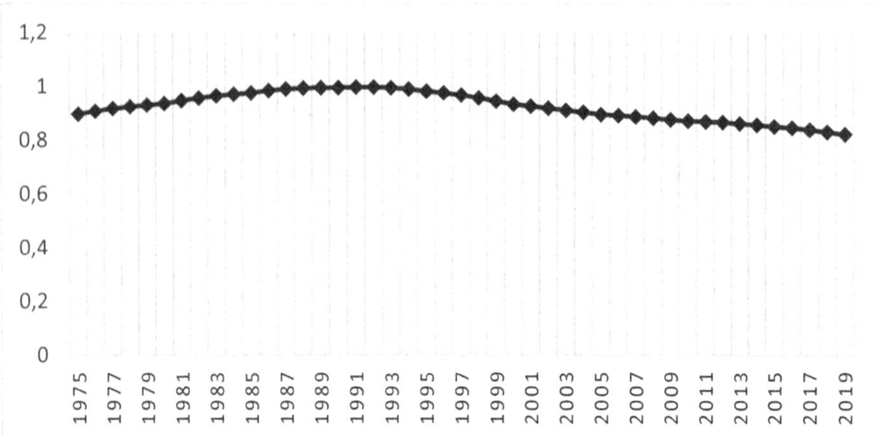

Source des données : World Population Prospects (2019) et World Development Indicators (2020).

Ces évolutions démographiques relatives à la structure par âges se résument par le calcul du taux de dépendance démographique, égal au rapport entre la somme des moins de 15 ans et des plus de 65 ans et la population de 15-64 ans. C'est un indicateur de la charge que fait peser la population inactive sur la population potentiellement active. Comme le montre la figure 4, la dépendance démographique reste donc très forte au Cameroun et elle atteint les niveaux les plus élevés entre les années 1980 et le début des années 1990. À partir de 1993, le taux de dépendance démographique décline et se situe à un niveau relativement inférieur comparé aux périodes adjacentes. Elle est soumise à une petite variabilité entre les périodes et vu que la dépendance provient très largement d'en bas (population de 0-14 ans correspondant à la période d'endettement selon l'hypothèse de cycle de vie de MODIGLIANI), cela conduit irrémédiablement soit à une baisse du taux d'épargne de la population active, ou à un taux d'épargne beaucoup plus faible comparé au scénario où la dépendance viendrait d'en haut (65 ans et plus), comme c'est le cas des pays riches en situation de vieillissement démographique.

L'analyse de l'évolution des agrégats économiques représentés sur la figure 5 révèle que la croissance économique n'a pas été régulière au Cameroun sur la période sous revue, à savoir entre 1975 et 2019. L'irrégularité est plus marquée entre 1975 et 1995 que sur la deuxième période de l'étude. La relation entre la croissance économique et structure de la population à travers la figure reste ambiguë, mais il à constater que la période 1992-1993 où la dépendance démographique est plus forte correspond à la période où le Cameroun a connu le taux de croissance économique négatif le plus important sur la période d'étude.

Figure 5 : *Evolution du taux de croissance du PIB, de l'épargne et du taux de dépendance démographique au Cameroun entre 1975 et 2020*

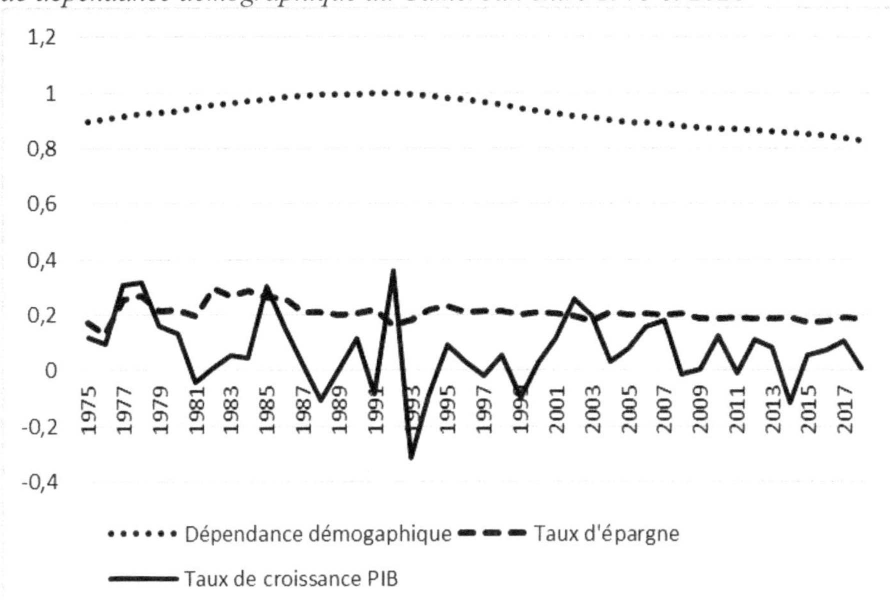

Source des données : World Population Prospects (2019) et World Development Indicators (2020).

Toutefois, la relation parait plus claire entre structure par âge de la population et taux d'épargne (Rapport entre l'épargne nationale et le PIB). Le taux d'épargne des ménages semble être corrélé avec l'indicateur de dépendance démographique choisi.

2.3. Analyse bivariée et dépendance statistique : Etude de l'association entre dépendance démographique épargne et croissance économique

L'analyse de l'évolution des agrégats économiques parallèlement à la structure par âge de la population est confirmée par les tests de dépendance statistique au niveau bivarié. Ainsi, le test de corrélation de Pearson entre la croissance économique et la dépendance démographique est statistiquement significatif au seuil de 5% (P-Value= 0.000 < 0.05) avec un coefficient r = - 0,77. Ce résultat atteste d'une relation négative entre dépendance démographique et croissance économique. Autrement dit, une baisse de la dépendance démographique serait favorable à une croissance élevée et réciproquement. L'analyse reste similaire pour le taux d'épargne des ménages. Ainsi avec un coefficient Pearson r= -0,74 et significatif au seuil de 5% (P-Value= 0.000 < 0.05), il ressort du test de dépendance statistique de Pearson que la baisse de la dépendance démographique reste favorable à une augmentation de l'épargne des ménages. Ainsi, la réduction de la dépendance démographique, qui dans le cas du Cameroun se traduirait par la réduction de la part de la population âgée de moins de 15 ans permettrait à la population potentiellement active (15-64 ans) de mieux épargner et par ricochet favoriser plus d'investissement. Suivant le postulat qu'il y a un impact négatif de la croissance de la population sur l'épargne, la littérature rend compte de ce qu'un taux de croissance de la population élevé (faible) conduit à un nombre élevé d'enfants (de retraités) qui consomment mais qui ne produisent pas. La consommation de ces dépendants est financée au détriment de l'épargne. L'impact total de ces deux types de dépendants dépend de leur taille respective. Mais dans les pays d'Afrique subsaharienne, y compris le Cameroun, la jeunesse de la population est prépondérante, le phénomène de vieillissement n'étant pas en ligne de mire.

Tableau 2 : *Dépendance statistique : test de corrélation de Pearson r*

Croissance économique et dépendance démographique	Epargne et dépendance démographique
T = -8.1289, df = 43, p-value = 3.115e-10 Intervalle de confiance : -0.8725202 - 0.628349 Corrélation estimée : r = -0.7783269	T = -7.4039, df = 43, p-value = 3.363e-09 Intervalle de confiance : -0.8543929 - 0.5832290 Corrélation estimée : r = -0.7486038

Source : auteur.

2.4. Résultats des tests de spécification et de validation

- ***Stationaritié et stabilité***

Pour les variables prises en niveau, on constate le rejet de l'hypothèse nulle de présence de racine unitaire par au moins un des tests du Augmented Dyker Fuller (ADF). Ainsi, en différence première, les p-values des tests ADF sont toutes inférieures à 5% et la LM-stat du test en valeur absolue est supérieure à la valeur critique au seuil de 5%. Par conséquent, on peut conclure que toutes les variables étudiées sont stationnaires en différence première ou encore qu'elles sont intégrées d'ordre 1.

Tableau 3 : *Indicateurs de stationnarité des variables de l'étude*

Variables	Dyker Fuller Augmenté (DFA) en différence première I (1)	Ordre de stationnarité
PIB	-0.5825 (0.0524) *	Stationnaire en différence première
Epargne	-0.7237 (0.0193) *	Stationnaire en différence première
Inflation	-3.6187(0.0001) *	Stationnaire en différence première
IDE net	-4.611 (0.0001) *	Stationnaire en différence première
APD net	-2.9591 (0.0003) *	Stationnaire en différence première
FBCF	-1.0875 (0.0005) *	Stationnaire en différence première
Dep Demo	-3.3629 (0.0007) *	Stationnaire en différence première
Note: * *indique le rejet de l'hypothèse nulle à 5%*		

Source des données : World Development Indicators (2020).

Le test de stabilité de CUSUM quant à lui montre qu'il y a une stabilité du modèle. Les graphes de Cusum sont tous restés dans le corridor comme l'atteste la figure 6.

Figure 6 : *Résultats du test de stabilité de CUSUM*

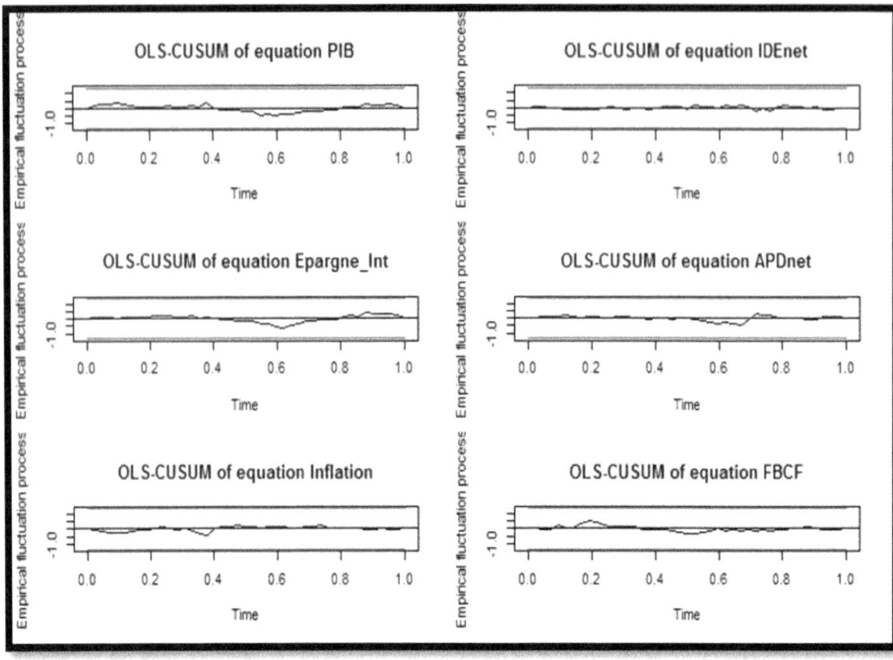

Source : auteur

- ***Test de cointégration***

Les tests de l'hypothèse d'absence de relation de cointégration fournissent une statistique de Fisher égale à 7.18 (pour l'équation de l'épargne) et 7.55 (pour l'équation de la croissance). Ces F-statistique sont plus élevées au niveau de confiance de 95% que les valeurs critiques supérieure de 4,85 et 4.35 tabulées par Pesaran, Shin et Smith (2001), ce qui conduit au rejet de l'hypothèse nulle d'absence de cointégration. Ces tests révèlent alors une relation de cointégration entre le ratio de dépendance démographique et le taux d'épargne d'une part, et entre le ratio de dépendance démographique et la croissance d'autre part. L'approche globale met donc en exergue les décisions individuelles en matière d'épargne et d'accumulation de capital.

Tableau 4 : *Statistique de cointégration*

		Equation de l'épargne	Equation de la croissance
F-Stat		7.18	7.55
Significance (Valeurs critiques)	Borne inférieure	3.79	3.23
	Borne supérieure	4.85	4.35

Source : auteur, données World Development Indicators (2020).

2.5. Résultats des estimations des modèles économétriques

L'estimation du modèle de la croissance économique révèle une relation significative au seuil de 1% (P-value=0,000) du PIB avec la dépendance démographique (β_1= -3.29) et l'épargne nette (β_6= 18,2) ; puis au seuil de 5% pour l'inflation (β_3= -1.97). L'analyse des coefficients montre dans un premier temps que la relation est négative entre dépendance démographique, inflation et croissance économique, puis positive entre épargne nette et croissance économique. Ainsi, comme le montrent les résultats des analyses descriptive et bivariée, la dépendance démographique, en l'état actuel au Cameroun où la population est fortement dominée par la catégorie de 0-14 ans, reste un handicap à la croissance économique. Ces résultats semblent épouser la réalité des études empiriques. En effet, Vimard et Fassassi (2011) ont observé que la croissance démographique en Afrique subsaharienne a joué un rôle négatif sur l'économie, par l'augmentation des taux de dépendance des années 1960 jusqu'au début des années 1990 (de 85 à plus de 90 personnes à charge pour 100 personnes actives) ainsi que par leur maintien à un niveau élevé ensuite, ce qui a conduit à une croissance plus faible du revenu par tête que du revenu par actif[7]. À l'inverse, les autres régions en développement ont vu leur taux de dépendance baisser rapidement dès les années 1970 (de 90 à un peu plus de 60 personnes à charge pour 100 personnes actives), grâce à la baisse de la fécondité. Cette évolution du taux de dépendance est un lien majeur entre la croissance démographique et la croissance économique. Ainsi, la baisse du taux de dépendance constitue l'effet principal, même s'il est indirect, par lequel le ralentissement de la croissance démographique intervient pour stimuler la croissance économique. Pour la période 1960-2000, cet effet a été estimé à 0,4 % de croissance annuelle par tête en moins en Afrique subsaharienne (Ndulu et O'Connell, 2006 : 32).

Les résultats du modèle montrent également une relation négative statistiquement significative au seuil de 5% entre inflation et croissance. Ce résultat vient en confirmation du consensus élaboré autour de la question à savoir qu'une inflation faible et stable relance la croissance économique (Mubarik, 2005). En fait, des études empiriques ont examiné la relation entre l'inflation et la croissance économique de long terme et ont attesté que celle-ci pourrait être non linéaire. Sarel

[7] Constat repris par Vimard (2017).

(1996) a spécifiquement testé l'existence d'une rupture structurelle dans la relation entre l'inflation et la croissance économique. Ainsi, à un niveau (faible) d'inflation la relation pourrait être positive, non existante, mais à des taux élevés, elle devient négative et est susceptible de freiner la croissance, comme les résultats le montrent dans le cas du Cameroun.

Par ailleurs, le lien entre épargne et croissance reste positif et très fort, montrant ainsi qu'une croissance positive au Cameroun favorise l'augmentation de l'épargne. Néanmoins, d'après les résultats de l'estimation du modèle d'épargne, la croissance influence fortement l'épargne. Il y a donc existence d'un lien bi-directionnel. Parmi les arguments qui militent en faveur de ce lien, il y a bien le fait que l'investissement est la locomotive de la croissance. Si l'épargne n'est pas transformée en accumulation du capital systématiquement, elle suivra la croissance. Une forte croissance permet l'épanouissement d'un système financier efficace qui mobilise l'épargne.

Tableau 5 : *Récapitulatif de résultat des modèles*

Variables	Modèle de la croissance (PIB)	Modèle de l'Epargne (Epargne_Net)
Dep_demo (Dépendance Démographique)	- 3.29*** (0.00)	2.44*** (0.01)
FBCF (Formation Brute de Capital Fixe)	- 1.30 (0.20)	3.05*** (0.00)
Inflation (Inflation prix à la consommation)	- 1.97** (0.05)	1.2 (0.23)
IDEnet (Investissement Direct Etrangers Nette)	0.286 (0.776)	-0.08 (0.93)
PIB (Produit Intérieur Brute courant)	--	18.2*** (0.00)
Epargne_int (Epargne interieur nette)	18.2*** (0.00)	
APD (Aide Publique au Développement)	- 0.40 (0.69)	1.48 (0.14)
Contance	3.09*** (0.00)	-2.29*** (0.02)
R^2	98%	98%
N	35	35
Ficher-Stat (P-Value)	488 (0.00)	498 (0.00)
Valeur résiduelle (Degré de liberté)	1.276^{e9} (38)	2.217^{e8} (38)

Source : Auteur. **Notes :** *, **, *** renvoient respectivement à la significativité à 10%, 5% et 1%.

Dans le modèle de l'épargne, hormis le lien positif avec la croissance, et la formation brute de capital fixe, il apparait, contrairement aux résultats des niveaux bivarié et descriptif, une relation positive entre l'épargne et la dépendance démographique. Ce qui signifie que des caractéristiques inhérentes aussi bien à l'évolution des composantes démographiques qu'à certains comportements dictés par des contraintes économiques pourrait atténuer les effets réputés défavorables d'une fécondité élevée sur le taux d'épargne (Mezzine, 2000). Ainsi, ce résultat montre qu'avoir beaucoup d'enfants n'entraîne pas forcement à une désépargne dans le contexte camerounais, et qu'à de bien égard cela pourrait être considéré comme positif. L'augmentation de la taille du ménage n'est donc pas en définitive un facteur de diminution systématique de l'épargne, même si elle contribue globalement à l'augmentation de la consommation et donc de la dépense.

3. Conclusion

L'objectif de cette recherche est d'appréhender l'impact de la structure par âge du Cameroun sur l'évolution des indicateurs économiques du pays des années 1970 à nos jours en nous somme basant sur les données annuelles issues des indicateurs de développement de la Banque Mondiale de 2020. Ces données couvrent la période 1960-2019. Les principaux résultats obtenus aux niveaux bi-varié et descriptif montrent qu'il existe une relation statistique négative entre indicateur démographique qu'est la dépendance démographique et agrégats économiques retenus, à savoir la croissance économique et le taux d'épargne national. Ainsi, la structure de la population telle qu'elle se présente depuis les indépendances n'a pas véritablement favorisé d'un point de vue statistique une forte croissance et une épargne consistante au Cameroun. La part de la population des 0 -14 ans reste largement et fondamentalement le facteur majeur constitutif de la dépendance démographique. Ce résultat est confirmé au niveau explicatif, à l'exception du lien positif qui est apparu entre épargne et dépendance démographique. Ce qui permet de confirmer la deuxième hypothèse de cette recherche et d'en rejeter la première.

L'augmentation de la population à charge est imputable beaucoup plus à la forte fécondité qui alimente la tranche d'âge des moins de quinze ans qu'à l'allongement de la durée de vie qui contribue à l'accroissement du nombre de vieux dans la population camerounaise. Or, le maintien du taux de dépendance à des niveaux élevés tend à décourager les efforts des pays dans la formation de capital humain (Bloom et Sachs, 1998). Diverses synthèses microéconomiques ont également mis en évidence l'impact négatif, direct et indirect, de la croissance démographique sur le développement économique et social dans un certain nombre de domaines : bien-être des enfants et des ménages, santé, formation du capital humain, emploi et création d'opportunités économiques pour les femmes et les jeunes (Cassen, 1994 ; United Nations, 1993). D'où l'intérêt d'une maîtrise de la fécondité, un taux de croissance démographique trop rapide pourrait être synonyme d'une "trappe à pauvreté" dans l'hypothèse d'une corrélation négative entre croissance de la population et croissance du revenu par tête.

La baisse de la fécondité, par la réduction de la croissance des effectifs de population qui l'accompagne, peut être considérée comme un premier bénéfice de la transition démographique. Mais elle entraîne également une modification de la pyramide des âges avec une diminution de la part des enfants et une surreprésentation des jeunes adultes en âge de travailler. Ceci conduit le pays concerné à passer d'un stade où il doit consacrer une partie importante de ses ressources à des enfants en situation de dépendance et qu'il faut scolariser à un stade où il peut bénéficier d'une part croissante de population en âge de travailler et d'épargner. Ce passage se révèle à même de susciter une accélération de la croissance des revenus, découlant d'une population active plus importante, une accumulation accélérée du capital humain et du capital physique et une réduction des dépenses pour la population dépendante : phénomène connu sous le nom de « bonus » ou encore de « dividende démographique ».

L'intervention qualitative de l'Etat qui est ici appelée renferme également des actions en matière de protection sociale et des politiques inclusives de retraite pour alléger le poids des personnes du troisième âge sur les actifs, et dégager ainsi le potentiel d'épargne de ces derniers. L'Etat doit enfin, vu l'accroissement de la population en âge de travailler au Cameroun, œuvrer à la mise en œuvre de politiques spécifiques d'emploi à l'égard de la frange de la population économiquement plus productive, mais également poursuivre les efforts déployés en matière d'éducation, de santé et de renforcement des capacités productives[8].

---

[8] Si la baisse de la fécondité et l'augmentation de la part de la population en âge de contribuer activement à la production et à l'épargne sont des conditions de la croissance économique, en permettant une redistribution des dépenses de

Au demeurant, et par analogie au concept de seuil d'endettement supportable élaboré à l'orée des travaux de **TOUNA MAMA** dans le cadre d'une analyse innovatrice, prémonitoire de la viabilité de la dette et de l'endettement des pays du Sud, il pourrait être judicieux d'envisager de concevoir un indicateur de seuil de croissance démographique supportable ou optimale pour assurer une structure de la population qui soit la plus avantageuse économiquement, c'est-à-dire en mesure de garantir des taux élevés d'épargne et de croissance économique.

Dans le registre des insuffisances de cette étude, il faut relever la non prise en compte des retards et décalages nécessaires dans l'analyse des interactions démo-économiques, le vison trop réducteur du développement à la dimension quantitative de la croissance captée par le PIB, la limitation des grandeurs macroéconomiques à l'épargne et au produit, le non recours à des panels de pays d'Afrique subsaharienne pour des résultats beaucoup plus robustes. A la lumière des réflexions sur le dividende démographique, il aurait été également possible de s'intéresser à des aspects plus spécifiques du ratio de dépendance, mais aussi aux autres facteurs qui interviennent également, comme les différences entre les taux de scolarisation, le caractère plus ou moins inégalitaire de la distribution des revenus, ainsi que des facteurs liés aux institutions et à l'orientation de l'activité économique. De même, des facteurs inhérents aux structures familiales dans leur ensemble peuvent aussi jouer dans le sens d'une atténuation des effets défavorables de la structure par âge et du rapport de dépendance sur les variables économiques.

Références bibliographiques

Aglietta M., Blanchet D., Heran F. (2002). "Démographie et croissance", *rapport du Conseil d'Analyse Economique*, n° 35, Paris, La documentation française, disponible sur www.cae.gouv.fr

---

consommation et de fonctionnement vers des investissements porteurs de croissance économique, elles ne peuvent suffire. Le plein effet de ce bénéfice démographique pour le progrès économique et social nécessite la mise en œuvre des politiques efficientes dans des domaines clés : développement de l'éducation, investissement dans les secteurs les plus productifs, amélioration de la gouvernance, promotion d'un État de droit (Bloom et al. 2003b).

Badouin, R. (1966), "Pression démographique et développement agricole en Afrique" *Penant*, octobre-nov.-déc. 1966, pp. 415-430.

Berger, K., Daubaire, A. (2003). "L'évolution du taux d'épargne des ménages dans quelques pays de l'OCDE une interprétation basée sur les déterminants de moyen terme", *Revue d'économie politique*, 113, 829-849. https://doi.org/10.3917/redp.136.0829

Blanchet, D. (2001), "L'impact des changements démographiques sur la croissance et le marché du travail : faits, théories et incertitudes", *Revue d'économie politique*, vol. 111, p. 511-564

Bloom, D., Canning, D., Graham, B. (2003), "Longevity and Life-Cycle Savings" *Scandinavian Journal of Economics*, 105, 319-338.

Bloom, D., Canning, D. and Sevilla, J. (2003). "The Demographic Dividend. A New Perspective on the Economic Consequences of Population Change", *Population Matters*, Rand, 106 p.

Bloom, D., David E., Sachs., Jeffrey D. (1998), "Geography, Demography and Economic Growth in Africa", *Brookings Papers on Economic Activity* 2, 207–295

Boserup, E. (1970), "Évolution agraire et pression démographique". Traduit de l'anglais par le Dr Métadier. Paris, *Flammarion*, 1970, 218 p.

Brasseul, J. (2008), "Introduction à l'économie du développement", 3ème édition augmentée, Paris, Armand Colin, coll. « *Cursus* », 372 p.

Cassen, R. (dir). (1994), "Population and Development: Old Debates, New Conclusions. New Brunswick-New Jersey-Oxford", *Transaction Publishers.*

Coale, A. and Hoover, E. (1958), "Population Growth and Economic Development in Low Income Countries". *Princeton University Press, Princeton.*

Delaunay D., Guengant, J.-P. (dir.). (2019), "Le dividende démographique en Afrique subsaharienne", Paris, *IEDES-Université Paris 1, Monographies Sud-Nord*, n° 9.

Ehrlich, P. R. (1968), "The Population Bomb", New York, *Ballantine Books*

Esso, L. J. (2009). "La dépendance démographique est-elle un obstacle à l'épargne et à la croissance en Côte d'Ivoire ?", *L'Actualité économique*, 85(4), 361–382. https://doi.org/10.7202/045069ar

Froelich, J.C. (1967), "Pression démographique et techniques agraires" *Perrant*, septembre, pp. 289-299.

Ghosh, A. and Phillips, S. (1998), "Warning: Inflation May Be Harmful to Your Growth." *IMF Economic Review* **45,** 672–710. https://doi.org/10.2307/3867589, *IMF staff papers 45, N°4, pp 672-710*

Gomanee, K., Morrissey, O., Mosley, P. Verschoor, A. (2005), "Aid, Government Expenditure, and Aggregate Welfare", *World Development* 33, 355–370

Groth, H., May, J. (eds.). (2017), "Africa's Population: In Search of a Demographic Dividend", *Springer International Publishing*, 526p+xxv

Guillaumont, P. (1971). "Les principales relations démo-économiques : schéma en vue d'un programme de recherches". In : *Colloque de démographie africaine. Cahiers ORSTOM.Série Sciences Humaines*, 8 (1), p. 51-61. *Colloque de Démographie Africaine*, Paris (FRA), 1970/10/6-9.

Guillaumont, P. (1985), "Economie du développement : dynamique interne du développement", tome 2, *Presses universitaires de France Collection Thémis - Sciences économiques,* 612 pages

Hirschman, A. 0., (1964), "*La stratégie du développement économique*", traduction française, Paris, *Ed. Ouvrières*, 1964, pp. 200-209.

Institut Nationale De La Statistique (INS), (2014), "Annuaire statistique". Cameroun

Johansen, S. (1988), "Statistical Analysis of Cointegration Vectors". *Journal of Economic Dynamics and Control*, 12, 231-254.

Johansen, S. et Juselius, K. (1990), "Maximum Likelihood Estimation and Inference on Cointegration- with Applications to the Demand for Money". *Oxford Bulletin of Economics and Statistics*, 52, 169-210.

Jones, G.W. (1969), "Les conséquences du déclin de la fécondité dans les pays en voie de développement", Documents publiés par *Le Population Council*, New York, octobre 1969.

Koba, E., Djoufelkit, H., Rabier, S. (2019). "Transitions démographiques, inégalités et développement humain : analyse des fiches démographiques synthétiques pour 43 pays d'Afrique subsaharienne", France : *Agence française de développement.*
(pp. 1-130). Paris Cedex 12,

Lee, R. D. (1980), "Age Structure, Intergenerational Transfers and Economic Growth: An Overview", *Revue Économique*, 6, 1129-1156.

Malthus, T. R. (1826), "An Essay on the Principle of Population", *Cambridge University Press*.

Meadows., Donella H., Dennis L., Randers., Jørgen., Behrens III., William, W. (1972). "The Limits to Growth; A Report for the Club of Rome's Project on the Predicament of Mankind". New York: *Universe Books*. ISBN 0876631650.

Mezzine, A. (2000), "Croissance démographique, revenus et épargne des ménages. Quelques interrogations sur le sens des causalités", *Critique économique,* N° 1, Printemps, pp : 75-100, DOI: https://doi.org/10.48409/IMIST.PRSM/ce-n1.2619.

Mubarik, Y A. (2005), "Inflation and growth: an estimate of threshold level in Pakistan", *SBP-Research Bulletin* Vol.I, n°1

Nayihouba, A. (2015), "Dividende démographique et croissance économique : quelles perspectives pour l'Afrique ? ", *STATECO* N°109, pp : 89-102.

Ndulu B. J. (2006), "Ramping up African Growth: Lessons from Five Decades of Growth Experience", *Economic Affairs*, 26 (4): 5-11.DOI: 10.1111/j.1468-0270.2006.00662.x

Ndulu, B. and O'CONNELL S. (2006). "Policy Plus: African Economic Growth 1960-2000", *AERC Mini-Plenary Session on the Growth Project* (May 2005, revised on July 2006).

Ngakoli E- V. (2020), "Effects of FDI on Economic Growth in Congo: An Analysis Based on the Threshold Effect", *International Journal of Economics and Management Research*, Volume N°1, N°2 Juillet-Décembre 2020

Ohlin, G. (1967), "Régulation démographique et développement économique", *Centre de Développement de l'O.C.D.E.,* Paris.

Paglin, M. (1965) "Surplus Agicultural Labor and Development: Facts and Theories", *American Economic Review*, September, pp. 815-834.

Pesaran, M. H., Shin, Y. et. Smith, R. J. (2001), "Bounds Testing Approaches to the Analysis of Level Relationships", *Journal of Applied Econometrics*, 16, 289-326.

Radelet, S., Clemens, M. et Bhavnani, R. (2004), "Aide et croissance : débat en cours et données nouvelles, Exposé au Séminaire du FMI sur l'Aide étrangère et la Gestion macroéconomique",

Maputo, Mozambique, 14 et 15 mars 2005 (imf.org), *Center for Global*.
Ruprecht, T. K., Wahren, C. (1970), "Programmes démographiques et développement économique et social", *Centre de Développement de l'O.C.D.E.,* Paris, chapitre II.
Sakyi, D., Egyir, J. (2017), "Effects of Trade and FDI on Economic Growth in Africa: An Empirical Investigation". *Transnational Corporations Review*, Taylor Francis Journals, vol. 9(2), pages 66-87, April, DOI: 10.1080/19186444.2017.1326717
Samuelson, P. A. (1975), "The Optimum Growth Rate of a Population", *International Economic Review*, 16, 531-538.
Sauvy, A. (1969), "The Case for Population Growth: General Theory of Population". translated from the French edition (Paris, 1966) by Christophe Campos. *Basic Books*, New York, 1969. xii + 556 pp.
Simon, J. (1977), "The Economics of Population Growth", *Princeton. University Press.*
Simon, J. (1986), "Theory of Population and Economic Growth". (Basil Blackwell).
Solow, R. M. (1956), "A Contribution to the Theory of Economic Growth", *The Quarterly Journal of Economics*, 70(1), 65–94.
Stigler, G. J. (1955), "The Nature and Role of Originality in Scientific Progress", *Economica*, *22*(88), 293–302. https://doi.org/10.2307/2551184
Tabutin, D., Schoumaker, B. (2020), "La démographie de l'Afrique subsaharienne au XXIe siècle : Bilan des changements de 2000 à 2020, perspectives et défis d'ici 2050", *Population*, 75, 169-295. https://doi.org/10.3917/popu.2002.0169
Toda, H. Y., Yamamoto, T. (1995), "Statistical Inference in Vector Autoregressions with Possibly Integrated Processes", *Journal of Econometrics*, 66, 225-250.
Touna, M. (2008), "L'économie camerounaise : pour un nouveau départ", *Afrédit*, Yaoundé, 472p.
Touna M. (2018), "L'économie camerounaise à l'épreuve de l'émergence", *Afrédit*, Yaoundé, 382 p.
Turbat, V. (2017), "The Demographic Dividend: A Potential Surplus Generated by a Demographic Transition", *in* Groth H., May J. (eds), *Africa's Population: In Search of a Demographic Dividend*, Springer, p. 181-195.

United Nations. (1993), "Population Growth and Economic Development". *Report of the consultative meeting of economists convened by the United Nations Population Fund*, 28-29 September 1992. New York, UNFPA.

United Nations. (2019), "World Population Prospects 2019: The 2019 Revision". *United Nations Department of Economic and Social Affairs 2019*. https://esa.un.org/unpd/wpp/Publications.

Vernière, L. (1999), "Croissance et structure par âge de la population : quel impact sur les variables économiques", *Document de travail de la branche Retraite*, n° 99 - 23/24.

Villieu, P. (2008), "L'hypothèse du cycle de vie", in *Macroéconomie : consommation et épargne* (2008), Paris : La Découverte. https://doi.org/10.3917/dec.villi.2008.01, pp : 42-59.

Vimard, P., Fassassi, R. (2011). "Démographie et développement en Afrique : éléments rétrospectifs et prospectifs", *Cahiers Québécois de Démographie*, 40 (2), p. 331-364.

Vimard, P. (2017), "La longue marche de l'Afrique vers la convergence et les bénéfices démographiques", *Revue Interventions économiques* [En ligne], Hors-série. Transformations | 2017, mis en ligne le 01 mars 2017. URL : http://journals.openedition.org/ interventionseconomiques/5803

World Bank. (2020), "World Development Indicators". *The World Bank Group.*

Zaidan, G. C. (1969), "Accroissement démographique et développement économique", *Finances et Développement*, mars, pp : 42-9.

Chapitre 11

TOUNA MAMA et les dynamiques de développement des pays africains : une contribution significative à la gouvernance publique à travers la notion de « dette soutenable »

TOUNA MAMA and the Development Dynamics of African Countries: a significant contribution to public governance through the notion of "sustainable debt"

Viviane ONDOUA BIWOLÉ

ond_viviane1@yahoo.fr
Université de Yaoundé II
Cameroun

Jean Marc AKAMBA MBENGONO OBAMA

akambajeanmarc@gmail.com
Université de Rennes
France

Résumé : *L'objectif du présent chapitre est d'explorer la contribution du professeur* ***TOUNA MAMA*** *aux Sciences de Gestion. Il retient ses publications relatives aux dynamiques de développement des pays africains à travers les problématiques d'endettement soutenable et des politiques d'ajustement structurel, questionnant par conséquent le rôle et la place de l'État dans l'économie. C'est cette orientation qui rapproche ses travaux des préoccupations de gouvernance publique attestant de ce que sa contribution va au-delà des Sciences Economiques dont il se prévaut. Ses arguments confortent les chercheurs se revendiquant du Post New Public Management sur la nécessité de l'implication de l'État dans les processus d'investissement.*

Mots clés : Dynamiques de développement - politiques d'ajustements - endettement soutenable- Post new public management.

Abstract: *Abstract: The objective of this chapter is to explore the contribution of Professor* ***TOUNA MAMA*** *to Management Sciences. He retains his publications relating to the development dynamics of African countries through the problems of sustainable debt and structural adjustment policies, therefore questioning the role and place of the State in the economy. It is this orientation that brings his work closer to the concerns of public governance, attesting to the fact that his contribution goes beyond the economic sciences on which he relies. His arguments support researchers claiming to be post-new public management on the need for state involvement in the investment process.*

Keywords: *Development dynamics - Adjustment policies - Sustainable debt - Post New Public Management.*

1. Introduction

Dans une diligence peu commune à l'environnement universitaire camerounais, le professeur **TOUNA MAMA** nous a fait la politesse de transmettre son Curriculum Vitae actualisé sur simple demande par mail[1]. Il a sans doute fait confiance à une jeune collègue dont l'objectif dévoilé était d'analyser sa contribution scientifique en lien avec les Sciences de Gestion. Ce document renseigne à suffisance sur l'imposant parcours de ce haut fonctionnaire[2] mais surtout, cet universitaire accompli qui a dispensé plusieurs cours[3], encadré des étudiants et publié des recherches dans les revues scientifiques (49 articles), et des ouvrages (09).

Le parcours de l'universitaire signale un passage au Centre National d'Administration et de Magistrature (CENAM) dont les activités concernent l'administration publique[4]. Sans être péremptoire, on pourrait croire que le CENAM lui aura inspiré certaines de ses réflexions qui démontrent la nécessité de l'interventionnisme de l'État

---

[1] En effet, sans être sa congénère encore moins sa camarade de classe ou son homologue en grade, sans me demander ce que je vais en faire ou m'exiger une quelconque prudence, le message simplement de promptement délivré était le suivant : *« Comme souhaité. Professeur **TOUNA MAMA**, Conseiller Spécial du Premier Ministre ».*

[2] Vice major au concours d'agrégation en 1991 après l'obtention de sa thèse de doctorat en 1985 à l'Université de Bordeaux I, le professeur **TOUNA MAMA** est depuis le 31 décembre 2003, Conseiller Spécial n°1 du Premier Ministre, Chef du Gouvernement. Cette nomination vient après qu'il ait été Secrétaire Général de l'Université de Yaoundé II, Chef du Département d'Analyse et Politiques Economiques, Doyen, Doyen par Intérim, à la Faculté des Sciences Economiques et de Gestion de l'Université de Yaoundé II, Vice-Doyen chargé des Affaires Académiques, de la Recherche et de la Coopération à la Faculté de Droit et des Sciences Économiques de l'Université de Yaoundé et Chef de la Division des Stages et de la Formation Permanente au Centre National d'Administration et de Magistrature (CENAM).

[3] 12 cours dispensés dans les Universités camerounaises, africaines et françaises et environ 150 mémoires de niveau master et 32 thèses encadrées.

[4] Le CENAM regroupe en son sein 3 institutions à cette époque : l'École Nationale de Magistrature (fruit de la coopération française), l'Institut des techniques administratives (fruit de la coopération allemande) et l'Institut supérieur de management public (fruit de la coopération canadienne). La première école se charge de la formation initiale des agents publics, notamment les hauts cadres, la deuxième se focalise sur la formation des cadres intermédiaires et la troisième est plus intéressée par le recyclage des agents publics en situation d'activité et l'appui au développement des institutions publiques.

dans l'économie. C'est son activité de recherche qui a retenu notre attention.

Une analyse thématique de ses travaux révèle un apport théorique et empirique. Au plan théorique, il questionne l'endettement des pays en développement. Si le contexte de crise et par la suite de dévaluation du franc CFA marquent la période de ses recherches, son intérêt pour les dynamiques de développement des pays africains reste constant. Il démontre que l'appartenance à la zone Franc ne serait pas un obstacle à la transformation structurelle des économies africaines (Touna Mama & Ongono, 2019) ; ce qui laisse penser que la pensée du professeur sur le rôle de l'État constitue l'essence de ses travaux depuis plus de 30 ans.

Ses explorations empiriques concernent les dynamiques de développement à travers les préoccupations d'endettement. Il justifiera plusieurs crises par des décisions inappropriées sur l'endettement[5]. Les causes profondes de ces crises trouvent leur source dans ce qu'il a appelé « l'endettement supportable ».

La question de l'endettement influence le rôle et la responsabilité de l'État dans l'économie touchant ainsi aux préoccupations de gouvernance publique. Deux points retiennent dès lors notre intérêt : ses travaux sur l'endettement supportable en lien avec la gouvernance publique d'une part (2) et, l'inefficacité des réformes qui ignorent l'argument de l'endettement soutenable, d'autre part (3) puis nous concluons (4).

2. L'endettement « soutenable » et la gouvernance publique

Les travaux du Doyen **TOUNA MAMA** relatifs à l'endettement et à l'ajustement structurel couvrent la période de 1980 à 2004. Jusqu'en 2019, ses travaux gardent la même trame. L'objectif ici est de rappeler l'implication de ces travaux en gouvernance publique. Sa thèse soutenue en 1985, intervient au moment où émerge une crise d'endettement international dans les pays en développement (Touna Mama, 1985)[6]. Plus tard, les pays africains n'échapperont pas à cette

[5] Il s'agit notamment de la crise que connaissent les économies africaines dans la deuxième moitié des années 80 et de la crise financière mondiale dite *« des supprimes »* de 2008.

[6] Il s'agit entre autres des pays latino-américains, principalement le Mexique, l'Argentine et le Brésil.

crise qui les plongera dans un vaste programme d'ajustement pendant près de 20 ans.

La question de la dette soutenable est posée par **TOUNA MAMA** alors que la plupart des analystes ainsi que les partenaires au développement soutiennent que l'insolvabilité des pays en crise est le fait de la mauvaise gouvernance. Pour l'auteur, c'est le surendettement qui serait la cause principale de la crise car ces pays se seraient endettés au-delà de leur capacité. Il s'agit alors d'une thèse originale et sans équivoque : les pays en crise ont simplement dépassé leurs seuils d'endettement supportable.

2.1. La responsabilité de la dette dans les crises économiques des pays africains

La relation entre le seuil d'endettement « soutenable » et la gouvernance publique est qu'elle indexe une contreperformance de l'État. En effet, ce sont les États qui s'endettent auprès des différents partenaires, il leur revient alors la responsabilité de mener des actions stratégiques visant à rétablir les équilibres nécessaires. Selon le Doyen **TOUNA MAMA**, dans ces conditions, aucune solution en dehors de l'annulation de la dette n'est viable (Touna Mama, 2011).

C'est alors sans surprise que les travaux qu'il réalise en 1992 établissent l'incapacité de la politique de déréglementation à sortir le Cameroun de la crise économique. Il conclut que ces politiques ont contribué à aggraver la crise, à dégrader le niveau de vie des populations car elles exposent l'économie nationale à la concurrence internationale sans bornes[7]. L'endettement déjà insupportable est confronté à la fragilisation des segments sociaux qui contribuent à aggraver les conséquences sociales de l'ajustement structurel.

À travers son analyse de la crise financière de 2008, Touna Mama (2008) démontre encore que l'origine de l'insolvabilité des ménages est le fait de leur surendettement (Schouame & Touna Mama, 2012). Bénéficiant de la bulle internet en 2000, les ménages ont profité des prêts hypothécaires favorisés par un abaissement des taux d'intérêt des fonds fédéraux par la FED, la Banque Centrale américaine, de 6,5

---

[7] L'ouvrage collectif qu'il dirige à ce sujet passe en revue les politiques de dérèglementation appliquées dans le secteur de l'agriculture, de l'industrie et du commerce, le secteur des entreprises publiques et parapubliques et le secteur des banques.

% à 3,5 %. Ainsi, ils se sont endettés au-delà de leur capacité supportable (Touna Mama, 2008). Une fois encore sa conviction est confirmée par l'actualité : il existe un endettement supportable au-delà duquel c'est la faillite. Ceci est valable pour les États et pour les ménages (Touna Mama & Tsafack, 2009).

La notion « d'endettement supportable » constitue l'une de ses contributions et démontre que le rééchelonnement d'une dette non soutenable pour l'État ne résout pas le problème. Au-delà du seuil de la dette supportable, le pays serait incapable de rembourser quel que soit le nombre et la durée des moratoires. L'auteur définit alors l'endettement supportable comme *le niveau de dette qui permet à un pays de s'acquitter du remboursement sans difficulté particulière*. Cependant, si cette définition a le mérite d'être simple et compréhensible, elle présente une certaine complexité pour ce qui est de son évaluation. Dès lors, comment évaluer le niveau soutenable de l'endettement d'un pays ?

Les avis des économistes divergent sur cette question. Alors que certains proposent une approche « coûts-avantages » qui comparent les besoins de consommation et d'investissement au déficit de transactions courantes, d'autres suggèrent une approche en termes de stocks du capital (ensemble de la richesse d'un pays). Ce stock est alors comparé à l'encours de la dette. **TOUNA MAMA** privilégie pour sa part une approche en termes de capacité de transfert (Touna Mama & Tchana Tchana, 2016).

Cette méthode consiste à définir la capacité d'endettement comme le maximum de revenu qu'un pays peut mobiliser pour le remboursement de sa dette, sans dégrader le niveau de vie de sa population. Le recours aux ratios se réfère à la capacité de transfert de John Maynard Keynes revisité[8] (Searle & Touna Mama, 2010). Ainsi, l'auteur soutient que la capacité maximale de transfert d'un pays à l'étranger est son revenu non distribué aux ménages, c'est-à-dire le profit des entreprises. Il correspond à la dette soutenable. Ceci est

[8] Ici, l'emprunt des ratios est alors de mise : encours de la dette/Exportations, Service de la dette/Réserves internationales, Solde extérieur/Service de la dette, solde des transactions courantes/Exportations, Exportations/PNB ou taux d'endettement sur le PIB.

valable pour tous les pays, développés ou en développement (Abdychev et *al.*, 2015 ; Searle & Touna Mama, 2010).

Il va maintenir le même argumentaire à la suite de la crise financière de 2008, nommée ''crise des supprimes''. Il soutient alors que les pays africains ont échappé à cette violente crise financière grâce à leur faible intégration à la finance internationale. Pour les autres économies à l'instar de l'UE (Touna Mama, 2009), du Royaume Uni de la grande Bretagne et d'Irlande ou des États-Unis (Touna Mama, 2008), l'État s'est vu contraint de soutenir les banques en y injectant les fonds publics[9].

Cette actualité amènera le Doyen **TOUNA MAMA** à célébrer « la résurrection de Keynes » dans un article publié dans le quotidien à capitaux publics camerounais « Cameroon Tribune » (Touna Mama, 2008a ; Touna Mama, 2008b). D'ailleurs, à rebours du vent du libéralisme qui prônait la suprématie du marché sur l'économie et laissait à l'État le rôle de régulation[10], l'auteur s'est souvent présenté comme ''keynésien'' et a toujours milité pour l'intervention de l'État dans l'économie (Poulon, 2016 ; Guerrien, 2017).

L'actualité lui donne raison une nouvelle fois dans la gestion par les États de la maladie pandémique à coronavirus en 2019 (COVID-19), dont les premiers cas ont été signalés pour la première fois le 31 décembre 2019 à Wuhan en Chine. En effet on assiste encore à un financement public de la riposte, l'État étant alors seul capable de s'engager dans cette bataille contre le nouveau virus SARS-Cov-2.

Le débat sur l'implication de l'État dans l'économie est de nouveau posé. Conséquemment, les outils nouveaux sont mobilisés pour accompagner ce qu'on peut appeler, dans ce contexte, « la rationalisation de l'État ». Ces outils, sont d'obédience libérale,

---

[9] En Grande Bretagne, le Premier Ministre Gordon Brown n'hésitera pas à soutenir financièrement les banques en difficulté pour lutter contre la crise des supprimes. Et à sa suite, le Président Georges W. BUSH va injecter à son tour 250 milliards dans les banques américaines pour leur survie. L'Union Européenne optera pour la même solution en finançant le système bancaire européen à hauteur de 1700 milliards d'euros.

[10] On peut rappeler que pour le courant libéral (quasi majoritaire en 2008), l'Etat doit s'abstenir d'intervenir dans le marché et laisser le jeu de la concurrence régir les rapports entre les acteurs économiques.

importés pour la plupart du secteur privé et convoqués sous le prétexte de corriger les dysfonctionnements bureaucratiques. Dans ce cadre, les pères de l'école du « public choice » James Buchanan et Gordon Tullock vont prôner la modernisation de l'administration publique par l'introduction des outils du privé (Buchanan & Tullock, 1977). C'est l'ère de la privatisation de certains services publics et de l'introduction des mécanismes du privé, jugés plus efficaces, dans les institutions publiques qui fera émerger le New Management Public (NMP).

L'introduction du NMP dans les organisations publiques va susciter un véritable engouement scientifique dans les différents champs avec une diversité de thématiques abordées en rapport avec la caractérisation, les enjeux, les conséquences positives et négatives de ce modèle de management, ses dysfonctionnements, ses limites et perspectives[11]. En effet, les laboratoires idéologiques néo-libéraux (Merrien, 1999) vont faire de ce modèle managérial une solution aux multiples problèmes du secteur public (Christensen & Fan, 2018).

Le principal postulat est que les institutions publiques doivent s'approprier les outils efficaces du secteur privé afin de mieux assurer leurs missions régaliennes (Weller & Wood, 1999)[12]. Les promoteurs du NMP pensent que l'État doit s'appuyer sur des modèles de planification stratégique (Hudon & Mazouz, 2014), ou encore sur la responsabilité et l'imputabilité des hauts fonctionnaires (Christensen & Lægreid, 2016). De même, devrait-il opter pour une professionnalisation de la fonction publique (Mazouz, 2017), pour le management des compétences et pour la dépolitisation de la gestion publique (Aucoin, 1995).

[11] Les travaux sont dans les sciences de gestion, sciences politiques et sociologie politique...

[12] Les théories fonctionnalistes retiennent principalement les causes structurelles telles que les crises (économiques, financières, budgétaires, fiscales) et montrent que les réformes administratives de type NMP visent à adapter l'organisation, à corriger ses limites et dysfonctionnements ou à modifier son système pour le rendre efficace face aux évolutions. La mondialisation des économies justifie également la mise en place de réformes (Welch & Wong, 1998 ; Rockman, 1998 ; Osborne & Gaebler, 1993) dans l'optique d'une compétitivité des États (Pollitt & Bouckaert, 2004). Enfin, la révolution technologique est une cause structurelle (Ateş & Bozali, 2005) ; (Gualmini, 2008), avec l'ère de l'information « Information Age » (Bellamy & Taylor, 1998) ; (Taylor, 1993) entrainant une société informationnelle de traitement et la transmission de l'information (Carnoy & Castells, 2001).

Dans ce débat, la littérature africaniste s'appuie sur les théories fonctionnalistes pour expliquer les réformes du secteur public en Afrique comme les mesures correctives des crises économiques et financières (Batley, 1999 ; Larbi,1999 ; Hope, 2001 & Adamolekun, 2005)[13]. Les réformes administratives y afférentes promeuvent les normes et principes du secteur privé (Dia, 1993) ; (Jeffries, 1993) ; (Batley, 1994) dans l'administration étatique (Osborne, 1992 ; Schneider & Heredia, 2003).

L'on observe alors que les réformes du NMP s'imposent au Cameroun à la suite des programmes d'ajustement structurel impulsés par les partenaires techniques et financiers. En réalité, ces programmes dits d'austérité avaient besoin d'outils d'accompagnement plus rationnels s'appuyant sur les prudences observées dans les entreprises privées sanctionnées par le marché. Et comme on peut le constater, la notion d'endettement soutenable suscite alors un débat sur l'efficacité du NMP.

Alors que la plupart des auteurs recherchent l'efficacité de l'administration publique à travers l'importation de ces outils du privé, le Doyen **TOUNA MAMA** conditionne la réussite de cette démarche par la variable d'endettement soutenable. Sa contribution à la compréhension de l'efficacité de l'administration publique étant de procéder au préalable à l'examen de la qualité de la dette. Pour lui, toutes les réformes seraient vaines si cette condition préalable n'est pas respectée, même si certains pourraient rétorquer que le surendettement est un acte de mal gouvernance.

Conséquemment, le NMP s'attaquerait à ce phénomène à travers le respect d'un ensemble de ratios prudentiels. La différence fondamentale dans ce cas est que ces taux sont valables à l'échelle microéconomique (c'est-à-dire à l'échelle d'une organisation) alors que

---

[13] À travers les conditionnalités de l'aide multilatérale et bilatérale, les réformes doivent résoudre les problèmes structurels tels que l'indiscipline fiscale, la capacité d'épargne limitée des investissements faramineux non rentables (éléphants blancs), une administration budgétivore et défaillantes, une production économique extravertie, un marché intérieur et une économie privée presqu'inexistants (Cornia, Jolly, Stewart, & Unicef, 1987); (Nsouli, 1993). L'aide des institutions de Brettons Woods (Banque mondiale, Fonds Monétaire International) est liée aux conditions visant des plans de redressement économique (Hugon & Pagès, 1998) connus sous l'appellation de Programmes d'Ajustement Structurels (PAS).

la question de l'endettement est abordée par le Doyen au niveau macroéconomique. L'on conclut que la contribution de l'endettement soutenable est significative pour l'analyse de l'efficacité du NMP. Elle l'est également dans l'analyse des programmes d'ajustement structurel subis par les économies du tiers monde.

2.2. Endettement supportable et ajustement structurel

Les travaux du Doyen **TOUNA MAMA** sur les Programmes d'Ajustement Structurel découlent des conséquences de l'endettement. À titre de rappel, la réforme portée par les programmes d'ajustements structurels (PAS) imposés aux pays africains dans les années 80-90 intervient dans les pays confrontés à une crise d'endettement. Ces programmes étaient encadrés par la Banque Mondiale, le Fonds Monétaire International, le Club de Paris et le Club de Londres dans les pays incapables de rembourser leurs dettes extérieures.

Une attention particulière fut alors portée à la réforme de la fonction publique dans la plupart des pays, cet exercice prenant la forme d'une réduction, à grande échelle, de son effectif et de ses structures. Considéré comme disproportionné, inefficace et excessif, le service public serait pour ces institutions à l'origine des déficits qui alimentent l'inflation (Touna Mama, B.D.K., Ouédraogo et Zeufack, 2002). Pour toutes ces raisons, il fut imposé une restructuration et une rationalisation fondamentale du rôle et du mode de fonctionnement de l'État qui seront déployées en plusieurs phases et prendront diverses formes : la réduction des effectifs de la fonction publique, privatisation et liquidation des entreprises publiques.

À l'évidence, la réduction des effectifs, en termes de « poids » financiers n'était pas un gage suffisant de performance. Il s'agissait aussi du choix du « modèle libéral » comme modèle de développement porté par le processus d'ajustement structurel. L'option est alors prise pour la régulation des économies nationales par les marchés et la simplification du rôle des États. À ces mesures s'ajoutent la flexibilité et la pression sur les salaires et les prestations sociales, la réduction des dépenses publiques (dans les domaines sociaux tels que la santé, l'éducation, entre autres), le tout couronné par la dévaluation du franc CFA qui est intervenu en 1994.

De plus, ces mesures drastiques viennent s'ajouter aux réformes d'austérité déjà engagées par certains pays eux-mêmes et touchant plusieurs domaines de la vie publique. Quel que soit le domaine concerné, il fallait restructurer, réhabiliter ou privatiser[14], le dénominateur commun étant le désengagement progressif de l'État de la plupart de ses fonctions au point où la production de certains services sociaux de base a été cédée aux opérateurs privés (eau, électricité, transport urbain, etc.). L'État a donc libéralisé certains secteurs et créé des agences de régulations (télécommunication, électricité, et marchés publics…).

Dans son analyse, le Doyen **TOUNA MAMA** note que plus de 20 ans d'ajustement structurel ont permis de rétablir quelques équilibres macroéconomiques. Toutefois, ils auront contribué à affaiblir les institutions de l'administration publique et à désorganiser le système organisationnel de l'État. En même temps, ces réformes ont eu d'importantes conséquences sociales dont : la dégradation des conditions de vie surtout des « couches sociales fragiles », l'aggravation des inégalités, le développement de la pauvreté et des exclusions. Aussi, la corruption aura-t-elle pris des proportions gigantesques. L'administration a alors perdu toute crédibilité du fait de ces nouveaux maux et de son incapacité à faire face aux enjeux de développement.

C'est dans ce contexte que les réflexions du Doyen **TOUNA MAMA** ont été menées. Contrairement à ses convictions qui tendaient à affirmer qu'aucune réforme ne serait capable d'éradiquer la crise causée par une dette insoutenable, les États africains concernés par les PAS - y compris le Cameroun - se sont engagés dans de vastes réformes administratives et structurelles.

---

[14] Ce sont des programmes de très grande envergure touchant de nombreux secteurs : les finances publiques et la fonction publique (méthode de préparation des programmes et budgets, amélioration de la performance de la fonction publique à travers les licenciements massifs), les entreprises publiques (restructurations, privatisations), le secteur bancaire (restructuration et réhabilitation de tout le secteur, amélioration de la politique du crédit et de la politique monétaire), l'agriculture et la foresterie (libéralisation progressive des régimes de commercialisation des cultures), le commerce (déréglementation des activités en vue de réduire les coûts intérieurs), le commerce extérieur, la prospection et la production du pétrole, la santé et l'éducation, le secteur social.

C'est à se demander si la seule concentration sur le traitement de la dette n'aurait pas suffi à éradiquer la crise. Depuis plus de 40 ans de réformes dont 20 ans d'ajustement structurel et 21 ans de réformes et malgré les financements mobilisés, les résultats mitigés des réformes de type NMP engagées depuis les années 2000 semblent donner raison au Doyen **TOUNA MAMA**.

3. Endettement soutenable et efficacité des réformes en gouvernance publique

L'efficacité et le succès des réformes de type NMP semblent différents selon que l'on se trouve dans les pays développés, les pays dits « nouveaux dragons » ou les pays d'Afrique. En effet, si son adoption dans les années 70 par les pays de l'OCDE et par les bailleurs de fonds semble avoir légitimé son importation dans les autres pays, il apparaît néanmoins que son succès soit pour la plupart mitigé.

L'argument de la « dette soutenable » pourrait justifier, selon les cas, ces succès et échecs. Les réformes du NMP auraient alors un succès dans les pays où la dette est « soutenable » et un échec dans les pays présentant un contexte où l'endettement est au-dessus du seuil soutenable au moment d'engager les réformes.

3.1. Succès du NMP dans un contexte d'endettement soutenable

La littérature relève des exemples de succès des réformes du NPM à l'instar des expériences de Singapour et de la Malaisie où l'endettement n'est pas en cause (Berman, 2016). D'une part, le Singapour[15] a acquis une réputation dans l'expérimentation du NPM

[15] Singapour expérimente le NMP dès les années 1980 en introduisant entre autres : budgétisation au rendement, indicateurs de rendement (volume de production, nombre d'inspections réalisées, échantillons testés), qualité de la production (justesse, satisfaction de la clientèle), efficience (ratio de recouvrement des coûts et productivité de la main-d'œuvre) et l'efficacité (résultats escomptés). Le lancement de l'initiative intitulée « Une fonction publique pour le 21ième siècle » en 1995 va créer une culture d'excellence et d'amélioration continue. Le gouvernement a également créé une bourse d'études spéciale au niveau universitaire permettant de recruter les meilleurs personnels dans le secteur public. C'est ainsi que le pays est en 9ieme position dans le classement mondial des PIB par habitant et constitue un exemple d'économie propre au « miracle asiatique » (Banque mondiale 2000).

dans la gestion publique (Turner, 2002) et se présente comme un cas abouti de réformes de NPM (Samaratunge, Alam, & Teicher, 2008). Ce succès d'observe autant sur le plan politique, macroéconomique et de la tradition de l'État (Lee & Haque, 2006). Ici, l'objectif des réformes était de mettre en place *« un gouvernement qui soit stable, efficace, efficient, incorruptible et axé sur le secteur privé »* (Chuan, 1995 : 293) et cette orientation s'est prolongée à une réforme politique.

Par ailleurs, le niveau élevé d'intégration entre le régime politique et bureaucratique de Singapour a entraîné une décentralisation du pouvoir avec la continuité institutionnelle sans compromettre la capacité de l'État (Lee, 2011). Les initiatives de réformes semblent y avoir été soutenues par le monde des affaires, par les groupes professionnels, les investisseurs étrangers et les agents de l'État. Ce qui fait une différence notable avec les autres expériences dans lesquelles les réformes étaient conduites du haut vers le bas (Top-Down), soit en s'appuyant sur des corpus normatifs coercitifs, ou encore uniquement sur l'élite administrative appuyé par les bailleurs de fonds.

Il apparait alors que dans un contexte où l'endettement n'est pas un handicap, c'est la volonté politique qui reste un facteur déterminant pour la réussite des réformes avec comme variables essentielles le charisme et le leadership de la classe politique. Le gouvernement malaisien a quant à lui introduit dans les réformes de NMP des indicateurs clés et une rémunération liée au rendement pour les gestionnaires dans le but d'améliorer l'efficacité et de renforcer la transparence au sein des agences gouvernementales et des entreprises liées à l'État.

En effet, en vue d'atteindre l'objectif de devenir une nation développée en 2020, le gouvernement malaisien avait présenté en 2001 un plan directeur dans le secteur financier sur 10 ans et des plans directeurs relatifs aux marchés financiers (PRS, 2004). Il a adopté une approche pour aider les organismes gouvernementaux et les entreprises du secteur privé à construire une économie durable en s'attaquant volontairement à l'endettement et au capital humain.

Instaurée en 1983, la politique baptisée « Malaysia Incorporated »[16] a contribué à créer des liens de coopération entre les secteurs privé

---

[16] La Malaisie a créé des groupes de travail spéciaux afin de répertorier les processus bureaucratiques et d'en réduire le nombre dans toutes les agences gouvernementales.

et public dans la formulation à instaurer de nouvelles valeurs, principes et attitudes[17] concentrés sur le client (Abdul Khalid, 2008). Ces mesures macroéconomiques ont amélioré la qualité et le niveau du service public (Yusoff, 2005) et les réformes ont permis un partenariat entre les dirigeants politiques et les administrateurs civils[18] dans la mise en œuvre des politiques de développement (Siddiquee, 2006), contribuant ainsi à un système de gestion publique plus efficace[19].

Toutefois, ces rares expériences à succès n'occultent pas les résultats mitigés des réformes du NPM en Europe, en Amériques et en Afrique. Aussi, a-t-on assisté à de nombreuses critiques au vu des difficultés observées à atteindre les résultats et des effets pervers lors de la mise en œuvre des réformes de NMP. Les cas de succès demeurent donc des pavés dans la marre par rapport à la littérature sur les limites du modèle de NMP. Dans ce cadre, le cas des pays africains dont l'endettement est en cause réconcilie les travaux du Doyen **TOUNA MAMA** et la gouvernance publique et plaide pour le retour au rôle central de l'État à travers le mouvement du Post New Public Management (PNPM).

3.2. Vers un recentrage du rôle de l'État : dette soutenable et réformes nécessaires

Bien que le NPM ait contribué à la diffusion de certains préceptes de management tels que la responsabilité managériale et la

---

Des mesures ont été prises pour éliminer les agents corrompus. Des groupes de consultation ont été constitués, qui contribuaient à réorienter les attitudes et les valeurs des fonctionnaires vers la notion de Malaysia Incorporated.

[17] Les Circulaires sur l'administration pour le développement définissent les stratégies en matière d'amélioration de la qualité et afin de mettre en œuvre une « charte du client », la volonté des cadres de mettre en œuvre le changement était très clairement exposée dans les décisions stratégiques et la conception des programmes (Rahshanjani & Alam, 1997).

[18] Afin de conférer au pays le statut de nation totalement industrialisée et développée, la fonction publique Malaisienne a entrepris des efforts concertés afin d'instaurer des améliorations administratives de grande ampleur, débouchant sur des résultats remarquables. La Malaisie et Singapour ont mis en œuvre leurs programmes de réforme, adaptés aux conditions socioéconomiques locales.

[19] Avec l'intégration des Malaisiens de souche dans les principales activités économiques, l'État a atteint des résultats positifs facilitation, de développement entrepreneurial, de création d'emplois et l'instauration d'une harmonie ethnique relative (Samaratunge et al., 2008).

transparence de l'action publique (Spindler, 2019), ses limites annoncent le retour à un « nouveau phénomène bureaucratique » en montrant l'actualité de ces théories et le caractère toujours heuristique de l'analyse des premiers sociologues des administrations comme Alvin Gouldner, Peter Blau et Michel Crozier (Bezes, 2020). Ce retour est centré sur le respect des règles par l'administration publique.

C'est dans la même veine que d'autres concepts alternatifs aux NMP sont évoqués à l'instar de « l'État néo wébérien » (Cepiku & Meneguzzo, 2011) ou du « pangouvernemental », du « gouvernement décloisonné » ou de la «gouvernance de l'ère numérique » (Pollitt, Van Thiel, & Homburg, 2007). En réalité, il est reproché au NMP d'avoir considérablement accru la complexité institutionnelle et politique.

Dès lors, d'autres auteurs annoncent la fin du NMP (Dunleavy, Margetts, Bastow & Tinkler, 2006) et revendiquent l'apparition d'une nouvelle tendance de réforme. Les recherches s'intéressent aux nouvelles approches à la fois sur le type de réformes et d'innovations produites, mais également sur les rapports entre les acteurs impliqués (Anbérrée, Aubouin, Coblence & Kletz, 2015). C'est pour cette raison que le NMP connaît un renouvellement conceptuel (Diefenbach & By, 2009) pour lequel des auteurs appellent à la nécessité d'amendement en préservant la bonne gestion de l'administration publique. Aussi suggèrent-ils de « redécouvrir la bureaucratie » à travers l'émergence du post-NMP (Johannessen, 2005 ; Aucoin, 1997).

Dans ce cadre, les nouvelles orientations conceptuelles en matière de réformes du Post New Management Public réconcilient la gestion publique avec les travaux du professeur **TOUNA MAMA** autour du recentrage du rôle de l'État. Le principal objectif des réformes post-NPM est de lutter progressivement contre la désintégration ou la fragmentation induite par le NMP et de ramener les organisations du secteur public à une situation d'intégration et de coordination accrues (Marchand & Brunet, 2019) ; Christensen et *al.*, 2007).

Cela est étroitement lié au développement de mesures de gouvernance dans un système politico administratif moderne (Reiter & Klenk, 2019). Cette évolution relativement importante est observée dans de nombreux pays anglo-saxons et asiatiques ayant introduit des réformes post-NMP. Elle décrit les réformes visant à atténuer les conséquences négatives du NMP avec des modifications (Park & Joaquin, 2012).

Aussi, bien que la définition consensuelle du post NMP reste à établir, ce modèle managérial est considéré comme une réponse aux problèmes rencontrés par le NPM, pour gérer les défis de management auxquels les administrations font face[20]. La littérature observe que les réformes post-NPM ont pour objectif de corriger ces dysfonctionnements à travers : la recentralisation, le contrôle et la coordination au sein des systèmes politico-administratifs (Jun, 2009), les valeurs éthiques et la « re-réglementation », l'amélioration des capacités administratives de collaboration et de gouvernance (Pollitt & Bouckaert, 2004 ; Zafra-Gomez, Rodríguez Bolívar & Munoz, 2012).

Dans ce cadre, la deuxième génération de réformes post-NMP souhaite améliorer la coordination horizontale des organisations gouvernementales, à renforcer la pratique de réédition des comptes et à consolider la relation entre le gouvernement et les autres acteurs[21]. Le post-NMP est alors envisagé comme une option devant redonner le contrôle de l'action administrative au centre politique.

Avec le NMP, on a assisté à la dévolution structurelle et l'éloignement accru des responsables politiques exécutifs. La littérature annonce le recentrage, la capacitation politique du centre politico-administratif et le renforcement de la pratique réédition des organisations du secteur public (Christensen et *al.*, 2007 ; Lodge et Hood., 2011)[22]. Les réformes post-NPM réinstaurent donc le contrôle et la coordination avec la recentralisation et l'intégration fonctionnelle

---

[20] Le post NMP - comme le NMP - est censé améliorer la performance du secteur public (Ferlie, Hartley, & Martin, 2003) qui depuis toujours représentait la source principale déclenchant des réformes de la gestion publique (Kinder, 2012).

[21] Bien que la (ré) intégration administrative verticale et horizontale soit très appréciée dans la littérature post-NPM, de nombreux auteurs soulignent que la mise en œuvre des réformes post-NPM n'entraîne pas un « retour » au modèle classique de l'administration publique wébérienne.

[22] En effet, le processus « d'agencification » du NMP a suscité de grandes critiques dénonçant la forte fragmentation, la désagrégation, la concurrence malsaine entre services et une gouvernance fragmentée et désordonnée du secteur public. La déconcentration consistait au transfert d'autorité du niveau politico-administratif central aux agences pour produire des services publics. Malheureusement, ce processus est contesté pour priver les dirigeants politiques et administratifs des leviers de contrôle, d'influence et d'information nécessaires pour la coordination, en même temps qu'il pose des réels problèmes de responsabilité et de capacité.

comme alternatives aux idées de « déconcentration » et la « spécialisation verticale » du NMP (Melo, De Waele, & Polzer, 2020).

Corrélativement, si la coordination horizontale entre les agences et les secteurs est souhaitée, le contrôle de la coordination relève du politique[23], les idées clés du post-NMP renforcent ainsi l'ordre politique central par une réintégration structurelle et une augmentation des capacités au sommet (Christensen et *al.*, 2007).

En plus de la coordination, les auteurs évoquent également dans les mesures de gouvernance du post-NPM la nécessité d'un contrôle hiérarchique des politiciens sur les fonctionnaires (Christensen, 2012). Dans ce cadre, Christensen montre que la Chine s'est engagée dans des réformes telles que : réforme du super-ministère, la réglementation de l'industrie, la politique de logement abordable, les réformes sociales et de soins de santé, ainsi que la campagne de lutte contre la corruption (Christensen & Fan, 2018).

Même si ces réformes sont en cours, l'expérience chinoise montre une combinaison d'éléments de NMP et post-NMP dans le mixage de nouveaux et anciens éléments sur les domaines économiques, de la décentralisation mettant l'accent sur la stabilité sociale, l'ordre politique et le contrôle central[24]. Les réformes Post-NPM principalement inter-organisationnelles doivent promouvoir une gouvernance publique intégrée, ouverte et numérisée.

C'est dans cette optique que le Post-NPM peut être considéré comme un changement dans le mode de fonctionnement public et non comme un changement de cadre instrumental[25]. En somme, l'introduction des réformes post-NMP a donc également pour objectif

---

[23] Pour faire efficacement face aux grands défis tels que le terrorisme, les crises économiques ou sanitaires, de catastrophes naturelles ou de questions environnementales (coordination de l'information et de l'action), les gouvernements ont mis en œuvre des mesures post-NMP en augmentant leur contrôle sur la société afin de veiller à ce que les informations soient partagées entre les agences.

[24] Les réformes administratives examinées démontrent que la Chine entreprend les réformes de type « post-nouveau management public » et les adapte aux traditions culturelles chinoises.

[25] Cependant, étant donné que les systèmes administratifs publics complexes de la Chine sont plus centralisés que dans de nombreux pays occidentaux, elle est confrontée à de grands défis pour décider des réformes et les mettre en œuvre.

de ramener les organisations publiques à une meilleure intégration et à une coordination accrues (Christensen & Lægreid, 2007).

D'autres problématiques du post NMP s'intéressent aux complexités structurelles et de la superposition des réformes du NPM dans les organismes publics, leur développement et le rôle de la politique, de la participation et du leadership dans ce développement. En effet, les années 1990 sont marquées par des mouvements sociaux-politiques à l'échelle mondiale montrant la détérioration de la confiance et la défiance populaire aux politiques publiques[26], marquée par des revendications sociales.

Cette méfiance croissante[27] provoquée par le NMP va pousser de nombreux pays à dépasser ce modèle pour intégrer des modes de fonctionnement nouveaux, qui ne s'enracinent plus que dans les théories économiques (Norman, 1995 ; Christensen, 2012), mais intègrent la dimension politique et la collaboration. C'est ainsi que de nouvelles formes de gouvernance sont proposées pour être plus proches des citoyens et mieux appréhender les besoins en politiques publiques.

L'on observe l'émergence d'autres concepts tels que la nouvelle gouvernance publique (Osborne, 2006 ; Osborne, 2010), la « méta-gouvernance » pour désigner de nouvelles formes de gouvernement participatives, interactives et moins directes. Ces expériences amènent les gouvernements à mettre l'accent aujourd'hui sur la collaboration horizontale, la prestation de services intégrée entre les agences et les échelons gouvernementaux, les regroupements de départements et la réintégration, la standardisation des agences (OCDE, 2002).

Les modèles encouragés doivent améliorer la coordination des organisations et intégrer la révolution numérique ou la digitalisation. Les tendances correctives du NMP se caractérisent ainsi par l'introduction d'une combinaison de politique d'intégration (Reiter & Klenk, 2019) et concrètement par des mesures de contrôle et de

---

[26] Au Cameroun, les mouvements sociaux de février 2008 connus sous l'appellation « émeutes de la faim » en sont l'illustration. En France par le mouvement des Gilets Jaunes en 2019 et le « printemps arabe » dans les pays maghrébins.

[27] Dans ce sens, Raffin (2019) pense que les approches dites post-NMP en France en Angleterre sont plutôt motivées par les objectifs électoraux et partisans des politiques dans la survivance de l'héritage institutionnel et non par les valeurs de gestion ou de gouvernance.

collaboration et coordination horizontales dans les formes de réseaux, d'équipes, de projets (Gregory, 2003 ; Halligan, 2007).

Les nouveaux modèles misent en effet sur la co-production, la co-création ou la co-décision, selon les habitudes culturelles des acteurs (Almirall & Wareham, 2008). En arrière-plan, ces efforts dans la collaboration posent la nécessité de rétablir une « éthique commune » et une « culture de cohésion » dans le secteur public en raison des problèmes de corruption observés. Les auteurs notent également la dimension pragmatique du Post-NPM qui privilégie des « pratiques intelligentes » (Bardach & Lesser, 1996) en cherchant des mesures appropriées.

4. Conclusion

L'objectif du présent chapitre est d'apprécier la contribution des travaux du Doyen **TOUNA MAMA** aux Sciences de Gestion et singulièrement à la gouvernance publique. Il apparaît à l'analyse de ce qui peut être considérer comme l'âme de ses travaux, « la dette soutenable », que son apport va au-delà des Sciences Economiques dont il se revendique. Son acception de la dette soutenable permet de comprendre l'inefficacité des réformes du NMP des années 80 à 2000 dans les pays africains, alors qu'ils sont confrontés à une crise d'endettement.

L'on retient alors que la dette soutenable est favorable aux réformes du type NMP. Conséquemment, avant chaque programme d'ajustement (ou d'austérité, ou ce que certains pourraient appeler plus élégamment facilités de crédits), chaque pays devrait s'assurer au préalable qu'il dispose d'une dette soutenable au risque de s'engager dans des réformes improductives. À défaut, il conviendrait de s'occuper au préalable du retraitement de la dette.

On l'aura noté, malgré la généralisation du capitalisme et le triomphe des principes de marché, le rôle de l'État est au cœur des dynamiques de développement dans les pays africains où les thèses interventionnistes de Keynes restent d'actualité. Les travaux du professeur **TOUNA MAMA** montrent l'actualité du rôle économique dévolue à l'État par Keynes face aux différentes crises internationales (économique, financière, sanitaire) et nationales (crise de la dette souveraine). C'est pourquoi il insiste sur la nécessité d'une politique économique crédible et la pertinence de la pensée keynésienne. Aussi, la thèse de « la dette soutenable » défendue par le professeur **TOUNA MAMA** conforte le mouvement du PNMP en plaidant pour un recentrage du rôle de l'État. On peut alors conclure sur l'importance de la contribution de ses travaux à la réflexion théorique et empirique sur les dynamiques de développement des pays africains.

Références bibliographiques

Abdul Khalid, S. N. (2008). New public management in Malaysia: In search of an efficient and effective service delivery. *International Journal of Management Studies (IJMS), 15*, 69-90.

Abdychev, A., Jirasavetakul, L.-B. F., Jonelis, M. A. W., Leigh, M. L., Moheeput, A., Parulian, F., . . .

Adamolekun, L. (2005). *Working Paper 81-Re-Orienting Public Management in Africa: Selected Issues and Some Country Experiences*. Retrieved from

Almirall, E., & Wareham, J. (2008). Living Labs and open innovation: Roles and applicability. *The Electronic Journal for Virtual Organization and Networks, 10*(3), 21-46.

Anbérrée, A., Aubouin, N., Coblence, E., & Kletz, F. (2015). Audience participation in cultural projects: Bringing the organization back in. *International Journal of Arts Management, 18*(1), 29-42.

Ateş, H., & Bozali, S. (2005). Public Administration in the Information Age: Towards an Informatised Bureaucracy. *Kocaeli Üniversitesi Sosyal Bilimler Dergisi*(10), 46-68.

Aucoin, P. (1995). The new public management. *Canada in comparative perspective*.

Bardach, E., & Lesser, C. (1996). Accountability in human services collaboratives—For what? and to whom? *Journal of public administration research and theory, 6*(2), 197-224.

Batley, R. (1994). The consolidation of adjustment: implications for public administration. *Public Administration and Development, 14*(5), 489-505.

Batley, R. (1999). The new public management in developing countries: implications for policy and organizational reform. *Journal of International Development, 11*(5), 761.

Bellamy, C., & Taylor, J. A. (1998). *Governing in the information age*: Open Univ Pr.

Berman, E. M. (2016). *Public Administration in Southeast Asia: Thailand, Philippines, Malaysia, Hong Kong, and Macao*: CRC Press.

Bezes, P. (2020). Le nouveau phénomène bureaucratique. *Revue française de science politique, 70*(1), 21-47.

Buchanan, J. M., & Tullock, G. (1977). The expanding public sector: Wagner squared. *Public Choice*, 147-150.

Carnoy, M., & Castells, M. (2001). Globalization, the knowledge society, and the Network State: Poulantzas at the millennium. *Global networks, 1*(1), 1-18.

Cepiku, D., & Meneguzzo, M. (2011). Public administration reform in Italy: a shopping-basket approach to the new public management or the new Weberianism? *International Journal of Public Administration, 34*(1-2), 19-25.

Christensen, T., & Fan, Y. (2018). Le post-nouveau management public: un nouveau paradigme administratif pour la Chine? *Revue internationale des sciences administratives, 84*(2), 401-418.

Christensen, T., & Lægreid, P. (2007). The whole-of-government approach to public sector reform. *Public Administration Review, 67*(6), 1059-1066.

Christensen, T., & Lægreid, P. (2016). *The Ashgate research companion to new public management*: Routledge.

Cornia, G. A., Jolly, R., Stewart, F., & Unicef. (1987). L'ajustement a visage humain. v. 1: Proteger les groupes vulnerables et favoriser la croissance.

Dia, M. (1993). *A governance approach to civil service reform in Sub-Saharan Africa*: The World Bank.

Diefenbach, T., & By, R. T. (2009). The ideological use of new public management concepts during organizational change initiatives.

In *Managing Organizational Change in Public Services: International issues, challenges and cases* (pp. 58-73).

Dunleavy, P., Margetts, H., Bastow, S., & Tinkler, J. (2006). New public management is dead—long live digital-era governance. *Journal of public administration research and theory, 16*(3), 467-494.

Ferlie, E., Hartley, J., & Martin, S. (2003). Changing public service organizations: Current perspectives and future prospects. *British journal of management, 14*, S1-S14.

Gregory, R. (2003). All the king's horses and all the king's men: Putting New Zealand's public sector back together again. *International Public Management Review, 4*(2), 41-58.

Gualmini, E. (2008). Restructuring Weberian bureaucracy: Comparing managerial reforms in Europe and the United States. *Public administration, 86*(1), 75-94.

Guerrien, B. (2017). Deux lectures revigorantes: La pensée monétaire et La pensée économique de Keynes de Frédéric Poulon. *Revue de la régulation. Capitalisme, institutions, pouvoirs*(21).

Halligan, J. (2007). Reintegrating government in third generation reforms of Australia and New Zealand. *Public Policy and Administration, 22*(2), 217-238.

Hope Sr, K. R. (2001). The new public management: context and practice in Africa. *International public management journal, 4*(2), 119-134.

Hove, S., Touna Mama, & Tchana Tchana, F. (2016). Terms of trade shocks and inflation targeting in emerging market economies. *South African Journal of Economics, 84*(1), 81-108.

Hudon, P.-A., & Mazouz, B. (2014). Le management public entre «tensions de gouvernance publique» et «obligation de résultats»: Vers une explication de la pluralité du management public par la diversité des systèmes de gouvernance publique. *Gestion et management public, 3*(4), 7-22.

Hugon, P., & Pagès, N. (1998). *Ajustement structurel, emploi et rôle des partenaires sociaux en Afrique francophone* (Vol. 28): OIT.

Jeffries, R. (1993). The state, structural adjustment and good government in Africa. *Journal of Commonwealth & Comparative Politics, 31*(1), 20-35.

Kinder, T. (2012). Learning, innovating and performance in post-new public management of locally delivered public services. *Public Management Review, 14*(3), 403-428.

Larbi, G. A. (1999). The new public management approach and crisis states.

Lee, E. W. (2011). History and context of public administration in Hong Kong. *THAILAND, PHILIPPINES, MALAYSIA, HONG KONG, AND MACAO*, 239.

Lee, E. W., & Haque, M. S. (2006). The New Public Management Reform and Governance in Asian NICs: A Comparison of Hong Kong and Singapore 1. *Governance, 19*(4), 605-626.

Marchand, J.-S., & Brunet, M. (2019). L'émergence des initiatives post-NMP: l'évaluation d'impact intégrée comme un outil hybride d'aide à la prise de décision. *Revue Internationale des Sciences Administratives, 85*(2), 331-347.

Mazouz, S. (2017). *La République et ses autres: Politiques de l'altérité dans la France des années 2000*: ENS éditions.

Melo, S., De Waele, L., & Polzer, T. (2020). The role of Post-New Public Management in shaping innovation: the case of a public hospital. *International Review of Administrative Sciences*, 0020852320977626.

Merrien, F.-X. (1999). La nouvelle gestion publique: un concept mythique. *Lien social et Politiques*(41), 95-103.

Nsouli, S. (1993). Structural adjustment in sub-Saharan Africa. *Finance and Development, 30*(3), 20.

Osborne, D., & Gaebler, T. (1993). Reinventing government: how the entrepreneurial spirit is transforming the public sector (plume). *Paperback/Published.*

Osborne, D. G. (1992). T. Reinventing government, how the entrepreneurial spirit is transforming the public sector. In: Addison-Wesley.

Osborne, S. P. (2006). The new public governance? 1. In: Taylor & Francis.

Osborne, S. P. (2010). Delivering public services: time for a new theory? In: Taylor & Francis.

Pollitt, C., & Bouckaert, G. (2004). *Public management reform: A comparative analysis*: Oxford University Press, USA.

Pollitt, C., Van Thiel, S., & Homburg, V. (2007). *New public management in Europe*: Springer.

Poulon, F. (2016). *La pensée économique de Keynes-4e éd*: Dunod.

Rahshanjani, M., & Alam, Q. (1997). Public sector reform in Malaysia: State and market relationships. *Malaysian Management Review, 34*(4), 18-33.

Reiter, R., & Klenk, T. (2019). Les multiples significations du «post-NMP»–analyse documentaire systématique. *Revue Internationale des Sciences Administratives, 85*(1), 13-29.

Rockman, B. (1998). L'État: un rôle en évolution. *Réformer le secteur public: où en sommes-nous.*

Samaratunge, R., Alam, Q., & Teicher, J. (2008). Les réformes du nouveau management public en Asie: comparaison entre plusieurs pays d'Asie du Sud et du Sud-Est. *Revue Internationale des Sciences Administratives, 74*(1), 27-50.

Schneider, B. R., & Heredia, B. (2003). *Reinventing Leviathan: the politics of administrative reform in developing countries*: North-South Center Press, University of Miami Miami.

Schouame, A. M., & Touna Mama, (2012). La crise financière internationale de 2008: une crise de la pensée économique orthodoxe. *Pour une géographie du développement*, 299.

Searle, P., & Touna Mama, (2010). The sustainability of South African current account deficits. *University of Cape Town Working Paper, 188.*

Siddiquee, N. A. (2006). Public management reform in Malaysia. *International Journal of Public Sector Management.*

Spindler, J. (2019). Les finances publiques françaises et le New Public Management. *Gestion & finances publiques*(5), 83-89.

Taylor, J. R. (1993). *Rethinking the theory of organizational communication: How to read an organization*: Ablex Publishing Corporation Norwood, NJ.

Touna Mama, A. (2015). *Increasing productivity growth in middle income countries*: International Monetary Fund.

Touna Mama (1985). *L'endettement supportable pour un pays en développement.* (Thèse de Doctorat d'Etat). Université de Bordeaux I. , Bordeaux.

Touna Mama (2006). « Pour la mort de l'Etat en Afrique. De quel Etat faut-il souhaiter la mort ? » In Touna Mama, Bruno Bekolo Ebe & S. M. Fouda (Eds.), *Mondialisation, exclusion et développement africain.* Paris: Maisonneuve & Larose.

Touna Mama (2008). « Crise financière,triomphe de Barack OBAMA et fin de la Pensée Unique néo-libérale ». *Cameroon Tribune.*

Touna Mama (2009). « Le G20 au chevet de l'économie mondiale : Redéfinir les règles dujeu »l. *Cameroon Tribune.*

Touna Mama Albert, & Tsafack, N. (2009). [La crise financière internationale et ses conséquences sur les économies africaines].

Touna Mama (2011). « Crise de la dette :l'incertitude persiste ». *Cameroon Tribune.*

Touna Mama, & Ongono, P. (2019). La zone Franc entrave-t-elle la transformation structurelle des économies des pays membres? *Revue Interventions économiques. Papers in Political Economy*(61).

Touna Mama. (2008). La crise financière internationale et la résurrection de KEYNES. *Cameroon Tribune, 27.*

Touna Mama, & Tsafack, N. (2009). [La crise financière internationale et ses conséquences sur les économies africaines].

Touna Mama, OuédraogoN J., et Zeufack A., (2002). Ajustement structurel en Afrique, investissement privé, le cas du Burkina Faso, du Cameroun et de la Côte d'ivoire.

Touna Mama (2008). L'économie camerounaise, pour un nouveau départ. *Africaine d'Edition.*

Welch, E., & Wong, W. (1998). Public administration in a global context: bridging the gaps of theory and practice between western and non-western nations. *Public Administration Review*, 40-49.

Weller, P., & Wood, T. (1999). The Department Secretaries: A profile of a changing profession. *Australian Journal of Public Administration, 58*(2), 21-32.

Yusoff, M. S. B. M. (2005). CAPAM Symposium on Networked Government: The public service as a learning organization: the Malaysian experience. *International Review of Administrative Sciences, 71*(3), 463-474.

Chapitre 12

Open Quintuple Helix Model and Sustainable Competitiveness in Africa: Analysis in terms of TOUNA MAMA's Circuit Approach

Modèle ouvert à quintuple hélice et compétitivité durable en afrique : une analyse suivant l'approche en circuit de TOUNA MAMA

Bernadin G. C. AHODODE
xbengeraud@gmail.com
Université de Yaoundé II
Cameroun

Henri NGOA TABI
ngoa_henri@yahoo.fr
Université de Yaoundé II
Cameroun

Abstract: *This paper expands the quintuple helix model as an open innovation system (i.e., open quintuple helix model) and proposes a theoretical framework and strategies for sustainable competitiveness improvement in Africa. To do this, the two mechanisms of triple helix generation which are self-organization and coevolution is used as a methodological basis. Results from sustainable competitive strategies indicate that governments have to focus on official development assistance in addition to foreign direct investment. Industries must ensure technological development through the adoption of opportunistic, dependency, traditional, imitation, defensive, and offensive strategies. Universities must prioritize scientific and technical cooperation for capacity building and international collaboration development. Finally, society must seize the opportunities offered by ICTs to acquire information and make consumer choices for national industries' development.*

Keywords: Innovation System, Competitiveness, Africa, Institutional, International Relationships

Résumé : *Ce papier a fait objet d'élargissement du modèle de la quintuple hélice sous forme de système d'innovation ouvert (c'est-à-dire, de quintuple hélice ouverte) et de proposition de cadre théorique et de stratégies pour l'amélioration durable de la compétitivité en Afrique. Pour ce faire, les deux mécanismes de génération de la triple hélice que sont l'auto-organisation et la coévolution ont été utilisés comme base méthodologique. Il ressort des résultats en matière de stratégies compétitives durables que, les gouvernements doivent mettre l'accent en plus des investissements directs étrangers sur les aides publiques au développement. Les industries doivent assurer le développement technologique par l'adoption des stratégies opportuniste, de dépendance, traditionnelle, d'imitation, défensive et offensive. Les universités doivent prioriser les coopérations scientifique et technique pour le renforcement des capacités, et le développement des collaborations internationales. Enfin, la société pour sa part doit saisir les opportunités qu'offrent les TIC pour acquérir d'information et faire des choix de consommation en faveur du développement des industries nationales.*

Mots clés *: Système d'Innovation ; Compétitivité ; Afrique ; Institutionnel ; Relations Internationales*

1. Introduction

The recognition of knowledge and technological innovation importance for economic performance improvement gives rise to the linear and nonlinear innovation models development for their production, use, and dissemination processes explanation. Indeed, the linear innovation model is based on the premise that "innovation begins with basic research, flows by applied research and development and ends with production and diffusion" (Godin, 2005, 2006, 2014). This simple process compared to multiple forms and sources of innovation have led to the nonlinear innovation model development by Kline and Rosenberg (1986). The latter describes the process of innovation as a complex system and recognizes universities and businesses as respectively objective producers of knowledge and active recipients[1].

Thus, Lundvall (1988) proposes the national production system which led to the national innovation system (NIS). The NIS is one of the approaches belonging to the institutional perspective. It describes the interacting relationships within knowledge production, diffusion, and use. Innovation production is considered as an interactive system built by all the actors belonging to the institutional spheres of State, university, various legislations, market, union, ... This approach contributes to learning reinforcement and innovation generation (Freeman 1987, Lundvall 1992 and Nelson 1993). In terms of competitiveness improvement, the NIS is based on value creation through innovation and attaches great importance to businesses and States respectively as the center and the main actor of the innovation process regulation. But, the role of universities in terms of knowledge production is not really clarified.

Thus, Gibbons and al. (1994) find that the way in which scientific knowledge, technological practices, industry, education, and society are organized and function contrasts strongly with their previous relationships and suggests mode1 and mode2 of knowledge production. On the one hand, the mode1 is characterized by the cleavage between academics and society. The cleavage is based in particular on independent scientific disciplines and specialties and

---

[1] Following the **TOUNA MAMA** approach of circuit, this new organization of economic agents derives by analogy from the paradigm of the circuit which considers the economy as a whole; that is to say, a system whose parts appear dedicated to specific functions (see Quesnay and Marx).

autonomous universities which have not prior interaction with industry. On the other hand, the mode2 of knowledge production describes the current science and announces the disappearance of traditional universities. For this purpose, the transition from model to mode2 creates the need to establish a more inclusive model which can take into account the complexity of both local and global interactions between various spheres.

The search for solutions to this need led to the Triple Helix (TH) model of interactions between University, Industry, and Government (UIG) for technological innovation generation (Etzkowitz & Leydesdorff, 1995, 1997 and Leydesdorff & Etzkowitz, 2000). This innovation model unlike the NIS approach considers the university as the core of the innovation system. It advocates dynamic interdependence between the different spheres in contrast to a radical transformation of university-industry relations proposed by Gibbons and al. (1994). In addition, the TH model integrates into the innovation system, the social and environmental contributions. These spheres transform it respectively to quadruple and quintuple helix (Carayannis & Campbell, 2009, 2010). The TH offers also an additional extension possibility in terms of Ntuple Helix (interactions between an infinite number of helix) for countries sustainable competitiveness improvement (Etzkowitz & Leydesdorff, 1995; Etzkowitz & *al.*, 2005; Etzkowitz, 2008 ; Leydesdroff, 2000 and Peris-Ortiz & *al.,* 2016). Indeed, sustainable competitiveness corresponds to all institutions, policies, and factors that improve countries productivity in the long term while ensuring social and environmental sustainability (Schwab, 2014)

However, in the current context of knowledge-based economics, the African's countries national innovation system is still in the embryonic state with weak interactions between its various components which are not favorable for its performance increasing (Gu & Whewell, 1999 and Casadella & Benlahcen-Tlemcani, 2006). In addition, some studies show that African countries' NIS is characterized by an important synergistic contribution from foreign level compared to domestic and global ones (Mezouaghi, 2002 and Mêgnigbêto, 2015). These results confirm the work of Lundvall (1992, 2015) which reveals the importance of innovation system opening through trade, integration, and foreign direct investments for the developing countries' competitiveness improvement. Thus, in view of the weak African countries global sustainable competitiveness (the top 4 countries are Ethiopia (64th), Ghana (68th), Ivory Coast (77th), and Kenya (80th), and 8 of them are in the last 20 of the ranking) compared to the increasing of environmental constraints (SolAbility, 2017) ; we asked ourselves, how the transformation of the quintuple helix model into an open innovation system can contribute to the sustainable competitiveness improvement in Africa?

For answering this question, this study aims to define sustainable competitiveness strategies for African countries. This was done with the elaboration of a competitiveness framework based on the open quintuple helix model development. This open quintuple helix framework is necessary for external actors and environmental resources and constraints contributions integration into African countries' sustainable competitiveness strategies improvement. This work is organized as follows: after the literature review between helix models and sustainable competitiveness and the methodology, the study is the subject of open quintuple helix model development with a sustainable competitiveness framework and strategies elaboration.

2. Literature Review between Helix Models and Sustainable Competitiveness

The TH model and its derivatives are the helix models developed for the technological innovation generation and sustainable competitiveness improvement in the light of a knowledge-based economy (Etzkowitz, 2003; Etzkowitz & Leydesdorff, 2000; Etzkowitz & Dzisah, 2008; Leydesdorff & Meyer, 2006 and Peris-Ortiz & *al.*, 2016).

2.1. Organization of Helix Models and Sustainable Competitiveness

The TH is a neo-institutional model of technological innovation policy developed for the basic knowledge and economic development study (Smith & Leydesdorff, 2004). The model is centered on interactions between UIG as the key for innovation conditions improving in knowledge-based societies. Indeed, the TH focuses on the production principle that the industry assumes its dynamics through production role while the government is responsible for monitoring relationships that can ensure stable exchange interactions. Universities are allocated the role of new knowledge and technology production.

The analytical line of TH is thus diametrically opposed to the new production of knowledge one. Since the distinctions between science and technology, industry and academia, society and knowledge are denied. Moreover, while the NIS is an institutional program based on wealth creation[2] from the globalization of knowledge benefits through the borders geographical specification, the TH provides a model for innovation system dynamic structure, evolving at various levels in terms of institutional and functional[3] categorizations (Leydesdorff & Zawdie, 2010).

In institutional specification side, the TH is statically characterized by its three spheres which are independent and nested within each other. Each of them has an inner core and an external field of action. Its dynamics are then based on the number of approvals and partnership networks between institutional spheres. This allows TH to provide capacity for a better breakthrough in detecting new innovation sources compared to any other isolated initiatives designated to generate such results (Etzkowitz, 2003). Thus, to the extent that each helix has the opportunity to take the place of others. These mutations produce hybrid organizations which play a particular and unique role in innovation. Otherwise, the model has also been analogous in knowledge-based economy context to describe the relative positioning of each UIG sphere relative to others. For this purpose, the TH principle considers that university is able to play a wider role in innovation (Leydesdorff & Etzkowitz, 2000 and Bagyo & *al.*, 2012), while the NIS model and Sabato (1975) triangle consider industry and State as the main actors of innovation mechanism. These various patterns of change in innovation systems are seen as "moments" in the larger TH model (Giddens, 1984).

---

[2] According to the concept of the circuit, the SNI corresponds to an abstract representation of an economy which takes into account the movement of the circulation of value (Quesnay and Marx).

[3] A functional interpretation of TH model has been made by market dynamics inclusion as the third perspective related to micro-foundations of neoclassical economies according to natural preferences (Leydesdorff, 2006).

Figure 1

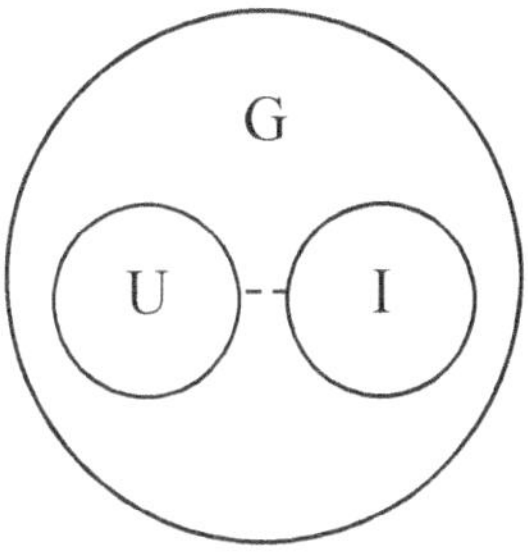

Figure 2

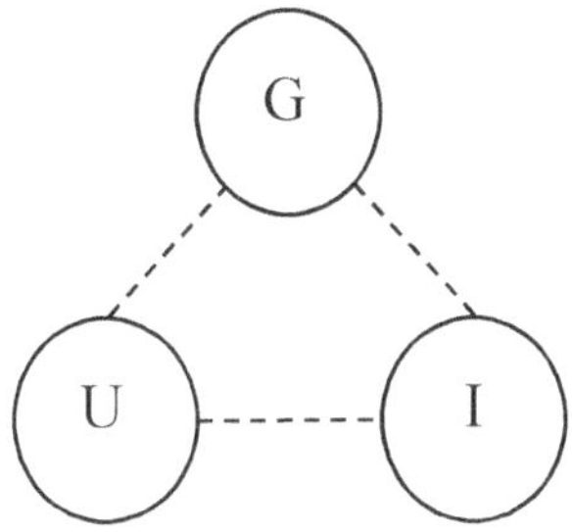

Figure 3

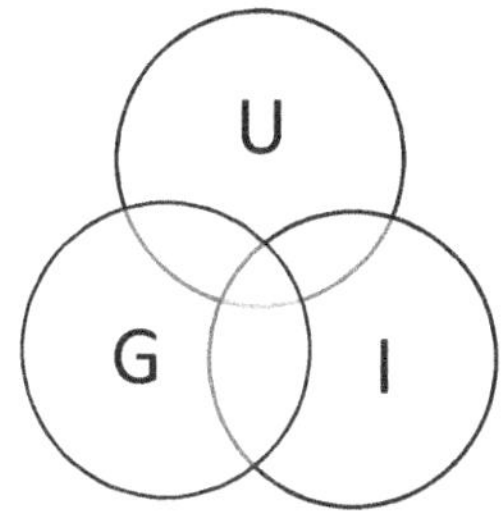

Sources: Leydesdorff & Etzkowitz (2000)

Indeed, it can be established at first a historical configuration treated static regime "THI" according to which, government encircles academic and industrial entities and directs the relations between them (Figure 1). A second "THII" political model (Figure 2) consisting of distinct institutional spheres having very clear boundaries and very circumscribed relations can be observed following *laissez-faire* regime. In this regime, the industry is the driving force with the other two spheres as auxiliary support structures. Finally, one can also attend a further configuration "THIII" capable of generating knowledge infrastructure in which the institutional spheres overlap. Thus, each sphere assuming the role of the other, which gives rise to hybrid organisms at the interfaces (Figure 3). In this case, the university is the gravitational center and at the same time the governing body which initiates the partnership (Etzkowitz & Leydesdorff, 1999; Leydesdorff & Etzkowitz, 2000 and Bagyo & *al.*, 2012).

The TH model further enhances the NIS model by varying the government function. Like mode2, TH focuses on the dynamic hedge formed by negotiations and alliances between institutional bearers (Leydesdorff & Etzkowitz, 2000). The information is thus constantly codified in new knowledge when it is communicated recursively within each helix or reflexive by the interaction between helices. Thus, the theoretical framework on which the triple helix model is based is that of self-organization and coevolution (Maturana, 1980 & Luhmann, 1996). Indeed, the coevolution between two helices in the same ideological direction favors the stabilization of the system along a particular trajectory (Therrien, 2005). Etzkowitz and Leydesdorff find that double recodification affects the tripartite dynamics of relations between UIG. This is done in parallel by reflexive interactions between helix with lower initial frequency level than by recursive interactions frequency within each helix (Simon, 1969 and Leydesdorff, 2001).

This process creates a new mode of knowledge production that is opposed to creative destruction. This mode advocates the development of growth through infinite transition generation which is constantly redefining the boundaries of the technological frontier. The political economy tends thus to rely more and more on knowledge through knowledge flow and information. This process becomes a new mechanism for coordinating society in parallel and through interaction with (economic) exchange relations, and the (political) control mechanisms (Leydesdorff & Etzkowitz, 2000). Thus, the neo-evolutionist interpretation has been provided alongside the neo-institutional one of the relationship between UIG in two directions. We have the first link between the historical trajectory and the evolutionist regimes and the second from the neo-evolutionism perspective towards the TH model (Leydesdorff & Ivanova, 2016). The set-in form of selected environments operating on each other and fulfilling social functions follows the systemic relations mechanism between UIG. This mechanism induces both recursive and interactive variation under the competition pressure.

2.2.Evolution of Helix Models and Sustainable Competitiveness

Moreover, the constraints of unemployment, low economic growth rate, environmental changes, etc. which hinder the sustainable improvement of countries' competitiveness has led to criticisms and extensions of the TH model to quadruple helix (interactions between University, Government, Industry, and Society "QaH") and quintuple helix (interactions between University, Government, Industry, Society, and Environment "QiH") model (Carayannis & Campbell, 2009, 2010 ; Cooke & Leydesdorff, 2006 and Shinn, 2002). These models are related respectively to the integration of public media and cultural bases as well as civil society (UIGS) on the one hand and the natural environment of society (UIGSE) on the other hand. The development of these helix models was made from a new "mode3" of knowledge production (Carayannis & Campbell, 2006).

The mode3 is a new approach to the knowledge-producing system which is both expansion and extension of the mode1 of basic academic research and the mode2 of knowledge application for solving economic problems (Gibbons & *al.*, 1994). It is more inclined to emphasize the coexistence and coevolution of different knowledge and innovation modes (Carayannis & Campbell, 2012). Competitiveness and development of knowledge system according to the mode3 are mainly related to its adaptive capacity in terms of combination and integration of knowledge and innovation different modes through co-evolution, co-specialization, and co-competition of knowledge stock and dynamic flows (Carayannis & Campbell, 2009 and Nalebuff & Brandenburger, 1997). This mode considers the pluralism of different knowledge modes for the mutual learning process and their diversity as necessary for the society and economies advancement.

Following this model, the QaH adds to the TH's helix, a fourth helix represented by public media and cultural foundations and civil society which associates with the media, creative industries, culture, value, lifestyles, art, ... (Carayannis & *al.*, 2012). It encourages the perspective of the knowledge society and knowledge democracy for scientific knowledge production (research) and its application (innovation) by offering opportunities for creative design (Carayannis & *al.*, 2014). Similarly, the QiH model starts from TH and advances the QaH with the fifth helix represented by the natural environment. This makes it possible to combine knowledge, know-how, and natural environment system into the interdisciplinary and transdisciplinary framework in order to promote sustainable development (Carayannis & Campbell, 2010; Barth, 2011). It is important to note further the generalization of TH into N-tuple helix (NH) model which makes it possible to increase TH indicators to infinity. Indeed, the NH model implies the algorithmic increase of TH by the local or global indicators use at 4, 5, ..., n dimensions according to the needs of economic performance analysis (Leydesdorff, 2000).

In this respect, Peris-Ortiz and al. (2016) develop the theoretical framework of a "multiple helices ecosystem of sustainable competitiveness". According to this framework, the dynamics of sustainable competitiveness is characterized by four cycles of operations which are: Intake, Compression, Ignition, and Exhaust. Indeed, the Intake phase1 triggers the engine functioning to achieve sustainable competitiveness through the introduction of required inputs that are: production factor, technological preparation, and level of economies and companies' innovation. In the phase2 of operation, there is compression by the factors and external environment adjustment. The third phase is that of Ignition where the detonation, the action, the creation of the realization conditions, and the occurrence of the result emanate from the significant interaction of different institutional spheres. Finally, the Exhausts symbolizing the negative impact of the engine combustion characterize the last phase. This is represented by the waste resulting from the inefficiency of the operation process, productivity and economic losses, environmental pollution, and other outputs hindering sustainable competitiveness. In addition, Pitelis's (2011) theoretical framework related to the country's competitive advantage, emphasizes the openness (foreign direct investment) role in relation to the clusters and public policies. Indeed, he believes that emerging and transition economies should design FDI strategies in relation to clusters according to their positioning and competitive advantages creation in order to increase their performance. It is in the light of these possibilities that this work proposes a theoretical framework of sustainable competitive strategies in a context of openness, i.e. from the transformation of its QiH into open innovation system or open quintuple helix model (OQiH).

3. Methodology

This study uses a two-step methodology. Firstly, the two mechanisms of the triple helix generation that are: self-organization and coevolution are used for the elaboration of the open quintuple helix model (Maturana, 1980 & Luhmann, 1996). As developed above, self-organization refers to the mechanism operating within a helix while coevolution corresponds to the interactions between helix for the technological innovation generation. Thus, the mechanism of self-organization is used for the definition of an opening helix according to the various factors of international interactions between the different economic actors. The mechanism of coevolution is used to establish the different interactions between the opening helix and those of the quintuple helix.

The second step is the subject of the sustainable competitiveness framework construction. This is done from the links between the different spheres of the open quintuple helix model and the sustainable competitiveness indicators. Thus, this framework is based on the definition of government, university, industry, and society's role in the economic system by using the work of Farinha & al. (2014) and Peris-Ortiz & al. (2016).

4. Open Quintuple Helix Model of Innovation and Sustainable Competitiveness in Africa

This section focused on the OQiH model development and the definition of sustainable competitiveness strategies for the African countries. Thus, the first subsection is broken down as follows: definition of the different innovation international sources and analyzes of the opening helix (OH) self-organization and its coevolution with those of QiH for the OQiH model establishment. The second subsection analyses the OQiH model's contribution to the sustainable improvement of competitiveness in Africa.

4.1.Development of the Open Quintuple Helix Model

In view of the different innovation models outlined above, conceptualizations of innovation system emerge to explain the interactions of the different factors at national and global levels. These interactions are related to the science and technology for knowledge and innovation production, use, and dissemination for countries' sustainable competitiveness improvement in the context of the knowledge-based economy. Even TH is extensible up to N-tuple helix and there is competitiveness theoretical frameworks emphasizing openness as well as empirical studies dealing with internationalization within TH by taking into account FDI, multinational companies, collaborations between authors at the domestic, foreign, and global levels (Leydesdorff & Sun, 2009; Lengyel & Leydesdorff, 2015 and Strand & Leydesdorff, 2013). But, the importance of the innovation system opening (Lundvall, 1988, 1995, 2015) was evoked without any theoretical conceptualization under open innovation system followed by competitive strategies definition.

However, the economies globalization increases significantly the need for international collaborations comparatively to national (Foray, 2004; Leydesdorff, 2006 and Leydesdorff & Etzkowitz, 2000). Thus, the TH is able to contribute to this need by its additional helix which provides richer details (Smith & Leydesdorff, 2004; Leydesdorff, 2012; Fitriati, 2012 and Leydesdorff, 2013). Moreover, unlike open innovation which assumes that companies can use ideas as well as external and internal market pathways to improve their technology (Kudryavtseva & *al.*, 2016), the TH relies on knowledge infrastructure between government and industry as major spheres while offering extension flexibilities (Leydesdorff & Ivanova, 2016). In view of this need to take into account internationalization for globalization effect analysis using the TH model and the lack of innovation model conceptualization in the open system form, we propose the OQiH model by adding opening helix to the QiH one.

4.1.1. Construction of the Opening Helix (OH)

The innovation mechanism in developing countries (African in particular) is characterized on the one hand by university systems which largely correspond to mode1 instead of mode2 representing the TH basis and the mode3 of knowledge production. On the other hand, by weak interactions between different spheres of innovation system. The contributions of external actors in terms of foreign technology diffusion, absorption, and adaptation are therefore important for the strengthening and effectiveness of these countries' innovation system (Rogers, 1962; Mezouaghi, 2002 and Mêgnigbêto, 2015).

Thus, the construction of the opening helix can be done by taking into account the national and international actors' interactions from innovation and technology transfer and knowledge international sources. These can be market-related (foreign direct investment (FDI), international trade (IT) and labor migration or mobility (LM)), or emanated from non-market related to the interactions from contractual relations of international technology transfer (CRITT), international cooperation (official development assistance (ODA) and scientific and technical collaboration (STC)), Environment (E), and Information and Communication Technologies (ICT). However, these channels are differently important in terms of their contribution to the innovation system.

4.1.1.1. International Trade (IT)

The IT provides access to new markets which are synonymous with demand increased and production expansion. It also promotes the strengthening of competition and therefore incentive and opportunity to innovate. In fact, increasing the market size generates economies of scale which favors the reinforcement of investments in R&D for increased sales and the detection of other exchange possibilities based on their strengths (Arrow & Intriligator, 2010; Touna Mama, 2021).

4.1.1.2.Foreign Direct Investment (FDI)

The FDI complements the national ones and allows countries (especially developing countries) to reduce their savings and foreign exchange deficits to cope with structural transformation expenditures. In these countries, they promote employment and worker training, integration into international trade, the creation of a more competitive climate, the development, and productivity of enterprises, the transfer of technology between enterprises (foreign and national) and consequently the innovation capacities reinforcement (Leydesdorff & *al.*, 2006; Strand & Leydesdorff, 2013 and Ulanowicz, 2009).

4.1.1.3.Labor Mobility (LM)

The human capital movements promote knowledge dissemination including the tacit knowledge flow. The mobility of workers (scientists and engineers) generates knowledge transfers and skills which have a positive effect on the industrial activities development (Cincera & Pottelsberghe, 2001 and Arrow & Intriligator, 2010).

4.1.1.4.Contractual Relations of International Technology Transfer (CRITT)

They represent the information exchange between two autonomous entities according to a contract whose objectives are the transmission of technological systems or different types of technologies used by companies namely: product, process and management technologies. These contractual relationships are based on technological transfers are complex and differentiated. We have direct investment contracts in the form of subsidiaries or joint ventures; sales of industrial projects; capital equipment or license agreements and derivative contracts which allow recipient countries often developing countries (LDCs) to strengthen their international competitiveness through the technological capacity acquisition and human resource expertise strengthening. In turn, they contribute to improving the capacity of countries to innovate (Drouvot & Verna, 2014).

4.1.1.5.International Cooperation (IC)

They can be in the form of Official Development Assistance (ODA) or in terms of scientific and technical collaboration. ODA is provided in-kind or financial form by developed countries to developing ones. They have positive effects in terms of financing supply increasing; more business-friendly environment creating (especially when it is used, for example, to support infrastructure projects which help reduce investment costs); increased labor productivity through investment in the education and health sector; providing technical assistance, training, and financing capital of goods imports and direct technology transfer.

Scientific and Technical Collaborations (STCs) contribute to capacity building by enhancing the universities and research institutes role, expanding the training programs, repatriation policy for internationally trained and host experts from those coming from elsewhere. In addition, they promote international research cooperation by integrating researchers into global R&D networks. Thus, thereby improving their skills and productivity as they have the opportunity to work with their counterparts in other industrialized countries under joint projects (Leydesdorff & Sun, 2009; Kwon, 2011 and Kwon & *al.*, 2012).

4.1.1.6.Information and Communication Technologies (ICT)

The ICTs including cell phones and the internet facilitate information and knowledge dissemination, meeting between economic actors, trade liberalization by eliminating protectionist, time, and distance barriers. They allow favorably conditions creation for global reorganization and redistribution of productive systems, the development of distribution networks, and the new modes creation of goods and services consumption. Access to ICT thus enables countries to strengthen their absorptive, innovation, and dissemination capacities as well as to participate in the globalization of production and improve their competitiveness (Rogers, 2003; Cai, 2011).

4.1.1.7.Environment (E)

The environment is the whole of the natural environment, collective (or public) nature and represented by renewable and non-renewable resources necessary for production to meet the needs. Thus, population growth and the search for economic progress has led to natural resources exploitation and technological developments for production which are the causes of current environmental issues (pollution, greenhouse effect, and the carbon dioxide emission (CO2), climate change, cyclones, water scarcity, desertification, floods, and rains, etc.) whose effects are borderless. However, even though technology is the main cause of global warming and environmental degradation, in particular, it is also one of the key solutions. Indeed, the opening up of economies will enable less developed countries that are particularly sensitive because of their low resilience to import green and more efficient environmental technologies (Carayannis & Campbell, 2010).

4.1.2. Self-organization of the Opening Helix Components

These different factors of opening are connected by mutual interactions giving rise to the self-organization of the opening helix. In fact, ODA contributes to interactions in terms of labor mobility (through technical assistance inputs), direct technology and serves transfer as a catalyst for FDI. The FDI promotes contractual relations of international technology transfers, employment and workers training, and integration with international markets. International Trade (IT) promotes the displacement of skilled personnel as a result of competition from FDI and promotes the technology transfer and specialized skills. The CRITT involves FDI (through contracts for subsidiaries and joint ventures creation), technology transfer (through project sales and license transfers), and factor mobility across the world through derivative contracts. ICTs promote information and knowledge dissemination which contributes to the human capital building, trade liberalization, and linkages rebuilding between production, consumption, and trade which create increased FDI, production system transformation, cooperation, and scientific and technical capacity building. Trade liberalization and increased economic activity are putting pressure on the environment. However, liberalization and FDI are the key determinants of green and environment respectful technologies diffusion and transfer. These create the need for enhanced science and technology skills. The development of scientific and technological capacities leads to cooperation which promotes formation, human capital reinforcement, and mobility, and thereby makes the conditions favorable to FDI attractiveness and technology transfer. These different interactions give rise to several types of scientific, technological, and innovation skills presented in the table below.

This table in the form of a square matrix shows three types of interactions relations between different opening factors. The first represented by the orange triangle informs about the (past or first order) effect of each factor on others according to horizontal evolution. The second represented by the yellow triangle informs about the (return or second order) effect exerted by each factor on others following vertical evolution. And finally, the third represented by the diagonal informs on the effect that each factor maintains with itself or on the creation capacity (skill) of each factor in science, technology, and innovation.

Table 1: *Scientific, technological and innovation capacities between different opening factors*

FACTORS	IT	FDI	ODA	CRITT	STC	LM	ICT	E
IT	II	IC	NO	AdC	IC	AdC	YES	YES
FDI	IC	TIC	NO	AdC	STIC	AdC	IC	TC
ODA	NO	YES	TAbC	TAbAdC	AbC	AbAdC	TAbAdC	TC
CRITT	TC	YES	TAbAdC	TAdAbC	AdAbIC	YES	AbAdC	YES
STC	IC	YES	NO	STAdAbC	STC	AbC	AdAbIC	TIC
LM	AdC	YES	YES	AbAdC	AbC	AbAdC	AdAbC	YES
ICT	II	YES	NO	YES	AbC	YES	AbDC	NO
E	II	YES	GTC	YES	YES	YES	NO	IIIC

Legend: **C**: capacity; **I**: innovation; **T**: technology; **S**: scientist; **D**: dissemination; **Ab**: absorption; **Ad**: adoption; **II**: incentive to innovation; **TC**: technological capacity; **DC**: dissemination capacity; **IC**: innovation capacity; **AbC**: absorption capacity; **AdC**: adoption capacity; **TIC**: technological and innovation capacities; **STC**: scientific and technological capacities; **GTC:** Green Technological Capacity; **AbAdC**: absorption and adoption capacities; **AbAdIC**: absorption, adoption and innovation capacities; **AbDC**: absorption and dissemination capacities; **TAbC**: technological and absorption capacities; **TAbAdC**: technological, absorption and adoption capacities; **NO**: no relationship; **YES**: existence of other type of relationship.

Source: Compilation of authors.

Indeed, the comparative analysis of the two-way interactions effects between different factors reveal a variety of abilities which are:

- The effect of international trade (IT) generates innovation capacity (IC) for FDI and STC; adoption capacity (AdC) for the CRITT and LM; no ability for ODA and indirect skills for ICT and E. While the effect of these different factors on the IT generates technological capacity (TC) for the CRITT and incentive to innovate (II) for ICT and E;

- The past effect of FDI also generates innovation capacity (IC) for IT and ICT; lack of ability for ODA; adoption capacity (AdC) for CRITT and LM; and respectively scientific, technological, and therefore innovation capacities (STIC) and technological capability (TC) for CSTs and E whereas the effect of all other factors on FDI leads to indirect capacities;

- The effect of ODA on each other factors create technological, adoption, and absorption capacities (TAdAbC) for the CRITTs and ICTs; absorption capacity (AbC) for STC; Absorption and adoption capacities (AbAdC) for LM and technological capacity (TC) for E. While the opposite effect of these other factors on ODA generates lack of capacity for STCs and ICTs; Indirect Capacity for LM and Green Technology Capacity (GTC) for E;

- The CRITTs generate as a result, adoption, absorption and therefore innovation capacity (AbAdIC) for STCs; Absorption and Adoption Capacities (AbAdC) for ICT and Indirect Capacity for LM and E. In turn, the effect of other factors on CRITT generates Scientific and Technological Capacities (STC), Adoption and Absorption Capacities (STAdAbC) for STC; Absorption and Adoption Capacities (AbAdC) for LM and no direct relationship for ICT and E;

- The effect of STCs on other factors leads to Absorption Capacity (AbC) for LM; Absorption, Adoption and Innovation Capacity (AbAdIC) for ICT and Technology and Innovation Capacity (TIC) for E. On other hand, the feedback effect of other factors on the STC creates absorptive capacity (AbC) for ICT and indirect relation for E;

- The effect of LM on other factors leads to the adoption and absorption capacities (AbAdC) for ICT and the indirect ability for E; against return effect in terms of the indirect ability for ICT and E; while between ICT and E there is no effect.

In addition, the drivers of IT, FDI, ODA, CRITT, STC, LM, ICT, and E for science, technology and innovation generate respectively incentives for innovation (II), technological and innovation capabilities (TIC), technology and absorption capacity (TAbC), technological adoption and absorption capacities (TAdAbC), scientific and technological capabilities (STC), absorption and adoption capacities (AbAdC), absorption and dissemination capability (AbDC) and incentive to innovate combined with innovation capability (IIIC).

In sum, the opening helix by self-organization of its various components create an incentive to innovate (II) through competition from international trade (IT). It promotes the development of absorptive and adoption capacities (AbAdC) through capacity building and technical support inputs that may come from CRITT derivative contracts or ODAs. This latter result in LM or the availability of ICTs which confer more dissemination capacity (DC). Finally, scientific and technological and innovation capabilities (STIC) are generated through direct transfers of technologies which may be derived from direct investment contracts, sales of projects or capital goods from CRITT, ODA. It can also be derived from scientific, technological and innovation developments due to scientific and technical collaborations (STC) and natural resource availability or constraints.

4.1.3. Coevolution of the Opening Helix with others of QiH Helices

The Opening helix co-evolves with another QiH helix in many ways through its various components. Indeed, the opening helix contributes to the government helix actions through ODA which constitute financial support or not, brought by the developed countries to developing ones. This government helix uses ODA as a catalyst for FDI by improving investment conditions (which is strengthening the banking and financial systems to promote savings collection and resources allocation quality); the qualification level and workforce productivity; technological capability; and finally by facilitating the public-private partnerships (PPPs) implementation. The OH through international exchanges creates increased competition which is the source of FDI and spillovers for several economies. They imply effects from foreign firms on domestic ones who are forced to grow in efficiency to cope with the competition.

Thus, FDI is particularly related to foreign firms' strategies in terms of simple and passive foreign technology adoption. While others may be actively involved in the knowledge activities created through the private sector R&D in the countries which makes it easier to increase spillover possibilities. In addition, the OH promotes through ICT, the possibility of relationship creativity and company development for business increasing. The universities participate in terms of research collaboration and knowledge building and the society in terms of exchange and information for social networks development. ICTs thus favor trade liberalization through the offer of all kinds of transaction possibilities (purchase, sale, rental, payment, the realization of contract,...) online to the different economic actors. The OH through environmental constraints is leading governments in developing countries to focus on green technologies transfer.

4.1.4. The Open Quintuple Helix Model

In the same evolution order as the different knowledge and innovation production models which are: mode1 and mode2 of knowledge production which served as the basis for relations development between UIG (Etzkowitz & Leydesdorff, 2000), the mode3 of knowledge production derived from the need to develop QaH relations between UIGS and the QiH relations between UIGSE for technological innovation generation. This work proposes by using the study of Carayannis & al. (2012), Danilda & al. (2009), Etzkowitz & Leydesdorff (2000) and Carayannis & Campbell (2012); the open QiH model of technological innovation from a new "open mode3" knowledge production. Indeed, like the mode3 of knowledge production, the open mode3 encourages both interdisciplinary thinking and transdisciplinary application of interdisciplinary knowledge while allowing the coexistence and coevolution of different knowledge and innovation paradigms (Carayannis and Campbell, 2010). But with particularity, the taking into account of foreign universities actor's participation by international collaborations in science and technology development (figure 4 below).

Figure 4: Evolution of Knowledge Creation Models

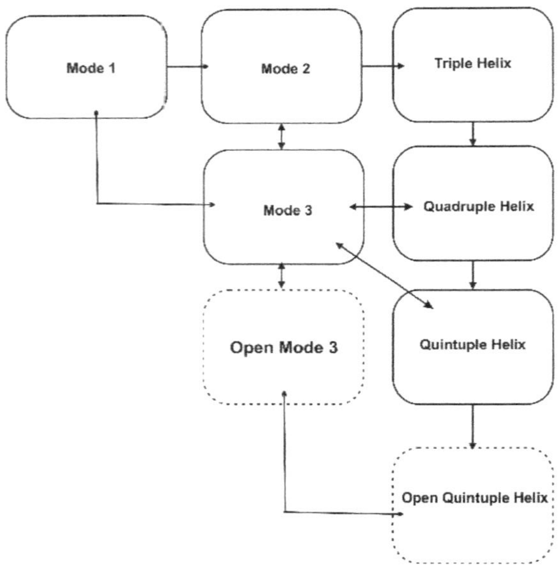

Source: Authors

Figure 5: Production of Knowledge and Innovation

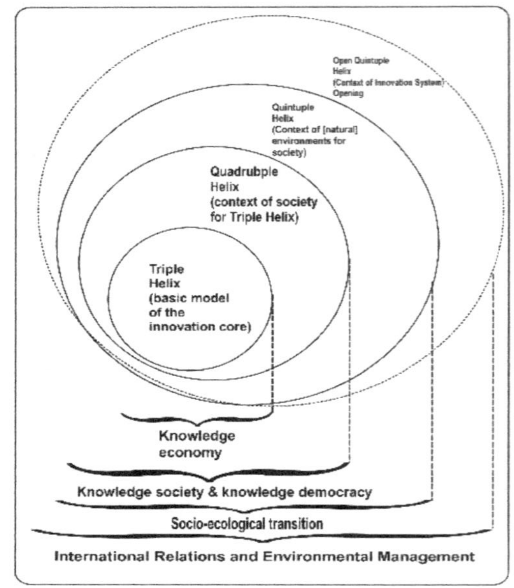

Source: Authors

Thus, the OQiH improves the QiH model by taking into account the opening helix related to the various possible contributions coming from abroad for the innovation system strengthening. Unlike the other additional helix, this aperture helix does not induce the addition of economic agents at the national level for technological innovation development. It just transforms the QiH innovation system into an open system. This is done through the establishment of different international relationships which can help strengthen the QiH innovation system through traditional international sources (IT, FDI, LM) as well as others capable of fostering innovation (ICT, E, ODA, and STC). All these factors are brought together by CRITT allows the OH to reinforce the QiH model.

Thus, in addition to the QiH, this opening helix contributes to reinforcing the coevolution between social, democratic, and economic knowledge for sustainable development achievement. Following the explanation of Carayannis and Campbell (2010), the OQiH model can be defined as "the combination of knowledge, know-how, and environmental system in open interdisciplinary and transdisciplinary framework to the rest of the world (or to scale international) for step-by-step provision model for understanding the actual development management quality, and establishing equilibrium with nature to enable future generations plurality and diversity life on earth". The OQiH model is therefore a specialized model in a country about the sum of interactions in society and academic changes which are both reinforced by foreign actors' participation. This participation favors the promotion and the creation of a knowledge cooperation system for knowledge and innovation generation to achieve sustainable development (figure 5 above).

Figure 6: *The Sub-systems of Open Quintuple Helix Model*

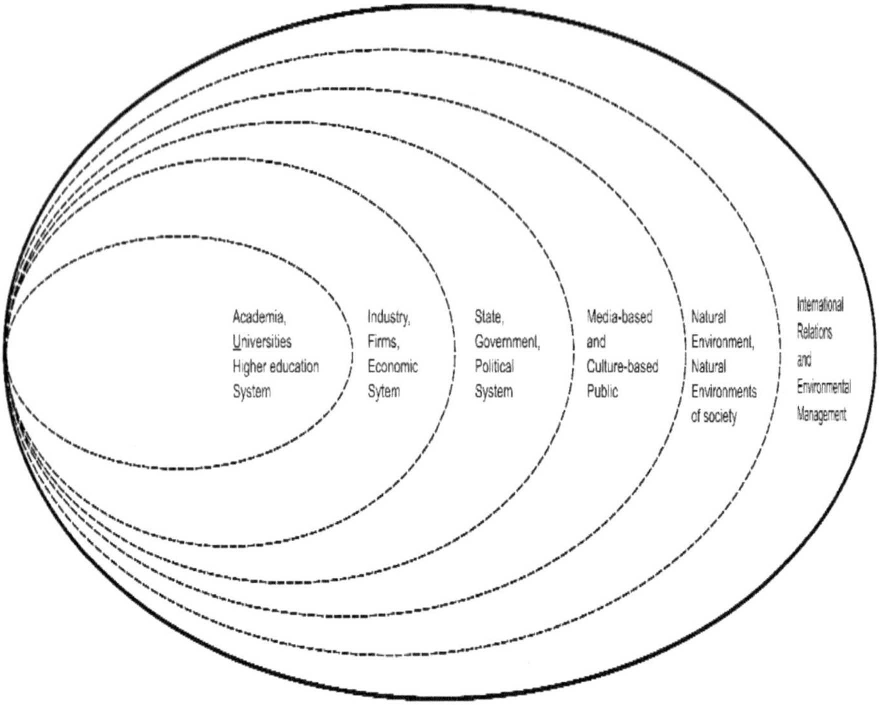

Sources: Authors.

In addition to the five sub-dynamics (or helix) which characterize the collective knowledge interaction and exchange in QiH whose are educational, economic, political, social, and environmental systems, we deduce a sixth sub-dynamic corresponding to the innovation system opening to the rest of the world, which we call "opening system" (see figure 6 above). Indeed, openness to the rest of the world is a matter of international relations and environmental constraints in terms of incentives to innovate. In terms of a sixth sub-dynamic, the helix representing by FDI, IT, ODA, STC, CRITT, LM, ICT, and E is also important as other five because it allows a national innovation system to benefit from foreign inputs in terms of capacity for knowledge and innovation production, use, and dissemination. Thus, this helix constitutes at the same time a scientific, technological, and innovation capital (for example technical assistance, direct transfer of green technologies, capacity building, licenses, industrial projects, international research collaborations, ...).

4.2. Strategies for Sustainable Competitiveness in Africa through Open Quintuple Helix Model

Sustainable competitiveness defines as all institutions, policies and factors that improve countries productivity in the long term while ensuring social and environmental sustainability (Schwab, 2014) is characterized according to the World Economic Forum by 12 pillars which explain countries' evolution following the different development stages. Indeed, in the first stage savings are driven by the commodities and production factors such as mainly unskilled labor and natural resources. Competitiveness maintaining at this development, stage depends on the proper functioning of public and private institutions, infrastructure development, stable macroeconomic environment, and healthy labor with primary education. In the second stage, economies are characterized by efficiency i.e. their competitiveness is increasingly driven by the expansion of higher education and training, efficient goods markets, smooth labor market functioning, financial markets development, ability to exploit the existing technologies benefits, and large domestic or foreign markets. Finally, the third development phase is determined by innovation. At this stage, performance comes from producing new and different goods related to more sophisticated production processes and innovation. These last two characteristic pillars of developed countries show the importance of proper innovation system functioning and science, technology, and innovation development for the countries' sustainable competitiveness and development level improvement.

In view of this fact, considering the weak competitive performance and lack of economic development progress of African countries (which are largely still in the early stages), the open quintuple helix-ended technology innovation model is an appropriate framework for defining adequate economic policies for enhancing business sophistication and innovation in Africa. These policies are important insofar as African countries are characterized by very low capacity for innovation and the continent is one of the places in the world which faces more environmental constraints especially the climate change problem. Following the work of Carayannis and Campbell (2009, 2010), the OQiH is a specialized model in the country on the sum of interactions between government, university, industry, civil society, and natural environment which is reinforced by the foreign actors' participation in order to promote and create a knowledge cooperation system, know-how, and innovation for sustainable competitiveness. The roles of the various actors in terms of sustainable improvement policies for the African countries' competitiveness are presented in figure 7 below which is deducted from the works of Farinha & al. (2014) and Peris-Ortiz & al. (2016).

Figure 7: *Circular Configuration of Open Quintuple Helix Model for Sustainable Competitiveness*

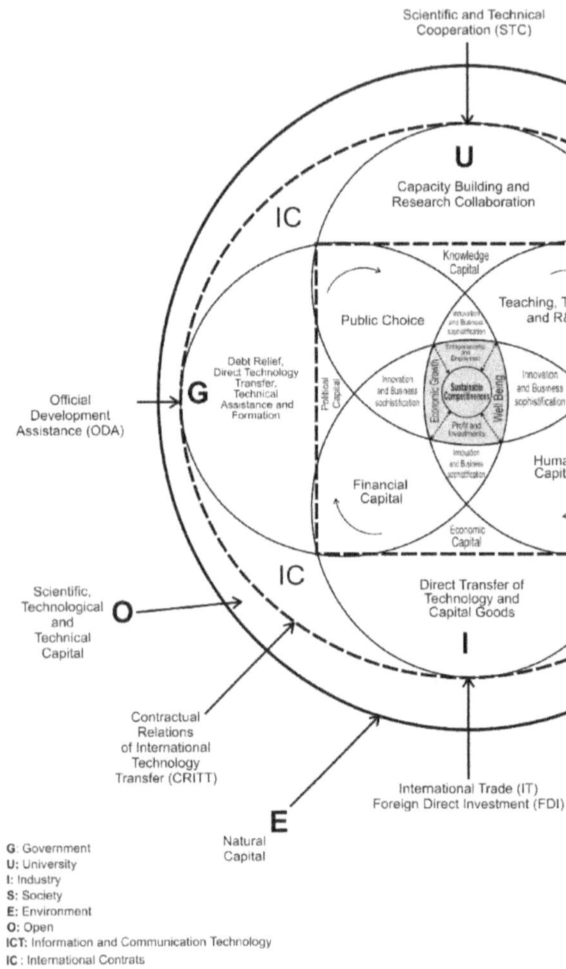

Source: Authors.

According to this figure, there are three phases that contribute to sustainable competitiveness improvement, namely: **international interactions, national interactions, and performance enhancement phases**. The first phase of international interactions is characterized by relations development according to environmental constraints between national actors and their foreign counterparts through International Cooperation and ICT for innovation system reinforcement in terms of knowledge, economic, political, and information (or social) capital (in line with the work of Drouvot & Verna, 2014; Leydesdorff & Sun, 2009; Kwon, 2011; and Kwon & *al.*, 2012). The second phase of national interactions is marked by interactive relationships between various actors, particularly through R&D, financial capital, political choices, and human capital for innovation and business sophistication reinforcement (Leydesdorff & *al.*, 2006; Strand & Leydesdorff, 2013 and Ulanowicz, 2009). Finally, the third phase of performance improvement is characterized by four types of competitiveness. These result is in line with those of Peris-Ortiz & al. (2016) and suggests that university competitiveness is related to the development of entrepreneurship and job creation. Industrial competitiveness is materialized by increased profits and investments. Government competitiveness is about improving sustainable economic growth and the well-being of civil society that we call social competitiveness. These four types of performance are the aspects of sustainable competitiveness.

Thus, in terms of sustainable competitiveness strategies in Africa, the governments in addition to the exercise of sovereign functions in technological innovation must use ODA on the one hand as an investment catalyst for business sophistication and innovation reinforcement. This can be done by orienting it towards the domestic resource mobilization capacities strengthening and consequently on productive ones. On the other hand, the governments must use it for technological and human capacities strengthening. These capacities are necessary for production with a focus on requests for technical assistance and training, financing of capital goods imports, and direct technology transfer to ensure structural transformation (Cincera & Pottelsberghe, 2001 and Arrow & Intriligator, 2010).

But, because technology is the main cause (along with demographics and economic progress) of global warming and environmental degradation, it is very important that these governments support green technologies diffusion and the reinforcement of innovation capacities in long term through skills development. Because the development of the skills provides consistency between actors in order to ensure appropriation of technologies by users and by society.

It also encourages citizen participation in the construction of prospective scenarios for socio-economic assessment of technological choices. The networking in research consortia, the strategic clusters, and international partnerships development are also the collective actions to be undertaken by these governments to stimulate innovation for sustainable competitiveness improvement. In addition to existing technologies diffusion and incremental changes, these governments must also focus on disruptive innovations for technological development without compromising future generation's needs.

Thus, in addition to creating favorable conditions for FDI attractiveness, African countries should put special emphasis on initiatives such as New Partnership for Africa's Development. This partnership works for national programs implementation aiming at setting up the R&D units of industrialized countries' enterprises in terms of national scientific and technological infrastructures (science and technology parks and qualitative universities and research centers creation) programs reinforcement. It contributes also to the human resources quality development and setting up an incentive framework allowing companies especially foreign ones to invest in R&D. Finally, African countries governments must diversify their strategies for using FDI according to the development level of their companies as well as by setting up clusters that can promote their sustainable competitiveness improvement (Leydesdorff & *al.*, 2006; Strand & Leydesdorff, 2013 and Ulanowicz, 2009).

The industries must focus on technological development strategies to participate in international trade. Depending on their different characteristics, they can follow Freeman's (1974) approach by gradually adopting different strategies. First, they can be part of "opportunistic stratège" of looking into changing markets and niche markets which do not require strong innovation capabilities. To do this, they will proceed to permanent business opportunities detection system establishment. Second, depending on whether they are in sectors with stable demand, they can use the "traditional perspective". In this case, they will be faced with a type of market characterized by a highly competitive structure where products are trivialized and the price is more important than product quality. Thirdly, they can also adopt "dependency stratège" which consists of accepting a subordination situation with a larger firm. The dependent company does not, therefore, seek to design new products by innovation or imitation.

Fourth, depending on whether they have a relatively acceptable technological capacity level, they can use the "imitation stratège" by making more or less exact innovations copies introduced on market. This will allow them to differentiate their products through minor technical improvements and to adapt to specific characteristics of certain markets. Fifth, industries with low R&D budgets may be "défensive" by product differentiation policy, but without the opportunity to be market leaders. Lastly, industries that are strong enough with the necessary means to carry out R&D activities can be directly involved in an "offensive approach" i.e. by dominating the market through technological innovation and new product introduction.

Moreover, they can also seize the opportunity offered by ICTs in terms of international trade liberalizing to circumvent protectionist policies that some countries are putting in place against exports development by participating in e-commerce. However, in order to mitigate the negative effects that the latter may generate, it would be good for African countries to put in place national strategies developed in collaboration with e-commerce actors as well as mechanisms to facilitate networking (in terms of competitiveness clusters) of micro and small enterprises and infant industries in order to avoid their disappearance. Likewise, they should ensure infrastructures development, electronic network reliability, and appropriate use of NICTs (Rogers, 2003; Cai, 2011).

The universities must emphasize the training programs extension, the implementation of repatriation policies for foreign-trained experts and the reception of foreign specialists through scientific and technological cooperation. In addition, they must also develop international research collaborations by integrating researchers from developing countries into global R&D networks and thereby improving their skills and productivity. These actions are important because they will have the opportunity to work with their counterparts in industrialized countries on joint projects through ICT communication opportunities (Leydesdorff & Sun, 2009; Kwon, 2011 and Kwon & *al.*, 2012).

The society in addition to using ICT for national information dissemination must also seek out foreign information in order to improve its strategies for contributing to the countries technological development. Similarly, it must align with national open up countries policies to participate in their effectiveness in terms of green technology transfers and demand so as not to disadvantage domestic industries for the foreigners' benefit (Cincera & Pottelsberghe, 2001 and Arrow & Intriligator, 2010).

5. Conclusion

This study is related to the observation of low sustainable competitive performance linked to low innovation levels stemming from inadequate innovation systems in Africa and the usefulness of foreign contributions for their reinforcement. Thus, it has been objecting of the definition of sustainable competitiveness strategies for the African countries from the proposal of a competitiveness framework based on the open quintuple helix model development. To do this, a two-step methodology was used. Firstly, the two mechanisms of the triple helix generation are: self-organization and coevolution is used for the elaboration of the open quintuple helix model. The second step was the construction of the sustainable competitiveness framework from the links between the different spheres of the open quintuple helix model and the sustainable competitiveness factors.

The results show an OQiH model which is the transformation of the QiH model by adding an opening helix consisting of FDI, IT, STC, CRITT, ICT, E, ODA, and LM. This OQiH model is followed by an open mode3 of knowledge production which is also mode3 increased by the opportunities for international collaboration. Thus in terms of sustainable competitive strategies in Africa, the governments have to focus on official development assistance in addition to foreign direct investment. The industries must ensure technological development through the adoption of opportunistic, dependency, traditional, imitation, defensive, and offensive strategies. The universities must prioritize scientific and technical cooperation for capacity building and international collaboration development. Finally, society must seize the opportunities offered by ICTs to acquire information and make consumer choices for national industries' development.

This study was just the subject of strategies competitiveness definition through the development of a sustainable competitiveness framework for African countries. Thus, future research can continue this study by carrying out an empirical analysis for the main determinants of African countries sustainable competitiveness identification following the open quintuple helix model.

References

Arow K. & Intriligator M. (2010). "Handbook of the economics of Innovation " Oxford, UK: *Elsevier.*

Bagyo Y. Moeliodihardjo Biemo W. Soemardi Satyro S. Brodjonegoro & Sachi Hatakenaka. (2012). University, Industry, and Government partnership: its present and future challenges in indonesia. *SciVerse ScienceDirect: Procedia - Social and Behavioral Science 52*, 307-316.

Carayannis E. G & Campbell D. F. J. (2010). "Triple Helix, Quadruple Helix and Quintuple Helix and how do knowledge, innovation and the environment relate to each other? A proposed framework for a trans-disciplinary analysis of sustainable development and social ecology". *International Journal of Social Ecology and Sustainable Development*, 41–69.

Carayannis E. G & Campbell D. F. J. (2006). "A comparative systems approach across the United States, Europe and Asia. In EG Carayannis & DFJ Campbell (Eds.), Knowledge creation, diffusion, and use in innovation networks and knowledge clusters.". *Westporti: Praeger*, 1–25.

Carayannis E. G & Campbell D. F. J. (2009). "Mode 3" and "Quadruple Helix": toward a 21st century fractal innovation ecosystem". *International Journal of Technology Management, 46(3/4)*, 201–234.

Carayannis E. G & Campbell D. F. J. (2012). "Mode 3 knowledge production in quadruple helix innovation systems. 21st-century democracy, innovation, and entrepreneurship for development". *SpringerBriefs in business (Vol. 7). New York: Springer. http://www.springer.com/business+%26+management/book/978-1-*, 4614-2061-3.

Carayannis E. G & Campbell D.F.J. (2009). "Mode 3" and "Quadruple Helix": toward a 21st century fractal innovation ecosystem. *International Journal of Technology Management*, 201–234.

Carayannis E. G. & Campbell D. F. J. (2014). "Developed Democracies versus Emerging Autocracies: Arts, Democracy, and Innovation in Quadruple Helix Innovation". *Journal of Innovation and Entrepreneurship*, DOI: 10.1186/s13731-014-0012-2.

Carayannis G. Barth T. D. & Campbell D. J. E. (2012). "The Quintuple Helix innovation model: global warming as a challenge and driver for innovation". *Journal of Innovation and Entrepreneurship.*

Casadella V. & Benlahcen-Tlemcani M. (2006). "De l'applicabilité du système nationale d'innovation dans les pays moins avancés". *Innovations, De Boeck Université, vol. 24(2)*, 59-90.

Clark J. M. (1961). *Competition as a Dynamic Process.* Washington: Brookings Institution.

Cincera M. & Pottelsberghe B. V. (2001). "International R&D Spillover: a Survey". *Brussels Economic Review Vol. 169 (169)*, 3-31.

Cooke P. & Leydesdorff L. (2006). "Regional Development in the Knowledge-Based Economy: the Construction of Adventages:". *Journal of Technology Transfer 31(1)*, 5-15.

Etzkowitz H. & Dzisah J. (2008). " the Triple Helix Circulation: the Heart of Innovation and Development". *International Journal of Technology Managment and Sustainable Development 7(2)*, 101-115.

Etzkowitz H. & Leydesdorff L. (1995). "The Triple Helix: University-Industry-Government Relations: A Laboratory for Knowledge-Based Economic Development". *EASST Review 14*, 14-19.

Etzkowitz H. & Leydesdorff L. (1995). "the Triple Helix--University-Industry-Government Relations: A Laboratory for Knowledge Based Economic Development". *EASST Review 14*, 14-9.

Etzkowitz H. & Leydesdorff L. (1997). "Universities and the Global Knowledge Economy: A Triple Helix of University-Industry-Government Relations". *London: Pinter.*

Etzkowitz H. & Leydesdorff L. (1999). "Whose Triple helix?". *Science and Public Policy, 26(2)*, 138-139.

Etzkowitz H. & Leydesdorff L. (2000). "The Dynamics of Innovation: From National Systems and 'Mode 2' to a Triple Helix of University-Industry-Government Relations". *Research Policy, 29(2)*, 109-123.

Etzkowitz H. & Leydesdorff L. (2000). "the Dynamics of innovation: from National Systems and "mode2" to a Triple Helix of University-industry-Government relations.". *Research Ploicy, 29(2),*, 109-123.

Etzkowitz H. (2003). "Innovation in Innovation: the Triple Helix of University-Industry-Government Relations". *social science information 42.*, 293-338.

Etzkowitz H. (2003). "the Innovation in Innovation: the Triple Helix of university-Industry-Government Relations ". *Social Science Information 42*, 293-338.

Etzkowitz H. (2008). "the Triple Helix: University-Industry-Government innovation in action". *London: Routledge.*

Farinha L. Ferreira J. & Gouveia B. (2014). "Networks of Innovation and Competitiveness: ATriple Helix Case Study". *J Knowl Econ*
.

Fitriati R. Rahmayanti K. P. & Salomo R. V. (2012). "Critical Review of Triple Helix to Quanto-Tuple Helix: Lesson Learned from Social Security System Act Implementation". *ScienceDirect. Procedia-Social and Behaviotral Sciences 52, 10th Triple Helix conference*, 217-225.

Foray D. (2004). "the Economics of Knowledge". *MIT Press, Cambridge, MA/London.*

Freeman C. (1974). "The economics of industrial innovation" . *London, Penguin Books.*

Freeman C. (1987). "Technology Policy and Economic Performance: Lessons from Japan". *Pinter, London.*

Freeman C. (1987). "Technology Policy and Economic Performance: Lessons from Japan". *Pinter, London.* .

Freeman C. (1988). "Japan: A new national innovation system?, in: Dosi G., Freeman C. Nelson R. R. Silverberg G. and Soete L. (Eds.) Technology and economy theory.". *Pinter London.*

Gibbons M. C. Limoges H. Nowotny S. Schwartzman P. Scott & Trow M. (1994). "The New Production of Knowledge : the Dynamics of Science and Research in Contemporary Societies". *London, Sage.*

Giddens A. (1984). "the Constitution of Society". *Cambridge Polity Press Oxford.*

Godin B. (2005). "The linear model of innovation: the historical construction of an analytical framework". *Institut National de la Recherche Scientifique. Montréal, Québec, Canada.*

Godin B. (2006). "The linear model of innovation: the historical construction of an analytical framework". *Sci Technol Hum Values 31*, 639–667.

Godin B. (2014). "Invention, diffusion and linear models of innovation: the contribution of anthropology to a conceptual framework". *J Innov Econ Manag 3*, 11–37.

Gu W. & Whewell L. (1999). "La recherche universitaire et la commercialisation de la propriété intellectuelle au Canada, Ottawa : Industrie Canada". *Document hors série no 21,*, 118 p.

Keller W. (2004). "International Technology Diffusion". *Journal of Econo,ic Litterature Vol XLII*, 752-782.

Kling S. Rosenberg G. (1986). "an overview of innovation, in: Landau R. Rosenberg N., the Positive Sum Strategiy: Harnessing technology for Economic Growth, Washington, DC,. *National Academic Press*, 275-305.

Kudryavtseva S. S. Shinkevich I. A. Pavlova V. A. Chudnovskiy D. A. Nikolayeva N. A. Garipova R. G. Doronina F. Kh. Ishmuradova I. I. (2016). " the Econometric Methods for Evaluating of Open National Innovation Systems". *International Journal of Economics and Financial Issues*, 2146-4138.

Lawton H. Smith & Leydesdorff L. (2004). "The Triple Helix in the context of global change: dynamics and challenges". *Prometheus 32(4)*, 321-336.

lengyel B. & Leydesdorff L. (2015). "The effects of FDI on Innovation Sytems in Hungarian Regions: Where is the Synergy Generated?". *Regional Statistics 5(1)*, No1: 3–24; DOI: 10.15196/RS05101.

Leydesdorff L. & Ivanova I. (2016). "Open innovation" and "triple helix" models of innovation: can synergy in innovation systems be measured? *journal of open innovation: Technology, Market, and Complexity*, DOI 10.1186/ s40852-016-0039-7.

Leydesdorff L. & Meyer M. (2006). "Triple Helix indicators of Knowledge-based innovation systems: introduction to the special issue". *forthcoming in Research Policy Vol. 35.*

Leydesdorff L. & Sun Y. (2009). "National and International Dimensions of the Triple Helix in Japan: University-Industry-Gorvenment versus International co-Authorship relations". *Journal of the American Society for Information Science and Technology 60(4)"*, 778-788.

Leydesdorff L. & Zawdie G. (2010). "The Triple Helix Perspective of Innovation Systems". *Technology Analysis & Strategic Management 22(7),*, 789-804.

Leydesdorff L. (2000). "A Triple Helix of University-Industry-Government Relations". *the Journal of Science & Health Policy, vol1, N0. 1.*

Leydesdorff L. (2001). "Knowledge-Based Innovation Systems and the Model of a Triple Helix of University-Industry-Government Relations". *Paper presented at the Conference "New Economic Windows: New Paradigms for the New Millennium""*, Salerno, Italy.

Leydesdorff L. (2006). *"The Knowledge-Based Economy and the Triple Helix Model".* Amsterdam: forthcoming in: Wilfred Dolfsma & Luc Soete (Eds.), Reading the Dynamics of a Knowledge Economy, Cheltenham: Edward Elgar, 2006, pp. 42-76.

Leydesdorff L. (2012). "The triple Helix, Quadruple Helix, ..., and an N-uple of helices: Explanatory Models for Analyzing the knowledge-based Economy?". *Journal of the Knowledge Economy 3(1)*, 25-35.

Leydesdorff L. (2013). "The Triple Helix of University-Industry-Government Relations". *Encyclopedia of Creativity, Innovation, and Entrepreneurship, New-York: Springer*, pp. 1844-1851.

Luhman N. (1996). "Social Systems". *trans Bednarz J. and Baeker D. Stanford C A: Stanford University Press.*

Lundvall B. A. (1988). "Innovation as an interactive process: From user-producer interaction to the National Innovation System. in Dosi G. Freeman C. Nelson R. R. Silverberg G. and Soete

L.Technology and Economic theory.". *London, Printer Publisher.*

Lundvall B. Å. (1992). National Systems of Innovation. *London, Pinter.*

Marx K. (1977). Le Capital, Paris, ed. sociales, trad. franc.

Maturana H. R. (1980). " Man and Society. In Benseler F. Hejl P. and Kock W. (eds) Auto-poietic Systems in the Social Sciences". *Campus Verlag. Frankfurt.*

Mêgnigbêto E. (2015). "Effect of international collaboration on knowledge flow within an innovation system: a Triple Helix approach". *Triple Helix, a SpringerOpen Journal.*

Mezouaghi M. (2002). "les approches du système national d'innovation: les économies semi-industrialisées". *Revue Tiers Monde 169,*, 189-212.

Nalebuff B. J. & Brandenburger A. M. (1997). "Co-operation: Competitive and Cooperative business strategies for the digital economy". *Strategy and Leadership Vol. 25 Issue: 6*, 28-33.

Nelson R. R. (1993). "National Innovation Systems : A comparative study". *New York, Oxford University Press.*

Peris-Ortiz M. Ferreira J. J. Farinha L. & Fernandes N. O. (2016). "Introduction to Multiple Helix Ecosystems for Sustainable Competitiveness". *in Multiple Helix Ecosystems for Sustainable Competitiveness*, 1-14.

Pitelis C. N. (2011). "the Competitive Advantage and Catching-Up of nations : A New Framework and the Role of FDI, Clusters and Policy". in Peter Nijkamp & Lulia Siedschlag (2011) : « Innovation, Growth and Competitiveness : Dynamic Regions in the Knowledge-Based World Economy ». *Springer Heidelberg Dordrecht London New York* ., 281-303.

Rogers E. M. & Pi-Chao C. (1980) "Diffusion of health and Birth Planning Innovations in the People's Republic of China", in George I. Lythscott and al (eds.), report of the Chinese Rural Health Delegation, Washington, D. C., U.S. Department of Health and Human Services, Fogerty Center for International Health, report. C(E).

Rogers E. M. (1962). *Diffusion of innovations (1st ed.).* New York: Free Press.

Rogers E. M. (2003). *Diffusion of innovations (5st ed.).* New York: Free Press.

Sábato J. (1975). "El pensamiento latinoamericano en la problemática ciencia–technología–desarrollo-dependencia". *Buenos Aires: Paidós.*

Schumpeter J. A. (1942). *Capitalism, Socialism and Democracy. Harper & Row,.* New York.

Schwab K. (2014). "The global competitiveness report 2014–2015". *World Economic Forum*, 1–549.

Shinnn T. (2002). " the Triple Helix and New Production of Knowledge: Prepackaged thinking on Science and Technology". *Social Studies of Science, Vol. 32, N04. Sage Publications, Ltd*, 599-614.

Simon H. A. (1969). "the Sciences of the Artificial.". *MIT Press, Cambridge, MA, first edition.*

Strand O. & Leydesdorff L. (2013). "Where may Synergy be Indicated in the Norwergian Innovation System? Triple Helix relations among Technology Organization and Geography". *Technology Forecasting and Social Change 80(3)*, 471-484.

Therrien A. (2005). "Valorisation de la recherche biomedicale et creation d'entreprises derivees a l'univrsite Laval. les enjeux, les dilemmes et les tensions decoulant de l'emergence d'un modele entrepreneurial dans la sphere universitaire".

Touna Mama (2021). Commerce international et planification du developpement dans pays sous-développés, *Cameroon Tribune*

Chapitre 13

Efficience des entreprises publiques des pays francophones d'Afrique Subsaharienne

Efficiency of public entreprises in French-speaking sub-saharan African countries

Gérard TCHOUASSI
tchouassigerard@yahoo.fr
Université de Yaoundé II
Cameroun

Résumé : *L'objectif de cette contribution est d'évaluer le niveau d'efficience des entreprises publiques dans les pays francophones d'Afrique subsaharienne. Pour atteindre cet objectif, nous avons utilisé les données de la banque mondiale (Entreprise Survey) issues d'une enquête réalisée auprès des entreprises de services et des industries manufacturières en 2016. En faisant recours à la méthode non-paramétrique (approche Data Envelopment Analysis), nous avons constaté que l'efficience moyenne des entreprises publiques a été de 4,8%, de 17,2% et de 23,4% suivants respectivement l'hypothèse CRS (rendements d'échelle constants), VRS (rendements d'échelle variables) et SE (scale efficient). Ainsi, les entreprises publiques d'Afrique francophone sont globalement inefficientes. Nous pouvons donc recommander aux autorités étatiques des pays francophones d'Afrique de nommer les membres du conseil d'administration de leurs entreprises publiques en fonction de leur mérite et non en fonction de leur appartenance politique, cela contribuerait fortement à rehausser les scores d'efficience de ces entreprises.*
Mots Clés : Entreprises publiques, Conseil d'administration, Scores d'efficience, Pays francophones, Modèle DEA,

Abstract: *The objective of this contribution is to measure the level of efficiency of public enterprises in francophone countries in sub-Saharan Africa. To achieve this objective, we used World Bank data (Enterprise Survey) from a survey of service enterprises and manufacturing industries in 2016. Using the non-parametric method (Data Envelopment Analysis approach), we found that the average efficiency of public enterprises was 4.8%, 17.2% and 23.4% respectively under the CRS (constant returns to scale), VRS (variable returns to scale) and SE (scale efficiency) assumptions. Thus, public enterprises in Francophone Africa are globally inefficient. We can therefore recommend to state authorities in francophone African countries to appoint board members of their public enterprises based on merit and not on political affiliation, which would greatly contribute to raising the efficiency scores of these enterprises.*

Keywords: *State-Owned Enterprises, Board members, Efficiency scores, francophone countries, DEA model.*

1. Introduction

Cette étude s'inscrit dans les domaines d'intérêt du Professeur **TOUNA MAMA**. Le Professeur Touna Mama (2008) dans ses nombreuses publications scientifiques et ses divers enseignements portant sur l'intervention de l'État reste fidèle aux travaux fondateurs de John Maynard Keynes. Il est aujourd'hui l'un des précurseurs de l'économie de développement. L'entreprise publique en tant qu'une organisation étatique dont l'État est l'actionnaire majoritaire connaît depuis plusieurs décennies des problèmes de gouvernance. Le mode d'administration des entreprises publiques continue de faire débat tant sur le plan théorique que sur le plan empirique. Depuis plusieurs décennies, l'importance du secteur public au service du développement économique (Kenny, 2019) reste incontestablement bien perçue en Afrique subsaharienne.

La gouvernance des entreprises publiques a fait l'objet de nombreuses investigations et controverses (Chareaux, 1997 : Rajib, 2016 ; Richmond, 2019). Dans beaucoup de pays au monde, les pratiques managériales des entreprises publiques continuent d'être malsaines (Peng et al, 2016 ; Pratuckchai et Patanapongse, 2012). Toute une partie de la science économique (Public Choice) est consacrée à la problématique des entreprises et autres institutions publiques. Les méthodes appropriées de gestion issues de cette branche permettent de promouvoir des entreprises publiques qui vivent des subventions publiques. La grande différence entre les entreprises publiques et privées réside dans le contrôle et la sanction. Les entreprises privées mal gouvernées sont sanctionnées par le marché et sur leurs bilans. Un mauvais management se traduit par une réduction du stock de richesse et la propriété de l'entreprise (Limbo, 2019). Il y a une sanction réelle. En effet, le gestionnaire a intérêt à tout mettre en œuvre pour réussir. Mais dans les entreprises publiques, le plus souvent, ceux qui décident sont très peu sanctionnés. Les entreprises publiques mettent en exergue un jeu multi-acteur : les gestionnaires, les décideurs, les membres du conseil d'administration, les partenaires, etc. L'interaction entre ces acteurs multiples a des effets diversifiés sur la rentabilité des entreprises publiques. La question de la rentabilité des entreprises publiques a fait récemment l'objet d'un débat dans les pays d'Afrique subsaharienne (Dewenter et Malatesta, 2001). La controverse habituelle concerne les critères de rendement communément appliqués aux entreprises privées. Ces critères peuvent-ils servir à une évaluation de l'efficience des entreprises étatiques ? Sinon, dans quelles conditions peuvent-ils atteindre leurs objectifs à un des coûts acceptables ? L'ajustement structurel des années 1980 a préconisé un changement du mode de régulation des entreprises publiques.

Plus de trente ans après les années Reagan-Thatcher, l'acception générale qui consistait à dire que le secteur privé est plus efficient que le secteur public, est remise en cause (Kim et Ali, 2017). Les résultats des recherches contemporaines sur les performances comparatives entre les entreprises publiques, les entreprises privées et les entreprises privatisées sont mitigés. En plus des résultats controversés, les conséquences des privatisations dans les pays d'Afrique subsaharienne et le développement des pays de l'Asie (Jefferson et Su, 2006) à partir des entreprises publiques, rendent difficile l'application des programmes de privatisations (Berthélemy et al, 2004 ; Estrin et al, 2009 ; Estrin et Pelletier 2018). La privatisation d'une entreprise publique consiste dans le transfert, au profit du secteur privé, du contrôle exercé par les pouvoirs publics sur ladite entreprise. Une telle opération est de nature à toucher une grande partie de l'activité des entreprises publiques. Dès lors, le caractère économique d'une activité reste une condition indispensable à l'identification d'une entreprise publique de services publics, agricoles industriels et commerciaux.

La privatisation emporte, par ailleurs, des effets multiplicateurs. Ce sont par exemple la soumission de l'entreprise privatisée aux mécanismes de marché, la maximisation des investissements des actionnaires, le recul de la réglementation étatique au profit d'instruments privés de régulation et de management. Couplé à d'autres évolutions (recours accru des pouvoirs publics aux structures sociétaires, multiplication des financements privés, ouverture généralisée à la concurrence), le phénomène des privatisations d'entreprises publiques pose le problème, en fin de compte politique, de l'opportunité de consacrer le marché comme principe directeur des systèmes juridiques étatiques. Même si plusieurs recherches (Killick, 1983 ; Sandbrook, 1988 ; Jeffery, 1994 ; Dewenter et Malatesta, 2001 ; Berthélemy et al, 2004 ; Estrin et al, 2009 ; Brandt et al, 2017 ; Limbo, 2019) se sont orientées sur l'étude la privatisation et de la performance des entreprises publiques en matière d'efficacité ou en matière d'efficience1], nous pouvons constater que ces travaux sont le plus souvent orientés vers les pays anglo-saxons en ignorant un peu la spécificité des pays francophones d'Afrique subsaharienne. Il devient donc intéressant de se poser la question : Quels sont les niveaux d'efficiences entreprises publiques dans les pays francophones d'Afrique subsaharienne ?

[1] L'efficacité se conçoit pour une entreprise comme la réalisation de ses missions, de ses objectifs et de ses visions. L'efficience s'entend pour l'entreprise comme l'utilisation optimale des ressources pour atteindre les résultats souhaités.

Pour répondre à cette question, nous nous fixons comme objectif d'évaluer niveau d'efficience d'entreprises publiques dans les pays francophones d'Afrique subsaharienne. Nous utilisons les données de la Banque Mondiale et la méthode DEA pour mesurer l'efficience de ces entreprises publiques. Le reste de cette contribution porte sur la revue de la littérature, la méthodologie utilisée, la présentation des résultats empiriques et la conclusion.

2. Revue de la littérature

Plusieurs travaux ont présenté le secteur public comme accélérateur du développement économique et social (Kenny, 2019 ; Quartey et Quartey, 2019). Cependant, les résultats de ce secteur dans de nombreux pays en développement ont été décevants (Dewenter et al., 2001). Cela est dû à la mauvaise performance financière de la plupart des entreprises publiques en raison du manque de compétences managériales et techniques, de la bureaucratie excessive, de la corruption et de l'endettement (Jeffery, 1994 ; Sandbrook, 1988 ; Killick, 1983).

Le terme entreprise publique fait référence à une entité économique détenue ou contrôlée totalement, majoritairement ou minoritairement par l'Etat (OCDE, 2005 ; Cui et Jiang, 2012; Musacchio et Lazzarini, 2012 ; Kim et Ali, 2017). Ces entreprises diffèrent des entreprises privées en ce que leur objectif n'est pas nécessairement la maximisation des bénéfices (Pratuckchai et Patanapongse, 2012 ; Klovienė et Gimžauskienė, 2014). Même si leur objectif principal est de maximiser le bien-être social (Whincop, 2005), les entreprises publiques doivent également refléter correctement la performance dans les rapports annuels. De nombreuses entreprises publiques ne sont pas réglementées, elles ont en général moins de discipline et de contrôle, ce qui conduit à un manque d'adéquation et de répartition des responsabilités (Moreno, 2016). Selon ce dernier auteur, ces entreprises bénéficient d'un accès privilégié aux garanties ou au crédit de l'Etat, à un financement à faible coût, voire nul.

La vision classique de l'entreprise publique s'articule généralement autour de sa performance (Cuervo-Cazurra et al., 2014). De ce fait, plusieurs théories sont utilisées pour modéliser la performance des entreprises publiques parmi lesquelles la théorie des droits de propriété, la théorie de choix public et la théorie d'efficience allocative.

Selon la théorie des droits de propriété, la propriété des entreprises publiques par l'Etat est considérée comme ayant un pouvoir explicatif sur son niveau d'efficience (Cheung, 1983 ; Grossman et Hart, 1986 ; North, 1990 ; Hart, 1995). En conséquence, on fait valoir qu'en raison de leur propriété et de leur contrôle, les entreprises publiques sont relativement peu efficientes que les entreprises privées (Limbo, 2019). Cela se justifie par le fait que les gestionnaires des entreprises publiques sont peu incités à maximiser les bénéfices étant donné qu'ils ne subissent pas les conséquences économiques de leurs décisions. Ainsi, en modifiant la structure des droits de propriété, cela améliorera les incitations à l'efficacité de la productivité car le changement de propriétaire est susceptible d'imposer la discipline des marchés de capitaux privés à l'entreprise (Quartey et Quartey, 2019).

Concernant la théorie de choix public, les politiciens et les fonctionnaires, en tant qu'agents à intérêt personnel, poursuivent des objectifs visant à maximiser les votes, le pouvoir et le prestige plutôt que des objectifs plus larges, tels que la maximisation de l'efficience interne des entreprises publiques pour le bien public (Jensen et Meckling, 1976 ; Fama et Jensen, 1983).

S'agissant de la théorie d'efficience allocative, les entreprises publiques ne peuvent pas allouer les ressources aussi efficacement que les sociétés privées. En effet, la plupart des entreprises publiques sont protégées de la concurrence car elles détiennent le monopole de la production de certains biens et services (Marsden et Belot, 1987). En conséquence, ces entreprises publiques protégées sont économiquement inefficaces et gaspillent des ressources (Quartey et Quartey, 2019).

Ces travaux théoriques ont été accompagnés par plusieurs autres travaux empiriques. Les résultats de ces travaux apparaissent quelque peu controversés. En effet, si Moreno (2016) estime qu'il n'existe aucune preuve empirique concluante montrant que les entreprises publiques sont plus ou moins efficaces que les entreprises privées, certains travaux estiment que les entreprises privées sont plus efficaces que les entreprises publiques (Par exemple Shirley et Walsh, 2001 ; Sokol, 2009 ; Brandt et al., 2012 ; Li, Lin et Selover 2014 ; Johansson et Feng, 2016 ; Wang et Shailer 2018 ; Harrison et Xiao, 2019 ; Richmond et al., 2019). Cependant d'autres travaux disent le contraire (Par exemple Brandt et al., 2017 ; Cheng et al., 2019).

Par exemple Cheng et al. (2019) en s'appuyant sur un échantillonnage aléatoire, des données longitudinales des entreprises manufacturières chinoises, fournissent une analyse complète des différences de productivité et des rendements financiers entre les entreprises publiques et les entreprises privées. Ils constatent que la productivité du travail et la productivité totale des facteurs des entreprises publiques sont nettement supérieures à celles des entreprises privées. De la même manière, Brandt et al. (2017) constatent que la productivité totale des facteurs augmente plus rapidement pour les entreprises publiques que pour les autres types d'entreprises.

Un meilleur capital humain, un grand pouvoir de marché et une meilleure gestion expliquent la forte productivité dans les entreprises publiques (Cheng et al., 2019). Au Pérou et au Chili, par exemple, les membres du conseil d'administration sont nommés en fonction de leur mérite et non en fonction de leur appartenance politique. Cela leur permet de prendre des décisions autonomes. Nelson et Nikolakis (2012) dans leur étude soutiennent qu'un conseil d'administration nommé de manière indépendante et doté d'une plus grande autonomie de gestion est chargé de réorienter leurs entreprises publiques respectives vers des intérêts commerciaux, ce qui conduit à une amélioration des performances à court et à long terme. Dans le même sens, Trebat (1983) trouve que l'efficacité financière et la croissance rapide d'une entreprise publique brésilienne, étaient largement dues à son autonomie par rapport au gouvernement fédéral. En effet, l'équipe de direction avait une expérience considérable dans l'entreprise, elle n'était pas nommée par le gouvernement et ses incitations étaient basées sur les résultats, avec des salaires comparables à ceux des entreprises du secteur privé (Trebat, 1983).

Cependant, si d'autres auteurs, par exemple Hsieh et Song (2015) constatent que les entreprises publiques, en particulier les grandes, ont une productivité du travail similaire à celle de l'entreprise privée, la majorité des recherches suggèrent que le taux de croissance de la productivité et de la rentabilité des entreprises publiques sont significativement plus faibles que celles des autres entreprises. La commission européenne centre son étude sur le secteur manufacturier et constate que les entreprises publiques dans huit pays de l'Union Européenne ont considérablement des performances faibles par rapport à leurs homologues privés. De la même manière Cheng et al. (2019) accordent leur étude sur le rendement financier et constatent que le retour sur actifs et le retour sur fonds propres sont nettement faibles pour les entreprises publiques que pour les entreprises privées.

L'argument justificatif de cette faible performance repose sur le conseil d'administration. En effet, contrairement aux entreprises privées, les entreprises publiques sont susceptibles d'avoir des membres du conseil d'administration du parti politique au pouvoir ou du gouvernement qui sont difficiles à être remplacés. Cela, associé à une probabilité plus faible de faillite de nombreuses entreprises publiques, réduit les incitations pour les membres du conseil d'administration à contenir les coûts et à améliorer les performances grâce à la concurrence (Kim et Ali, 2017). En plus, une large partie des membres du conseil d'administration pourraient exploiter les entreprises publiques à des fins personnelles tout en compromettant leur efficience (Robinett, 2006).

Dans ces recherches, un certain nombre de mesures correctives ont été identifiées. Parmi elles figure en première loge la privatisation (Shirley, 1999 ; Maskin, 2000 ; Jefferson et Su, 2006; Sharma et Lawrence, 2015 ; Peng et al., 2016 ; Rajib et al., 2016). La privatisation est la transformation des entreprises publiques en entreprises parapubliques ou privées (Limbo, 2019). Elle est devenue un moyen attractif pour aider à faire face aux déficits budgétaires, dont une grande partie provient du soutien de l'État aux entreprises publiques défaillantes (Agenor et Montiel, 2015 ; Quartey et Quartey, 2019). Megginson et al. (2000) font partie de ceux qui croient à une amélioration des performances après la privatisation. Cependant, d'autres ont trouvé des résultats mitigés à la fois sur la performance financière (Estrin et al., 2009), sur l'emploi et sur les salaires (Gupta et al., 2001), conduisant à des travaux connexes qui cherchent à identifier les conditions institutionnelles et réglementaires pour une privatisation réussie (Shirley, 1999 ; Estrin et Pelletier, 2018).

En Afrique subsaharienne, Berthélémy et al. (2004) nous enseignent que les entreprises publiques se caractérisaient par une sous-capitalisation, un endettement élevé, des effectifs pléthoriques et des inefficiences. Ces facteurs les empêchent de dégager des bénéfices et ont compromis la viabilité de la plupart d'entre elles. Elles pèsent par ailleurs lourdement sur un budget public déjà limité, du fait des subventions versées et des impôts non acquittés. Ainsi, selon ces derniers auteurs, la plupart d'entre elles affichent une faible productivité et sont incapables de résister à la concurrence internationale.

3. Méthodologie

La mesure moderne de l'efficience commence avec Farrell (1957). Il s'inspire des travaux de Debreu (1951) et Koopmans (1951). L'auteur établit que l'efficience d'une entreprise se mesure à partir de deux composantes l'efficience technique et l'efficience allocative. L'efficience technique traduit la capacité d'une entreprise à obtenir une production maximale à partir d'un ensemble donné d'intrants. L'efficience allocative explique la capacité d'une entreprise à utiliser les intrants dans les proportions optimales, compte tenu de leurs prix respectifs. Ces deux mesures sont ensuite combinées pour fournir une mesure de l'efficience économique totale. Nous allons nous intéresser uniquement à l'efficience technique pour cette contribution.

Plusieurs méthodes sont souvent utilisées dans la littérature pour évaluer l'efficience des entreprises tant publiques que privées. Parmi ces méthodes nous citons la méthode non paramétrique (Charnes et al., 1985) et la méthode paramétrique (Aigneret al., 1977). La méthode non paramétrique encore appelée approche DEA (Data Envelopment Analysis) implique une programmation mathématique alors que la méthode paramétrique encore appelée approche des frontières stochastiques implique des outils économétriques. Pour cette contribution nous utilisons l'approche DEA, conçue par Charnes, Cooper et Rhodes (1978).

Charnes, Cooper et Rhodes (1978) proposent un modèle orienté vers les inputs. Ce modèle suppose des rendements d'échelle constants (CRS). Des auteurs ultérieurs à l'instar de Banker, Charnes et Cooper (1984) adoptent un modèle de rendements d'échelle variables (VRS). L'utilisation de CRS n'est appropriée que si l'entreprise publique fonctionne à une échelle optimale. Cependant, l'utilisation du VRS permet non seulement d'aboutir au niveau d'efficience technique du VRS mais aussi au niveau d'efficience technique de CRS et au niveau de l'échelle efficient (SE, scale efficient).

En conséquence, cette contribution utilise l'hypothèse VRS. Ainsi, ces mesures d'efficience sont toujours possibles selon que l'on choisit l'orientation outputs (maximisation de l'output pour un niveau d'input fixé) ou l'orientation inputs (minimisation de l'input pour un niveau d'output fixé). Avec CRS les deux mesures d'efficience sont équivalentes (mesurées sur le même rayon d'expansion) cependant avec VRS les résultats sont différents selon l'orientation choisie. Pour cette recherche, nous avons choisi une orientation output.

Le modèle DEA considère les données sur m entrées et s sorties pour chacune des n entreprises publiques. Pour la $i^{ème}$ entreprise publique, les données sur les entrées et les sorties sont représentées par le couple x_i et y_i respectivement. Soit X la matrice $m \times n$ des quantités d'entrées et Y la matrice $s \times n$ des quantités de sorties pour l'ensemble des n entreprises publiques de l'échantillon, le modèle orienté vers l'output utilisé pour le calcul de l'efficience technique est :

$$\text{Maximize}_{\theta,\lambda}\theta$$

$$\text{S/C} :-\theta y_i + Y\lambda \geq 0$$

$$x_i - X\lambda \geq 0$$

$$\lambda \geq 0$$

(1)

Où θ est un scalaire et λ est un vecteur $n \times 1$ de constante appelé multiplicateur. La valeur de θ obtenue est le score d'efficience technique pour la $i^{ème}$ entreprise publique. L'inverse de cette valeur est égal à la valeur de la fonction de distance :

$$D_0(x,y)=1/\theta. \quad (2)$$

L'entreprise publique pour laquelle $\theta = 1$ implique que la valeur de la fonction distance est égale à l'unité donc le chiffre d'affaires est optimal. Cependant, l'entreprise publique pour laquelle $\theta < 1$ est peu efficient, c'est-à-dire que le chiffre d'affaires réel est inférieur au chiffre d'affaires optimal.

Concernant la source des données, notre étude s'appuie sur des informations secondaires issues de l'enquête de la banque mondiale en 2016. En effet, depuis les années 1990, une enquête appelée « *entreprise survey* » est menée par les équipes de la Banque mondiale auprès d'un échantillon représentatif des entreprises. En 2016, neuf pays d'Afrique subsaharienne ont participé à l'enquête. Parmi ces pays nous nous intéressons uniquement aux pays francophones. Il s'agit plus précisément des pays suivants : Togo, Mali, Guinée, Côte d'ivoire, Cameroun et Benin. Dans ces six pays francophones, trente-cinq entreprises publiques ou parapubliques ont été enquêtées soit en moyenne près de six entreprises par pays.

Dans cette base de données, l'unique variable d'output ou de sortie (matrice Y) pouvant permettre de mesurer le niveau d'efficience de ces entreprises publiques est le chiffre d'affaires. En effet, la particularité des entreprises publiques de cet échantillon est qu'elles réalisent un chiffre d'affaires compris entre 5.000.000.000 F CFA et 100.000.000.000 F CFA. L'entreprise publique la moins adaptée réalise un chiffre d'affaires annuel de 17.000.000 F CFA, l'entreprise publique la plus ajustée accomplit un chiffre d'affaires annuel de 73.000.000.000 F CFA. Aussi, le chiffre d'affaires annuel moyen pour toutes ces entreprises publiques est de 10.400.000.000 F CFA.

Nous avons pour cette contribution choisie comme variable d'input ou d'entrée (matrice X) l'ensemble de coûts annuels de l'entreprise (coût de main d'œuvre, coût d'électricité et coût de matière première si l'entreprise est industrielle). Ainsi, d'un côté le niveau de coût annuel le plus faible pour les entreprises de notre échantillon s'élève à 7.300.000 F CFA. De l'autre côté, le niveau de coût annuel le plus élevé pour les entreprises de notre échantillon s'élève à 12.000.000.000 FCFA. De même le coût annuel moyen des entreprises de notre échantillon s'élève à 1.650.000.000 FCFA.

4. Présentation et analyse des résultats empiriques

Nous utilisons le logiciel DEAP 2.1 de Coelli et Perelman (1999) pour obtenir les scores d'efficience contenus dans le tableau ci-dessous. La lecture de ce tableau nous permet de constater que suivant l'hypothèse CRS pour les trente-cinq entreprises publiques de notre échantillon, le score moyen d'efficience est seulement de 4,8%. Cela signifie en quelque sorte qu'une utilisation efficiente des inputs pourrait permettre d'augmenter jusqu'à 96% le chiffre d'affaires de ces entreprises. Toujours suivant cette hypothèse, le score d'efficience plus faible est de 0%. Cela signifie que l'entreprise publique la moins efficiente pourrait augmenter jusqu'à 100% son chiffre d'affaires et garder le même niveau de coût. Seulement 2,86% d'entreprises publiques de notre échantillon ont un score d'efficiente de 100%. Cela signifie que seulement 2,86% d'entreprises des pays francophones d'Afrique subsaharienne atteignent un niveau d'efficience technique complet. Autrement dit, ces entreprises ont obtenu un chiffre d'affaires dans des proportions optimales. En outre, 94,28% d'entreprises publiques de notre échantillon ont un niveau d'efficience d'au plus 20%. Ainsi, suivant cette hypothèse, les entreprises publiques en Afrique francophone sont peu efficientes.

Tableau 1 : *Scores d'efficience des entreprises publiques*

Efficacité (%)	Fréquence			Fréquence cumulée		
	CRS	**VRS**	**Scale**	**CRS**	**VRS**	**Scale**
Au plus 20	94,28	74,29	71,42	94,28	74,29	71,42
21-30	0	5,71	2,86	94,28	80,00	74,28
31-40	0	2,86	2,86	94,28	82,86	77,14
41-50	2,86	5,71	0	97,14	88,57	77,14
51-60	0	2,86	5,71	97,14	91,43	82,85
61-70	0	0	2,86	97,14	91,43	85,71
71-80	0	0	2,86	97,14	91,43	88,57
81-90	0	2,86	2,86	97,14	94,29	91,43
91-99	0	0	5,71	97,14	94,29	97,14
100	2,86	5,71	2,86	100	100	100
Total	100	100	100			
moyenne	0,048	0,172	0,234			
Minimum	0,000	0,000	0,002			
Maximum	100	100	100			

Source : Construction de l'Auteur.

L'hypothèse VRS permet de calculer l'efficience technique sans tenir compte de la taille sous-optimale ou optimale de l'entreprise publique. Sous cette hypothèse, les résultats indiquent que les scores d'efficience technique se situent entre 0 et 100%. Sous cette hypothèse, seules 5,71% d'entreprises publiques accèdent un niveau d'efficience technique complet. C'est-à-dire ces entreprises publiques obtiennent un chiffre d'affaires dans des proportions optimales. Ces résultats montrent également que le score moyen d'efficience technique est de 17,2%. Ainsi, en moyenne une entreprise publique peut augmenter son chiffre d'affaires jusqu'à 82,8% en maintenant le même niveau de coûts.

Malgré le fait que 5,71% des entreprises publiques de notre modèle ont un niveau d'efficience technique complet, à peu près 74,29% d'entreprises publiques de cet échantillon ont un niveau d'efficience technique d'au plus 20%. On peut donc affirmer que sous l'hypothèse VRS, les entreprises publiques des pays francophones d'Afrique sont pour la plupart peu efficientes.

L'hypothèse Scale permet d'évaluer les gains d'efficience par une augmentation ou une diminution de la taille de l'entreprise publique. Sachant que :

$$\text{Scale efficiency} = \text{CRS efficiency} / \text{VRS efficiency} \quad (3)$$

La lecture des résultats relatifs à cette hypothèse permet de constater que le score moyen d'efficacité technique est de 23,4%. En effet, 71,42% d'entreprises publiques de notre échantillon ont un score d'efficacité d'échelle d'au-plus 20% donc inférieur à la moyenne. Ainsi, la proportion d'efficience d'échelle insuffisante est donc très élevée dans les entreprises publiques des pays francophones d'Afrique subsaharienne. Ainsi, les entreprises publiques doivent augmenter la taille de leurs activités pour être en mesure d'atteindre un niveau de chiffre d'affaires attendu.

Ainsi, que ce soit suivant l'hypothèse CRS ou suivant l'hypothèse VRS ou encore suivant l'hypothèse SE (scale efficiency), les niveaux d'efficience des entreprises publiques des pays francophones d'Afrique subsaharienne sont pour la plupart très faibles. Ce résultat corrobore avec certains travaux comme ceux de Cheng et al. (2019). Ce résultat indique que comparées aux entreprises privées, les entreprises publiques sont faiblement efficientes en termes de rentabilité et de retour sur les actifs. Cependant, les mêmes auteurs constatent que la productivité du travail et la productivité totale des facteurs des entreprises publiques sont nettement supérieures à celles des entreprises privées.

Aujourd'hui dans la majorité de ces pays francophones d'Afrique subsaharienne de notre échantillon, les entreprises publiques sont assujetties, au même titre que les entreprises privées. Elles ont l'obligation de produire des audits externes par des commissaires aux comptes agréés. Au-delà de la recherche de la rentabilité donc de l'efficience, la nouvelle orientation générale impose aux entreprises publiques l'atteinte des missions fixées et le respect de l'orthodoxie dans la gestion. Ces organisations étatiques ne devraient plus être « des vaches à lait » ou « des sanctuaires » de pratiques peu orthodoxes. Elles devraient produire davantage, réaliser un chiffre d'affaires conséquent et créer de la richesse et plus d'emplois dans leurs branches d'activité respectives.

Si les missions dévolues à ces entreprises sont clairement définies, on devrait leur fixer des objectifs annuels, avec des résultats bien précis. Nous nous souvenons à la période des privatisations les pouvoirs publics avaient instauré « les contrats de performance » dont la suite reste inconnue du grand public à ce jour. Cette efficience devrait être fixée sur la base des indicateurs qui aboutissent aux résultats attendus. Pour y parvenir, les mauvaises pratiques observées au niveau de la gouvernance sont à proscrire. Il est attendu la fin de la collaboration parfois incestueuse entre les multiples acteurs (la tutelle, le Conseil d'administration et la direction générale) qui permettait une certaine immixtion intempestive dans la gestion financière de l'entreprise publique.

Si certaines entreprises publiques des pays francophones d'Afrique subsaharienne ont fonctionné jusque-là comme des boulets pour les économies nationales, elles sont appelées à appliquer avec rigueur toutes les lois et dispositions réglementaires organisant leur fonctionnement. Afin qu'elles deviennent viables et jouent le rôle qui leur est dévolu. C'est-à-dire des entreprises publiques citoyennes, qui contribuent effectivement à l'essor économique, à la croissance et à l'émergence des pays francophones d'Afrique subsaharienne.

5. Conclusion

Notre contribution s'est penchée sur l'évaluation du niveau d'efficience des entreprises publiques en Afrique francophone. Nous avons constaté en revisitant la littérature qu'au moins trois théories (théorie des droits de propriété, théorie de choix public et théorie d'efficience allocative) ont été utilisées pour modéliser la performance des entreprises publiques. Sur la base de ces travaux théoriques, plusieurs recherches empiriques sont menées et des résultats peu innovateurs et controversés.

Nous avons utilisé les données de la banque mondiale (Entreprise Survey) issues d'une enquête réalisée auprès des entreprises de services et des industries manufacturières en 2016. Nous avons par la suite fait appel à la méthode non-paramétrique (approche Data Envelopment Analysis) pour évaluer les scores d'efficience technique des entreprises publiques de six pays francophones d'Afrique francophone.

Les résultats empiriques obtenus montrent que l'efficience moyenne des entreprises publiques est de 4,8%, de 17,2% et de 23,4% respectivement sous l'hypothèse CRS, VRS et scale. Ainsi, en moyenne une entreprise publique peut augmenter son chiffre d'affaires de 95,8% (l'hypothèse CRS) et de 82,8% (l'hypothèse VRS) tout en maintenant le même niveau de coût. En outre, en moyenne une entreprise publique peut également augmenter son chiffre d'affaires de 76,6% avec une utilisation optimale de sa taille. Ainsi, les entreprises publiques des pays francophones d'Afrique subsaharienne sont globalement peu efficientes. Etant donné que la plupart de ces entreprises ont été partiellement privatisées dans les années où les programmes d'ajustement structurel étaient imposés aux États africains, il est donc évident que cette privatisation n'a pas contribué à rendre ces entreprises efficientes.

Nous recommandons aux autorités étatiques des pays francophones d'Afrique de prescrire l'amélioration des rendements des entreprises publiques par l'augmentation des scores d'efficience. Nous pouvons aussi recommander autre chose que la privatisation. Par exemple, les autorités étatiques des pays francophones d'Afrique devraient nommer les membres du conseil d'administration des entreprises publiques en fonction de leur mérite, leur qualification et non en fonction de leur appartenance socio-politique. Cela contribuerait fortement à minimiser les coûts (les inputs) et à accroitre le chiffre d'affaires (les outputs) afin de rehausser significativement les scores d'efficience de ces entreprises publiques.

Références bibliographiques

Agenor,P. R. et Montiel, P.J. (2015) *Development Macroeconomics : Fourth Edition*, REV- Revised, 4 ed., Princeton University Press, 792p.

Aigner, J. et Cain, G. (1977) 'Industrial and Labor Relations Review', *Industrial and Labor Relations Review*, 30, 175-187

Banker, R. D., Charnes, A. et Cooper, W. W. (1984) 'Some Models for Estimating Technical and Scale Inefficiencies in Data Envelopment Analysis', *Management science*, 30, 1078–1092.

Berthélemy, J.-C., Kauffmann, C., Valfort, M.-A. et Wegner, L. (2004) 'Privatisation in Sub-Saharan Africa', *Development Centre Studies, OECD, Paris*.

Brandt, L., Van Biesebroeck, J., Wang, L. et Zhang, Y. (2017) 'WTO Accession and Performance of Chinese Manufacturing Firms', *American Economic Review*, 107, 2784–2820.

Brandt, L., Van Biesebroeck, J. et Zhang, Y. (2012) 'Creative Accounting or Creative Destruction? Firm-Level Productivity Growth in Chinese Manufacturing', *Journal of development economics*, 97, 339–351.

Chareaux, G. (1997) *Le gouvernement des entreprises*, Economica, Paris, 540p.

Charnes, A., Cooper, W. W., Golany, B., Seiford, L. et Stutz, J. (1985) *Foundations of Data Envelopment Analysis for Pareto-Koopmans Efficient Empirical Productions Functions.*, texas univ at austin center for cybernetic studies.

Charnes, A., Cooper, William W. et Rhodes, E. (1978) 'Measuring the Efficiency of Decision Making Units', *European journal of operational research*, 2, 429–444.

Chen, H., Li, R. et Tillmann, P. (2019) 'Pushing on a String: State-Owned Enterprises and Monetary Policy Transmission in China', *China Economic Review*, 54, 26–40.

Cheung, S. N. (1983) 'The Contractual Nature of the Firm', *The Journal of Law and Economics*, 26, 1–21.

Coelli T. et Perelman S., (1999), "A comparizon of parametric and non-parametric distance functions : with application to European railways" European Journal of Operational Research; vol.117, Num2, 326-339.

Cuervo-Cazurra, A., Inkpen, A., Musacchio, A. et Ramaswamy, K. (2014) *Governments as Owners: State-Owned Multinational Companies*, Springer.

Cui, L. et Jiang, F. (2012) 'State Ownership Effect on Firms' FDI Ownership Decisions under Institutional Pressure: A Study of Chinese Outward-Investing Firms', *Journal of international business studies*, 43, 264–284.

Debreu, G. (1951) 'The Coefficient of Resource Utilization', *Econometrica: Journal of the Econometric Society*, 273–292.

Dewenter, K. L. et Malatesta, P. H. (2001) 'State-Owned and Privately Owned Firms: An Empirical Analysis of Profitability, Leverage, and Labor Intensity', *American Economic Review*, 91, 320–334.

Estrin, S., Hanousek, J., Kocenda, E. et Svejnar, J. (2009) 'The Effects of Privatization and Ownership in Transition Economies', *Journal of Economic Literature*, 47, 699–728.

Estrin, S. et Pelletier, A. (2018) 'Privatization in Developing Countries: What Are the Lessons of Recent Experience?', *The World Bank Research Observer*, 33, 65–102.

Fama, E. F. et Jensen, M. C. (1983) 'Agency Problems and Residual Claims', *The journal of law and Economics*, 26, 327–349.

Farrell, M. J. (1957) 'The Measurement of Productive Efficiency', *Journal of the Royal Statistical Society: Series A (General)*, 120, 253–281.

Grossman, S. J. et Hart, O. D. (1986) 'The Costs and Benefits of Ownership: A Theory of Vertical and Lateral Integration', *Journal of political economy*, 94, 691–719.

Gupta, N., Ham, J. C. et Svejnar, J. (2008) 'Priorities and Sequencing in Privatization: Theory and Evidence from the Czech Republic', *European Economic Review,* 52, 183-208

Harrison, M. et Xiao, G. (2019) 'China and Special Drawing Rights—Towards a Better International Monetary System', *Journal of Risk and Financial Management*, 12, 60.

Hart, O. (1995) *Firms, Contracts, and Financial Structure*, Clarendon press.

Hsieh, C. T. et Song, Z. (2015) "Grasp the Large, Let Go of the Small: The Transformation of the State Sector in China"; Brookings Papers on Economic Activity, vol 2015(1), 295-366.

Jefferson, G. H. et Su, J. (2006) 'Privatization and Restructuring in China: Evidence from Shareholding Ownership, 1995–2001', *Journal of Comparative Economics*, 34, 146–166.

Jeffery, J. (1994) 'Privatization in England and Wales', *Journal-American Water Works Association*, 86, 64–68.

Jensen, M. C. et Meckling, W. H. (1976) 'Agency Costs and the Theory of the Firm', *Journal of financial economics*, 3, 305–360.

Johansson, A. C. et Feng, X. (2016) 'The State Advances, the Private Sector Retreats? Firm Effects of China's Great Stimulus Programme', *Cambridge Journal of Economics*, 40, 1635–1668.

Kenny, S. (2019) 'The Role of Public Sector Enterprise on Economic Development: A Case Study Of The Nigerian Power Sector (1981-2015).'

Killick, T. (1983) 'Development Planning in Africa: Experiences, Weaknesses and Prescriptions', *Development Policy Review*, 1, 47–76.

Kim, C. J. et Ali, Z. (2017) 'Efficient Management of State-Owned Enterprises: Challenges and Opportunities', *Asian Development Bank Institute,* 4, 1-7

Klovienė, R. et Gimžauskienė, E. (2014) 'Performance Measurement Model Formation in State-Owned Enterprises', *Procedia-Social and Behavioral Sciences*, 156, 594–598.

Koopmans, T. C. (1951) 'An Analysis of Production as an Efficient Combination of Activities', *Activity analysis of production and allocation.*

Li, S., Lin, Y. C. et Selover, D. D. (2014) 'Chinese State-Owned Enterprises: Are They Inefficient?', *chinese economy*, 47, 81–115.

Limbo, C. M. (2019) 'An Analysis of the Performance of State-Owned Enterprises in Namibia: Case Studies in the Transport Sector'.

Marsden, K. et Belot, T. (1987) 'Creating a Better Environment for Private Enterprise in Africa', *Studia Diplomatica*, 181–188.

Maskin, E. S. (2000) 'Auctions, Development, and Privatization: Efficient Auctions with Liquidity-Constrained Buyers', *European Economic Review*, 44, 667–681.

Megginson, N. et Nash, R. C. (n.d.) 'Van Randenborgh [1994]: The Financial and Operating Performance of Newly Privatized Firms: An International Empirical Analysis', *The Journal of Finance*, 49, 2.

Megginson, W. L., Nash, R. C., Netter, J. M. et Schwartz, A. L. (2000) 'The Long-Run Return to Investors in Share Issue Privatization', *Financial management*, 67–77.

Moreno de Acevedo Sánchez, E. (2016) 'State-Owned Enterprise Management: Advantages of Centralized Models', *Washington DC: Inter-American Development Bank.*

Musacchio, A. et Lazzarini, S. G. (2012) 'Leviathan in Business: Varieties of State Capitalism and Their Implications for Economic Performance', *Available at SSRN 2070942.*

Nelson, H. W. et Nikolakis, W. (2012) 'How Does Corporatization Improve the Performance of Government Agencies? Lessons from the Restructuring of State-Owned Forest Agencies in Australia', *International Public Management Journal*, 15, 364–391.

North, D. C. (1990) 'A Transaction Cost Theory of Politics', *Journal of theoretical politics*, 2, 355–367.

OCDE, E. (2005) *La Mesure Des Activités Scientifiques et Technologiques, Manuel d'Oslo, Principes Directeurs Pour Le Recueil et l'interprétation Des Données Sur l'innovation*, Éditions OCDE.

Peng, M. W., Bruton, G. D., Stan, C. V. et Huang, Y. (2016) 'Theories of the State-Owned Firm', *Asia Pacific Journal of Management*, 33, 293–317.

Pratuckchai, W. et Patanapongse, W. (2012) 'The Study of Management Control Systems in State Owned Enterprises: A Proposed Conceptual Framework', *International Journal of Organizational Innovation*, 5, 83–115.

Quartey, J. D. et Quartey, J. A. (2019) 'Towards Survival of State Owned Enterprises in Sub-saharan Africa: do Fiscal Benefits Matter?', *International Journal of Economics, Commerce and Management,* 5, 207-234

Rajib, S. U., Kumara, E. S. et Fan, L. (2016) 'Investigating the Failure of State Owned Enterprises (SOEs) of an Emerging Economy: A Comparative Case Study', *Studies in Business and Economics*, 11, 115–129.

Richmond, R. H., Golbuu, Y. et Shelton III, A. J. (2019) 'Successful Management of Coral Reef-Watershed Networks'. In *Coasts and Estuaries*, Elsevier, pp. 445–459.

Robinett, R.W., (2006) *Quantum Mechanics: Classical results, moderns systems and visualized examples,* Second Edition, Oxford University Press, 580p.

Sandbrook, R. (1988) 'Liberal Democracy in Africa: A Socialist-Revisionist Perspective', *Canadian Journal of African Studies/La Revue canadienne des études africaines*, 22, 240–267.

Sharma, U. et Lawrence, S. (2015) 'Power, Politics and Privatization: A Tale of a Telecommunications Company', *Critical perspectives on accounting*, 28, 13–29.

Shirley, M. M. (1999) 'Bureaucrats in Business: The Roles of Privatization versus Corporatization in State-Owned Enterprise Reform', *World Development*, 27, 115–136.

Shirley, M. et Walsh, P. (2001) 'Public vs. Private Ownership', *World Bank Policy Research Working Paper No*, 2420.

Sokol, D. D. (2009) 'Competition Policy and Comparative Corporate Governance of State-Owned Enterprises', *BYU L. Rev.*, 1713.

Touna Mama E. (2008) *L'économie camerounaise : pour un nouveau départ*, Yaoundé, Edition Afrédit, 472p.

Trebat, T.J. (1983) *Brazil's State-owned enterprises: A case study of thee state as entrepreneur;* Cambridge, Cambridge University Press, 287p.

Wang, K. T. and Shailer, G. (2018) 'Does Ownership Identity Matter? A Meta-Analysis of Research on Firm Financial Performance in Relation to Government versus Private Ownership', *Abacus*, 54, 1–35.

Whincop, M. (2005) 'Corporate Governance in Government Corporations (Law, Ethics and Governance)', *Hampshire: Ashgate Publishing.*

CONCLUSION DE LA DEUXIEME PARTIE

L'objectif de cette partie était de présenter l'analyse économique de l'endettement et les stratégies de développement adoptées dans les PED à la lumière de la vision de **TOUNA MAMA** sur la synthèse entre l'économie du développement et la théorie keynésienne. Cette partie retrace ainsi à travers plusieurs chapitres, les préoccupations de gouvernance publique à travers la question de l'endettement. Celle-ci influence en effet le rôle et la responsabilité de l'Etat dans l'économie. Du fait de l'endettement, de nombreux PED se sont vus imposer des politiques d'ajustement structurel qui ont été un échec notamment dans les pays africains. Les programmes d'ajustement structurel successifs ont donné lieu selon **TOUNA MAMA** à la baisse drastique de la demande avec pour conséquence l'accentuation de la pauvreté dans ces pays.

A travers l'analyse économique des stratégies de développement jadis mises en œuvre dans les PED, cette partie met également en lumière « la crise de l'économie du développement » observée par **TOUNA MAMA**. En effet, à l'instar de **TOUNA MAMA**, les auteurs ressortent les limites des paradigmes hétérodoxes du point de vue de la pensée économique et des paradigmes orthodoxes qui font dépendre le développement de l'accumulation du capital humain et de l'ouverture au marché mondial. Au terme de ces différentes analyses, le nouveau paradigme émergent appelle à la redéfinition des rôles respectifs de l'Etat, du marché et des Organismes Non Gouvernementaux. S'inspirant de Philippe Hugon, **TOUNA MAMA** suggère la revisitation de la conception du rôle de l'Etat, la démystification du rôle du marché et la reconsidération des liens entre le libéralisme économique et le libéralisme politique comme éléments constitutifs de la nouvelle économie du développement. Il invite, à cet effet à moins de dogmatisme et à plus de pragmatisme en économie du développement.

TROISIEME PARTIE

HISTOIRE ECONOMIQUE ET INSTITUTIONS

INTRODUCTION DE LA TROISIEME PARTIE

Après avoir analysé la place de l'économie du développement dans la pensée Tounamamienne, cette troisième partie se charge de baliser les contours théoriques et empiriques de l'histoire économique et des institutions. Dans son cours d'histoire de la pensée économique, dispensé en deuxième année de licence à l'Université de Yaoundé II de 1986 à 2005, **TOUNA MAMA** enseignait que l'histoire économique EST comme une discipline de la recherche historique qui étudie les économies ou les phénomènes économiques du passé. Elle met donc l'accent sur l'historicisation de l'économie elle-même, en l'analysant en tant que force dynamique et en tentant de fournir des indications sur la manière dont elle est structurée et conçue. Par conséquent, l'histoire économique combine à la fois des méthodes de recherche propres à l'historien et d'autres purement économiques. Toutefois, il s'agit d'un domaine qui peut englober une grande variété de sujets.

Adepte des recommandations de politiques économiques prônant l'amélioration de la qualité des institutions, tout comme Grief (2000) et Dixit (2004), **TOUNA MAMA** croit que les institutions s'apparentent à une structure de caractéristique sociétale pouvant prendre la forme d'organisation, de codes, de croyances et de critères qui dirigent, habilitent et restreignent les activités des personnes. Bien que la littérature fait état de plusieurs facettes des institutions, il en existe deux grands groupes au rang : les institutions informelles et les institutions formelles. Toutefois, en économie selon North (1990), l'accent est clairement mis sur les institutions formelles parce qu'elles sont un facteur modérateur clé dans toutes les interactions entre les différents agents économiques tels que les entreprises, les individus ou les gouvernements.

En essayant donc d'expliquer la structure actuelle des économies par les faits historiques et la qualité des institutions, cette partie est organisée autour de six chapitres. Le premier porte sur l'analyse de la relation qui associe l'âge de l'Etat et la taille du secteur informel. Le second quant à lui fait ressortir le rôle que jouent les valeurs éthiques et spirituelles dans l'amélioration de l'efficacité des administrations publiques. Le troisième chapitre examine le lien qui associe l'affiliation religieuse à la performance scolaire. Le quatrième chapitre explore les fondements institutionnels de la compétitivité hors prix des économies africaines. Le cinquième chapitre porte sur une approche narrative des nouveaux modèles DSGE keynésiens en matière de modélisation de la politique monétaire en Afrique. Le sixiième chapitre enfin analyse l'incidence du secteur informel sur les coûts liés à la résolution des crises financières.

Chapitre 14

State History and Informal Sector Size: Evidence from a Global Sample of 127 Countries

Histoire de l'Etat et taille du secteur informel : evidence dans un échantillon mondial de 127 pays

Henri ANTAGANA ONDOA
atanganaondoa@yahoo.fr
Université de Yaoundé II
Cameroun

Arthur Mveng SEABROOK
seabrook.arthur@yahoo.fr
Université de Yaoundé II
Cameroun

Abstract: *This study investigates how state history influences the size of the informal sector. The study employs a two-stage least squares estimation technique with data from 127 countries for the period 1991-2015 to examine this relationship. State antiquity index, recently provide by Ang and Fredriksson (2018), is used to capture state history whereas Medina and Schneider (2018) informal sector size estimates are used as the main measure of the size of the informal economy. Our results show that longer state history reduces the size of the informal sector. Therefore, young states with a large informal sector should be mindful that state building is a time-consuming process, and any radical transformation in order to accelerate state development beyond its realistic capacity, may further increase the informal sector size and leads to disastrous outcomes.*

Keywords: State antiquity, two-stage least squares, informal sector size.

Résumé : *Cette étude examine comment l'histoire de l'État influence la taille du secteur informel. L'étude utilise une technique d'estimation des moindres carrés en deux étapes avec des données de 127 pays pour la période 1991-2015 pour examiner cette relation. L'indice d'antiquité de l'État, fourni récemment par Ang et Fredriksson (2018), est utilisé pour saisir l'histoire de l'État, tandis que les estimations de la taille du secteur informel de Medina et Schneider (2018) sont utilisées comme principale mesure de la taille de l'économie informelle. Nos résultats montrent que l'allongement de l'histoire de l'État réduit la taille du secteur informel. Par conséquent, les jeunes États dotés d'un secteur informel important doivent être conscients que la construction de l'État est un processus qui prend du temps et que toute transformation radicale visant à accélérer le développement de l'État au-delà de sa capacité réelle peut augmenter davantage la taille du secteur informel et conduire à des résultats désastreux.*

Mots-clés : *Antiquité de l'État, moindres carrés à deux degrés, taille du secteur informel.*

1. Introduction

The conventional wisdom of development economics postulates that high and growing levels of informal sector size are one of the most serious impediments to achieving sustainable economic development across the world (Roxana, 2021; Chatterjee and Turnovsky, 2018; Elbahnasawy et al., 2016; Bologna, 2015, Touna Mama, 1999). Indeed, as argued by Elbahnasawy et al. (2016), a sizeable informal economy promotes the inefficient use of scare resources, encourages adoption of low-return technology and small-scale production, and distorts investment, all of which ultimately hinder economic growth. Moreover, a large scale of the informal sector can distort competition and prevents more efficient formal firms from gaining market share, consequently decreasing economic growth (Bologna, 2015; Farell, 2004). Given the central role played by the dominance of the formal economy in improving economic performance, an obvious question that arises is why the informal economy continues to grow in some countries while shrinking in others. This question highlights the need to have a better understanding of the forces behind the changing size of the informal sector. Despite significant attention been given to understanding the consequences of a large informal sector, its historically-rooted determinants remain largely unexplored in the literature. However, there are theoretical arguments that, although conflicting, can justify the existence of a link between accumulated statehood experience and the size of the informal sector.

Chanda and Putterman (2007) argue that the earlier existence of state government confers a developmental head start, which provides conditions conductive to reduce the size of the informal sector. Such an early-start developmental advantage enable the state government to solidify power and create a strong bureaucracy (Bockstette et al., 2002), thereby strengthening its fiscal and legal capabilities (Becerra et al., 2012). Consequently, the state ability to fight against tax evasion is improving and thus contributing to a decrease in the size of the informal sector. Likewise, accumulated statehood experience can also lower inequality between groups, which in turn can reduce the size of the informal sector. As documented by Ang (2020), a more established state has a greater capacity to reduce inter-group differences through unifying language and religion. This, according to Roxana (2021), contributes to less persistent informal economy within a country. Vu (2021a) countered this view by demonstrating that societies with a long history of statehood suffer from institutional stagnation, which may result in persistent income difference between groups. According to this author, old and autonomous states may be conductive to the emergence of powerful elites. This entrenched groups eventually turned into maximizing private gains with the cost borne by the rest of the population.

Statistically, all indications are that older states suffer less from the persistence of the informal economy. Gabon, for example, is a country with an average informal sector size of 52% of the economy between 1991 and 2015 (Medina and Schneider, 2018). Yet, it is also one of the countries that have the shortest length of state history, according to the state antiquity index compiled Ang and Fredriksson (2018). In contrast, some established states such as Japan, a nation that emerged more than two millennia ago, enjoyed and early start in the form of sustainable formation of state government (Ang, 2020), which made it harder for informal economy to survive. Indeed, according to Medina and Schneider (2020), Japan, with an average of informal sector of 10,41% of the economy between 1991 and 2015, is one of the countries with a small informal sector. This evidence suggests that an early and durable history of political organization can potentially contribute to reducing the size of the informal sector.

Against this backdrop, we hypothesize that a long history of statehood results in less persistent informal sector. Following the approach of Roxana (2021), the persistence of the informal economy is defined as an economy in which persist all economic activities which are hidden from official authorities for monetary, regulatory and institutional reasons. Therefore, like Roxana (2021), we use estimates of the size of the informal economy provided by the Medina and Schneider (2018) database. This database uses the night lights approach of Henderson et al. (2012) to capture economic activity which relies on satellite data. State history for its part is measured using the extended state antiquity data of Ang and Fredriksson (2018).

This paper makes two important contributions to the empirical literature on the informal economy. Firstly, to the best of our knowledge, the present paper is the first to examine whether the length of statehood experience affects the size of the informal economy in the long run. Secondly, it tests the constructivist theory which maintains that economic outcomes are mainly shaped by state development

(Barth, 1969). The remainder of the paper is organized as follows: section 2 gives an overview of the theoretical and the empirical literature. The empirical methodology is discussed in section 3. Section 4 presents the results and discussions while section 5 concludes.

2. Literature review: An overview of theoretical and empirical literature

The central idea of this paper postulates that state history exerts persistent effect on the current size of the informal sector. From a theoretical point of view, a careful review of the literature linking the age of the state to the size of the informal sector shows that this link remains conflicting. Although many theoretical arguments stated that countries with statehood experience typically have small size of the informal economy, there are others arguments, which on the contrary tackle that point of view.

A longer history of statehood may be favorable for improving institutional environment and reducing the size of the informal economy for several reasons. Firstly, experienced and stable states tend to have more competent bureaucratic capabilities. Indeed, as documented by Ang (2013), long standing states may have more efficient public administration than newly formed states due to the advantage of having more experienced, trained civil servants and civilised citizens. Thereby, long standing states are more likely to be equipped with strong fiscal and legal capabilities, which in turn can slow down the development of the informal sector. Secondly, a longer history of statehood can reduce social inequalities between groups and thus slow down the size of the informal sector. According to Vu (2021a), countries lacking statehood experience typically suffer from weakened fiscal and legal capabilities, leaving them with poor-quality institutions. This may intensify disposal income inequality within a country through hindering a progressive distribution and redistribution of income. The said inequalities intensification will increase the financial costs associated with formal business activity, which in turn will increase the size of the informal sector (Roxana, 2021). Thirdly, early state development can make political environment stable, which in turn stimulates government's incentive to invest in the efficiency of tax collection, and therefore the ability of the government to detect informal production. As sustained by Chanda and Putterman (2007), a longer history of statehood, which is often associated with stronger political integration, strengthens national identity by fostering state unification. The resulting unified state can harmonize social interaction and enforce social norms and rules, thereby reducing political instability that may increase the size of the informal economy, as shown by Elbahnasawy et al. (2016). According to these authors, a political system characterized by high levels of political instability will cause persistent inefficiencies in the collection of tax and will increase the private sector's incentive to participate in the informal economy.

There are theoretical arguments on the contrary that support the view that a longer state history is associate with poor institutional quality, which undoubtedly leads to an increase in the size of the informal sector. According to that point of view, an excessive duration of statehood eventually leads to the emergence of powerful elites and entrenched groups within a society (Olson, 1986). The rise of these groups can result in persistent institutional stagnation, which can lead to persistent income inequalities. Specifically, as demonstrated by Borcan et al. (2018), powerful elites, who typically hold significant proportions of land and (natural) resources in (historical) societies, tend to establish abusive power structures in order to reduce any potential risks of expropriation of their privileges. For this reason, very long-standing states, albeit accumulating large fiscal capacity, are more likely to build up oppressive regimes and become resistant to calls for redistribution (Vu, 2021a; Bentzen et al., 2017). The resulting income inequality will increase therefore the size of the informal sector (Roxana, 2021). Moreover, excessive statehood experience can promote corrupt practices, which in turn increase the size of informal economy. On the one hand, excessive length of state history is associated with the prevalence of corruption for two reasons: i) In older state, powerful interest groups are more likely to exploit public resources for personal gain, and ii) Stable regime that emerges from the long duration of a state, increases the private sector's willingness to pay bribes, as business will be more inclined to wheel-and-deal with an incumbent whose position they assess to be more secure (Owen and Vu, 2020). On the other hand, Substantial corruption among law enforcement authorities, financial agencies, bureaucrats, politicians, and other regulators would essentially mean more bribery and greater rent seeking in the formal sector (Duttat et al., 2013). Consequently, the cost of creating new businesses and staying in business in the formal sector may become quite costly. Thus, informal businesses may provide viable alternatives.

Despite the existence of these conflicting long run theoretical arguments, the empirical literature has not empirically tested whether state antiquity affects the size of the informal economy in the long run. Nevertheless, there are empirical studies that have explored the existence of any long-term relationship between state antiquity and other contemporary economic outcomes such as economic development, financial development, institutions and inequality. Among these empirical works, some find that a longer state history is associated with more favorable economic outcomes while others find the opposite.

Vu (2021a) studied the link between statehood experience and inequality for a sample of 128 countries. By using ordinary least squares technique estimation, this author found that accumulated statehood experience, up to a point, strengthens fiscal and legal capabilities, leading to a more egalitarian distribution of income. In the same order of ideas, Ang (2020) examined the relationship between the length of state experience and linguistic diversity for a global sample of 133 countries. Following econometric estimations, this author finds that the influence of state history has a significant explanatory power in accounting for the disparity in long term linguistic diversity across countries. Specifically, the baseline estimates of this author suggest that a one standard deviation increase in the historical presence of states over the period 3500 BCE-2000 CE leads to 0.268 standard deviations reduction in the persistence of linguistic diversity. Likewise, Ang and Fredriksson (2018) analyzed the relationship between state history, legal adaptability and financial development in a large panel of 127 countries over 2000-2009. By employing two-stage least squares technique estimation, these authors found that a country cumulative experience with statehood improves its ability to adapt its laws to local needs and enhances therefore the development of its financial system. In the same vein, Ang (2013) examined the relationship between state antiquity and modern financial development for a sample of 107 countries over the 2000-2009 period. Employing two-stage least squares estimation method, this author found that countries with long histories of nationhood tend to be associated with strong legal capabilities, which play a paramount role in shaping the historical development of modern financial architecture.

Beside these contributions, there are empirical studies that on the contrary, found that long history of nationhood tends to impede contemporary economic outcomes. Vu (2021b) investigated how political instability is related to the length of state history for a sample of 109 non-European societies. Following econometric estimations, this author found that a long history of statehood is link to the persistence of political instability. In the same order of ideas, Harish and Paik (2020) analyzed the effect of state antiquity on economic development of European countries. Following econometric estimations, these authors found that a long history of statehood is associated with elite capture and subsequent institutional stagnation, which impede economic development. Likewise, Owen and Vu (2020) contend that excessive statehood experience is positively associated with the prevalence of the corruption. In the same vein, Borcan et al. (2018) established that very long-standing states lagged behind those with an intermediate length of statehood in terms of income per capita.

3. Empirical approach

3.1. Regression model

The following model is regressed to investigate how the size of informal sector is related to statehood experience in country i :

$$INF_i = \alpha + \beta State_i + \theta X_i + \varepsilon_i \qquad (1)$$

Where INF is the measure of the size of the informal sector, $State$ is a measure of state history covering the period 1-1950AD, X is a $7 X 1$ vector of control variables including vulnerable employment, regime durability, social polarization, tropical climate, easy of doing business, protecting minority investors and ε is the error term. Note that we cannot rule out the possibility that the causality between modern-day informal sector and state history since 1AD may run in opposite direction. In addition, the alternative scenario of an omitted unobservable variable cannot be rule out either. For example, as documented by Ang (2018), there may exist substantial variation in the hierarchy of historical institutional structures which drives the formation of territorial states. To the extent that less egalitarian institutions were influential in the early development of the informal sector, such unobserved heterogeneity may generate a spurious relationship between state antiquity and the size of the informal sector. Therefore, to address these potential concerns of endogeneity, we would like to estimate equation (1) using two-stage least squares. For this purpose, we will use the following variables as instruments for the statehood experience: The average level of technology adoption in 1000BC and 1500AD. The choice of these variables as instruments for identifying the model is motivated by the findings of Tilly (1992), who shows that sporadic technological discovery methods of warfare and weapon systems was one of the key drivers giving rise to the formation of state in ancient societies.

3.2.Data

We examine a global sample of 127 countries with available data on the size of the informal sector and state history for the period spanning from 1991 to 2015. The data are sourced from Ang and Fredricksson (2018), Medina and Schneider (2018), World Bank (2020), Policy IV (2015) and the Quality of Governance standard dataset (2020). The starting and ending year are governed by the informal sector size data availability. Indeed, these data are available from 1991 to 2015 in the Medina and Schneider (2018) database.

This study uses Medina and Schneider (2018) informal sector size estimates as they offer several advantages. Their estimates have by far the largest geographical research. These estimates have also been widely used and cited in the empirical and theoretical literature of informality (Roxana, 2021; Baklouti and Boujelbene, 2020). More importantly, Medina and Schneider (2018) offer methodologically improved estimates upon previous MIMIC specifications by measuring the overall economic activity based on satellite data on night lights instead of GDP. In this way, they addressed the main concerns with earlier MIMIC estimated, which used GDP both as an exogenous causal factor of the informal economy and as one of the indicators being affected by the informal economy (Roxana, 2021). State history is a measure of statehood experience covering the period 1-1950 AD. Consistent with Putterman and Weil (2010), we employ state antiquity index sourced by Ang and Fredriksson (2018) who computed it by multiplying three sub-indices, namely state presence (whether a government above the tribal level was present), state autonomy (whether this government was foreign or locally based) and state coverage the extent to which the territory of the modern country was ruled by this government). In their study, state history indexes are available for 127 countries and their values spanning from 0 to 1, where higher values reflect the presence of a longer state history.

Seven control variables are used and are consistent with the recent informal sector size determinants literature, namely, regime durability, social polarization, easy of doing business, protecting minority investors, taxes on income, vulnerable employment and tropical climate. Regime durability, which provides a measure of the durability of a regime's authority pattern in a given year, is used to capture the level of political instability (Elbahnasawy et al., 2016). Social polarization is captured by religion fractionalization in year 2000. According to Elbahnasawy et al. (2016), a political system characterized by high levels of political instability and polarization will cause persistent inefficiencies in the collection of taxes and will increase the private sector's incentive to participate in the formal economy. Consequently, while social polarization is expected to positively influence the informal sector size, to the extent that regime durability captures political instability, regime durability is expected to be inversely related to the informal economy. Easy of doing business and protecting minority investors capture the quality of business environment, which is considered in the literature as an important driver of the informal economy (La Porta and Shleifer, 2014; Massenot and Straub, 2016). Vulnerable employment is unpaid family workers and own-account workers. As documented by Dell'Anno (2015), this variable is used to account for the labor market determinants of the informal economy. Lastly, we include tropical climate to account for the geographical determinants of the informal economy. As sustained by Lambert (1971) tropical climate has been most conductive to primitive economic development. Therefore, it is expected that tropical climate positively affects the size of the informal economy.

Regime durability data are sourced by policy IV (2015) database, vulnerable employment data are from World Development Indicator (2019) database, while easy of doing business, protecting minority investors, religion fractionalization in year 2000 and tropical climate data are sourced by the Quality of Governance standard dataset (2020). Note that unlike the other variables used in this study, to obtain a uniform cross-sectional data of our set of countries, the variables sourced by World Development Indicators and policy IV databases are average over the period 1991-2015.

4. Results

4.1.Key findings

The results obtained by estimating the econometric model using the two-stage least squares method are presented in the first column of table I. Diagnostic tests at the bottom of this column indicate that the Wald exogeneity test of endogenous variables is significant, the over identifying restriction test and the Skewness/Kurtosis residuals normality test are insignificant. Firstly, a significant Wald exogeneity test means that we reject the null hypothesis of the test. In other words, state antiquity is endogenous as suspected. Therefore, the use of an instrumental variable estimation method is justified. Secondly, an insignificant over identifying restriction test confirms the validity of instrumental variables used in our estimation. Lastly, an insignificant Skewness/Kurtosis residuals normality test indicates that the residuals of our estimation are normally distributed. In other words, consistent with Newey (1987), our estimation results are not biased.

We can now interpret the results obtained in the first column of table 1. The coefficient associated with the state antiquity variable is negative and significant at 1%. In other words, state antiquity reduces the size of the informal economy. Therefore, the divergence in the size of the informal economy among countries can be explained by the cumulative changes in their level of state experience from 1AD to 1950 AD. This result is in line with Chanda and Putterman (2007) who sated that the early existence of state government confers a developmental head start, which provides conditions conductive to shaping economic development. Regarding the control variables, the results in the first column of table 1 show that vulnerable employment, tropical climate, regime durability and religion fractionalization in year 2000 significantly affect the size of the informal sector. Specifically, while vulnerable employment and tropical climate positively affect informal sector size, regime durability and religion fractionalization in year 2000 are negatively associated with it. Except for religion fractionalization. Apart from the value of the coefficient associated with religion, the values of the coefficients associated with the other variables, which significantly influence informal sector size, are in line with our expectations.

4.2.Robustness of results

To further examine the relationship between state antiquity and informal sector size, we re-estimate the model (1) by using the informal economy estimates obtained by Hassan and Schneider (2016) as an alternative measure of the informal sector size. More importantly, with the exception of vulnerable employment which has been retained, in line with the literature on the informal sector size determinants (Dell'Anno, 2015; Hong, 2017; Roxana, 2021), we incorporate new control variables in the estimations. Among these variables we distinguish social capital, taxes on income, taxes burden, labor market regulation, employment to population ratio, terrain ruggedness, high income dummy, domestic credit to private sector and population in 1400. We repeat two-stage least squares estimation for our sample of countries. The results are reported in table I column (2). The sign and the statistical significance of the coefficient on state antiquity are found to be quite similar to those obtained in column (1). Therefore, our finding is robust for different indicators of the size of the informal economy.

5. Conclusion and policy implication

The current study investigates how state history affects the informal sector size in a global sample of 127 countries for the period spanning from 1991 to 2015. State antiquity index published by Ang and Fredricksson (2018) is used as proxy for state history, whereas Medina and Schneider (2018) informal sector size estimates are our main measure of the size of the informal sector. The empirical evidence is based on two-stage least squares. Our finding is robust for the two different indicators of the size of the informal sector.

The finding in this paper highlights that longer state experience reduces the size of the informal sector. One important implication come from this finding. Young states with a large informal sector should be mindful that state building is a time-consuming process, and any radical transformation in order to accelerate state development beyond its realistic capacity, may further increase the informal sector size and leads to disastrous outcomes. Our findings do not however give insights on the threshold at which the age of the state begins to significantly reduce the size of the informal economy. Therefore, future studies can improve the existing literature by assessing this threshold.

Table 1: *Estimation results of the relationship between state history and informal economy*

VARIABLES	(1) Informal2018	(2) Informal2016
State antiquity	-0.167***	-0.284**
	(0.0621)	(0.122)
Vulnerable employment	0.142**	0.0599
	(0.0568)	(0.104)
Tropical climate	0.0811***	
	(0.0275)	
Regime durability	-0.117***	
	(0.0302)	
Religion fractionalization in year 2000	-0.0955**	
	(0.0451)	
Protecting minority investors	-0.0322	
	(0.101)	
Easy of doing business	0.0114	
	(0.159)	
Social capital		-2.576*
		(1.381)
Taxes on income		-0.381***
		(0.121)
Terrain ruggedness		-1.366***
		(0.482)
Taxes burden		0.316
		(0.280)
Labor market regulation		3.168**
		(1.325)
Employment to population ratio		-0.239
		(0.208)
High income dummy		-10.67*
		(5.673)
Domestic credit to private sector		0.171***
		(0.0598)
Population in year 1400		-1.62e-07
		(1.63e-07)
Constant	38.98***	41.93*
	(9.616)	(21.89)
Observations	78	47
R-squared	0.625	0.50
Diagnostic tests		
Wald test of exogeneity	139.97***	45.87***
Overid	0.58	0.72
Sktest adj chi-square (2)	4.09	0.19

Notes: Standard errors in parentheses. *** p<0.01, ** p<0.05, * p<0.1. Overid is the over identifying restrictions test. Sktest is the Skewness/Kurtosis residuals test for normality. Informal2018 is the size of informal sector measured by Meidina and Schneider (2018). Iformal2016 represents the size of informal sector measured by Hassan and Schneider (2016).

Source: Authors.

References

Ang, J. 2013. "Are modern financial systems shaped by state antiquity?". *Monash University Discussion paper* 38 (13).

Ang, J. 2020. "Early state institutions and the persistence of linguistic diversity". *European Journal of Political Economy.*

Ang, J. B. and Fredriksson P. G. 2018. "State history, legal adaptability and financial development". *Journal of Banking and Finance.*

Baklouti, N. and Boujelbene Y. 2020. "A simultaneous equation model of economic growth and shadow economy: is there a difference between the developed and developing countries?". *Economic Changes and Restructuring* 53 (1): 151-170.

BARTH, F. 1969. "Ethnic Groups and Boundaries: The Social Organization of Culture Difference". Boston: Little, Brown.

Becerra, O., Cavallo E.A. and Scartascini C. 2012. « The politics of financial development: The role of interest groups and government capabilities". *Journal of Banking and Finance* 36: 626-643.

Bentzen, J.S., Kaarsen N. and Wingender A. M. 2017. "Irrigation and autocracy". *J. Eur. Econ. Assoc* 15 (1): 1–53

Bockstette, V., Chanda A., Putterman L. 2002. "States and markets: The advantage of an early start". *Journal of Economic Growth* 7 :347-369.

Bologna, J. 2015. "The effect of informal employment and corruption on income levels in Brazil". *Journal of Comparative Economics*: 1-39

Borcan, O., Olsson O. and Putterman L. 2018. "State history and economic development: evidence from six millennia". *J. Econ. Growth* 23 (1): 1–40.

Chanda, A. and Putterman L. 2007. "Early starts, reversals and catch-up in the process of economic development". *Scandinavian Journal of Economics* 109: 387-413.

Chatterjee, S. and Turnovsky S. 2018. "Remittances and the informal economy. *Journal of Development Economics.*

Dell'Anno, R. 2015. "Analysing the determinants of the shadow economy with a separate approach. An application of the relationship between inequality and the shadow economy". *World Development* 20.

Dutta, N., Kar S. and Roy S. 2013. "Corruption and persistent informality: An empirical investigation for India". *International Review of Economic and Finance* 27: 357-373.

Elbahnasawy, N., Ellis M. and Assande D. 2016. "Political instability and the informal economy". *World Development* 20.

Farrel, D. 2004. "The hidden dangers of the informal economy". *Mckinsey Quaterly*: 26-37

Hariri, J.G. 2012. "The autocratic legacy of early statehood". *Am. Polit. Sci. Rev.* 106(3): 471–494.

Harish, S. P. and Paik C. 2020. "Historical state stability and economic development in Europe". *Political Science Research and Methods* 8 (3): 425-443.

Hassan, M. and Schneider F. 2016. "Size and development of the shadow economies of 157 countries worldwide: Updated and new measures from 1999 to 2013". *IZA Discussion Paper* (10281).

Henderson, J.V., Storeygard A. and Weil D. N. 2012. "Measuring Economic Growth from Outer Space". *The American Economic Review* 102(2): 994–1028.

Hong, T. H. 2017. "Impact of globalization on the informal sector". *Economic modelling*

La Porta, R. and Shleifer A. 2014. "Informality and development". *Journal of Economic Perspectives* 28 (3): 109-126.

Lambert, D. 1971. "The role of climate in the economic development of nation". *Land Economics* 47(4): 339-344.

Massenot, B. and Straub S. 2016. "Informal sector and economic development: The credit supply channel". *Economic Inquiry* 54(2):1046-1067.

Medina, L. and Schneider F. 2018. "Shadow economies around the world: what did we learn over the last 20 years?". *IMF Working paper* (18)

Newey, W. K. 1987. "Efficient estimation of limited dependent variable models with endogenous explanatory variables". *Journal of Econometrics* 36: 231–250.

Olson, M. 1986. "A theory of the incentives facing political organizations: Neocorporatism and the hegemonic state". *Int. Polit. Sci. Rev.* 7(2): 165–189

Owen, P. D. and Vu T. V. 2020. "State history and corruption" Department of Economics, University of Otago.

Putterman, L. and Weil D.N. 2010. "Post-1500 Population Flows and the Long-Run Determinants of Economic Growth and Inequality". *Quarterly Journal of Economics* 125: 1627-1682.

Roxana, G. R. 2021. "Inequality, persistence of the informal economy, and club convergence". *World Development* 139 : 105-211.

Touna Mama. 1999. « Libéralisation de l'économie, dynamique de l'informel et lutte contre la pauvreté au Cameroun », in GERN J-P. (Mélanges en l'honneur de…), Dialectiques Economiques, Centre de Recherche sur le Développement, Université de Neuchâtel, EDES, 103-113.

Tilly, C. 1992. "Coercion, capital and European states: AD 990- 1992". *Wiley-Blackwell*

Vu, T. V. 2021a. "Statehood experience and income inequality: A historical perspective". *Economic Modelling* 94: 415-429.

Vu, T. V. 2021b. "State history and political instability: The disadvantage of early state development". *Economic Discussion Papers* (2101), University of Otago.

Chapitre 15

L'efficacité de l'administration publique : l'apport des valeurs éthiques et spirituelles

The effectiveness of public administration: the contribution of ethical and spiritual values

Maurice FOUDA ONGODO
fongodo@yahoo.fr
Université de Douala
Cameroun

Sylvain AHANDA
sylvainahandafprc@yahoo.fr
Université de Douala
Cameroun

Résumé : *Le présent travail qui se situe dans la thématique «la morale et la religion au service du développement » vise à montrer que, les valeurs éthiques et spirituelles intégrées à la gestion des administrations publiques peuvent contribuer à rendre celles-ci plus efficaces leur permettant ainsi de jouer leur rôle dans le développement économique des pays. En effet, dans le contexte actuel, on enregistre simultanément une persistance de l'inefficacité des administrations publiques et des problèmes de sous-développement, malgré la mise en œuvre du NMP et des modèles de développement classiques depuis plusieurs décennies. C'est ainsi que dans cette étude, les valeurs éthiques et spirituelles ont été convoquées en vue de parvenir à l'efficacité de l'administration publique, qui conduira au développement tant recherché. Les résultats issus d'une étude qualitative menée auprès de 25 agents publics de l'administration publique camerounaise ont montré que la morale et la religion peuvent améliorer respectivement la qualité de service et la cohésion sociale, éléments importants pour administration publique efficace et actrice de développement.*

Mots clés : Spiritualité, éthique, développement, administration publique, qualité de service, cohésion sociale

Abstract: *The present work which is situated in the theme "morality and religion at the service of development" aims at showing that, the ethical and spiritual values integrated into the management of the public administrations can contribute to make them more effective thus allowing them to play their role in the economic development of the countries. In fact, in the current context, there is a simultaneous persistence of inefficiency of public administrations and problems of underdevelopment, despite the implementation of the NMP and the classical development models for several decades. Thus, in this study, ethical and spiritual values have been called upon to achieve the efficiency of public administration that will lead to the much sought-after development. The results of a qualitative study conducted with 25 public agents in the Cameroonian public administration showed that morality and religion can respectively improve the quality of service and social cohesion, important elements for an efficient public administration and development actor.*

Keywords: *Spirituality, ethics, development, public administration, quality of service, social cohesion*

1. Introduction

Une analyse du contexte scientifique, notamment l'étude de l'histoire économique des pays émergents d'Asie permet de constater que leur succès en matière de développement repose principalement sur les transformations socio-culturelles. C'est ainsi à juste titre que plusieurs valeurs sociales et particulièrement celles liées à la morale et la religion peuvent trouver leur fondement dans le développement, à travers spécifiquement la nécessité de disposer des règles de justice garantissant la répartition équitable des richesses dans un contexte caractérisé plus ou moins par la rareté des ressources. Au terme de plus d'une quinzaine d'années de travaux de recherche sur la question du développement, Kinzounza (2013) parvient à identifier trois (03) leviers conduisant les États à l'émergence économique et sociale. Il s'agit de la gouvernance politique, l'administration publique et la technopole. Dans le cadre de notre travail, le levier qui va retenir toute notre attention est celui de l'administration publique, dont l'efficacité peut être appréciée à travers des indicateurs liés à la maîtrise des finances publiques, l'amélioration de la qualité de service et le développement socioéconomique. Lorsqu'on observe malheureusement les administrations publiques de l'Afrique subsaharienne, on peut se rendre compte qu'elles présentent communément trois grands groupes de dysfonctionnements constitués du manque d'intégrité, du non-respect du caractère républicain de l'État et des contre-performances administratives et économiques (Kinzouza, 2013). Touna Mama (2018) dans ses travaux reconnait l'importance de l'administration publique, en notant que la réforme administrative est l'une des poutres-maîtresses du programme national de gouvernance au Cameroun. Or, il importe néanmoins de noter que plusieurs États sont depuis des décennies engagés dans cette recherche de l'efficacité des administrations publiques en passant notamment par la mise en œuvre du NMP et des modèles de développement classiques, ayant conduit à augmenter le poids et le service de la dette qui deviennent également des goulots d'étranglement pour le développement prétendu être recherché. Très souvent la dette contractée par ces États est détournée vers des intérêts particuliers et parfois les sommes restent oisives dans les comptes en attente des projets qui ne se concrétisent jamais.

Dans le cas particulier du Cameroun, l'analyse des indicateurs de l'efficacité de l'administration publique laisse percevoir une situation déplorable. Sur le plan des finances publiques, le préjudice subi par l'État du Cameroun consécutivement aux actes de corruption s'élève à 1 302 milliards entre 2010 et 2016 (CONAC, 2016). Le classement 2020 de transparency international concernant l'indice de perception mondiale de la corruption classe le Cameroun au 152e rang sur un total de 180 pays. Concernant l'inertie, selon le rapport 2016 de l'agence de régulation des marchés publics (ARMP), 1126 marchés ont été réceptionnés, sur les 6217 prévus, soit un taux d'environ 20%. Au cours de l'année 2015, plus d'une soixantaine d'entreprises ont abandonné chacune au moins deux chantiers, pourtant celles-ci continuent à obtenir des marchés. La commission nationale anti-corruption (CONAC) évalue à 171 milliards 843 millions 239 mille 983 FCFA les dommages subis par l'État à cet effet, sur la base des conclusions des enquêtes réalisées en 2015. Les répercussions sont par conséquent désastreuses au niveau du développement économique. Le taux de croissance de l'économie camerounaise enregistré en 2019 est d'environ 3.7 %, en dépit des chocs exogènes et de la crise sécuritaire (BEAC, 2019). Comme ce fût les cas pour les années précédentes, les performances économiques enregistrées restent inférieures au taux de 5.5% projeté dans le document de stratégie pour la croissance et l'emploi (DSCE). De plus, ces résultats n'ont pas permis d'améliorer l'indice de développement humain, puisque le Cameroun reste classé 153e pays sur un total de 189 pays et territoires (PNUD[1], 2020). En effet, 50% de la population camerounaise est en situation de sous-emploi et 28.7% vivent en dessous du seuil de pauvreté (BAD[2], 2020). Selon la Banque des États de l'Afrique centrale (BEAC), le déficit budgétaire du Cameroun au terme de l'exercice 2019 est estimé à 3.3% du produit intérieur brut (PIB), pour un objectif de 1.5% fixé dans le cadre du DSCE. La sous-consommation des crédits a été identifiée comme le principal risque structurel entravant la mise en œuvre de cette stratégie de développement (Touna Mama, 2018, p62). Par ailleurs, le Cameroun continue de présenter un risque élevé de surendettement selon une étude réalisée par le Fonds monétaire international (FMI) en novembre 2018. En effet, la dette publique du Cameroun s'est établie à 41,3% du PIB au 30 juin 2020, pour un objectif de 15% fixé à la même année (CAA[3], 2020). À l'issue du programme d'appui à l'amélioration de la qualité des services rendus aux usagers (PAAQSU) qui s'est étalé

[1] Programme des Nations Unies pour le développement
[2] Banque africaine de développement
[3] Caisse autonome d'amortissement

de 2013 à 2017, il a été établi de manière générale, une mauvaise qualité des services publics délivrés aux usagers au Cameroun. La lecture de ce contexte nous permet de constater un grave défaut d'efficacité de l'administration publique camerounaise en raison des phénomènes de corruption et d'inertie, qui peuvent trouver des solutions à travers les valeurs éthiques et spirituelles dont l'intégration a constitué le succès de plusieurs entreprises publiques et privées dans le monde (Pauchant et al, 2000).

Il convient de rappeler que dans son processus de recherche d'efficacité, l'administration publique par le passé a opté dans un premier temps pour l'adoption du modèle bureaucratique qui était considéré comme l'unique forme organisationnelle susceptible de lutter contre les dysfonctionnements à travers l'introduction d'un large éventail de règles (Gangloff, 2009). Mais très vite, l'expertise, la rigidité procédurale et la standardisation issues de la bureaucratie ont entraîné respectivement l'augmentation des détournements de budgets, les lourdeurs administratives et l'aliénation du facteur humain (Brunelle, 2005). La remise en cause du modèle bureaucratique et l'avènement de la théorie des choix publics ont conduit à la mise en œuvre du NMP comme solution. Mais plusieurs limites sont par la suite attribuées au NMP et particulièrement les difficultés de coordination, le clientélisme et la marginalisation de l'approche participative (Keramidas, 2005). Faisant suite à cette persistance des problèmes d'efficacité de l'administration publique, des nouvelles avenues de management sont explorées, et plusieurs auteurs parlent de plus en plus de la théorie de la nouvelle valeur publique (Benington et Moore, 2011). Cette théorie qui reste embryonnaire demande encore à être enrichie. C'est dans cette perspective que s'inscrivent nos travaux. En effet la théorie de la nouvelle valeur publique cherche à créer de la valeur non seulement pour l'usager direct du service, mais aussi pour l'ensemble des parties prenantes. Elle pose trois principales préoccupations qui pourraient trouver les principales réponses à travers la prise en compte dans l'administration publique des valeurs éthiques et spirituelles. En effet, les valeurs spirituelles peuvent permettre de répondre aux préoccupations de définition de la valeur publique et de mobilisation des ressources opérationnelles pour leur création. En principe, la spiritualité peut permettre d'intégrer les questions de quête de sens et d'intégration dans la définition de la valeur publique. Deuxièmement, la spiritualité est susceptible de procurer les capacités nécessaires à la création de la valeur publique et répondrait de ce fait à une autre préoccupation de cette nouvelle approche. En ce qui concerne l'éthique, on peut admettre qu'elle pourra permettre d'établir les synergies entre les membres du contrat social à travers ses dimensions liées à l'attente mutuelle, au respect des règles et de l'intérêt général.

C'est ainsi que sur le plan empirique, la question qui se pose est de savoir : **quel est l'apport des valeurs éthiques et spirituelles dans l'efficacité de l'administration publique ?**

L'objectif de ce travail est double, car il consiste à montrer que les valeurs éthiques et spirituelles peuvent concourir au renforcement de l'efficacité de l'administration publique et que celle-ci peut conduire au développement. Pour y parvenir, nous allons faire recours à un référentiel théorique construit pour la circonstance.

2. Référentiel théorique

Nous allons aborder ici la conception d'un modèle d'efficacité de l'administration publique et les fondements théoriques des relations de ses différentes dimensions avec l'éthique et la spiritualité.

2.1. Conception d'un modèle d'efficacité de l'administration publique

Dans la mesure où l'on souhaite étudier le concept d'efficacité de l'administration publique, il convient de faire recours au NMP qui a consisté essentiellement à l'importation des pratiques de gestion du secteur privé dans la sphère publique dans un objectif de recherche de performance (Hood, 1991). Le principal pilier de l'efficacité véhiculé par le courant du NMP était centré autour d'un mode de fonctionnement basé sur l'introduction d'une logique des résultats dans l'administration publique au détriment de celle des moyens propres au modèle bureaucratique. S'il est admis qu'il n'existe pas du point de vue purement théorique un modèle type d'efficacité propre à l'administration publique, une revue de littérature sur le courant du NMP, peut nous permettre néanmoins de regrouper les réformes liées à sa mise en œuvre consécutive à la recherche de l'efficacité de l'action publique dans la plupart des pays, en trois grands axes principaux (Galdemar, Gilles et Simon, 2012). Il s'agit de la maîtrise des finances publiques, de l'amélioration de la qualité de service et du développement socioéconomique. Le premier axe centré sur le contribuable se rapporte aux objectifs d'efficience de la gestion des finances publiques. Le second axe tourné vers l'usager prend en compte les objectifs de qualité de service, tandis que le troisième axe privilégie le citoyen et s'inscrit dans le cadre des objectifs socio-économiques qui déterminent les résultats d'une politique publique donnée. On peut remarquer que tel qu'abordé dans l'administration publique, l'efficacité est orientée essentiellement vers des variables rationnelles au détriment d'une logique plus symbolique. C'est ainsi que cette approche de l'efficacité, tout comme le NMP présente comme principale limite, l'absence de la prise en compte effective de la dimension humaine, qui est pourtant centrale dans le cadre de cette étude. En effet, la prise en compte d'une dimension axiologique dans l'efficacité et notamment l'intégration des valeurs éthiques et spirituelles ne peut être effective qu'à travers les individus.

Dans cette optique, le modèle développé par Morin, Savoie et Beaudin (1994) nous semble être plus approprié, car en plus des dimensions retenues dans le cadre de l'évaluation de l'efficacité de l'administration publique, il fait recours à la valeur des ressources humaines. Ces auteurs présentent une revue de littérature sur l'efficacité qui débouche sur quatre principaux courants de pensées constitués de l'approche sociale, économique, politique et systémique. L'analyse de ces courants permet d'identifier quatre dimensions dans le cadre la conception intégrée de l'efficacité organisationnelle. Il s'agit de la valeur des ressources humaines, de l'efficience économique, de la légitimité de l'organisation auprès des groupes externes et de la pérennité de l'organisation. Dans le cadre de cette recherche, nous allons retenir deux principales dimensions pour étudier l'efficacité de l'administration publique. Il s'agit de la légitimité qui fait appel à l'éthique et de la valeur des ressources humaines qui peut être développée par la spiritualité.

2.2.Éthique et légitimité de l'administration publique

Depuis plusieurs années les préoccupations liées à éthique ont été intégrées dans les politiques des entreprises, qui souffrent de plus en plus d'une crise de sens et d'une insuffisance de références pour faire face aux enjeux de l'efficacité. Par conséquent, la littérature sur l'éthique devient très abondement florissante. Selon Marchildon (2002), l'éthique représente une réflexion sur les fins des conduites humaines et collectives visant à établir les valeurs partagées. Cette conception de l'éthique qui reconnait aux individus la faculté de faire valoir leurs propres positions et intérêts ne partage pas la nature normative de la morale et son caractère universel à définir ce qui devait être fait. Pour Ruwen Ogien (2007), l'analyse des traditions des philosophes « moraux analytiques », conduit à considérer l'éthique et la morale comme des notions interchangeables. Dans le même ordre d'idées, Vincent Descombes (2004) pense qu'il n'est pas possible de pouvoir justifier la différence qu'on veut parfois trouver entre le mot "moral" et le mot "éthique".

Les modèles d'intégration de l'éthique dans l'univers de la gestion peuvent être classés en deux grands groupes, constitués de l'approche de l'actionnaire (Friedman, 1970) et l'approche des parties prenantes (Freeman, 1994). Dans le cadre de notre étude, nous allons porter notre intérêt dans la deuxième approche, celle des stakeholders qui stipule que la finalité d'une entreprise est de satisfaire les intérêts aussi bien des personnes qui détiennent le pouvoir que de celles qui sont affectées par ses activités. Sur le plan de l'administration publique, l'éthique concerne la bonne ou mauvaise gestion des affaires publiques et détermine la conduite exemplaire ou répréhensible du responsable public au moment de l'exercice de ses fonctions officielles (Ayee, 1998). C'est à cet effet que la légitimité de l'administration publique du modèle d'efficacité construit, est convoquée.

La véritable préoccupation de l'administration publique n'est plus celle de la présence de l'éthique, car il existe des codes d'éthique et de déontologie, mais celle de son effectivité et de son appropriation. L'apport de l'éthique dans la légitimité de l'administration publique pourrait s'expliquer par la théorie du développement moral de Kohlberg (1981). D'après celle-ci, la moralité des individus se développe à travers trois niveaux, qualifiés de préconventionnel, conventionnel et postconventionnel. Ces différents niveaux sont eux-mêmes composés de plusieurs stades intermédiaires qui correspondent chacun à un comportement éthique bien défini. À chaque niveau de développement, l'individu va adopter des comportements qui partent de l'intérêt personnel pour évoluer vers l'intérêt de groupe et déboucher sur l'intérêt général. Cette présentation de la théorie du développement moral nous permet d'établir la proposition suivante :
P1 : Les valeurs éthiques peuvent contribuer à la légitimité de l'administration publique

2.3. Spiritualité et valeur des ressources humaines de l'administration publique

La spiritualité est polymorphe et peut être envisagée, comme un moyen d'expression de soi, de construction de sens et d'interconnexion avec l'extérieur, jouant ainsi un rôle structurant et normatif sur chaque individu (Izoard-Allaux et al, 2018). Elle suscite de nos jours un grand intérêt en science de gestion et actuellement très fréquente dans les recherches de diverses disciplines des sciences humaines et sociales (Jurkiewicz et Giacalone, 2004). Même si un grand intérêt est accordé aux études sur la spiritualité au travail, il existe encore un déficit d'études empiriques se rapportant à ce sujet (Mohamed et al., 2004). L'état de l'art des travaux sur la spiritualité met en évidence une prédominance des contributions conceptuelles. Sur ce plan, il importe d'inscrire le contexte de création des entreprises, les pratiques managériales et les décisions structurantes des entreprises sous le prisme des valeurs spirituelles et religieuses (Thévenet, 2011). Karakas (2010) classe suivant deux catégories, les courants de pensée concernant les relations entre la spiritualité et l'efficacité. La première catégorie conduit à percevoir la spiritualité et l'efficacité comme deux concepts antinomiques. Pour la deuxième catégorie, la spiritualité apparaît comme un fondement même de l'efficacité et ses apports sur la performance organisationnelle peuvent être regroupés selon les perspectives philosophiques, interpersonnelles et des ressources humaines. Dans ce sens, cette conception de la spiritualité dans toute organisation va empêcher l'isolement et l'aliénation des agents en incitant chaque individu à s'intégrer dans une communauté soudée autour des valeurs partagées (Le Loarne-Lemaire et Noel-Lemaitre, 2013). C'est ainsi que nous établissons le fondement théorique du lien entre les valeurs spirituelles et la valeur des ressources humaines de l'administration publique, qui quand bien même n'est pas une entreprise demeure une organisation.

Dans notre travail, pour étudier les contributions des valeurs spirituelles dans la valeur des ressources humaines de l'administration publique, nous allons faire recours à la théorie du développement de la conscience (Wilber, 1984). Cette théorie est conviée dans la mesure où l'intérêt est porté sur les aptitudes et la nature de la collaboration des agents publics dans la réalisation des objectifs de l'administration publique. Selon cette théorie, la conscience humaine se développe suivant des niveaux composés du prépersonnel, du personnel et du transpersonnel. Deux types de fusion à savoir les fusions prépersonnelles (comportements pathologiques) et transpersonnelles (accomplissement du potentiel humain) sont très souvent rattachés au premier et au troisième niveau de développement de la conscience. Tandis qu'on attribue au premier niveau l'origine de la force brute, on rattache au deuxième et au troisième niveau, l'énergie créatrice et l'humanisme. Sur la base des implications de la théorie du développement de la conscience, nous pouvons formuler la proposition de recherche suivante :

P2 : Les valeurs spirituelles peuvent renforcer la valeur des ressources humaines

3. Méthodologie et source des données

Au-delà de l'efficacité qui peut être mesurée de manière assez objective, nous avons dans le cadre de ce travail fait recours aux valeurs éthiques et spirituelles dont l'étude requière des investigations approfondies auprès des acteurs qui évoluent dans le contexte de notre recherche qui se veut exploratoire. C'est fort de ce constat en rapport avec les travaux de Marshall et Rossman (1989), que nous retenons la posture épistémologique constructive et adoptons une approche holistico inductive pour notre démarche. Pour cela, nous avons choisi de mener une étude qualitative auprès de certains agents publics de l'administration publique camerounaise. Contrairement, à l'idée suivant laquelle on ne ferait pas recours à une théorie de départ dans le cadre du paradigme constructiviste, nous avons mobilisé un référentiel théorique qui va nous permettre de mieux cerner et interpréter nos résultats. La recherche menée s'inscrit ainsi dans une démarche méthodologique basée sur l'équation intellectuelle du chercheur, élaborée par Paillé et Muchielli (2016), dont l'intérêt est d'obtenir un équilibre entre la théorie et les données du terrain. Face au problème d'efficacité de l'administration publique qui semble très complexe, nous nous sommes situés dans unc approche qui considère le rôle de la GRH comme une discipline centrale, en convoquant la dimension des valeurs. La résolution du problème d'efficacité ne saurait s'appréhender de manière ponctuelle, mais plutôt incrémentale et participative. Ceci suppose la rupture avec un ensemble de comportements habituellement observés, la prise en compte du temps et une mise en œuvre progressive d'un ensemble de pratiques identifiées comme porteuses de sens.

Toutes ces conditions réunies permettent d'inscrire nos analyses dans le canal d'une démarche prospective telle que définie par De jouvenel (1999).

Relativement à la construction de notre échantillon, le principal critère retenu repose sur la diversification des unités d'observation plutôt que sur la représentativité statistique. Ce premier critère offre l'avantage de pouvoir obtenir une vision plus englobante du problème étudié dans des aspects divers. Le second critère défini pour nos investigations concernait essentiellement la capacité des unités d'observation à fournir des informations pertinentes en rapport avec notre problématique. C'est sur cette base que notre choix s'est porté principalement sur les administrations de souveraineté et celles considérées comme étant les plus corrompues. Les administrations de souveraineté apparaissent comme intéressantes pour ce sujet dans la mesure où elles sont une incarnation du pouvoir central de l'administration publique qui est très souvent pointée comme étant responsable du phénomène d'inertie. Par ailleurs, la corruption étant pointée également comme un fléau responsable de l'inefficacité de l'administration publique, nous nous sommes rapprochés des départements ministériels réputés être les plus concernés par cette question afin de pouvoir en identifier les causes et les solutions probables. La démarche de construction de notre échantillon trouve par ailleurs son ancrage théorique au niveau des travaux réalisés par Glaser et Strauss (1967), qui soutiennent la possibilité d'une constitution progressive en fonction des situations et non à l'avance comme cela s'effectue habituellement dans le cadre des recherches. Un échantillon obtenu dans le cadre de cette approche est qualifié d'échantillon théorique. Avec son caractère exemplaire et unique, il permet l'accès à un corpus détaillé et situationnel nécessaire à une bonne compréhension de la vie sociale. Selon Deslauriers et Kérisit (1997), l'échantillon théorique se justifie ainsi sur la base de sa pertinence et sur la qualité des résultats qu'il permet d'obtenir.

Dans un premier volet, nous allons identifier les perceptions des agents publics vis-à-vis de l'efficacité de l'administration, des valeurs spirituelles et des valeurs éthiques. Deuxièmement, nous allons rechercher la perception de l'apport des valeurs éthiques et des valeurs spirituelles dans l'efficacité de l'administration publique. En considérant la démarche méthodologique annoncée, nos outils de collecte de données sont constitués de la recherche documentaire, des entretiens et l'observation directe. Concernant particulièrement les entretiens, nous avons opté pour le style semi-directif reposant sur un protocole élaboré à l'avance selon des thèmes choisis et en rapport avec notre sujet de recherche. À l'issue de la descente sur le terrain, un total de 25 entretiens a été réalisé auprès des agents publics de 09 administrations de la fonction publique camerounaise. Ces nombres ont été établis en fonction de la saturation empirique qui représente l'état selon lequel le chercheur estime que les observations supplémentaires ne fournissent plus des informations nouvelles, pouvant justifier l'augmentation du matériau empirique (Pirès, 1997). Comme méthode de traitement des données, nous avons sélectionné l'analyse de contenu basée sur la définition des catégories selon Aktouf (1987). Une catégorie représente en effet une caractéristique commune suivant laquelle on peut classer l'ensemble des personnes constituant l'échantillon de l'étude. Elle peut être déterminée à l'avance ou pendant le traitement des données suivant les cas. L'élaboration des catégories dans notre cas s'est effectuée à postériori en fonction des éléments issus du terrain et de l'exploitation des discours des répondants. Par la suite nous avons élaboré les cartes cognitives de l'ensemble des répondants par la méthode manuelle. Cette manière de procéder est possible lorsque le nombre de concepts utilisés est réduit. La cartographie cognitive nous a ainsi conduit à élaborer de manière précise les différents résultats de notre étude. Elle représente une approche qui permet d'obtenir une synthèse graphique du discours oral ou écrit d'un individu. La carte cognitive est de ce fait, un modèle mental qui constitue une structure épistémologique offrant la possibilité de guider un individu ou un groupe dans la compréhension des situations actuelles, passées ou futures (Cossette, 2004). La construction des cartes cognitives dans notre cas va s'effectuer sur la base de la méthode structurée, selon laquelle les concepts sont préalablement choisis. Les résultats obtenus seront interprétés sur la base du référentiel théorique retenue au départ. Il est à préciser que l'essentiel des données utilisées dans cette communication sont issues des travaux élaborés dans notre thèse « Efficacité de l'administration Publique : Apport des valeurs éthiques et spirituelles et de l'intrapreneuriat » soutenue publiquement à l'université de Douala le 26 août 2019. Cette communication s'inscrit justement dans le cadre des perspectives de continuité élaborées dans la thèse avec un objectif très ambitieux, qui serait de déboucher à terme, sur un modèle susceptible de rendre possible la vision de l'Émergence 2035 pour le Cameroun.

4. Résultats

Nous allons passer en revue, les perceptions des valeurs éthiques et spirituelles, ainsi que celles de leurs apports sur l'efficacité de l'administration publique.

Les principales catégories qui apparaissent dans le cadre de la perception des agents publics vis-à-vis de l'éthique sont constituées de : la morale, le respect des normes, l'intérêt de groupe, la déontologie, l'intérêt général et l'intérêt personnel. Sur la base des liens recensés par le biais de la cartographie cognitive, seuls la morale et le respect des normes se présentent comme les plus significatives. En réalité dans l'administration publique, *« quand on parle d'éthique, il s'agit des valeurs morales »* (R04). En ce qui concerne le respect des normes, l'éthique est considérée comme *« un ensemble de règles qui permettent à une organisation d'être viable si elles sont respectées par l'ensemble de ceux qui se déploient dans l'organisation »* (R05).

Graphique 1 : Perception des valeurs éthiques

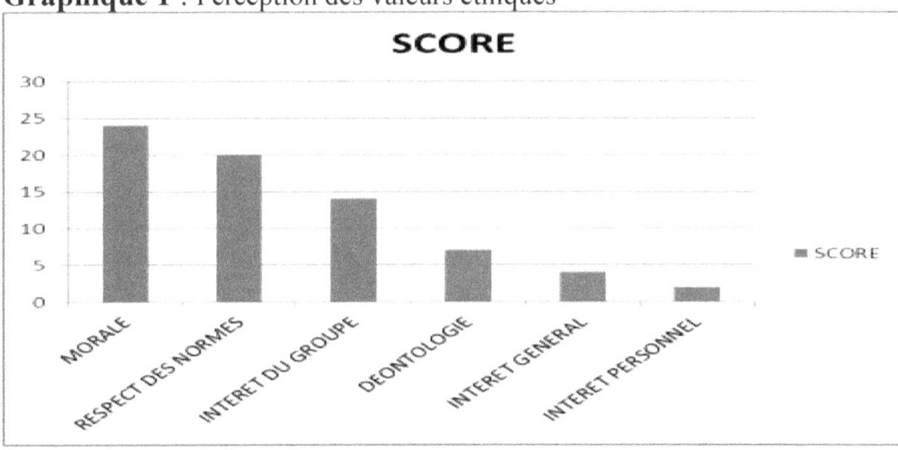

Source : données de l'enquête.

La perception de l'apport des valeurs éthiques dans l'efficacité de l'administration publique se rapporte à la qualité de service, à la satisfaction, aux ressources, au rendement et à l'image.

Selon les traitements issus de la cartographie cognitive, la qualité de service et la satisfaction ressortent comme étant les plus importantes. On pourra de ce fait admettre qu'avec l'éthique, *« le service public va s'améliorer en termes de qualité et en termes de délai »* (R05). *« Si vraiment l'administration respecte l'éthique, ce sera très bénéfique pour tout le monde, les usagers et les fonctionnaires eux-mêmes seront satisfaits »* (R15).

Graphique 2 : Perception de l'apport des valeurs éthiques dans l'efficacité de l'administration publique

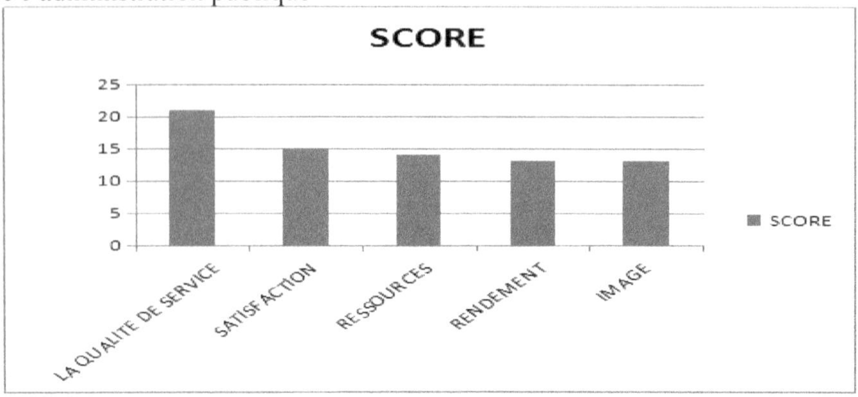

Source : données de l'enquête.

L'analyse des déclarations des agents publics interrogés révèle que ces derniers perçoivent comme étant des valeurs spirituelles, la religion, la communauté, la tradition, l'authenticité, le sectarisme, le sens du travail et la laïcité. Les résultats obtenus sur la base de la cartographie cognitive permettent de retenir au terme des principales valeurs spirituelles, la religion et la communauté. Pour plusieurs répondants, les valeurs spirituelles peuvent ainsi être *« les valeurs qu'on inculque au niveau de la religion »* (R25). En se rapportant à la valeur de communauté, la spiritualité elle-même peut être considérée comme *« ce qui nous connecte à l'autre »* (R11).

Graphique 3 : Perception des valeurs spirituelles

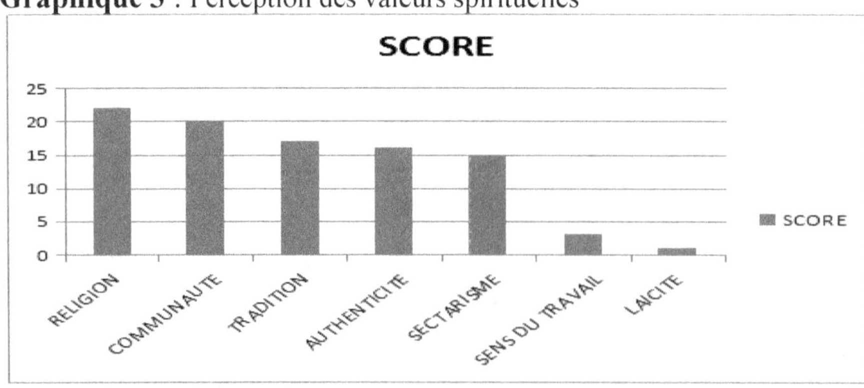

Source : données de l'enquête.

L'apport des valeurs spirituelles dans l'efficacité de l'administration publique selon les résultats obtenus se rapporte à la cohésion sociale, au rendement, à l'enthousiasme, la créativité, la loyauté et l'épanouissement. Deux valeurs ressortent comme prédominantes d'après les restitutions de la cartographie cognitive à savoir : la cohésion sociale et le rendement. À titre de contribution, intégrées au sein de l'administration publique, les valeurs spirituelles peuvent *« concourir au bien-être social »* (R17).

Graphique 4 : Perception de l'apport des valeurs spirituelles dans l'efficacité de l'administration publique

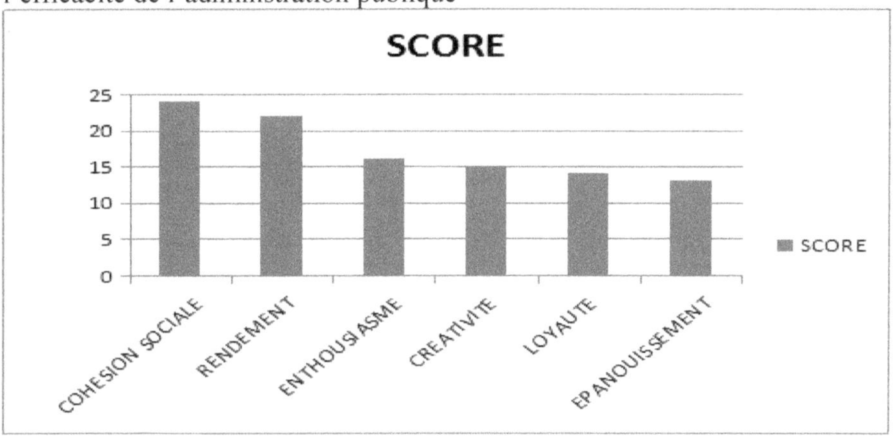

Source : données de l'enquête.

Afin de mettre plus en évidence les résultats obtenus sur la base des différentes cartes cognitives, nous avons recensé l'ensemble des liens d'influence positive entre les concepts des variables explicatives et ceux de la variable à expliquer.

Figure 1 : *Synthèse des liens d'influence positive entre les variables de l'étude obtenues sur la base de la cartographie cognitive*

COHESION SOCIALE	Nombre de liens
RELIGION	13
COMMUNAUTE	7
MORALE	4
RESPECT DES NORMES	2
TRADITION	2
INDEPENDANCE	1
Total général	29
Moyenne	4,8

RENDEMENT	Nombre de liens
RELIGION	13
ANTICIPATION	4
AUTODETERMINATION	4
CREATIVITE	4
INDEPENDANCE	4
MENER UNE ACTION	4
MORALE	4
RESPECT DES NORMES	3
TRADITION	3
COMMUNAUTE	2
LIBERTE	2
Total général	47
Moyenne	4,3

QUALITE DE SERVICE	Nombre de liens
MORALE	15
RESPECT DES NORMES	8
INDEPENDANCE	3
RELIGION	3
ANTICIPATION	2
AUTODETERMINATION	2
COMMUNAUTE	1
CREATIVITE	1
MENER UNE ACTION	1
Total général	36
Moyenne	4

SATISFACTION	Nombre de liens
MORALE	8
CREATIVITE	2
RELIGION	2
RESPECT DES NORMES	2
INDEPENDANCE	1
Total général	15
Moyenne	3

Source : données de l'enquête.

Chaque distribution correspond à chacun des concepts retenus dans le cadre de l'apport des valeurs éthiques et spirituelles dans l'efficacité l'administration publique. Les différentes observations correspondent aux liens d'influence positive entretenus avec ces dernières. Pour affiner les résultats, nous avons retenu les relations qui présentent des observations supérieures à la moyenne pour chaque distribution. Sur cette base, les résultats définitifs peuvent être observés dans la figure ci-dessous :

Figure 2 : *Modèle de l'apport des valeurs éthiques et spirituelles dans l'efficacité de l'administration publique camerounaise.*

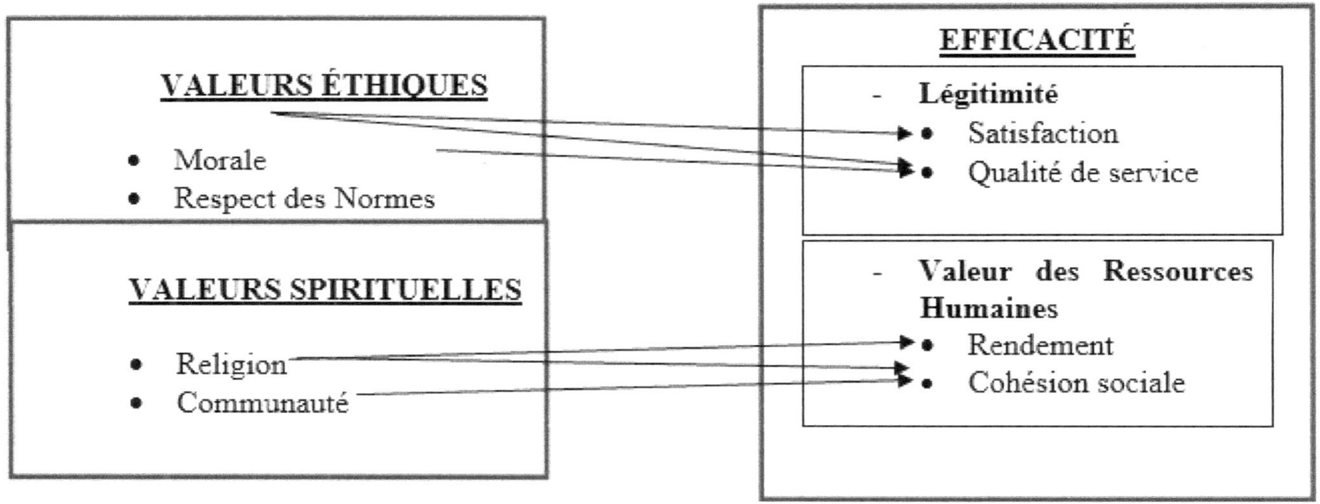

Source : données de l'enquête.

La lecture de cette figure nous permet d'établir les six propositions empiriques suivantes :
P1.1 la morale peut contribuer à l'amélioration de la satisfaction des usagers et des agents de l'administration publique ;
P1.2 la morale peut renforcer la qualité de service délivrée dans l'administration publique ;
P1.3 le respect des normes peut contribuer à améliorer la qualité de service ;
P2.1 la religion peut entrainer l'accroissement du rendement dans l'administration publique ;
P2.2 la religion peut favoriser la cohésion sociale au sein de l'administration publique ;
P2.3 la communauté peut conduire à la cohésion sociale au sein de l'administration publique.

5. Discussion des résultats et implications managériales

Dans cette rubrique, nous allons mettre en perspective les données du terrain et la théorie, tout en formulant des implications managériales au niveau de chaque résultat obtenu.

5.1. Les valeurs éthiques peuvent contribuer à la légitimité de l'administration publique

Sur la base du référentiel théorique, il a été établi que les valeurs éthiques peuvent influencer positivement la légitimité de l'administration publique. Selon les données du terrain, les propositions empiriques P1.1, P1.2 et P1.3, font référence à la morale et au respect des normes qui sont considérées comme des valeurs éthiques. Or celles-ci ont une influence positive sur la qualité de service et sur la satisfaction d'usagers et fonctionnaires, qui sont des dimensions de légitimité de l'organisation. Par ailleurs, la théorie du développement morale stipule que l'individu à des différents stades plus élevés prend en compte les attentes des autres et cherche à respecter le contrat social. Ces éléments sont des dimensions qu'on peut rattacher à la légitimité de l'organisation. Nous pouvons dans cette optique valider notre proposition de recherche théorique P1 et admettre que les valeurs éthiques peuvent influencer positivement la légitimité de l'administration publique.

Dans ce cadre la première implication managériale serait d'**augmenter le niveau de développement moral des agents publics pour améliorer la qualité de service et la satisfaction des usagers.** Pour cela, il faudrait construire une véritable culture du service public, et mettre en œuvre des actions telles que l'organisation des formations, des séminaires de sensibilisation et mettre en place des mécanismes de contrôle. D'après les résultats d'une de nos études sur les contrats psychologiques réalisées en 2015 (mesure du raisonnement éthique des fonctionnaires), les agents publics se situent globalement au niveau de la morale préconventionnelle qui favorise les comportements déviants, caractéristiques de la corruption et de l'inertie tant observées. Certaines expressions couramment rencontrées telles que, « la chèvre broute là où elle est attachée », « Je dois préparer ma retraite », illustrent parfaitement cette situation. D'après la première implication managériale, les agents publics situés dans le niveau de morale conventionnel ou post conventionnel seront des personnes qui pensent aux autres, au respect des règles, du contrat social et des principes éthiques. On aura ainsi une meilleure appropriation des codes d'éthiques et de déontologie existant dans l'administration publique. Cela va permettre une amélioration de la qualité de service, qui elle-même engendrera du point de vue du développement, une augmentation du PIB. La qualité de service repose sur les critères tels que la transparence, le respect des délais, l'accueil, la disponibilité et la satisfaction. Il y a aura ainsi un cadre agréable à la création des entreprises et à leur développement. Ceci conduira à une nette amélioration des recettes fiscales, car les entreprises sont les principaux pourvoyeurs d'impôts. Cette situation va permettre une réduction des déficits budgétaires et par la même occasion, la réduction de la dette qui prend de plus en plus des proportions importantes. *On peut ainsi conclure que « l'éthique va booster le rendement et le développement. Le service public va s'améliorer en termes de qualité, en termes de délai. L'administration va gagner financièrement sur le plan des recouvrements des fonds et même au niveau de l'utilisation de ces fonds. Et tout ceci pour le plaisir des citoyens » (R05).*

5.2. Les valeurs spirituelles peuvent renforcer la valeur des ressources humaines

La deuxième proposition de recherche P2, issue du référentiel théorique soutient que les valeurs spirituelles peuvent influencer positivement les valeurs des ressources humaines. Les propositions empiriques P2.1, P2.2 et P2.3, pour leur part démontrent l'existence des liens positifs entre les variables « religion » et « communauté » qui appartiennent aux valeurs spirituelles et les concepts de rendement et de cohésion sociale qui relèvent de l'efficacité de l'administration publique. En outre suivant la théorie du développement de la conscience, au niveau prépersonnel, l'individu est guidé par les pulsions physiques et émotionnelles qui sont à la base de l'énergie créatrice et du dynamisme. On peut remarquer que les pulsions dont il est question dans cette théorie peuvent se rapporter à la religion dans son sens vertical et notamment à la foi et la croyance vis-à-vis d'une force supérieure assimilable au Saint-Esprit chez les Chrétiens, et au « Tee » chez les Bouddhistes, à titre d'exemple. D'un autre côté, l'énergie créatrice qui en ressort et le dynamisme sont des constituants du rendement d'une personne en organisation. Alors, sur la base de ces propositions empiriques et de la théorie du développement de la conscience, on peut valider la proposition P2 qui stipule que les valeurs spirituelles peuvent renforcer la valeur des ressources humaines.

En guise de deuxième implication managériale, nous allons retenir qu'il faut **développer le niveau de conscience des agents publics pour augmenter leur rendement et favoriser la cohésion sociale.** Il sera question ici de privilégier les activités plus humaines telles que les repas communautaires organisés entre les agents d'une même administration par exemple. On peut y ajouter la réalisation des œuvres caritatives, à l'instar des visites des orphelinats, des soutiens aux enfants défavorisés, etc. Il s'avère également important d'instaurer des activités sportives et de méditation, des séminaires de développement personnel et bien d'autres. La recherche de l'équilibre entre la vie professionnelle et la vie privée doit-être inscrite dans les préoccupations du management public, afin de favoriser l'authenticité des agents publics qui leur permettra de pouvoir aisément exprimer certaines valeurs indispensables, dans leur milieu de travail. La population camerounaise est chrétienne à près de 80%, mais cela ne semble pas avoir un réel impact sur les comportements dans la fonction publique. Pourtant il est établi que les Chrétiens sont très souvent animés d'une force qu'on qualifie de « Saint Esprit », susceptible de générer de l'enthousiasme nécessaire au rendement. Cette force supérieure très généralement rattachée à la nature ou au divin est présente dans la quasi-totalité de religions. De plus, ces mêmes religions prônent le respect de la hiérarchie et l'amour du prochain, qui sont favorables à la cohésion sociale.

Dans le cadre du développement, le rendement dont il question ici, va engendrer une éclosion des hommes d'État en lieu et place des hommes politiques qui sont tournés exclusivement vers les échéances électorales. Les hommes d'État, dont l'essence principale est de se préoccuper de la prochaine génération, construisent des cadres d'action qui s'étendent dans un univers temporel qui va au-delà de 25 ans. Contrairement aux leaders politiques qui distribuent de la nourriture et des présents pour séduire l'électorat, les hommes d'État sont des leaders transformationnels dont l'intervention offre plusieurs avantages économiques et sociaux aux pays dont ils assurent la gestion. Pour sa part, la cohésion sociale va engendrer une fédération des efforts tournés vers le développement, en mettant un terme à la politique d'État qui s'appuie sur l'instrumentalisation des ethnies et sur le repli identitaire. Elle va conduire à des innovations sociales qui seront favorables aux changements des mentalités et à la contribution active des populations dans la poursuite du développement. On aura ainsi un cadre propice à l'augmentation du revenu des ménages et à la mobilisation de leur épargne à travers des politiques d'appel public à l'épargne (APE) pour le financement des projets de développement.

On peut ainsi constater que les avantages économiques et sociaux qui débouchent de l'action des leaders transformationnels et la mobilisation de l'épargne des ménages vont concourir à réduire le poids de la dette et son service. C'est à juste titre qu'on peut admettre que, *« si les valeurs spirituelles étaient respectées, si elles pouvaient devenir contraignantes, je pense que vraiment on aurait des dirigeants qui sont soucieux de leur peuple »* (R25). De plus, *« la spiritualité va apporter la stabilité et la paix »* (R15).

6. Conclusion

Ce travail qui est destiné à contribuer à l'amélioration de l'efficacité des politiques publiques s'est appuyé sur l'importance de l'administration publique dans la marche vers le développement.

L'administration publique est en effet perçue ici comme un levier de la croissance économique et du bien-être des populations (Kinzounza, 2013). Cela n'est rendu possible que si l'administration publique est elle-même efficace. Or en Afrique et en au Cameroun en particulier, plusieurs dysfonctionnements plombent l'efficacité de l'administration publique. Il a ainsi été question dans cet article de convoquer les valeurs éthiques et spirituelles et de montrer qu'elles peuvent contribuer à l'amélioration de cette efficacité. Pour ce faire, notre recherche qui s'est inscrite dans un paradigme constructiviste nous a conduits à mener une enquête auprès de 25 agents publics de 09 administrations publiques au Cameroun.

Pour obtenir les principaux résultats, les données ont été traitées par le biais de l'analyse de contenu et la cartographie cognitive. Sur cette base, il en est ressorti en guise de résultats, les six propositions empiriques suivantes :
P1.1 la morale peut contribuer à l'amélioration de la satisfaction des usagers et des agents de l'administration publique ;
P1.2 la morale peut renforcer la qualité de service délivré dans l'administration publique ;
P1.3 le respect des normes peut contribuer à améliorer la qualité de service ;
P2.1 la religion peut entrainer l'accroissement du rendement dans l'administration publique ;
P2.2 la religion peut favoriser la cohésion sociale au sein de l'administration publique ;
P2.3 la communauté peut conduire à la cohésion sociale au sein de l'administration publique.

Celles-ci ont permis conjointement au référentiel théorique à établir d'une part que **les valeurs éthiques peuvent contribuer à la légitimité de l'administration publique**, et d'autre part que **les valeurs spirituelles peuvent renforcer la valeur des ressources humaines de l'administration publique.** En d'autres termes, les valeurs éthiques et spirituelles peuvent permettre de rendre une administration publique efficace.

Les résultats obtenus dans cette étude nous ont permis d'élaborer également deux principales implications managériales à considérer dans le cas de l'administration publique camerounaise sur un plan plus pratique. Il s'agit premièrement d'**augmenter le niveau**

de développement moral des agents publics pour améliorer la qualité de service et la satisfaction des usagers et deuxièmement **développer leur niveau de conscience pour augmenter leur rendement et favoriser la cohésion sociale.**

Ces deux implications ainsi formulées, même si elles restent à explorer davantage constituent à notre sens, des perspectives pour élaborer un modèle de développement endogène reposant sur une véritable redéfinition du logiciel mental collectif (révolution culturelle) qui cumule à la fois les exigences d'interventionnisme de l'État et celles du libéralisme inspiré par le marché.

Références bibliographiques

Aktouf, O. (1987). *Méthodologie des sciences sociales et approche qualitative des organisations. Une introduction à la démarche classique et une critique*. Montréal : Les Presses de l'Université du Québec.

ARMP. (2016). *Rapport annuel 2016 sur la situation Générale des Marchés Publics au Cameroun.* http://armp.cm/Images/ImageActulites/Rapport_Annuel_Situation_Général_MP_2016.pdf

Ayee, J.R.A. (1998). La fonction publique en Afrique : Éthique, Nations unies, département des affaires Economiques et Sociales, Rabat.

BAD (2020). *Perspectives économiques en Afrique 2020.* https://www.afdb.org/sites/default/files/documents/publications/afdb20-01_aeo_main_french_complete_0213.pdf

BEAC. (2019). *Rapport annuel 2019.* https://www.beac.int/wp-content/uploads/2020/11/RAPPORT-ANNUEL-BEAC-2019-VERSION-WEB.pdf

Benington, J. et Moore M.-H. (2011). *Public Value. Theory and Practice*. New York: Palgrave Macmillan.

Brunelle, D. (2005). *Main basse sur l'État : les partenariats public-privé au Québec et en Amérique du Nord*. Les Éditions Fides, p.45

CAA (2020). *Conjoncture Mensuelle de la Dette Publique du Cameroun N°06/20-Juin 2020.* http://www.caa.cm/index.php/fr/10-dette-publique/726-document-de-strategie-d-endettement-public-et-de-gestion-de-la-dette-publique-2020

CONAC. (2016). *Rapport sur l'état de la lutte contre la corruption au Cameroun.*

Cossette, P. (2004). *L'organisation. Une perspective cognitiviste.* Collection « Sciences de l'administration ». Québec : Les Presses de l'Université Laval.

De Jouvenel, H. (2002). La démarche prospective. Un bref guide méthodologique. *Revue futurible*, n° 27.

Descombes, V. (2004). *Le complément de sujet. Enquête sur le fait d'agir de soi-même*. Paris : Gallimard, NRF Essai.

Deslauriers, J.P, et Kérisit, M. (1997). Le devis de la recherche qualitative. In : Poupart et al. La recherche qualitative : Enjeux épistémologique et méthodologiques. Montréal (Québec) : Gaetan Morin.

Freeman, E.R. (1994). *Strategic Management: The Stakeholders approach.* Boston: Pitman.

Friedman, M. (1970). A Friedman doctrine: The social responsability of business, is to increase its profits. *The New York Times Magazine.*

Galdemar, V., Gilles, L., et Simon, MO. (2012). Performance, efficacité, efficience : les critères d'évaluation des politiques sociales sont-ils pertinents ? *Cahier de recherche.*

Gangloff, F. (2009). Le Nouveau Management Public et la bureaucratie professionnelle : La place de la dimension européenne dans la Comptabilité Contrôle Audit : *Communication présentée au 30e congrès de l'Association Francophone de Comptabilité, Strasbourg, France.*

Glaser, B.G, et Strauss, A.L. (1967). *The discovery of Grounded Theory: Strategies for Qualititative Research.* Chicago, IL : Aldine.

Hood, C. (1991). A Public Management for all Seasons? *Public Administration.*

Izoard-Allaux, S. ; Christians, L-L. ; Walter LESCH (dir.). (2018). Le nouvel esprit du management. Interrogations interdisciplinaires sur la spiritualité en entreprise : Presses universitaires de Louvain.

Jurkiewicz C. and Giacalone R. (2004). A values framework for measuring the impact of workplace spirituality on organizational performance. **Journal of Business Ethics**, 49(2), 129-142.

Karakas F. (2010). Spirituality and performance in organizations. *a literature review, Journal of Business Ethics*, 1(94), 89–106.

Kinzounza F.K. (2013). *Les trois leviers de l'émergence économique en Afrique*. Communication présentée à la conférence sur la transformation et l'émergence du continent, Brazzaville.

Keramidas, O. (2005). *Les trajectoires de l'équité : les stratégies de gestion de l'équité dans les organisations publiques*. Thèse pour l'obtention du doctorat en sciences de gestion.

Kohlberg, L. (1981). *Essay on moral development : the philosophy of moral development*. vol.1. San Franscisco: Harper and Row.

Le Loarne-Lemaire, S. et Noel-Lemaitre, C. (2013). Les coopératives, un lieu idéal pour développer sa spiritualité au travail ? Leçons à tirer de la philosophie du travail de Simone Weil, *Revue Interdisciplinaire Management & Humanisme*, n°8 - août/septembre/octobre.

Marchildon, A. (2002). *Vers une culture d'éthique en organisation* (Mémoire). HEC, Montréal.

Marshall, C. et Rossman, G.B. (1989). *Designing qualitative research*. Newbury Park, CA: Sage.

Mohamed A., Wisnieski J., Askar M. et Syed A. (2004). Towards a theory of spirituality in the workplace. *Competitiveness Review*, vol.14.

Morin, E.M., Savoie, A. et Beaudin, G. (1994). *L'efficacité de l'organisation. Théories ? représentations et mesures.* Montréal, Gaëtan Morin.

Ogien, R. (2007). *L'éthique aujourd'hui*. Gallimard, Coll. « Folio ».

Paillé, P et Muchielli, A. (2016*). L'analyse qualitative en Sciences de Gestion*. 4e edition : Armand Colin.

Pauchant, T.C. et collaborateurs (2000). *Pour un management éthique et spirituel. Défis, cas, outils et question. Collection spiritualité au travail Montréal*. Québec : Fides, presses HEC.

Pirès, A.P. (1997). Échantillonnage et recherche qualitative : essai théorique et méthodologique. Dans J. Poupart, J.-P. Deslauriers, L.- H. Groulx, A. Laperrière, P. Mayer & A.P. Pirès, *La recherche qualitative : Enjeux épistémologiques et méthodologiques* (p.113- 172). Boucherville : G. Morin.

PNUD. (2020). *La prochaine frontière : Le développement humain et l'Anthropocène.* Rapport sur le développement humain 2020.

http://hdr.undp.org/sites/default/files/hdr_2020_overview_french.pdf

Thévenet M. (2011). Management et religion. La poule devant un couteau. *Revue internationale de psychosociologie et de gestion des comportements organisationnels*, vol. XVII, 27-43.

Touna Mama. (2018). *L'économie camerounaise à l'épreuve de l'émergence :* afrédit, Africain d'édition.

Wilber, K., (dir). (1984). *Quantum Questions. Mystical Writing of the World's Great Physicists.* Boston: Shambhala Publications.

Chapitre 16

Affiliation religieuse et performances scolaires au Cameroun

Religious affiliation and school achievements in Cameroon

Marcellin Stéphane BELLA NGADENA
stephane.bellangadena@gamil.com
Université de Yaoundé II
Cameroun

Henri NGOA TABI
ngoa_henri@yahoo.fr
Université de Yaoundé II
Cameroun

Résumé : *L'objectif de la présente étude est d'estimer les effets de l'affiliation religieuse sur les performances scolaires au Cameroun. Les performances en lecture et en écriture d'une phrase, en langues officielles , ont été estimées dans des fonctions de production de l'éducationn. Le différentiel de performance, en lecture et en écriture d'une phrase, a été obtenu par la méthode d'Oaxaca-Blinder. Les résultats montrent que les élèves d'obédiences catholique et musulmane ont moins de chances de savoir lire et écrire une phrase en français ou en anglais que les élèves protestants. La décomposition Oaxaca-Blinder du différentiel total de performances, en lecture et en écriture d'une phrase en langue officielle, entre les élèves chrétiens et les élèves musulmans montre que c'est la composante caractéristique qui explique le plus différentiel entre ces deux groupes. Précisément, la composante caractéristique explique à 332,8 % le différentiel en lecture et en écriture d'une phrase en français entre les élèves chrétiens et musulmans et à 130,74 % le différentiel de lecture et d'écriture d'une phrase en anglais. Par ailleurs, cette composante dépend des caractéristiques de l'école qui relève de la politique éducative.*

Mots clés : Religion, performances scolaires, fonction de production éducationnelle

Abstract: *The objective of this study is to estimate the effects of religious affiliation on school achievements in Cameroon. Using a sample of students from ECAM 4, reading and writing a sentence in official languages (English and French) were estimated in educational production functions. The differential in reading and writing a sentence according to the two groups of Christians and Muslims was obtained by the Oaxaca-Blinder method. The results show that Catholics and Muslims students are less likely to be able to read and write a sentence in French or English than Protestants students. The Oaxaca-Blinder decomposition of the total differential in reading and writing a sentence in official language between Christians and Muslims students shows that is the characteristic component that explains the most differential between these two groups. Specifically, the characteristic component explains 332.8% of the differences in reading and writing a sentence in French between Christians and Muslims students and 130.74% of differences in reading and writing a sentence in English. Moreover, this component depends on the characteristics of the school which falls under the educational policy.*

Keywords*: Religion, school achievements, education production function*

1. Introduction

Depuis les travaux de North (1990), l'analyse de l'influence des institutions comme la religion sur l'éducation, connaît un regain d'intérêt en sciences économiques (Bryan et al., 2021, Gallego et Woodberry, 2010, Iyer, 2016). En effet, la religion peut affecter les performances scolaires à travers les pratiques de vie morale qu'elle prône (Acemoglu et al., 2014, Nunn, 2010, Regnerus, 2003, Woodberry, 2012). Cependant, la littérature économique présente des effets ambigus de la religion sur les performances scolaires. D'un côté, des études montrent que c'est l'institution, école confessionnelle, qui affecte la réussite scolaire (Jeynes, 2003, Coleman et al., 1982, Chubb et Moe, 1990, Berman, 1974, Mengolo, 2016). De l'autre côté, les recherches démontrent que les normes et les habitudes propres à une obédience religieuse influencent les performances scolaires (Basedau et al., 2018, Becker et Woessman, 2009, Becker et Woessman, 2010, Glaeser et al., 2002, Glaeser et Sacerdote, 2008). En d'autres termes, c'est l'affiliation religieuse qui affecte la réussite des élèves. A ce niveau, deux principales analyses sont mises en exergue. D'une part, une analyse simple qui traite des effets négatifs (Darnell et Sherkat, 1997, Lehrer, 1999) ou positifs (Gruber, 2005, Byfield, 2008) de l'appartenance religieuse sur les performances scolaires. D'autre part, une analyse qui compare les effets respectifs des affiliations religieuses sur les résultats académiques (Chiswick, 1988, Lehrer, 2006, Tomes, 1983).

L'ambiguïté de cette relation est observable au Cameroun. Il est constaté que les écoles privées confessionnelles enregistrent les meilleures performances scolaires. A titre illustratif, à la session 2019 des examens officiels, le trio de tête en fonction du taux de réussite est constitué des établissements privés confessionnels que sont : Jean-Tabi, François-Xavier Vogt et Libermann. Les taux de réussite respectifs sont de 100 %, de 99,15 % et de 98,23 %. De plus, au cours de cette session le meilleur lauréat national est inscrit dans un établissement privé confessionnel (OBC, 2021). Toutefois, la région du Grand Nord[1] du Cameroun où la majorité de la population est d'obédience musulmane enregistre le taux d'achèvement au cycle primaire le plus bas en 2014. Le taux d'achèvement est de 63,6 % (PASEC, 2014). Davantage, les pratiques religieuses ont baissé sensiblement le taux de réussite aux examens officiels par l'interdiction du port du masque des élèves qui a conduit à leur expulsion dans les salles d'examen (Actu Cameroun, 2020).

[1] Le Grand Nord est composé de trois régions à savoir Adamaoua, Extrême-Nord et Nord

Par ailleurs, la rareté des indicateurs de la religion fait en sorte que peu de recherches empiriques s'intéressent à ses effets sur les performances scolaires dans les pays africains (Bella, 2021 ; Mijiyawa, 2010). En effet, la plupart des études empiriques sur la relation entre la religion et la réussite scolaire ont été réalisées dans les pays développés. Par exemple, Lehrer (2006) dans une étude sur les femmes blanches et noires aux Etats-Unis montre que la participation aux activités religieuses dans l'enfance augmente la probabilité de décrocher un diplôme au cycle secondaire. Glaeser et Sacerdote (2008) utilisent l'enquête sociale aux États-Unis pour montrer que la fréquentation de l'église est positivement liée à l'éducation au niveau individuel. Cependant, la relation entre les deux variables est négative au niveau agrégé. Becker et Woessman (2010) quant à eux dans une étude sur le Royaume de Prusse trouvent que le protestantisme a un effet positif sur l'offre scolaire et la scolarisation dans 293 comtés.

Les études précédentes ont validé l'existence de la relation entre la religion et l'éducation. Toutefois, peu d'études sur cette relation ont été réalisées au Cameroun. A notre connaissance, seul Mengolo (2016) a analysé les effets de la religion sur l'éducation. Il se focalise sur les effets de l'enseignement confessionnel catholique dans son étude. Il procède à une analyse juridique de la relation en mettant un accent sur « l'école confessionnelle catholique ». La présente étude se démarque de la précédente en se fixant comme objectif d'analyser les effets de l'affiliation religieuse des élèves sur leurs performances scolaires au Cameroun. En effet, l'affiliation religieuse a également des effets sur les performances scolaires. Cet objectif va permettre de contribuer à la littérature pour quatre raisons. Premièrement, elle utilise l'affiliation religieuse de l'élève pour analyser les effets de la religion sur les performances scolaires au Cameroun. Deuxièmement, elle expose la contribution des différentes obédiences religieuses présentes au Cameroun sur les performances scolaires. Troisièmement, elle utilise une technique de décomposition adéquate pour ressortir les écarts de performances scolaires entre les deux principales affiliations religieuses présentes au Cameroun. Quatrièmement, elle va fournir aux décideurs des informations sur les déterminants des résultats scolaires pour atteindre un taux d'achèvement de 100 % au niveau primaire (MINEPAT, 2020) et de ce fait veiller à l'éducation des camerounais comme le préconise Touna Mama (2008)

Pour atteindre cet objectif, l'étude se sert d'un échantillon de 11 330 élèves âgés de 6[2] à 19 ans inscrits au cours de l'année scolaire 2013-2014. Cet échantillon est tiré de la Quatrième Enquête auprès des Ménages (ECAM 4) de l'INS (2014). Elle utilise la fonction de production éducationnelle de Hanushek (1979 ; 2020) et la technique de Fairlie (1999). Les résultats montrent que l'affiliation religieuse affecte les compétences en lecture et en écriture d'une phrase en langue officielle. Ils montrent précisément que les élèves catholiques et ceux musulmans ont moins de chances de savoir lire et écrire une phrase en français ou en anglais que les élèves protestants. Les résultats obtenus de la décomposition indiquent que les caractéristiques (individuelles, familiales et scolaires) contribuent à l'écart de performances scolaires entre les élèves chrétiens et les élèves musulmans. Environ 311, 45 % de l'écart de performances en lecture et écriture d'une phrase en français découlent des caractéristiques. Tandis que 122,38 % de la différence de performance en lecture et en écriture d'une phrase en anglais dépendent de ces caractéristiques.

Le reste de l'article est organisé de la manière suivante. La section 2 fait une revue de la littérature sur la relation entre la religion et l'éducation. La section 3 quant à elle présente la base de données et les variables de l'étude. La section 4 expose la démarche empirique. La section 5 procède à une discussion des résultats obtenus, et la section 6 conclut avec les pistes de recherche futures.

2. Revue de la littérature

La littérature qui traite des effets de la religion sur l'activité économique s'est intensifiée avec les travaux de Iannaccone (1998). Une partie de cette littérature s'est concentrée sur les effets que la religion peut avoir sur l'accès à l'école ou la réussite scolaire. En effet, les faits historiques montrent que les puissances colonisatrices se sont servies des missionnaires pour débuter ou pour continuer l'éducation dans leurs colonies à des degrés variables (Acemoglu et al., 2014, Gallego & Woodberry, 2010). Avec les travaux théoriques de Weber (1958), un cadre analytique pour comprendre la relation entre l'affiliation religieuse et l'éducation a été développé. Cet auteur postule l'hypothèse selon laquelle l'éthique du travail chère à l'obédience

[2] Selon la loi n° 98/004 du 14 avril 1998, l'âge requis pour entrer au cycle primaire est de 6 ans.

protestante est un facteur important à l'essor du capitalisme et de l'éducation. Sur cette base, un élève affilié à cette obédience précise serait plus disposé à l'apprentissage scolaire, en raison cette éthique. Cependant, Becker & Woessman (2009) critiquent cette hypothèse. Ils montrent que c'est la lecture de la Bible par les croyants de cette obédience qui génère le niveau d'éducation nécessaire pour le développement économique.

Par ailleurs, la religion affecte la réussite scolaire par la morale et le capital social (Horwitz, 2020 ; Smith, 2003). En ce qui concerne la morale, elle reflète les textes et les enseignements religieux qui promeuvent la maîtrise de soi et la vertu personnelle. De ce fait, ils encouragent les élèves affiliés à être consciencieux et assidus. Ces caractères sont des atouts pour la réussite scolaire (Saroglou, 2010 ; Hardy & Carlo, 2005). Le capital social quant à lui fait spécifiquement référence aux liens relationnels entre les élèves et les adultes (ministres de la Jeunesse, les enseignants de l'école du dimanche, les directeurs de la chorale, etc.) noués au sein des congrégations religieuses. Ces liens offrent aux élèves la possibilité d'obtenir de l'aide pour faire leurs devoirs, et de s'informer sur les programmes compétitifs, donc accroître leur réussite académique (Burstein, 2007 ; Horwitz, 2020 ; Smith, 2003).

Les études empiriques vont chercher à valider ces différents arguments théoriques. Certaines études vont montrer que l'affiliation religieuse améliore les performances scolaires (Lehrer, 2006 ; Loury, 2004 ; Jeynes, 2003 ; Regnerus, 2003 ; Lee & Pearce, 2019). Par exemple, Mentzer (1988), dans une étude aux USA, se sert des coefficients de corrélation pour montrer que les obédiences religieuses catholique et protestante sont corrélées positivement à la réussite académique. En se servant des régressions estimées par les Moindres Carrés Ordinaires (MCO), Lehrer (1999) utilise les données de l'Enquête nationale sur les familles et les ménages de 1987-1988 pour analyser l'influence de la religion sur le nombre d'années d'études. Il trouve que le niveau d'éducation est le plus élevé pour les juifs avec une marge d'environ 2 ans ; tandis qu'il est le plus bas pour les protestants fondamentalistes avec une marge d'environ 1 an. Kim (2015) a recourt à la méthode d'appariement des scores (*Propensy Score Matching*) pour montrer que les personnes qui assistent fréquemment à des services religieux accomplissent 0,69 année de scolarité de plus que celles qui n'assistent pas aux services religieux.

D'autres études trouvent un lien négatif entre l'affiliation religieuse et les performances scolaires (Deaton, 2009 ; Glass & Jacobs, 2005). Par exemple, Darnell & Sherkat (1997) partent du principe que les habitudes propres aux protestants fondamentalistes comme l'interprétation littérale des Saintes Ecritures, peuvent les rendre hostiles à l'apprentissage scolaire. Précisément, ces protestants trouvent que les découvertes scientifiques sont des alternatives aux vérités divines. Uecker & Pearce (2017) ont des résultats similaires sur les protestants fondamentalistes. Ils montrent que ces protestants ont tendance à terminer leurs études plus tôt que les autres groupes religieux. Li & Murphy (2018), sur un échantillon de 740 étudiants aux USA, trouvent que l'appartenance religieuse n'a pas d'influence sur la note finale aux examens dans l'enseignement supérieur.

Il ressort de la revue que la religion a des effets sur les performances scolaires et ces effets sont hétérogènes (soit positif soit négatif).

3. Source de données et variables utilisées

L'étude se sert des données issues de ECAM 4 réalisée par l'INS (2014). L'objectif général d'ECAM4 est de produire des indicateurs sur les conditions de vie des populations et d'actualiser le profil de la pauvreté. ECAM4 porte sur un échantillon de 12 897 ménages. Il faut préciser que l'enquête ECAM4 n'est pas directement liée à la réussite scolaire. Toutefois, cette enquête a été choisie, car elle est la dernière réalisée. Elle apporte des informations relatives à la religion du chef de ménage et aux performances scolaires. Lors de cette enquête, la question relative à l'affiliation religieuse du chef de ménage enquêté a été explicitement posée. Les questions sur les performances scolaires ont aussi été posées. Elles portent sur les compétences en lecture et écriture d'une phrase en français et d'une phrase en anglais. L'échantillon de la présente étude est constitué des élèves âgés de 6 à 19 ans inscrits en 2013-2014. La taille de cet échantillon est de 11 330 élèves. Les sous-sections suivantes vont, tour à tour, présenter les statistiques descriptives de l'affiliation religieuse des élèves, des résultats scolaires et des autres déterminants des résultats scolaires.

3.1. Affiliation religieuse des élèves

L'affiliation religieuse est généralement entendue comme l'association auto-identifiée d'une personne avec une obédience religieuse, telle que l'église à laquelle un individu appartient. Au Cameroun, la liberté de culte est garantie par la constitution du 18 janvier 1996. L'enquête ECAM 4 permet de connaître l'obédience religieuse du chef de ménage. En général, au Cameroun avant l'âge de la majorité civile[3] (21 ans), les élèves s'affilient à l'obédience du chef de leur ménage. Ainsi, la présente étude considère que l'affiliation religieuse de l'élève inscrit est celle du chef de ménage. Sur les 11 330 élèves de l'échantillon, 42,78 % d'élèves sont catholiques, 29,02 % d'élèves sont protestants, 19,21 % d'élèves sont musulmans et 8,99 % d'élèves sont autres chrétiens[4].

Tableau 1 : *Répartition des élèves selon leur affiliation religieuse*

Religion des élèves	Effectifs
Protestant	3137
Catholique	4625
Musulman	2077
Autres chrétiens	972
Pas de religion	519
Total	**11 330**

Source : Auteurs, à partir des données de l'INS (2014).

3.2. Performances scolaires

Généralement définie comme la maîtrise des connaissances, la performance scolaire peut être mesurée par des indicateurs comme le taux de réussite, le taux de redoublement et les tests spécifiques de connaissances sur les matières enseignées (Koretz, 1997 ; Hanushek, 1979). Dans ECAM 4, l'indicateur de performances scolaires disponible est le test de connaissance. Il s'agit de : « sait lire et écrire une phrase ». La présente étude retient les questions « sait lire et écrire une phrase » en langue officielle (anglais et/ou français). La réponse à la question « sait lire et écrire une phrase » est dichotomique. Elle prend la valeur « oui » si l'individu sait lire et écrire une phrase, et la valeur « non » dans le cas contraire.

Le tableau 2 donne la répartition des élèves en fonction de leur affiliation religieuse et de leurs performances scolaires. La colonne 1 donne la répartition des élèves pour la lecture et l'écriture en français.

[3] L'article 488 du Code civil stipule que la majorité est fixée à vingt et un ans, à cet âge on est capable de tous les actes de la vie civile.
[4] Autres chrétiens regroupent les obédiences telles que : les pentecôtistes, les baptistes et toutes les églises de réveil.

La colonne 2 quant à elle donne la répartition des élèves pour la lecture et l'écriture en anglais. En général, 75,98 % des élèves ont répondu « non » à la question « sait lire et écrire une phrase en français ». Pour ce qui concerne, « sait lire et écrire une phrase en anglais », 24,02 %, des élèves ont répondu « oui » à la question. Les données montrent aussi que les affiliations « catholique » et « protestante » sont positivement corrélées avec les performances en lecture et en écriture d'une phrase. Tandis que l'affiliation religieuse musulmane est négativement corrélée à ces performances. La tendance de ces chiffres est en conformité avec les résultats du PASEC (2014). Ils montrent que 70,3 % des élèves au cycle primaire sont en dessous du seuil « suffisant » en langue.

Tableau 2 : *Répartition des élèves en fonction de leur affiliation religieuse et de la performance en lecture et écriture d'une phrase en langue officielle*

	lire et écrire en français (1)				**lire et écrire en anglais (2)**			
Obédience religieuse	Oui	Non	**Total**	ρ	Oui	Non	**Total**	ρ
Protestante	845	2292	**3137**	0,04	810	2327	**3137**	0,02*
Catholique	1244	3381	**4625**	0,02*	1162	3463	**4625**	0,03*
Musulmane	510	1567	**2077**	-0,03*	392	1685	**2077**	-0,07*
Autres chrétiens	236	736	**1102**	0,01	249	723	**972**	0,01
Pas de religion	125	394	**519**	-0,01	109	410	**519**	-0,19*
Total	**2722**	**8608**	**11330**		**2613**	**8198**	**11330**	

Notes : * donne la significativité à 5 %, ρ donnent les coefficients de corrélation de Pearson

Source : Auteur, à partir des données de l'INS (2014).

3.3. Variables de contrôle

L'étude prend en compte les autres variables qui influencent les performances scolaires. Le choix de ces variables s'est fait suivant leur disponibilité dans la base ECAM 4 et les arguments théoriques qui attestent une relation entre ces variables et les résultats scolaires. Il s'agit :

- Des caractéristiques individuelles de l'élève : elles ont des effets sur la productivité de l'élève (Hanushek, 2020 ; Todd & Wolpin, 2003). Dans cette catégorie, il a été retenu le genre (GEN) et l'âge de l'individu. L'échantillon est composé à 51,44 % de garçons et de 48,56 % de filles ;

- Des caractéristiques familiales : elles donnent des informations sur l'environnement dans lequel les élèves vivent (Haveman & Wolfe, 1995 ; Leibowitz, 1974). Il a été choisi : le statut matrimonial des parents (STAT), la taille du ménage (TAIL) et l'origine de l'individu. Les élèves de l'échantillon ont des tendances similaires pour le statut matrimonial et la nationalité. Plus 97 % des élèves ont des parents en union libre ou célibataire et 99,18 % des élèves sont de nationalité camerounaise. La taille de ménage moyenne de l'échantillon est de 8 personnes par ménage, et ;

- Des caractéristiques de l'école : elles appréhendent l'environnement scolaire des élèves (Rivkin et al., 2005). En nous appuyant sur la loi N° 98/004 du 14 avril 1998, il a été sélectionné comme variables : le sous-système[5] (SYST), le type d'établissement (ETA) et le cycle de l'élève en 2012-2013. S'agissant du sous-système 73,85 % des élèves sont dans le sous-système francophone, 21,56 % des élèves sont dans le sous-système anglophone et 4,59 % sont dans celui divers[6]. Pour ce qui concerne le type d'établissement, 73,91 % des élèves de l'échantillon sont inscrits dans un établissement public, 16,68 % des élèves sont inscrits dans un établissement privé laïc et 9,41 % des élèves sont inscrits dans un établissement privé confessionnel. 68,28 % des élèves sont au cycle primaire en 2012-2013 et 31,72 % des élèves sont au cycle secondaire.

L'analyse descriptive des données a permis d'exposer les corrélations potentielles qui existent entre l'affiliation religieuse et les performances scolaires. Cependant, elle ne permet pas d'estimer les effets de l'affiliation religieuse sur les performances scolaires, l'analyse

---

[5] L'article 15 de la loi n° 98/004 du 14 avril 1998 stipule que le système éducatif camerounais est organisé autour s'un sous-système anglophone et d'un sous-système francophone.

[6] Le sous-système divers comprend les écoles bilingues et celles qui appliquent le système étranger

économétrique qui permet de résoudre cette difficulté est utilisée. La section suivante présente la démarche empirique retenue.

4. Démarche empirique

Cette partie expose la démarche empirique utilisée pour atteindre notre objectif. Elle est composée de deux sous-sections. La première sous-section présente le modèle qui permet d'estimer les effets de l'affiliation des élèves sur les performances scolaires. La deuxième sous-section quant à elle décrit la technique de décomposition de Fairlie (1999).

4.1. Modèle : la fonction de production éducationnelle

La fonction de production éducationnelle exprime la relation entre différents inputs et le résultat d'un système éducatif (Hanushek, 1979 ; Hanushek, 2020 ; Todd & Wolpin, 2003). Dans sa forme générale, elle peut s'écrire de manière suivante :

$$Y_i=f(CI_i, CF_i, S_i) \quad (1)$$

Avec Y_i :l'output du système éducatif dans notre étude « sait lire et écrire une phrase en langue officielle » de l'élève *i*, CF_i :les caractéristiques de la famille de l'élève *i*, CI_i :les caractéristiques propres à l'élève *i*, S_i: les caractéristiques de l'école de l'élève *i*.

Les performances en lecture et en écriture en langue officielle sont des variables binaires (valeurs oui ou non). Dans ce cas les modèles *Logit* ou *probit* sont adéquats (Wooldridge, 2013). Même si les deux types de régressions donnent des résultats similaires, la présente étude opte pour la régression logistique pour deux raisons. Premièrement, cette régression donne des résultats faciles à interpréter. Deuxièmement, elle permet d'avoir des résultats qui sont des inputs nécessaires pour implémenter la technique de décomposition des écarts de performances scolaires.

Le modèle *Logit* peut se décrire de la manière suivante : soit P_i la probabilité de l'individu *i* de savoir lire et écrire une phrase en langue officielle ; $(1-P_i)$ est la probabilité contraire. La transformation logistique est donnée par la relation suivante :

$$\text{Logit}(P_i)=log\left(\frac{P_i}{(1-P_i)}\right) \quad (2)$$

Cette transformation permet d'écrire la variable dépendante Y_i de la manière suivante:

$$Y_i=log\left(\frac{P_i}{(1-P_i)}\right) \quad (3)$$

L'étude suit la forme linéaire[7] de la fonction de production éducationnelle développée par Hanushek (1979, 2020). Nous estimons l'équation ci-dessous écrite sous forme matricielle :

$$Y=\alpha+\beta CI+\delta CF+\rho S+\varepsilon \quad (4)$$

Où α est la constante, β la matrice de paramètres à estimer des caractéristiques individuelles de l'élève i, δ la matrice des paramètres à estimer des caractéristiques fa de l'élève i, ρ la matrice des paramètres à estimer des caractéristiques de l'école de l'élève i, et ε est la matrice des termes d'erreur.

4.2. Décomposition de Fairlie

La technique de décomposition permet de calculer l'écart d'une variable dépendante entre deux groupes. Il existe plusieurs méthodes de décomposition : Oaxaca (1973), Blinder (1973), Juhn et al. (1993) et Fairlie (1999). Cependant, seule la méthode de Fairlie (1999) est applicable aux variables binaires et au *Logit*. Elle permet également de dépasser le simple constat de différences brutes de performances scolaires entre membres de groupes différents (chrétiens et musulmans). Pour utiliser cette méthode, il faut au préalable avoir deux groupes. L'échantillon a été scindé en deux principaux groupes en fonction de l'affiliation religieuse. Il s'agit du groupe des élèves chrétiens[8] et de celui des élèves musulmans. A l'aide des paramètres estimés du *Logit* et des valeurs moyennes des différentes variables, les

---

[7] Hanushek (1979) montre qu'il est difficile d'appliquer les modèles Cobb Douglas et logarithmiques à la fonction de production éducationnelle.

[8] Le groupe chrétien est constitué des élèves catholiques, protestants et autres chrétiens.

équations des deux groupes s'expriment sous forme matricielle de la manière suivante :

$$\bar{Y}^m = \hat{\Gamma}^m \bar{X}^m \quad (5)$$

$$\bar{Y}^c = \hat{\Phi}^c \bar{X}^c \quad (6)$$

Avec : $\bar{Y}^m$ la matrice des valeurs moyennes qui prend en compte les performances scolaires pour les élèves du groupe musulman ;

$\hat{\Gamma}^m$:La matrice des paramètres estimés des élèves du groupe musulman ;

$\bar{X}^m$:La matrice des valeurs moyennes des variables explicatives des élèves du groupe musulman ;

$\bar{Y}^c$: La matrice des valeurs moyennes qui contient les performances scolaires des élèves pour les élèves du groupe chrétien ;

$\hat{\Phi}^c$: La matrice des paramètres estimés des élèves du groupe chrétien, et ;

$\bar{X}^c$:La matrice des valeurs moyennes qui prend en compte les variables explicatives des élèves du groupe chrétien.

Fairlie (1999) préconise de faire la différence des variables dépendantes estimées pour calculer l'écart. Il s'agit de procéder à la différence entre les valeurs moyennes des performances scolaires des élèves musulmans et celles des performances scolaires des élèves chrétiens. La différence est donnée par la relation (7):

$$DT = \bar{Y}^m - \bar{Y}^c = \left[\sum_{i=1}^{N^m} \frac{F(X_i^m \hat{\Gamma}^m)}{N^m} - \sum_{i=1}^{N^c} \frac{F(X_i^c \hat{\Gamma}^m)}{N^c}\right] + \left[\sum_{i=1}^{N^c} \frac{F(X_i^c \hat{\Gamma}^m)}{N^c} - \sum_{i=1}^{N^c} \frac{F(X_i^c \hat{\Phi}^c)}{N^c}\right] \quad 7)$$

En utilisant les estimations des coefficients de la régression *Logit*, la contribution d'une variable indépendante par exemple *CI* à l'écart performances scolaire peut alors être exprimée par la relation ci-dessous :

$$\frac{1}{N^c}\sum_{i=1}^{N^c} F\left(\alpha^* + CI_i^m\hat{\beta}^* + CF_i^m\hat{\delta}^* + S_i^m\hat{\rho}^*\right) - \left(\alpha^* + CI_i^c\hat{\beta}^* + CF_i^m\hat{\delta}^* + S_i^m\hat{\rho}^*\right) \quad (8)$$

La contribution de chaque variable à l'écart de performances scolaire est égale à la variation de la probabilité moyenne prédite en remplaçant la distribution musulmane par la distribution chrétienne de cette variable. Toutes les distributions des autres variables sont maintenues constantes. Une propriété utile de cette technique est que la somme des contributions des variables individuelles sera égale à la contribution totale de toutes les variables évaluées avec la distribution chrétienne (Fairlie, 1999 ; Fairlie, 2006).

5. Résultats

La démarche empirique utilisée a reposé sur deux étapes. Dans la première étape, les fonctions de production éducationnelle ont été estimées. Dans la deuxième étape, les écarts de compétences en lecture et écriture en langue officielle ont été décomposés grâce à la méthode de Fairlie (1999).

5.1. Résultats de la fonction de production éducationnelle

Le tableau 3 reproduit les principaux résultats des estimations. Les résultats obtenus sur les performances scolaires en français sont reproduits dans la colonne 1 et la colonne 3. Les colonnes 2 et 4 donnent les résultats sur les performances scolaires en anglais. Les colonnes 1 et 2 prennent en compte exclusivement l'affiliation religieuse comme déterminant des performances scolaires en français et en anglais. Les colonnes 3 et 4 donnent les résultats pour les performances en français et en anglais en ajoutant les variables de contrôle. La valeur numérique des coefficients du modèle *Logit* n'a pas une interprétation directe, les effets des variables explicatives de nos estimations s'apprécient sur les « *odds ratios* ».

De manière générale, les régressions sont plus ou moins significatives. Certains coefficients sont significatifs et d'autres coefficients ne sont pas. L'affiliation religieuse affecte les performances scolaires précisément « sait lire et écrire une phrase » en langue officielle. L'affiliation religieuse protestante a été prise comme référence pour deux raisons. La première raison est relative aux arguments théoriques que l'affiliation protestante est associée à une réussite scolaire élevée (Becker & Woessman, 2009 ; Becker &Woessman, 2010 ; Lehrer, 1999). La deuxième raison est relative aux données présentées le tableau 2. En ce qui concerne le français, les élèves musulmans ont moins de chances de savoir lire et écrire une phrase en français que ceux protestants. En effet, le coefficient associé à cette affiliation religieuse est significatif à 10 %. Le « *odds ratio* » associé à la variable implique que, toute chose égale par ailleurs, qu'un élève affilié à la religion musulmane a 0,88 fois moins de chance de savoir lire et écrire une phrase en français qu'un élève protestant. Lorsque les autres déterminants des performances scolaires sont pris en compte, ce sont les obédiences catholique et musulmane qui ont des coefficients significatifs à 1 %. C'est dire toutes choses égales par ailleurs, qu'un élève d'obédience catholique a 0,79 fois moins de chances de savoir lire et écrire une phrase en français qu'un élève protestant tandis qu'un élève musulman a 1,31 de chances de plus de savoir lire.

Quant aux performances scolaires approximées par « sait lire et écrire une phrase en anglais », les résultats montrent les affiliations musulmane et catholique ont aussi moins de chances de savoir lire et écrire que les élèves protestants. Les élèves musulmans ont des performances scolaires plus faibles que les élèves protestants lorsque la religion est prise comme déterminant exclusif. Les élèves catholiques quant à eux sont moins performants que les élèves protestants lorsque les variables de contrôle sont ajoutées. Le « *odds ratio* » associé à la variable musulmane implique, toutes choses égales par ailleurs, qu'un élève musulman a 0,67 moins de chances de savoir lire et écrire une phrase en anglais qu'un élève protestant. De même, un élève catholique a 0,82 fois moins de chances de savoir lire et écrire qu'un élève protestant.

De manière générale, les résultats obtenus établissent un lien entre l'affiliation religieuse de l'élève et les performances scolaires au Cameroun. Ces résultats confirment l'hypothèse théorique de Weber (1958) qui stipule que les élèves protestants ont de meilleures performances scolaires que les élèves des autres affiliations religieuses. En effet, l'éthique au travail incite les élèves à créer l'ordre et la discipline. North (1990) souligne que l'ordre est un atout pour accumuler les compétences et les connaissances. Autrement dit l'ordre et la discipline sont des atouts pour la réussite scolaire. Le résultat est similaire à celui de Lehrer (1999) qui a mis en relation différentes affiliations (catholique et protestante) avec la réussite scolaire aux Etats-Unis. Cet auteur trouve que les élèves protestants ont une meilleure réussite scolaire que les élèves catholiques. Il cadre aussi avec celui de Bhalotra et al. (2014) qui montre que l'identité religieuse des législateurs affecte les résultats scolaires en Inde.

Tableau 3 : *Principaux résultats des estimations sur les performances scolaires*

Variables	(1) lire et écrire en français		(2) lire et écrire en anglais		(3) lire et écrire en français		(4) lire et écrire en anglais	
	Coef	OR	Coef	OR	Coef	OR	Coef	OR
Protestant	**REF**		**REF**		**REF**		**REF**	
Catholique	**-0,002**	**1**	**-0,037**	**0,96**	**-0,229*****	**0,79**	**-0,200*****	**0,82**
	(0,052)		**(0,053)**		**(0,073)**		**(0,076)**	
Musulman	**-0,125***	**0,88**	**-0,403*****	**0,67**	**0,273*****	**1,31**	**0,117**	**1,12**
	(0,065)		**(0,069)**		**(0,093)**		**(0,103)**	
Autres Chrétiens	**-0,140**	**0,87**	**-0,011**	**0,99**	**0,008 2**	**1,01**	**0,086 1**	**1,09**
	(0,085)		**(0,084)**		**(0,107)**		**(0,120)**	
Pas de religion	**-0,150**	**0,86**	**-0,270****	**0,76**	**0,154**	**1,17**	**0,304**	**1,36**
	(0,110)		**(0,115)**		**(0,155)**		**(0,185)**	
Masculin					REF		REF	
Féminin					-0,207***	0,81	-0,095	0,91
					(0,058)		(0,063)	
Marié					REF		REF	
Divorcé					-1,479	0,23	-1,461	0,23
					(0,955)		(0,998)	
Célibataire					-1,463***	0,23	-0,632*	0,53
					(0,393)		(0,350)	
Taille du ménage					0,026 4***	1,03	0,013 2	1,01
					(0,009 2)		(0,009 6)	
Camerounais					REF		REF	
Immigrés					-0,368	0,7	-0,502	0,61
					(0,347)		(0,394)	
Francophone					0,541***	1,72	0,226	1,25
					(0,143)		(0,155)	
Anglophone					-0,600***	0,55	0,176	1,19
					(0,152)		(0,164)	
Ecole Publique					0,472***	1,6	0,418***	1,52
					(0,108)		(0,111)	

Ecole privée Laïc					0,300**	1,35	0,277**	1,32
					(0,123)		(0,128)	
Primaire					REF		REF	
Secondaire					3 629***	37,68	4 146***	63,17
					(0,063)		(0,073 3)	
Constante	-0,99***	0,35	-1,055***	0,34	-2 057***	0,13	-3 295***	0,04
	(0,040 2)		(0,040 8)		(0,430)		(0,403)	
Observations	11 330		11 330		11 330		11 330	
R^2	0,000 6		0,003 6		0,389		0,457	

Notes : Coef donnent les coefficients des estimations, OR désignent les *Odds Ratio*, les statistiques t robustes sont entre parenthèses***p < 0,01 significatif à 1 %, ** p < 0,05 significatif à 5 %, * p < 0,1 significatif à 10 %. Les variables d'intérêt sont en gras et REF donne la catégorie de référence.

Source : Auteur, à partir des données de l'INS (2014).

Relativement aux variables de contrôle, le sexe de l'élève a des effets sur les performances scolaires en français. Le coefficient associé à cette variable est significatif à 1 % et négatif. Un élève de sexe féminin a moins de chances de savoir lire et écrire une phrase en français qu'un élève de sexe masculin. La taille du ménage a une relation positive avec les performances en lecture et en écriture d'une phrase en langue officielle. Le coefficient associé à cette variable est significatif à 1 % et positif. Ce résultat est contraire avec les conclusions de Black et al. (2005) en Norvège, de Coury & Razafindratsima (2000) à Antananarivo. L'une des explications à ce résultat se trouve dans la théorie du capital social qui montre que les ménages de grande taille multiplient les interactions entre les membres du ménage ce qui peut concourir à leur réussite scolaire. Marteleto & de Souza (2012) ont obtenu un résultat similaire sur les effets de la taille du ménage sur l'éducation (positif et même aucun lien).

Au niveau des caractéristiques de l'école, le type d'école fréquenté et le sous-système influencent les performances des élèves. En ce qui concerne le type d'école, il est remarqué que le type public et le type privé laïc améliorent les performances en lecture et en écriture d'une phrase en français ou en anglais. Les coefficients associés à ces deux déterminants sont significatifs à 1 %, et ils sont positifs. Le sous-système affecte les performances des élèves en français. Le sous-système anglophone réduit les chances des élèves de savoir lire et écrire une phrase en français. Le sous-système francophone accroît les chances de savoir lire et écrire une phrase en français. Les coefficients associés à ces deux variables sont significatifs à 1 %, et ils sont respectivement négatifs et positifs. Pour finir, le cycle de l'élève en 2012-2013 affecte les performances scolaires en français ou en anglais. Le coefficient associé à cette variable est significatif à 1 % pour les deux estimations qui l'intègrent. Précisément, un élève qui a le niveau secondaire a 37,68 fois plus de chances de savoir lire et écrire une phrase en français qu'un élève du niveau primaire, toutes choses égales par ailleurs. Une interprétation similaire peut être faite pour « sait lire et écrire une phrase en anglais ».

5.2. Résultats de la décomposition Fairlie

Le tableau 4 reproduit les résultats par la technique de décomposition Fairlie. La colonne (1) du tableau donne les résultats pour « sait lire et écrire une phrase en français ». La colonne (2) reproduit les résultats pour « sait lire et écrire une phrase en anglais ». La colonne (3) du tableau donne les résultats détaillés de la décomposition pour « sait lire et écrire une phrase en français ». La colonne (4) reproduit les résultats détaillés de la décomposition pour « sait lire et écrire une phrase en anglais ».

Les résultats montrent que la probabilité pour qu'un élève chrétien sache lire et écrire une phrase en français est de 0,264, et elle est de 0,245 pour un élève musulman. Il existe un écart de performances qui est de 0,019. Cet écart de performance scolaire en français est principalement causé par les variables explicatives ou les caractéristiques individuelles, familiales et scolaires. Il correspond à la somme des contributions des variables explicatives. Cette somme est de 0,059. Pour les performances scolaires en anglais, la probabilité qu'un élève chrétien sache lire et écrire une phrase en anglais est de 0,251, tandis qu'elle est de 0,188 pour un élève musulman. L'écart de performance scolaire entre les élèves est de. Cet écart de performance scolaire en anglais est aussi relatif aux variables explicatives.

De manière spécifique, les résultats montrent que certaines variables ont de fortes contributions à l'écart de performances scolaires. Premièrement, le cycle auquel appartient l'élève en 2012-2013 accroît l'écart de performance entre les élèves chrétiens et les élèves musulmans. En effet, les coefficients associés à cette variable explicative sont significatifs et positifs dans les deux cas. Ils augmentent l'écart de performance en lecture et en écriture d'une phrase en français et en anglais respectivement de 463,54 % et de 136,20 %. De plus, cet écart est principalement est lié au cycle primaire. Ce résultat s'explique par le fait que les élèves musulmans à ce cycle vont plus dans les écoles où l'arabe est la langue d'apprentissage. Ce résultat est similaire au résultat du PASEC (2014) qui montre que le taux d'achèvement est plus bas dans le septentrion du Cameroun.

Deuxièmement, le type d'école réduit l'écart de performances scolaires entre les élèves chrétiens et les élèves musulmans. Les coefficients associés à cette variable explicative sont significatifs et négatifs pour les deux régressions. Il réduit l'écart de performance en lecture et en écriture d'une phrase en français et en anglais respectivement de -21,98 % et de -5,60 %. Cette réduction de l'écart est principalement l'œuvre des écoles publiques. Les coefficients associés à ce type d'école sont négatifs. Ils sont plutôt significatifs et positifs pour l'école privée. Ce résultat peut s'expliquer par le fait que les écoles privées sélectionnent les élèves en fonction de leurs résultats. Ce mode de sélection des élèves tend à générer de plus grandes différences de performances entre les élèves. Ces résultats confirment d'une part les conclusions de Glewwe & Muralidharan (2016) et de Witte (1992). Ces auteurs ont montré aux USA que, l'une des missions assignées aux écoles publiques la correction des problèmes d'équité causés par les écoles privées. D'autre part, ils sont en phase avec les recommandations de Touna Mama (2018) qui montre que la construction des infrastructures en général et dans le secteur éducatif en particulier accroît les performances des élèves et une meilleure accumulation du capital humain.

Tableau 5 : *Résultats de la décomposition de Fairlie*

Composantes	lire et écrire en français	lire et écrire en anglais	lire et écrire en français		lire et écrire en anglais	
	(1)	(2)	(3)		(4)	
Chrétiens	0,2647	0,2518				
Musulmans	0,2455	0,1887				
Ecart (D)	0,0192	0,0631				
Expliqué (E)	0,0598(311,45 %)	0,0771 (122,38)				
Non-Expliqué (C)	-0,0406 (-211,45 %)	-0,0141 (-22,38)				
Variables			**E**		**E**	
			0,0598***		**0,0771**	
			coef	%	coef	%
Sexe			-0,00178**	-9,28	-0,000958	-1,52
			(0,00078)		(0,001)	
Statut matrimonial			-0,00032***	-1,67	-0,000288	-0,55
			(0,0001)		(0,000196)	
Taille du ménage			-0,0101***	-52,60	-0,0024	-3,9
			(0,0035)		(0,00358)	
Nationalité			-7,82e-05	-0,41	-0,000129	-0,21
			(0,00013)		(0,000157)	
Sous-système			-0,0127***	-66,15	-0,00135	-2,14
			(0,0013)		(0,00106)	
Type d'école			**-0,0042*****	**-21,98**	**-0,0035*****	**-5,60**
			(0,0009)		**(0,00102)**	
Type public			-0,0072***	-	-0,0059***	-
			(0,0017)		(0,0016)	
Type privé			0,0037***	-	0,00271**	-
			(0,00137)		(0,00113)	
Cycle en 2012/2013			**0,089*****	**463,54**	**0,0856*****	**136,20**
			(0,00145)		**(0,00224)**	
Primaire			0,0894***	-	0,085***	-
			(0,00144)		(0,00225)	
Secondaire			0	-	0	-
Observations	11 330	11 330	11 330		11 330	

Note : les % sont donnés par E/D, C/D et coef/D, ***p<0,01 significatif à 1%, ** p<0,05 significatif à 5%, * p<0,1 significatif à 10% les variables en gras sont celles qui ont une forte contribution.

Source : Auteur, à partir des données de l'INS (2014).

6. Conclusion

L'objectif de l'étude est d'analyser les effets de l'affiliation religieuse des élèves sur les performances scolaires au Cameroun. A l'aide d'un échantillon de 11 330 élèves âgés de 6 à 19 ans tiré d'ECAM4, les fonctions de production éducationnelle ont été estimées. Par la suite, l'écart de test en lecture et en écriture d'une phrase en langue officielle a été calculé par la technique de Fairlie. Les résultats montrent que les affiliations religieuses catholique et musulmane ont moins de chances de savoir lire et écrire une phrase en français ou en anglais que les élèves protestants. Les résultats issus de la décomposition montrent que ce sont les caractéristiques (individuelles, familiales et scolaires) qui expliquent la différence de performances scolaires entre les élèves chrétiens et les élèves musulmans. Ils indiquent que près de 311, 45 % de l'écart de performances en français découlent des variables explicatives. Tandis que, l'écart de performance en lecture et en écriture d'une phrase en anglais entre les groupes est de 122,38 %. Cet écart dépend également des variables explicatives. De plus, le cycle fréquenté et le type d'école sont les deux variables qui contribuent le plus à ces écarts. Pour réduire les écarts de performances entre les élèves, l'Etat peut promouvoir une mixité sociale dans le système éducatif par un système de sélection par loterie dans les écoles privées ou par le versement des primes aux établissements qui accueillent des élèves les moins performants. Une étude sur les pratiques religieuses propres à chaque affiliation religieuse pourrait compléter cette analyse de la relation entre la religion et l'éducation lors des études futures.

Références bibliographiques

Acemoglu, D., Gallego, F. A., & Robinson, J. A. (2014). Institutions, human capital and development. *Annual Review of Economics, 6*(1), 875-912.

Actu Cameroun. (2020). Cameroun : candidats au Probatoire, des fidèles d'une église de réveil manquent leur examen pour refus de port de masque. www.actucameroun.com.

Basedau, M., Gobien, S., & Prediger, S. (2018). The multidimensional effects of religion on socioeconomic development: a review of the empirical literature. *Journal of Economic Surveys, 32*(4), 1106-1133.

Becker, S. O., & Woessman, L. (2009). Was Weber Wrong? A Human Capital Theory of Protestant Economic History. *Quarterly Journal of Economics, 124*(2), 531-596.

Becker, S. O., & Woessman, L. (2010). The Effect of Protestantism on Education before the Industrialization: Evidence from 1816 Prussia. *Economics Letters, 107*(2), 224-228.

Bella, N. M. S. (2021). *Institutions et capital humain en Afrique subsaharienne.* (Thèse présentée et soutenue publiquement pour obtenir le grade de Docteur en Sciences Economiques), Université de Yaoundé II.

Berman, E. (1974). African Responses to Christian Mission Education. *African Studies Review, 17*(3), 527-540.

Bhalotra, S., Clots-Figueras, I., Cassan, G., & Iyer, L. (2014). Religion, politician identity and development outcomes: Evidence from India. *Journal of Economic Behavior & Organization, 104*, 4-17.

Black, S. E., Devereux, P. J., & Salvanes, K. G. (2005). The more the merrier? The effect of family size and birth order on children's education. *Quarterly Journal of Economics, 120*(2), 669-700.

Blinder, A. S. (1973). Wage discrimination: reduced form and structural estimates. *Journal of Human resources, 8*(4), 436-455.

Bryan, G., Choi, J. J., & Karlan, D. (2021). Randomizing religion: the impact of Protestant evangelism on economic outcomes. *Quarterly Journal of Economics, 136*(1), 293-380

Burstein, P. (2007). Jewish educational and economic success in the United States: a search for explanations. *Sociological Perspectives, 50*(2), 209-228.

Byfield, C. (2008). The Impact of Religion on the Educational Achievement of Black Boys: A UK and USA Study. *British Journal of Sociology of Education, 29*(2), 189-199.

Chiswick, B. R. (1988). Differences in education and earnings across racial and ethnic groups: Tastes, discrimination, and investments in child quality. *Quarterly Journal of Economics, 103*(3), 571-597.

Chubb, J. E., & Moe, T. M. (1990). *Politics, markets, and America's schools*: Brookings Institution Press.

Coleman, J. S., Hoffer, T., & Kilgore, S. (1982). *High school achievement: Public, Catholic, and private schools compared*: New York: Basic Books.

Coury, D., & Razafindratsima, N. (2000). Demande d'éducation et taille de la famille dans l'agglomération d'Antananarivo. *Revue d'économie du développement, 8*, 105-134.

Darnell, A., & Sherkat, D. E. (1997). The Impact of Protestant Fundamentalism on Educational Attainment. *American Sociological Review, 62*(2), 306-315.

Deaton, A. S. (2009). Aging, religion, and health. *National Bureau of Economic Research Working Paper 15271.*

Fairlie, R. W. (1999). The absence of the African-American owned business: An analysis of the dynamics of self-employment. *Journal of Labor Economics, 17*(1), 80-108

Fairlie, R. W. (2006). An Extension of the Blinder-Oaxaca Decomposition Technique to Logit and Probit Models. *IZA DP No. 1917.*

Gallego, F. A., & Woodberry, R., D. (2010). Christian Missionaries and Education in Former African Colonies: How Competition Mattered. *Journal of African Economies, 19*(3), 294-329.

Glaeser, E. L., Laibson, D., & Sacerdote, B. (2002). An economic approach to social capital. *Economic Journal, 112*(483), 437-458.

Glaeser, E. L., & Sacerdote, B. I. (2008). Education and religion. *Journal of Human Capital, 2*(2), 188-215.

Glass, J., & Jacobs, J. (2005). Childhood religious conservatism and adult attainment among black and white women. *Social Forces, 84*(1), 555-579.

Glewwe, P., & Muralidharan, K. (2016). Improving Education Outcomes in Developing Countries: Evidence, Knowledge Gaps, and Policy Implications. In E.A. Hanushek, S. Machin, &

L. Woessmann (Eds.), *Handbook of the Economics of Education* (Vol. 5, pp. 653-743): Elsevier.

Gruber, J. H. (2005). Religious market structure, religious participation, and outcomes: Is religion good for you? *BE Journal of Economic Analysis & Policy, 5*(1), 1-32.

Hanushek, E. A. (1979). Conceptual and Empirical Issues on the Estimation of Educational Production Functions. *Journal of Human resources, 14*(3), 357-388.

Hanushek, E. A. (2020). Education Production Functions. In Steve Bradley & C. Green (Eds.), *The Economics of Education: A Comprehensive Overview, Second Edition* (pp. 161-170): Elsevier.

Hardy, S. A., & Carlo, G. (2005). Religiosity and prosocial behaviours in adolescence: the mediating role of prosocial values. *Journal of Moral Education, 34*(2), 231-249.

Haveman, R., & Wolfe, B. (1995). The Determinants of Children's Attainments: A Review of Methods and Findings. *Journal of economic literature, 33*(4), 1829-1878.

Horwitz, I. M. (2020). Religion and Academic Achievement: A Research Review Spanning Secondary School and Higher Education. *Review of religious research, 63*, 107-154.

Iannaccone, L. R. (1998). Introduction to the Economics of Religion. *Journal of Economic Literature, 36*(3), 1465-1495

INS. (2014). *Quatrième Enquête Camerounaise auprès des Ménages: ECAM4*.

Iyer, S. (2016). The new economics of religion. *Journal of Economic Literature, 54*(2), 395-441.

Jeynes, W. H. (2003). The Effects of Religious Commitment on Academic Achievement of Urban and Other Children. *Education and Urban Society, 36*(1), 44-62.

Juhn, C., Murphy, K., & Pierce, B. (1993). Wage Inequality and the Rise in Returns to Skill. *Journal of Political Economy, 101*(3), 410-442.

Kim, J. (2015). The academic advantage of devotion: Measuring variation in the value of weekly worship in late adolescence on educational attainment using propensity score matching. *Journal for the Scientific Study of Religion, 54*(3), 555-574.

Koretz, D. (1997). Indicators of educational achievement. In R. Hauser, B. Brown, & W. Prosser (Eds.), *Indicators of children's well-being* (pp. 208-234). New-York Russell Sage Foundation.

Lee, B. H. J., & Pearce, L. D. (2019). Understanding why religious involvement's relationship with education varies by social class. *Journal of Research on Adolescence, 29*(2), 369-389.

Lehrer, E. L. (1999). Religion as a Determinant of Educational Attainment: An Economic Perspective. *Social Science Research, 28*(4), 359-379.

Lehrer, E. L. (2006). Religion and high-school graduation: A comparative analysis of patterns for white and black young women. *Review of Economics of the Household, 4*(3), 277-293.

Leibowitz, A. (1974). Home Investments in Children. *Journal of Political Economy, 82*(2), 111-131.

Li, N., & Murphy, W. H. (2018). Religious Affiliation, Religiosity, and Academic Performance of University Students: Campus Life Implications for U.S. Universities. *Religion & Education, 45*(1), 1-22.

Loury, L. D. (2004). Does church attendance really increase schooling? *Journal for the Scientific Study of Religion, 43*(1), 119-127.

Marteleto, L. J., & de Souza, L. R. (2012). The Changing Impact of Family Size on Adolescents' Schooling: Assessing the Exogenous Variation in Fertility Using Twins in Brazil. *Demography, 49*(4), 1453-1477.

Mengolo, E. (2016). *L'œuvre catholique d'enseignement au Cameroun (1890-2014): une progressiondans l'exigence de qualité. Approche en droit canonique et en droit camerounais.* (Thèse présentée et soutenue publiquement pour obtenir le grade de Docteur en Droit de l'Université Paris –Saclay), Université de Paris-Saclay.

Mentzer, M., S. (1988). Religion and Achievement Motivation in the United States: A Structural Analysis. *Sociological Focus, 21*(4), 307-316.

Mijiyawa, A., G. (2010). *Institutions et développement : analyse des effets macroéconomiques des institutions et de réformes institutionnelles dans les pays en développement.* (Thèse présentée et soutenue publiquement pour obtenir le grade de Docteur en Sciences Economiques), Université d'Auvergne-Clermont-Ferrand I.

MINEPAT. (2020). *Stratégie Nationale de Développement 2020-2030: Pour la transformation structurelle et le développement inclusif.* www.minepat.gov.cm.

North, D. C. (1991). Institutions. *Journal of Economic Perspectives, 5*(1), 97-112.

North, D. C. (1990). *Institutions, institutional change, and economic performance*: Cambridge University Press.

Nunn, N. (2010). Religious conversion in colonial Africa. *American Economic Review, 100*(2), 147-152.

Oaxaca, R. (1973). Male-female wage differentials in urban labor markets. *International Economic Review, 14*(3), 693-709.

OBC. (2021). Palmarès de l'OBC. *www.obc.cm.*

PASEC. (2014). *Performances du système éducatif camerounais : Compétences et facteurs de réussite au primaire*. PASEC, Confemen, Dakar.

Regnerus, M. D. (2003). Religion and positive adolescent outcomes: A review of research and theory. *Review of religious research*, 394-413.

Rivkin, S. G., Hanushek, E. A., & Kain, J. F. (2005). Teachers, schools, and academic achievement. *Econometrica, 73*(2), 417-458.

Saroglou, V. (2010). Religiousness as a cultural adaptation of basic traits: A five-factor model perspective. *Personality and Social Psychology Review, 14*(1), 108-125.

Smith, C. (2003). Theorizing religious effects among American adolescents. *Journal for the Scientific Study of Religion, 42*(1), 17-30.

Todd, P., E, & Wolpin, K., I. (2003). On the Specification and Estimation of the Production Function for Cognitive Achievement. *Economic Journal, 113*(485), 3-33.

Tomes, N. (1983). Religion and the rate of return on human capital: Evidence from Canada. *Canadian Journal of Economics, 16*(1), 122-138.

Touna Mama. (2008). *L'économie camerounaise: Pour un nouveau départ*. Afrédit: Afrédit.

Touna Mama. (2018). *L'économie camerounaise à l'épreuve de l'émergence*: Afrédit.

Uecker, J. E., & Pearce, L. D. (2017). Conservative protestantism and horizontal stratification in education: the case of college selectivity. *Social Forces, 96*(2), 661-689.

Weber, M. (1958). *The Protestant Ethic and the Spirit of Capitalism*. Translated by T. Parsons. New York: Scribner's.

Witte, J. F. (1992). Private School Versus Public School Achievement: Are there Findings that should affect the Educational Choice Debate? *Economics of Education Review, 11*(4), 371-394.

Woodberry, R. D. (2012). The missionary roots of liberal democracy. *American Political Science Review, 106*(2), 244-274.

Wooldridge, J., M. (2013). *Introduction à l'économétrie: Une approche moderne* (De Boeck ed.). Traduction de la 5ème édition américaine par André P., Béreau S., M. de Rupelle, Durré A., Gnabo J.-Y., Heuchenne C., Leturcq M. et Petitjean M.

Chapitre 17

Institutions et compétitivité économique hors-prix en Afrique

Institutions and non-price economic competitiveness in Africa

AWOA AWOA Paul
paulawoa2010@gmail.com
Université de Yaoundé II
Cameroun

OKAH-EFOGO Françoise
okahfran@gmail.com
Université de Yaoundé II
Cameroun

Henri NGOA TABI
ngoa_henri@yahoo.fr
Université de Yaoundé II
Cameroun

Résumé : *L'objectif de cette étude est d'analyser la contribution des institutions à l'amélioration de la compétitivité économique des pays d'Afrique. Les analyses couvrent la période 1990-2019 et prennent en compte 52 pays africains. Les données proviennent des sources secondaires, notamment la banque mondiale, la conférence des Nations-Unies sur le commerce et le développement, le projet Polity IV et l'Institut Fraser. Les résultats montrent que les institutions économiques sont des causes immédiates et ont un impact positif direct sur la compétitivité économique, tandis que les institutions politiques font partie des causes profondes. Autrement dit, le régime politique ainsi que la liberté économique ont des effets positifs sur la productivité du travail et la diversification des exportations. Par ailleurs, il est également établi une relation positive entre la qualité des institutions, y compris la gouvernance, et la complexité économique en Afrique. Les gouvernements des pays africains devraient mettre l'accent sur l'amélioration de la liberté économique à travers le renforcement de la protection des droits de propriété, la réduction de la corruption, et l'amélioration de la stabilité politique.*

Mots clés : Institutions, compétitivité économique, productivité, diversification des exportations, Afrique.

Abstract: *The objective of this study is to analyse the contribution of institutions to improving economic competitiveness in African countries. The analyses cover the period 1990-2019 and take into account 52 African countries. Data are drawn from secondary sources, including the World Bank, the United Nations Conference on Trade and Development, the Polity IV project and the Fraser Institute. The results show that economic institutions are proximate causes and have a direct positive impact on economic competitiveness, while political institutions are among the root causes. In other words, both the political regime and economic freedom have positive effects on labour productivity and export diversification. Furthermore, there is also a positive relationship between the quality of institutions, including governance, and economic complexity in Africa. African governments should focus on improving economic freedom by strengthening the protection of property rights, reducing corruption, and improving political stability.*

***Keywords**: Institutions, economic competitiveness, productivity, export diversification, Africa.*

1. Introduction

Cela est indéniable, l'ouverture et l'intégration internationale de plus en plus poussées de nos économies ne resteront pas sans conséquences sur nos modes de vie et habitudes. Avec la globalisation actuelle, la compétitivité entre pays est rapidement devenue une priorité et un objectif de politique économique. Celle-ci suppose la mise en place d'une stratégie de riposte face à la concurrence internationale dans presque tous les domaines. En effet, la globalisation aurait entrainé, selon les constats de la nouvelle "nouvelle" théorie du commerce international et de l'économie géographique, une profonde polarisation des activités économiques avec au centre, les entités (entreprises et/ou pays) les plus productives et les moins productives en périphérie (Krugman, 1981 ; Melitz, 2003 ; Ottaviano, 2011 ; Melitz et Trefler, 2012). Par ailleurs, l'émergence des nouveaux champions tels que la Chine et les autres pays émergents dans le commerce international interroge de plus en plus la capacité des pays souvent considérés comme "puissances économiques mondiales" (États-Unis d'Amérique, Angleterre) à maintenir leur position. Mais aussi, celle des autres pays en développement, surtout d'Afrique, considérés comme "retardataires", à participer et à se positionner dans cette nouvelle configuration des échanges et d'en tirer profit pour la promotion du bien-être de leur population.

Dans un contexte d'existence et d'augmentation des différences de prix entre la Chine et les autres pays, une des solutions possibles pour ces derniers serait de jouer sur des facteurs structurels c'est-à-dire hors-prix. Pour ce faire, la valorisation des avantages comparatifs en est un moyen efficace. En théorie, l'avantage comparatif pousse les pays à se spécialiser dans des sous-ensembles uniques de biens qui ne sont pas directement en concurrence sur les marchés internationaux (Dixit et Norman, 1980 ; Krugman et Obstfeld, 2009). Par exemple, lorsque l'avantage comparatif découle des dotations relatives en main-d'œuvre, le pays devrait produire et exporter des biens à forte intensité de main d'œuvre comme les produits textiles. En revanche, si cet avantage provient d'une forte dotation en capital et en compétences, il est recommandé aux pays de fabriquer et d'exporter des biens à haute technologie comme les produits pharmaceutiques, électroniques ou automobiles (Schott, 2008). Ceci suggère implicitement que les pays développés et même en développement, disposant d'un avantage technologique vis-à-vis de la Chine par exemple, ont peu à craindre et beaucoup à gagner de la globalisation actuelle des échanges commerciaux. En revanche, les pays d'Afrique, du Moyen-Orient et d'Amérique Latine devraient s'en inquiéter au regard de la faible diversification de leurs économies et de la faible intensité technologique de leurs produits d'exportation (Hausmann et al., 2007 ; Murshed et Serino, 2011).

Dans ses racines intellectuelles et épistémologiques initiées par des précurseurs tels que Ricardo (1817), Samuelson (1919) et Ohlin (1935), la théorie traditionnelle du commerce international fonde les avantages commerciaux dans les différences technologiques entre les pays reflétées dans les écarts de productivité du travail. Il en ressort de leurs démonstrations que chaque pays gagnerait en se spécialisant dans la production et l'échange du bien pour lequel il dispose d'un avantage absolu et/ou comparatif certain. Cependant, les analyses économiques qui expliquent les performances à l'exportation des pays reposent essentiellement sur des généralisations et des améliorations des modèles Heckscher-Ohlin (Heckscher, 1919 ; Ohlin, 1935). Ces modèles proposent une théorie des avantages comparatifs fondés sur des proportions de facteurs. Autre dit, la spécialisation internationale découlerait des différences de dotations factorielles entre les pays. Les dotations factorielles (travail, capital, ressources naturelles) déterminent en fin de compte le schéma de spécialisation et la trajectoire de développement des nations (Murshed et Serino, 2011 ; Dosi et Tranchero, 2021).

Cependant, les économistes structuralistes ne partagent pas cet avis, arguant que la spécialisation dans le commerce du facteur abondant ne conduit pas toujours à la prospérité (Prebisch, 1950 ; Singer, 1950). En effet, en considérant un cas de figure où un pays est fortement doté en ressources naturelles, de nombreux travaux notamment sur la "malédiction des ressources naturelles[1], révèlent que la spécialisation dans le commerce de ces ressources réduit les possibilités de transformation structurelle et entrave la compétitivité internationale de l'économie (Murshed et Serino, 2011). Une économie fortement dotée et dépendante des ressources naturelles ne peut se développer qu'en se diversifiant grâce à l'adoption des politiques favorables à l'industrialisation. Les avantages comparatifs traditionnels

[1] Voir Frankel et al. (2010) et Dauvin et Guerreiro (2017) pour une revue systématique de la littérature sur la malédiction des ressources naturelles.

à eux seuls ne suffiraient donc pas ou plus à promouvoir la prospérité des pays (Lectard et Rougier, 2018). C'est la raison pour laquelle la littérature en économie du développement s'est donc penchée ces dernières années sur une caractéristique bien particulière des pays à savoir : la qualité des institutions pour expliquer les différences observées dans la structure des échanges.

Cet intérêt repose sur la question suivante : la compétitivité économique hors-prix d'un pays est-elle influencée par ses institutions ? Plus précisément, quels sont les effets des institutions sur les schémas de spécialisation et de transformation structurelle des pays ?

La contribution des institutions dans le processus de développement économique n'est pas nouvelle[2]. En revanche, leurs influences sur la compétitivité économique des nations n'a pas fait l'objet d'une littérature abondante. La qualité des institutions s'est révélée déterminante sur la trajectoire de diversification des exportations des pays disposant d'un avantage factoriel en ressources naturelles (pétrole) dans l'étude de Omgba (2014). De même, Araujo et al. (2016) montrent que le renforcement des droits de propriété favorise la croissance des exportations des entreprises. Dans le même sens, Soeng et Cuyvers (2018) montrent que les institutions domestiques formelles et informelles sont source d'avantage comparatif. Ces suppositions ont récemment fait l'objet d'une attention particulière dans les travaux empiriques. Toutefois, elles tirent leurs origines d'un débat ancien relatif aux confrontations entre "libéralisme" et "interventionnisme".

Pendant qu'au lendemain de la décennie 1970-1980, les défenseurs du "laisser-faire" arguent que toute règlementation et institution, autres que celles qui promeuvent l'échange marchand (les droits de propriété, les lois sur les contrats) sont des rigidités qui entravent le bon fonctionnement des forces stabilisatrices du marché et empêchent la transformation structurelle économique au de sens de Kuznets (1953) (Chang,1994). Les défenseurs de l'interventionnisme et les pionniers de la transformation structurelle (Lewis, 1954 ; Chenery, 1961 ; Chenery et Taylor, 1968) font retentir un son de cloche différent. Pour eux, l'intervention de l'État à travers l'élaboration et la mise en œuvre des politiques économiques est centrale dans l'explication des

[2] Voir Acemoglu et al. (2001), Easterly et Levine (2003) et Chang (2011) pour une revue de la littérature.

différences de compétitivité économique entre nations. Les institutions favorables à l'accumulation du capital (humain et physique) et la restructuration de la demande intérieure permettent de défier les avantages comparatifs traditionnels parfois inadaptés pour la transformation structurelle et la diversification économique (Belloc, 2006 ; Hartmann et al., 2017 ; Lectard et Rougier, 2018).

Cette controverse, portée par la théorie et par la diversité des schémas de transformation structurelle dans le monde, invite à réexaminer l'importance de la qualité des institutions en la matière. Cette étude prend appui sur les arguments de l'*économie politique structurelle* (Voir Cardinale et Scazzieri, 2019 ; Cardinale et Landesmann, 2020) pour établir une relation solide entre les institutions et la compétitivité économique des pays d'Afrique. Elle tente d'expliquer les schémas de spécialisation et de transformation structurelle des pays africains par les différences observées dans les institutions. Par ailleurs, au regard de leur nature multiple et complexe (formelle, informelle, politique, économique) et sur la base de l'hypothèse de hiérarchie des institutions (Acemoglu et al.,2005a), l'étude distingue l'influence des institutions politiques de celle des institutions économiques.

Ce document applique la technique du système MMG qui nous permet de faire face au biais d'endogénéité tout en estimant nos modèles empiriques sur un panel de 52 pays d'Afrique sur la période 1990-2019. Les résultats montrent que les institutions économiques sont des causes immédiates et ont un impact positif direct sur la compétitivité économique, tandis que les institutions politiques font partie des causes profondes. Autrement dit, le régime politique ainsi que la liberté économique ont des effets positifs sur la productivité et la diversification des exportations. De plus, nous recourons à un indicateur composite de la gouvernance comme une mesure alternative des institutions ainsi qu'à la complexité économique comme autre indicateur de la compétitivité économique. Les résultats restent conformes et montrent une relation positive et significative entre la gouvernance et la productivité, la diversification des exportations et la complexité économique en Afrique.

Le reste de ce document est organisé comme suit. La deuxième section présente le cadre théorique des concepts d'institutions et de compétitivité économique des pays, avant d'établir les liens entre les deux. Dans la troisième section, nous déclinons la méthodologie et les résultats. Le travail se termine par une conclusion associée à quelques suggestions de politique économique.

2. Institutions et compétitivité économique des pays : que dit la théorie ?

La relation qui lie les institutions et la compétitivité économique des pays a fait l'objet d'une abondante littérature controversée, notamment en raison de la multiplicité des cadres théoriques conceptuels mobilisés d'une part, et de la diversité des explications proposées.

2.1. De la multiplicité des cadres théoriques des concepts

Tandis que la conceptualisation des institutions semble consensuelle, celle de la compétitivité, portée à l'échelle des pays divise les chercheurs depuis plusieurs siècles. En effet, les institutions sont sans aucun doute les plus importantes des structures sociales, car elles constituent la substance et l'essence même de la vie sociale (Hodgson, 2006). Aux prémices de l'institutionnalisme économique fondamental, les institutions étaient assimilées aux comportements et habitudes systémiques d'une population dans un espace géographique donné. Dans son ouvrage "Theory of leisure class", Veblen (2007) assimile les institutions aux habitudes de pensées prédominantes en ce qui concerne les relations et fonctions particulières de l'individu et de la communauté. Plus précisément, il considère l'institution comme la représentation d'un ensemble d'idées propres à un individu ou à une société pouvant donner naissance à la formulation d'un jugement. Dans le même sens, Durkheim (1982) parle de croyance et de mode de comportement pour définir les institutions. Ce dernier les considère comme un ensemble des croyances et modes de comportement institués par une collectivité (Baudassé et al., 2018). Ainsi, les institutions peuvent être une transmission sociale au sens de (Hodgson, 2006, 2015).

Dans la nouvelle économie institutionnelle (NEI) qui appuyait les idées interventionnistes de Keynes, la définition des institutions a évolué vers la notion de "règle". North (1989), pionnier en la matière, appréhende les institutions comme un ensemble de contraintes sur le comportement sous la forme de règles et de règlements ; un ensemble de procédures pour détecter les déviations ; et enfin un ensemble de normes qui contraignent la manière dont les règles et les règlements sont spécifiés et leur application assurée. Simplement dit, les institutions sont un ensemble de contraintes conçues par l'homme pour structurer ses interactions sociales, économiques et politiques (North, 1991). North fait dont une grande distinction entre ce qu'il appelle "règle" et ceux qui la subissent, c'est-à-dire les "organisations" (individus, entreprises). La règle revoie à une injonction ou une disposition normative, socialement transmisse et coutumière (Hodgson, 2006). Elle est la codification qui définit les circonstances dans lesquelles, face à une situation donnée, l'organisation doit poser telle ou telle action. Selon la nature formelle (constitutions, lois, droits de propriété) ou informelles (sanctions, tabous, coutumes, traditions et codes de conduite), et suivant les travaux sur la hiérarchisation des institutions, il existe une typologie non exhaustive des institutions.

Parmi les institutions formelles, la littérature distingue généralement les institutions politiques des institutions économiques[3]. Les institutions politiques sont des structures de coopération volontaire qui résolvent des problèmes d'action collective et profitent à tous (Acemoglu et al., 2005a). Elles concernent généralement le renforcement de la démocratie, de la stabilité politique mais également de la bureaucratie. En revanche les institutions économiques sont propres aux mécanismes de marchés, c'est-à-dire ceux qui facilitent la création, la régulation, la stabilisation et la légitimation des marchés au sens de Rodrik et Subramanian (2003). L'approche par la hiérarchisation établit une relation dite de complémentarité entre ces institutions avec cependant une suprématie des institutions politiques (Glaeser et al., 2004). De la même façon, les institutions formelles priment sur les institutions informelles, surtout en cas de conflit (Alesina et Giuliano, 2015).

En ce qui concerne la compétitivité, c'est l'un est l'un des déterminants de la capacité pour une entité à conquérir de nouveaux marchés, de surpasser les autres acteurs du marché, d'attirer les investissements, et de se développer (Falciola et al., 2020). Dans le mainstream, la compétitivité économique des pays est vide de sens et inutile. Partant du principe de la "division internationale du travail", Smith (1776) écarte toute idée de compétitivité entre les pays. En effet,

[3] Nous nous concentrons essentiellement aux institutions dites formelles. Pour des développements sur les institutions informelles, voir Williamson (2009).

il s'oppose aux conclusions du mercantilisme selon lesquelles les gains commerciaux d'un pays correspondraient aux pertes d'un autre. Le commerce international est plutôt un jeu à somme positive où, grâce à la spécialisation sur les avantages absolus, chaque pays tire un bénéfice (Rodriguez-Clare, 1996). Seules les politiques favorables à la concurrence grâce à l'élimination des monopoles sont acceptables. Dans le même sens, mais avec une nuance non négligeable, Ricardo propose une spécialisation adossée aux avantages relatifs. En somme, pour ces auteurs, la spécialisation des pays est le seul moyen d'allocation efficace des ressources et toute idée de compétitivité est une hérésie.

Avec les temps modernes, le débat sur la compétitivité des pays s'intensifie et s'oriente progressivement vers la prospérité des nations (Fagerberg, 1988 ; Porter, 1990 ; Fagerberg et al., 2007 ; Krugman, 1994, 1996). En effet, les travaux sont aussi nombreux à valider l'idée d'une compétitivité pays qu'à la réfuter. Par exemple, Fagerberg (1988) affirme que la compétitivité économique d'une nation s'apparente à sa capacité à améliorer le niveau de vie de sa population en maintenant un taux de croissance positif de sa productivité et une position acceptable de sa balance commerciale, tandis que Porter (1990) pense qu'elle n'existe pas. Dans le même sens, Krugman (1994) affirme, dans une série d'articles publiés en 1990 que la compétitivité d'un pays est une obsession dangereuse et sans objet. À sa suite, Hall et Jones (1999) et Fagerberg et al. (2007) indiquent que seule la productivité compte.

En somme, la compétitivité économique des pays a évolué au fil des années. D'une réfutation catégorique dans les théories classiques originelles à une acceptation modérée dans les théories modernes, elle s'est progressivement positionnée comme un objectif central de développement. À partir de cet instant, les leviers de la construction de la compétitivité pays ont été examinés à travers une littérature théorique et empirique tout aussi peu consensuelle.

2.2. Institutions : supports de la compétitivité économique des nations

En cherchant la nature et les causes de la richesse des nations, Smith (1776) reconnaissait déjà la place des institutions de renforcement des droits de propriété. À sa suite plusieurs travaux vont proposer une explication du rôle économique des institutions (Rodrik et al., 2004 ; Glaeser et al., 2004 ; Marciano et al., 2019). Toutefois, il reste à comprendre si et comment les institutions expliquent la compétitivité économique des pays, notamment à travers leurs effets sur la productivité et sur la diversification des économies.

2.2.1. Institutions : instruments d'accroissement de la productivité

Selon Krugman (1994), "la productivité n'est pas tout, mais à long terme, elle est presque tout". Autrement dit, la production par travailleur renseigne sur la capacité d'un pays à améliorer son niveau de vie au fil du temps. À ce sujet, North (1994) fait remarquer que la croissance économique des pays n'a pu être réalisée, tout au long de l'histoire, qu'en créant une structure institutionnelle susceptible d'induire des activités d'amélioration de la productivité. Les institutions affectent la productivité en réduisant les coûts de transaction (coûts d'exécution des contrats) et de transformation productive (coût des facteurs de production) (North, 1987).

La réduction des coûts de transaction s'accompagne d'une augmentation de la mobilité des capitaux, d'une réduction des coûts de l'information et de la diversification des risques (North, 1994). Cette efficience économique des institutions tire ses origines du théorème de Coase (1960). Suivant l'approche politique, le choix des institutions dans un pays n'est pas effectué par tous, mais par l'élite politique qui détient le pouvoir. En théorie, le gouvernement est capable de protéger les individus à la fois contre l'expropriation par le gouvernement et celle des autres citoyens (Williamson et Kerekes, 2011). Par conséquent, il existe des coûts de transaction qui donnent naissance soit aux institutions qui maximisent les gains privés soit à celles qui optimisent les gains collectifs (Acemoglu, 2003). Dans un pays, renforcer les droits de propriété nécessaires à la réduction des coûts de transaction revient à garantir la démocratie et une indépendance totale du système judiciaire (Marciano et al., 2019). C'est également un moyen efficace pour l'accumulation des connaissances et de l'investissement dont dépend la croissance de la productivité.

Les institutions améliorent également la productivité en affectant les coûts et la disponibilité de facteurs de transformation productive. En démocratie, une attention particulière est accordée au respect des libertés et droits individuels, ce qui facilite la création des institutions favorables à l'accumulation des connaissances (tacites et explicites) et l'investissement. Comme le souligne Acemoglu et al.

(2005b), il existe une relation causale positive entre l'éducation et la démocratie. L'éducation promeut une culture de la démocratie qui conduit à une plus grande prospérité, qui est à son tour considérée comme un facteur de développement politique. Dans le même sens, Stasavage (2005) développe un modèle de théorie des jeux, qui suggère que la nécessité d'obtenir une majorité électorale incite généralement les gouvernements à dépenser davantage pour l'éducation en privilégiant l'éducation primaire par rapport aux universités. Les institutions ont également été identifiées comme facteurs de promotion des investissements domestiques et étrangers, et de l'innovation technologique ainsi que de la diversification économique (Gao et al., 2017 ; Zheng et al., 2019).

2.2.2. Institutions : catalyseurs de la diversification des exportations

Les institutions favorisent la diversification des exportations par trois principaux mécanismes. Le premier met l'accent sur le rôle des institutions dans les politiques de promotion de l'entrepreneuriat. Le second concerne les effets des institutions sur le comportement des entreprises exportatrices. Le troisième les effets des institutions dans la réduction des contraintes financières des entreprises exportatrices.

En ce qui concerne le développement de l'entrepreneuriat, c'est la liberté (économique, sociale et politique) qui façonne le lien avec les institutions (Audretsch et Moog, 2020). Les institutions notamment démocratiques fournissent aux individus un environnement propice à l'expression et à la valorisation du libre arbitre. Elles promeuvent également la capacité des personnes et des organisations à s'engager dans des activités productives et d'en tirer profit. En effet, les entrepreneurs privés et publics sont généralement confrontés à un arbitrage entre activités productives et activités improductives (Baumol, 1996). Les activités improductives, souvent associées à la recherche de rente à la Tullock (1967), sont plus fréquentes lorsque l'application de la loi est faible et que les barrières bureaucratiques sont élevées (Krueger, 1974). La liberté économique encourage le développement de l'entrepreneuriat via l'investissement dans le capital physique et humain ainsi que l'adoption des technologies plus efficaces (Farhadi et al., 2015).

Au sujet du comportement des entreprises exportatrices, les déficiences institutionnelles (comportement opportuniste, coûts de transaction gonflés, incertitude élevée) augmentent les difficultés des entreprises à étendre et/ou à maximiser les rendements sur leurs ressources (Gao et al., 2017). Dans ces conditions, exporter fournirait potentiellement une échappatoire grâce à la diversification des sources de revenus et la réduction des risques (Krammer et al., 2018). Par exemple, Olney (2016) recourt au modèle de la firme hétérogène et montre que la corruption diminue la probabilité qu'une entreprise ne vende que sur le marché intérieur, et augmente la probabilité qu'elle exporte en recourant à un intermédiaire.

Les institutions affectent également la diversification des exportations par le canal du financement des entreprises exportatrices. Un mauvais environnement institutionnel (instabilité politique, absence ou faible indépendance des pouvoirs) crée une incertitude générale. Cette incertitude affecte les décisions des fournisseurs de capitaux qui seront moins disposés à investir ou à prêter aux entreprises, induisant une augmentation du coût du capital (Arráiz et al., 2013 ; Fosu et Abass, 2019). Par conséquent, si les institutions sont de "bonne qualité", cela permet aux entreprises de surmonter la contrainte de liquidité en diversifiant leurs exportations

Bien qu'ayant fait respectivement l'objet de beaucoup d'attention, les institutions et la diversification des exportations ont rarement été associées dans la littérature (Agosin et al., 2012 ; Parteka et Tamberi, 2013). Omgba (2014) étudie le schéma de diversification des exportations dans les pays riches en ressources naturelles et trouve que celui-ci à une origine institutionnelle certaine. Dans leur recherche des déterminants de la diversification des exportations, Parteka et Tamberi (2013) identifient trois principaux groupes de variables : la taille du pays, la géographie et les institutions. Dans leur étude couvrant 60 pays sur la période 1985-2004, ils trouvent que la liberté économique réduit la concentration des exportations.

Dans la pratique, la compétitivité économique d'un est un phénomène multidimensionnel. Pendant que les théories du commerce international et de l'économie géographique soulignent l'importance de la productivité comme déterminant de la compétitivité économique d'un pays. Les pionniers de l'école du changement structurel soulignent en revanche l'intérêt de la diversification économique en la matière. Cependant, ce débat a la plupart du temps manqué de compréhension des principaux moteurs de la compétitivité économique des pays et la littérature n'est pas abondante à ce sujet. Il s'agit d'une question particulièrement pertinente étant donné que plusieurs économies en développement ont entrepris des réformes structurelles au cours des dernières décennies d'une part, et que différents types d'intervention et de restrictions des activités de marché peuvent avoir des impacts différents sur la compétitivité économique, en général, et sur la productivité et la diversification économique, en particulier d'autre part. Les institutions économiques et politiques sont identifiées comme les facteurs critiques qui expliquent les différences de productivité et de diversification économique entre les pays en développement.

3. Les institutions dans la compétitivité des pays africains : un examen empirique

L'Afrique a réalisé des performances impressionnantes et montre un potentiel très important durant la dernière décennie, en revanche, il existe de nombreuses hétérogénéités entre les économies africaines. Ces performances hétérogènes suggèrent alors la construction d'un cadre méthodologique nécessaire à l'analyse de l'influence des institutions sur la compétitivité économique des pays d'Afrique.

3.1. Méthodologie : données et stratégie économétrique

Le cadre méthodologique mobilisé pour analyser l'influence des institutions sur la compétitivité économique des pays d'Afrique repose d'une part sur la présentation des données et statistiques descriptives, et d'autre part sur le choix d'une technique d'estimation appropriée.

3.1.1. Données et statistiques descriptives

• ***Mesures de la compétitivité*** : nous recourons deux principales approches pour mesurer la compétitivité économique des pays. La première s'inspire des travaux de Krugman et Porter et mesure la compétitivité dans une perspective interne par la productivité du travail. Comme le soulignent Hall et Jones (1999) et Krugman (1994), l'augmentation de la productivité du travail en est un instrument efficace pour l'amélioration de la prospérité des nations. C'est également un indicateur de la transformation structurelle en ce sens que son augmentation dé- coule très souvent du déplacement des facteurs des secteurs les moins productifs vers les plus productifs (Mcmillan et al., 2014 ; De Vries et al., 2015). Notre second indicateur de la compétitivité économique est l'indice Hirschman–Herfindahl de la concentration/diversification des exportations (CNUCED, 2020). Il mesure la compétitivité économique dans une perspective externe suivant les travaux de Fagerberg et al. (2007). Il est calculé par la somme des parts au carré de chaque produit dans les exportations totales et varie de 0 à 1, une valeur élevée représentant une plus grande concentration.

• ***Mesure de la qualité des institutions*** : Nous distinguons les institutions politiques des institutions économiques (Flachaire et al., 2014). Les institutions politiques renvoient à la manière dont les choix politiques sont opérés tandis que les institutions économiques renvoient à la cohérence de ces choix avec l'échange volontaire et la protection des droits de propriété. Les institutions politiques sont mesurées par l'indicateur du régime du projet Polity IV (Marshall et al., 2020). Il varie entre -10 et 10 ; une valeur de -10 indiquant un gouvernement autocratique et une valeur de 10 une démocratie totale. Les institutions économiques sont mesurées par l'indice global de liberté économique de l'Institut Fraser (Gwartney et al., 2019). Cet indicateur est une moyenne non pondérée de la taille du gouvernement, des droits de propriété et de la structure juridique, de l'accès à une monnaie saine, du commerce international et des politiques commerciales, enfin de la réglementation du marché des affaires, du travail et du crédit. Il évolue entre 0 et 10, où une valeur élevée indique une grande liberté.

• ***Les variables de contrôle*** : l'ensemble des variables de contrôle utilisées dans cette étude dépend principalement de l'indicateur de compétitivité retenu. Dans le cas de la productivité du travail, nous considérons l'intensité capitalistique mesurée par le ratio du stock de capital au nombre de personnes employées, le capital humain mesuré par le taux brut de scolarisation au secondaire, la technologie par le nombre de personne souscrivant à un téléphone mobile, la rente totale des ressources naturelles, les investissements directs étrangers et l'ouverture commerciale (Hall et Jones, 1999 ; Joya, 2019). En ce qui concerne la diversification des exportations, nous avons également considéré le développement financier, le PIB par tête et son carré, l'éducation, les IDE et l'ouverture commerciale (Agosin et al., 2012 ; Parteka et Tamberi, 2013).

Le Tableau A8 de l'annexe A.4 donne la liste de l'ensemble des variables tandis que le Tableau A6 de l'annexe A.2 présente les statistiques descriptives.

3.1.2. Modèle économétrique et techniques d'estimation

Les effets des institutions sur la compétitivité économique des pays d'Afrique sont testés à l'aide du modèle suivant :

$$Comp_{i,t} = \alpha_0 + \alpha_1 Inst_{i,t-1} + \beta' X_{i,t-1} + \pi_i + \rho_t + \varepsilon_{i,t} \qquad (1)$$

où $Comp_{i,t}$ mesure la compétitivité économique (productivité et diversification des exportations), $Inst_{i,t-1}$ est un indicateur de la qualité des institutions (économique et politique), $X_{i,t-1}$ représente le vecteur des variables de contrôle. π_i correspond aux effets fixes non observés spécifiques au pays, ρ_t est une variable muette temporelle, et $\varepsilon_{i,t}$ est le terme d'erreur. L'indice "i" désigne un pays particulier, tandis que l'indice "t" indique une année particulière.

Pour tenir compte de la grande persistance dans le temps de la compétitivité, nous introduisons la variable dépendante retardée du côté droit de l'Équation 1. Nous obtenons alors le modèle présenté dans Équation 2 ci-dessous :

$$Comp_{i,t} = \alpha_0 + \varphi Comp_{i,t-1} + \alpha_1 Inst_{i,t-1} + \beta' X_{i,t-1} + \pi_i + \rho_t + \varepsilon_{i,t} \qquad (2)$$

Les modèles de régression présentés dans les équations 1 et 2 sont estimés en utilisant les données de la période 1990-2019 pour un panel de 52 pays d'Afrique dont 6 d'Afrique du Nord et 46 d'Afrique Subsaharienne selon la classification de la Banque Mondiale (2020). La liste des pays inclus dans l'échantillon est fournie dans le Tableau A5 de l'annexe A.1.

Étant donné que les effets des institutions sur compétitivité ne sont probablement pas instantanés, nous retardons les variables explicatives. Cette approche est souvent utilisée dans la littérature pour limiter certaines préoccupations d'endogénéité (Farhadi et al., 2015). Cependant, retarder les variables endogènes pourrait s'avérer insuffisant pour traiter de manière adéquate le biais de simultanéité entre la compétitivité et les institutions. Par exemple, la littérature a abondamment discuté du fait que la qualité des institutions peut être affectée par les performances économiques (Acemoglu, 2003). Ce qui soulève des inquiétudes quant aux relations causales possibles entre les institutions et la compétitivité économique. Une stratégie possible pour faire face à une telle endogénéité consiste à trouver un instrument puissant pour les institutions. Suivant Acemoglu et al. (2005a) et Williamson et Kerekes (2011), nous utilisons alors le logarithme de la mortalité des colons et l'origine légale française comme instrument des institutions.

En outre, l'existence du biais dit de panel dynamique implique certains problèmes économétriques dans l'estimation de l'Équation 2. Ainsi, Arellano et Bover (1995) et Blundell et Bond (1998) proposent de combiner les conditions de moments à niveau et en différence première. Plus précisément, ils suggèrent d'appliquer la méthode dite des moments généralisés en système à deux étapes (MMG), en utilisant comme instruments, dans l'équation en différence, les valeurs retardées des variables endogènes, et, dans l'équation à niveau, la différence première des variables endogènes (Roodman, 2009). Cet estimateur ainsi que l'estimateur des doubles moindres carrés sont mobilisés ici pour estimer l'Équation 2 et l'Équation 1.

Dans le cas de l'estimateur système-MMG, le critère fondamental pour la validité des estimations est que les instruments soient exogènes afin de respecter les conditions d'orthogonalité. Pour tester la validité de nos instruments, nous appliquons le test de Hansen (1982). Cependant, à mesure que le nombre d'instruments augmente, le test devient faible. Pour limiter la prolifération des instruments, nous utilisons un ou deux décalages. En ce qui concerne la validité des instruments, nous rapportons le test d'Arellano et Bond (1991), qui permet de détecter une autocorrélation de second ordre dans l'équation aux différences premières.

3.2.Résultats et discussions

Dans les graphiques et tableaux du reste de ce document, nous présentons les résultats de nos estimations. Pour les deux principales mesures de la compétitivité économique des pays africains, nous fournissons à la fois les résultats des MCO, DMC et système-MMG. Dans le cas des analyses de sensibilité avec respectivement une mesure alternative de la qualité des institutions et de la compétitivité économique, nous ne présentons que les estimations avec les MMG en système.

3.2.1. Visualiser la relation institutions et compétitivité en Afrique

En guise de résultats préliminaires, nous fournissons une analyse graphique de la relation entre les institutions et la compétitivité économique en Afrique. Mais avant cela, nous présentons une distribution sous-régionale des performances compétitives en Afrique.

a) Distribution de la compétitivité économique en Afrique

La Figure 1 présente, en moyenne sur la période 1990-2019, la distribution de la diversification des exportations (panel 1 et 3) et de la productivité du travail (panel 2 et 4) dans les pays en Afrique regroupés en sous-région (Centre, Est, Nord, Ouest, et Sud) et origine légale (Britannique et française).

Le panel 1 montre que la sous-région Afrique de l'Est (0,373) affiche, en moyenne, les meilleures performances en matière de diversification des exportations. Elle est suivie par l'Afrique du Nord (0,384), L'Afrique du Sud (0.449), l'Afrique de l'Ouest (0,481) et enfin l'Afrique Centrale (0,591). Les performances individuelles situent l'Afrique du Sud en première place des pays les plus diversifiés d'Afrique avec un IHH moyen de 0,132. Ensuite, viennent le Maroc (0,168), la Tunisie (0,176) et l'Égypte (0,208). Tandis que la Libye (0,769), le Tchad (0,800), le Nigeria (0,836) et l'Angola (0,911) occupent les quatre dernières places. Dans le même sens, la panel 3 montrent que les anciennes colonies Britanniques affichent, en moyenne, des niveaux de diversification économique plus élevés que les anciennes colonies françaises.

En ce qui concerne la distribution sous-régionale de la productivité, le panel 2 de la Figure 1 montre que l'Afrique du Nord enregistre est la plus productive avec un PIB par travailleur de 33671,58 millions de dollars. Elle est suivie de l'Afrique Centrale (19305,26), l'Afrique du Sud (18355,76), l'Afrique de l'Est (9839,676) et enfin l'Afrique de l'Ouest (7245,311). Selon l'origine légale, le panel 4 montre que les anciennes colonies françaises (16177,94) ont des niveaux de productivité plus élevés que les anciennes colonies Britanniques (13678,77).

Figure 1 : *La compétitivité en Afrique par sous-région et origine légale*

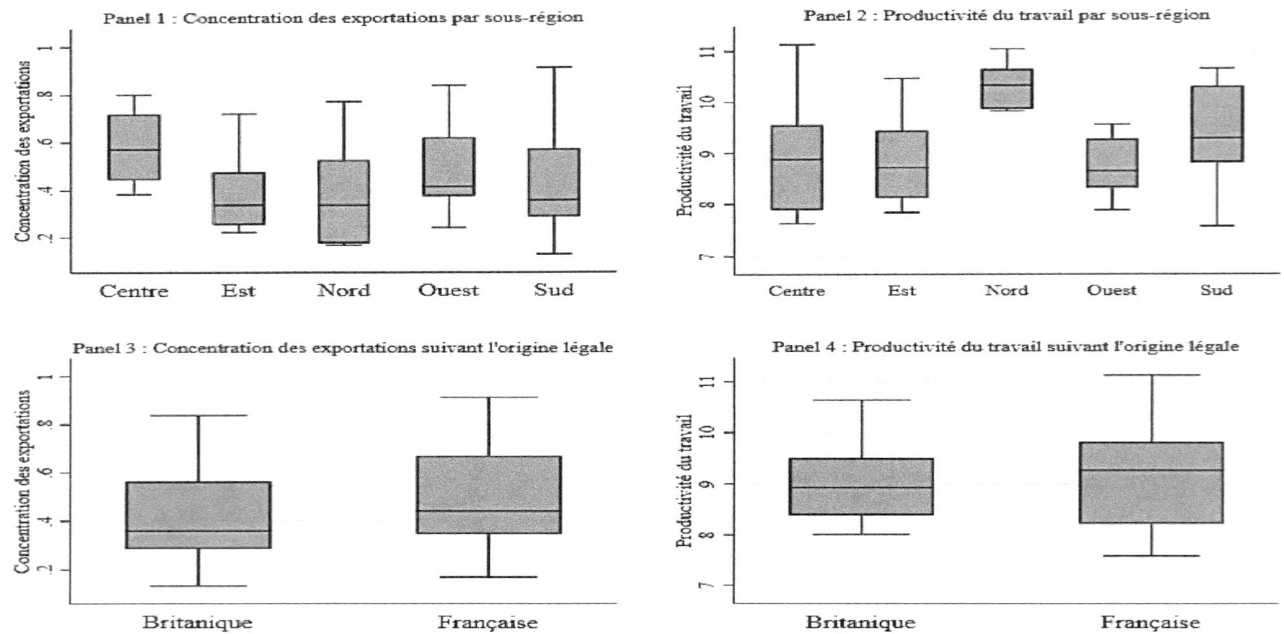

Note : Dans chaque boîte à moustaches, les barres inférieure et supérieure indiquent les premiers et troisièmes quartiles des échantillons, la ligne dans la case indique les médianes respectives et les extrémités des moustaches marquent les valeurs adjacentes. Les données sur l'origine légale proviennent de La Porta et al. (1999).

Source : Construction des auteurs.

b) Institutions et compétitivité économique en Afrique : nuage des points

Avant de procéder aux analyses économétriques, on peut aisément constater, dans les panels A et C de la Figure 2, l'existence d'une corrélation négative entre la qualité des institutions et la concentration des exportations en Afrique. Plus précisément, à mesure que la qualité des institutions s'améliore, le niveau de concentration diminue. C'est par exemple ce que révèle les positions occupées par l'île Maurice (MUS) et l'Angola (AGO) dans les panels A et B. Plus précisément, l'île Maurice affiche un score du régime politique de 10 (démocratie consolidée) et de liberté économique de 7,68, et son niveau de concentration des exportations est de 0,28. En revanche, l'Angola enregistre -2,24 comme score du régime politique et 5,02 de liberté économique, et son niveau de concentration des exportations est de 0,911.

Pour la corrélation entre institutions et productivité du travail, les panel B et D de la Figure 2 montrent un paysage quelque peu contrasté. En effet, entre la productivité et la qualité des institutions économique, la corrélation est positive (panel D). À mesure que l'indicateur de liberté économique augmente, le pays enregistre des niveaux de productivité plus élevés (Maurice-MUS contre Zimbabwe-ZWE). En revanche, le panel B montre une tendance négative entre le régime politique et la productivité. Bien évidemment, des exceptions existent avec notamment le cas de l'île Maurice et de l'Afrique du Sud, qui enregistrent à la fois des scores de productivité et de qualité des institutions politiques élevés.

Figure 2 : *Institutions et compétitivité économique en Afrique : nuage de points*

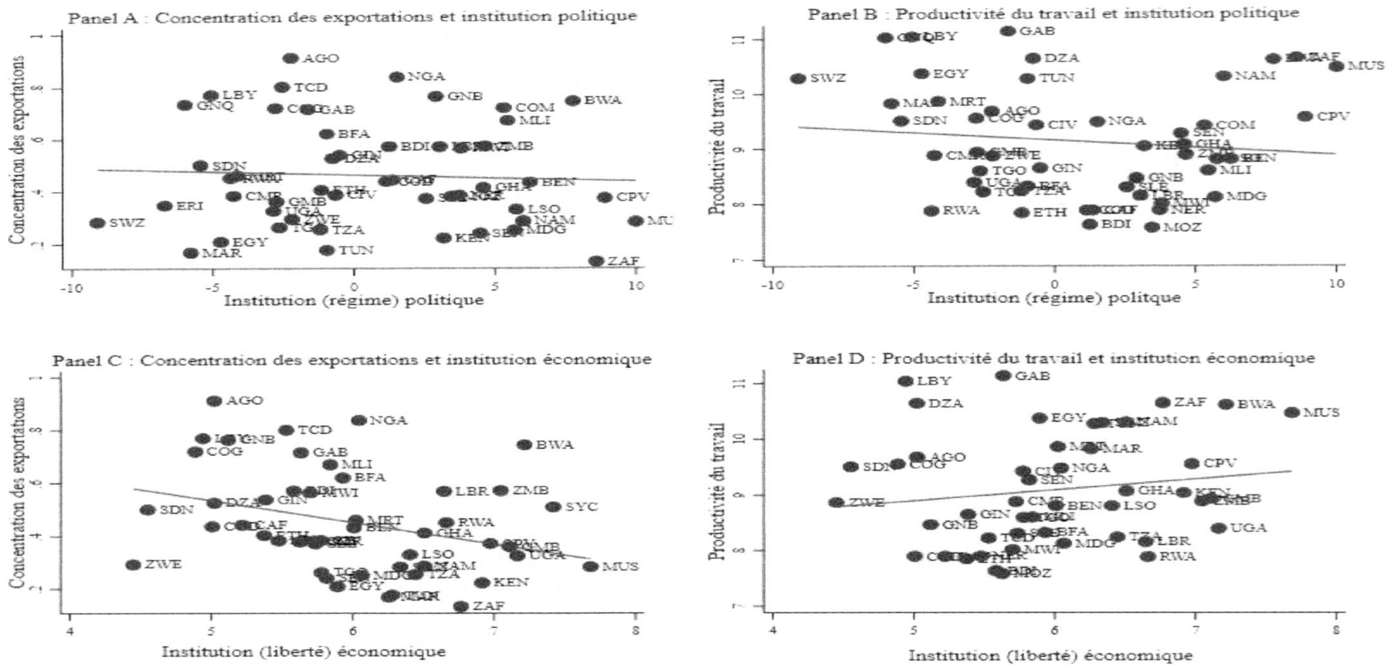

Note : La concentration des exportations est mesurée par l'indice d'Herfindahl-Hirschman ; la productivité du travail par le ratio du PIB sur le nombre total de personnes employées ; les institutions économique et politique correspondent respectivement à l'indice de liberté économique et l'indicateur Polity 2 du régime politique. **Source** : Construction des auteurs.

Suivant l'hypothèse de la hiérarchisation des institutions formelles, la Figure 3 établit une relation entre la liberté économique et la compétitivité économique conditionnellement au régime politique. Il en ressort, dans les groupes A et B, que cette relation semble indépendante du niveau de démocratie dans le cas de la concentration des exportations. Plus précisément, tant dans les "*faibles démocraties*" (indice de démocratie inférieur à la médiane -0,52) que dans les "*bonnes démocraties*" (indicateur de régime politique inférieur à la médiane), la liberté économique promeut la diversification des exportations. En revanche, les groupes C et D relèvent la grande sensibilité de l'influence de la liberté économique sur la productivité au niveau de la démocratie.

Figure 3 : *Liberté économique et compétitivité suivant le niveau de démocratie*

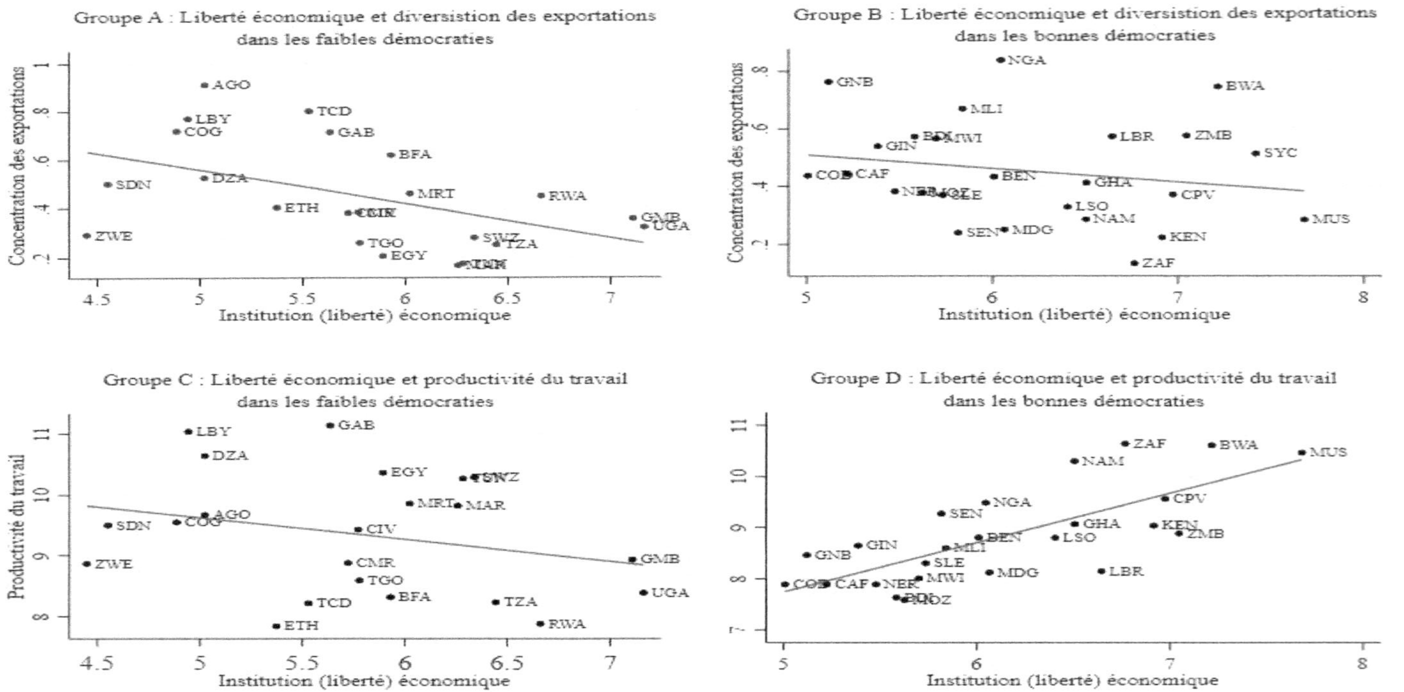

Note : La démocratie est dite "faible" respectivement "bonne" dans un pays lorsque la valeur de l'indicateur Polity 2 du régime politique est inférieure, respectivement supérieure, à la médiane de -0.52 de l'ensemble de l'échantillon.
Source : Construction des auteurs.

3.2.2. *Influence des institutions sur la productivité du travail en Afrique*

Le tableau 1 présente les résultats des estimations de l'influence des institutions sur la productivité du travail en Afrique. Dans la colonne (1), le coefficient du régime politique est positif et significatif à 1%. Il en est de même dans la colonne (3). Mais lorsqu'on introduit les variables de contrôle et change de technique d'estimation (colonne 4 à 6), son signe reste positif mais sa significativité passe à 10% dans les DMC (colonne 5) et 5% dans les MMG. En revanche, concernant les institutions économiques, on constate que le signe de la liberté économique demeure positif et significatif à 1% dans l'ensemble des 6 colonnes du tableau. Ces résultats confirment bien que les institutions améliorent la productivité mais que les institutions économiques semblent davantage plus pertinentes que les institutions politiques. Plus précisément, le régime politique n'a pas d'influence directe sur la productivité ; ce qui compte c'est la manière avec laquelle il favorise la liberté économique (Acemoglu et al., 2005a).

Tableau 1 : *Influence des institutions sur la productivité en Afrique : résultats*

	MCO	MCO	MCO	MCO	DMC	MMGs
	(1)	(2)	(3)	(4)	(5)	(6)
Productivité (*t-1*)						0,932***
						-0,043
Rég. Pol.	0,015 ***		0,011***	0,012*	0,018*	0,034**
	0,005		0,002	0,006	0,01	0,016
Lib. Eco.		0,157***	0,692***	0,051***	0,765***	0,820***
		0,033	0,074	0,018	0,272	0,281
Capital/travail				0,248***	0,637***	0,068*
				0,023	0,107	0,037
Éducatio n				0,198***	0,733***	0,094**
				0,025	0,171	0,039
TIC				0,059**	0,012**	0,118**
				0,028	0,005	0,051
Rente totale				-0,027	-0,022**	-0,032
				0,019	0,01	0,036
IDE				-0,016**	-0,015**	0,005

				0,007	0,006	0,007
Commerce				-0,139***	-0,083	0,087*
				0,038	0,138	0,049
Constante	9,016***	8,177***	7,934***	5,954***	4,774***	-0,693***
	0,145	0,251	0,382	0,233	1,729	0,58
EF pays/année	Oui	Oui	Oui	Oui	Oui	Oui
Nbr. Obs.	1372	838	836	459	383	440
Pays/Instr.	48	46	46	44		44/23
R-carré	0,0617	0,14	0,0726	0,7232	0,77	
AR1 (p)						0,018
AR2 (p)						0,569
Hansen (p)					0,137	0,859

Notes : MCO : Moindres Carrés Ordinaires, DMC : Doubles Moindres Carrés, MMGs : Méthode des Moments Généralisés en système. PPT correspond à la productivité partielle du travail mesurée par le ratio PIB par personne employée. Le régime politique est mesuré par l'indicateur Polity 2 du projet Polity 4, et la liberté économique correspond à l'indicateur global de la liberté économique dans le monde. Les valeurs entre parenthèses correspondent aux écarts-types. *, **, *** indiquent respectivement la significativité à 10%, 5% et 1%.
Source : Construction des auteurs.

Les signes associés aux variables de contrôle restent globalement conformes à la littérature (Joya, 2019). On trouve un effet positif du ratio capital-travail sur la productivité. Il en est même pour l'éducation dont le coefficient est positif et significatif, ainsi que la technologie. En revanche, dans le cas des IDE et de l'ouverture commerciale, les coefficients associés sont négatifs dans le cas des estimations MCO et DMC, mais positifs et significatifs à 10% (cas de l'ouverture commerciale) dans les estimations système-MMG. Pour la rente des ressources naturelles, le signe négatif est identique à celui trouvé par Atangana Ondoa (2019).

3.2.3. Effets des institutions sur la diversification des exportations en Afrique

Nous examinons à présent l'influence des institutions sur la diversification des exportations dans les pays d'Afrique. Les résultats sont contenus dans le tableau 2.

Tableau 2 : *Effets des institutions sur la diversification des exportations en Afrique - résultats*

	MCO	MCO	MCO	MCO	DMC	MMGs
	(1)	(2)	(3)	(4)	(5)	(6)
IHH (t-1)						0,858***
						(0.028)
Régime Pol.	-0,003***		-0,001	-0,005	-0,016***	-0,009
	(0.001)		(0.003)	(0.003)	(0.005)	(0.007)
Liberté Éco.		-0,038***	-0,039**	-0,100**	-0,074**	-0,231***
		(0.015)	(0.015)	(0.050)	(0.036)	(0.072)
Crédit financiers				-0,052***	-0,133***	-0,092**
				(0.013)	(0.020)	(0.038)
PIB/tête				0,176**	0,139	0,916***
				(0.076)	(0.111)	(0.323)
PIB/tête (carré)				-0,011**	-0,004	-0,047**
				(0.005)	(0.008)	(0.019)
Éducation				-0,009	-0,075***	-0,084*
				(0.014)	(0.021)	(0.046)
IDE entrant				-0,011***	-0,002	0,028***
				(0.004)	(0.002)	(0.004)
Ouverture com.				0,014	0,02	-0,004***
				(0.018)	(0.024)	(0.001)
Constante	0,462***	-0,740***	-0,745***	0,063	0,652	-3,079**
	(0.029)	(0.108)	(0.110)	(0.291)	(0.400)	(1.167)
EF pays/année	Oui	Oui	Oui	Oui	Oui	Oui
Observations	1225	845	838	502	472	454
Pays/Instr.	49	47	46	43		42/37
R-carré	0,124	0,139	0,141	0,31	0,325	
AR1 (p)						0,002
AR2 (p)						0,361
Hansen (p)					0,314	0,513

Notes : IHH indique l'indice Hirschman–Herfindahl de la concentration/diversification des exportations. Pour d'autres informations, voir la note du tableau 1. Les valeurs entre parenthèses correspondent aux écarts-types. *, **, *** indiquent respectivement la significativité à 10%, 5% et 1%.

Source : Construction des auteurs.

Le constat est quelque peu différent de ce qui précède. Le coefficient du régime politique est négatif et significatif à 1% dans les colonnes (1) et (5). Sans inclure les variables de contrôle dans les MCO, le signe du régime politique reste négatif et non significatif. Il en est de même dans la colonne (6). En ce qui concerne les institutions économiques, le signe de la liberté économique est négatif et significatif au moins à 5% dans les colonnes (2) à (6) du tableau 2. Ce résultat révèle que les pays qui fournissent une plus grande liberté aux individus de s'engager dans les transactions économiques enregistrent les meilleurs niveaux de diversification des exportations (Agosin et al., 2012).

Les colonnes du tableau 2 montrent également la pertinence d'un certain nombre de variables de contrôle sur la diversification des exportations en Afrique. Le niveau de développement est en relation non-linéaire avec la diversification des exportations. Plus précisément, les coefficients du PIB par habitant et son carré sont significativement positifs et négatifs. À mesure qu'un pays se développe, la concentration des exportations augmente d'abord, puis culmine et enfin diminue (Imbs et Wacziarg, 2003). S'agissant du développement financier, les colonnes (4) à (6) du tableau 2 montrent un signe négatif et significatif au moins à 5%. Ce qui montre que l'augmentation des crédits bancaires aux secteurs privés favorise la diversification des exportations (Fosu et Abass, 2019 ; Nieminen, 2020). L'éducation et les IDE promeuvent la diversification des exportations tandis que l'effet de l'ouverture commerciale est ambigu.

3.2.4. Mesure alternative des institutions : la gouvernance

Le tableau 3 montre les résultats de l'analyse approfondie des effets des institutions sur la compétitivité économique en utilisant la gouvernance et ses sous-composantes comme mesure alternative des institutions[1]. La gouvernance concerne les relations contractuelles en cours pour lesquelles la continuité de la relation est une source de valeur (Williamson, 2005). Nous construisons un indicateur composite la gouvernance par une analyse en composante principale (ACP) sur les 6 indicateurs de Kaufmann et al. (2005) : le contrôle de la corruption, l'efficacité du gouvernement, la stabilité politique et l'absence de violence, la qualité de la régulation, la règle de droit et enfin la prise en

[1] Pour des raisons d'espace, nous nous limitons à la présentation des principales.

compte des voix et responsabilités. Nos résultats restent cohérents avec ceux qui précèdent. La gouvernance et ses composantes ont une influence positive et significative sur la productivité et la diversification des exportations.

3.2.5. La complexité économique : une mesure unifiée de la compétitivité des pays

Ici, nous recourons également à une mesure alternative et unifiée de la compétitivité économique des pays en utilisant la complexité économique. En effet, la complexité économique mesure le stock de connaissances accumulées dans une population encore appelé connaissances productives (Nonaka, 1994). Elle est fondée sur l'idée que les pays sont liés par les produits qu'ils exportent, et quantifie la compétitivité des pays par la qualité de leurs produits d'exportation (Hidalgo et Hausmann, 2009 ; Hausmann et al., 2014). Il s'agit d'une mesure des différences dans les structures productives des pays, attribuant des valeurs plus élevées aux économies les plus sophistiquées, diversifiées et complexes (Keneck-Massil et Nvuh-Njoya, 2021). Deux indicateurs de la complexité économique sont ici mobilisés. Le premier (ICE) provient des données collectées par l'Observatoire de la complexité économique de l'Institut de Technologie du Massachusetts. Le second indicateur (ECI+) mesure la complexité économique par les exportations totales d'une économie corrigées des contraintes dans l'exportation chaque produit (Albeaik et al., 2017). Le tableau 4 présente les résultats de l'influence des institutions sur la complexité économique en Afrique.

Tableau 3 : *Résultats avec une mesure alternative des institutions - la gouvernance*

	PCA	CC	EFGOUV	STABPOL	QREG	R. DROIT	V&R
Colonne	(1)	(2)	(3)	(4)	(5)	(6)	(7)
Panel A : Qualité de la gouvernance et productivité du travail en Afrique							
PPT (t-1)	0,947***	0,958***	0,942***	0,960***	0,955***	0,931***	0,940***
	(0.012)	(0.011)	(0.013)	(0.009)	(0.013)	(0.014)	(0.015)
Gouvernance	0,027***	0,037***	0,054***	-0,005	0,021**	0,019**	0,002
	(0.010)	(0.011)	(0.011)	(0.006)	(0.010)	(0.007)	(0.004)
V. Contrôle	Oui	Oui	Oui	Oui	Oui	Oui	Oui
Observations	383	384	384	445	383	379	379
Pays/Instru.	43/35	43/35	43/35	44/36	43/35	40/35	40/35
AR1 (p)	0,002	0,002	0,002	0,001	0,002	0,003	0,003
AR2 (p)	0,672	0,782	0,744	0,713	0,86	0,733	0,821
Hansen (p)	0,142	0,207	0,271	0,306	0,474	0,38	0,399
Panel B : Qualité de la gouvernance et diversification des exportations en Afrique							
IHH (t-1)	0,794***	0,848***	0,758***	0,831***	0,647***	0,711***	0,807***
	(0.025)	(0.032)	(0.045)	(0.029)	(0.055)	(0.036)	(0.028)
Gouvernance	-0,062***	-0,144***	-0,247***	-0,046***	-0,457***	-0,184***	-0,053***
	(0.019)	(0.032)	(0.068)	(0.010)	(0.112)	(0.060)	(0.015)
V. Contrôle	Oui	Oui	Oui	Oui	Oui	Oui	Oui
Observations	453	424	425	424	530	451	453

Pays/Instru.	47/39	47/34	47/32	47/39	48/33	46/35	47/39
AR1 (p)	0,011	0,014	0,009	0,012	0,011	0,013	0,013
AR2 (p)	0,163	0,172	0,18	0,165	0,189	0,15	0,161
Hansen (p)	0,577	0,247	0,395	0,573	0,475	0,513	0,524

Note : PCA indique l'indice composite de la gouvernance ; CC : contrôle de la corruption ; EFGOUV : efficacité du gouvernement ; STABPOL : stabilité politique et absence de violence ; QREG : qualité de la régulation ; R. DROIT : règle de droit ; R&R : voix et responsabilité. Dans le panel A, les variables de contrôle sont les mêmes que celles du tableau 1 ; et dans le panel B, les variables de contrôle sont celles du tableau 2. Les valeurs entre parenthèses correspondent aux écarts-types. *, **, *** indiquent respectivement la significativité à 10%, 5% et 1%.

Source : Construction des auteurs.

Les colonnes du tableau 4 montrent que les institutions améliorent la complexité économique. Les coefficients du régime politique, de la liberté économique et de la gouvernance sont positifs et significatifs. Dans le cas de la liberté économique, les colonnes (1) et (2) montrent un signe positif et significatif à 1%. Une amélioration de 1% de l'indice globale de liberté économique entraine une augmentation de 26,6% de la complexité économique (colonne 1). De même l'augmentation d'un point de pourcentage de la gouvernance accroît la complexité économique de 23,5% (colonne 3).

Tableau 4 : *Institutions et complexité économique en Afrique*

	ECI	ECI+	ECI	EC+
	(1)	(2)	(3)	(4)
Complexité économique (*t-1*)	0,525***	0,983***	0,766***	0,762***
	(0.031)	(0.058)	(0.041)	(0.048)
Régime politique	0,036**	0,012*		
	(0.014)	(0.006)		
Liberté économique	0,266***	0,183***		
	(0.066)	(0.042)		
Gouvernance (PCA)			0,235***	0,201**
			(0.045)	(0.079)
Crédit financiers	0,010**	-0,014***	-0,004***	0,162*
	(0.004)	(0.002)	(0.001)	(0.086)
PIB/tête	0,376**	0,492***	0,100*	0,004
	(0.179)	(0.140)	(0.050)	(0.143)
Éducation	0,660***	0,191	0,153***	0,253***
	(0.139)	(0.146)	(0.044)	(0.086)
IDE entrant	0,002	0,012**	-0,157***	0,120***
	(0.007)	(0.006)	(0.029)	(0.039)
Ouverture commerciale	-0,119	-0,004**	0,005***	-0,132
	(0.109)	(0.001)	(0.001)	(0.152)
Constante	-2,085**	-3,402***	-0,113	0,783
	(0.900)	(0.806)	(0.304)	(1.022)
Observations	329	308	362	362
Pays/Instruments	30/28	30/28	32/29	32/27
AR1 (p)	0,003	0,001	0,001	0,002
AR2 (p)	0,951	0,778	0,248	0,634
Hansen (p)	0,653	0,405	0,543	0,44

Note : Les valeurs entre parenthèses correspondent aux écarts-types. *, **, *** indiquent respectivement la significativité à 10%, 5% et 1%.
Source : Construction des auteurs.

4. Conclusion et implications de politique économique

Dans un monde globalisé, les décideurs sont souvent confrontés à un certain nombre d'objectifs. Parmi eux, stimuler la croissance de la productivité et la diversification et complexité de la structure productive mais aussi établir de bonnes institutions. En effet, la compétitivité économique entre pays a des impacts importants sur la conduite des politiques économiques. Ce travail analyse le rôle des institutions dans la compétitivité économique hors-prix des pays africains. Il se focalise sur l'influence des institutions sur la productivité et la diversification des exportations.

L'analyse est menée sur les données de 52 pays d'Afrique entre 1990 et 2019. Les résultats indiquent que les institutions économiques sont des causes immédiates et ont un impact positif direct sur la productivité du travail et la diversification des exportations, alors que les institutions politiques font partie des causes profondes. Autrement dit, les institutions politiques « préparent le terrain » dans lequel les institutions économiques se conçoivent et les politiques sont mises en œuvre (Acemoglu et al., 2005a).

Cette étude soutient que les institutions économiques et politiques sont à la fois cruciales et complémentaires dans le développement économique des pays africains. En effet, le processus de démocratisation peut s'avérer coûteux pour certains pays. Si le gain de l'amélioration de la qualité des institutions économiques est supérieur au coût de démocratisation, il serait rationnel de se focaliser sur des politiques qui augmentent la liberté économique, la réduction de la corruption, et l'amélioration de la stabilité politique plutôt que d'augmenter le niveau de démocratie. Cependant, il se peut que le coût de la démocratisation puisse être compensé par les caractéristiques souhaitables de la démocratie. Sur le long-terme, il sera intéressant de comparer les coûts et gains de la démocratisation qui peuvent varier d'un pays à l'autre.

En somme, l'impact des institutions sur la compétitivité économique est important. Il reste encore un certain nombre de problèmes qui nécessitent plus d'attention. On peut noter le fait que certaines dimensions des institutions ne sont pas observables par nature ou à cause du manque des données. C'est le cas par exemple du degré auquel les citoyens des pays soutiennent la démocratie (Besley et Persson, 2019). En effet, chaque pays a sa propre histoire et culture qui influencent la mise en œuvre des politiques et la conception des

« institutions fortes ». De plus, le problème de l'endogénéité des institutions est également discutable car il est rare de trouver des instruments pertinents pour les institutions (Acemoglu et al., 2005a ; Williamson et Kerekes, 2011). Ces problèmes appellent à des recherches supplémentaires afin de compléter les études sur les mécanismes par lesquels les institutions affectent les performances économiques des en développement en général, et d'Afrique en particulier.

Références bibliographiques

Acemoglu, D. (2003). Why not a political Coase theorem? Social conflict, commitment, and politics. *Journal of Comparative Economics*, *31*(4), 620-652.

Acemoglu, D., Johnson, S., & Robinson, J. A. (2001). The colonial origins of comparative development: An empirical investigation. *American Economic Review*, *91*(5), 1369-1401.

Acemoglu, D., Johnson, S., & Robinson, J. A. (2005a). Institutions as a fundamental cause of long-run growth. *Handbook of economic growth*, *1*, 385-472.

Acemoglu, D., Johnson, S., Robinson, J. A., & Yared, P. (2005b). From education to democracy? *American Economic Review*, *95*(2), 44-49.

Agosin, M. R., Alvarez, R., & Bravo-Ortega, C. (2012). Determinants of export diversification around the world: 1962–2000. *The World Economy*, *35*(3), 295-315.

Albeaik, S., Kaltenberg, M., Alsaleh, M., & Hidalgo, C. A. (2017). Improving the economic complexity index. *Addendum to Improving the Economic Complexity Index arXiv preprint arXiv:1707.05826.*

Alesina, A., & Giuliano, P. (2015). Culture and institutions. *Journal of Economic Literature*, *53*(4), 898-944.

Araujo, L., Mion, G., & Ornelas, E. (2016). Institutions and export dynamics. *Journal of International Economics*, *98*, 2-20.

Arellano, M., & Bond, S. (1991). Some tests of specification for panel data: Monte Carlo evidence and an application to employment equations. *The Review of Economic Studies*, *58*(2), 277-297.

Arellano, M., & Bover, O. (1995). Another look at the instrumental variable estimation of error-components models. *Journal of Econometrics*, *68*(1), 29-51.

Arráiz, I., Henríquez, F., & Stucchi, R. (2013). Supplier development programs and firm performance: evidence from Chile. *Small Business Economics*, *41*(1), 277-293.

Atangana Ondoa, H. (2019). Natural resources curse: A reality in Africa. *Resources Policy*, *63*, 1–13.

Audretsch, D. B., & Moog, P. (2020). Democracy and entrepreneurship. *Entrepreneurship Theory and Practice*, *00*(0), 1-25.

Banque Mondiale. (2020) *Indicateurs de développement dans le monde 2020*, Banque Mondiale.

Baudassé, T., Bazillier, R., & Issifou, I. (2018). Migration and institutions: Exit and voice (from abroad)?. *Journal of Economic Surveys*, *32*(3), 727-766.

Baumol, W. J. (1996). Entrepreneurship: Productive, unproductive, and destructive. *Journal of Business Venturing*, *11*(1), 3-22.

Belloc, M. (2006). Institutions and international trade: A reconsideration of comparative advantage. *Journal of Economic Surveys*, *20*(1), 3-26.

Besley, T., & Persson, T. (2019). Democratic values and institutions. *American Economic Review: Insights*, *1*(1), 59-76.

Blundell, R., & Bond, S. (1998). Initial conditions and moment restrictions in dynamic panel data models. *Journal of Econometrics*, *87*(1), 115-143.

Cardinale, I., & Landesmann, M. (2020). Generalising the political economy of structural change: A Structural Political Economy approach. *Structural Change and Economic Dynamics*.

Cardinale, I., & Scazzieri, R. (2019). Explaining structural change: actions and transformations. *Structural Change and Economic Dynamics*, *51*, 393-404.

Chang, H. J. (1994). State, institutions and structural change. *Structural Change and Economic Dynamics*, *5*(2), 293-313.

Chang, H. J. (2011). Institutions and economic development: theory, policy and history. *Journal of Institutional Economics*, *7*(4), 473-498.

Chenery, H. B. (1961). Comparative advantage and development policy. *The American Economic Review*, 51(1), 18–51.

Chenery, H. B., & Taylor, L. (1968). Development patterns: among countries and over time. *The Review of Economics and Statistics*, 391-416.

CNUCED. (2020). *Statitisques des Nations-Unies 2020*, Conférence des Nations Unies sur le Commerce et le Développement.

Coase, R. H. (1960). The problem of social cost. *Journal of Law and Economics*, 3(1), 2.

Dauvin, M., & Guerreiro, D. (2017). The paradox of plenty: A meta-analysis. *World Development*, *94*, 212-231.

De Vries, G., Timmer, M., & De Vries, K. (2015). Structural transformation in Africa: Static gains, dynamic losses. *The Journal of Development Studies*, *51*(6), 674-688.

Dixit, A. & V. Norman. (1980) *Theory of international trade*, Cambridge University Press.

Dosi, G., & Tranchero, M. (2021). The Role of Comparative Advantage, Endowments, and Technology in Structural. *New perspectives on structural change: causes and consequences of structural change in the global economy*, 442.

Durkheim, E. (1982). *The rules of sociological method: and selected texts on sociology and its method*, New York: The Free Press.

Easterly, W., & Levine, R. (2003). Tropics, germs, and crops: how endowments influence economic development. *Journal of Monetary Economics*, *50*(1), 3-39.

Fagerberg, J. (1988). International competitiveness. *The Economic Journal*, *98*(391), 355-374.

Fagerberg, J., Srholec, M., & Knell, M. (2007). The competitiveness of nations: Why some countries prosper while others fall behind. *World Development*, *35*(10), 1595-1620.

Falciola, J., Jansen, M., & Rollo, V. (2020). Defining firm competitiveness: A multidimensional framework. *World Development*, *129*, 104857.

Farhadi, M., Islam, M. R., & Moslehi, S. (2015). Economic freedom and productivity growth in resource-rich economies. *World Development*, *72*, 109-126.

Flachaire, E., García-Peñalosa, C., & Konte, M. (2014). Political versus economic institutions in the growth process. *Journal of Comparative Economics*, *42*(1), 212-229.

Fosu, A. K., & Abass, A. F. (2019). Domestic credit and export diversification: Africa from a global perspective. *Journal of African Business*, *20*(2), 160-179.

Frankel, J. A. (2010). *The natural resource curse: a survey* (No. w15836). National Bureau of Economic Research.

Gao, Y., Zang, L., Roth, A., & Wang, P. (2017). Does democracy cause innovation? An empirical test of the popper hypothesis. *Research Policy*, *46*(7), 1272-1283.

Glaeser, E. L., La Porta, R., Lopez-de-Silanes, F., & Shleifer, A. (2004). Do institutions cause growth?. *Journal of Economic Growth*, *9*(3), 271-303.

Gwartney, J., R. Lawson, J. Hall, J. Gwartney, R. Lawson & J. Hall. (2019). Economic freedom dataset, published in economic freedom of the World: 2019 annual report.

Hall, R. E., & Jones, C. I. (1999). Why do some countries produce so much more output per worker than others?. *The Quarterly Journal of Economics*, *114*(1), 83-116.

Hansen, L. P. (1982). Large sample properties of generalized method of moments estimators. *Econometrica: Journal of the econometric society*, 1029-1054.

Hartmann, D., Guevara, M. R., Jara-Figueroa, C., Aristarán, M., & Hidalgo, C. A. (2017). Linking economic complexity, institutions, and income inequality. *World Development*, *93*, 75-93.

Hausmann, R., Hidalgo, C. A., Bustos, S., Coscia, M., & Simoes, A. (2014). *The atlas of economic complexity: Mapping paths to prosperity*. Mit Press.

Hausmann, R., Hwang, J., & Rodrik, D. (2007). What you export matters. *Journal of Economic Growth*, *12*(1), 1-25.

Heckscher, E. F. 1919, *The effect of foreign trade on the distribution of income*.

Hidalgo, C. A., & Hausmann, R. (2009). The building blocks of economic complexity. *Proceedings of the National Academy of Sciences*, *106*(26), 10570-10575.

Hodgson, G. M. (2006). What are institutions?. *Journal of Economic Issues*, *40*(1), 1-25.

Hodgson, G. M. (2015). On defining institutions: rules versus equilibria. *Journal of Institutional Economics*, *11*(3), 497-505.

Imbs, J., & Wacziarg, R. (2003). Stages of diversification. *American Economic Review*, *93*(1), 63-86.

Irwin, D. A. (2019). Does trade reform promote economic growth? A review of recent evidence. *NBER Working Paper*, (w25927).

Joya, O. (2019). How should resource-rich countries diversify? Estimating forward-linkage effects of mining on productivity growth. *Economics of Transition and Institutional Change*, *27*(2), 457-473.

Kaufmann, D., Kraay, A., & Mastruzzi, M. (2005). Governance matters: governance indicators. *World Bank policy research working paper series*, 3630.

Keneck-Massil, J., & Nvuh-Njoya, Y. (2021). Did colonisation matter for comparative economic complexity?. *Economics Letters*, *203*, 109851.

Krammer, S. M., Strange, R., & Lashitew, A. (2018). The export performance of emerging economy firms: The influence of firm capabilities and institutional environments. *International Business Review*, *27*(1), 218-230.

Krueger, A. O. (1974). The political economy of the rent-seeking society. *The American Economic Review*, *64*(3), 291-303.

Krugman, P. (1994). Competitiveness: a dangerous obsession. *Foreign Aff.*, *73*, 28.

Krugman, P. R. (1981). Intraindustry specialization and the gains from trade. *Journal of political Economy*, *89*(5), 959-973.

Krugman, P. R. (1996). Making sense of the competitiveness debate. *Oxford Review of Economic Policy*, *12*(3), 17-25.

Krugman, P. R., & Obstfeld, M. (2009). *International economics: Theory and policy*. Pearson Education.

Kuznets, S. (1953). International differences in income levels: Reflections on their causes. *Economic Development and Cultural Change*, *2*(1), 3-26.

La Porta, R., Lopez-de-Silanes, F., Shleifer, A., & Vishny, R. (1999). The quality of government. *The Journal of Law, Economics, and Organization*, *15*(1), 222-279.

Lectard, P., & Rougier, E. (2018). Can developing countries gain from defying comparative advantage? Distance to comparative advantage, export diversification and sophistication, and the dynamics of specialization. *World Development*, *102*, 90-110.

Lewis, W. A. (1954). Economic development with unlimited supplies of labour. *The Manchester School*, 22(2), 139–191.

Marciano, A., Melcarne, A., & Ramello, G. B. (2019). The economic importance of judicial institutions, their performance and the proper way to measure them. *Journal of Institutional Economics*, *15*(1), 81-98.

Marshall, M. G., T. R. Gurr & Jaggers, K. (2020). Polity IV project: Political regime characteristics and transitions, 1800–2019. *Center for Systemic Peace*.

Mcmillan, M., D. Rodrik & Verduzca-Gallo. Í., I. (2014). Globalization, structural change, and productivity growth, with an update on Africa. *World Development*, 63,11-32.

Melitz, M. J. (2003). The impact of trade on intra-industry reallocations and aggregate industry productivity. *Econometrica*, *71*(6), 1695-1725.

Melitz, M. J., & Trefler, D. (2012). Gains from trade when firms matter. *Journal of Economic Perspectives*, *26*(2), 91-118.

Murshed, S. M., & Serino, L. A. (2011). The pattern of specialization and economic growth: The resource curse hypothesis revisited. *Structural Change and Economic Dynamics*, *22*(2), 151-161.

Nieminen, M. (2020). Multidimensional financial development, exporter behavior and export diversification. *Economic Modelling*, *93*, 1-12.

Nonaka, I. (1994). A dynamic theory of organizational knowledge creation. *Organization science*, *5*(1), 14-37.

North, D. C. (1994). *Institutions and Productivity in History* (No. 9411003). University Library of Munich, Germany.

North, D. C. (1987). Institutions, transaction costs and economic growth. *Economic Inquiry*, *25*(3), 419-428.

North, D. C. (1989). Institutions and economic growth: An historical introduction. *World Development*, *17*(9), 1319-1332.

North, D. C. (1991). Institutions. *The Journal of Economic Perspectives*, *5*(1), 97–112.

Ohlin, B. (1935). *Interregional and international trade*, Harvard University Press, Cambridge.

Olney, W. W. (2016). Impact of corruption on firm-level export decisions. *Economic Inquiry*, *54*(2), 1105-1127.

Omgba, L. D. (2014). Institutional foundations of export diversification patterns in oil-producing countries. *Journal of Comparative Economics*, *42*(4), 1052-1064.

Ottaviano, G. I. (2011). 'New'new economic geography: firm heterogeneity and agglomeration economies. *Journal of Economic Geography*, *11*(2), 231-240.

Parteka, A., & Tamberi, M. (2013). What determines export diversification in the development process? Empirical assessment. *The World Economy*, *36*(6), 807-826.

Porter, M. E. (1990). The competitive advantage of nations. *Competitive Intelligence Review*, *1*(1), 14–14.

Prebisch, R. (1950). The economic development of Latin America and its principal problems.

Ricardo, D. (1817). *Principles of political economy and taxation.*

Rodriguez, F. & Rodrik, D. (2000). Trade policy and economic growth: a skeptic's guide to the cross-national evidence. *NBER Macroeconomics Annual*, *15*, 261–325.

Rodriguez-Clare, A. (1996). The division of labor and economic development. *Journal of Development Economics*, *49*(1),3–32.

Rodrik, D. & Subramanian, A. (2003) .The primacy of institutions. *Finance and Development*, *40*(2),31–34.

Rodrik, D., A. Subramanian & Trebbi, F. (2004). Institution's rule: the primacy of institutions over geography and integration in economic development. *Journal of Economic Growth*, *9*(2), 131–165.

Roodman, D. (2009). A note on the theme of too many instruments. *Oxford Bulletin of Economics and Statistics*, *71*(1), 135–158.

Samuelson, P. A. (1919). Summing up on the Australian case for protection. *The Quarterly Journal of Economics*, *96*(1), 147–160.

Schott, P. K. (2008). The relative sophistication of Chinese exports. *Economic Policy*, 23(53), 6–49.

Singer, H. W. (1950): The distribution of gains between investing and borrowing countries. In *the strategy of international development*, Springer, 43–57.

Smith, A. (1776). *An Inquiry into the nature and causes of the wealth of nations*, University of Chicago Press.

Soeng, R. & Cuyvers, L. (2018). Domestic institutions and export performance: Evidence for Cambodia. *The Journal of International Trade & Economic Development*, 27(4), 389-408.

Stasavage, D. (2005). Democracy and education spending in Africa. *American Journal of Political Science*, *49*(2), 343–358.

Tullock, G. (1967). The welfare costs of tariffs, monopolies, and theft. *Economic Inquiry*, *5*(3), 224–232.

Veblen, T. (2007). *The theory of the leisure class*, Oxford: Oxford University Press.

Williamson, C. R. (2009). Informal institutions rule: institutional arrangements and economic performance. *Public Choice*, *139*(3), 371–387.

Williamson, C. R. & Kerekes, C. B. (2011). Securing private property: formal versus informal institutions. *The Journal of Law and Economics*, *54*(3), 537–572.

Williamson, O. E. (2005). The economics of governance. *American Economic Review*, 95(2), 1–18.

Zheng, M., G.-F. Feng, S. Feng & Yuan, X. (2019). The road to innovation vs. the role of globalization: A dynamic quantile investigation. *Economic Modelling*, 83, 65-83.

A. Annexes

A.1. Liste des pays

TABLEAU A5 – Liste des 52 pays d'Afrique retenus

Nom	Code	Nom	Code	Nom	Code	Nom	Code
Afrique du Sud^{s}	ZAF	Djibouti^{e}	DJI	Libéria^{o}	LBR	Rép. Centrafr.^{c}	CAF
Algérie^{n}	DZA	Égypte^{n}	EGY	Libye^{n}	LBY	Rwanda^{e}	RWA
Angola^{s}	AGO	Érythrée^{e}	ERI	Madagascar	MDG	Sao Tomé^{c}	STP
Bénin^{o}	BEN	Eswatini^{s}	SWZ	Malawi^{s}	MWI	Sénégal^{o}	SEN
Botswana^{s}	BWA	Éthiopie^{e}	ETH	Mali^{o}	MLI	Seychelles^{e}	SYC
Burkina Faso	BFA	Gabon^{c}	GAB	Maroc^{n}	MAR	Sierra Leone^{o}	SLE
Burundi^{e}	BDI	Gambie^{o}	GMB	Maurice^{e}	MUS	Soudan^{e}	SDN
Cameroun^{c}	CMR	Ghana^{o}	GHA	Mauritanie^{n}	MRT	Tanzanie^{e}	TZA
Cape Vert^{o}	CPV	Guinée^{o}	GIN	Mozambique^{s}	MOZ	Tchad	TCD
Comores^{e}	COM	Guinée Éq.^{c}	GNQ	Namibie^{s}	NAM	Togo^{o}	TGO
Congo, Dém.^{c}	COD	Guinée-Bissau^{o}	GNB	Niger^{o}	NER	Tunisie^{n}	TUN
Congo, Rép.^{c}	COG	Kenya^{e}	KEN	Nigéria^{o}	NGA	Zambie^{s}	ZMB
Côte d'Ivoire^{o}	CIV	Lesotho^{s}	LSO	Ouganda^{e}	UGA	Zimbabwe^{s}	ZWE

Notes : Les exposants *c*, *e*, *n*, *o*, et *s*, indiquent la sous-région à laquelle appartient le pays à savoir : Afrique Centrale, Afrique de l'Est, Afrique du Nord, Afrique de l'Ouest, et Afrique du Sud.

A.2. Statistiques descriptives

TABLEAU A6 – Statistiques descriptives

Variable	Obs.	Moyenne	Écart-type	Min	Max
Productivité du travail	1401	15204,42	17634,79	973,39	120700,24
Concentration des exportations	1300	0,46	0,22	0,11	0,96
ICE	835	-0,84	0,58	-2,79	0,96
ICE+	835	-0,6	0,75	-1,36	2,54
Régime politique	1467	0,66	5,59	-10	10
Liberté économique	845	6	0,84	2,8	8,43
Gouvernance	1091	0	0,87	-2,13	2,27
PIB par tête	1491	2267,81	2940,5	164,34	20532,95
Éducation secondaire	923	42,21	25,63	5,22	115,96
Ratio capital/travail	1343	53852,22	85962,5	-728,26	1065181,5
TIC	1528	3,17	5,47	0	36,13
Crédit financier (% PIB)	1478	18,68	17,02	0	106,26
Rente totale	1522	11,14	11,5	0	67,92
IDE entrant (% PIB)	1524	3,78	8,61	-11,62	161,82
Ouverture commerciale (% PIB)	1415	69,83	37,45	11,09	348

A.3. Matrice de corrélation

TABLEAU A7 – Matrice de corrélation

Variables	(1)	(2)	(3)	(4)	(5)	(6)	(7)	(8)	(9)	(10)	(11)	(12)	(13)	(14)	(15)
(1) PPT	1														
(2) IHH	0,14	1													
(3) ICE	0,18	-0,6	1												
(4) ICE+	0,16	-0,69	0,74	1											
(5) Régime Pol.	-0,1	-0,06	0,11	0,11	1										
(6) Liberté Éco.	0,19	-0,27	0,44	0,34	0,34	1									
(7) Gouvernance	0,18	-0,32	0,53	0,39	0,48	0,72	1								
(8) PIB/tête	0,96	0,17	0,16	0,13	0	0,3	0,27	1							
(9) Éducation	0,7	-0,3	0,59	0,56	0,26	0,51	0,54	0,68	1						
(10) Ratio K/L	0,87	0,18	0,08	0,02	0	0,24	0,24	0,92	0,61	1					
(11) TIC	0,22	-0,18	0,14	0,17	0,14	0,07	0,02	-0,21	-0,18	-0,18	1				
(12) Crédits financiers	0,33	-0,46	0,59	0,59	0,23	0,44	0,59	0,33	0,64	0,24	-0,1	1			
(13) Rente totale	0,25	0,53	-0,55	-0,44	-0,26	-0,48	-0,52	0,18	-0,21	0,21	-0,07	-0,34	1		
(14) IDE entrant	-0,02	0,02	-0,07	-0,11	0,01	0,07	0	0,06	0,06	0,11	-0,01	-0,03	0,17	1	
(15) Ouverture com.	0,3	0,02	0,06	-0,16	0,1	0,14	0,2	0,48	0,36	0,44	-0,17	0,22	0,11	0,32	1

A.4 Variables, définition et sources

TABLEAU A8 – Liste des variables, définitions et sources

Variable	Définition	Source
PPT	Productivité partielle du travail mesurée par le ratio du PIB sur le nombre total de personnes employées.	IDM
IHH	Indice Hirschman-Herfindahl (HHI) qui additionne les parts au carré de chaque produit dans les exportations totales. Cet indice prend des valeurs de 0 à 1, la plus élevée représentant une plus grande concentration.	CNUCED
ICE	Indice de complexité économique c'est-à-dire la quantité de connaissances matérialisées dans la structure de la production d'un pays. Son augmentation implique l'amélioration de la diversification et de la qualité du système de production du pays.	Recueilli à partir de la base de données Atlas du MIT
ICE+	Mesure alternative de la complexité économique	
Régime Pol.	Il s'agit d'un indicateur du régime (institution) politique capté par la variable polity 2. Le score polity 2 varie de +10 (régime fortement démocrate) à +10 (régime fortement autocratique).	Projet Polity IV

Liberté Éco.	La liberté économique indique le degré avec lequel les droits de propriété sont protégés et la liberté dont disposent les individus pour s'engager dans des transactions volontaires. Cet indice varie de 0 à 10, une valeur plus élevée indiquant une plus grande liberté économique.	Institut Fraser
Gouvernance	Indicateur composite de la gouvernance construit par l'analyse en composante principale (ACP) à partir des 6 indicateurs de la gouvernance	Construction des auteurs à partir des données IGM
PIB par tête	Cette variable mesure le niveau de développement du pays par le ratio du produit intérieur brut sur la population totale.	IDM
Éducation	L'éducation est mesurée ici par le taux brut de scolarisation au secondaire.	IDM
Ratio K/L	Ce ratio mesure l'intensité capitalistique c'est-à-dire la quantité de capital physique nécessaire à un travailleur pour générer le revenu.	Construction des auteurs à partir des données IDM.
TIC	Les techonologies de l'information et de la communication sont ici mesurées par le nombre de personne souscrivant à un téléphone mobile.	IDM
Crédits financiers	Les crédits financiers indiquent ici le ratio des crédits domestiques que les banques et les marchés financiers ocrtoient au secteur privé en pourcentage du PIB.	IDM
Rente totale	La rente totale des ressources naturelles (Forest, charbon, mine, gaz, et pétrole) en pourcentage du PIB.	IDM
IDE entrant	C'est l'ensemble des investissements directs étrangers entrant dans le pays au cours d'une année donnée en pourcentage du PIB.	IDM
Ouverture com.	C'est la somme du volume total des exportations et des importations en pourcentage du PIB.	IDM
cc	Indique dans quelle mesure le pouvoir public est exercé à des fins privées (y compris les petites et grandes formes de corruption), ainsi que la « capture » de l'État par les élites et les intérêts privés.	IGM
efgouv	Mesure la qualité des services publics; la qualité de la fonction publique et son degré d'indépendance vis-à-vis des pressions politiques; la qualité de la formulation et de la mise en œuvre des politiques et la crédibilité de l'engagement du gouvernement envers ces politiques.	IGM
stabpol	Mesure les perceptions de la probabilité que le gouvernement soit déstabilisé ou renversé par des moyens inconstitutionnels ou violents, y compris la violence politique ou le terrorisme.	IGM
qreg	Exprime la capacité du gouvernement à formuler et à mettre en œuvre des politiques et des réglementations saines qui permettent et favorisent le développement du secteur privé.	IGM
rdroit	Indique la mesure dans laquelle les agents des forces de l'ordre ont confiance et respectent les règles de la société, et en particulier la qualité de l'exécution des contrats, la police et les tribunaux, ainsi que la probabilité de criminalité et de violence.	IGM
V&R	Indique la mesure dans laquelle les citoyens d'un pays peuvent participer à la sélection de leur gouvernement, ainsi que la liberté d'expression, la liberté d'association et la liberté des médias.	IGM

Chapitre 18

New-Keynesian DSGE Models and Monetary Policy Modeling in Africa: A Narrative Approach

Modèles DSGE néo-keynésiens et modélisation de la politique monétaire en Afrique : une approche narrative

Thierry KAME BABILLA
thierrykamebilla@yahoo.fr
Université de Yaoundé II
Cameroun

Henri ATANGANA ONDOA
atanganaondoa@yahoo.fr
Université de Yaoundé II
Cameroun

Abstract: *This paper analyses how the core features of low-income countries can be captured by New-keynesian Dynamic Stochastic General Equilibrium (DSGE) Models for the effectiveness of monetary policy in fostering economic development in Africa. The paper advances the debate on monetary policy in low-income countries by making six contributions to the literature. First, the paper examines DSGE Models micro-foundations of monetary policy mandate beyond price stability. Second, the paper assesses how to capture monetary policy strategies that are barely inflation targeting, such as money targeting strategy, exchange rate targeting strategy, and sterilized foreign exchange interventions strategy. Third, the paper highlights the relevance of the monetary policy approach of income inequality, consumption inequality, wealth inequality, and assets inequality in DSGE modeling in Africa. Fourth, the paper features how to introduce financial frictions into fragmented credit market beyond the complete market feature of advanced economies in the standard DSGE model. Fifth, the paper captures the implications of uncertainty, generated by supply shocks, policy implementation errors, and incomplete information regarding policy intentions, on monetary policy modeling in Africa. Finally, the paper undergoes analysis on how to introduce rigidities faced by African economies, contrast to flexible prices and wages in advanced economies, on monetary policy modeling.*

Keywords: New-Keynesian DSGE Models, Monetary Policy Modeling, Keynesian Economic Development, Africa.

Résumé : *Cet article montre comment les caractéristiques essentielles des pays à faible revenu peuvent être représentées par les modèles d'équilibre général dynamique stochastique (DSGE) néo-keynésiens, pour l'efficacité de la politique monétaire, dansla promotion du développement en Afrique. Le travail fait avancer le débat sur la politique monétaire dans les pays à faible revenu à travers six contributions à la littérature. Premièrement, l'article examine les micro-fondements des modèles DSGE du mandat de la politique monétaire au-delà de la stabilité des prix. Deuxièmement, le document évalue comment saisir les stratégies de politique monétaire qui ciblent à peine l'inflation, telles que la stratégie de ciblage monétaire, la stratégie de ciblage du taux de change et la stratégie d'interventions de change stérilisées. Troisièmement, le document souligne la pertinence de l'approche de la politique monétaire de l'inégalité des revenus, de la consommation, de la richesse et des actifs dans la modélisation DSGE en Afrique. Quatrièmement, le document explique comment introduire des frictions financières dans un marché du crédit fragmenté au-delà de la caractéristique de complétude de marché des économies avancées dans le modèle DSGE standard. Cinquièmement, le document saisit les implications* *de l'incertitude, générée par les chocs d'offre, les erreurs de mise en œuvre des politiques et les informations incomplètes concernant les intentions politiques, sur la modélisation de la politique monétaire en Afrique. Enfin, le document fait l'objet d'une analyse sur la manière d'introduire les rigidités auxquelles sont confrontées les économies africaines, contrairement aux prix et salaires flexibles dans les économies avancées, sur la modélisation de la politique monétaire.*

Mots clés : *Modèles d'équilibre général dynamique stochastique (DSGE) néo-keynésiens, modélisation de la politique monétaire, développement économique keynésien, Afrique.*

1. Introduction

Policymakers worldwide are urged to deploy wide menu of instruments to lift low-income countries out of under-development (Smets and Wouters 2003; Levin and Williams 2003; Gali and Gertler 2007; Dotsey 2017; Blanchard 2017; Dolado et al. 2020). Because of their theoretical link with monetary economics, Dynamic Stochastic General equilibrium (DSGE) Models have come to play a dominant role in monetary policy research. In Africa indeed, an explicit call for research on how monetary policy is modeled is part of the menu policymakers have been calling for. The absence of models adds to the lack of a clear quantitative view within African central banks on how monetary policy is transmitted to the economy (Clarida et al. 1999; Walsh 2003; Ireland 2004; Erceg et al. 2006; Aguiar and Gopinath 2007; Del Negro and Schorfheide 2009; Adam et al. 2020).

However, monetary policy modeling in low-income countries presents a challenge for macroeconomic modeling, because it requires models to include all those features that are key in disentangling and understanding the structure of different sectors, as well as their interdependence (Chari et al. 2007; Gertler and Karadi 2018; Berg and Portillo 2018; Acharya et al. 2020).

Luckily, Dynamic Stochastic General Equilibrium Models by their very nature, embodies all the properties needed to rise to this challenge. DSGE models have the potential to be tailored to address key low-income countries issues. In fact, given the nature of macroeconomic phenomena and specifically of economic fluctuations in Africa, it is relevant that the models developed for monetary policy analysis are dynamic, stochastic, and general equilibrium (Woodford 2003; Schmitt-Grohe and Uribe 2003; Justiniano and Primeceri 2008; Wickens 2014; Benigno et al. 2020).

Indeed, they has been continuing agreement over the use of Dynamic Stochastic General Equilibrium Model within economic research. Many central banks have been using them for policy analysis in advanced economies for decades. By contrast, due to their complex nature, their use in low-income countries is scant (Hodrick and Prescott 1997; Garcia-Cicco et al. 2010; Broer et al. 2020).

Thus, the scarcity of DSGE Modeling in monetary policy analysis in Africa is well recognized (Rand and Tarp 2002; Bilbiie and

Xavier 2020). This paper aims to address this challenge, by assessing how low-income countries features can be captured by DSGE models for monetary policy analysis. Specifically, the paper will make four keys contributions to the literature: First, the paper will assess the need of DSGE models to capture monetary policy frameworks that are barely based on price stability mandate and inflation targeting strategy. Second, the paper will explore whether to introduce financial frictions in credit market beyond the complete market feature of advanced economies in the standard DSGE model. Third, it will capture the implications of uncertainty and rigidities on monetary policy modeling in Africa, contrast to flexible prices and wages in advanced economies. Finally, it will analyse the relevance of the redistributive role of monetary policy in a DSGE modeling.

2. DSGE Models and Monetary Policy Framework in Africa

Monetary policy is defined by its mandate, strategy, and instrument, that guide and characterize the behavior of central banks. Dynamic Stochastic General Equilibrium Models have something to say about how monetary policy should be conducted in response to the structure of the economy. In fact, DSGE models, by building on the appropriate level of micro-foundations, stand best chance of disentangling the various channels through which monetary policy is transmitted to the real economy and interact with other policies, or various sectors interact between themselves.[1] The early generation of DSGE models were clearly developed in the context of great moderation, and therefore focuses on price stability mandate as the core mandate of central bank. This is because of the complementarity between stabilizing inflation and stabilizing output under Total Factor Productivity (TFP) shocks, which is referred to as \The divine coincidence" by Blanchard and Gali (2007) (Rotemberg and Woodford 1997; Blanchard and Kahn 1982; Summers 1991; Taylor 1993; Berg and Portillo 2018).[2]

However, the experience of the conduct of monetary policy in Africa highlights the relevance of others monetary policy mandates, and thus the need to adjust this feature of DSGE models to the relevant

[1]The behaviors of consumers, firms, and financial intermediaries, when present, are formally derived from micro-foundations.

[2] The so-called \divine coincidence" of monetary policy is that, in the face of shocks to aggregate demand, the stabilization of inflation also serves to stabilize output.

mandates for African economies. A major strength of DSGE Models is that, to the extent that they are derived from micro-foundations, they can be used not only for descriptive, but also for normative purposes. Indeed, the single focus on price stability as monetary policy mandate is misleading in the context of Africa. The focus of monetary policy on GDP growth mandate for instance, by minimizing distortions that affect the size of output, may be as important for welfare as price stability mandate in Africa (Levin and Williams 2003; Woodford 2008; Ball 2011; Del Negro et al. 2015; Kame Babilla, 2017).

Furthermore, the monetary policy rule, which is based on the Taylor Principle, is one of the fundamental pillar of the standard DSGE Models. This is because the main monetary policy strategy in advanced economies central banks is the inflation targeting. Indeed, central banks in advanced economies use their main policy instrument to perform their inflation targeting strategy and fulfil their price stability mandate.[3] DSGE Models capture this monetary policy strategy by the Taylor rule, which represents the response of the policy rate to the deviation of inflation and output from target (Friedman 1975; Poole 1979; Krugman 1979; Bernanke et al. 1999; Aoki 2001; Taylor 2001; Laubach and Williams 2003).

Nevertheless, the conduct of monetary policy in Africa highlights the need to go beyond inflation targeting strategy in DSGE modelling. With such a simple characterization of monetary policy, DSGE monetary policy modeling misses some of the main instruments and channels through which central banks have attempted to influence economic activity, especially in Africa. What is less clear, at least in the literature, is that monetary policy in Africa, is also considerably richer than what is described in the standard DSGE model. For instance, there is lower likelihood of monetary policy for being constrained by the zero lower bound in low-income countries, as it is sometimes the case in advanced economies (Egert 2007; Adam et al. 2009; Curdia and Woodford 2001; Acharya et al. 2020).

In practice, reserve money targeting remains the effective monetary policy strategy within many African central banks. In real times, changes in the central bank balance sheet equals to the central bank's holding of government debt, and the central bank's holding of

---

[3] The main policy instrument of G4 central banks is the short-term interest rate.

international reserves. The stance of monetary policy, and thus the size of the central bank balance sheet is determined by the endogenous accumulation of international reserves.[4] This money targeting strategy is consistent with monetary policy strategy implementation in some African countries which belong to a monetary union, such as, the Central Africa Economic and Monetary Community or CEMAC, and the West Africa Economic and Monetary Union or WAEMU.[5] In these specific cases, with the hard peg of CFA to Euro, maintaining the peg by preserving a sufficient level of international reserves, still take precedence over all others considerations or monetary policy strategy (Svensson 2003; Broda 2004; Masson and Patillo 2005; Mishra et al. 2012; Kame Babilla 2016). The strong role that money targeting strategy has played in many African's central banks emphazizes thus the role of monetary aggregates in the design of DSGE models in low-income countries.[6] Consequently, contrast to the core feature of the Taylor Rule in the Standard DSGE model, to model this money targeting strategy within a DSGE model framework, the model should focus in capturing a rule specifying the setting of money targets. This can be done by modeling the level of central bank's net domestic assets to be constant in nominal term (Nelson 2002; Eggertsson et al. 2003; Bodenstein et al. 2008; Barsky et al. 2014).

Moreover, international reserves accumulation depends on the degree of exchange rate targeting. In some African central banks, monetary authorities directly manage the exchange rate. They do so by introducing an exchange rate target in the equation that describes exchange rate dynamic.[7] For African central bank more broadly, the nature of the nominal exchange rate strategy matters for the real effects of supply shocks, consistent with DSGE models framework. Foreign exchange interventions have thus always been an important component of central banking in Africa. As result, a key monetary policy

---

[4]Accumulation of international reserves by African central banks to achieve a certain level, so as to maintain the stability of money.

[5]The Central Bank of Central African States or BEAC is the common Central Bank of the six member countries of the CEMAC who issues the common currency CFA. The Central Bank of West African States or BCEAO is the common central bank of the eighth member countries of the WAEMU who issues the common currency CFA.

[6] Practically, within many African central banks, money targets are set between three or six months ahead, then monetary policy steered via open market operations that control the quantity of base money so as to hit the target.

[7] That is the uncovered interest rate parity condition.

instrument in the conduct of monetary policy by African central banks is sterilized foreign exchange interventions, so as to limit exchange rate volatility or to protect competitiveness.

Foreign intervention policies, generally used in low-income countries, have real effects that are different from the traditional effects of monetary policy stemming from the control of short-term nominal rate, usually used in advanced economies. By affecting the relative holdings of central bank paper in the financial system, sterilized interventions influence nominal and real exchange rates, and therefore can also influence inflation and output (Faust and Rogers 2003; Obstfeld et al. 2004; Leitemo and Soderstrom 2005; Federico et al. 2014; Benigno et al. 2020).

In this case, a typical DSGE models for low-income countries should introduce a rule for sterilized foreign exchange interventions.[8] Indeed, given the characteristic of African economies financial system, for sterilized interventions to serve as a separate strategy of monetary policy within a framework of a DSGE Model, they must operate through the portfolio approach to exchange rate determination. The portfolio approach effects stem from the wedges or premia on the expected returns of local currency-denominated assets as well as foreign currency denominated liabilities, which depends on the relative supply of the financial assets themselves. The DSGE model of African economies should thus also capture balance-sheet effects of those interventions policies (Buffie et al. 2008; Woodford 2005; Kumhof 2010; Anand et al. 2015).

Of course, to be useful, DSGE models need to adapt to the policy issue of the economy they are intended to analyse. Starting from explicit micro-foundations is clearly essential. As unreliable transmission of monetary policy to the economy might limit the scope for monetary policy to serve as policy for macroeconomic stabilization, the opacity of existing frameworks often contribute to undermine the effectiveness of monetary policy in low-income countries. The nature of policy itself decisively shapes the nature of monetary policy transmission. DSGE models are structural in that they are fully derived from micro-foundations and are best focused on particular policy

---

[8]The sterilized intervention means, all else equal, purchases of foreign exchange reserves that involve an offsetting operation, for instance an issuance of central bank securities, such that the central bank policy rate is not affected.

issues. Micro-foundations properties of DSGE models make it thus easier for the models to clarify how African countries monetary policy framework should differ from advanced or emerging economies. These micro-foundations properties also make it easier to place African economies policy debate within the context of the literature on monetary policy, which over the last two decades has relied almost on the DSGE models (Justiniano et al. 2013; Bindseil 2004; Sichei and Kamau 2012; Berg et al. 2013).

3. Financial frictions and the dynamic property of DSGE models

Financial frictions and under-developed financial markets are core feature of low-income countries. In fact, in Africa, we have a state-dominated and highly oligopolistic banking system, whose operation are often limited to mobilizing saving for on-lending to government and state-owned enterprises. DSGE models by being dynamic, could help us understand the difference between short and long-run effects of different financial frictions, and how different parts of policy packages to overcome financial frictions can complement or substitute for each other over time. To accomplish this, DSGE models should include a characterization of micro-levels, such as primary and secondary market, that allows for monetary policy transmission. Indeed, DSGE models include features that make it possible to study how monetary policy changes affects the primary and secondary market, and how these effects spillover to the real economy. This type of comparative analysis is most useful if carried out in micro-founded models, as the effort of driving mechanism from first principal help sharpen the discussion (Stiglitz and Weiss 1981; Williamson 1987; Nelson 2002; Levin et al. 2006; Woodford 2010; Bilbiie and Straub 2013; Kame Babilla 2017).

However, the first generation DSGE models are based on the assumption of complete markets or efficiency of financial markets. This assumption is supported by the fact that, the overall magnitude of the effects on aggregate demand and inflation from monetary decisions depend on the extent of financial deepening. By contrast, African economies have shallow financial markets, so that changes in financial conditions brought about by monetary policy may directly affect a smaller share of population. In fact, on the one hand, monetary policy relies on a clear understanding by financial market participants of central bank actions, both current and likely future.[9] Nevertheless, such a clear understanding is likely not to emerge under a context of limited market or shallow financial markets, that we are encountered in low-income countries. On the other hand, agents in the economy have to infer the intended stance of policy solely from money market developments. An unrealistic assumption given the typical absence of clear communication by central banks in Africa. Weak transmission mechanism of monetary policy in Africa due to lack of financial depth and a fragmented banking system may explain these discrepancies. So, DSGE modeling for monetary policy analysis in Africa should featured African's economies' reaction to fragmented financial markets, as well as a lack of financial depth (Curdia and Woodford 2010; Brunnermeier and Sannikov 2014; Gertler and Kiyotaki 2015; Guerrieri and Iacoviello 2015; Cacciatore et al. 2016; Batini et al. 2017).

Consistently, contrast to standard DSGE models, New-keynesian DSGE models in Africa should incorporate a more explicit banking sector, notably for monetary policy analysis. It would help to capture financial frictions in African economies, and quantify the contribution of an effective monetary policy in countering those frictions. This would also be the case in variants of those models that directly allows for financial frictions. The introduction of financial frictions in those models could also lead to an amplification of the effects of non-financial frictions. As micro-founded models, DSGE models tend to be stylized. There are thus sufficient in helping to illustrate how introducing a particular African economies features into an otherwise standard model, may influence the policy prescriptions or the effects of policy typically found in the literature. Basically, in order to inform their monetary policy decisions, monetary authorities constantly asked questions of counterfactual nature. DSGE models satisfy the basic counterfactual analysis needed in monetary policy analysis. Whether explicit or implicit counterfactual analysis is at the core of the effectiveness in the conduct of monetary policy. Because DSGE models have a well-identified structural interpretation, being specified on the basis of clear decision problems by economic agents, while taking into account technical constraints, market clearing conditions, and structural shocks to the economy, they are very suitable to do this type of counterfactual analysis (Benigno and Woodford 2005;

---

[9] This represents the expectations channel of monetary policy.

Gali and Monacelli 2005; Fatum and Hutchison 2010; Christiano et al. 2014; Baldini et al. 2015; Boissay et al. 2016; Kessy et al. 2016).

Regarding financial assets, under-developed domestic asset market leads to limited participation in domestic financial markets. One of the key features of the conduct of monetary policy in Africa, is that, changes in policy rates often not followed by changes in lending and deposit rates. DSGE models in Africa should explicitly model the dynamic within the banking system, because it is the banking system that translates short-term interbank or policy rates into lending and deposit rates. The preliminary hypothesis in featuring financial frictions in DSGE modeling was that, a standard financial accelerator mechanism could help explain the trajectory of spreads.[10] The rational behind this hypothesis is that, the risk premia that banks demand on their loans relative to theirs costs of funds will depend on the stocks of loans relative to the values of collaterals, which is in part measured by stock market valuations or perhaps simply the value of output. However, financial markets in Africa are insufficiently developed to be able to easily infer the relevant risk-free interest rate from market outcomes. This financial shortcoming justifies why reforms in financial markets or financial system are necessary in order to increase monetary transmission mechanism in low-income countries. Given the fact that consumers often choose between domestic and foreign assets, limited access to international capital markets and exposure to volatile sources of external funding, are additional keys features of African financial system that have to be introduced into DSGE models (Kiyotaki and Moore 1997; Bernanke et al. 1999; Woodford 2002; Moron and Winkelried 2005; Agenor and Montiel 2008; Goodfriend and McCallum 2007; Mendoza 2010; Kame Babilla et al. 2016).

4. Uncertainty, rigidities, and the stochastic property of DSGE models

By being stochastic, DSGE models recognize that policy operates in an uncertainty environment, where consumers, firms, and policymakers, take their decisions without perfect knowledge of the future. Understanding how supply shocks propagate the economy, and whether or not monetary policy respond, is one of the fundamental

[10] Financial accelerator mechanism is the workhorse of typical DSGE models with banks (Bernanke et al. 1999).

questions in monetary policy. Indeed, supply shocks, increases inflation at the same time as they decrease output, presenting a trade-off between output and inflation stabilization, and in turn contravening the Blanchard and Gali (2007) divine coincidence hypothesis. This mechanism seems particularly acute in low-income countries whose economies are predominantly led by supply shocks, and as result, existing central bank mandates are unable to deliver sustainable economic growth, like in advanced economies experiencing similar low and stable inflation (Gali 1999; Smets and Wouters 2007; Christiano et al. 2014; Kame Babilla 2016; Berg and Portillo 2018).

DSGE models because they are stochastic, enable the assessment of monetary policy effects on the business cycle and welfare in presence of supply shocks. In the contest of Africa, DSGE models will help to model the reality that, so often, monetary authorities wish to implement the standard monetary policy prescriptions, but cannot perfectly observe the state of their respective economy. This state of the economy uncertainty induces a costly disarray in the implementation of monetary policy, since on the one hand there is a lack of clarity about what operational target should be, and on the other hand there is a lack of relevant frameworks for controlling short-term financial conditions. In fact, limited effects of monetary policy on real economy reflect shortcomings of existing policy frameworks in those economies, in addition to structural features. So often, central bank mandates are ineffective in implementing monetary policy, so that their policy rates display considerably volatility. In addition, the communication of central bank policy itself is the problem, making it very difficult for market participants to understand monetary authorities' intentions. In this environment of simultaneous state of the economy uncertainty and structure of the economy uncertainty, the effectiveness of monetary policy decisions can be greatly reduced since policy implementation errors and incomplete information regarding policy intentions are pervasive. Explicit modelling of the state of the economy uncertainty and the structure of the economy uncertainty in DSGE models, is thus essential for studying monetary policy issues in Africa, especially given policy implementation errors and incomplete information regarding policy intentions (Juselius and Franchi 2007; Justiniano et al. 2010; Berg et al. 2013; Gollin et al. 2014; Kame Babilla 2015 a; Goldberg 2016).

The prominent role played by agriculture in African economies emphasizes the place of the structure of economy uncertainty in DSGE modeling for monetary policy analysis. African economies face volatility and uncertainty from variations in agriculture harvest due to whether or other exogenous shocks. DSGE models have to factor-in that, even when supply shocks provide most of the volatility, it remains the unique and critical role of the central bank to provide a nominal anchor. Because of lower levels of development in low-income countries, DSGE Models should feature the fact that, the greater proximity to subsistence makes inflation predominantly supply-driven and more volatile, for purely structural reasons. Of course, African economies stand out by the prevalence and magnitude of shocks to food prices. The effects of food prices shock are amplified by large weight of food in the Consumer Price Index (CPI). DSGE models have to feature that, central banks should respond to the spillovers from food prices to wages, and core inflation on the one hand, on the other hand, central banks should accommodate firs-round effects of food prices shock. Those features are important because, examining whether international food prices shocks are more inflationary in low-income countries with a larger food share in consumption is relevant for monetary policy analysis in Africa. Also, the introduction of subsistence requirement in food consumption in a DSGE model with two sectors, food and non-food, help to understand how the structure of economy uncertainty affects monetary policy responses in less-developed countries (Adam and O'Connell 2005; Adam 2011; Collier and Dercon 2014; Kame Babilla 2014; Gollin and Rogerson 2014; Portillo et a. 2016).

Technically, the general equilibrium property of DSGE models implies that prices and quantities are jointly determined by the constraints and optimality conditions of the model.[11] This equation characterizing the behaviour of prices is derived from a formalisation offered by Calvo Guillermo (1983) and is thus known as Calvo pricing.[12] Because of the presence of rigidities in low-income countries, DSGE models should determine prices and quantities within the model instead of confounding policy actions by assuming that policies

[11] With on imposition of a priori assumptions on how policy should affect any price and quantity.
[12]An equation describing price adjustment is one of the three main equations of New-keynesian DSGE models.

automatically cause markups or others variables endogenously determined by the economy, to move in a certain direction. Originally, price adjustment is characterized by a forward-looking inflation equation, which does not capture the fundamental inertia of inflation. Nevertheless, a number of drivers of nominal rigidities seem plausible in African economies. For those economies, price adjustment equation in a DSGE model can be modified by introducing a backward-looking price mechanism, which generates inflation inertia.

Information-based lags in price adjustment, as demonstrated by Mankiw and Reis (2002), also seem more plausible in the information-scarce Africa' environment. So, price setting in DSGE modeling for low-income countries, should be subject to nominal rigidities, as well as some degree of indexation to past prices. Given the overwhelming involvement of government in African economies, public sector wage setting is also relatively important, including with a likely direct influence on private sector wages. These models should also consider that, agriculture local firms and non-traded sector firms, have some degree of market power and set the prices at which they sell their products (Rotemberg 1982; Yun 1996; Erceg et al. 2000; Bills and Klenow 2004; Christiano et al. 2005; Gali 2014; Kame Babilla et Alege 2016).

5. Redistributive Role of Monetary Policy and Infinite-live Representative Agents Feature of DSGE Models

The first generation of DSGE models are based on the infinite-live representative agent framework.[13] More specifically, the equation characterising the behaviour of consumers is the first order condition of the corresponding optimisation problem and is known as the Euler equation. In addition, the assumption of an infinitely-life representative households rules out the existence of rational bubles in equilibrium. As response, macroeconomists have long viewed this assumption of an infitinely-lived representative household as technically reliable, at least so long as issues pertaining to inequality are not the object of study (Ravenna and Walsh 2011; Nistico 2016; Bilbiie and Ragot 2020).

[13]The study of optimal monetary policy goes back to Rotemberg and Woodford (1997), who propose a method for deriving an optimal monetary policy that maximises the utility of the representative households.

However, in the context of low-income countries which the main objective remains to achieve sound economic development, distributional issues of monetary policy are policy relevant. In this regard, heterogeneous DSGE models that capture important dimension of inequality becomes fundamental. Analytically, the representative households' Euler equation implies a light link between the real interest rate and the consumer's time discount rate along a balanced growth path. These reflect the disproportionately large weight on inflation in the social welfare function, because of the theoretical complementarity between reducing inflation and output gaps under Total Factor Productivity (TFP) shocks advanced by Blanchard and Gali (2007). Aggregate demand is derived as consumption demand by foresighted consumers. Its implications with respect to both the degree of foresight and the role of interest rates in twisting the path of consumption, can be at odds with low-income countries features. Importantly, advances in economic theory have shed light on the role of inequality in the transmission of monetary policy. So, studying how optimal monetary policy varies with inequality within the framework of a DSGE model can help to overcome the hypothesis of representative agent in the context of Africa. Yet, DSGE modeling in Africa should introduced different forms of household's heterogeneity, in order to analyse a variety of issue that lie outside the scope of representative households' models. DSGE models in Africa should account thus for many dimensions of the observed distributions of income, wealth, portfolio holdings as well as consumption inequality (Eggertsson et al. 2012; Gali 2015; Kame Babilla 2015 b; Gornemann et al. 2016).[14]

Consistent with important features of African economies, a representative infinite-lived agent assumption can be overcome by capturing wealth inequality for monetary policy analysis in a two-agents New-keynesian DSGE models. In this setting, a rich agent owns all capital and thus her income is composed of after-tax dividends and wages. In contrast, a poor agent receives only wages and potentially a transfer from government financed by the dividend tax. An

[14] DSGE models can capture important dimensions of inequality. Given the importance of discussion about increasing inequality in Africa, it is necessary to capture inequality in a DSGE model of monetary policy analysis in Africa. This can lead to study optimal monetary policy when inequality is present in the steady state. A distortion that may have implications for optimal policy itself. In fact, Benigno and Woodford (2005) show how to compute a valid quadratic approximation of the social welfare function even when the steady state is distorted.

Heteregenous Agent New-Keynesian (HANK) DSGE models can also model the feature that the median-wealth household favors a stronger central bank response to unemployment compared to the wealthiest households because more unemployment stabilization provides consumption insurance (Coibion et al. 2017; Kaplan et al. 2018; Dolado et al. 2020).

To focus on consumption inequality, as this feature can be relevant in the social framework that is used to evaluate monetary policy in Africa, DSGE models should capture a central bank that chooses to place some weight on observed consumption equality, as that improves welfare. So that, by contrast, the optimal weight it places on consumption inequality becomes small compared to those on output and inflation gaps. As result, a central bank pursuing such optimal policy would care progressively less about inflation and more about growth, the higher the initial level of inequality. This could be explained by the fact that, since on average low-income countries encompass economies with high level of inequality, stabilizing inequality coincides with stabilizing growth, since the poor depends more on wages the greater the inequality, and wages are more stable when growth is stable. The model will thus introduce the fact that, a central bank may place a non-zero optimal social weight on the consumption inequality. Beyond targeting inflation and output gaps, the central bank can achieve higher welfare if placing a small negative weight on consumption inequality (Taylor 1993; Rotemberg and Woodford 1997; Gornemann et al. 2016; De Giorgi et al. 2017).

Concerning income inequality, as the core feature of African economies is that large share of the population lives on their current income, a Two-Agent New-keynesian DSGE models can introduce a modified aggregate demand equation that allow a proportion of consumers to be hand-to-mouth consumers, who simply consume income. The model could also introduce these two types of consumers by featuring the fact that one agent is forward-looking and consumes according to her permanent incomes, while other agents follow a rule of thumb of consuming only her current income. Since supply shocks affect income inequality in African economies, an heterogenous agent New-keynesian (HANK) DSGE models can model this feature because they differ from two-agents New-Keynesian models by allowing the share of agents on their Euler equation to respond endogenously to shock. In this case, consumption responses to monetary policy actions would be primarily driven by the indirect income effect, rather than by the direct effect through inter-temporal substitution (Campbell and Mankiw 1989; Gali et al. 2007; Kaplan et al. 2018; Bhandar et al. 2018; Acharya et al. 2020).

Regarding assets inequality, a two-agents DSGE models in the New-keynesian environment can feature heterogeneity by varying the degree of asset market participation of African economies with developed financial market (South Africa) relatively to African economies with under-developed financial market (Ethiopia), by assuming that one agent, the capitalist holds all claims on profits but does not supply labor, while the other agent, the worker, has no claims on profits and supplies all labor. A Tractable Agent New Keynesian (TANK) DSGE Models can capture two types of economic agents consistent with African economies features: ricardians and keynesians. Ricardians consumers have full access to bond and stocks markets, while keynesians consumers are hand-to-mouth consuming their current labor income at all times. To feature the fact that Keynesian agents hit their borrowing constraint, while Ricardian agents do not, micro-foundations of the two-agent DSGE model could be made by different discount factors, with Keynesian agents being less patient than Ricardian ones. In addition, heterogenous DSGE models can model steady state inequality arising from an unequal distribution of equity holdings, in an economy with a simplistic wealth distribution, and with no aggregate savings, as often the case in low-income countries (Bilbiie 2008; Eggertsson and Krugman 2012; Bilbiie and Straub 2013; Debortoli and Gali 2017; Walsh 2017; Broer et al. 2020; Benigno et al. 2020).

6. Conclusion

The aim of this study was to examine how low-income countries features can be captured by New-keynesian Dynamic Stochastic General Equilibrium Models for the effectiveness of monetary policy in fostering economic development in Africa. The paper advances thus the debate on monetary policy in low-income countries by making several contributions to the literature.

Analysis reveals that, the experience of monetary policy in Africa highlights the need to adjust the feature of first generation DSGE models to the relevant central bank framework for African economies.

The focus of monetary policy on GDP growth mandate for instance, by minimizing distortions that affect the size of output, may be as important for welfare as price stability mandate in Africa. As result, DSGE models have to factor-in any of monetary policy strategies that may help African central bank to achieve the mandate. First, the strong role that money targeting strategy has played in many African's central banks emphazizes the role of monetary aggregates in the design of DSGE models in low income countries. Contrast to the core feature of the Taylor Rule in the Standard DSGE model, the model should focus in capturing a rule specifying the setting of money targets. Second, DSGE models should feature the fact that, in some African central banks monetary authorities directly manage the exchange rate, by introducing an exchange rate target in the equation that describes exchange rate dynamic. Third, a typical DSGE models for low-income countries should introduce a rule for sterilized foreign exchange interventions that operate through the portfolio approach to exchange rate determination.

The paper sustains that, DSGE modeling for monetary policy analysis in Africa should featured African's economies' reaction to fragmented financial markets, as well as a lack of financial depth. On the one hand, contrast to standard DSGE models, New-keynesian DSGE models in Africa should incorporate a more explicit banking sector, which would help to capture financial frictions, and quantify the contribution of an effective monetary policy in countering those frictions. On the other hand, one of the key features of the conduct of monetary policy in Africa, is that, changes in policy rates often not followed by changes in lending and deposit rates. DSGE models in Africa should explicitly model the dynamic within the banking system, because it is the banking system that translates short-term interbank or policy rates into lending and deposit rates. Financial markets are insufficiently developed to be able to easily infer the relevant risk-free interest rate from market outcomes.

Analysis highlights that, explicit modelling of the state of the economy uncertainty and the structure of the economy uncertainty in DSGE models is essential for studying monetary policy issues in Africa, especially given policy implementation errors and incomplete information regarding policy intentions. First, the state of the economy uncertainty induces a costly disarray in the implementation of monetary policy, since on the one hand there is a lack of clarity about what operational target should be, and on the other hand there is a lack of relevant frameworks for controlling short-term financial conditions. Second, the prominent role played by agriculture in African economies emphasizes the place of the structure of economy uncertainty in DSGE modeling for monetary policy analysis.

Because of lower levels of development in low-income countries, DSGE Models should feature the fact that, the greater proximity to food subsistence makes inflation predominantly supply-driven and more volatile, for purely structural reasons. The paper explains why heterogeneous DSGE models that capture important dimension of inequality is fundamental for monetary policy analysis in low-income countries. An Heteregenous Agent New-Keynesian DSGE models can model the feature that the median wealth household favors a stronger central bank response to unemployment compared to the wealthiest households because more unemployment stabilization provides consumption insurance. Regarding consumption inequality, DSGE models could capture a central bank that chooses to place some weight on observed consumption equality, so that, by contrast, the optimal weight it places on consumption inequality becomes small compared to those on inflation gaps. As result, a central bank pursuing such optimal policy would care progressively less about inflation and more about growth, the higher the initial level of inequality. Concerning income inequality, a Two-Agent New-keynesian DSGE models can introduce a modified aggregate demand equation where one economic agent is forward looking and consumes according to her permanent incomes, while other economic agent follows a rule of thumb of consuming only her current income. A Tractable Agent New Keynesian DSGE Models can go further by capturing two types of economic agents, such as, ricardians and Keynesians. Ricardians consumers from rich-African countries have full access to bond and stocks markets, while keynesians consumers from poor-African's countries are hand-to-mouth consuming their current labor income at all times.

References

Acharya, Sushant, Edouard Challe, and Kestov Dogra (2020). Optimal Monetary Policy According to HANK", *Federal Reserve Bank of New York Staff Report* 916.

Adam, Christopher (2011). On The Macroeconomic Management of Food Price Shocks in Low-income Countries" *Journal of African economies* 2063-9.

Adam, Christopher, and Stephen O'Connell (2005), Monetary Policy and Aid Management in Sub-saharan Africa. *Oxford: University of Oxford; Swarthmore, PA: Swarthmore College.*

Adam, Christopher, Andrew Berg, Raphael Portillo, and Filip Unsal (2020). Monetary Policy and Central Banking in Sub-saharan Africa" in P. Conti-Brown and R. Lastra (Eds) *Research Handbook on Central Banking*, New York: Edward Elgar Publishing.

Adam, Christopher, Stephen O'Connell, E. Buffie, and Cathy Patillo (2009). Monetary Policy Rules for Managing Aid Surges in Africa, *Review of Development Economics* 13(3):464-90.

Agenor P-R and Peter Montiel (2008). Monetary Policy Analysis In a Small Open Credit-Based Economy, *Open Economics Review* 19(4):423-55.

Anand, R., E Prassad, and B. Zhang (2015). What Measure of Inflation Should a Developing Country Central Bank Target? *Journal of Monetary Economy* (77)102-16.

Aguiar, M, and Gopinath Gita (2007). Emerging Markets Business Cycles: The Cycle is The Trend, *Journal of Political Economy* 115:69-102.

Aoki K. (2001). Optimal Monetary Policy Responses to Relative-Price Changes, *Journal of Monetary Economics* 48(1):55-80.

Baldini, A., J. Benes, A. Berg, M. Dao, and R. Portillo (2015). Monetary Policy in Low-income Countries in the Face of the Global Crisis: A Structural Analysis, *Pacific Economic Review* 20(1):1949-92.

Ball, L., (2011). The Performance of Alternative Monetary Regimes." in B. Friedman and M. Woodford (Eds) *Handbook of Monetary Economics* 3B New York: North Holland Elsevier.

Baltini, N., P. Levine and J. Pearlman (2007). Monetary Rules in Emerging Economics with Financial Market Imperfections, in

Gali and M. J. Gertler (Eds) *International Dimensions of Monetary Policy.* Chicago IL: University of Chicago Press.

Barsky, Robert, Alejandro Justiniano, and leonardo Melosi (2014). The Natural Rate of Interest and Its Usefulness for Monetary Policy, *American Economic Review*, 104(5):37-43.

Benigno, Pierpaolo and Michael Woodford (2005). Inflation Stabilization and Welfare: The Case of Distorted Steady-state, *Journal of The European Economic Association*, 3-6, pp. 1185-1236.

Benigno, Pierpaolo, Gauti B. Eggertsson, and Frederica Romei (2020). Dynamic Debt Deleveraging and Optimal Monetary Policy, *American Economic Journal: Macroeconomics* 12.2, pp. 310-50.

Berg, Andrew, and Portillo, Raphael (2018). Monetary Policy in Sub-saharan Africa. *Oxford: Oxford University Press.*

Berg, Andrew, Portillo Raphael, Yang S. and Zanna Luis-Felipe (2013). Public Investment in Resource-Abundant Developing Countries, *IMF Economic Review* 61(1):92-129.

Bernanke, Ben, Mark Gertler, and Simon Gilchrist (1998). The Financial Accelerator in a Quantitative Business Cycle Framework, *NBER Working Paper* 6455, National Bureau of Economic Research.

Bernanke, B., T. Laubach, F. Mishkin, and A Posen (1999). Inflation Targeting: Lessons from the International Experience, *Princeton: Princeton University Press.*

Bhandar, Anmol, David Evans, Mikhail Golosov, and Thomas Sargent (2018). Inequality, Business Cycles and Monetary-Fiscal Policy, *National Bureau of Economic Research Working Paper* 24710.

Bindseil, U. (2004), Monetary Policy Implementation, Oxford: *Oxford University Press.*

Bilbiie, Florin O. (2008). Limited Asset Market Participation, Monetary Policy Rules, and The Great Inflation, *Review of Economics and Statistics* 95.2, pp.377-392.

Bilbiie, Florin and Ragot Xavier (2020). Optimal Monetary Policy and Liquidity Heterogeneous Households, *Review of Economic Dynamic.*

Bills, M. and Klenow, P. (2004). Some Evidence on The Importance of Sticky Prices, *Journal of Political Economy* 112(5):947-84.

Blanchard, Olivier (2017). Do DSGE Models Have a Future, in *DSGE Models*, Gurkaynak, Refet and Cedric Tille (eds), CEPR Press.

Blanchard, Olivier and Jordi Gali (2007). Real Wage Rigidities and The New Keynesian Models, *Journal of Money, Credit, and Banking* 39.s1, pp. 35-65.

Blanchard, O. and C. Khan (1982). The Solution of Linear Difference Models Under Rational Expectations, *Econometrica* 48(5):1305-13.

Bodenstein, M., C., Erceg, and L. Guerrieri (2008). Optimal Monetary Policy with Distinct Core and Headline Inflation Rates, *Journal of monetary Economics* 55:18-33.

Broda, C. (2004). Terms of Trade and Exchange Rate Regimes in Developing Countries, *Journal of International Economics* 63:31-58.

Broer, Tobias, Niels-Jakob Harbo Hansen, Per Krusell, and Erik Oberg (2020). The New-Keynesian Transmission Mechanism: An Heterogeneous Agent Perspective, *The Review. of Economic Studies* 87-1, pp.77-101.

Brunnermeier, Markus, and Yuliy Sannikov (2014). A Macroeconomic Model with Financial Sector, *American Economic Review* 104(2):379-421.

Buffie, E., Christopher Adam, Stephen O'Connell, and Cathy Patillo (2008). Riding The Wave: Monetary Response to Aid Surges in Low-income Countries, *European Economic Review* 52(8):1378-95.

Cacciatore, Matteo, Giusppe Fiori, and Fabio Ghironi (2016). Market Deregulation
and Optimal Monetary Policy in a Monetary Union, *Journal of International Economics* 99:120-137.

Calvo, Guillermo (1983). Staggered Prices in a Utility-Maximising Framework, *Journal of Monetary Economics* 129:83-98.

Campbell, John Y. and N. Gregory Mankiw (1989). Consumption, Income, and Interest Rates: Reinterpreting The Time Series Evidence, *NBER Macroeconomics Annual* 4, pp. 185-216.

Chari, V. V., Patrick Kehoe, and Ellen Mc Grattan (2007). Business Cycle Accounting, *Econometrica* 76(3), 781-836.

Christiano, Lawrence J., Martin Einchenbaum, and Charles L. Evans (2005). Nominal Rigidities and The Dynamic Effects of a Shock to Monetary Policy, *Journal of Political Economy*, 113(1);1-45.

Christiano, Larry, Roberto Motto, and Massimo Rostagno (2014). Risk Shocks, *American Economic Review* 104 (1):27-65.

Clarida, Richard, Jordi Gali, and Mark Gertler (1999). The Science of Monetary Policy: a New Keynesian Perspective, *Journal of Economic Literature* 37.4, pp.1661-1707.

Coibion, Olivier, Yuriy Gorodnichenko, Lorenz Kueng, and John Silvia (2017). Innocent Bystanders? Monetary Policy and Inequality in The US, *Journal of Monetary Economics* 88. June, pp.70-89.

Collier, Paul and Stefan Dercon (2014). African Agriculture in 50 Years: Smallholders in a Rapidly Changing World?" *World Development* 63:92-101.

Curdia, Vasco and Michael Woodford (2010). Credit Spreads and Monetary Policy, *Journal of Money, Credit, and Banking* 42, pp. 3-35.

Curdia, Vasco and Michael Woodford (2001). The Central Bank Balance-sheet as an Instrument of Monetary Policy, *Journal of Monetary Economics* 58:54-79.

De Giorgi, Giacomo and Luca Gambetti (2017). Business Cycle Fluctuations and The Distribution of Consumption, *Review of Economic Dynamics* 23, pp. 19-41.

Del Negro, Marco, and Frank Schorfheide (2009). Monetary Policy Analysis with Potentially Misspecified Models, *American Economic Review*, Volume 99, N04, pp. 1415-1450.

Del Negro, Marco, Marc Giannoni, and Frank Schorfheide (2015). Inflation in the Great Recession and New-Keynesian Models, *American Economic Journal: Macroeconomics*, Volume 7, Number 1, pp. 168-196.

Dolado, Juan J.B, Gergo Motyovszki, and Evi Pappa (2020). Monetary Policy and Inequality under Labor Market Frictions and Capital-skill Complementarity, *American Economic Journal: Macroeconomics.*

Dotsey, Michael (2013). DSGE Models and Their Use in Monetary Policy, in *Federal Reserve Bank of Philadelphia Business Review*, Q2,10-18.

Erceg, Christopher J, Dole W. Henderson, and Andrew T. Levin (2000). Optimal Monetary Policy with Staggered Wage and Price Contracts, *Journal of Monetary Economics*, 46.2, pp. 281-313.

Erceg C., L. Guerrieri and C. Gust (2006). SIGMA: A New Open Economy Model for Policy Analysis, *International Journal of Central Banking* 2(1);1-69.

Egert, B. (2007). Central Bank Interventions, Communication, and Interest Rate Policy in Emerging European Economies, *Journal of Comparative Economics* 35(2):387-413.

Eggertsson, Gauti, and Michael Woodford (2003). The Zero Bound on Interest Rates and Optimal Monetary Policy, *Brookings Papers on Economic Activity* 34(1):139-235.

Eggertsson, Gauti B. and Paul Krugman (2012). Debt Deleveraging, and the Liquidity Trap: A Fisher-Minsky-Koo Approach, *The Quarterly Journal of Economics*, 27.3, pp. 1469-1513.

Fatum, R. and M. M. Hutchison (2010). Evaluating Foreign Exchange Market Intervention Self-selection, Counterfactuals and Average Treatment Effects, *Journal of International Money and Finance* 29(3):570-840.

Faust J. and Rogers J. (2003). Monetary Policy Role's in Exchange Rate Behavior, *Journal of Monetary Economics* 50(7).

Federico, P., Vegh C., and Vuletin, G. (2014). Reserve Requirement Policy over The Business Cycle, *NBER Working Paper* 20612.

Friedman, B. (1975). Targets, Instruments, and Indicators of Monetary Policy, *Journal of Monetary Economics* 14:47-73.

Gali, Jordi (2015). Monetary Policy, Inflation, and The Business Cycle: An Introduction to the New-keynesian Framework and Its Applications, Economics Books 10495. Princeton University Press.

Gali, Jordi, J David Lopez-Salido, and Javier Valles (2007). Understanding The Effects of Government Spending on Consumption, *Journal of The European Economic Association* 5.1, pp 227-270.

Gali, Jordi (2014). Monetary Policy and Rational Asset Price Bubbles, *American Economic Review*, vol 104(3), 721-752.

Gali, Jordi (1999). Technology, Employment, and The Business Cycle: Do Technology Shocks Explain Aggregate Fluctuations, *The American Economic Review* 89(1):249-271.

Gali, J. and T. Monacelli (2005). Monetary Pollicy and Exchange Rate Volatility in a Small Open Economy, *Review of Economic Studies* 72(3):707-34.

Garcia-Cicco, J., Pancrazi R., and Uribe M. (2010). Real Business Cycles in Emerging Countries, *American Economic Review* (5):2510-31.

Gertler, Mark, and Nubu Kiyotaki (2015). Banking Liquidity, and Bank Runs in an Infinite Horizon Economy, *American Economic Review* 105(7):2011-43.

Gertler, Mark, and Peter Karadi. (2018) A Model of Unconventional Monetary Policy, *Journal of Monetary Economics* 58(1):17-32.

Goldberg, J. (2016). Kwacha Gonna Go? Experimental Evidence about Labor Supply in Rural Malawi, *American Economic Journal: Applied Economics* 1129-49.

Gollin, D. and R. Rogenson (2014). Productivity, Transport Costs, and Subsistence
Agriculture, *Journal of Development Economics* 10;738-48.

Gollin, D., D. Lagakos, and M. Waugh (2004). The Agricultural Productivity Gap, *Quarterly Journal of Economics*, 129(2):939-93.

Goodfriend, M. and T. McCallum (2007). Banking and Interest Rates in Monetary Policy Analysis, *Journal of Monetary Economy* 54(5):1480-1507.

Gornemann, Nils, Keith Kuester, and Makoto Nakajima (2016). Doves for the Rich, Hawks for the Poor? Distributional Consequences of Monetary Policy, *International Finance Discussion Papers* 1197.

Guerrieri, Luca and Matteo Iacoviello (2015). Occbin: A Toolkit to Solve Models with Occasionally Binding Constraints Easily, *Journal of Monetary Economics* 70:22-38.

Hodrick, R. and Prescott, E. (1997). Postwar U.S. Business Cycles: An Empirical Investigation, *Journal of Money Credit and Banking* 29(1):1-16.

Ireland, Peter N. (2004). A Method for Taking Models to the Data, Journal of Economic Dynamic and Control 28(6):1206-1226.

Juselius, Katarina and Massimo Franchi (2007). Taking a DSGE Model to the Data Meaningfully, *Economics-The Open-Access*, Open-Assessment E-Journal 207 4 (June):1-38.

Justiniano, Alejandro, and Giorgio Primeceri (2008). The Time-varying Volatility of Macroeconomic Fluctuations, *American Economic Review* 98(3):604-41.

Justiniano, Alejandro, Giorgio Primeceri, and Andrea Tambalotti (2010). Investment Shocks and Business Cycles, *Journal of Monetary Economics* 57(2):132-145.

Justiniano, Alejandro, Giorgio Primeceri, and Andrea Tambalotti (2013). Is There a Trade-off Between Inflation and Output Stabilization, *American Economic Journal Macroeconomics*, 5(2):1-31.

Kame Babilla, Thierry (2017). Macro Implications of Female Entrepreneurs Facing Financial Frictions to Access to Credit: A DSGE Model Analysis, *Presentation at the International*

Monetary Fund Conference on Gender and Macroeconomics, IMF: Washington D.C.

Kame Babilla, Thierry (2015 a). A DSGE Model of Trade and Risk-Sharing Effects of Currency Union on Economic Integration of the CFA Zone." In: Ncube M., Faye I., Verdier-Chouchane A. (eds) *Regional Integration and Trade in Africa*. Palgrave Macmillan, London. *https://doi.org/*10.1057/978113746205311.

Kame Babilla, Thierry (2016). Exchange Rate Policies and Monetary Union Effectiveness in the East Africa Community, *SSRN Working Paper Series*.

Kame Babilla, Thierry, Kendo Sandra, Adele Ngo Bilong, and Martin Eloundou (2016). Macroeconomic Implications of Female Entrepreneurs Facing Financing Frictions to Access to Credit: A DSGE model Approach in Cameroon, *PEP Working Paper*.

Kame Babilla, Thierry and Philip Alege (2016). External Finance Premium and Macroeconomic Outcomes in Nigeria, *SSRN Working Paper Series*.

Kame Babilla, Thierry (2014). Food Price Volatility implications for Trade and Monetary Policy between Nigeria and CEMAC: a Bayesian DSGE model approach, *GTAP Working Paper Series.*

Kame Babilla, Thierry (2015b). Macroeconomic Implications of Financial Frictions : A DSGE Model Approach, *Presentation at the 11th Dynare Conference*, National Bank of Belgium: Brussels.

Kaplan, Greg, Benjamin Moll, and Giovanni Violante (2015). Monetary Policy According to HANK, mimeo, Princeton University.

Kaplan, Greg, Benjamin Moll, and Giovanni L. Violante (2016). Monetary Policy According to HANK, *NBER Working Paper Series* 21897. Cambridge, Mass: National Bureau of Economic Research, January.

Kaplan, Greg, Benjamin Moll, and Giovanni L. Violante (2018). Monetary Policy According to HANK, *American Economic Review* 108.3, pp 697-743.

Kessy, P., O'Connell S. and Nyella J. (2016). Monetary Policy in Tanzania: Accomplishments and The Road Ahead" in C. Adam, P Collier, and B Ndulu (Eds) *Tanzania: The Path to Prosperity*. Oxford: Oxford University Press.

Kiyotaki, Nobuhiro, and John Moore (1998). Credit Cycles, *Journal of Political Economy* 105(2):211-48.

Kiyotaki, N. and J. Moore (1997). Credit Cycles, *Journal of Political Economy* 1052:11-48.

Krugman, Paul (1979). A Model of Balance-of-payments Crises, *Journal of Money Credit and Banking,* 11(3):311-25.

Kumhof, M. (2010). On The Theory of Sterilized Foreign Exchange Intervention, *Journal of Economic Dynamic and Control* 34(8):1403-20.

Laubach, Thomas, and John C. Williams (2003). Measuring The Natural Rate of Interest, *Review of Economics and Statistics* 85(4), November, 1063-1070.

Leitemo, K. and U. Soderstrom (2005). Simple Monetary Policy Rules and Exchange Rate Uncertainty, *Journal of International Money and Finance* 24:481-502.

Levin, Andrew T., Alexi Onatski, John C. Williams, and Noah Williams (2006). Monetary Policy Under Uncertainty in Micro-founded Macroeconomics Models, *NBER Macroeconomics Annual 2005*, 20, Cambridge, Mass:MIT Press, 229-287.

Levin, Andrew T., and John C. William (2003). Robuts Monetary Policy with Competing References Models, *Journal of Monetary Economics*, 50, July, 945-975.

Mankiw, Gregory, and Ricardo Reis (2002). Sticky Information Versus Sticky Prices; A Proposal to Replace The New Keynesian Phillips Curve, *Quarterly Journal of Economics* 117(4):1295-1328.

Masson, P. and Patillo, C. (2005). The Monetary Geography of Africa". Washington D.C.: *The Brookings Institution.*

Mendoza, E (2010). Sudden Stops, Financial Crises, and Leverage, *American Economic Review* 100:1941-66.

Mishra, P., Montiel P., and Spilimbergo, A. (2012). Monetary Policy Transmission mechanism in Low-income Countries: Effectiveness and Policy Implications, *IMF Economic Review* 60:270-302.

Moron, E. and D. Winkelried (2005). Monetary Policy Rules for Financially Vulnerable Economics, *Journal of Development Economics* 76:25-51.

Nelson, E. (2002). Direct Effects of Base Money on Aggregate Demand: Theory and Evidence." *Journal of Monetary Economics* 49(4):687-708.

Nistico, Salvatore (2016). Optimal Monetary Policy and Financial Stability in a Nonricardian Economy, *Journal of the European Economic Association*, 14.5, pp. 1225-1252.

Obstfeld, Maurice, Jay Shambaugh and Alan Taylor (2004). Trilemma in History : Trade-offs Among Exchange Rates, Monetary Policies, and Capital Mobility, *NBER Working Paper* 10396. Cambridge: National Bureau of Economic Research.

Poole, W. (1979). Optimal Choice of Monetary Policy, Instruments in a Simple Stochastic Macro Model, *Quarterly Journal of Economics* 84:197-216.

Portillo, Raphael, Luis-Felipe Zanna, Stephen O'connell, and R. Peck (2016). Implications of Food Subsistence For Monetary Policy and Inflation, *Oxford Economic Papers* 68(3) 782-810.

Rand, J. and Tarp, F. (2002). Business Cycles in Developing Countries: Are They Different ?, *World Development* 30(12):2071-88.

Ravenna, Frederico and Carl E. Walsh (2011). Welfare-based Optimal Monetary
Policy with Unemployment and Sticky Prices: A Linear-Quadratic Framework, American Economic Journal: Macroeconomics, 3.2., pp 130-62.

Rotemberg, Julio J. and Michael Woodford (1997). An Optimization-Based Econometric Framework for the Evaluation of Monetary Policy, *NBER Macroeconomics Annual 1997*, (Eds) Ben S. Bernanke and Julio Rotemberg, MIT Press 12:297-361.

Rotemberg, Julio J. (1982). Monopolistic Price Adjustment and Aggregate Output, *Review of Economic Studies*, 49:517-31.

Schmitt-Grohe, S. and M. Uribe (2003). Closing Small Open Economy Models, *Journal of International Economics* 611:63-85.

Sichei, M. and Kamau, A.W. (2012). Demand for Money implications for the Conduct of Monetary Policy in Kenya, *International Journal of Economics and Finance* (8):72-82.

Smets, Frank and Raf Wouters (2007). Shocks and Frictions in US Business Cycles: A Bayesian DSGE Approach, *American Economic Review*, vol. 97, No3, pp. 586-606.

Smets, Frank and Rafael Wouters (2003). An Estimated Dynamic Stochastic General Equilibrium Model of the Euro Area, *Journal of the European Economic Association* 1 (5):1123-1175.

Stiglitz, J. and A. Weiss (1981). Credit Rationing in Markets with Imperfect Information, *American Economic Review* 73(5):393-410.

Summers, Larry (1991). The Scientific Illusion in Empirical Macroeconomics". *The Scandinavian Journal of Economics* 129-48.

Svensson, L.E.O. (2003). What Is Wrong with Taylor Rules? Using Judgment in Monetary Policy Through Targeting Rules, *Journal of Economic Literature* 41(2):426-77.

Taylor, John (1993). Discretion versus Policy Rules in Practice, *Canergie-Rochester Conference Series on Public Policy*.vol. 39, Elsevier, pp. 195-214.

Taylor, J., (2001). The Role of Exchange Rate in Monetary Policy Rules, *American Economic Review Papers and Proceedings* 91(2)263-3.

Walsh, Carl, (2003). Monetary Theory and Policy, *Cambridge, MA: The MIT Press*.

Wicksens, Michael (2014). How useful are DSGE Macroeconomic Models for Forecasting, *Open Economics Review* 25(1):171-193.

Williamson, S., (1987). Costly Monitoring, Loan Contracts, and Equilibrium Credit Rationing, *Quarterly Journal of Economics* 102(1):135-45.

Woodford, Michael (2002). Inflation Stabilization and Welfare, *Contributions in Macroeconomics* 2.1.

Woodford, Michael (2005). Comments on Using a Long-Term Interest Rate as The Monetary Policy Instrument, *Journal of Monetary Economics* 52:881-7.

Woodford, M. (2010). Financial Intermediation and and Macroeconomics Analysis, *Journal of Economic Perspectives* 21(4):3-24.

Woodford, M. (2003). Interest Rates and Prices: Foundations of a Theory of Monetary Policy, *Princeton: Princeton University Press*.

Woodford, Michael (2008). How Important Is Money In the Conduct of Monetary Policy, *Journal of Money Credit and Banking* 40(8):1561-98.

Yun, T. (1996). Nominal Price Rigidity, Money Supply Endogeneity, and Business Cycles, *Journal of Monetary Economics* 37(2{3):345-70.

Chapitre 19

Secteur informel et coûts de résolution des crises financières

Shadow economy and costs of resolving financial crises

MONDJELI MWA NDJOKOU
motande@yahoo.fr
Université de Yaoundé II
Cameroun

Christophe Martial MBASSI
mbassichristophe@yahoo.fr
Université de Yaoundé II
Cameroun

Résumé : *Malgré l'abondante littérature relative aux effets macroéconomiques du secteur informel, il n'existe pas à notre connaissance de travaux ayant évaluer son incidence sur les coûts de résolution des crises financières. La présente étude examine ainsi l'effet du secteur informel sur les coûts liés à la résolution des crises financières. Ces coûts correspondent aux dépenses engagées par le gouvernement en vue de restructurer le système financier. L'étude porte globalement sur un échantillon de 58 pays à travers le monde et couvre la période 1991–2017. Toutefois, nous utilisons des données en coupes transversales, correspondant à la moyenne des variables en fonction de la durée de chaque épisode de crise financière. Sur la base de la méthode des Moindres Carrés Ordinaires puis des Doubles Moindres Carrés pour prendre en compte le problème d'endogénéité, les résultats montrent que le secteur informel accroît significativement les coûts relatifs à la résolution des crises financières. Nous avons par ailleurs calculé un indicateur d'efficience. Nous trouvons que le secteur informel détériore l'efficience des dépenses engagées pour la résolution des crises. La recommandation que nous faisons est que les responsables publics devraient définir des stratégies innovantes, aptes à identifier les activités informelles et prendre des mesures efficaces afin d'en extraire des revenus fiscaux. De telles mesures sont susceptibles de réduire les délais d'action des gouvernements en période de crises financières.*
Mots clés : Coûts de résolution des crises financières, secteur informel.

Abstract: *Despite the extensive literature on the macroeconomic effects of the informal sector, we are not aware of any work that has assessed its impact on the costs of financial crisis resolution. This study therefore examines the effect of the informal sector on the costs of crisis resolution. These costs are the expenses incurred by the government to restructure the financial system. The study globally covers a sample of 58 countries around the world and spans the period 1991-2017. However, we use cross-sectional data, averaging the variables over the duration of each financial crisis episode. Based on the Ordinary Least Squares method and then the Two Stage Least Squares method to take into account the endogeneity problem, the results show that the informal sector significantly increases the costs related to the resolution of financial crises. We also construct an efficiency indicator. We find that the informal sector dampens the efficiency of crisis resolution expenditures. Our recommendation is that policy makers should define innovative strategies that identify informal activities and take effective measures to extract tax revenues from them. Such measures can reduce government's implementation lags in times of financial crisis.*
Keywords: *Financial crisis resolution costs, shadow economy.*

1. Introduction

L'intervention de l'État reste et demeure le fil conducteur de la riche production scientifique de **TOUNA MAMA**. En effet, profondément ancré dans les thèses keynésiennes, l'un des Maîtres de la science économique au Cameroun et en Afrique épouse la pensée selon laquelle les mécanismes autorégulateurs du marché sont inopérants ; ils contribuent plutôt à des crises dont la résolution met en avant la pertinence de la fonction de stabilisation de l'État. Par ailleurs, en tant qu'économiste du développement, les questions d'informalité de l'économie sont des préoccupations qui ont suscité certaines de ses réflexions et conclusions. C'est partant de ce postulat, et dans notre volonté de magnifier l'œuvre scientifique de Monsieur le Doyen Honoraire, notre enseignant et formateur, que nous rédigeons cet article qui porte sur le secteur informel et les coûts de résolution des crises financières.

La littérature relative aux crises financières a toujours suscité un grand intérêt aussi bien sur le plan théorique que sur le plan empirique. Cet intérêt s'est renouvelé à la faveur de la crise globale de 2007–2008 et s'explique notamment par la grande multiplicité et la forte fréquence des crises financières depuis à peu près l'abandon de l'interventionnisme keynésien au début des années 1970. A titre d'illustration et s'agissant de la multiplicité des crises, Laeven & Valencia (2020), identifient 151 épisodes de crises financières systémiques à travers le monde entre 1970 et 2017. En termes de fréquence, cela correspond à plus de 3 crises financières en moyenne par an. Les travaux qui étudient les crises financières portent généralement leur attention sur les causes, les conséquences, la prévention ainsi que les modalités de gestion des crises (Vu, Li & Liu (2021) ; Duca, Muellbauer & Murphy (2010) ; Blundell-wignall & Atkinson 2009 ; Acharya & Richardson, 2009 ; Mishkin, 1992).

Deux observations majeures peuvent être faites relativement à la littérature. La première observation est liée au fait que, malgré l'abondance des travaux, les crises financières se répètent dans le temps et avec une fréquence à peu près identique autant dans les pays développés que dans ceux en développement (PED) (Østrup, Oxelheim & Wihlborg (2009). La seconde observation révèle que les travaux touchant à la gestion des crises financières, en particulier ceux qui examinent les coûts de résolution des crises sont plutôt peu nombreux.

Pourtant, la résolution des crises et les coûts qu'elle induit ont des enjeux sociaux, économiques, budgétaires et fiscaux non négligeables qui justifient qu'un plus grand intérêt soit accordé à cette question.

Les coûts liés à la résolution des crises financières possèdent un caractère ambivalent. D'une part, ces coûts sont légitimes car ils traduisent une dépense nécessaire pour sortir l'économie de la crise et participent de ce fait à la préservation du bien-être social. D'autre part, ils représentent un coût direct pour le contribuable et réduisent par conséquent le bien-être social[1]. Les dépenses engagées pour la résolution d'une crise peuvent en effet réduire le bien-être au moins de deux manières possibles. Premièrement, elles constituent un coût d'opportunité puisque les ressources employées pour la résolution de la crise auraient pu être allouées à la fourniture des biens et services publics. Deuxièmement, elles sont susceptibles de réduire la consommation et l'investissement privés du fait d'une plus forte pression fiscale soit en vue du financement de la résolution de la crise, soit en vue du remboursement de la dette héritée de la résolution de la crise. C'est davantage le poids que représente les coûts de résolution des crises financières qui constitue la motivation principale de cette étude.

Selon les estimations effectuées par Laeven & Valencia (2020), les coûts de résolution des crises financières varient considérablement selon le type d'économie. Ils trouvent que dans les pays à revenu élevé, les financières crises durent plus longtemps et induisent une plus grande perte de production comparativement à ce qui est observé dans les pays à faible revenu ou à revenu intermédiaire. Cependant, les coûts de résolution des crises financières sont paradoxalement plus élevés dans le second groupe de pays. Au rang des facteurs susceptibles d'expliquer ce paradoxe, la littérature met surtout en avant le rôle de la qualité des institutions. A ce titre, Padovani & Iacuzzi (2021) ; Cepiku, Mussari & Giordano (2016) et Anessi-Pessina et *al.* (2005) soutiennent que l'ampleur des coûts de résolution des crises financières est plus forte dans les PED en raison de la mauvaise qualité de la gouvernance dans le secteur public. Abreu, Alves & Gulamhussen (2019) et Østrup, Oxelheim & Wihlborg (2009) quant à eux mettent en avant la mauvaise

---

[1] En règle générale, c'est le contribuable qui supporte les coûts de la crise alors que ce sont le plus souvent les institutions financières et les investisseurs qui sont au moins en partie à l'origine des crises, notamment financières.

qualité de la régulation manifestée par une faible protection des droits de propriété des acteurs du système financier.

Au-delà de la qualité des institutions, il existe d'autres facteurs structurels qui distinguent les pays développés des PED et qui sont susceptibles d'expliquer l'ampleur des coûts de résolution des crises financières. Dans cette étude nous mettons en avant le secteur informel. Non seulement ce dernier est une caractéristique majeure des économies modernes développées ou non, mais en plus il ne cesse de croître malgré les efforts de formalisation déployés par différents gouvernements à travers le monde (Bashlakova & Bashlakov, 2021). Globalement, les PED sont particulièrement touchés par l'informalité. Par exemple, une analyse des données fournies par Medina & Schneider (2020) sur la période 1990–2017 ressort que plus de 30 des pays exhibant les taux d'informalité les plus élevés sont des PED ou des pays en transition. Parmi les pays où l'économie est la moins formalisée, on retrouve par exemple le Zimbabwe et la Bolivie dans lesquels la taille du secteur informel dépasse largement 60% du PIB. A contrario, sur la même période il apparaît que près des 20 pays ayant les niveaux d'informalité les moins élevés sont tous des pays développés aux premiers rangs desquels on retrouve la Suisse (6,35%) et les Etats-Unis (7,57%). Au regard de ces faits, nous pensons qu'il est logique d'envisager l'existence d'une possible relation causale entre la taille du secteur informel et les coûts de résolution des crises financières.

L'objectif de ce papier est d'évaluer les effets du secteur informel sur les coûts de résolution des crises financières. A notre connaissance, il s'agit de la première étude allant dans ce sens au moins du point de vue empirique. Nous contribuons alors à combler ce vide. Cette étude présente un intérêt sur plusieurs plans. Premièrement, sur le plan de la gestion des crises financières, l'étude explore l'un des leviers susceptibles d'améliorer l'efficacité des politiques de stabilisation du point de vue des finances publiques. D'après FitzGerald (2013), la résolution des crises et le retour à la croissance nécessitent l'existence d'un certain ordre dans les finances publiques. Or, le secteur informel représente un défi majeur en matière de mobilisation des ressources fiscales. Deuxièmement, l'étude permet de mieux comprendre les effets économiques du secteur informel. Même s'il existe une littérature assez riche sur ce concept, il apparait que notre connaissance à propos est sans doute imparfaite et ses effets nets demeurent difficiles à cerner.

La suite du papier est structurée comme suit. La section 2 propose une brève revue de la littérature en insistant sur les mécanismes de transmission des effets du secteur informel sur les coûts de résolution des crises financières. La section 3 présente la stratégie empirique ainsi que les sources de données. La section 4 est consacrée à l'analyse de l'ensemble des résultats du papier. La section 5 conclut l'étude.

2.Revue de la littérature

Malgré le caractère relativement abondant de la littérature sur le secteur informel, il n'existe pas de définition unanime de ce phénomène mais plutôt des confusions avec d'autres concepts plus ou moins proches. L'OCDE (voir OECD, 2002) classe le secteur informel parmi cinq formes d'activités composant l'économie non observée, les quatre autres étant la production souterraine, la production illégale, la production autoconsommée des ménages et les activités productives qui échappent simplement aux statistiques officielles. Dans cette étude, nous adoptons la définition proposée par Medina & Schneider (2020). Ils considèrent le secteur informel comme l'ensemble des activités qui sont cachées aux autorités officielles pour des raisons monétaires, de régulation ou alors institutionnelles[2].

Les travaux qui évaluent les conséquences économiques du secteur informel semblent ne pas abondamment lier ce phénomène à la sphère financière. En général, les auteurs se focalisent sur d'autres variables. Les résultats indiquent de manière assez convergente qu'il est difficile de se prononcer sur l'effet net du secteur informel[3]. Toutefois, en ce qui concerne spécifiquement le rôle de ce dernier durant les

---

[2] Les raisons monétaires correspondent à la volonté d'éviter de payer les taxes et autres contributions sociales. Les raisons liées à la régulation comprennent le fait d'éviter l'administration fiscale. Les raisons institutionnelles incluent la loi sur la corruption, la qualité des institutions politiques et le respect de la règle de loi.

[3] La littérature conclut sur l'ambivalence des effets du secteur informel. Les effets positifs englobent la création d'emploi, l'accroissement de la demande, la réduction des coûts de production, l'offre exclusive de certains biens et services, l'émergence de la concurrence dans les industries de monopole, *etc.* Comme effets positifs du secteur informel, il s'agit de : la baisse des recettes fiscales et de la qualité des biens publics, la moindre performance des marchés financiers, l'éviction de l'investissement formel, l'indisponibilité de l'information, la détérioration de la qualité de la gouvernance, le recul de l'emploi décent, *etc.* Parmi les travaux ayant évalué les effets du secteur informel, on retrouve entre autres : Hajilee et *al.* (2021), Bashlakova & Bashlakov (2021), van der Molen (2018), Mróz (2015) Arandarenko (2015), Schneider (2008 ; 2007), *etc.*

épisodes de crise financière, la littérature paraît moins convergente. Pour certains auteurs, en périodes de crise le secteur informel joue un rôle de coussin contracyclique qui absorbe les effets des chocs adverses en compensant la baisse de la production observée dans le secteur formel (Colombo, Onnis & Tirelli (2016) ; Mróz, 2015). Ces résultats confortent ceux obtenus par Schneider & Enste (2000) et Feld et Schneider (2011) qui illustrent le comportement contracyclique du secteur informel. En période de récession, la taille du secteur informel augmente et inversement en période d'expansion. Bajada & Schneider (2005) et Giles (1997) montrent au contraire que le secteur informel évolue de manière procyclique. En phase de récession, il se contracte alors que durant les périodes d'expansion il se développe davantage, ce qui écarte la possibilité qu'il atténue les effets des chocs, tels que les crises financières. Finalement, selon Hajilee , Stringer & Havers (2021) et Goel, Saunoris & Schneider (2019), il est en réalité difficile de se prononcer sur le comportement du secteur informel en périodes de crise, plusieurs facteurs étant à considérer.

Dans le cadre de cette étude, nous partageons le point de vue de Bajada & Schneider (2005) et Giles (1997) et partons du principe que le secteur informel accentue la récession, ce qui nécessite de la part de l'État l'utilisation de ressources plus importantes pour sortir l'économie de la crise. Ainsi, nous faisons l'hypothèse que les coûts de résolution des crises financières augmentent avec la taille du secteur informel. Nous proposons trois canaux par lesquels le secteur informel est susceptible d'accroître les coûts de résolution des crises financières. Il s'agit des canaux de : la fiscalité, l'information et la résilience.

En ce qui concerne le premier canal, il est largement établi par les travaux empiriques que le secteur informel a un effet négatif sur la mobilisation des ressources fiscales (*alter alii* van der Molen(2018) ; Colombo, Onnis & Tirelli (2016) ; Schneider (2008 ; 2007)). Ainsi, dans une économie fortement informalisée et en situation de crise, la capacité des pouvoirs publics à lever rapidement les ressources nécessaires à la résolution de la crise est considérablement limitée. Par conséquent, les délais d'action sont rallongés alors que la situation se détériore davantage. En écartant l'éventualité d'un recours au financement monétaire de la résolution de la crise, les responsables de la politique économique peuvent recourir à l'endettement, ce qui peut prendre un temps plus ou moins long. Pour les gouvernements ayant un accès difficile au crédit, la solution consisterait alors à injecter dans l'économie les recettes mobilisées au fur et à mesure, ce qui prend encore plus de temps que le recours à l'endettement. Dans un cas comme dans l'autre, la crise s'aggrave et le montant de ressources nécessaires pour sa résolution s'accroît comparativement à ce qui était nécessaire initialement. Ce raisonnement est conforté par le point de vue de Reinhart & Rogoff (2009). Ces derniers soutiennent que l'alourdissement de la dette publique en période de crise résulte principalement de la baisse des revenus fiscaux.

Pour ce qui est du deuxième canal, le secteur informel peut alourdir les coûts de résolution des crises financières *via* son incidence sur l'information. Conformément à van der Molen (2018), l'un des effets majeurs de l'informalité est son influence négative sur l'information en termes de disponibilité et de qualité. D'une part, l'existence d'un secteur informel implique à l'évidence qu'une partie de l'économie est invisible aux pouvoirs publics : il y'a donc perte d'information. D'autre part, l'information disponible est généralement peu fiable. Par exemple, plus la taille du secteur informel est importante, plus les données officielles tendront à minimiser le niveau de l'activité économique. Ce biais qui existe dans les données officielles remet en question non seulement la définition, mais également l'implémentation des politiques de stabilisation entre autres (Medina & Schneider, 2020). Dans un tel contexte, les politiques menées sont susceptibles d'être entachées d'erreurs qui rallongent les délais d'action. Au final, les coûts nécessaires pour la résolution de la crise s'accroissent.

S'agissant finalement du troisième canal, il met en évidence le rôle de la résilience de l'économie. En période de crise, il est possible que la résilience de l'économie s'atténue avec la taille du secteur informel. Ce point de vue se comprend si nous considérons, comme démontré par Bajada & Schneider (2005) et Giles (1997) que le secteur informel a un comportement procyclique. Si tel est effectivement le cas, la perte de production consécutive à la crise est probablement plus élevée dans les économies où le secteur informel a un poids important. Par conséquent, il est nécessaire de mobiliser davantage de ressources fiscales pour atténuer les conséquences de la crise. Les coûts de résolution de la crise sont de ce fait plus importants. Il importe néanmoins de préciser que ce canal paraît plus fragile que les deux précédents pour au moins deux raisons. D'une part, plusieurs études citées plus haut ont mis en évidence le caractère contracyclique du secteur informel. D'autre part comme déjà mentionné, Laeven & Valencia (2020) montrent que la perte de production due à la crise est généralement plus importante dans les économies avancées qui pourtant ont un niveau d'informalité moindre que celui des pays à faible revenu ou à revenu intermédiaire.

3.Cadre empirique

Nous décrivons dans la présente section le cadre empirique dédié à l'évaluation des effets du secteur informel sur les coûts de résolution des crises financières. Dans un premier temps, nous présentons la spécification du modèle empirique ainsi que les différentes techniques d'estimation. Dans un second temps, nous décrivons les variables et les sources de données.

3.1.Spécification du modèle empirique et techniques d'estimation

Afin d'examiner la relation qui existe entre le secteur informel et les coûts de résolution des crises financières, nous estimons l'équation ci-dessous :

$$CRCF_i = \alpha + \beta.SI_i + \theta.X_i + \varepsilon_i \qquad (1)$$

Où ***CRCF*** représente les coûts liés à la résolution d'une crise financière donnée *i*. ***SI*** mesure la taille du secteur informel durant un épisode donné de crise financière et ***X*** est un ensemble de variables de contrôle. ε est un terme d'erreur aléatoire. Dans la mesure où nous faisons l'hypothèse que les coûts de résolution des crises financières augmentent avec la taille du secteur informel, il est attendu que le coefficient associé à la variable ***SI*** soit positif et significatif. Partant de la structure de nos données qui correspondent à des coupes transversales dont chaque observation représente un épisode de crise financière, l'équation (1) est estimée par la méthode des Moindres Carrés Ordinaires (MCO). Il s'agit de notre technique d'estimation de base. Afin de prendre en compte l'existence d'un éventuel problème d'hétéroscédasticité, nous adoptons la méthode de Huber–White qui permet d'obtenir des écarts-types robustes.

Il convient de préciser que les résultats des estimations par les MCO ne doivent pas nécessairement être interprétés en termes de relations de causalité mais plutôt en termes d'association. Cette précision repose sur le fait que le secteur informel peut être considéré comme un phénomène endogène. Cette possible endogénéité peut particulièrement résulter d'une causalité inverse entre les coûts de résolution des crises financières et le secteur informel. D'ailleurs, plusieurs travaux montrent que les crises financières, de par leurs effets induits, influencent la taille du secteur informel. Par exemple, selon Arandarenko (2015) il existe un cercle vicieux entre les crises et le secteur informel. Pour cette raison, à côté des MCO nous recourons également à la méthode des variables instrumentales à savoir les doubles moindres carrés. Nous instrumentons le secteur informel par le niveau d'éducation qui en constitue l'un des déterminants majeurs. Berrittella (2015) et Buehn & Farzanegan (2013) prouvent effectivement que le niveau d'éducation a un effet négatif sur l'expansion de l'informalité. Cet effet passe par le canal du capital humain et par celui du sentiment de devoir moral des contribuables.

3.2. Définition des variables et sources de données

Les caractéristiques des données utilisées dans ce papier sont déterminées par la structure de la base proposée par Laeven & Valencia (2020) de laquelle nous tirons les données sur les coûts de résolution des crises financières. Dans tout le papier, les données utilisées correspondent à la valeur moyenne de chaque variable pendant la durée de la crise considérée. Les auteurs identifient au total 151 épisodes de crises financières systémiques identifiées dans 123 pays dans le monde entre 1970 et 2017. Cependant, les données sur les coûts de résolution des crises financières ne sont disponibles que pour un maximum de 90 épisodes de crises, ce qui correspond au même nombre d'observations. Ces coûts correspondent au montant de dépenses engagées par le gouvernement en vue de la restructuration du système financier et sont exprimées soit en pourcentage du PIB, soit en pourcentage de la valeur totale des actifs financiers de l'économie.

Les données sur la taille du secteur informel sont issues de la base construite par Medina & Schneider (2020). Le choix de cette base se justifie par le fait qu'elle est l'une des bases les plus fournies. Les auteurs recourent à l'approche économétrique usuellement utilisée dans la littérature consacrée, à savoir les modèles MIMIC (Multiples Indicateurs Multiples Causes). Le taille du secteur informel est exprimée en pourcentage du PIB et les données produites concernent un échantillon de 157 pays et sur la période 1991–2017 qui correspond par ailleurs à la période d'étude retenue ici. Les données sur l'informalité étant disponibles sur une période plus courte que celles relatives aux crises financières, le nombre d'épisodes de crises diminue par conséquent.

En ce qui concerne les variables de contrôle, nous en retenons principalement trois : la perte de production (% du PIB) liée à la crise, la durée de la crise[4] (en année) et l'accroissement de la dette publique (% du PIB). Ces variables proviennent également de la base proposée par Laeven & Valencia (2020). Le nombre limité de variables de contrôle s'explique surtout par la contrainte liée au faible nombre d'observations. Néanmoins, au-delà de ces quelques variables, le modèle prend également en compte certaines caractéristiques de l'économie telles que le taux de croissance, l'inflation, le développement financier, l'investissement privé, l'aide publique au développement, les ressources naturelles, la qualité de la démocratie et la corruption. Ces variables sont introduites dans le modèle de manière alternative et proviennent de la base WDI (2020) de la Banque Mondiale à l'exception de l'indice de démocratie et de l'indice de corruption qui proviennent des bases Polity5 et V-Dem 10, respectivement. Afin de tester la sensibilité des résultats relativement aux hétérogénéités qui peuvent exister entre les pays ou même entre les types de crises financières, d'autres variables sont ajoutées de manière alternative. En ce qui concerne les types de crises financière, nous considérons des variables muettes permettant de distinguer les crises de change, les crises de la dette souveraine et le nombre de crises qui rend compte de la réalisation éventuellement simultanée de plusieurs types de crises. S'agissant des hétérogénéités entre pays, nous considérons les variables muettes suivantes : les pays les moins développés, les pays exportateurs de pétrole, les pays très endettés et finalement les pays enclavés. Les tableaux A.1 et A.2 en annexes synthétisent la liste des pays retenus dans l'étude et les sources de données, respectivement. Le tableau A.3 quant à lui présente les principales statistiques descriptives des variables.

[4] Nous calculons la durée de la crise comme la différence entre l'année de déclenchement et l'année de fin de la crise.

Tableau 1. *Matrice de corrélation*

	(1)	(2)	(3)	(4)	(5)	(6)	(7)
(1) Coûts de résolution des crises, bruts (% PIB)	1,00						
(2) Coûts de résolution des crises, nets (% PIB)	0,91***	1,00					
(3) Coûts de résolution des crises (% Actifs financiers)	0,73***	0,78***	1,00				
(4) Secteur informel	0,12	0,26**	0,34***	1,00			
(5) Perte de production	0,38***	0,44***	0,03	-0,14	1,00		
(6) Durée de la crise	0,28***	0,16	0,02	-0,09	0,38***	1,00	
(7) Accroissement de la dette publique	0,40***	0,27**	0,15	-0,23*	0,33***	0,36***	1,00

Notes : * $p < 0,10$, ** $p < 0,05$, *** $p < 0,01$
Source : Les auteurs

Le tableau 1 ci-dessus présente les coefficients de corrélation entre les variables du modèle de base. Les coûts de résolution des crises financières sont mesurés de trois manières différentes. Il ressort globalement qu'il existe une corrélation positive et significative entre les coûts de résolution des crises et le secteur informel. Cette observation va dans le sens de l'hypothèse centrale de ce travail. Les nuages de points représentés dans la figure 1 ci-dessous confortent également notre intuition. Nous observons en effet qu'indépendamment de la mesure retenue des coûts de la crise, la droite d'ajustement a toujours une pente positive et significative. Il convient à présent de vérifier si ces premières intuitions suggérées par l'analyse statistique sont validées par l'approche économétrique.

Figure 1. *Secteur informel et coûts de résolution des crises financières*

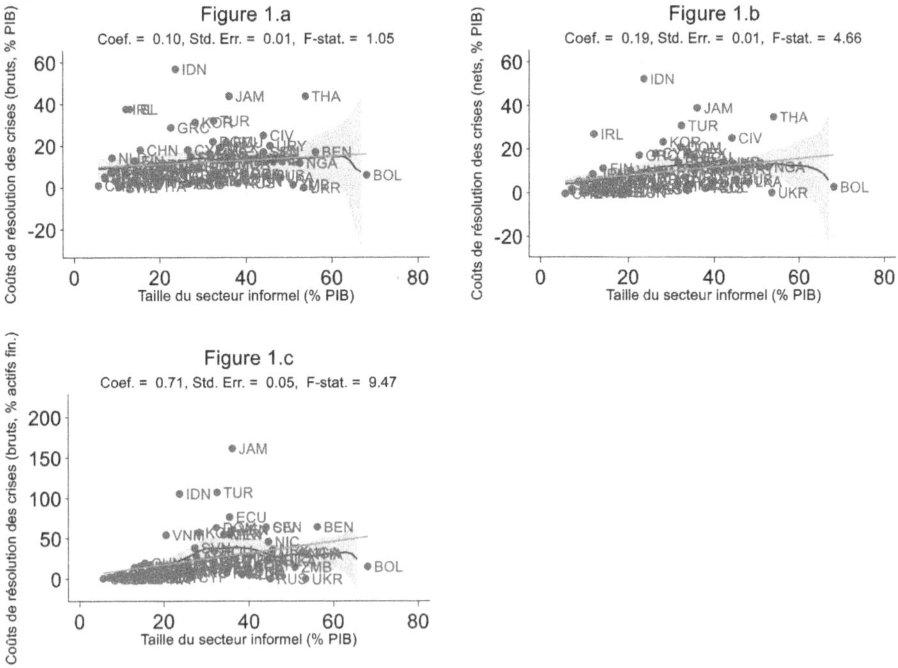

Source : Les auteurs.

4. Résultats

Dans cette section, nous présentons et interprétons l'ensemble des résultats obtenus dans ce papier. Nos analyses sont faites en quatre principaux temps. D'abord, nous mettons en avant les principaux résultats obtenus après estimation du modèle de base. Ensuite, nous considérons le secteur informel comme un phénomène endogène. En outre, nous analysons la sensibilité des résultats en changeant la mesure des coûts de résolution des crises financières. Enfin, nous étendons l'étude en passant à une analyse des coûts en termes d'efficience.

4.1. Principaux résultats

Le tableau 2 de la page suivante présente les résultats des estimations de l'équation (1) par la méthode des MCO. La spécification (1) correspond au modèle de base qui intègre comme seules variables de contrôle la perte de production, la durée de la crise et l'accroissement de la dette publique. Les spécifications (2) à (4) considèrent alternativement les hétérogénéités liées à chaque épisode de crise notamment le type de crise financière et leur combinaison. Les spécifications (5) à (8) prennent en compte les hétérogénéités telles que le niveau de développement, l'abondance en ressources pétrolières, l'appartenance à l'initiative PPTE[5] ainsi que le caractère enclavé du pays.

Il ressort de toutes les spécifications ci-dessous qu'il existe une association positive et significative entre la taille du secteur informel et les coûts de résolution des crises financières. Ainsi, même si on peut difficilement parler de causalité pour les raisons déjà évoquées, ces résultats confortent les conclusions des statistiques descriptives de même que l'hypothèse testée dans cette étude, savoir que le secteur informel accroît les coûts de résolution des crises financières. En ce qui concerne les principales variables de contrôle, seule la perte de production est positivement et significativement associée aux coûts de résolution des crises. Relativement aux variables additionnelles, nous constatons que l'enclavement est négativement et significativement lié à ces coûts alors que ces derniers sont indépendants des autres variables.

---

[5] Pays Pauvre Très Endetté.

Tableau 2. *Résultats des estimations par les Moindres Carrés Ordinaires [1]*

	(1)	(2)	(3)	(4)	(5)	(6)	(7)	(8)
Secteur informel	**0,194****	**0,207*****	**0,199****	**0,205*****	**0,208*****	**0,175****	**0,204****	**0,192*****
	(0,076)	**(0,076)**	**(0,076)**	**(0,076)**	**(0,077)**	**(0,081)**	**(0,088)**	**(0,072)**
Perte de production	0,166***	0,178***	0,172***	0,177***	0,162***	0,173***	0,164***	0,153***
	(0,046)	(0,053)	(0,049)	(0,052)	(0,045)	(0,049)	(0,045)	(0,047)
Durée de la crise	-0,022	-0,026	-0,087	-0,071	0,060	-0,095	-0,007	-0,007
	(0,801)	(0,811)	(0,812)	(0,818)	(0,830)	(0,803)	(0,804)	(0,797)
Accroissement de la dette publique	0,095	0,083	0,089	0,084	0,096	0,094	0,096	0,095
	(0,066)	(0,069)	(0,067)	(0,069)	(0,065)	(0,064)	(0,066)	(0,064)
Crise de change (=1)		-3,371						
		(4,885)						
Crise de la dette souveraine (=1)			-2,663					
			(4,481)					
Nombre de crise				-1,901				
				(2,750)				
Pays les moins développés (=1)					-3,063			
					(7,270)			
Pays exportateurs de pétrole (=1)						4,555		
						(5,359)		
Pays pauvres très endettés (=1)							-1,022	
							(4,743)	
Pays enclavé (=1)								-5,285**
								(2,428)
Constante	0,894	0,639	1,006	2,732	0,510	0,798	0,703	2,033
	(3,010)	(2,894)	(3,012)	(3,914)	(3,097)	(3,070)	(3,105)	(3,202)
Observations	65	65	65	65	65	65	65	65
R^2	0,30	0,31	0,30	0,30	0,30	0,31	0,30	0,32

Notes : *, **, *** renvoient respectivement à la significativité à 10%, 5% et 1%. Les valeurs entre parenthèses sont les écarts-types Huber-White

Source : Les auteurs

Le tableau 3 ci-dessous reprend les résultats relatifs à l'ajout de variables macroéconomiques (spécifications 1 à 6) et institutionnelles (spécifications 7 et 8). Nous constatons que les résultats sont globalement identiques à ceux du tableau 2. Il existe toujours une association positive et significative entre le secteur informel et les coûts de résolution des crises financières. Le résultat demeure également identique pour ce qui est de la perte de production. A l'inverse, les caractéristiques macroéconomiques semblent ne pas pouvoir influencer les ressources engagées par le gouvernement pour sortir l'économie de la crise. Parmi les variables institutionnelles, seule la corruption est liée (négativement) aux coûts de résolution des crises financières. Ce résultat peut se comprendre si l'on considère que dans un environnement corrompu, les ressources publiques font généralement l'objet de capture par une certaine élite (voir Acemoglu, 2006 ; Acemoglu & Robinson, 2009).

Tableau 3. *Résultats des estimations par les Moindres Carrés Ordinaires [2]*

	(1)	(2)	(3)	(4)	(5)	(6)	(7)	(8)
Sector informel	**0,182****	**0,194****	**0,241*****	**0,284*****	**0,202****	**0,194****	**0,181****	**0,149***
	(0,078)	**(0,076)**	**(0,079)**	**(0,078)**	**(0,076)**	**(0,076)**	**(0,079)**	**(0,081)**
Perte de production	0,182***	0,166***	0,112**	0,165***	0,141***	0,165***	0,173***	0,161***
	(0,052)	(0,046)	(0,049)	(0,044)	(0,048)	(0,048)	(0,051)	(0,042)
Durée de la crise	-0,009	-0,008	-0,164	0,390	0,216	-0,027	0,000	-0,293
	(0,791)	(0,819)	(0,802)	(0,804)	(0,915)	(0,829)	(0,848)	(0,803)
Accroissement de la dette publique	0,093	0,093	0,074	0,114*	0,137*	0,095	0,079	0,099*
	(0,064)	(0,074)	(0,057)	(0,066)	(0,073)	(0,065)	(0,074)	(0,059)
Croissance économique	0,407							
	(0,462)							
Inflation		-0,000						
		(0,002)						
Développement financier			0,001					
			(0,021)					
Investissement privé				0,461*				
				(0,264)				
Aide Publique au Développement					-0,013			
					(0,034)			
Ressources naturelles						-0,011		
						(0,161)		
Qualité de la démocratie							-0,301	
							(0,328)	
Corruption								-10,159**
								(4,119)
Constante	0,906	0,905	1,612	-12,163	1,399	0,934	2,832	4,510
	(2,872)	(3,041)	(3,287)	(7,576)	(5,220)	(3,305)	(3,502)	(3,501)
Observations	65	65	54	62	56	65	63	60
R^2	0,30	0,30	0,23	0,35	0,34	0,30	0,32	0,32

Notes : *, **, *** renvoient respectivement à la significativité à 10%, 5% et 1%. Les valeurs entre parenthèses sont les écarts-types Huber-White
Source : les auteurs

4.2. Le secteur informel comme un phénomène endogène

Nous envisageons à présent une approche économétrique qui nous permet d'une part de tester la robustesse des précédents résultats, et d'autre part de prendre en compte une éventuelle endogénéité du secteur informel. A cet effet, nous recourons aux doubles moindres carrés et sur la base des travaux de Berrittella (2015) et Buehn & Farzanegan (2013), nous utilisons le niveau d'éducation comme instrument. Les résultats des estimations sont consignés dans les tableaux 4 et 5 et peuvent dès lors être interprétés en termes d'effets causaux.

Avant de passer à l'interprétation proprement dite des résultats, il convient d'en vérifier la validité économétrique à partir des tests de sur-identification et de sous-indentification des instruments ainsi qu'en référence au test d'endogénéité. D'abord en ce qui concerne le test de sur-identification, sous l'hypothèse nulle les instruments sont valides, c'est-à-dire non corrélés avec le terme d'erreur. Dans toutes les spécifications des tableaux 3 et 4, nous ne pouvons rejeter l'hypothèse nulle de validité des instruments. Ensuite pour ce qui est du test de sous-identification, l'hypothèse nulle stipule que les instruments sont redondants, c'est-à-dire que tous ne sont pas nécessaires. Pour l'ensemble de nos résultats, l'hypothèse nulle de ce test est rejetée dans tous les cas. S'agissant enfin du test d'endogénéité, sous l'hypothèse nulle la variable considérée est exogène. Pour toutes nos estimations, l'hypothèse nulle d'exogénéité est rejetée, ce qui confirme que le secteur informel est effectivement un phénomène endogène. Tous les tests post-estimations confirment alors la validité économétrique de nos régressions.

Tableau 4. *Résultats des estimations par les Doubles Moindres Carrés [1]*

	(1)	(2)	(3)	(4)	(5)	(6)	(7)	(8)
Secteur informel	**0,797*****	**0,779*****	**0,800*****	**0,788*****	**0,801*****	**0,769*****	**0,845*****	**0,808*****
	(0,233)	**(0,220)**	**(0,232)**	**(0,224)**	**(0,268)**	**(0,180)**	**(0,296)**	**(0,231)**
Perte de production	0,159***	0,181***	0,171***	0,178***	0,159***	0,162***	0,154***	0,170***
	(0,052)	(0,067)	(0,059)	(0,064)	(0,053)	(0,052)	(0,056)	(0,056)
Durée de la crise	1,673	1,273	1,469	1,330	1,688	1,599	1,761	1,456
	(1,340)	(1,244)	(1,258)	(1,239)	(1,459)	(1,247)	(1,423)	(1,327)
Accroissement de la dette publique	0,193**	0,167*	0,173*	0,167*	0,192**	0,190**	0,192**	0,202**
	(0,090)	(0,098)	(0,096)	(0,099)	(0,091)	(0,087)	(0,091)	(0,094)
Crise de change (=1)		-6,121						
		(7,906)						
Crise de la dette souveraine (=1)			-5,358					
			(7,455)					
Nombre de crise				-3,290				
				(4,238)				
Pays exportateurs de pétrole (=1)						2,243		
						(6,334)		
Pays pauvres très endettés (=1)							-4,082	
							(6,049)	
Pays enclavé (=1)								4,802
								(3,791)
Constante	-20,920**	-19,034**	-19,904**	-15,955**		-20,363***	-22,036**	-21,809**
	(8,807)	(7,577)	(8,028)	(8,001)		(7,467)	(10,059)	(9,010)
Observations	45	45	45	45	45	45	45	45
R^2	0,62	0,64	0,63	0,64	0,20	0,64	0,60	0,63
Test de Hansen (*p-value*)	0,89	0,87	0,89	0,84	0,88	0,89	0,87	0,90
Test d'endogénéité (*p-value*)	0,0157	0,0158	0,0148	0,0158	0,0207	0,0037	0,0190	0,0155
Test de sous-identification (*p-value*)	0,00	0,00	0,00	0,00	0,00	0,00	0,00	0,00
Nombre de variables partiellement omises	0,00	0,00	0,00	0,00	2,00	0,00	0,00	0,00

Notes : *, **, *** renvoient respectivement à la significativité à 10%, 5% et 1%. Les valeurs entre parenthèses sont les écarts-types Huber-White. **Instruments :** taux de scolarisation primaire et secondaire.

Source : Les auteurs.

L'interprétation proprement dite des résultats permet de consolider les résultats des régressions par les MCO ainsi que les analyses statistiques. Nous trouvons (tableaux 4 et 5) en effet que le coefficient associé au secteur informel est dans toutes les spécifications positif et significatif. Nous concluons par conséquent qu'une hausse de la taille du secteur informel conduit à une augmentation des coûts de résolution des crises financières. Ce résultat permet par exemple de comprendre pourquoi Laeven & Valencia (2020) trouvent que les coûts liés à la résolution des crises financières sont plus élevés dans les pays à revenu intermédiaire/faible alors même que les crises y durent moins longtemps et n'ont pas de conséquences aussi dramatiques que dans les pays à revenu élevé.

Trois mécanismes sont susceptibles d'expliques nos résultats. Premièrement, le secteur informel réduit les recettes fiscales (Colombo et *al.*, 2016 ; Schneider, 2008 ; Schneider, 2007), ce qui rallonge les délais d'action alors que la situation économique se détériore et nécessite plus de ressources pour stabiliser l'économie. Deuxièmement, le secteur informel détériore la qualité de l'information van der Molen (2018), ce qui non seulement rallonge les délais, mais accroît aussi le risque d'erreur de politique économique ; le résultat étant des dépenses plus importantes pour sortir de la crise. Troisièmement, le secteur informel réduit la résilience de l'économie (Bajada & Schneider, 2005 ; Giles, 1997), ce qui dégrade davantage la conjoncture et nécessite plus de ressources pour le retour à la stabilité. L'analyse de l'effet des variables de contrôle confirme que l'ampleur de la perte de production influence significativement les coûts de résolution des crises financières. Il en va aussi désormais de l'accroissement de la dette publique. Par contre, les autres variables de contrôle n'ont aucun effet significatif.

Table 5. *Résultats des estimations par les Doubles Moindres Carrés [2]*

	(1)	(2)	(3)	(4)	(5)	(6)	(7)	(8)
Secteur informel	**0,865*** **	**0,795*** **	**0,632*** **	**0,872*** **	**0,880*** **	**0,803*** **	**0,790*** **	**0,799*** **
	(0,263)	**(0,230)**	**(0,150)**	**(0,259)**	**(0,279)**	**(0,231)**	**(0,195)**	**(0,260)**
Perte de production	0,113	0,158***	0,108**	0,166***	0,113*	0,156***	0,171***	0,156***
	(0,071)	(0,053)	(0,050)	(0,062)	(0,064)	(0,054)	(0,051)	(0,056)
Durée de la crise	2,019	1,683	1,151	1,713	1,390	1,637	1,463	1,651
	(1,454)	(1,343)	(0,803)	(1,385)	(1,337)	(1,377)	(1,281)	(1,451)
Accroissement de la dette publique	0,209**	0,205**	0,107*	0,204**	0,192*	0,193**	0,157	0,195**
	(0,100)	(0,097)	(0,065)	(0,092)	(0,099)	(0,090)	(0,115)	(0,092)
Croissance économique	-1,053							
	(1,021)							
Inflation		0,004						
		(0,003)						
Développement financier			0,060**					
			(0,028)					
Investissement privé				0,689				
				(0,517)				
Aide Publique au Développement					-0,132			
					(0,100)			
Ressources naturelles						-0,061		
						(0,358)		
Qualité de la démocratie							-0,118	
							(0,855)	
Corruption								-2,054
								(9,101)
Constante	-23,257**	-21,327**	-17,671***	-37,264**	-6,170	-20,709**	-19,585*	-20,510*
	(9,904)	(8,868)	(6,266)	(18,663)	(8,491)	(9,150)	(10,802)	(10,912)
Observations	45	45	38	43	38	45	44	40
R^2	0,60	0,63	0,71	0,61	0,65	0,62	0,63	0,64
Test de Hansen (*p-value*)	0,97	0,88	0,92	0,92	0,63	0,87	0,96	0,87
Test d'endogénéité (*p-value*)	0,0156	0,0151	0,0194	0,0152	0,0325	0,0111	0,0010	0,0144
Test de sous-identification (*p-value*)	0,00	0,00	0,01	0,00	0,00	0,00	0,01	0,00
Nombre de variables partiellement omises	0,00	0,00	0,00	0,00	0,00	0,00	0,00	0,00

Notes : *, **, *** renvoient respectivement à la significativité à 10%, 5% et 1%. Les valeurs entre paranthèses sont les écarts-types Huber-White.. **Instruments :** taux de scolarisation primaire et secondaire.

Source : auteurs

4.3. Analyse de la sensibilité

Dans cette section nous apprécions la sensibilité des résultats par rapport à la mesure des coûts de résolution des crises financières. Jusqu'ici, ces coûts ont été mesurés en terme brut en pourcentage du PIB. Nous considérons à présent deux mesures alternatives. La première mesure correspond aux coûts nets définis comme la différence entre le montant total des dépenses effectuées en vue de la restructuration du système financier et les revenus générés[1] explicitement dans le but de stabiliser l'économie. La seconde mesure correspond au rapport entre les coûts bruts et la valeur totale des actifs financiers de l'économie.

[1] Ces ressources proviennent de la vente d'actifs financiers, des dividendes, intérêts et autres flux financiers perçus par le gouvernement et liés directement aux mesures de sauvegarde du système financier.

Table 6. *Analyse de la sensibilité – Doubles Moindres Carrés [1]*

	(1)	(2)	(3)	(4)	(5)	(6)	(7)	(8)
Secteur informel	**0,830*****	**0,801*****	**0,842*****	**0,818*****	**0,830*****	**0,778*****	**0,862*****	**0,832*****
	(0,283)	**(0,272)**	**(0,293)**	**(0,281)**	**(0,283)**	**(0,207)**	**(0,311)**	**(0,279)**
Perte de production	0,121*	0,144**	0,119*	0,133**	0,121*	0,130**	0,112	0,126**
	(0,064)	(0,070)	(0,063)	(0,066)	(0,064)	(0,061)	(0,070)	(0,062)
Durée de la crise	1,031	0,419	0,751	0,512	1,031	0,832	0,974	0,792
	(1,401)	(1,206)	(1,315)	(1,232)	(1,401)	(1,208)	(1,438)	(1,337)
Accroissement de la dette publique	0,146	0,119	0,136	0,125	0,146	0,142	0,155	0,172
	(0,110)	(0,115)	(0,112)	(0,113)	(0,110)	(0,100)	(0,117)	(0,125)
Crise de change (=1)		-9,135						
		(8,697)						
Crise de la dette souveraine (=1)			-8,906					
			(9,033)					
Nombre de crise				-5,211				
				(4,782)				
Pays exportateurs de pétrole (=1)						3,226		
						(6,558)		
Pays enclavé (=1)								6,815
								(4,989)
Constante	-21,593**	-18,579**	-20,018**	-13,665		-20,458**		-22,577**
	(10,354)	(8,831)	(9,438)	(8,681)		(8,224)		(10,709)
Observations	41	41	41	41	41	41	41	41
R^2	0,44	0,49	0,46	0,48	0,00	0,48	-0,04	0,46
Test de Hansen (*p-value*)	0,97	0,58	0,63	0,55	0,97	0,95	0,98	0,74
Test d'endogénéité (*p-value*)	0,0362	0,0511	0,0430	0,0504	0,0362	0,0060	0,0391	0,0381
Test de sous-identification (*p-value*)	0,00	0,00	0,00	0,00	0,00	0,00	0,00	0,00
N° de variables partiellement omises	0,00	0,00	0,00	0,00	1,00	0,00	2,00	0,00

Notes : *,** et *** renvoient respectivement à la significativité à 10%, 5% et 1%.. Ecarts-types robustes Huber-White entre parenthèses. **Instruments :** taux de scolarisation primaire et secondaire.

Source : Les auteurs.

Les résultats apparaissent dans les tableaux 6 à 9. Ils confirment tous ceux obtenus jusqu'ici. En effet, quelle que soit la mesure retenue des coûts de résolution des crises financières il apparaît que le secteur informel contribue significativement à une hausse de ces coûts. Par ailleurs, le changement de mesure n'influence pas non plus la validé économétrique des estimations, ni même la nature endogène du secteur informel.

Table 7. *Analyse de la sensibilité – Doubles Moindres Carrés [2]*

	(1)	(2)	(3)	(4)	(5)	(6)	(7)	(8)
Secteur informel	**0,954*****	**0,817*****	**0,518*****	**0,895*****	**0,870*****	**0,836*****	**0,878*****	**0,856*****
	(0,367)	**(0,270)**	**(0,124)**	**(0,315)**	**(0,298)**	**(0,282)**	**(0,266)**	**(0,317)**
Perte de production	0,076	0,113*	0,101*	0,133	0,061	0,119*	0,108	0,113
	(0,094)	(0,062)	(0,053)	(0,086)	(0,080)	(0,065)	(0,065)	(0,069)
Durée de la crise	1,634	0,981	0,232	1,074	0,407	1,021	1,101	1,227
	(1,762)	(1,380)	(0,591)	(1,417)	(1,219)	(1,417)	(1,404)	(1,663)
Accroissement de la dette publique	0,150	0,176	0,031	0,145	0,175	0,146	0,166	0,148
	(0,115)	(0,128)	(0,046)	(0,116)	(0,135)	(0,110)	(0,118)	(0,112)
Croissance économique	-1,250							
	(1,353)							
Inflation		0,005						
		(0,004)						
Développement financier			0,034**					
			(0,016)					
Investissement privé				0,630				
				(0,551)				
Aide Publique au Développement					-0,129			
					(0,101)			
Ressources naturelles						-0,039		
						(0,364)		
Qualité de la démocratie							0,341	
							(1,435)	
Corruption								0,918
								(7,395)
Constante	-25,898*	-21,806**	-12,698***	-36,307*	-5,840	-21,502**	-25,672*	-22,612*
	(13,391)	(10,220)	(4,255)	(20,358)	(8,840)	(10,574)	(15,604)	(12,518)
Observations	41	41	34	40	36	41	40	37
R^2	0,34	0,46	0,65	0,40	0,51	0,43	0,40	0,43
Test de Hansen (*p-value*)	0,87	0,98	0,99	0,89	0,71	0,98	0,96	0,96

Test d'endogénéité (*p-value*)	0,0416	0,0326	0,0196	0,0361	0,0645	0,0255	0,0008	0,0356
Test de sous-identification (*p-value*)	0,00	0,00	0,01	0,00	0,00	0,00	0,02	0,01
N° de variables partiellement omises	0,00	0,00	0,00	0,00	0,00	0,00	0,00	0,00

Notes : *, **, *** renvoient respectivement à la significativité à 10%, 5% et 1%. Les valeurs entre parenthèses sont les écarts-types Huber-White
Instruments : taux de scolarisation primaire et secondaire.
Source : Les auteurs.

Table 8. *Analyse de la sensibilité – Doubles Moindres Carrés [3]*

	(1)	(2)	(3)	(4)	(5)	(6)	(7)	(8)
Secteur informel	**2,557*****	**2,414*****	**2,513*****	**2,451*****	**2,509*****	**2,429*****	**2,676*****	**2,537*****
	(0,703)	**(0,662)**	**(0,703)**	**(0,679)**	**(0,803)**	**(0,569)**	**(0,890)**	**(0,706)**
Perte de production	0,051	0,132	0,088	0,116	0,053	0,064	0,039	0,093
	(0,185)	(0,239)	(0,212)	(0,230)	(0,182)	(0,176)	(0,195)	(0,197)
Durée de la crise	1,460	-0,158	0,713	0,147	1,262	1,116	1,679	0,485
	(4,069)	(3,602)	(3,705)	(3,592)	(4,315)	(3,672)	(4,310)	(3,892)
Accroissement de la dette publique	0,218	0,120	0,154	0,127	0,223	0,208	0,217	0,252
	(0,169)	(0,195)	(0,193)	(0,199)	(0,166)	(0,150)	(0,171)	(0,181)
Crise de change (=1)		-22,517						
		(24,603)						
Crise de la dette souveraine (=1)			-17,056					
			(23,253)					
Nombre de crise				-11,249				
				(13,331)				
Pays exportateurs de pétrole (=1)						10,373		
						(17,147)		
Pays enclavés (=1)								19,032*
								(10,398)
Constante	-53,998**	-44,585**	-49,115**	-34,628		-51,423**		-55,551**
	(26,923)	(22,368)	(24,261)	(22,768)		(22,702)		(28,103)
Observations	45	45	45	45	45	45	45	45
R^2	0,13	0,23	0,17	0,21	-0,50	0,20	-0,66	0,17
Test de Hansen (*p-value*)	0,58	0,33	0,39	0,33	0,56	0,57	0,59	0,38

Test d'endogénéité (*p-value*)	0,0088	0,0113	0,0101	0,0108	0,0131	0,0024	0,0127	0,0124
Test de sous-identification (*p-value*)	0,00	0,00	0,00	0,00	0,00	0,00	0,00	0,00
N° de variables partiellement omises	0,00	0,00	0,00	0,00	2,00	0,00	2,00	0,00

Notes : *, **, *** renvoient respectivement à la significativité à 10%, 5% et 1%. Les valeurs entre parenthèses sont les écarts-types Huber-White
Instruments : taux de scolarisation primaire et secondaire.

Source : Les auteurs.

Table 9. *Analyse de la sensibilité – Doubles Moindres Carrés [4]*

	(1)	(2)	(3)	(4)	(5)	(6)	(7)	(8)
Secteur informel	**2,704*****	**2,554*****	**1,956*****	**2,717*****	**2,804*****	**2,609*****	**2,496*****	**2,657*****
	(0,739)	**(0,698)**	**(0,463)**	**(0,814)**	**(0,834)**	**(0,710)**	**(0,829)**	**(0,796)**
Perte de production	-0,062	0,049	0,016	0,054	-0,092	0,031	0,051	0,014
	(0,234)	(0,186)	(0,086)	(0,218)	(0,213)	(0,190)	(0,215)	(0,194)
Durée de la crise	2,267	1,478	-0,043	1,446	-0,840	1,200	1,276	2,025
	(4,385)	(4,077)	(2,496)	(4,202)	(3,943)	(4,262)	(4,030)	(4,909)
Accroissement de la dette publique	0,258	0,239	0,043	0,234	0,135	0,222	0,211	0,213
	(0,182)	(0,183)	(0,079)	(0,178)	(0,179)	(0,173)	(0,259)	(0,188)
Croissance économique	-2,565							
	(2,568)							
Inflation		0,007						
		(0,006)						
Développement financier			0,050					
			(0,070)					
Investissement privé				1,409				
				(1,479)				
Aide Publique au Développement					-0,459			
					(0,284)			
Ressources naturelles						-0,463		
						(1,083)		
Qualité de la démocratie							-0,313	
							(2,706)	
Corruption								16,776

								(15,075)
Constante	-59,093**	-54,701**	-36,090**	-86,409	2,378	-52,613*	-49,646	-58,386*
	(28,524)	(27,182)	(17,658)	(56,372)	(25,775)	(28,181)	(44,803)	(33,534)
Observations	45	45	38	43	38	45	44	40
R^2	0,08	0,13	0,50	0,05	0,26	0,11	0,16	0,14
Test de Hansen (*p-value*)	0,52	0,58	0,71	0,55	0,40	0,59	0,56	0,58
Test d'endogénéité (*p-value*)	0,0107	0,0086	0,0034	0,0107	0,0264	0,0073	0,0016	0,0124
Test de sous-identification (*p-value*)	0,00	0,00	0,01	0,00	0,00	0,00	0,01	0,00
N° de variables partiellement omises	0,00	0,00	0,00	0,00	0,00	0,00	0,00	0,00

Notes : *, **, *** renvoient respectivement à la significativité à 10%, 5% et 1%. Les valeurs entre parenthèses sont les écarts-types Huber-White

Instruments : taux de scolarisation primaire et secondaire.

Source : Les auteurs.

4.4. Analyse en termes d'efficience

Dans cette section, nous nous proposons d'étendre l'analyse en termes d'efficience des coûts de résolution des crises financières. Puisque l'objectif du responsable de la politique économique est de stabiliser l'économie en minimisant le coût de cette opération. Ainsi, nous pensons qu'il peut être plus indiqué de raisonner non plus en termes absolus, mais davantage de manière relative par rapport à l'ampleur des conséquences de la crise. Concrètement, il s'agit de calculer le coût supporté par unité de production perdue comme défini ci-dessous :

$$EFF_i = \frac{CRCF_i}{PDP_i} \qquad (2)$$

Avec **EFF** l'indicateur d'efficience, **CRCF** le montant des coûts de résolution de la crise financière et **PDP** la valeur de la perte de production liée à la crise. Ainsi, une hausse de l'indice **EFF** signifie plus de dépenses par unité de production perdue, ce qui traduit une moindre efficience. Par contre, une baisse de ratio signifie que pour une unité de production perdue le gouvernement dépense moins, ce qui traduit une plus grande efficience. La relation estimée devient alors :

$$EFF_i = \alpha + \beta.SI_i + \theta.X_i + \varepsilon_i \qquad (3)$$

Logiquement le vecteur ***X*** des variables de contrôle ne contient plus la perte de production liée à la crise. Nous nous attendons à trouver que le coefficient β est positif et significatif ce qui signifie que le secteur informel réduit l'efficience des dépenses liées à la résolution des crises financières. Les résultats obtenus après estimation par la méthode des doubles moindres sont consignés dans les tableaux 10 et 11 ci-dessous. Les résultats indiquent que pour toutes les spécifications estimées, le secteur informel réduit significativement l'efficience des coûts de résolution des crises financières. Autrement dit, une hausse de la taille du secteur informel conduit à une allocation sous-optimale des ressources publiques dédiées à la stabilisation de l'économie en période de crise. Le secteur informel est de ce fait un facteur de distorsion des politiques publiques. Cet effet distorsionnaire peut passer notamment par la dégradation de la qualité de la gouvernance résultant de l'expansion du secteur informel. van der Molen (2018) montre en effet que la qualité de la gouvernance baisse avec la taille du secteur informel.

Table 10. *Secteur informel et efficience des coûts de résolution des crises financières [1]*

	(1)	(2)	(3)	(4)	(5)	(6)	(7)	(8)
Secteur informel	**0,047***** **(0,018)**	**0,046***** **(0,017)**	**0,047***** **(0,018)**	**0,047***** **(0,017)**	**0,028***** **(0,008)**	**0,054**** **(0,023)**	**0,028***** **(0,008)**	**0,047**** **(0,018)**
Durée de la crise	0,069 (0,081)	0,055 (0,068)	0,066 (0,075)	0,060 (0,070)	-0,005 (0,048)	0,089 (0,092)	-0,005 (0,048)	0,064 (0,080)
Accroissement de la dette publique	0,000 (0,004)	-0,001 (0,005)	-0,000 (0,005)	-0,001 (0,005)	0,003 (0,003)	0,001 (0,004)	0,003 (0,003)	0,001 (0,004)
Crise de change (=1)		-0,285 (0,508)						
Crise de la dette souveraine (=1)			-0,133 (0,512)					
Nombre de crise				-0,124 (0,301)				
Pays exportateurs de pétrole (=1)						-0,438 (0,484)		
Pays enclaves (=1)								0,138 (0,168)
Constant	-0,836 (0,536)	-0,706 (0,432)	-0,798* (0,481)	-0,619 (0,487)		-1,011 (0,667)		-0,839 (0,548)
Observations	36	36	36	36	36	36	36	36
R^2	0,38	0,40	0,38	0,39	-0,02	0,31	-0,02	0,38
Test de Hansen (*p-value*)	0,91	0,63	0,77	0,67	0,87	0,88	0,87	0,82
Test d'endogénéité (*p-value*)	0,0390	0,0276	0,0289	0,0248	0,0034	0,0503	0,0034	0,0429
Test de sous-identification (*p-value*)	0,00	0,00	0,01	0,01	0,01	0,02	0,01	0,00
N° de variables partiellement omises	0,00	0,00	0,00	0,00	2,00	0,00	2,00	0,00

Notes : *, **, *** renvoient respectivement à la significativité à 10%, 5% et 1%. Les valeurs entre parenthèses sont les écarts-types Huber-White

Instruments : taux de scolarisation primaire et secondaire.

Source : Les auteurs.

Table 11. *Secteur informel et efficience des coûts de résolution des crises financières [2]*

	(1)	(2)	(3)	(4)	(5)	(6)	(7)	(8)
Secteur informel	**0,048****	**0,047*****	**0,063****	**0,048****	**0,049*****	**0,064****	**0,040****	**0,050****
	(0,020)	**(0,018)**	**(0,026)**	**(0,019)**	**(0,017)**	**(0,028)**	**(0,016)**	**(0,020)**
Durée de la crise	0,071	0,068	0,072	0,067	0,069	0,091	0,047	0,092
	(0,083)	(0,079)	(0,078)	(0,078)	(0,074)	(0,089)	(0,070)	(0,095)
Accroissement de la dette publique	0,000	-0,000	0,000	0,000	-0,001	0,001	0,000	0,000
	(0,004)	(0,004)	(0,003)	(0,004)	(0,004)	(0,004)	(0,003)	(0,003)
Croissance économique	-0,012							
	(0,051)							
Inflation		-0,000						
		(0,000)						
Développement financier			0,004					
			(0,003)					
Investissement privé				0,020				
				(0,029)				
Aide Publique au Développement					-0,002			
					(0,008)			
Ressources naturelles						-0,076		
						(0,059)		
Qualité de la démocratie							-0,034	
							(0,034)	
Corruption								-0,288
								(0,205)
Constante	-0,878	-0,817	-1,540*	-1,247	-0,676	-1,136	-0,364	-0,958
	(0,642)	(0,517)	(0,884)	(0,953)	(0,899)	(0,717)	(0,576)	(0,641)
Observations	36	36	30	36	32	36	35	33
R^2	0,37	0,38	0,27	0,38	0,37	0,20	0,49	0,36
Test de Hansen (*p-value*)	0,93	0,90	0,52	0,84	0,89	0,88	0,98	0,78
Test d'endogénéité (*p-value*)	0,0476	0,0377	0,1114	0,0408	0,0073	0,0592	0,0155	0,0372
Test de sous-identification (*p-value*)	0,00	0,00	0,01	0,00	0,00	0,04	0,01	0,01
N° de variables partiellement omises	0,00	0,00	0,00	0,00	0,00	0,00	0,00	0,00

Notes : *, **, *** renvoient respectivement à la significativité à 10%, 5% et 1%. Les valeurs entre parenthèses sont les écarts-types Huber-White

Instruments : taux de scolarisation primaire et secondaire.

Source : Les auteurs.

5. Conclusion

Depuis au moins la généralisation des régimes de change flottants et la globalisation financière dans les années 1970, l'on observe que les crises financières se répètent avec une grande fréquence à peu près identique dans les pays développés et dans ceux en développement (PED). A cause de leurs effets économiques et sociaux, elles nécessitent presque toujours une intervention de l'État. Cette intervention elle-même implique des coûts supportés par le contribuable et qui sont généralement plus élevés dans les PED. Le peu de travaux qui s'intéressent à la question expliquent cette différence de coûts surtout par la qualité des institutions. Dans ce papier, nous mettons en avant un autre facteur, le secteur informel dont la prépondérance est une caractéristique structurelle des PED.

Le papier examine ainsi l'effet du secteur informel sur les coûts liés à la résolution des crises financières. Nous utilisons des données en coupes transversales pour un échantillon de 58 pays dans le monde, correspondant à un maximum de 68 épisodes de crises financières. Les données initiales couvrent la période 1991–2017. Les données sur les coûts de résolution des crises proviennent de la base fournie par Laeven & Valencia (2020) et celles sur le secteur informel sont issues de Medina & Schneider (2020). Les résultats sont obtenus à partir de l'estimation d'un modèle linéaire par les Moindres Carrés Ordinaires, puis par les Doubles Moindres Carrés pour prendre en considération le problème d'endogénéité. Nous obtenons des résultats robustes qui montrent que le secteur informel accroît significativement les coûts de résolution des crises financières. Afin d'approfondir l'analyse, nous calculons un indicateur d'efficience. Nous trouvons que le secteur informel réduit l'efficience des dépenses engagées pour la résolution des crises. Au regard de ces résultats, la principale recommandation que nous formulons est que les responsables publics devraient définir des stratégies innovantes, aptes à identifier les activités informelles et prendre des mesures efficaces afin d'en extraire des revenus fiscaux. De telles mesures sont susceptibles de réduire les délais d'action des gouvernements en période de crise financière.

Références bibliographiques

Abreu, J. F., Alves, M. G., & Gulamhussen, M. A. (2019). State Interventions to Rescue Banks During the Global Financial Crisis. *International Review of Economics and Finance*, *62*(July 2017), 213–229. https://doi.org/10.1016/j.iref.2019.02.013

Acemoglu, D. (2006). *"Modeling Inefficient Institutions"* (No. 11940; NBER Working Paper).

Acemoglu, D., & Robinson, J. A. (2009). *Economic Origins of Dictatorship and Democracy*. Cambridge University Press.

Acharya, V. V, & Richardson, M. (2009). Causes of financial crisis. *Critical Review*, *21*(2–3), 195–210. https://doi.org/10.1080/08913810902952903

Anessi-Pessina, E., Barbera, C., Langella, C., Manes-Rossi, F., Sancino, A., Sicilia, M., & Steccolini, I. (2020). Reconsidering Public Budgeting after the COVID-19 Outbreak: Key Lessons and Future Challenges. *Journal of Budgeting, Accounting & Financial Management*, *32*(5), 957–965. https://doi.org/. https://doi.org/10.1108/JPBAFM-07-2020- 0115

Arandarenko, M. (2015). The Shadow Economy: Challenges to Economic and Social Policy. In G. Krstić & F. Schneider (Eds.), *What is the extent of the shadow economy in Serbia?* (pp. 5–12). Springer Open. https://doi.org/10.1007/978-3-319-13437-6_5

Bajada, C., & Schneider, F. (2005). The shadow economies of the Asia-Pacific. *Pacific Economic Review*, *10*(3), 379–401. https://doi.org/10.1111/j.1468-0106.2005.00280.x

Bashlakova, V., & Bashlakov, H. (2021). The Study of the Shadow Economy in Modern Conditions : Theory, Methodology, Practice. *Quarterly Review of Economics and Finance*, *xxxx*. https://doi.org/10.1016/j.qref.2020.10.032

Berrittella, M. (2015). The Effect of Public Education Expenditure on Shadow Economy: A Cross-Country Analysis. *International Economic Journal*, *29*(4), 527–546. https://doi.org/10.1080/10168737.2015.1081259

Blundell-wignall, A., & Atkinson, P. (2009). Origins of the financial crisis and requirements for reform. *Journal of Asian Economics*, *20*, 536–548. https://doi.org/10.1016/j.asieco.2009.07.009

Buehn, A., & Farzanegan, M. R. (2013). Impact of education on shadow economy: Institutions matter. *Economics Bulletin*, *33*(3), 2052–2063.

Cepiku, D., Mussari, R., & Giordano, F. (2016). Local Governments

Managing Austerity: Approaches. Determinants and Impact. *Public Administration*, *94*(1), 223–243. https://doi.org/https://doi.org/10.1111/padm.12222

Colombo, E., Onnis, L., & Tirelli, P. (2016). Shadow Economies at Times of Banking Crises : Empirics and Theory. *Journal of Banking & Finance*, *62*, 180–190. https://doi.org/10.1016/j.jbankfin.2014.09.017

Duca, J. V, Muellbauer, J., & Murphy, A. (2010). Housing markets and the financial crisis of 2007–2009 : Lessons for the future. *Journal of Financial Stability*, *6*(4), 203–217. https://doi.org/10.1016/j.jfs.2010.05.002

Feld, L. P., & Schneider, F. (2011). Survey on the shadow economy and undeclared work in OECD countries. *Handbook on the Shadow Economy*, *11*(2), 78–130. https://doi.org/10.4337/9780857930880.00008

FitzGerald, J. (2013). Financial Crisis, Economic Adjustment and Return to Growth in the EU. *Revue de l'OFCE*, *127*, 275–302.

Giles, D. E. A. (1997). Causality between the measured and underground economies in New Zealand. *Applied Economics Letters*, *4*(1), 63–67. https://doi.org/10.1080/758521835

Goel, R. K., Saunoris, J. W., & Schneider, F. (2019). Growth in the Shadows: Effect of the Shadow Economy on U.S. Economic Growth Over More Than a Century. *Contemporary Economic Policy*, *37*(1), 50–67. https://doi.org/10.1111/coep.12288

Hajilee, M., Stringer, D. Y., & Hayes, L. A. (2021). On the Link Between the Shadow Economy and Stock Market Development : An Asymmetry Analysis. *Quarterly Review of Economics and Finance*, *80*, 303–316. https://doi.org/10.1016/j.qref.2021.02.011

Laeven, L., & Valencia, F. (2020). Systemic Banking Crises Database II. *IMF Economic Review*, *68*(2), 307–361. https://doi.org/10.1057/s41308-020-00107-3

Medina, L., & Schneider, F. (2020). Shedding Light on the Shadow Economy : A Global Database and the Interaction with the Official One. *World Economics*, *21*(2), 25–82.

Mishkin, F. S. (1992). Anatomy of a financial crisis. *Journal of Evolutionary Economics*, *2*, 115–130.

Mróz, B. (2015). Beauty and the Beast: is Shadow Economy a Shock Absorber under Economic Slowdown? Evidence from Poland. *International Journal of Trade and Global Markets*, *8*(2), 79–

96. https://doi.org/10.1504/IJTGM.2015.069420
OECD. (2002). *Measuring the Non-Observed Economy: A Handbook*. OECD Publications.
Østrup, F., Oxelheim, L., & Wihlborg, C. (2009). Origins and Resolution of Financial Crises : Lessons from the Current and Northern European Crises. *Asian Economic Papers*, *8*(3), 178–220.
Padovani, E., & Iacuzzi, S. (2021). Real-Time Crisis Management : Testing the Role of Accounting in Local Governments. *Journal of Accounting and Public Policy*, *March 2020*, 106854. https://doi.org/10.1016/j.jaccpubpol.2021.106854
Reinhart, C. M., & Rogoff, K. S. (2009). The Aftermath of Financial Crises. *American Economic Review*, *99*(2), 466–472.
Schneider, F. (2007). Does the Shadow Economy Pose a Challenge to Economic and Public Finance Policy? - Some Preliminary Findings. In P. Baake & R. Borck (Eds.), *Public Economics and Public Choice* (pp. 157–180). Springer. https://doi.org/10.5772/intechopen.77359
Schneider, F., & Enste, D. H. (2000). Shadow Economies: Size, Causes, and Consequences. *Journal of Economic Literature*, *38*(1), 77–114. https://doi.org/10.1257/jel.38.1.77
Schneider, F. G. (2008). Shadow Economy. In C. K. Rowley & F. G. Schneider (Eds.), *Readings in Public Choice and Constitutional Political Economy*. Springer Science+Business Media, LLC. https://doi.org/10.1007/978-0-387-75870-1
van der Molen, P. (2018). Informal Economies, State Finances and Surveyors. *Survey Review*, *50*(358), 16–25. https://doi.org/10.1080/00396265.2016.1216922
Vu, T., Li, C., & Liu, C. (2021). Effects of the financial crisis on household financial risky assets holdings: Empirical evidence from Europe. *International Review of Economics and Finance*, *71*, 342–358. https://doi.org/10.1016/j.iref.2020.09.009

ANNEXES

Tableau A.1. *Sources de données*

Variables	Sources
Coûts de résolution des crises financières Perte de production Duration durée de la crise Accroissement de la dette publique Types de crises financières	Laeven et Valencia (2020)
Secteur informel	Medina et Schneider (2020)
Croissance économique Inflation Développement financier Investissement privé Aide publique au développement Rente des ressources naturelles Taux de scolarisation (primaire et secondaire)	World Development Indicators (WDI)
Qualité de la démocratie	Polity5 Project
Corruption	Varieties of Democracy (VDem v10)

Source : Les auteurs.

Tableau A.2. *Liste des pays de l'échantillon*

1	Argentine	**21**	Indonésie	**41**	Portugal
2	Australie	**22**	Irlande	**42**	Russie
3	Belgique	**23**	Italie	**43**	Sénégal
4	Bénin	**24**	Jamaïque	**44**	Slovénie
5	Bolivie	**25**	Japon	**45**	Espagne
6	Brésil	**26**	Jordanie	**46**	Sri Lanka
7	Bulgarie	**27**	Kazakhstan	**47**	Suède
8	Chine	**28**	Corée	**48**	Suisse
9	Colombie	**29**	Lettonie	**49**	Thaïlande
10	Côte d'Ivoire	**30**	Luxembourg	**50**	Tunisie
11	Chypre	**31**	Malaisie	**51**	Turquie
12	Danemark	**32**	Mexique	**52**	Ukraine
13	République Dominicaine	**33**	Mongolie	**53**	Grande-Bretagne

14	Equateur	**34**	Pays-Bas	**54**	USA
15	Finlande	**35**	Nicaragua	**55**	Uruguay
16	France	**36**	Nigéria	**56**	Venezuela
17	Allemagne	**37**	Norvège	**57**	Vietnam
18	Grèce	**38**	Paraguay	**58**	Zimbabwe
19	Hongrie	**39**	Philippines		
20	Islande	**40**	Pologne		

Source : Les auteurs.

Tableau A.3. *Statistiques descriptives*

Variables	**Observation**	**Moyenne**	**Ecart-type**	**Min**	**Max**
Coûts de résolution des crises financières (bruts, % PIB)	88	12,651	12,473	0	56,8
Coûts de résolution des crises financières (nets, % PIB)	68	10,068	11,491	-0,4	55,1
Coûts de résolution des crises financières (% actifs financiers)	86	29,165	38,161	0	213,898
Taille du secteur informel	74	28,635	14,045	5,65	68
Perte de production	80	31,214	29,651	0	109,315
Durée de la crise financière	88	2,261	1,615	0	6
Accroissement de la dette publique	82	16,333	27,59	- 61,012	87,898
Nombre de crises	88	1,17	0,508	1	3
Croissance économique	88	-0,485	3,105	-8,468	6,808
Inflation	88	67,737	264,794	-1,055	1754,97
Développement financier	69	67,484	57,958	1,583	249,264
Investissement privé	85	20,632	5,881	3,761	44,113
Aide Publique au Développement	72	105,771	30,318	64,402	217,093
Ressources naturelles	89	3,397	5,71	0	32,436
Qualité de la démocratie	88	5,217	5,792	-8,333	10
Corruption	79	0,1	0,241	0	1
Taux de scolarisation (primaire)	73	58,036	30,569	0,228	119,273
Taux de scolarisation (secondaire)	73	83,314	27,078	4,09	157,334

Source : Les auteurs

CONCLUSION DE LA TROISIEME PARTIE

L'objectif de cette troisième partie était d'établir les contours théoriques et empiriques de l'histoire économique et des institutions. Cinq principaux chapitres ont structuré cette partie. Le premier s'est chargé d'analyser la relation qui associe l'âge de l'Etat à la taille du secteur informel. A l'issue de ce chapitre, il s'est avéré que les Etats les plus âgés bénéficient d'une petite taille du secteur informel. Le second chapitre quant à lui s'est occupé de l'examen du rôle des valeurs éthiques et spirituelles dans l'amélioration de l'efficacité des administrations publiques. Au terme de ce chapitre, il a été établi que la morale et la religion peuvent améliorer respectivement la qualité de service et la cohésion sociale, éléments importants pour une administration publique efficace et actrice de développement. Le troisième chapitre s'est attelé à analyser la relation qui associe l'affiliation religieuse à la performance scolaire au Cameroun. Les développements effectués dans ce chapitre ont abouti à la conclusion selon laquelle, par rapport aux élèves d'obédience religieuse protestante, ceux d'obédience religieuse catholique et musulmane ont moins de chances de savoir lire et écrire une phrase en français ou en anglais. Le quatrième chapitre a porté sur l'examen de la manière par laquelle les caractéristiques propres aux pays à faibles revenus, peuvent être saisies par les modèles dynamiques d'équilibre général stochastique Néo-Keynésien afin de rendre la politique monétaire efficace dans la promotion du développement économique en Afrique. Le principal enseignement qui a été mis en exergue dans ce chapitre est que la modélisation explicite de l'incertitude de la structure de l'économie dans les modèles dynamiques d'équilibre général est essentielle à l'étude des questions de politique monétaire en Afrique. Le cinquième chapitre enfin a analysé l'incidence du secteur informel sur les coûts liés à la résolution des crises financières. Au terme de ce chapitre, il a été établi que la taille du secteur informel accroît significativement les coûts relatifs à la résolution des crises financières.

CONCLUSION GENERALE

Rendu à l'épilogue de cet hommage au Professeur **TOUNA MAMA**, il convient de passer en revue les principaux enseignements des travaux qui ont tenté de fournir des éléments de réponse aux questions soulevées à l'introduction. Pour rappel, ces contributions ont été regroupées en trois grandes thématiques qui sont en étroite relation avec de la pensée tounamamaiènne. Il s'agit en l'occurrence de la pensée keynésienne, du développement et de l'histoire économique et des institutions.

Dans la première partie, il était question de mener des investigations sur la pensée du Maître **TOUNA MAMA** en partant des développements sur la théorie du libéralisme keynésien qui constitue le socle du tounamamamisme au renouvellement de la pensée tounamamaiènne dans le contexte de la crise sanitaire mondiale résultat de la pandémie à Corona virus 19. À l'issue de cette première partie, il apparait que le protectionnisme keynésien permet de modérer les effets contreproductifs de l'excès de liberté dans les échanges en particulier dans les économies en développement comme celles du Cameroun. Cependant, les principaux freins à la mise en place de telles mesures dans nos économies sont les pesanteurs administratives et les résistances intellectuelles convaincues par les des avantages du libre-échange. En outre le protectionnisme keynésien peut s'appuyer sur un ou des entrepreneurs qui doivent prendre en compte les intérêts de l'ensemble des groupes qui constituent l'entreprise dans un cadre de concurrence. Sur la base des fondements du libéralisme keynésien, on comprend donc aisément dans le troisième chapitre pourquoi le tounamamamisme peut être appréhendé comme un néologisme de plusieurs noms (tel que le colbertisme, un keynésianisme, un hayekisme ou sismodisme) ou un néologisme de plusieurs courants (à l'instar du mercantilisme, de l'humanisme, du circuitisme ou du panafricanisme militant). Mais du point de vue de son auteur, le tounamamamisme est totalement un keynésianisme avec une consonnance post keynésienne. En jetant les bases d'une approche néolibérale du développement mettant au centre le rôle de l'Etat et de la bonne gouvernance tout en intégrant des spécificités importantes de la géographie, la pensée du Professeur **TOUNA MAMA** reste d'actualité. En effet les maux qui ont contribué à sa construction (endettement insoutenable, vulnérabilité des économies africaines face à la volatilité des cours des matière premières aux chocs à caractère mondial *etc.*) connaissent une recrudescence ces dernières années notamment avec la crise financière de 2007-2009 et la crise de la COVID-19.

La deuxième partie avait pour objectif de présenter l'analyse économique de l'endettement et les stratégies de développement adoptées dans les pays en développement (PED) à la lumière de la vision de **TOUNA MAMA**. On y retient que la gouvernance publique a été influencée par l'endettement des États qui se sont vus imposer des politiques d'ajustement structurel qui ont été un échec notamment dans les pays africains. Les justifications à cette influence de l'endettement des états sont à rechercher dans les politiques mises en place par les PED et basées sur les paradigmes hétérodoxes du point de vue de la pensée économique (structuralisme et dépendance, analyse marxiste du sous-développement) et des paradigmes orthodoxes qui font dépendre le développement au fait de l'accumulation du capital humain et de l'ouverture au marché mondial. En effet, ces politiques ont conduit tout d'abord au surendettement de ces économies et ont par la suite contribué à la dégradation de l'environnement institutionnelle et des performances macroéconomiques.

Dans la troisième partie, l'objectif fixé était d'apporter des explications à la structure actuelle des économies en s'appuyant sur des approches institutionnelles et historiques. Les contributions de cette partie nous enseignent en particulier que l'accumulation de l'expérience étatique est essentielle à la réduction de la taille du secteur informel qui accroît significativement les coûts relatifs à la résolution des crises financières. Dans le même ordre d'idées, il est également démontré que les valeurs éthiques et spirituelles telles que celles véhiculées par la morale et la religion ont des effets bénéfiques sur la qualité du service public ainsi que sur la cohésion sociale et par voie de conséquence sur l'efficacité de l'administration publique. En outre l'affiliation religieuse joue un rôle majeur dans les performances scolaires au Cameroun.

TABLE DES MATIERES

Structures éditoriales du groupe L'Harmattan

L'Harmattan Italie
Via degli Artisti, 15
10124 Torino
harmattan.italia@gmail.com

L'Harmattan Hongrie
Kossuth l. u. 14-16.
1053 Budapest
harmattan@harmattan.hu

L'Harmattan Sénégal
10 VDN en face Mermoz
BP 45034 Dakar-Fann
senharmattan@gmail.com

L'Harmattan Cameroun
TSINGA/FECAFOOT
BP 11486 Yaoundé
inkoukam@gmail.com

L'Harmattan Burkina Faso
Achille Somé – tengnule@hotmail.fr

L'Harmattan Guinée
Almamya, rue KA 028 OKB Agency
BP 3470 Conakry
harmattanguinee@yahoo.fr

L'Harmattan RDC
185, avenue Nyangwe
Commune de Lingwala – Kinshasa
matangilamusadila@yahoo.fr

L'Harmattan Congo
67, boulevard Denis-Sassou-N'Guesso
BP 2874 Brazzaville
harmattan.congo@yahoo.fr

L'Harmattan Mali
ACI 2000 - Immeuble Mgr Jean Marie Cisse
Bureau 10
BP 145 Bamako-Mali
mali@harmattan.fr

L'Harmattan Togo
Djidjole – Lomé
Maison Amela
face EPP BATOME
ddamela@aol.com

L'Harmattan Côte d'Ivoire
Résidence Karl – Cité des Arts
Abidjan-Cocody
03 BP 1588 Abidjan
espace_harmattan.ci@hotmail.fr

Nos librairies en France

Librairie internationale
16, rue des Écoles
75005 Paris
librairie.internationale@harmattan.fr
01 40 46 79 11
www.librairieharmattan.com

Librairie des savoirs
21, rue des Écoles
75005 Paris
librairie.sh@harmattan.fr
01 46 34 13 71
www.librairieharmattansh.com

Librairie Le Lucernaire
53, rue Notre-Dame-des-Champs
75006 Paris
librairie@lucernaire.fr
01 42 22 67 13

www.ingramcontent.com/pod-product-compliance
Lightning Source LLC
LaVergne TN
LVHW011218061026
849535LV00001BA/76
* 9 7 8 2 1 4 0 2 6 7 2 4 6 *